GREAT CODE Vol.1

GREAT CODE Vol.1

위대한 코드의 시작
- 컴퓨팅 머신의 이해

랜달 하이드 지음   동준상 옮김

i!i
에이콘

| 지은이 소개 |

랜달 하이드 Randall Hyde

『The Art of Assembly Language』, 『Write Great Code』시리즈, 『Using 6502 Assembly Language』와 『P-Source』의 저자이고, 『The Waite Group's MASM 6.0 Bible』의 공저자다. 지난 40여 녀간 원자력 발전기, 교통신호 시스템, 다양한 소비자용 전자 제품을 위한 임베디드 소프트웨어 및 하드웨어 개발 도구를 만들어왔고, 포모나에 위치한 캘리포니아주립 폴리테크닉 대학교California State Polytechnic University와 리버사이드에 위치한 캘리포니아 대학교University of California에서 컴퓨터 과학을 가르쳐왔다.

프로그래밍과 소프트웨어 엔지니어링에 대한 다양한 자료를 제공하는 웹 사이트(www.randallhyde.com)를 운영한다.

| 감사의 글 |

이번 개정판이 나오기까지 많은 사람이 원고에 실린 모든 단어와 기호, 심지어 마침표까지 읽고, 또 읽으며 좀 더 나은 책이 될 수 있도록 힘을 모았다. 2판이 출간될 수 있도록 애써준 개발 편집자 아사바스카 윗치Athabasca Witschi, 교열 및 출간 편집자 레이첼 모나한Rachel Monaghan, 교정 업무를 봐준 제임스 프렐리James Fraleigh에게 모든 영광을 돌린다.

내 오랜 지기이자 이 책의 기술 감수자인 토니 트리벨리에게 감사의 마음을 전한다. 그는 이 책에 실린 모든 코드를 직접 컴파일하고 실행하면서 정상 작동 여부를 확인해줬으며, 다양한 제안과 의견을 통해 이 책의 품질을 한 차원 높이 끌어올리는 데 기여했다.

또한 이번 2판의 출간을 위해 다양한 제안 및 수정 요청 이메일을 보내준 전 세계의 수많은 독자에게도 감사의 인사를 전한다.

여러분 모두에게 감사의 마음을 전하며
랜달 하이드

토니 트리벨리 Tony Tribelli

35년 경력의 소프트웨어 개발자다. 임베디드 장치의 커널 개발, 분자 모델 구현 등에 기여해왔으며 블리자드 엔터테인먼트Blizzard Entertainment에서 10여 년간 비디오 게임 프로그래머로 일했다. 현재는 소프트웨어 개발 컨설턴트로 활동하면서 컴퓨터 비전을 활용한 애플리케이션을 개발하고 있다.

| 옮긴이 소개 |

동준상(naebon1@gmail.com)

 클라우드, 인공지능 부문 강연자이자 컨설턴트이며, 삼성SDS 클라우드 인증평가 출제위원(2022년), 한국생산성본부 인공지능 전문가위원(2021년), AWS 테크놀로지 파트너(2016년 ~ 현재)다. 한국생산성본부, 서울대학교, 삼성전자, 고려대학교, 국가정보자원관리원, 포항공대에서 관련 주제로 강연을 했다.

소프트웨어 엔지니어링과 오픈소스에 관심이 많고, 에이콘 출판사에서 출간한 『AWS 공인 솔루션스 아키텍트 스터디 가이드 - 어소시에이트 3/e』(2022), 『AWS 공인 솔루션스 아키텍트 올인원 - 어소시에이트 2/e』(2021), 『기업용 블록체인』(2019), 『자바 머신 러닝 마스터』(2019), 『스위프트 데이터 구조와 알고리즘』(2017) 외 10여 권을 번역했다.

링크드인: https://www.linkedin.com/in/junsang-dong/

이 책은 40년 경력의 소프트웨어 엔지니어인 랜달 하이드가 집필한 『Write Great Code』 시리즈의 첫 번째 책이며, 1980년대 이전부터 현재에 이르기까지 소프트웨어 산업에 존재해온 개발 방법론, 프로젝트 운영 전략, 실무 이론과 개발 조직 운영 전략을 집대성한 것이라 할 수 있다. 저자는 현재 3권까지 출간된 이 시리즈를 통해 혁신적으로 발전해온 컴퓨팅 머신의 작동 원리, 로우레벨로 생각하고 하이레벨로 코딩하는 방법, 개발자의 소프트웨어 개발 프로젝트 수행 방법과 유용한 도구에 대해 설명한다.

저자는 소프트웨어 개발 업무를 작가주의의 산물이 아니라 엔지니어링 측면에서 접근하므로, 주관적인 의견이 아닌 객관적인 자료로 독자를 설득하고 소프트웨어 개발 모델부터 테스트, 문서화까지 일관된 예시와 흐름으로 설명한다.

랜달 하이드가 소프트웨어 엔지니어로 입문했을 당시에 각광받던 개발 주제(이를테면 원자로 제어)는 현시점에서 클라우드, 인공지능, 양자 컴퓨팅, 블록체인 등의 주제로 바뀌었고, 개발 접근 전략이나 방법론 또한 좀 더 세분화되거나 맥락이 아예 바뀌게 된 부분도 있다. 하지만 좀 더 좋은 소프트웨어, 즉 '위대한 소프트웨어'에 대한 갈망은 개발자인 우리 모두의 공통된 특징이 아닐까 생각한다.

시리즈 1권인 이 책은 위대한 코드를 작성하려는 개발자라면 가장 먼저 봐야 할 부분이라고 할 수 있는 '연산 머신으로서 컴퓨터의 작동 원리'를 설명한다. 하지만 컴퓨터 아키텍처보다는 좋은 소프트웨어를 구현하려고 할 때 필수적으로 알아야 할 컴퓨터의 작동 원리와 상호 작용 방법에 초점을 맞추며, CPU 및 메모리 아키텍처와 상호작용 방식, 비트 논리 연산, 부동소수점 수, 문자 데이터, 입출력, 주변 장치 버스, 파일 시스템 등을 소개한다. 또한 거의 모든 이론 설명에는 세심하게 정리한 참조표와 이미지를 제공하고, 어셈블리, C 등 로우레벨 언어 기반 실습 예제로 이해를 돕는다.

이 책은 소프트웨어 개발 경력자에게는 근원이 되는 소스 코드의 가치를 평가할 수 있는 기회가 될 것이고, 개발 입문자에게는 소프트웨어에 대한 토대를 단단히 다질 수 있는 계기가 될 수 있으리라 생각한다.

에이콘출판의 기틀을 마련하신 故 정완재 선생님 (1935-2004)

| 차례 |

이 책에 쏟아진 찬사 4

지은이 소개 5

감사의 글 6

기술 감수자 소개 7

옮긴이 소개 8

옮긴이의 말 9

1장   위대한 코드 작성을 위한 준비 23

1.1 『Write Great Code』 시리즈의 개요 23

1.2 이 책에서 다루는 내용 25

1.3 이 책의 활용을 위한 준비 28

1.4 위대한 코드의 특징 29

1.5 이 책에 실린 예제의 실행 환경 30

1.6 이 책의 추가적인 활용 팁 30

1.7 참고 자료 31

2장   컴퓨터의 수 표기법 33

2.1 수란 무엇인가? 33

2.2 수 35

    2.2.1 10진 위치 표기법 36

    2.2.2 기수 37

    2.2.3 2진수 체계 38

    2.2.4 16진수 체계 41

    2.2.5 8진수 체계 44

2.3 숫자와 문자의 상호 변환 45

2.4 내부 숫자 표현법 48

2.4.1 비트 48

2.4.2 비트 문자열 49

2.5 부호 있는 수와 부호 없는 수 52

2.6 2진수의 유용한 속성 54

2.7 데이터 타입 통일을 위한 부호 확장, 0 확장, 부호 축소 56

2.8 포화 59

2.9 2진화 10진 표기법 61

2.10 고정소수점 표기 62

2.11 배율 조정 수 포맷 65

2.12 유리수 표기법 67

2.13 참고 자료 68

3장   2진법 계산 및 비트 연산 69

3.1 2진수와 16진수를 이용한 산술 연산 69

3.1.1 2진수의 덧셈 70

3.1.2 2진수의 뺄셈 71

3.1.3 2진수의 곱셈 73

3.1.4 2진수의 나눗셈 74

3.2 비트 논리 연산 76

3.3 2진수와 비트 문자열의 논리 연산 79

3.4 비트 연산의 유용한 속성 80

3.4.1 AND를 이용한 비트 문자열 검증 80

3.4.2 AND를 이용한 비트 세트의 0 포함 여부 검증 81

3.4.3 2진 문자열의 비트 세트 비교 81

3.4.4 AND를 이용한 모듈로 n 카운터 구현 83

3.5 이동 연산과 회전 연산 85

3.6 비트 필드와 데이터 묶음 88

3.7 데이터 묶기와 데이터 묶음 풀기 94

3.8 참고 자료 99

4장   **부동소수점 연산** 101

4.1 부동소수점 연산의 개요 101

4.2 IEEE 부동소수점 형식 108

    4.2.1 단정밀도 부동소수점 형식 108

    4.2.2 복정밀도 부동소수점 형식 111

    4.2.3 확장 정밀도 부동소수점 형식 111

    4.2.4 쿼드 정밀도 부동소수점 형식 112

4.3 부동소수점 수의 정규화와 비정규화 113

4.4 라운딩 114

4.5 특수한 부동소수점 값 116

4.6 부동소수점 예외 규칙 118

4.7 부동소수점 연산 방식의 이해 119

    4.7.1 이번 절에서 사용하는 부동소수점 형식 119

    4.7.2 부동소수점 덧셈 및 뺄셈 120

    4.7.3 부동소수점 곱셈 및 나눗셈 133

4.8 참고 자료 142

5장   **문자 데이터의 활용** 143

5.1 문자 데이터 143

    5.1.1 ASCII 문자셋 144

    5.1.2 IBM의 EBCDIC 문자셋 148

    5.1.3 더블 바이트 문자셋 149

    5.1.4 유니코드 문자셋 150

    5.1.5 유니코드 코드 포인트 151

    5.1.6 유니코드 코드 플레인 152

    5.1.7 서로게이트 코드 포인트 153

    5.1.8 글리프, 문자, 그래핌 클러스터 154

    5.1.9 유니코드 노멀과 캐노니컬 동등 157

    5.1.10 유니코드 인코딩 159

    5.1.11 유니코드 연결 문자 161

5.2 문자열 163

5.2.1 문자열 형식 163

5.2.2 문자열 유형: 정적 문자열, 유사 동적 문자열, 동적 문자열 171

5.2.3 문자열 참조 카운터 173

5.2.4 델파이 문자열 174

5.2.5 커스텀 문자열 175

5.3 문자셋 데이터 타입 175

5.3.1 문자셋의 멱집합 표기법 176

5.3.2 문자셋의 리스트 표기법 177

5.4 자체 문자셋 설계하기 178

5.4.1 효율적인 문자셋의 설계 179

5.4.2 숫자 표현을 위한 문자 코드 그룹화 181

5.4.3 알파벳 문자 그룹화 181

5.4.4 알파벳 문자의 비교 연산 184

5.4.5 기타 문자의 그룹화 187

5.5 참고 자료 190

6장   메모리 구조와 접근 방식 191

6.1 컴퓨터의 기본적인 시스템 구성 요소 191

6.1.1 시스템 버스 192

6.2 메모리의 물리적 구조 196

6.2.1 8비트 데이터 버스 199

6.2.2 16비트 데이터 버스 201

6.2.3 32비트 데이터 버스 203

6.2.4 64비트 데이터 버스 205

6.2.5 80x86 이외 프로세서의 바이트, 워드, 더블워드 접근 방식 205

6.3 빅 엔디안과 리틀 엔디안의 구조 비교 206

6.4 시스템 클럭 213

6.4.1 메모리 접근과 시스템 클럭 215

6.4.2 대기 상태 217

6.4.3 캐시 메모리 218

6.5 CPU의 메모리 접근 방법 223

6.5.1 직접 메모리 주소 지정 모드 223

6.5.2 간접 메모리 주소 지정 모드 224

6.5.3 인덱스 메모리 주소 지정 모드 225

6.5.4 스케일 인덱스 주소 지정 모드 226

6.6 참고 자료 227

7장   복합 데이터 타입과 메모리 객체 229

7.1 포인터 타입 229

7.1.1 포인터 구현 231

7.1.2 포인터와 동적 메모리 할낭 232

7.1.3 포인터 작업과 포인터 산술 연산 233

7.2 배열 238

7.2.1 배열 선언 239

7.2.2 메모리에서의 배열 표현 243

7.2.3 배열 요소에 접근하기 245

7.2.4 다차원 배열 246

7.3 레코드와 구조체 258

7.3.1 파스칼/델파이의 레코드 259

7.3.2 C/C++의 레코드 260

7.3.3 HLA의 레코드 261

7.3.4 스위프트의 레코드(튜플) 262

7.3.5 레코드 타입의 메모리 저장 263

7.4 이산 유니온 데이터 타입 267

7.4.1 C/C++의 유니온 267

7.4.2 파스칼/델파이의 유니온 268

7.4.3 스위프트의 유니온 269

7.4.4 HLA의 유니온 271

7.4.5 유니온 타입의 메모리 저장 272

7.4.6 유니온 타입의 기타 활용 방식 273

7.5 클래스 275

7.5.1 클래스 개념 1: 상속 277

7.5.2 클래스 구조체 283

7.5.3 클래스 개념 2: 다형성 286

7.5.4 추상 메소드와 추상 기본 클래스 288

7.6 C++의 클래스 292

　　7.6.1 C++의 추상 멤버 함수 및 클래스 294

　　7.6.2 C++의 다중 상속 294

7.7 자바의 클래스 297

7.8 스위프트의 클래스 298

7.9 프로토콜과 인터페이스 299

7.10 제네릭과 템플릿 303

7.11 참고 자료 306

8장　　불리언 로직과 디지털 설계 307

8.1 불리언 대수 308

　　8.1.1 불리언 연산자 308

　　8.1.2 불리언 공리 308

　　8.1.3 불리언 연산자의 우선순위 311

8.2 불리언 함수와 진리표 311

8.3 함수 번호 314

8.4 불리언 수식의 대수 처리 315

8.5 정규형 316

　　8.5.1 최소항의 합 정규형과 진리표 318

　　8.5.2 대수적으로 생성된 최소항의 합 정규형 320

　　8.5.3 최대항의 곱 정규형 321

8.6 불리언 함수의 단순화 322

8.7 불리언 로직의 적용 방식 331

　　8.7.1 전자 회로와 불리언 함수의 대응 관계 332

　　8.7.2 조합 회로 335

　　8.7.3 시퀀셜 로직과 클럭 로직 342

8.8 참고 자료 347

9장   CPU 아키텍처 349

9.1 CPU의 기본적인 설계 방식 349

9.2 명령어 디코딩 및 실행: 랜덤 로직과 마이크로코드의 비교 352

9.3 단계별 명령어 실행 353

    9.3.1 mov 명령어 355

    9.3.2 add 명령어 356

    9.3.3 jnz 명령어 358

    9.3.4 loop 명령어 359

9.4 RISC vs. CISC: 명령어의 신속 실행을 통한 성능 향상 359

9.5 병렬성: 더 높은 성능의 비결 361

    9.5.1 기능성 유닛 364

    9.5.2 프리페치 큐 366

    9.5.3 프리페치 큐의 성능을 저하시키는 조건 369

    9.5.4 파이프라이닝: 다중 명령어 중첩 370

    9.5.5 명령어 캐시: 다수의 메모리 경로 제공 376

    9.5.6 파이프라인 해저드 378

    9.5.7 슈퍼스칼라 연산: 병렬적 명령어 실행 380

    9.5.8 명령어의 비순차적 실행 382

    9.5.9 레지스터 이름 변경 383

    9.5.10 VLIW 아키텍처 385

    9.5.11 병렬 처리 385

    9.5.12 멀티프로세싱 387

9.6 참고 자료 389

10장   명령어 집합 설계 391

10.1 명령어 집합 설계의 중요성 392

10.2 명령어 설계의 기본적인 목표 394

    10.2.1 opcode 길이 선택 396

    10.2.2 미래에 대한 대비 399

    10.2.3 명령어 선택 399

    10.2.4 명령어에 opcode 할당하기 400

10.3 가상의 Y86 프로세서 401

　　10.3.1 Y86 프로세서의 제한된 기능 소개 402

　　10.3.2 Y86 명령어의 종류 402

　　10.3.3 Y86의 피연산자 유형과 주소 지정 모드 405

　　10.3.4 Y86 명령어 인코딩 405

　　10.3.5 Y86 명령어 인코딩 사례 409

　　10.3.6 Y86 명령어 집합의 확장 414

10.4 80x86 명령어 인코딩 416

　　10.4.1 명령어 피연산자 인코딩 419

　　10.4.2 add 명령어 인코딩 426

　　10.4.3 x86 상수 피연산자 인코딩 430

　　10.4.4 8비트, 16비트, 32비트 피연산자 인코딩 432

　　10.4.5 64비트 피연산자 인코딩 433

　　10.4.6 명령어의 대안으로서의 인코딩 433

10.5 명령어 집합 설계의 중요성 434

10.6 참고 자료 435

11장　메모리 아키텍처 및 구성 437

11.1 메모리 계층 구조 437

11.2 메모리 계층의 작동 방식 441

11.3 메모리 서브시스템의 성능 비교 443

11.4 캐시 아키텍처 446

　　11.4.1 직접 매핑 캐시 447

　　11.4.2 완전 연관 캐시 449

　　11.4.3 n-way 집합 연관 캐시 449

　　11.4.4 캐시 라인 교체 방식 451

　　11.4.5 캐시에서의 데이터 쓰기 방식 452

　　11.4.6 캐시 활용과 소프트웨어 454

11.5 NUMA와 주변 장치 455

11.6 가상 메모리, 메모리 보호, 페이징 455

11.7 메모리 계층을 고려한 소프트웨어 개발 461

11.8 런타임 시 메모리 구성 464

11.8.1 정적 객체, 동적 객체, 바인딩, 생애주기 465

11.8.2 코드 영역, 읽기 전용 영역, 상수 영역 467

11.8.3 정적 변수 영역 467

11.8.4 스토리지 변수 영역 468

11.8.5 스택 영역 469

11.8.6 힙 영역과 동적 메모리 할당 469

11.9 참고 자료 478

12장 **입력 및 출력 장치** 479

12.1 컴퓨터 외부로 CPU 연결하기 479

12.2 시스템에 포트를 연결하는 다른 방법 483

12.3 I/O 메커니즘 485

12.3.1 메모리 맵 입출력 방식 485

12.3.2 I/O 맵 입출력 방식 486

12.3.3 DMA, 직접 메모리 접근 방식 487

12.4 I/O 속도의 계층 구조 488

12.5 시스템 버스와 데이터 전송 속도 489

12.5.1 PCI 버스의 성능 491

12.5.2 ISA 버스의 성능 492

12.5.3 AGP 버스 493

12.6 버퍼링 493

12.7 핸드셰이킹 495

12.8 I/O 포트의 타임아웃 496

12.9 폴링 기반 I/O 및 인터럽트 498

12.10 작업 보호 모드와 장치 드라이버 499

12.10.1 장치 드라이버 모델 500

12.10.2 장치 드라이버와의 통신 501

12.11 참고 자료 501

13장 **컴퓨터 주변 장치 버스** 503

13.1 소형 컴퓨터 시스템 인터페이스 503

　　　　13.1.1 SCSI의 한계점 504

　　　　13.1.2 SCSI의 성능 및 기능 개선 505

　　　　13.1.3 SCSI 프로토콜 507

　　　　13.1.4 SCSI의 장점 509

　　13.2 IDE/ATA 인터페이스 509

　　　　13.2.1 SATA 인터페이스 511

　　　　13.2.2 파이버 채널 511

　　13.3 USB, 범용 직렬 버스 512

　　　　13.3.1 USB의 설계 512

　　　　13.3.2 USB의 성능 514

　　　　13.3.3 USB의 데이터 전송 유형 516

　　　　13.3.4 USB-C 519

　　　　13.3.5 USB 장치 드라이버 519

　　13.4 참고 자료 520

14장　　**대용량 저장 장치와 파일 시스템** 521

　　14.1 디스크 드라이브 521

　　　　14.1.1 플로피 디스크 드라이브 522

　　　　14.1.2 하드 드라이브 522

　　　　14.1.3 RAID 시스템 530

　　　　14.1.4 광학 드라이브 532

　　　　14.1.5 CD, DVD, 블루레이 드라이브 533

　　14.2 테이프 드라이브 535

　　14.3 플래시 저장 장치 537

　　14.4 RAM 디스크 539

　　14.5 SSD 540

　　14.6 하이브리드 드라이브 541

　　14.7 대용량 저장 장치의 파일 시스템 541

　　　　14.7.1 시퀀셜 파일 시스템 543

　　　　14.7.2 효율적인 파일 할당 전략 545

　　14.8 대용량 저장 장치의 데이터를 활용하는 소프트웨어 개발 555

　　　　14.8.1 파일 액세스 성능 556

14.8.2 동기적 및 비동기적 I/O 558

14.8.3 I/O 작업 유형별 성능 558

14.8.4 메모리 맵 파일 559

14.9 참고 자료 561

15장   기타 입출력 장치 563

15.1 PC 주변 장치 563

15.1.1 키보드 564

15.1.2 표준 PC 병렬 포트 566

15.1.3 직렬 포트 568

15.2 마우스, 트랙패드, 기타 포인팅 장치 569

15.3 조이스틱, 게임 컨트롤러 570

15.4 사운드 카드 571

15.4.1 오디오 인터페이스 주변 장치가 음을 출력하는 방법 573

15.4.2 오디오 파일 및 MIDI 파일 포맷 574

15.4.3 오디오 장치 프로그래밍 576

15.5 참고 자료 577

후기: 로우레벨로 생각하고 하이레벨로 코딩하라 579

부록: ASCII 문자셋 581

용어 설명 587

찾아보기 603

1

위대한 코드 작성을 위한 준비

『Write Great Code』(이하 WGC) 시리즈는 작성자 스스로가 자랑스럽게 여기고, 다른 프로그래머에게 영감을 주고, 클라이언트를 만족시키고, 사용자가 편리함을 느낄 수 있게 하는 코드, 또 다른 측면으로는 코드 작성을 의뢰한 고객 또는 상사가 값어치를 인정하는 코드를 작성하는 방법을 설명한다.

    WGC는 시리즈 전반에 걸쳐, 다른 프로그래머가 경외하고 존경심을 표현할 만한 소프트웨어의 작성 방법은 과연 무엇인지 알아본다.

1.1 『Write Great Code』 시리즈의 개요

이 책은 총 여섯 권으로 구성된 WGC 시리즈의 1편(『Write Great Code, Volume 1: Understanding the Machine』, 이하 WGC1)이다. '그레이트 코드great code', 즉 '위대한 코드'는 프로그래머가 수년에 걸쳐 각고의 노력과 시행착오를 바탕으로 얻은 지식, 경험, 그리고 기술의 산물이라 할 수 있다. 이 책은 지난 수십여 년간 우리 산업에 존재해온 위대한 코드를 작성하기 위한 지식과 경험을 숙련된 프로그래머와 이제 프로그래밍에 입문하는 독자에게 공유하고자 작성했다. 이 책이 여러분의 소중한 시간을 아끼고 프로그래밍 과정에서 만나게 되는 다양한 장애물을 좀 더 쉽게 극복할 수 있는 도구가 되길 기원한다.

WGC1은 컴퓨터 과학이나 컴퓨터공학 수업에서 자세히 다루지 않고 넘어가는 경우가 많은 컴퓨터의 로우레벨에 대한 내용을 다룬다. 로우레벨 수준의 상세한 지식은 프로그래밍과 관련된 여러 문제를 풀기 위한 토대이자 효율적인 코드를 작성하기 위한 기초가 된다. WGC는 각각의 책이 나름의 독립적인 주제를 다룬 시리즈로 구성됐지만, WGC1은 시리즈 전반의 통일성과 주제의 일관성을 이해할 수 있는 공통 필수 과목이라 할 수 있다.

시리즈 2편인 『Write Great Code, Volume 2: Thinking Low-Level, Writing High-Level』(이하 WGC2)[1]에서는 WGC1에서 습득한 내용을 응용하는 방법을 소개하며, 고급 언어를 분석해서 컴파일러가 만들어낼 코드의 품질을 판단하는 방법을 알아볼 것이다. 컴파일러를 최적화했다고 하더라도 최상의 기계 코드(또는 머신 코드machine code)가 생성되는 것은 아니며, 소스 파일에서 여러분이 선택한 명령문과 데이터 구조에 따라 컴파일러의 출력 효율성은 크게 달라질 수 있다. WGC2에서는 컴파일러가 생성하는 기계 코드를 분석하는 방법을 익힘으로써 어셈블리 언어를 사용하지 않고도 효율적인 코드를 작성하는 방법을 알아본다.

시리즈 3편인 『Write Great Code, Volume 3: Engineering Software』(이하 WGC3)[2]에서는 효율성을 비롯해서 위대한 코드가 지닌 특징을 알아본다. 소프트웨어 개발의 은유법, 개발 방법론, 개발자의 유형, 시스템 문서화, UML Unified Modeling Language 등 팀은 물론 개인 소프트웨어 엔지니어에게 필요한 부분을 소개한다.

위대한 코드는 탁월한 설계에서 시작한다. 시리즈 4편인 『Write Great Code, Volume 4: Designing Great Code』(이하 WGC4)에서는 구조화 프로그래밍과 객체지향 프로그래밍 같은 소프트웨어의 분석 및 설계 프로세스를 알아보며, 개발 초기의 설계 콘셉트를 실제 소프트웨어 시스템으로 구현해나가는 방법을 설명한다.

시리즈 5편인 『Write Great Code, Volume 5: Great Coding』(이하 WGC5)에서는 가독성과 유지 보수가 용이한 소스 코드를 작성하는 방법과 (시중에 나온 다수의 소프트웨어

---

1   한국어판은 『GREAT CODE Vol.2 2/e: 로우레벨로 생각하고 하이레벨로 코딩하기』(에이콘, 2022)이다. – 옮긴이

2   한국어판은 『GREAT CODE Vol.3: 개발자는 어떻게 소프트웨어를 완성하는가』(에이콘, 2021)이다. – 옮긴이

엔지니어링 서적에서 자주 언급하는) 업무 부담은 줄이면서 생산성을 좀 더 향상시키는 방법을 알아본다.

그리고 코드 작성의 마지막 단계에서 우리가 할 일은 '그레이트 코드'를 테스트하거나 디버깅하고 품질을 확인하는 것이다. 과거에는 자신이 작성한 코드를 제대로 테스트할 줄 아는 프로그래머가 많지 않았으며, 현재도 소프트웨어의 유형에 상관없이 단순한 테스트 방법을 적용해서 실제 결함을 발견하지 못하거나 자신이 작성한 코드의 품질을 확인시킬 방법을 모르는 경우가 적지 않다. 시리즈 6편인 『Write Great Code, Volume 6: Testing, Debugging, and Quality Assurance』(이하 WGC6)에서는 여러분의 애플리케이션을 좀 더 효율적으로 테스트하는 방법을 알아본다.

1.2 이 책에서 다루는 내용

위대한 코드를 작성하기 위해서는 먼저 효율적인 코드를 작성하는 방법을 알아야 한다. 그리고 효율적인 코드를 작성하려면, 컴퓨터 시스템이 어떻게 프로그램을 작동시키는지, 또 프로그래밍 언어로 추상화된 개념이 어떻게 로우레벨의 하드웨어에 대응되는지 알아야 한다.

과거에는 위대한 코드를 작성하기 위해 반드시 어셈블리 언어를 배워야만 했다. 이는 위대한 코드를 작성하는 방법 중 하나이기는 하지만, 필요 이상의 시간과 노력을 투자해야 하는 단점이 있다. 어셈블리 언어를 배우려면 컴퓨터 구조^{machine organization}와 어셈블리 언어^{assembly language} 프로그래밍을 함께 배워야만 하는데, 실제 우리에게 좀 더 많은 도움이 되는 영역은 컴퓨터 구조에 대한 지식과 경험이다. 따라서 이 책은 여러분이 어셈블리 언어 학습에 지나친 노력을 들이지 않고도, 위대한 코드의 작성에 필요한 컴퓨터 구조를 학습하는 데 초점을 맞췄다.

컴퓨터 구조는 컴퓨터 아키텍처^{computer architecture}의 하위 영역으로, 로우레벨 데이터 타입, CPU 구조, 메모리 구조 및 접근 방식, 로우레벨 컴퓨터 동작, 대용량 저장 장치 구조, 주변 장치, 그리고 외부 환경과 소통하기 위한 네트워크 구조를 포함하는 개념이다. 이 책에서는 프로그래머에게 직접 영향을 줄 수 있거나 시스템 아키텍트의 의도를 이해하는 데 도움을 줄 수 있는 내용을 주로 다룬다. 컴퓨터 구조를 배우는 궁극적인 목적은 자신만의 CPU나 컴퓨터 시스템을 설계할 능력을 배양하는 것이 아니라, 기존의 컴퓨터 설계를 가장 잘 활용하는 방법을 알아내기 위한 것이라 할 수 있다. WGC1의 주요 장별 내용은 다음과 같다.

2장, 4장, 5장에서는 컴퓨터의 기본적인 데이터 표기법을 알아본다. 예를 들어 컴퓨터가 어떠한 방법으로 부호 있는 정수와 부호 없는 정수, 문자, 문자열, 문자 집합, 실수, 분수 같은 값들을 표현하는지 알아본다. 컴퓨터가 다양한 자료를 어떻게 표현하는지 충분히 이해하지 못한다면, 특정 작업에서 왜 그렇게 많은 시간이 소요되는지 알 수 없을 것이다.

3장에서는 현대적인 컴퓨터 시스템에서 널리 사용하는 2진법의 계산과 비트 연산에 대해 알아본다. 대부분의 프로그래밍 언어가 2진법과 비트 연산을 지원하므로, 이 책에서는 일반적인 프로그래밍 개론 과정에서 잘 다루지 않는 2진법과 논리 연산을 통해 코드의 성능을 향상시키는 방법을 소개한다. 위대한 코드를 작성하는 프로그래머가 되기 위해서는 2진법과 비트 연산을 능숙하게 활용할 수 있어야 할 것이다.

6장에서는 (컴퓨터가 메모리에 접근하는 방법과 메모리의 성능에 관련된 특징 등과 같은) 메모리에 대해 알아보며, CPU가 메모리에 있는 다양한 자료 구조에 접근할 때 사용하는 메모리 지정 모드addressing mode도 살펴본다. 현대적인 애플리케이션의 성능 저하 문제 중 상당수는 프로그램이 메모리에 접근하는 방식을 잘못 지정해 발생하는 메모리 병목 현상과 관련이 있으며, 6장에서는 이러한 문제를 해결할 수 있는 기반 지식을 제공한다.

7장에서는 다시 데이터 표현으로 돌아가서 복합 데이터 타입과 메모리 객체를 다루며, 앞부분의 여러 장에서 다뤘던 내용과 달리 포인터, 배열 레코드, 구조체, 유니온 등과 같은 하이레벨 데이터 타입에 관해 설명한다. 적지 않은 프로그래머가 메모리나 성능상의 문제를 고려하지 않고 대용량의 복합 데이터 구조를 사용하는 경향이 있는데, 7장에서는 하이레벨 복합 데이터 타입을 로우레벨의 관점으로 설명함으로써 프로그램에서 이 기법을 사용할 때 지불해야 할 비용이 얼마인지 알려준다. 이를 통해 이 기법을 좀 더 신중하고 현명하게 사용할 수 있게 될 것이다.

8장에서는 불리언 논리 연산boolean logic과 디지털 설계를 다룬다. 8장에서는 CPU와 컴퓨터 시스템 요소를 이해하기 위해 필요한 수학적 토대와 논리 연산을 위한 기초 지식을 제공한다. 8장에서는 주로 불리언 표현식을 다루며, 그중에는 if, while 등 범용 하이레벨 언어에서 사용되는 불리언 식을 최적화하는 방법도 포함된다.

9장 역시 8장에 이어 하드웨어와 관련된 내용으로 CPU의 구조를 알아본다. 위대한 코드를 작성하기 위해 프로그래머는 기본적인 CPU 설계와 연산 방식을 이해하고 있어야 한다. 여러분이 CPU가 코드를 실행하는 방식에 맞춰 코드를 작성할 수 있다면, 더 적은 시스템 자원을 사용해 더 좋은 성능을 얻을 수 있을 것이다.

10장에서는 CPU 명령어 집합 아키텍처^{instruction set architecture}를 알아본다. 모든 CPU에서 명령어^{machine instruction}는 CPU 동작에 가장 기본이 되는 부분이고, 프로그램 수행 시간은 수행되는 명령어의 종류와 수에 직접적인 영향을 받는다. 컴퓨터 구조에서 명령어를 설계하는 방법을 이해하게 되면, 어떤 연산이 다른 연산보다 더 많은 시간이 걸리는 이유를 알 수 있다. 여러분이 명령어의 한계와 CPU가 명령어를 해석하는 방식을 이해하면, 형편없는 코드 시퀀스를 위대한 코드로 탈바꿈시킬 수도 있다.

11장에서는 다시 메모리 관련 주제로 돌아와서 메모리 아키텍처와 메모리 구조를 알아본다. 이 장은 코드의 실행 속도를 높이는 데 큰 도움이 될 것이다. 메모리의 계층 구조와 캐시의 성능을 극대화하는 방법, 다른 고속 메모리 구성 요소 등을 알아본다. 현대 애플리케이션의 일반적인 문제 중 하나인 스래싱^{thrashing}을 알아보고, 저성능 메모리 접근 문제를 해결하는 방법도 살펴본다.

12장에서 15장까지는 컴퓨터 시스템과 외부 환경의 소통 방식을 알아본다. 컴퓨터 시스템과 연결된 다수의 입출력 주변 장치^{peripheral device}는 CPU나 메모리에 비해 훨씬 느린 속도로 작동한다. 여러분이 작성한 개별 명령 시퀀스의 성능이 탁월하더라도, 이들 입출력 주변 장치의 한계 상황을 알지 못하면 애플리케이션의 전체 성능은 낮은 수준을 벗어날 수 없다. 따라서 책 후반부의 이 네 개 장은 범용 I/O 포트, 시스템 버스, 버퍼링, 핸드셰이킹, 폴링, 인터럽트 등을 다룬다. 이를 통해 여러분은 키보드, 병렬 포트, 직렬 포트, 디스크 드라이브, 테이프 드라이브, 플래시 저장 장치, SCSI, IDE/ATA, USB, 사운드 카드 등 다양한 PC 주변 장치와의 효율적인 소통 방식을 이해할 수 있을 것이다.

1.3 이 책의 활용을 위한 준비

이 책을 좀 더 잘 이해하고 활용하기 위해 준비해야 할 몇 가지 사항이 있다. 다음과 같은 조건을 갖춘다면 이 책의 모든 내용을 최대한 활용할 수 있다.

- 이 책을 효과적으로 이용하기 위해 적어도 한 가지 이상의 현대적 프로그래밍 언어를 다룰 줄 알아야 한다. C/C++, C#, 자바Java, 스위프트Swift, 파이썬Python, 파스칼Pascal/델파이Delphi(오브젝트 파스칼Object Pascal), BASIC, 어셈블리 언어 등의 대중적인 프로그래밍 언어는 물론이고 에이다Ada , Modula-2, FORTRAN 등의 언어도 좋다.
- 비교적 간단한 문제 설명서를 갖고 관련 소프트웨어를 설계하거나 구현할 능력이 있어야 한다. 보통 한 학기 정도의 대학 강의를 수강하거나 독학으로 몇 달만 노력하면 이 책을 이해하는 데 큰 불편은 없을 것이다.

이 책은 특정 프로그래밍 언어에 맞춰 저술되지 않았으며, 이 책에서 설명하는 개념은 프로그래밍 언어의 종류와 관계없이 적용할 수 있다. 사실 여러분이 특정 언어를 알지 못해도 이 책을 읽는 데는 지장이 없도록 작성했으며, 프로그램 예문은 이해의 폭을 넓히기 위해 몇 가지 언어를 교대로 사용한다. 예시를 설명할 때는 코드에 대한 정확한 설명을 덧붙여서 해당 언어에 익숙하지 않더라도 프로그램의 동작 방식을 이해하는 데 어려움이 없도록 했다.

이 책에서 사용하는 언어와 컴파일러는 다음과 같다.

- **C/C++**: GCC, 마이크로소프트의 비주얼 C++Visual C++
- **파스칼**: 엠바카데로Embarcadero의 델파이, 프리 파스칼Free Pascal
- **어셈블리 언어**: 마이크로소프트의 MASM, HLAHigh-Level Assembly, Gas(PowerPC 및 ARM 기반 GNU 어셈블리Gnu Assembler)
- **스위프트 5**(애플)
- **자바**(v6 및 이후 버전)
- BASIC: 마이크로소프트의 비주얼 베이직Visual Basic

이 책은 다양한 언어로 예시를 제시하므로, 특정 언어로 작성된 예시를 이해하지 못할 때는 그냥 지나쳐도 무방하다.

1.4 위대한 코드의 특징

프로그래머들은 좋은 코드에 대해 서로 다른 정의를 내리므로 모든 프로그래머를 만족시킬 만한 정의를 내리는 것은 불가능하지만, 거의 모든 프로그래머가 동의할 수 있는 위대한 코드의 조건은 다음과 같다.

- CPU의 효율적 사용 여부(코드 실행 속도)
- 메모리의 효율적 사용 여부(코드 크기)
- 시스템 자원의 효율적 사용 여부
- 가독성 및 유지 보수성 수준
- 일관된 코드 스타일 준수 여부
- 표준적인 소프트웨어 엔지니어링 기법의 준수 여부
- 기능 확장의 용이성 여부
- 체계적인 검증 여부와 내오류성(정상 작동 여부)
- 문서화 수준

이 밖에도 좋은 코드로 인정받기 위한 요건은 수없이 많다. 예를 들어 어떤 프로그래머는 이식성을 중요시할 것이고, 어떤 프로그래머는 코드 스타일 지침 준수를 중시할 것이며, 또 다른 프로그래머는 특정 언어를 사용한(또는 특정 언어를 사용하지 않은) 코드를 선호할 것이다. 가능한 한 단순하게 작성된 프로그램을 선호하는 사람이 있는가 하면, 짧은 기간 내에 작성된 코드를 선호하는 사람도 있다. 또 다른 사람은 정확한 데드라인을 지키는 것, 제한된 예산 내에서 코드를 작성하는 것 등을 좋은 코드의 요건으로 삼는다.

이 책에서 말하는 위대한 코드의 정의는 다음과 같다.

위대한 코드란 좋은 소프트웨어 요건들의 순위를 매겨 일관성 있게 작성한 코드를 말하며, 프로그래머는 알고리듬을 소스 코드로 구현할 때 이들 법칙을 따른다.

각 프로그램마다 중요한 조건이 다를 수 있으므로, 위대한 코드를 만들기 위해 언제나 똑같은 법칙을 따를 필요는 없다. 특정 개발 환경에서는 서로 다른 CPU와 운영체제에서도 잘 동작하는 이식성 높은 소프트웨어가 최고의 프로그램이 될 수 있지만, 또 다른 환경에서는 이식성 대신 효율성(속도)이 가장 중요한 조건일 수도 있다. 심지어 두 개의 프로그램에 적용된 기준이 완전히 다른 경우에도 해당 프로그램을 위한 지침을 따라 일관성 있게 작성했다면, 두 프로그램 모두 위대한 코드라고 말할 수 있다.

1.5 이 책에 실린 예제의 실행 환경

이 책은 많은 사람이 이해할 수 있는 보편적인 내용을 다루지만, 일부 내용은 특정 시스템에만 적용된다. 오늘날 인텔^Intel 아키텍처를 사용한 PC가 압도적으로 많이 사용되고 있으므로, 특정 시스템에 국한된 논의를 할 때는 인텔 컴퓨터 시스템을 바탕으로 설명한다.

이 책에 제시되는 대부분의 예제는 최신의 인텔 및 AMD 아키텍처 기반의 맥 OS^mac OS, 윈도우^Windows, 리눅스^Linux 시스템을 기본으로 하며, 평균적인 수준의 RAM과 주변 장치를 갖춘 PC에서 문제없이 작동하도록 작성했다. 또 가급적 운영체제의 표준 라이브러리 인터페이스를 사용했으며, 위대한 코드를 작성하는 데 도움이 되는 경우에만 특정 운영체제에 의존적인 함수를 호출했다. 또한 이 책의 예제에 적용된 주요 개념은 안드로이드^Android, 크롬^Chrome, iOS, 맥^Mac, 유닉스^Unix, 임베디드 시스템은 물론 메인프레임에도 문제없이 적용할 수 있다.

1.6 이 책의 추가적인 활용 팁

한 권의 책에 위대한 코드를 작성하기 위한 모든 정보를 담을 수는 없다. 이 책은 최고의 소프트웨어를 작성하기 위해 반드시 알아둬야 할 컴퓨터 구조에 관한 내용에 초점을 맞췄으며, 여러분이 위대한 코드를 작성하는 데 필요한 90%의 해법을 제공한다. 나머지 10%는 여러분의 몫이며, 다음과 같은 준비를 통해 해답에 좀 더 가까이 접근할 수 있다.

어셈블리 언어를 배운다. 단 하나의 어셈블리 언어만 습득해 놓아도 컴퓨터 구조만 배워서는 알 수 없는 세세한 부분을 이해할 수 있다. 소프트웨어 프로젝트에서 어셈블리 언어를 사용할 계획이 아니라면 굳이 특정 프로세서의 어셈블리 언어를 배울 필요가 없으며, 대부분의 프로그래머를 위해 가장 좋은 방법은 PC의 80x86 어셈블리 언어를 배우는 것이다. 인텔 아키텍처가 최고라고 할 수는 없지만, 하이레벨 어셈블러High Level Assembler 등, 다른 아키텍처는 제공하지 않는 개발 환경을 제공한다는 장점이 있다. 어셈블리 언어 학습의 핵심적인 이유는 어셈블리 코드를 작성하는 것이 아니라 어셈블리 패러다임을 이해하는 것이다. 여러분이 80x86 어셈블리 언어를 알게 된다면, 다른 CPU(ARM 또는 IA-64 계열 등)가 어떻게 작동하는지도 알 수 있다.

고급 컴퓨터 아키텍처를 공부한다. 컴퓨터 구조는 컴퓨터 아키텍처의 일부지만, WGC1에서 컴퓨터 구조와 컴퓨터 아키텍처의 모든 내용을 설명할 수는 없다. 여러분이 직접 CPU를 설계하지는 않는다 하더라도, 컴퓨터 아키텍처를 공부하면 이 책에서 다루지 못한 여러 내용을 알게 될 것이다.

1.7 참고 자료

Hennessy, John L., and David A. Patterson. *Computer Architecture: A Quantitative Approach*. 5th ed. Waltham, MA: Morgan Kaufmann, 2012.

Hyde, Randall. *The Art of Assembly Language*. 2nd ed. San Francisco: No Starch Press, 2010.

정오표: 한국어판의 정오표는 에이콘출판사의 도서정보 페이지 http://www.acornpub.co.kr/book/greatcode-vol1-2e에서 볼 수 있다.

문의: 한국어판에 관한 질문은 에이콘출판사 편집 팀(editor@acornpub.co.kr)이나 옮긴이의 이메일로 문의하길 바란다.

2

컴퓨터의 수 표기법

고급 언어를 사용하면 프로그래머가 굳이 로우레벨의 수치 표기법을 직접 사용할 필요가
없지만, 최고의 코드를 작성하기 위해서는 컴퓨터가 어떻게 숫자를 나타내는지 완벽하게
이해해야 한다. 컴퓨터의 수 표기법numeric representation을 이해하면, 많은 알고리듬의 효율
적인 구현법을 생각해낼 수 있고 프로그램을 작성할 때 생기는 실수를 피할 수 있게 된다.

2.1 수란 무엇인가?

나는 지난 수년 간 어셈블리 언어 프로그래밍을 가르치면서, 많은 사람이 수number와 수
치 표현representation of number에 대한 기본적인 차이점도 모른다는 사실을 알게 됐다. 프로그
래머가 아닌 사람에게 이는 큰 문제가 아닐 수 있지만, 상당수의 알고리듬이 정확하고 효
과적으로 동작하기 위해 내적 및 외적 수치 표기법을 사용하므로 프로그래머인 여러분
은 그 의미 차이를 알고 있어야 한다. 여러분이 이론적인 의미로서 '수'와 '수치 표기법'
이 어떻게 다른지 이해하지 못한다면, 알고리듬을 이해하고 사용하고 만드는 데 큰 어려
움을 겪게 될 것이기 때문이다.

수는 막연하고 추상적이고 개념적인 요소이며, 동시에 양을 나타내는 지적 도구다. 내
가 여러분에게 "그 책은 백(100) 페이지 분량이다."라고 말한다면, 여러분은 책의 100페

이지를 만져볼 수 있다. 즉, 실체가 있는 무엇인 것이다. 또 실제로 책이 100페이지인지 넘겨보면서 확인해볼 수도 있다. 그러나 '백 페이지'라는 것은 단순히 그 책의 두께를 설명하기 위한 추상 개념abstraction일 뿐이다.

아래 글자는 무엇일까? 여러분이 아는 '백'이라는 숫자일까? 그럴 수도 있지만, 아닐 수도 있다.

100

이것은 종이 위에 인쇄된 직선과 곡선에 불과하다. 아마도 여러분은 위의 심볼이 '백'을 표현한다고 생각하겠지만, 그 자체로 '백'의 값을 갖는 것은 아니다. 특히, 프로그래밍 세계에서 이것은 그저 페이지에 인쇄된 세 개의 기호에 불과하다. '백'이라는 값을 표현하는 방법은 이 외에도 다양하며, 다음과 같은 방식으로도 나타낼 수 있다.

100	10진 표기법(decimal representation)
C	로마자 표기법(roman numeral representation)
64_{16}	16진 표기법(base-16, hexadecimal representation)
1100100_2	2진 표기법(base-2, binary representation)
144_8	8진 표기법(base-8, octal representation)
one hundred	영어 표기법
백	한글 표기법

일반적으로 수 표기는 여러 개의 심볼을 연결해서 사용한다. 예를 들면, '백'의 일반적인 표기 방법인 '100'은 정확하게 세 개의 아라비아 숫자로 이뤄져 있다. 1 다음에 0이 따라오고, 그다음에 다시 0이 오는 형태인 것이다. 여기서 각각의 아라비아 숫자는 개별적인 의미를 지닌다. 하지만 앞에서 살펴봤듯이 '6'과 '4'라는 두 개의 숫자를 연결해도 '백'을 나타낼 수 있다. 100을 상징하는 각각의 아라비안 표기는 수number 자체라기보다는 수를 표기하기 위해 사용하는 숫자numeric digit인 것이다.

이쯤에서 여러분은 '100'과 같은 심볼이 실제 값을 나타내는 것인지, 아니면 값을 표기할 뿐인지를 구별하는 이유가 궁금할 것이다. 이렇게 표기법의 구분에 대해 길게 설명하는 이유는 앞으로 컴퓨터 프로그램을 작성할 때 같은 심볼('100'과 같은 심볼)이 다른 뜻을 지니는 경우를 많이 접하게 될 것이기 때문이다.

이때 심볼을 실제 수와 혼동해서는 안 된다. 다시 말해 컴퓨터 프로그램에서는 '백'을 상징할 수 있는 여러 다른 방법이 있다. 이때 여러 가지 다른 심볼이 실제로는 같은 것을 의미한다는 사실을 알고 있어야 한다. 역으로, 컴퓨터가 다른 표현 방식으로 100을 나타내더라도 여러분은 그것이 '100'과 같은 뜻이라는 것을 알 수 있어야 한다.

2.2 수

수 체계numbering system는 수의 값을 표현하는 메커니즘이다. 오늘날의 사회에서는 보통 10진법decimal, base-10 체계를 사용하지만, 많은 컴퓨터 시스템은 2진법binary, base-2 체계를 사용한다. 따라서 10진법과 2진법을 혼동하는 사람이 좋은 코드를 작성할 가능성은 매우 낮다고 단언할 수 있다.

현대 사회에서 일반적으로 쓰이는 10진법은 아랍 문화권에서 개발된 것이며, 10진법에서 사용하는 열 개의 숫자를 아라비아 숫자라고 부르는 이유도 이 때문이다. 아라비아의 수 체계는 비교적 적은 수의 심볼로 수를 나타내는 '위치 표기법positional notation system'을 사용한다. 위치 표기법은 심볼 자체는 물론이고 심볼의 위치에 따라서도 의미가 달라지는 표기 방식이며, 이는 고대로부터 사용돼 온 '비위치 표기법non-positional notation system'에 비해 다양한 장점을 지닌다.

이 두 기법의 차이를 알아보기 위해 비위치 표기법 중 하나이자 3만 년 이상의 역사를 지닌 산가지tally-slash 표기법을 이용해 숫자 25를 나타내보자.

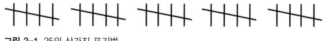

그림 2-1 25의 산가지 표기법

산가지 표기법은 'n'이라는 수를 나타내기 위해 'n'개의 심볼을 사용한다. 그림 2-1에서 볼 수 있듯이 수를 더 읽기 쉽게 하기 위해 산가지를 다섯 개씩 짝지어 놓는다. 산가지 표기법은 사물을 쉽게 셀 수 있다는 장점이 있지만, 번거롭고 계산이 쉽지 않다는 단점도 있다. 하지만 산가지 표기법의 가장 큰 문제는 물리적 공간을 너무 많이 차지한다는 것이다. 'n'이라는 수를 표기하려면 그 수의 크기에 비례하는 공간이 필요하므로, 산가지 표기법은 굉장히 큰 수는 나타낼 수 없다는 한계를 지닌다.

2.2.1 10진 위치 표기법

10진 위치 표기법^{decimal positional numbering system}은 아라비아 숫자 문자열을 이용해 수를 표현하며, 필요에 따라 10진 소수점^{decimal point}을 이용해 정수부와 소수부를 구분할 수 있다. 수는 자릿수에 따라 다른 의미를 지닌다. 아래의 그림 2-2에서 소수점 좌측의 값은 0에서 9의 값을 나타내고 좌측으로 이동할수록 열 배씩 커진다.

이 표기법에서 소수점 바로 왼쪽의 숫자는 0부터 9까지의 범위를 의미한다. 두 자리 이상의 숫자를 쓰는 경우, 소수점으로부터 왼쪽으로 두 번째에 있는 숫자는 그 열 배의 수를 의미한다. 10진 위치 표기법에서 소수점으로부터 왼쪽으로 한 자리씩 멀어진다는 것은 열 배씩 더 큰 수를 나타낸다.

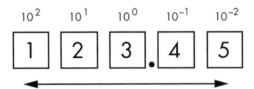

각 자릿수가 나타내는 크기는 소수점과의 거리에 따라 달라진다.

그림 2-2 위치 표기법

숫자 시퀀스 123.45는 다음과 같이 나타낼 수 있다.

$$(1 \times 10^2) + (2 \times 10^1) + (3 \times 10^0) + (4 \times 10^{-1}) + (5 \times 10^{-2})$$

또는

$$100 + 20 + 3 + 0.4 + 0.05$$

10진 위치 표기법 또는 10진수 방식은 비위치 표기법인 산가지 방식에 비해 다음과 같은 장점을 지닌다.

- **10진법으로 10 표현**: 산가지 표기법의 3분의 1 공간만 차지
- **10진법으로 100 표현**: 산가지 표기법의 3% 공간만 차지
- **10진법으로 1000 표현**: 산가지 표기법의 0.3% 공간만 차지

숫자가 커짐에 따라 이와 같은 격차는 더욱 커지게 되며, 위치 표기법은 이와 같은 높은 압축성과 숫자 파악의 용이성으로 인해 널리 사용되고 있다.

2.2.2 기수

인간은 자신의 열 개 손가락을 보면서 10진 위치 표기법을 개발했지만, 10진법 이 외에도 다양한 위치 표기법이 존재한다. 컴퓨터 입장에서 10진법은 다른 숫자 표기법에 비해 그리 좋은 수 체계가 아니라고도 할 수 있다. 이번 절에서는 10진수 이외의 숫자 체계를 알아본다.

10진 위치 표기법에서는 10의 멱수(10^n)와 자릿수당 열 개의 심볼을 사용한다. 10진 위치 표기법은 10의 멱수를 사용하기 때문에 '10을 기수로 하는' 수라고 하는데, 만약 우리가 다른 심볼 집합과 10 이외의 수의 멱수를 사용한다면 또 다른 수 체계를 고안할 수 있을 것이다. 기수$^{radix,\ base}$는 수 체계상에서 소수점 왼쪽으로 한 자리씩 이동할 때마다 곱해지는 수를 의미한다.[1]

예를 들어, 여덟 개의 심볼(0~7)을 사용해 8을 기수로 하는 수 체계$^{base-8,\ octal\ numbering}$ ^{system}를 만들어낼 수 있다. 8진법 수 체계는 수를 표현할 때 8의 멱수를 사용한다. 8진수 123_8은 다음과 같이 나타낼 수 있으며, 이는 10진수 83_{10}과 같다. 8진수, 10진수 등 기수 타입은 아래 첨자로 나타내는 것이 일반적이다.

$$1 \times 8^2 + 2 \times 8^1 + 3 \times 8^0$$

또는

$$64 + 16 + 3$$

---

1 소수점을 나타낼 때, 기수 소수점(radix point)은 수 체계라는 넓은 의미에서 사용되며, 10진 소수점(decimal point)은 그 하위 개념인 10진수에만 적용된다. 이 책에서는 수 체계에 따라 다양한 소수점 표현을 사용한다. – 옮긴이

n을 기수로 하는 수 체계를 만들기 위해서는 n개의 서로 다른 숫자가 필요하다. 기수가 될 수 있는 최소의 수는 2이며, 10 이하의 수 가운데 n을 기수로 쓸 때는 보통 0부터 $n-1$까지의 아라비아 숫자를 사용한다.

10이 넘는 수를 기수로 사용할 때는 9보다 큰 수에 대해, 보통 $a..z$ 또는 $A..Z$까지의 알파벳을 이용하고 있다(대소문자는 구별하지 않는다). 이렇게 되면 36(열 개의 숫자와 26개의 알파벳)까지 기수로 사용할 수 있다. 열 개의 아라비아 숫자와 26개의 알파벳으로 표현할 수 없는 방식에 대해서는 아직 표준이 없다.

이 책에서는 2진법과 8진법, 16진법의 수 체계를 다루게 될 것이다. 2진법은 일반적인 컴퓨터의 근본적인 수 체계이고, 8진법은 오래된 컴퓨터 시스템에서 널리 사용된 것이므로 언급할 필요가 있으며, 16진법은 2진법보다 간결하다는 장점이 있다. 앞으로 이 세 가지 수 체계를 이용한 프로그램을 많이 접하게 될 것이므로 미리 이러한 수 체계에 익숙해지도록 노력하자.

2.2.3 2진수 체계

이미 2진법 수 체계binary numbering system에 익숙한 사람도 있겠지만, 다른 수 체계와의 명확한 구분을 위해 2진법을 다시 한 번 살펴본다. 2진법은 10진법과 매우 유사하지만, 두 가지의 차이점이 있다. 첫 번째 차이점은 (0~9 대신) 0과 1만을 사용한다는 것이고, 두 번째 차이점은 (10의 멱수 대신) 2의 멱수를 사용한다는 것이다.

대부분의 컴퓨터 언어가 10진 표기법을 지원하고 있고 컴파일러가 자동으로 10진수를 2진수로 바꿔줄 수 있는데, 우리가 2진법을 알아야 하는 이유는 무엇일까? 우선, 컴퓨터 언어가 10진법 표기를 변환해준다고 하더라도 현대 컴퓨터 I/O 시스템은 2진법을 사용한다는 점을 기억할 필요가 있다. 또한 내부 산술 회로 역시 2진법에 기반해서 작동하고, 무수한 알고리듬이 2진법 표기 체계를 사용한다. 그러므로 최고의 코드를 작성하려는 여러분은 2진법을 완벽히 이해해야 할 필요가 있다.

2.2.3.1 10진수와 2진수의 상호 변환

컴퓨터의 작동 방식을 좀 더 잘 이해하기 위해 10진법 표현을 2진법으로 바꾸는 방법을 알아보자. 2진수를 10진수로 변환하려면, 2진법 문자열에 있는 각각의 '1'에 대해

2^i를 더하면 된다. 여기서 i는 2진법 표기에서 '1'이 있는 위치다. 예를 들어, 2진수인 11001010_2는 다음과 같은 의미를 지닌다.

$$1 \times 2^7 + 1 \times 2^6 + 0 \times 2^5 + 0 \times 2^4 + 1 \times 2^3 + 0 \times 2^2 + 1 \times 2^1 + 0 \times 2^0$$

또는

$$128 + 64 + 8 + 2$$

또는

$$202_{10}$$

10진수를 2진수로 바꾸는 일도 어렵지 않다. 10진수를 2진수로 바꾸는 방식은 다음과 같으며, 우측에서부터 좌측으로 (낮은 자릿수에서 높은 자릿수 순서로) 값이 채워진다.

1. 주어진 수가 짝수라면 (우측 첫 번째 자릿수에) 0을 입력하고, 홀수라면 1을 입력한다.
2. 수를 2로 나눈 후 소수부를 제거한다.
3. 몫이 0이면 변환 과정을 종료한다.
4. 몫이 홀수면, 현재 문자열 앞에(두 번째 자릿수에) 1을 입력한다. 몫이 짝수면, 문자열 앞에 0을 입력한다.
5. 2단계로 돌아가서 이후 반복하며 세 번째, 네 번째 순서로 자릿수의 값을 입력한다.

10진수 202를 2진수로 바꿔보자. 변환 작업이 시작되면, 우측 끝 자리에서 좌측으로 이동하며 숫자가 채워진다.

1. 202는 짝수이므로, 첫 번째 자릿수에 0을 입력한 후 2로 나눈다(101): 0
2. 101은 홀수이므로, 두 번째 자릿수에 1을 입력한 후 2로 나눈다(50): 10
3. 50은 짝수이므로, 다음(세 번째) 자릿수에 0을 입력한 후 2로 나눈다(25): 010
4. 25는 홀수이므로, 다음 자릿수에 1을 입력한 후 2로 나눈다(12): 1010

5. 12는 짝수이므로, 다음 자릿수에 0을 입력한 후 2로 나눈다(6): 01010

6. 6은 짝수이므로, 다음 자릿수에 0을 입력한 후 2로 나눈다(3): 001010

7. 3은 홀수이므로, 다음 자릿수에 1을 입력한 후 2로 나눈다(1): 1001010

8. 1은 홀수이므로, 다음 자릿수에 1을 입력한 후 2로 나눈다(0): 11001010

9. 마지막 남은 값이 0이므로 변환 과정을 종료한다. 결괏값은 2진수 11001010이다.

2.2.3.2 2진수의 가독성 개선

이제 우리는 202_{10}과 11001010_2가 같은 값을 의미한다는 것을 알지만, 2진법 표기는 10진법 표기 방식에 비해 길고 복잡해 보인다. 그러므로 2진법 표기를 시각적으로 좀 더 알아보기 쉽게 해서 가독성을 높여줄 필요가 있다.

영미 문화권에서는 수를 표현할 때 가독성을 높이기 위해 세 자리마다 콤마를 찍는다. 예를 들어 1023435208보다 콤마를 추가한 1,023,435,208이 훨씬 눈에 잘 들어오고 의미 파악도 잘된다. 이 책에서는 이런 가독성 개선 기법을 2진수에 적용해 2진법 표기의 네 자리마다 밑줄을 추가한다. 예를 들어 2진법 표기 1010111110110010_2는 $1010\_1111\_1011\_0010_2$로 나타낸다.

2.2.3.3 프로그래밍 언어에서 2진수 표시하기

지금까지는 수를 2진법으로 나타낼 때 수학에서 사용하는 진법 표시subscript notation를 사용해왔으며, 진법 표시가 생략된 것은 10진법으로 생각하면 된다. 이와 같은 진법 표시는 프로그램 텍스트 에디터나 컴파일러에서 널리 통용되는 수 표시 방식은 아니지만, 이 책에서는 표준 ASCII 문서 파일에서 여러 진법의 수를 나타내는 방법으로 사용한다.

일반적으로, 어셈블리 언어 컴파일러(어셈블러) 프로그래밍 환경에서만 2진 상수binary literal constant를 사용할 수 있다.[2] 시중에는 다수의 어셈블러가 있으므로, 이들 어셈블러 프로그램에서 2진 상수를 나타내는 방법 또한 다양하다. 우리는 MASM과 HLA라는 두 가지 언어를 사용할 것이므로, 이들 어셈블리 언어에서 사용하는 규칙을 중심으로 알아본다.

---

2 스위프트에서는 0b 접두사를 이용해 2진수를 나타낼 수 있다.

MASM에서는 0과 1로 된 문자열 끝에 'b'나 'B'를 붙여 2진수를 나타낸다. MASM 소스 파일에서 9의 2진법 표기는 '1001b'이다.

HLA 어셈블리 언어에서는 앞에 퍼센트(%) 기호를 붙여 2진수를 나타낸다. 2진수를 좀 더 읽기 쉽게 하고자 HLA는 2진법 표기에서 다음과 같이 네 자리마다 밑줄 기호(_)를 추가한다.

```
%11_1011_0010_1101
```

2.2.4 16진수 체계

2진법 수 체계는 컴퓨터 연산에는 유리하지만, 인간에게는 다소 번거로운 방식이다. 2진법과 비교할 때 16진법 수 체계hexadecimal numbering system는 두 가지 장점이 있다. 첫 번째는 매우 간결하다는 것이고, 두 번째는 2진법과의 상호 변환이 매우 쉽다는 것이다. 그러므로 일반적으로 프로그래머들은 2진법보다 가독성 면에서 좀 더 유리한 16진법을 선호하는 경우가 많다.

16진법의 기수는 16이므로, 소수점에서 왼쪽으로 한 자리씩 이동할 때마다 16씩 곱해 나간다. 예를 들어 1234_{16}은 다음과 같다.

$$1 \times 16^3 + 2 \times 16^2 + 3 \times 16^1 + 4 \times 16^0$$

또는

$$4096 + 512 + 48 + 4$$

또는

$$4660_{10}$$

16진수 표기법은 16개의 수를 표시하기 위해 0~9의 숫자 외에 *A~F*까지 여섯 개의 문자를 추가로 사용하며, 다음과 같은 형식으로 16진수를 표현할 수 있다.

$$234_{16} \quad DEAD_{16} \quad BEEF_{16} \quad 0AFB_{16} \quad FEED_{16} \quad DEAF_{16}$$

2.2.4.1 프로그래밍 언어에서 16진수 표시하기

16진수 체계의 한 가지 문제점은 16진수 'DEAD'를 프로그램에서 식별자[identifier]로 사용되는 'DEAD'와 구별할 수 없다는 것이다. 그래서 대부분의 프로그래머는 소스 파일에 16진법을 사용할 때 특정 접미사 또는 접두사를 사용한다. 다음은 다수의 범용 프로그래밍 언어에서 16진법을 나타낼 때 사용하는 방식이다.

- C, C++, C#, 자바, 스위프트와 기타 C 파생 프로그래밍 언어는 16진수를 나타낼 때 접두사 '0x'를 사용한다. 이때 'DEAD_{16}'은 '0xdead'로 나타낼 수 있다.
- MASM은 16진수를 나타내기 위해 접미사 'h' 또는 'H'를 사용하지만, 이들 접미사만으로는 프로그램 식별자 등과 구분하기가 어렵다. 'deadh'가 16진수인지, 식별자인지 파악이 쉽지 않은 것이다. 그래서 MASM에서는 16진법 표기의 가장 앞 문자가 숫자여야 하고, 숫자로 시작하지 않는 16진법 표기 앞에는 '0'을 붙여야 한다(16진법 표기 앞에 '0'을 붙여도 표기가 뜻하는 수는 변하지 않는다). 예를 들어 '0deadh'는 16진수 DEAD_{16}을 나타낸다.
- 비주얼 베이직은 '&H' 또는 '&h' 접두사를 사용한다. DEAD_{16}은 '&Hdead'로 나타낸다.
- 파스칼(델파이)은 $ 접두사를 사용한다. DEAD_{16}은 '$dead'로 나타낸다.
- HLA도 $ 접두사를 사용한다. 또한 HLA에서는 16진수의 가독성을 높이기 위해 2진법의 경우처럼 네 자리마다 밑줄을 그어 자릿수를 표시하며, '$FDEC_A012'와 같이 나타낸다.

이 책에서는 기본적으로 HLA/델파이/프리 파스칼 표기 방식으로 16진수를 나타내며, C/C++ 프로그래밍 예제의 경우 해당 표기 방식을 따른다.

2.2.4.2 16진수와 2진수의 상호 변환

컴퓨팅에서 16진수[hexadecimal]가 널리 사용되는 이유로는 수의 간결한 표현이 가능하다는 점과 2진수binary와의 상호 변환이 쉽다는 점을 들 수 있다. 몇 가지 간단한 규칙만 기억하면, 표 2-1과 같은 두 진법 사이의 변환을 암산으로도 할 수 있다.

표 2-1 2진수/16진수 변환표

2진수	16진수
%0000	$0
%0001	$1
%0010	$2
%0011	$3
%0100	$4
%0101	$5
%0110	$6
%0111	$7
%1000	$8
%1001	$9
%1010	$A
%1011	$B
%1100	$C
%1101	$D
%1110	$E
%1111	$F

16진법 표기를 2진법 표기로 바꾸려면, 각 16진법 자릿수를 2진법 네 자리 숫자로 바꿔주면 된다. 예를 들어, 16진수 $ABCD를 2진수로 바꾸면 %1010_1011_1100_1101이 된다.

A	B	C	D	16진수
1010	1011	1100	1101	2진수

2진수를 16진수로 바꾸는 일도 어렵지 않다. 먼저, 표기의 길이를 4의 배수로 맞춰주기 위해 앞에 적당한 개수의 0을 추가한다. 예를 들어 1011001010의 경우 열 자리의 수이므로, 앞에 두 개의 0을 추가해 (값은 변화시키지 않으면서) 12자릿수로 만든다. 이제 001011001010이 됐다. 그다음, 2진법 표기를 네 자리씩 나눠서 0010_1100_1010으로

만든다. 마지막으로, 표 2-1을 참조해 네 자리마다 그에 해당하는 16진법 표기로 바꾸면 $2CA가 된다. 10진수의 2진수 변환에 비해 16진수의 2진수 변환이 훨씬 간단함을 알 수 있다.

2.2.5 8진수 체계

기수로 8을 사용하는 8진 표기법^{octal representation}은 초기 컴퓨터 시스템에 널리 사용됐으며, 지금도 종종 8진법으로 작성된 코드를 볼 수 있다. 8진법은 12비트나 36비트의 컴퓨터 시스템에 이상적이며 다른 3배수 시스템에도 적합하지만, (8, 16, 32, 64비트 컴퓨터 시스템 등과 같은) 2의 제곱 단위 비트를 사용하는 컴퓨터 시스템에는 적합하지 않다. 현재도 일부 프로그래밍 언어는 8진수 표기법을 지원하고, 구형 유닉스 애플리케이션에서도 8진법 수 체계가 활용된 부분을 확인할 수 있다.

2.2.5.1 프로그래밍 언어에서 8진수 표시하기

C 언어와 C++, 자바 등의 C 파생 언어, MASM, 스위프트와 비주얼 베이직 등은 8진법 표기를 지원하며, 이들 언어로 작성된 프로그램을 좀 더 능숙하게 다루기 위해 8진법에 대한 이해가 필요하다.

- C 언어에서는 접두사 0을 붙여서 8진법 표기임을 나타낸다. 예를 들어 8진수 '0123'은 10진수로는 83_{10}이며, 10진수 123_{10}과 혼동하지 않도록 주의한다.
- MASM에서는 8진수에 'Q' 또는 'q' 접미사를 추가한다. (마이크로소프트와 인텔은 Q가 8진수를 뜻하는 Octal의 O와 비슷하기 때문에 Q를 선택했을 것이다. 'O'를 쓰지 않은 이유는 숫자 0과 혼동될 우려가 있기 때문인 것으로 보인다.)
- 스위프트는 0o 접두사를 붙인다. 스위프트의 8진수 0o14는 10진수 12_{10}을 나타낸다.
- 비주얼 베이직은 &O(숫자 0이 아닌 문자 O) 접두사를 붙인다. 8진수 &O123은 10진수 83_{10}과 같다.

2.2.5.2 8진수와 2진수의 상호 변환

8진법과 2진법의 변환은 2진법과 16진법의 변환과 상당히 유사하다. 한 가지 다른 점은 16진법은 네 자리 단위로 변환하고 8진법은 세 자리 단위로 변환한다는 것이다. 표 2-2는 8진법과 2진법의 상호 변환표다.

표 2-2 2진수/8진수 변환표

2진수	8진수
%000	0
%001	1
%010	2
%011	3
%100	4
%101	5
%110	6
%111	7

8진수octal를 2진수로 변환하려면, 표 2-2에 따라 8진수의 각 자릿수를 세 개의 2진수 자릿수로 바꾼다. 예를 들어 8진수 123q를 2진수로 바꾸면 %0_0101_0011이 된다.

1	2	3
001	010	011

2진법 표기를 8진법 표기로 변환하려면, 2진수를 세 개의 자릿수로 분리하고 필요에 따라 0을 추가한 뒤 표 2-2에 따라 8진수로 바꾼다. 8진수를 16진수로 변환하려면, 먼저 8진법을 2진법으로 바꾼 후 2진법을 16진법으로 바꾼다.

2.3 숫자와 문자의 상호 변환

이번 절에서는 숫자와 문자의 상호 변환에 대해 알아본다. 대부분의 프로그래밍 언어(혹은 라이브러리)는 자동으로 숫자와 문자를 변환하므로, 초보 프로그래머는 이러한 변환이 일어난다는 사실조차 모를 수 있다. 다양한 언어에서 문자를 숫자로 변환하는 방법은 다음과 같다.

```
cin >> i;                      // C++
readln( i );                   // 파스칼
let j = Int(readLine() ?? "")! // 스위프트
input i                        // BASIC
stdin.get( i );                // HLA
```

이들 명령문에서 변수 i는 정수를 담을 수 있다. 하지만 사용자의 콘솔에서 입력할 때는 수가 아닌 문자열로 입력한다. 그러면 프로그래밍 언어의 런타임 라이브러리가 문자열을 CPU 처리에 적합한 2진 표기법의 수로 변환한다. 위 명령문에서 스위프트만이 표준 입력 방식으로 문자열을 읽는다는 점에 주목한다. 이 경우, 여러분이 직접 Int() 생성자constructor/타입type 변환 함수를 이용해 문자열을 정수 타입으로 변환해야 한다.

위와 같은 변환 명령에 소요되는 비용에 관심을 두지 않으면, 성능이 가장 중요한 경우에도 이런 변환 작업이 성능에 미치는 영향을 모르게 된다. 우리가 변환 알고리듬을 공부하는 이유는 변환 작업의 실행 과정을 제대로 이해하고 숫자 및 문자열 변환 기능을 남용하는 일을 막는 것이다.

노트 | 숫자와 문자의 변환 과정을 좀 더 간단히 설명하기 위해 부호 없는 정수에 대해 생각하되, 유효하지 않은 문자나 오버플로 문제는 생각하지 않는다. 다음 알고리듬은 실제 변환 알고리듬에 비해 좀 더 단순한 구조를 지닌다.

10진수 문자열을 정수로 변환하는 알고리듬은 다음과 같이 작동한다.

1. 변수 값을 0으로 초기화한다. 이 변수에 변환된 최종 값을 저장한다.
2. 문자열에 더 이상 처리할 숫자가 없다면 알고리듬이 종료되고 변수에 값을 저장한다.
3. 문자열에서 (왼쪽에서 오른쪽 방향으로) 다음 자릿수를 가져오고, ASCII 문자를 정수로 변환한다.

4. 변수에 10을 곱하고, 3단계에서 가져온 수를 더한다.

5. 2단계로 돌아가서 반복한다.

정수를 문자열로 바꾸는 것은 좀 더 어렵다.

1. 문자열 변수를 빈 문자열로 초기화한다.

2. 정수가 0이면, 0을 출력하고 알고리듬을 종료한다.

3. 현재의 정수를 10으로 나눠주고, 몫과 나머지를 계산한다.

4. 나머지(항상 0..9 범위의 수[3])를 문자로 변환하고, 변환된 문자를 문자열 뒤에 붙인다.

5. 몫이 0이 아니면, 몫을 갖고 다시 3~5단계를 반복한다.

6. 출력된 문자를 새로운 문자열에 추가한다.

여기서 알고리듬의 세부 사항은 중요하지 않다. 중요한 사실은 이러한 일련의 과정이 숫자를 문자로 출력할 때마다 일어나며, 나눗셈은 매우 느린 작업이라는 것이다. 그러므로 다음과 같은 단순한 명령문에도 많은 연관 작업이 포함돼 있음을 기억해야 한다.

```
printf( "%d", i );   // C
cout << i;           // C++
print i              // BASIC
write( i );          // 파스칼
print( i )           // 스위프트
stdout.put( i );     // HLA
```

위대한 코드를 작성할 때도 일정 수준의 숫자 및 문자열 변환 코드는 포함되게 마련이다. 하지만 탁월한 프로그래머라면 숫자 및 문자열 변환 코드를 꼭 필요할 때만 사용해야 할 것이다.

위 알고리듬은 부호 없는 정수에서만 사용할 수 있다는 점에 주의한다. 부호 있는 정

---

3 '..' 표기법은 수의 범위를 나타내며, 파스칼과 다른 프로그래밍 언어에서 사용한다. '0..9'는 0~9 사이의 모든 정수를 의미한다.

수는 좀 더 복잡한 과정을 필요로 한다(사실 추가 작업은 무시해도 될 만큼 간단하다). 반면 부동소수점 수의 문자열 변환 작업은 훨씬 더 어려우므로, 부동소수점 연산이 들어가는 코드를 작성할 때는 좀 더 신중해야 한다.

2.4 내부 숫자 표현법

대부분의 현대적인 컴퓨터 시스템은 2진법 체계를 사용하므로 수치나 다른 대상을 표현할 때 내부 2진법 형식internal binary format을 사용한다. 그러나 대부분의 시스템은 모든 2진법 형식을 표현하지는 못하고, 제한된 크기 내에서 2진법을 표현할 수 있다. 위대한 코드를 작성하려면, 우선 프로그램이 컴퓨터 내부에서 효율적으로 표현할 수 있는 데이터 객체를 사용할 수 있는지 확인해야 한다. 이번 절에서는 컴퓨터가 실제로 다양한 숫자를 어떻게 표현하는지 알아본다.

2.4.1 비트

2진법 컴퓨터에서 가장 작은 데이터 단위는 비트bit다. 하나의 비트는 오직 두 개의 수(보통 0 또는 1)만을 나타낼 수 있으므로, 하나의 비트로 나타낼 수 있는 것이 매우 제한돼 있다고 생각할 수 있다. 하지만 하나의 비트만 이용해서 두 개의 아이템으로 구성된 무한대의 경우의 수를 나타낼 수 있다. 몇 가지 예를 살펴보자(저자가 임의로 만든 예다).

- 숫자 0(0) 또는 1(1)
- 거짓(0) 또는 참(1)
- 꺼짐(0) 또는 켜짐(1)
- 남성(0) 또는 여성(1)
- 틀림(0) 또는 맞음(1)

이 외에도 2진 데이터 타입을 이용해서 표현할 수 있는 것은 무한하며, 두 개의 값으로 구성된 객체는 무수히 많다. 또한 하나의 비트만으로 서로 다른 두 개의 대상을 나타낼 수 있다.

- 수 723(0)과 1,245(1)
- 빨간색(0)과 파란색(1)

전혀 연관성이 없는 두 개의 객체도 비트로 표현할 수 있다. 예를 들어, 비트 값 0으로 빨간색을 나타내고 비트 값 1로 숫자 3,256을 나타낼 수도 있다. 이렇듯, 하나의 비트로 두 개로 구성된 어떤 것이든 나타낼 수 있지만, 두 개를 넘어서는 다른 객체를 표현할 방법이 필요하다. 이와 같은 비트의 한계를 극복하기 위해 다수의 비트로 된 비트 문자열을 사용한다.

2.4.2 비트 문자열

비트를 시퀀스 형식으로 결합한 비트 문자열을 통해 16진수와 8진수 등 다른 수 체계를 나타낼 수 있다. 하지만 대부분의 컴퓨터 시스템은 임의로 생성된 비트를 인식하지 못하므로, 일정한 길이로 규격화된 비트 문자열bit string을 사용해야 한다.

니블nibble은 네 개의 비트 단위의 문자열이다. 컴퓨터 메모리에 니블 단위로 접근하는 것은 효율성이 떨어지지만, 1니블을 이용해 정확히 16진수의 한 개 자릿수를 표현할 수 있으므로 편리하다.

바이트byte는 여덟 개의 비트로 이뤄진 문자열이며, 다수의 CPU에서 접근 가능한 최소 단위 데이터다. 즉, CPU는 메모리로부터 8비트 단위로 정보를 효율적으로 읽고 쓸 수 있다. 이런 이유로, 많은 프로그래밍 언어에서 (실제 데이터 타입이 요구하는 비트 크기와 관계없이) 바이트를 최소 메모리 단위로 사용한다.

바이트는 대부분의 컴퓨터에서 사용하는 최소 저장 단위이고 많은 언어에서 여덟 개 이하의 비트를 사용할 때도 하나의 바이트를 쓰는 경우가 많으므로, 바이트 내에 있는 각각의 비트가 어떤 의미를 지니는지 알고 있어야 한다. 바이트 내에서 비트의 의미를 나타내기 위해 그림 2-3과 같은 비트 번호bit number를 사용한다.

비트 번호에서 비트 0은 낮은 순위LO, Low-Order 또는 최하위 비트LSB, Least Significant Bit이고, 비트 7은 높은 순위HO, High-Order 또는 최상위 비트MSB, Most Significant Bit이며, 이외의 비트 역시 번호로 구분한다.

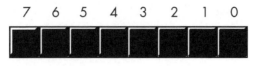

그림 2-3 바이트에서 비트 번호

워드word는 CPU에 따라 다른 의미로 쓰이며, 때로는 16비트로, 또 다른 경우에는 32 비트 또는 64비트를 나타내는 데 사용된다. 이 책에서는 80x86 용어 체계에 따라 하나의 워드는 16비트를 나타내는 것으로 한다. 바이트처럼, 워드의 비트 번호는 가장 작은 0번 비트를 LO로, 가장 높은 15를 HO로 한다. 그림 2-4를 참고하자.

그림 2-4 워드에서 비트 번호

워드는 정확히 2바이트 크기라는 점에 주목한다. 그림 2-5와 같이 0~7비트는 LO 바이트가 되고, 8~15비트는 HO 바이트가 된다.

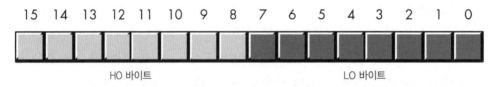

그림 2-5 워드를 구성하는 2바이트

더블워드double-word(또는 dword)는 두 개의 워드이며, 그림 2-6과 같이 32비트가 된다.

그림 2-6 더블워드의 비트 구성

그림 2-7은 두 개의 워드 또는 4바이트로 구성된 더블워드를 나타낸다.

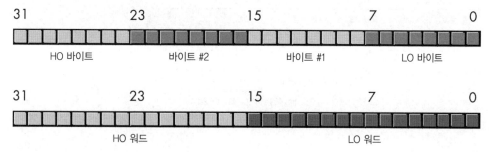

그림 2-7 더블워드 내의 바이트 또는 워드 구성

　대부분의 CPU는 객체를 일정 크기로 다룬다(요즘에는 주로 32비트 또는 64비트를 사용한다). 일정 크기보다 큰 객체를 사용할 수 없는 것은 아니지만, 이 경우 효율성이 떨어지므로 128비트나 256비트 범위 내의 수 객체를 사용하는 것이 일반적이다. 현재는 다수의 프로그래밍 언어에서 64비트 정수 및 실수를 지원하며, 이와 같은 64비트 데이터 타입을 쿼드워드[quad-word]라 부른다. 128비트 데이터 타입은 롱 워드[long word]라 부르지만, 현대적인 언어들 중에서는 지원하는 경우가 많지 않다.[4]

　쿼드워드는 두 개의 더블워드, 4워드, 8바이트, 또는 16니블과 같으며, 롱 워드는 두개의 쿼드워드, 4더블워드, 8워드, 또는 16바이트와 같다.

　인텔 80x86 플랫폼은 80비트의 데이터를 담을 수 있는 텐 바이트[ten byte] 또는 티바이트[tbyte] 데이터 타입을 지원한다. 80x86 CPU는 좀 더 정밀한 부동소수점 표기와 BCD[Binary-Coded Decimal] 표기에 티바이트를 사용한다.

　비트로 표현할 수 있는 경우의 수와 관련해, n개의 비트 문자열은 2^n개의 값을 표현할 수 있다. 표 2-3은 니블, 바이트, 워드, 더블워드, 쿼드워드, 롱 워드로 표현할 수 있는 경우의 수를 보여준다.

표 2-3 비트 문자열을 이용해 표현할 수 있는 경우의 수

비트 문자열 크기(bit)	표현 가능한 경우의 수(2^n)
4	16
8	256

(이어짐)

4　HLA는 128비트 값을 지원한다.

비트 문자열 크기(bit)	표현 가능한 경우의 수(2^n)
16	65,536
32	4,294,967,296
64	18,446,744,073,709,551,616
128	340,282,366,920,938,463,463,374,607,431,768,211,456

2.5 부호 있는 수와 부호 없는 수

2진법 표기 0...0000[5]은 0을 나타내고, 0...00001은 1을, 0...00010은 2를 나타낸다. 그렇다면 음수는 어떻게 표현해야 할까? 부호 있는 수를 표현하기 위해 많은 컴퓨터 시스템은 2의 보수 표기법two's complement numbering system을 사용한다. 부호 있는 수를 사용하면 몇 가지 근본적인 제약 조건이 발생하므로, 컴퓨터 시스템에서 수를 효율적으로 사용하기 위해서는 부호 있는 수와 부호 없는 수의 차이를 명확히 이해해야 한다.

n개의 비트로는 2^n개의 다른 수를 표현할 수 있다. 이 경우의 수 안에서 음수를 나타내야 하므로, 2^n개의 조합은 음수와 음수가 아닌 수로 나눠서 사용해야 한다. 예를 들어 하나의 바이트로 음수 -128..-1을 표현할 수 있고, 음수가 아닌 수 0..127을 표현할 수 있다. 또 16비트 워드로는 -32,768..+32,767의 수를, 32비트 더블워드로는 -2,147,483,648..+2,147,483,647의 수를 나타낼 수 있다. 이를 일반화하면, n개의 비트를 이용해 부호 있는 정수 $-2^{n-1}..+2^{n-1}-1$을 나타낼 수 있다.

2의 보수 체계는 HO 비트를 부호 비트로 사용한다. HO 비트가 0이면 그 숫자는 양수이고 보통의 2진수 인코딩을 수행하며, HO 비트가 1이면 음수로서 2의 보수 인코딩을 수행한다.

16비트 수를 이용해 2의 보수 체계의 작동 방식을 알아보자.

- $8000(%1000_0000_0000_0000)은 HO 비트가 1이므로 음수
- $100(%0000_0001_0000_0000)은 HO 비트가 0이므로 음수가 아닌 수

---

5   생략 부호(...)는 수학에서 0 문자열을 무한히 반복하는 의미를 지닌다.

- $7FFF(%0111_1111_1111_1111)는 음수가 아닌 수
- $FFFF(%1111_1111_1111_1111)는 음수
- $FFF(%0000_1111_1111_1111)는 음수가 아닌 수

음수가 아닌 수를 음수로 만들려면, 다음과 같은 2의 보수 연산을 수행한다.

1. 모든 비트를 역전시킨다. 즉, 0은 1로, 1은 0으로 바꾼다.
2. 위 값에 1을 더한다(오버플로는 무시한다).

예를 들어 8비트로 된 10진수 –5를 만들어보자. 위 연산 결괏값이 음수이면(HO 비트가 1이면), 이는 음수가 아닌 수의 2의 보수 형식이 된다. 이해를 돕기 위해 다음 절차에 따라 10진수 –5의 8비트 값을 구해보자.

1. %0000_0101: 5(2진수)
2. %1111_1010: 모든 비트 역전
3. %1111_1011: 1을 더해 –5를 만든다(2의 보수 형식).

다음 절차에 따라 –5를 다시 음수로 만들면, 양수인 5(%0000_0101)가 된다.

1. %1111_1011: –5의 2의 보수
2. %0000_0100: 모든 비트 역전
3. %0000_0101: 1을 더해 5를 만든다(2진수).

이번에는 16비트 수를 음수로 만드는 과정을 알아본다.
우선 32,767($7FFF)을 음수로 만들어보자.

1. %0111_1111_1111_1111: +32,767, 16비트 양수의 최댓값
2. %1000_0000_0000_0000: 모든 비트 역전(8000h)
3. %1000_0000_0000_0001: 1을 더한다(8001h 또는 –32,767).

그다음, 16,384($4000)를 음수로 만들어보자.

1. %0100_0000_0000_0000: 16,384
2. %1011_1111_1111_1111: 모든 비트 역전($BFFF)
3. %1100_0000_0000_0000: 1을 더한다($C000 또는 −16,384).

이번에는 −32,768($8000)을 음수로 만들어보자.

1. %1000_0000_0000_0000: −32,768, 16비트 음수의 최솟값
2. %0111_1111_1111_1111: 모든 비트 역전($7FFF)
3. %1000_0000_0000_0000: 1을 더한다($8000 또는 −32,768).

$8000의 모든 비트를 역전시키면 $7FFF가 되고, 마지막 자릿수에 1을 더하면 $8000이된다. 그런데 −(−32,768)은 −32,768이 아니다. 뭔가 잘못됐다! 즉, 16비트 2의 보수 체계로는 +32,768을 나타낼 수 없으며, 2의 보수 체계에서 표현할 수 있는 음수의 최솟값은 양수로 만들 수 없다는 사실을 기억하자.

2.6 2진수의 유용한 속성

프로그래밍에서 활용할 수 있는 2진수의 주요 속성은 다음과 같다.

- 2진수의 0번 비트가 1이면 홀수이고, 0이면 짝수다.
- 하위 n비트가 모두 0일 경우, 2^n으로 나눠진다.
- 어떤 2진수가 n번 비트 하나만 1이고 나머지는 모두 0일 때, 그 숫자는 2^n이다.
- 0번 비트부터 $n-1$번 비트까지 모두 1이고 다른 비트가 모두 0일 때, 그 수는 2^n-1이다.
- 모든 비트를 왼쪽으로 한 자리 이동시킨 수는 2를 곱한 것과 같다.
- 부호 없는 수를 오른쪽으로 한 자리 이동시키는 것은 2로 나누는 것과 같다. 이때 나눗셈의 나머지는 버린다(단, 부호가 있는 수에서는 적용되지 않는다).
- 두 개의 n비트 2진수를 곱하면, 그 결괏값을 저장하기 위해 $2 \times n$비트가 필요하다.
- 두 개의 n비트 2진수를 더하거나 빼면, 그 결괏값을 저장하는 데 $n+1$비트보다 많을 필요는 없다.

- 2진수의 모든 비트를 역전시키는 것은(0을 1로, 1을 0으로) 그 수의 부호를 바꾸고 1을 뺀 것과 같다.
- 부호 없는 2진수 중 가장 큰 값에 1을 더하면 언제나 0이 된다.
- 0에서 1을 빼면 언제나 가장 큰 부호 없는 수가 된다.
- n개의 비트를 이용해 2^n개의 서로 다른 비트 조합을 표현할 수 있다.
- $2^n - 1$은 모두 1로 된 n개의 비트로 이뤄진다.

표 2-4와 같이, 2^0부터 2^{16}까지 2의 거듭제곱수(멱수)를 기억해두면 여러 프로그램에서 쉽게 활용할 수 있다.

표 2-4 2의 거듭제곱수

n	2^n
0	1
1	2
2	4
3	8
4	16
5	32
6	64
7	128
8	256
9	512
10	1,024
11	2,048
12	4,096
13	8,192
14	16,384
15	32,768
16	65,536

2.7 데이터 타입 통일을 위한 부호 확장, 0 확장, 부호 축소

2의 보수 방식에서 하나의 음수는 어떤 데이터 타입을 사용하느냐에 따라 표기법이 달라진다. 하나의 프로그램에서 부호 있는 8비트 정수와 16비트 정수를 함께 사용하려면, 8비트 수 또는 16비트 수 가운데 하나에 맞춰 데이터 타입을 통일해야 한다. 8비트 수를 16비트로 맞추는 작업을 부호 확장sign extension, 16비트 수를 8비트로 맞추는 작업을 부호 축소sign contraction 연산이라 부른다.

-64의 경우 8비트 2의 보수 방식으로는 $C0이지만 16비트 수로는 $FFC0이므로, 비트 패턴이 다름을 알 수 있다. +64의 경우, 8비트 수는 $40, 16비트 수는 $0040이다. 즉, 음수와 양수의 데이터 크기를 바꾸려면 다른 연산 방식을 적용해야 한다.

특정 크기의 수(8비트)를 더 큰 타입의 수(16비트)로 부호 확장하려면, 부호 비트를 새로운 타입 수의 상위 비트에 넣어준다. 예를 들어 8비트 수를 16비트 수로 부호 확장하려면, 8비트 수의 7번 비트를 16비트 데이터의 8..15번 비트에 복사해 넣는다. 16비트 수의 부호를 더블워드로 확장하려면, 15번 비트를 더블워드의 16..31번 비트에 복사해 넣는다.

이를 일반화하면, 바이트 단위 수와 워드 단위 수의 덧셈 연산의 경우 연산 전에 바이트 수를 워드 수로 변환(확장)해야 함을 알 수 있다. 때로는 연산을 위해 32비트로 확장해야 하는 경우도 있다.

표 2-5는 부호 확장의 예를 보여준다.

표 2-5 부호 확장의 예시

8비트	16비트	32비트	2진수(2의 보수법)
$80	$FF80	$FFFF_FF80	%1111_1111_1111_1111_1111_1111_1000_0000
$28	$0028	$0000_0028	%0000_0000_0000_0000_0000_0000_0010_1000
$9A	$FF9A	$FFFF_FF9A	%1111_1111_1111_1111_1111_1111_1001_1010
$7F	$007F	$0000_007F	%0000_0000_0000_0000_0000_0000_0111_1111
n/a	$1020	$0000_1020	%0000_0000_0000_0000_0001_0000_0010_0000
n/a	$8086	$FFFF_8086	%1111_1111_1111_1111_1000_0000_1000_0110

또 다른 연산인 0 확장zero extension을 사용하면 작은 크기의 부호 없는 수를 큰 수로 바

꿀 수 있다. 0 확장은 매우 간단하므로, 피연산자^{operand}의 HO 바이트에 0을 넣어주기만 하면 된다. 예를 들어, 8비트 포맷의 $82를 16비트 포맷으로 바꾸려면 HO 바이트에 0을 넣어서 $0082로 만들면 된다.

표 2-6은 0 확장의 예를 보여준다.

표 2-6 0 확장의 예시

8비트	16비트	32비트	2진수(2의 보수법)
$80	$0080	$0000_0080	%0000_0000_0000_0000_0000_0000_1000_0000
$28	$0028	$0000_0028	%0000_0000_0000_0000_0000_0000_0010_1000
$9A	$009A	$0000_009A	%0000_0000_0000_0000_0000_0000_1001_1010
$7F	$007F	$0000_007F	%0000_0000_0000_0000_0000_0000_0111_1111
n/a	$1020	$0000_1020	%0000_0000_0000_0000_0001_0000_0010_0000
n/a	$8086	$0000_8086	%0000_0000_0000_0000_1000_0000_1000_0110

다수의 하이레벨 언어의 컴파일러는 부호 확장 및 0 확장 연산을 자동으로 처리한다. 다음은 C 언어의 확장 연산 방식이다.

```
signed char sbyte;    // C에서 char은 바이트
short int sword;      // C에서 short는 (보통) 워드 또는 16비트
long int sdword;      // C에서 long은 (보통) 더블워드 또는 32비트
  . . .
sword = sbyte;        // 바이트(8비트)를 워드(16비트)로 자동 부호 확장
sdword = sbyte;       // 바이트(8비트)를 더블워드(32비트)로 자동 부호 확장
sdword = sword;       // 워드(16비트)를 더블워드(32비트)로 자동 부호 확장
```

일부 언어(에이다 또는 스위프트)는 작은 크기에서 큰 크기로 포맷을 바꿀 때 명시적 변환$^{explicit cast}$을 요구한다. 이에 대한 자세한 사항은 해당 언어의 매뉴얼을 참고한다. 명시적 변환의 장점은 프로그래머가 컴파일러의 연산 내용을 명확히 알 수 있다는 것이다. 포맷 변환이 실패할 경우, 컴파일러는 이와 관련된 메시지를 전송한다.

부호 확장 및 0 확장 연산과 관련해서 기억할 점은 연산 비용이 발생한다는 것이다. 작은 크기의 정수를 큰 크기의 정수에 대입하는 연산은 같은 크기의 정수를 대입하는 연

산에 비해 더 많은 명령어나 더 많은 실행 시간을 필요로 한다. 따라서 서로 다른 크기인 수의 산술 연산이나 변수 할당 작업 시 좀 더 많은 주의를 기울여야 한다.

어떤 수를 더 적은 수의 비트를 사용해서 나타내는 부호 축소 연산은 부호 확장이나 0 확장 연산에 비해 좀 더 까다롭다. 예를 들어 -448의 경우 16비트 포맷으로 $FE40인데, 이 수는 8비트 수로 표현할 수 있는 범위를 넘어서기 때문에 8비트로 부호 축소하는 것이 불가능하다.

어떤 값의 부호 축소 연산을 하는 경우, 제거할 HO 바이트를 유심히 관찰해야 한다. 먼저, HO 바이트가 모두 0이거나 $FF인지 확인한다. 그다음, 축소된 값의 HO 비트 값은 축소 과정에서 제거된 비트 값과 같아야 한다. 이해를 돕기 위해 16비트 수를 8비트로 축소하는 연산의 과정을 살펴보자.

- $FF80(%1111_1111_1000_0000)은 $80(%1000_0000)으로 부호 축소할 수 있다.
- $0040(%0000_0000_0100_0000)은 $40(%0100_0000)으로 부호 축소할 수 있다.
- $FE40(%1111_1110_0100_0000)은 8비트로 부호 축소할 수 없다.
- $0100(%0000_0001_0000_0000)은 8비트로 부호 축소할 수 없다.

C와 같은 하이레벨 언어는 단순히 LO 부분을 저장하고 HO 부분을 제거하는 방식으로 부호 축소 연산을 실행한다. 이 과정에서 C 컴파일러는 정확도 손실에 대한 경고 메시지만 표시하며, 우리가 원하는 값으로 변환이 제대로 이뤄졌는지 여부는 확신할 수 없다. 따라서 C에서 부호 축소 연산을 할 때는 다음과 같은 코드를 실행하는 것이 일반적이다.

```
signed char sbyte;    // C에서 char은 바이트
short int sword;      // C에서 short는 (보통) 16비트
long int sdword;     // C에서 long은 (보통) 32비트
 . . .
sbyte = (signed char) sword;
sbyte = (signed char) sdword;
sword = (short int) sdword;
```

C에서 안전하게 데이터를 변환하려면, 축소된 수를 저장하기 전에 수의 크기를 확인해야 한다. 위 코드에 크기 확인 작업을 추가한 코드는 다음과 같다.

```
if( sword >= -128 && sword <= 127 )
{
    sbyte = (signed char) sword;
}
else
{
    // 오류 발생 시 보고
}

// 또 다른 방법인 assert() 함수의 사용

assert( sword >= -128 && sword <= 127 )
sbyte = (signed char) sword;

assert( sdword >= -32768 && sdword <= 32767 )
sword = (short int) sdword;
```

이와 같은 코드의 사용은 그리 권장하고 싶지 않다. 여러분이 C나 C++를 사용한다면, 매크로(#define)나 함수를 사용해서 이 코드의 가독성을 높일 수 있을 것이다.

일부 하이레벨 언어(프리 파스칼 또는 델파이)는 자동적으로 부호 축소를 실행하고, 그 결과가 적당한 범위에 속하는지 확인한다.[6] 확인 결과, 범위를 넘어서는 값을 축소시킨 경우 프로그램은 예외 처리 메시지를 전송하거나 이후 명령의 실행을 중단시킨다. 이런 문제를 해결하기 위해 여러분은 예외 처리 코드를 작성하거나 위의 C 예문처럼 if 구문을 사용하면 된다.

2.8 포화

포화saturation는 정수 값의 크기를 줄여주는 또 다른 방법이며, 정확성에 대한 기대치만 조금 낮춘다면 꽤 유용한 방법이다. 포화를 이용한 값 변환 시, 큰 객체의 LO 비트들을 작은 객체에 대입하면 된다. 이때 큰 객체의 값이 작은 객체의 범위를 벗어나면, 작은 객체

---

6   볼랜드(Borland)사의 컴파일러는 변환된 값의 정확성을 비교할 때 특별한 컴파일러 지시자를 사용하며, 기본 설정은 컴파일러가 값의 범위를 확인하지 않는 것이다.

의 데이터 범위에서 가장 큰(혹은 가장 작은) 수로 데이터를 잘라낸다.

예를 들어 16비트 정수를 8비트 정수로 변환하는 경우를 생각해보자. 16비트 수가 -128..+127 사이인 경우, LO 바이트를 8비트의 수에 대입하는 것으로 변환이 완료된다. 16비트 수가 127을 초과하는 경우 최댓값인 +127을 8비트에 넣고, 16비트 수가 -128보다 작은 경우 최솟값인 -128을 8비트에 넣는다. 포화는 32비트 데이터를 더 작은 크기의 데이터로 변환할 때도 동일하게 적용된다.

큰 수가 작은 수의 범위를 벗어나는 경우, 변환 작업 과정에서 데이터의 정확성이 낮아진다. 범위를 벗어난 값의 절사 작업은 정확도 측면에서 바람직하지 않지만, 예외 처리나 연산보다는 낫다고 할 수 있다. 오디오, 비디오 애플리케이션의 경우, 절사된 값을 사용해도 사용자가 값의 변화를 인지하지 못할 정도로 변화의 수준이 미미한 경우가 많다.

다수의 CPU는 특수 멀티미디어 확장 명령에서 포화 연산을 지원한다. 예를 들어, 인텔의 80x86 프로세서 시스템은 MMX/SSE/AVX 명령 확장 세트에서 포화 기능을 제공한다. 하지만 다수의 하이레벨 언어와 CPU의 표준 명령어 집합에서 직접 포화 기능을 제공하지 않는 경우가 많지만, 이를 구현하는 것은 어렵지 않다.

다음은 포화를 이용해 32비트 수를 16비트 수로 바꾸는 프리 파스칼/델파이 코드 예제다.

```
var
    li  :longint;
    si  :smallint;
        . . .
    if( li > 32767 ) then

        si := 32767;

    else if( li < -32768 ) then

        si := -32768;

    else
        si := li;
```

2.9 2진화 10진 표기법

2진화 10진 표기법BCD, Binary-Coded Decimal representation은 이름 그대로, 2진수 표기법으로 10진수를 인코딩하는 것이다. C/C++, 파스칼, 자바 등과 같은 대다수의 범용 하이레벨 언어는 BCD를 지원하지 않지만, COBOL과 다수의 DB 언어 같은 비즈니스 지향 언어는 BCD를 지원하므로 BCD에 대한 기본적인 이해가 필요하다.

BCD 값은 니블로 구성되며, 각 니블은 0..9의 값을 표현하되, 니블로 표현 가능한 16개의 수 중에서 열 개의 수만을 사용한다. 1바이트로는 두 자리의 10진수(0..99)를 나타낼 수 있으며, 워드는 네 자리 10진수(0..9999), 더블워드는 여덟 자리의 10진수를 나타낼 수 있다.

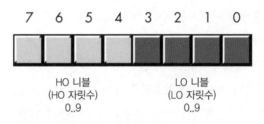

그림 2-8 1바이트의 BCD 데이터 표현식

8비트 2진수로는 0..255까지 나타낼 수 있는 반면, 8비트 BCD로는 0..99까지만 나타낼 수 있다. 또한 16비트 2진수로는 0..65535까지 나타낼 수 있는 반면, 16비트 BCD로는 2진수의 1/6인 0..9999까지만 나타낼 수 있다. 이처럼 BCD는 2진수 자체를 사용할 때보다 효율성이 낮고 연산 속도도 더 느리다는 단점이 있다.

그럼에도 불구하고 BCD를 사용하는 두 가지 이유가 있다. 첫 번째 이유는 BCD가 수 표기와 10진법 문자 표기 사이의 전환이 쉽다는 것이다. 두 번째 이유는 하드웨어에서 여러 자리의 10진수를 인코딩할 때 편리하다는 것이다. 예를 들어, 어떤 하드웨어에서 각 다이얼이 한 자릿수를 나타내는 다이얼 세트를 사용할 경우 BCD를 이용해 간단하게 변환하고 전송할 수 있다. 이런 이유로, BCD는 토스터 오븐, 알람 시계 등과 같은 임베디드 시스템에서 널리 사용되지만, 범용 컴퓨터 소프트웨어에서는 잘 사용되지 않는다.

수십 년 전만 해도 사람들은 BCD 연산 또는 10진수 연산이 2진수 연산보다 훨씬 더 정확하다고 믿었고, 금융 업계에서의 재무 계산 등 중요한 산술 연산은 10진수 연산을 표준처럼 사용했다. 드물게 BCD가 더 정확한 경우도 있지만, 대부분의 경우 10진법 연산보다 2진법 연산을 통해 더 정확한 결과를 얻을 수 있다.

따라서 현대 컴퓨터 프로그램의 대부분은 10진수를 포함한 모든 데이터를 2진수로 바꿔서 연산을 시행한다. 예를 들어 인텔 80x86의 부동소수점 유닛$^{\text{FPU, Floating-Point Unit}}$은 BCD 값을 읽고 저장하는 명령어를 제공하지만, FPU 내부적으로는 BCD를 2진법으로 바꿔서 처리한다. 다시 말해 BCD를 외부 데이터 포맷으로만(즉, FPU의 외부에서만) 사용하며, 이런 방식으로 연산의 정확도를 높게 유지할 수 있다.

2.10 고정소수점 표기

컴퓨터 시스템이 소수점을 표기하는 주요 방법으로는 고정소수점$^{\text{fixed-point}}$ 표기법과 부동소수점$^{\text{floating-point}}$ 표기법이 있다.

CPU가 부동소수점 연산을 지원하지 않던 옛 시절에는 고성능 소프트웨어에서 소수부$^{\text{fractional value}}$를 표기하기 위해 고정소수점을 주로 사용했다. 고정소수점의 장점은 소프트웨어에서 부동소수점 기반의 연산보다 고정소수점 기반의 연산이 고정 비용이 적다는 것이다. 하지만 이후, CPU 제조사가 부동소수점을 지원하기 위해 하드웨어에 FPU, 즉 부동소수점 유닛을 추가하면서 고정소수점 연산의 필요성이 크게 줄어들었다. 이는 CPU 내부의 부동소수점 유닛을 사용하는 편이 기존 방식에 비해 훨씬 더 효율적이기 때문이다.

이제는 CPU 제조사가 부동소수점 연산의 최적화 수준을 높여서 고정소수점 연산의 장점이 감소한 것이 사실이지만, 특정 연산 조건에 맞춰서 고정소수점 연산을 세심하게 적용한 어셈블리 언어 프로그램은 부동소수점 방식보다 연산 속도가 빠르다. 3D 게임 애플리케이션의 경우, 32비트 부동소수점 대신 16:16 포맷(16비트 정수, 16비트 소수)을 사용하는 것이 더 빠른 속도를 내기도 한다. 이와 같이 고정소수점의 장점을 활용할 수 있도록 이번 절에서는 고정소수점 표기법과 고정소수점을 이용한 소수부 표현 방식을 알아본다.

노트 | 부동소수점 표기법은 4장에서 상세히 다룬다.

소수부는 0과 1 사이의 값이며, 위치 기반 수 체계positional numbering system에서는 기수 자리의 오른쪽에 표시된다. 2진수 체계에서 소수점 우측의 비트는 2의 음수 승에 1 또는 0을 곱한 값이며, 2진수에서 소수를 나타낼 때는 소수부의 합으로 나타낸다. 10진수 5.25를 2진법으로 나타내는 경우, 다음과 같은 식으로 표현할 수 있다.

$$1 \times 2^2 + 1 \times 2^0 + 1 \times 2^{-2} = 4 + 1 + 0.25 = 5.25$$

고정소수점 방식으로 2진수를 표현하는 경우, 2진법 형식 내에서 특정 비트를 선택한 뒤 해당 비트 앞에 소수점을 찍는다. 이때 소수점의 위치는 소수부에서 사용할 유효 숫자의 크기에 따라 달라진다. 예를 들어 정수부가 0에서 999 사이인 경우, 그 수를 나타내기 위해 소수점 좌측으로 최소 10비트가 필요하고 부호를 추가해야 한다면 추가로 1비트가 필요하다. 즉, 32비트 고정소수점 표현에서는 소수부를 나타내기 위해 21비트(부호 없는 수) 또는 22비트(부호 있는 수)가 필요하다.

고정소수점 수는 실수의 부분집합이라 할 수 있다. 실수 세상에서는 두 개의 정수 사이에 무수히 많은 수가 존재하며, 고정소수점 방식으로는 두 정수 사이의 모든 수를 정확히 나타내기 어렵다(이를 위해 무수히 많은 비트가 필요하다). 따라서 고정소수점 방식을 사용할 경우, 대부분의 실수는 근삿값approximation으로 나타낸다. 예를 들어 8비트 데이터 형식에서 6비트는 정수부로, 2비트는 소수부로 사용하는 경우, 정수부는 0..63까지의 수(또는 다른 64개의 수, -32..+31 사이의 부호 있는 수)를 표현할 수 있고 소수부는 0.0, 0.25, 0.5, 0.75 등과 같은 네 개의 서로 다른 수를 표현할 수 있다.

하지만 이 방식으로는 1.3을 정확하게 나타낼 수 없으며, 기껏해야 1.3에 가장 가까운 1.25를 선택할 수밖에 없다. 그리고 이런 방식은 오차error(0.05)를 발생시킨다. 오차의 크기를 줄이려면 소수점 오른쪽 비트 수를 증가시켜야 하며, 이에 따라 정수부의 범위가 줄어든다. 예를 들어 16비트 고정소수점 수에서 8비트의 정수부와 8비트의 소수부를 사용하는 경우, 1.3은 2진법으로 다음과 같이 나타낼 수 있다.

$$1 + 0.25 + 0.03125 + 0.15625 + 0.00390625 = 1.30078125$$

고정소수점 표기에서는 소수부에 더 많은 비트를 할당해 더욱 정확한 근삿값을 구할 수 있다. 앞의 예에서 오차가 0.05였던 것에 비해 이번 예의 오차는 0.00078125로 크게 줄어들었다. 하지만 위에서 살펴본 1.3과 같이 고정소수점 기반 2진수를 이용할 때 소수점에 아무리 많은 비트를 추가하더라도 정확히 표기할 수 없는 숫자가 있다. 그리고 바로 이런 부분 때문에 사람들이 (0.1, 0.2, 0.3 등과 같이 소수점이 포함된) 10진법 연산이 2진법보다 정확하다고 오해할 수 있다.

두 진법의 정확성을 비교하기 위해 BCD 기반의 10진법 고정소수점 표기 방식을 생각해보자. 8비트의 정수부와 8비트의 소수부로 구성된 16비트 포맷을 사용할 경우, 0.0부터 99.99 사이의 두 자리 소수부를 갖는 모든 수를 표기할 수 있다. 앞서 살펴본 1.3은 BCD 기법을 이용해 $0130으로 정확히 표기할 수 있고, 암묵적인 10진 소수점이 두 번째와 세 번째 수 사이에 존재한다. 연산에서 0.00..0.99 범위의 수만 사용할 경우, 이번 (8비트를 소수부 표현에 사용하는) BCD 표기법이 2진수의 부동소수점 표기보다 정확하다.

하지만 일반적으로는 2진 표기법이 BCD보다 수를 더 정확하게 표현할 수 있는데, 이는 BCD 표기법이 100개의 소수를 표현할 수 있는 반면에 2진 표기법은 256가지의 서로 다른 소수 값을 표현할 수 있기 때문이다. 따라서 여러분이 임의의 소수를 표현하는 경우, 2진 표기법을 사용하면 BCD의 2.5배가 넘는 다양한 표현 방식을 사용해 실제 값에 좀 더 가깝게 표기할 수 있다. (16비트의 소수부를 사용하는 경우, 고정소수점 10진수 또는 BCD는 네 자릿수(10,000)의 정확성을 제공하지만, 고정소수점 2진수는 BCD의 여섯 배, 즉 65,536가지의 정확성 표현이 가능하다.)

10진 고정소수점 표기법을 사용하는 경우는 화폐 계산 등 10진법 기반 소수 연산이 빈번하게 시행되는 곳뿐이다. 미국은 재무와 관련된 연산 업무를 처리할 때 일반적으로 10진법을 사용한다. 그러나 (최소 소수점 네 자리의 정밀도를 요구하는) 재무 연산 작업에서도 2진법 연산이 더 높은 정확도를 제공한다.

0.00과 0.99 사이에서 소수점 두 자리 이상의 수를 정확히 표현해야 하는 경우, 2진 고정소수점 표기법은 적합하지 않고, 10진 고정소수점 표기법 또한 권장하지 않는다. 다음 절에서 정확한 수 표기를 위한 2진수 표기법을 알아본다.

2.11 배율 조정 수 포맷

배율 조정 수 포맷scaled numeric format은 소수 표현에 있어 10진수의 정확한 표기 기능과 2진수의 정밀함을 모두 갖췄으며, 이를 구현하기 위한 별도의 하드웨어가 필요하지 않다는 장점도 있다. 배율 조정 수의 또 다른 장점은 10이 아닌 다른 수를 기수로 선택할 수 있다는 것이다. 예를 들어 3진수 소수점을 표현하는 경우 3의 멱수를 곱해서 1/3, 2/3, 4/9, 7/27 등의 수를 정확하게 표기할 수 있지만, 이러한 수는 2진수나 10진수 형식으로는 정확하게 나타낼 수 없다.

소수부 표기를 위해 소수부의 값이 정수가 되도록 하는 적당한 수를 곱해준다. 예를 들어, 10진수로 소수점 두 번째 자리까지 표현하는 경우 100을 곱하면 된다. 즉, 1.3에 100을 곱해 130을 만들면 간단히 정수를 이용해서 원하는 값을 정확하게 표현할 수 있다. 모든 소수에 이런 방식을 적용하면(모든 소수는 소수점 두 번째 자리까지만 표현한다고 가정할 때) 표준적인 정수 연산만으로 모든 작업을 할 수 있다.

예를 들어 1.5와 1.3의 합을 구하는 경우 배율 조정 수를 곱해 정수인 150과 130으로 바꿔주고, 두 수를 더하면 280(실제로는 2.8을 의미)이 된다. 값을 출력할 때는 이를 100으로 나눠서 몫을 정수부, 나머지를 소수부로 한다. 수를 입력할 때와 출력할 때 100을 곱하고 나누는 작업을 추가한 점을 제외하면, 배율 조정 수 기법은 보통의 정수 계산만큼이나 간단하다.

한 가지 주의할 점은 이 방법을 사용할 경우 정수부의 표현 범위가 줄어든다는 것이다. 예를 들어 10진수 소수점 두 번째 자리까지 표현해야 한다면(즉 100을 곱한다면), 표현할 수 있는 수의 범위는(부호 없는 수일 때) 0..4,294,967,296이 아닌 0..42,949,672가 된다.

또한 배율 조정 수를 이용해 덧셈이나 뺄셈을 할 경우, 두 피연산자 모두에게 같은 배율을 곱해야 한다. 즉, 덧셈에서 하나의 피연산자에 100을 곱했다면 다른 피연산자에도 100을 곱해줘야 한다. 예를 들어 배율 조정 수로 10을 곱해서 i10을 만들고, 100을 곱해서 j100을 만들었다면, 두 변수끼리 덧셈이나 뺄셈을 하기 전에 i10에 10을 추가로 곱해주거나 j100을 10으로 나눠줘야만 한다. 이를 통해 두 피연산자의 소수점 위치가 같아지도록 해야 하며, 이 규칙은 변수는 물론 상수에도 적용된다.

곱셈이나 나눗셈을 할 때는 연산에 앞서서 소수점을 일치시킬 필요가 없지만, 연산

후에 결괏값의 소수점을 조정해야 한다. 예를 들어 소수점 두 번째 자리 수준의 정확도를 위해 100을 곱해준 두 개의 수 i = 25(0.25)와 j = 1(0.01)의 경우, 표준적인 정수 연산으로 k = i * j를 계산했다면 결괏값은 25(25 × 1 = 25)이고, 소수로서의 값은 0.25가 된다. 하지만 0.25와 0.01의 곱셈 연산 결과는 0.0025가 돼야 한다. 어디가 잘못된 것일까? 사실, 연산은 정확하다. 다만 배율 조정 수의 곱셈 연산 방식을 잘못 이해했을 뿐이다. 실제 연산 과정은 다음과 같다.

$$(0.25 \times (100)) \times (0.01 \times (100))$$

$$=$$

$$0.25 \times 0.01 \times (100 \times 100) \text{ // 교환법칙 적용}$$

$$=$$

$$0.0025 \times (10{,}000)$$

$$=$$

$$25$$

정확한 결괏값은 실제 값에 10,000을 곱해서 구해야 한다. 이는 i와 j 모두 100씩 곱해진 값이므로, 두 값을 곱하면 결국 100이 아닌 10,000을 곱해야 하는 것이다. 이런 문제를 해결하기 위해서는 결괏값을 배율$^{\text{scale factor}}$로 나눠야만 한다.

예를 들어 k = i * j / 100의 경우, 위와 비슷한 문제가 발생한다. 두 수 m = 500(5.0)과 n = 250(2.5)으로 k = m / n을 구하는 경우, 예상하는 결괏값은 200(2.0 즉 5.0/2.5)이다. 하지만 연산 결과를 살펴보면 이 답이 틀렸음을 알 수 있다.

$$(5 \times 100) / (2.5 \times 100)$$

$$=$$

$$500/250$$

$$=$$

$$2$$

언뜻 보면 답이 맞는 것 같지만, 정답은 곱셈의 경우처럼 배율을 적용한 0.02가 된다. 실제 정답은 200(2.0)이다. 이번 오답의 원인은 나눗셈에서 사용한 배율이 결괏값의 배율을 제거한 탓이다. 따라서 올바른 결과를 얻으려면 정확한 배율을 곱해서 k = 100 * m / n 을 계산해야 한다.

곱셈과 나눗셈을 할 경우, 나타낼 수 있는 수의 범위가 제한된다. 피제수^{dividend}를 배율인 100만큼 미리 곱해야 한다면 피제수는 사용 가능한 최대 정수 값의 1/100보다 작아야 하며, 그렇지 않을 경우 오버플로가 발생하고 연산 또한 틀리게 된다.

마찬가지로 배율 조정 수 기법을 적용한 두 개의 값을 곱하면 결괏값이 사용 가능한 최대 정수 값의 1/100 이하여야 하며, 그렇지 않을 경우 오버플로가 발생한다. 이런 이유로 배율 조정 수 기법을 사용할 때는 실제 필요한 수준보다 큰 데이터 타입을 사용해야 하거나, 사용하는 수의 크기에 제한이 생기는 등 문제가 발생할 수 있다.

2.12 유리수 표기법

이제까지 살펴본 소수점 표기법의 가장 큰 문제점은 해당 소수의 값을 정확히 표현할 수 없다는 것이다. 즉, 근삿값은 표현할 수 있지만 모든 유리수의 정확한 값은 표현할 수 없다.[7] 예를 들어 1/3은 2진법이나 10진법을 이용해서 정확하게 표현할 수 없으며, 3진법을 사용할 경우 1/3을 나타낼 수 있으나 이 방식으로는 1/2이나 1/10 등의 수는 정확하게 표현할 수 없다. 이런 문제를 해결하기 위해 유리수 표기법^{rational representation}을 사용한다.

유리수 표기법은 소수점을 표기하는 데 한 쌍의 정수를 사용한다. 둘 중 하나의 정수는 분자^{numerator}(n)를, 다른 정수는 분모^{denominator}(d)를 나타내며, 이를 n/d로 나타낸다.

n과 d가 공약수가 없는 서로소^{prime}일 경우에는 n과 d에 사용하는 데이터 크기 범위 내에서 소수부를 정확하게 나타낼 수 있다. 유리수의 연산은 매우 간단하며, 학교에서 배운 분수 연산 규칙에 따라 덧셈, 뺄셈, 곱셈, 나눗셈을 하면 된다.

유리수 표기법의 문제점 중 하나는 어떤 경우 분자값이나 분모값이 (오버플로가 발생할 정도로) 너무 커질 수 있다는 것이다. 이런 문제점만 빼면, 유리수 표기법을 사용해서 매우 넓은 범위의 소수 값을 정확하게 표현할 수 있다.

---

7   컴퓨팅 연산에서 무리수를 정확히 표현하는 것은 불가능하므로 고려 대상에서 제외한다.

2.13 참고 자료

Knuth, Donald E. *The Art of Computer Programming, Volume 2: Seminumerical Algorithms*. 3rd ed. Boston: Addison-Wesley, 1998.

3

2진법 계산 및 비트 연산

컴퓨터에서 원활하게 작동하는 소프트웨어를 작성하려면 컴퓨터의 기본 데이터 표기 방식인 2진수 체계를 잘 이해해야 하고, 이러한 2진 데이터 기반의 연산 방법도 잘 알고 있어야 한다. 이번 3장에서는 2진 데이터 기반의 산술 연산, 논리 연산, 비트 연산을 하는 방법을 알아본다.

3.1 2진수와 16진수를 이용한 산술 연산

소스 코드를 작성하는 프로그래머라면 두 개의 2진수 또는 16진수를 활용한 연산을 직접 해야 하는 상황을 겪게 되며, 이와 같은 계산을 돕는 도구가 있기는 하지만 간단한 2진수 연산 정도는 직접 할 수 있어야 한다. 16진수 연산은 상당히 복잡한 편이므로, 16진수 연산을 자주 해야 하는 프로그래머는 전용 계산기(윈도우 계산기 또는 스마트폰 계산기 앱 등)를 옆에 두고 업무를 보기도 한다. 반면 2진수 연산은 10진수 연산보다도 더 간단하다.

특히 프로그래머가 사용하는 주요 알고리듬 가운데 2진수 연산(또는 변형된 연산)을 사용하는 경우가 많으므로, 직접 2진수 연산을 처리할 수 있어야 한다. 이번 절에서는 2진 데이터의 덧셈, 뺄셈, 곱셈, 나눗셈 등의 산술 연산과 논리 연산 방법을 알아본다.

3.1.1 2진수의 덧셈

2진수의 덧셈은 간단하며, 이와 관련된 여덟 개의 규칙만 기억하면 된다.[1]

덧셈 연산 시, 상위 자리로 수를 올리는 캐리^{carry}가 발생할 수 있다.

- 0 + 0 = 0
- 0 + 1 = 1
- 1 + 0 = 1
- 1 + 1 = 0 캐리 발생
- 캐리 + 0 + 0 = 1
- 캐리 + 0 + 1 = 0 캐리 발생
- 캐리 + 1 + 0 = 0 캐리 발생
- 캐리 + 1 + 1 = 1 캐리 발생

위 여덟 개의 규칙만 기억하면, 어떤 2진수의 덧셈도 계산할 수 있다. 다음 2진수 덧셈 예제를 살펴보자.

```
    0101
  + 0011
  ------
```

1단계: LO 비트에서 더함(1 + 1 = 0 + 캐리)

```
     c
    0101
  + 0011
  ------
       0
```

2단계: 비트 1에서 캐리와 비트를 더함(캐리 + 0 + 1 = 0 + 캐리)

```
    c
   0101
```

---

1   2진수 덧셈의 여덟 개 규칙이 많다고 느껴질 수도 있지만, 10진수 덧셈의 경우에는 200여 개의 연산 규칙을 기억해야 한다.

```
    + 0011
    -------
       00
```

3단계: 비트 2에서 캐리와 비트를 더함(캐리 + 1 + 0 = 0 + 캐리)

```
     c
    0101
  + 0011
  ------
     000
```

4단계: 비트 3에서 캐리와 비트를 더함(캐리 + 0 + 0 = 1)

```
    0101
  + 0011
  ------
    1000
```

이와 비슷한 또 다른 예제도 살펴보자.

```
   1100_1101        1001_1111        0111_0111
 + 0011_1011      + 0001_0001      + 0000_1001
 -----------      -----------      -----------
 1_0000_1000        1011_0000        1000_0000
```

3.1.2 2진수의 뺄셈

덧셈처럼, 뺄셈과 관련된 여덟 개의 규칙만 기억하면 된다. 뺄셈 연산 시, 상위 자리에서 수를 빌려오는 버로우^{borrow}가 발생할 수 있다.

- 0 - 0 = 0
- 0 - 1 = 1 버로우 발생
- 1 - 0 = 1
- 1 - 1 = 0

- 0 - 0 - 버로우 = 1 버로우 발생
- 0 - 1 - 버로우 = 0 버로우 발생
- 1 - 0 - 버로우 = 0
- 1 - 1 - 버로우 = 1 버로우 발생

다음 2진수 뺄셈 예제를 살펴보자.

```
    0101
  - 0011
  ------
```

1단계: LO 비트에서 뺌(1 - 1 = 0)
```
    0101
  - 0011
  ------
       0
```

2단계: 비트 1에서 비트를 뺌(0 - 1 = 1 + 버로우)
```
    0101
  - 0011
     b
  ------
      10
```

3단계: 비트 2에서 비트와 버로우를 뺌(1 - 0 - b = 0)
```
    0101
  - 0011
  ------
     010
```

4단계: 비트 3에서 비트를 뺌(0 - 0 = 0)
```
    0101
  - 0011
  ------
    0010
```

이와 비슷한 또 다른 예제도 살펴보자.

```
  1100_1101       1001_1111       0111_0111
- 0011_1011     - 0001_0001     - 0000_1001
-----------     -----------     -----------
  1001_0010       1000_1110       0110_1110
```

3.1.3 2진수의 곱셈

2진수의 곱셈도 간단하며, 0과 1만 사용하는 10진수의 곱셈 규칙이라 할 수 있다.

- $0 \times 0 = 0$
- $0 \times 1 = 0$
- $1 \times 0 = 0$
- $1 \times 1 = 1$

다음 2진수 곱셈 예제를 살펴보자.

```
    1010
×   0101
-------
```

1단계: LO 비트에서 두 수(곱하는 수와 곱해지는 수)를 곱함
```
    1010
×   0101
-------
    1010    (1 × 1010)
```

2단계: 비트 1에서 두 수를 곱함
```
    1010
×   0101
-------
    1010    (1 × 1010)
    0000    (0 × 1010)
```

```
       -------
        01010      (부분 합)


3단계: 비트 2에서 두 수를 곱함
         1010
      ×  0101
       -------
        001010     (이전의 부분 합)
        1010       (1 × 1010)
       -------
        110010     (부분 합)


4단계: 비트 3에서 두 수를 곱함
         1010
      ×  0101
       -------
        110010     (이전의 부분 합)
        0000       (0 × 1010)
       -------
        0110010    (총합)
```

3.1.4 2진수의 나눗셈

2진수의 나눗셈도 곱셈처럼 10진수의 나눗셈과 같은 연산 방식인 롱핸드 알고리듬 longhand algorithm을 사용한다. 그림 3-1은 10진수의 나눗셈 순서를 보여준다.

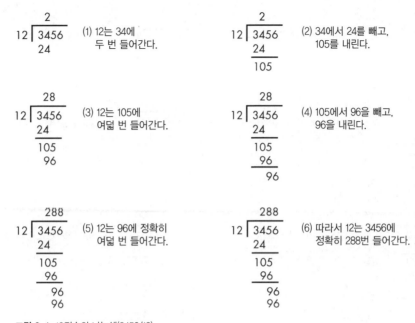

$\frac{2}{12 \overline{)3456}}$ 24	(1) 12는 34에 두 번 들어간다.	
$\frac{2}{12 \overline{)3456}}$ 24 105	(2) 34에서 24를 빼고, 105를 내린다.	

2
12⟌3456
   24   (1) 12는 34에
              두 번 들어간다.

2
12⟌3456
   24
  105   (2) 34에서 24를 빼고,
              105를 내린다.

28
12⟌3456
   24
  105   (3) 12는 105에
   96   여덟 번 들어간다.

28
12⟌3456
   24
  105
   96   (4) 105에서 96을 빼고,
   96   96을 내린다.

288
12⟌3456
   24
  105
   96   (5) 12는 96에 정확히
   96   여덟 번 들어간다.
   96

288
12⟌3456
   24
  105
   96   (6) 따라서 12는 3456에
   96   정확히 288번 들어간다.
   96

그림 3-1 10진수의 나눗셈(3456/12)

롱핸드 알고리듬을 2진수 나눗셈에 적용하면, 각 단계에서 12로 나눴을 때의 몫을 계산하거나 나머지 계산을 위해 뺄셈을 할 때 몫을 곱해줄 필요가 없으므로 10진수 나눗셈에 비해 더 간단하다. 2진수 나눗셈의 경우, 알고리듬의 각 단계에서 몫은 항상 0 아니면 1이다.

그림 3-2는 2진수 11011(27)을 11(3)로 나누는 순서를 보여준다.

그림 3-2 2진수의 롱핸드 나눗셈 기법

3.2 비트 논리 연산

16진수와 2진수의 논리 연산은 AND, OR, XOR(배타적 OR), NOT 등 네 가지가 있으며, 산술 연산에 비해 규칙이 간단하므로 계산기를 사용하지 않고 쉽게 계산할 수 있다(이 중 XOR은 두 피연산자가 같으면 0, 다르면 1을 출력한다).

두 개의 비트를 피연산자로 AND, OR, XOR 논리 연산에 입력하면 다음과 같은 결과를 출력한다.

AND:

```
0 and 0 = 0
0 and 1 = 0
1 and 0 = 0
1 and 1 = 1
```

OR:

```
0 or 0 = 0
0 or 1 = 1
1 or 0 = 1
1 or 1 = 1
```

XOR:

```
0 xor 0 = 0
0 xor 1 = 1
1 xor 0 = 1
1 xor 1 = 0
```

표 3-1, 표 3-2, 표 3-3은 각각 AND, OR, XOR에 대한 진리표^{truth table}를 나타낸다. 여기서 진리표는 초등학교에서 사용하는 곱셈표와 비슷하다.

표의 제1열 값은 연산의 좌항 피연산자이고, 표의 제1행 값은 우항 피연산자이며, 각 행과 열의 연산 결과는 교차 지점에 표시한다. 즉, 교차 지점의 값은 한 쌍의 피연산자에 대한 연산 결과다.

표 3-1 AND 진리표

AND	0	1
0	0	0
1	0	1

표 3-2 OR 진리표

OR	0	1
0	0	1
1	1	1

표 3-3 XOR 진리표

XOR	0	1
0	0	1
1	1	0

AND 논리 연산이란 '두 개의 피연산자가 모두 1이면, 결괏값은 1이다. 그렇지 않으면, 결괏값은 0' 또는 '두 개의 피연산자 중 하나라도 0이면, 결괏값은 0'인 것을 의미한다. AND 논리 연산은 결과를 0으로 만들 때 유용하며, 두 개의 피연산자 중 하나라도 0이면, 다른 피연산자에 관계없이 그 결과가 0이 되는 특징이 있다. 피연산자 중 하나가 1이면, 결괏값은 다른 피연산자에 따라 달라진다.

OR 논리 연산이란 '첫 번째 또는 두 번째 피연산자가 (또는 둘 다) 1이면, 결괏값은 1'인 것을 의미한다. OR 논리 연산은 포괄적 OR[inclusive-OR] 연산이라고도 하며, 피연산자 중 하나라도 1이면 결괏값이 1인 연산이다. 피연산자 중 하나가 0이면, 결괏값은 다른 피연산자에 따라 달라진다.

XOR 논리 연산이란 '두 개의 피연산자 중 하나가 1이고 둘 다 1은 아닌 경우 결괏값은 1이고, 그렇지 않은 경우 결괏값은 0'인 것을 의미한다. 피연산자 중 하나가 1이면, 결괏값은 다른 피연산자의 역수[inverse]다.

NOT 논리 연산은 (피연산자가 하나뿐인) 단항 연산이며, 단순히 피연산자의 역을 반환한다. NOT 연산에 대한 진리표는 표 3-4와 같다.

표 3-4 NOT 진리표

NOT	0	1
	1	0

3.3 2진수와 비트 문자열의 논리 연산

지난 절에서는 1비트 단위의 논리 연산에 대해 알아봤지만, 대부분의 프로그래밍 언어는 데이터를 8, 16, 32, 64비트 등과 같은 더 큰 비트 단위로 처리하므로 논리 연산의 규모를 1비트 단위 연산에서 비트별bit-by-bit 연산, 즉 비트와이즈bitwise 연산으로 확장해야 한다. 비트와이즈 논리 연산을 위해 두 개의 수가 주어진 경우, 먼저 두 수의 비트 0 자리에 대해 연산을 수행하고, 다음 비트 1 자리에 대한 연산을 수행하는 과정을 나머지 비트 자리에 대해 이어서 진행한다. 예를 들어 두 개의 8비트 수에 대해 AND 논리 연산을 수행하는 경우, 다음과 같이 동일 자릿수의 비트끼리 AND 연산을 수행한다.

```
%1011_0101
%1110_1110
-----------
%1010_0100
```

이와 같은 비트와이즈 연산은 다른 논리 연산에도 적용할 수 있다. 특히 AND나 OR 연산을 통해 비트를 0 또는 1로 변환하거나 XOR 연산을 이용해 비트를 역전시키는 일은 (2진수 등) 비트 문자열 연산을 할 때 매우 유용하다. 이런 방식을 이용해서 다른 비트에 영향을 주지 않은 채 특정 비트의 값만 변경할 수 있다.

예를 들어 8비트 2진수 X가 있을 때, 4~7번째 비트를 0으로 만들고 싶다면, X와 또 다른 8비트 2진수 %0000_1111에 대해 AND 논리 연산을 수행하면 된다. 이렇게 하면, HO의 4비트 값은 0이 되고, LO의 4비트 값은 그대로 유지된다. 다른 예로 X의 LO 비트를 1로 만들고 비트 2의 값을 역전시키려면, 먼저 X와 %0000_0001에 대해 OR 연산을 수행한 후 결괏값과 %0000_0100에 대해 XOR 연산을 수행하면 된다.

이처럼 AND, OR, XOR 연산을 통해 비트 문자열을 변경하는 작업을 마스킹masking이라 부르며, 특정 값(AND의 경우 1, OR나 XOR의 경우 0)을 이용해서 피연산자의 다른 비트를 가리고('마스크 아웃mask out' 또는 '마스크 인mask in') 원하는 비트만 0 또는 1로 만들거나 반전시킬 수 있으므로 다양한 문자열 연산에 활용할 수 있다.

다수의 프로그래밍 언어는 비트와이즈 단위의 AND, OR, XOR, NOT 연산을 지원한다. 그중 C 패밀리인 C/C++/자바/스위프트 등은 비트와이즈 AND 연산에 &, OR 연산에 |, XOR 연산에 ^, NOT 연산에 ~ 기호를 사용한다.

```
// C/C++ 예제:

    i = j & k;    // 비트와이즈 AND
    i = j | k;    // 비트와이즈 OR
    i = j ^ k;    // 비트와이즈 XOR
    i = ~j;       // 비트와이즈 NOT
```

비주얼 베이직과 프리 파스칼/델파이에서는 정수 피연산자와 and, or, xor, not 연산자를 함께 사용할 수 있으며, 80x86 어셈블리 언어에서는 AND, OR, NOT, XOR 명령어를 사용할 수 있다.

3.4 비트 연산의 유용한 속성

비트 연산은 당연히 비트 계산에 사용되지만, 비트 계산 이외의 용도로도 널리 활용된다. 이번 절에서는 다양한 언어에서 비트 연산이 지닌 속성을 활용하는 방법을 알아본다.

3.4.1 AND를 이용한 비트 문자열 검증

비트와이즈 AND 연산을 통해 특정 비트 값이 0 또는 1인지 검증할 수 있다. 어떤 값과 특정 비트 위치 값이 1인 비트 문자열에 대해 AND 연산을 수행한 경우, 결과가 0이면 그 값의 해당 비트가 0인 것이고, 결과가 0이 아니면 해당 비트가 1임을 알 수 있다. 다음의 C/C++ 코드는 이와 같은 방식으로 0번 비트 값을 검증해서 그 값이 짝수 또는 홀수인지 확인한다.

```
IsOdd = (ValueToTest & 1) != 0;
```

2진수의 경우, 위 비트와이즈 AND 연산의 실행 절차는 다음과 같다.

```
xxxx_xxxx_xxxx_xxxx_xxxx_xxxx_xxxx_xxxx   // ValueToTest는 32비트라 가정
0000_0000_0000_0000_0000_0000_0000_0001   // 1과 비트와이즈 AND 연산
-----------------------------------------
0000_0000_0000_0000_0000_0000_0000_000x   // 비트와이즈 AND 연산의 결과
```

위 연산에서 *ValueToTest*의 LO 비트에서 0번 비트의 값이 0이라면 결괏값은 0이고, 0번 비트의 값이 1이라면 결괏값은 1이며, 다른 비트 자릿수의 값은 무시된다.

3.4.2 AND를 이용한 비트 세트의 0 포함 여부 검증

비트와이즈 AND 연산을 통해 한 무리의 비트가 모두 0인지 검증할 수 있다. 예를 들어 어떤 수가 16으로 나눠서 떨어지는지 알아보려면, LO 4비트가 모두 0인지 확인하면 된다. 이를 위해 비트와이즈 AND 연산을 수행하는 프리 파스칼/델파이 명령문을 작성한다.

```
IsDivisibleBy16 := (ValueToTest and $f) = 0;
```

2진수의 경우, 위 비트와이즈 AND 연산의 실행 절차는 다음과 같다.

```
xxxx_xxxx_xxxx_xxxx_xxxx_xxxx_xxxx_xxxx   // ValueToTest는 32비트라 가정
0000_0000_0000_0000_0000_0000_0000_1111   // $F와 비트와이즈 AND 연산
-----------------------------------------
0000_0000_0000_0000_0000_0000_0000_xxxx   // 비트와이즈 AND 연산의 결과
```

ValueToTest의 LO 4비트가 모두 0일 때만 결괏값이 0이 된다.

3.4.3 2진 문자열의 비트 세트 비교

AND와 OR의 연산은 2진수의 일부 비트를 다른 값과 비교할 때 특히 유용하다. 예를 들어 32비트 값에서 0, 1, 10, 16, 24, 31번 비트만 비교하려는 경우, 비교하지 않으려는 비

트는 모두 0으로 바꾼 후 두 값을 비교하면 된다.[2]

다음과 같은 세 개의 2진수가 있을 때 0, 1, 10, 16, 24, 31번 이외의 비트를 x로 표시해보자.

```
%1xxxxxx0xxxxxxx1xxxxx0xxxxxxxx10
%1xxxxxx0xxxxxxx1xxxxx0xxxxxxxx10
%1xxxxxx1xxxxxxx1xxxxx1xxxxxxxx11
```

(0, 1, 10, 16, 24, 31번 비트만 확인했을 때) 첫 번째 및 두 번째 2진수의 값은 같다는 것을 알 수 있으며, 세 번째 값은 위의 두 값과 다르고 두 값에 비해 더 큰 수라는 것을 알 수 있다. C/C++와 어셈블리어에서 이들 값을 비교하는 방법은 다음과 같다.

```
// C/C++ 예제

    if( (value1 & 0x81010403) == (value2 & 0x81010403))
    {
        // value1과 value2의 비트 31, 24, 16, 10, 1, 0이 같은 경우의 실행 코드
    }

    if( (value1 & 0x81010403) != (value3 & 0x81010403))
    {
        // value1과 value3의 비트 31, 24, 16, 10, 1, 0이 다른 경우의 실행 코드
    }

// HLA/x86 어셈블리어 예제

    mov( value1, eax );        // EAX = value1
    and( $8101_0403, eax );    // EAX에서 관심 없는 비트를 마스킹
    mov( value2, edx );        // EDX = value2
    and( $8101_0403, edx );    // EAX에서 관심 없는 비트를 마스킹

    if( eax = edx ) then       // 나머지 비트의 일치 여부 확인
```

---

2   OR 연산으로 관심 없는 모든 비트를 1로 변환할 수 있지만, AND 연산이 좀 더 편리하다.

```
        // value1과 value2의 비트 31, 24, 16, 10, 1, 0이 같은 경우의 실행 코드

    endif;

    mov( value1, eax );        // EAX = value1
    and( $8101_0403, eax );    // EAX에서 관심 없는 비트를 마스킹
    mov( value3, edx );        // EDX = value2
    and( $8101_0403, edx );    // EAX에서 관심 없는 비트를 마스킹

    if( eax <> edx ) then // 잔존 비트의 불일치 여부 확인

        // value1과 value3의 비트 31, 24, 16, 10, 1, 0이 다른 경우의 실행 코드

    endif;
```

3.4.4 AND를 이용한 모듈로 n 카운터 구현

모듈로 $n^{modulo-n}$ 카운터는 0^3부터 최댓값까지 증가한 후 다시 0이 되는 속성을 지녔으며, 특히 0, 1, 2, 3, 4, 5, ... n-1, 0, 1, 2, 3, 4, 5, ... n-1, 0, 1, ...과 같이 0부터 최댓값 구간을 반복하는 수열^{sequence} 구조를 만들 때 편리하다. 이러한 수열 구조는 원형 큐$^{circular\ queue}$와 유사하며, 배열 구조에 포함된 마지막 수를 사용하면 배열의 처음 수부터 다시 사용하는 카운터를 구현할 때 유용하다. 모듈로 n 카운터를 만드는 방법은 카운터에 1을 더하고 결괏값을 $-n$으로 나눈 후 나머지를 카운터에 대입하는 것이다.

다음은 C/C++, 파스칼, 비주얼 베이직으로 모듈로 n 카운터를 구현한 것이다.

```
cntr = (cntr + 1 ) % n;    // C/C++/자바/스위프트
cntr := (cntr + 1) mod n;  // 파스칼/델파이
cntr = (cntr + 1) Mod n      ' 비주얼 베이직
```

---

3   최댓값에서 0으로 카운트 다운하는 경우도 있지만, 보통의 경우 0에서 최댓값으로 카운트 업하는 방식을 사용한다.

하지만 위 연산 방식은 나눗셈의 연산 비용이 너무 높다는 문제점이 있다. 이 문제를 해결하기 위해 나눗셈 연산 대신 비교 연산을 적용한 파스칼 코드 예제는 다음과 같다.

```
cntr := cntr + 1;        // 파스칼 예제
if( cntr >= n ) then
    cntr := 0;
```

특별한 경우, 즉 n이 2의 멱수인 경우에는 AND 연산을 사용해서 모듈로 n 카운터를 좀 더 간단하게 구현할 수 있다. AND로 모듈로 n 카운터를 구현하는 경우, 카운터의 값을 1 증가시킨 뒤 n과 논리 AND를 수행하면 된다(이때 n은 $n = 2^m-1$이고, 2^m-1은 비트 자릿수 0..$m-1$까지 1, 나머지 비트 자릿수는 모두 0이다).

AND 연산은 나눗셈 연산에 비해 훨씬 빠르므로 AND 연산 기반의 모듈로 n 카운터는 나머지 연산자를 사용한 경우보다 훨씬 효율적이며, 거의 모든 CPU에서 AND 연산이 if 조건문보다 실행 속도가 빠르다.

예를 들어, $n = 32$인 경우 AND 연산을 사용해 모듈로 n 카운터를 구현하는 코드는 다음과 같다.

```
// 참고: 0x1f = 31 = 2^5 - 1, 따라서 n = 32, m = 5

    cntr = (cntr + 1) & 0x1f;     // C/C++/자바/스위프트 예제
    cntr := (cntr + 1) and $1f;   // 파스칼/델파이 예제
    cntr = (cntr + 1) and &h1f    ' 비주얼 베이직 예제
```

다음 어셈블리어 코드는 더욱 효율적이다.

```
inc( eax );                       // (eax + 1) mod 32 연산
and( $1f, eax );
```

3.5 이동 연산과 회전 연산

비트 문자열의 또 다른 논리 연산이자 다수의 프로그램에서 유용하게 사용되는 연산으로는 이동shift 및 회전rotate 연산이 있다. 이 연산은 다시 좌측 이동과 우측 이동, 좌 회전과 우 회전으로 세분화된다.

좌측 이동은 그림 3-3처럼 비트 문자열의 각 비트를 왼쪽으로 하나씩 옮긴다. 0번 비트는 1번 비트로, 1번 비트는 2번 비트로 옮겨지는 방식으로 모든 비트가 좌측으로 이동한다.

그림 3-3 1바이트에서의 좌측 이동 연산

이때 '0번째 비트는 어디로 가는가?'와 'HO 비트는 어디로 가는가?'라는 두 가지 의문점이 생긴다. 먼저 0번째 비트 자리에는 0이 채워지며, HO 비트는 이번 연산에서 자리버림carry out이 된다.

C/C++/C#, 스위프트, 자바, 프리 파스칼/델파이 등 다수의 고급 언어는 좌측 이동 연산을 지원한다. 이를 위해 C 계열 언어는 << 연산자를 사용하며, 파스칼/델파이는 shl 연산자를 사용한다. 다음의 예제 코드를 살펴보자.

```
// C:
cLang = d << 1;    // d를 왼쪽으로 한 자리 이동시킨 뒤, 변수 cLang에 대입

// 델파이:
Delphi := d shl 1;  // d를 왼쪽으로 한 자리 이동시킨 뒤, 변수 Delphi에 대입
```

2진수를 좌측으로 1만큼 이동시키는 것은 해당 값에 2를 곱하는 것과 같다. 좌측 이동 연산을 지원하지 않는 언어의 경우, 해당 2진수에 2를 곱해도 같은 효과를 얻을 수 있다. 보통의 경우 곱셈 연산이 좌측 이동보다 훨씬 느리며, 대부분의 컴파일러는 2의 멱수에 대한 곱셈을 자동으로 좌측 이동 연산으로 바꿔준다. 따라서 비주얼 베이직에서 다음

구문으로 좌측 이동 연산을 할 수 있다.

```
vb = d * 2
```

우측 이동 연산은 방향만 다를 뿐, 좌측 이동 연산과 비슷하다. 1바이트의 경우, 비트 7은 비트 6으로, 비트 6은 비트 5로, 비트 5는 비트 4로 옮겨진다. 우측 이동 연산 시, 그림 3-4와 같이 비트 7 자리에는 0이 채워지고, 기존의 비트 0 자리는 자리 버림이 된다.

C, C++, C#, 스위프트, 자바는 우측 이동에 >> 연산자를 사용하며, 프리 파스칼/델파이는 shr 연산자를 사용한다. 대부분의 어셈블리 언어에서도 우측 이동 명령(80x86의 shr)을 제공한다.

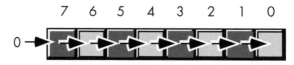

그림 3-4 1바이트에서의 우측 이동 연산

부호 없는 2진수를 우측 이동시키는 것은 해당 값을 2로 나누는 것과 같다. 예를 들어 부호 없는 수 254($FE)를 우측으로 한 자리 이동시킨 결괏값은 127($7F)이 되며, 2로 나눈 값과 일치한다.

하지만 8비트 2의 보수인 2진수 -2($FE)를 우측으로 한 자리 이동시킨 결괏값은 127($7F)이 되며, 위 규칙에 맞지 않게 된다. 즉, 이동 연산으로 부호 있는 수를 2로 나누려면 세 번째 이동 연산인 산술 우측 이동 연산^{arithmetic shift right}을 해야 하며, 이 연산은 HO 비트를 바꾸지 않는다. 그림 3-5는 8비트 피연산자에 대한 산술 우측 이동 연산을 보여준다.

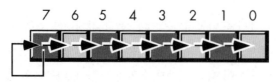

그림 3-5 1바이트에서의 산술 우측 이동 연산

2의 보수로 나타낸 부호 있는 피연산자에 대해 산술 우측 이동 연산을 하면, 올바른 연산 결과를 얻을 수 있다. 예를 들어, −2($FE)에 대해 산술 우측 이동 연산을 한 결괏값은 −1($FF)이다. 그러나 이와 같은 연산의 결과는 실제 결괏값보다 작거나 같은 근삿값이 된다는 점에 주의한다. 즉, −1($FF)을 산술 우측 이동시킨 결괏값은 0이 아닌 −1이 된다. 이는 −1은 0보다 작으므로 산술 우측 이동 연산 결과 −1로 근사시킨 결과다. 이 같은 결과는 산술 우측 이동 연산의 오류라기보다 기존과는 다른 나눗셈 연산의 결과라고 생각하는 편이 낫다.

여기서 기억할 점은 산술 우측 이동 연산을 지원하지 않는 언어에서 산술 우측 이동 대신 나눗셈 연산을 사용할 수 없다는 것이며, 이는 대부분의 정수 나눗셈은 결괏값을 0에 가깝게 근사시키기 때문이다.

하이레벨 언어 가운데 논리 우측 이동 연산과 산술 우측 이동 연산을 모두 지원하는 언어는 드물며, 어떤 언어는 산술 이동과 논리 이동의 사용 여부를 컴파일러를 구현하는 측에 맡기기도 한다. 따라서 논리와 산술, 두 개의 우측 이동 연산은 HO 비트 값과 상관없이 같은 결과를 얻을 수 있는 경우에만 사용하는 것이 안전하다.

논리 또는 산술 우측 연산 중 하나를 사용해야 하는 경우, 어셈블리 언어를 사용하거나 HO 비트 연산을 직접 처리해야 한다. CPU 간의 이식성이 중요하지 않은 경우, 하이레벨 언어의 소스 코드를 간결하게 유지하기 위해 인라인 어셈블리 구문을 사용하는 편이 낫다. 다음 코드는 우측 이동 연산 타입을 확정할 수 없는 상황에서 32비트 논리 우측 이동 및 산술 우측 이동 연산을 구현한 것이다.

```
// 32비트 정수에 대해 C/C++용으로 구현된 논리 우측 이동
    // 비트 30 계산
    Bit30 = ((ShiftThisValue & 0x80000000) != 0) ? 0x40000000 : 0;
    // 비트 0..30 이동
    ShiftThisValue = (ShiftThisValue & 0x7fffffff) >> 1;
    // 비트 30과 병합
    ShiftThisValue = ShiftThisValue | Bit30;

// 산술 우측 이동 연산

    Bits3031 = ((ShiftThisValue & 0x80000000) != 0) ? 0xC0000000 : 0;
```

```
// 비트 0..30 이동
ShiftThisValue = (ShiftThisValue & 0x7fffffff) >> 1;
// 비트 30/31과 병합
ShiftThisValue = ShiftThisValue | Bits3031;
```

다수의 어셈블리 언어는 회전 연산을 통해 데이터의 한쪽 끝으로 이동하며 빠지는 비트를 반대쪽에 다시 채워 넣는 기능을 제공한다. 하이레벨 언어 가운데는 회전 연산을 제공하는 경우가 드물며, 실제 사용 빈도 또한 낮다. 회전 연산이 필요한 경우, 다음과 같이 다수의 하이레벨 언어에서 지원하는 이동 연산을 변형해 회전 연산을 직접 구현할 수 있다.

```
// 파스칼/델파이 32비트 좌 회전 연산 예제
// 31번 비트를 0번 비트에 밀어 넣고, 다른 비트는 한 칸씩 좌측 이동
CarryOut := (ValueToRotate shr 31);
ValueToRotate := (ValueToRotate shl 1) or CarryOut;
```

이동 연산과 회전 연산에 대한 좀 더 자세한 사항은 『The Art of Assembly Language』(No Starch Press)에서 확인하자.

3.6 비트 필드와 데이터 묶음

CPU는 바이트, 워드, 더블워드, 쿼드워드 등과 같은 데이터 타입의 연산을 효율적으로 처리하지만,[4] 때에 따라서는 8, 16, 32, 64비트 이외의 데이터 타입으로 연산을 해야 하는 경우도 있다. 이럴 때는 서로 다른 크기의 비트 문자열을 하나의 단위(묶음 데이터[packed data])로 결합해 불필요하게 큰 데이터 타입의 사용으로 인한 비트의 낭비를 막고 메모리를 절약할 수 있다.

예를 들어, 04/02/01 형식의 데이터를 살펴보면 각각 월, 일, 년을 나타내는 세 개의

---

4 일부 RISC CPU는 더블워드 또는 쿼드워드 연산만 효율적으로 수행할 수 있으며, 이들 CPU의 경우 32비트 또는 64비트 미만의 데이터 객체만 비트 필드로 묶어서 관리하는 것이 좋다.

숫자 데이터로 구성된다. 월의 경우 1~12를 나타내기 위해 최소 4비트가 필요하고, 일의 경우 1~31을 나타내기 위해 최소 5비트가 필요하다. 연도의 경우, 위 형식상 0~99를 나타내기 위해 최소 7비트가 필요하다. 그리고 이들 데이터를 나타내는 데 필요한 총 비트수는 4 + 5 + 7 = 16비트이고, 이는 2바이트에 해당한다.

이럴 경우, 각 숫자를 나타내기 위해 3바이트를 사용하지 않고 2바이트 데이터를 세 개의 데이터 그룹으로 묶어 패키지처럼 사용할 수 있다. 이를 통해 각 날짜 데이터를 저장하는 데 있어서 1바이트의 메모리를 절약할 수 있고, 날짜 데이터가 많이 사용되는 경우 상당한 양의 메모리를 아낄 수 있다. 월, 일, 년이라는 세 개의 숫자 데이터는 2바이트속에 다음과 같이 입력할 수 있다.

그림 3-6 자릿수별로 짧게 묶은 숏 팩 데이터 형식(16비트)

4비트의 MMMM은 월, 5비트의 DDDDD는 일, 7비트의 YYYYYYY는 년을 나타내며, 이와 같이 구성된 비트 묶음을 비트 필드[bit field]라 한다. 예를 들어, 2001년 4월 2일은 다음과 같은 방식으로 $4101로 나타낼 수 있다.

```
0100     00010    0000001    = %0100_0001_0000_0001 or $4101
 04       02       01
```

이와 같이 데이터를 일정 단위로 묶어서 관리하면 저장 공간의 효율성은 높아지지만(메모리 절약), 연산 자체의 효율성은 낮아진다(연산 속도 저하). 이는 여러 비트 필드가 결합된 하나의 데이터에서 필요한 비트 필드 부분을 풀어 사용하기 위한 명령어가 추가로 필요하기 때문이다. 명령어를 실행하는 데 시간이 소요되고 명령어를 저장할 공간도 추가로 필요하므로, 데이터를 그룹화할 때는 실익이 무엇인지 먼저 살펴봐야 한다.

다음의 HLA/x86 코드는 앞서 살펴본 16비트 날짜 데이터를 묶고 푸는 데 소요되는 비용을 보여준다.

```
program dateDemo;

#include( "stdlib.hhf" )

static
    day:          uns8;
    month:        uns8;
    year:         uns8;
    packedDate: word;

begin dateDemo;

    stdout.put( "Enter the current month, day, and year: " );
    stdin.get( month, day, year );

    // 아래 비트 형식으로 데이터를 그룹화함
    //
    // 15 14 13 12 11 10  9  8  7  6  5  4  3  2  1  0
    //  m  m  m  m  d  d  d  d  d  y  y  y  y  y  y  y

    mov( 0, ax );
    mov( ax, packedDate );   // 오류 발생 대비
    if( month > 12 ) then
        stdout.put( "Month value is too large", nl );

    elseif( month = 0 ) then
        stdout.put( "Month value must be in the range 1..12", nl );

    elseif( day > 31 ) then
        stdout.put( "Day value is too large", nl );

    elseif( day = 0 ) then
        stdout.put( "Day value must be in the range 1..31", nl );

    elseif( year > 99 ) then
        stdout.put( "Year value must be in the range 0..99", nl );

    else
```

```
            mov( month, al );
            shl( 5, ax );
            or( day, al );
            shl( 7, ax );
            or( year, al );
            mov( ax, packedDate );

        endif;

        // 그룹화된 데이터 표시
        stdout.put( "Packed data = $", packedDate, nl );

        // 데이터 그룹 해제
        mov( packedDate, ax );
        and( $7f, al );          // 연 데이터 가져오기
        mov( al, year );

        mov( packedDate, ax );   // 일 데이터 가져오기
        shr( 7, ax );
        and( %1_1111, al );
        mov( al, day );

        mov( packedDate, ax );   // 월 데이터 가져오기
        rol( 4, ax );
        and( %1111, al );
        mov( al, month );

        stdout.put( "The date is ", month, "/", day, "/", year, nl );

end dateDemo;
```

Y2K[5] 등의 문제를 고려하면, 연도 표현에 두 자리만 사용하는 경우 문제가 있을 수 있다. 그림 3-7과 같이 좀 더 나은 날짜 포맷을 고려하자.

---

5   2000년 직전에 '소프트웨어 산업의 재앙'으로 여겨졌던 문제. 1900년대를 살던 당시 프로그래머는 관습적으로 연도를 두 자리로만 표시했지만, 2000년대에 가까워지면서 기존 방식으로는 1900년대와 2000년대를 명확히 구분할 수 없다는 사실을 깨닫게 됐다. 특히 원전, 금융 시스템 등의 오작동 가능성으로 인해 2000년대를 앞두고 큰 혼란이 있었으나 다행히 큰 문제 없이 지나갔다.

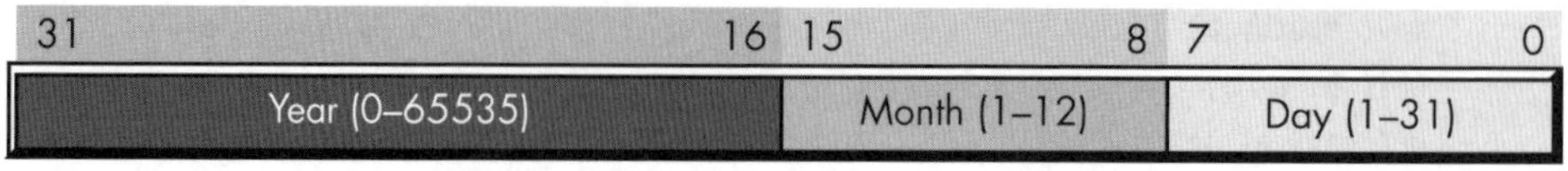

31	16	15	8	7	0
Year (0–65535)		Month (1–12)		Day (1–31)	

그림 3-7 자릿수별로 충분히 길게 묶은 롱 팩 데이터 형식(32비트)

32비트 변수에는 날짜 표현에 필요한 것보다 더 많은 비트가 있으므로, 연도에 0~65,535를 사용하고도 월과 일에 각각 1바이트를 더 할당할 수 있다. 각 항목에 1바이트를 더 할당하면, 바이트 접근을 지원하는 프로세서에서 좀 더 간단하게 데이터를 묶고 풀 수 있다. 이를 위해 연도 표현에 사용할 수 있는 비트가 조금 줄어들기는 하지만, 65,536년은 우리가 아주 오랜 기간 동안 쓸 수 있는 충분히 큰 수다.

위 형식은 앞서 살펴본 비트 필드 날짜 포맷과는 좀 다른 부분이 있다. 이전에 사용한 날짜 표시에는 세 개의 숫자 묶음이 사용됐으며, 그중 두 개에는 각각 1바이트를 할당하고 나머지 한 개에는 최소 2바이트를 할당하기 때문이다. 하지만 이번 예제는 데이터 '묶음'을 통해 하나의 덩어리로 패키지화packaged 또는 캡슐화encapsulated를 했다는 측면에서 차이가 있다.

이처럼, 더블워드 변수에 날짜 데이터를 모두 넣으면 프로그램은 서로 다른 세 개의 변수가 아닌 한 개의 변수로 처리할 수 있다. 즉, 프로그램에서 이 데이터를 처리할 때 세 개의 명령어가 아닌 한 개의 명령어로 처리할 수 있어 효율적이다.

두 날짜 포맷의 또 다른 차이점으로, 그림 3-6과 달리 그림 3-7의 날짜 포맷에서는 각 필드의 위치를 조정했다는 것을 알 수 있다. 이 경우, 부호 없는 정수 데이터 비교를 통해 두 개의 날짜를 쉽게 비교할 수 있다. 다음 HLA/어셈블리 코드를 살펴보자.

```
mov( Date1, eax );        // Date1, Date2는 더블워드 변수임
if( eax > Date2 ) then    // 32비트 롱 팩 데이터 형식 사용

   << Date1 > Date2인 경우 실행 내역 >>

endif;
```

기존 방식처럼 날짜의 각 필드마다 다른 변수를 할당했다면, Date1과 Date2를 이렇게 쉽게 비교할 수는 없을 것이다. 이를 통해 메모리 공간을 절약하지는 못하는 상황에서도 데이터를 묶어 관리하는 이유를 알 수 있으며, 적절한 방식으로 데이터를 묶으면 연산의 편리성, 효율성이 증대될 수 있다.

하이레벨 언어 중 C의 경우, 다음과 같은 구조체 정의를 통해 패키지화된 데이터를 사용할 수 있다.

```
struct
{
    unsigned bits0_3   :4;
    unsigned bits4_11  :8;
    unsigned bits12_15 :4;
    unsigned bits16_23 :8;
    unsigned bits24_31 :8;
} packedData;
```

이 구조체는 각 필드가 4, 8, 4, 8, 8비트인 부호 없는 객체를 생성한다. 각 필드의 선언 뒤에 있는 ':n'은 컴파일러가 해당 필드에 할당해야 하는 최소 비트 크기를 나타낸다. 그런데 C/C++ 컴파일러가 어떤 방식으로 32비트 더블워드를 필드에 할당하는지는 확인하기 어려우며, 이는 비트 필드 할당 방법이 컴파일러 개발사에 따라 다르기 때문이다.

또한 비트 문자열 내에서 비트의 나열 방식 또한 임의로 결정되며, 컴파일러에 따라 bits0_3 필드를 비트 28..31에 할당할 수도 있고 비트 0..3에 할당할 수도 있다. 또한 컴파일러에 따라서는 각 필드 사이의 간격을 맞추기 위해 의미 없는 비트padding bit를 삽입하기도 한다. 대부분의 C 컴파일러는 간격 맞추기용 비트 삽입을 최소화하려 하지만, 이것 역시 컴파일러에 따라(특히 CPU별 컴파일러에 따라) 다르다. 결국 C/C++ 구조체로 구현한 비트 필드는 이식성과 호환성이 매우 낮으며, 프로그래머는 비트 필드 처리를 컴파일러에 전적으로 의존해서는 안 될 것이다.

컴파일러에 내장된 데이터 묶음 기능의 장점은 컴파일러가 자동으로 관련 데이터를 묶거나 푸는 작업을 처리한다는 것이다. 다음 C/C++ 코드는 컴파일러를 통해 자동으로 각 비트 필드를 읽고 쓸 수 있도록 한다.

```
struct
{
    unsigned year  :7;
    unsigned month :4;
    unsigned day   :5;
} ShortDate;
        . . .
    ShortDate.day = 28;
    ShortDate.month = 2;
    ShortDate.year = 3;  // 2003
```

3.7 데이터 묶기와 데이터 묶음 풀기

묶음 데이터^{packed data} 타입의 장점은 메모리를 효율적으로 사용할 수 있다는 것이다. 예를 들어, 미국 사회보장번호^{SSN, Social Security Number}를 효율적으로 나타내는 방법을 생각해보자. 사회보장번호는 다음과 같은 형식의 아홉 자리 정수다.

XXX-XX-XXXX

사회보장번호를 각각의 32비트 정수로 나타내면 12바이트가 필요한데, 이는 문자 배열에 필요한 11바이트보다 많은 것이다. 좀 더 나은 방법은 각 필드를 16비트 정수로 나타내는 것이며, 이를 위해 6바이트가 필요하다. 위 코드에서 가운데 필드는 0과 99 사이의 값이므로, 가운데 필드를 1바이트로 나타내면 1바이트를 더 절약할 수 있다. 다음은 이러한 형식을 구현한 프리 파스칼/델파이 레코드 구조다.

```
SSN :record

    FirstField: smallint; // 프리 파스칼/델파이에서 smallint는 16비트임
    SecondField: byte;
    ThirdField: smallint;
```

```
end;
```

사회보장번호에서 하이픈을 빼면 아홉 자릿수가 되며, 0~999,999,999 범위의 수는 30비트로 나타낼 수 있으므로 모든 사회보장번호는 32비트 정수형으로 나타낼 수 있다. 하지만 사회보장번호 관리 소프트웨어가 필요에 따라 필드별 작업을 수행해야 하며, 32비트 정수형 데이터에서 필드를 추출하려면 연산 비용이 높은 나눗셈, 모듈로, 곱셈 등을 수행해야 하는 문제가 있다. 또한 사회보장번호를 32비트 형식을 유지한 채 문자열로 전환하는 작업은 더욱 어렵다.

위와 같은 필드 추출 방식 대신 빠른 기계 명령machine instruction을 사용하면, 각 비트 필드를 좀 더 쉽게 삽입하고 추출할 수 있으며 (하이픈이 포함된) 표준 문자열도 좀 더 쉽게 변환할 수 있다. 그림 3-8은 사회보장번호를 각 필드별로 별도의 문자열을 사용해 묶음 데이터 타입으로 구현한 것이다. 이때 총 31비트를 사용하고 HO 비트는 포함시키지 않는다.

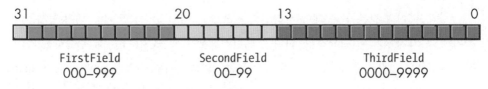

그림 3-8 사회보장번호(SSN)의 묶음 데이터 형식 인코딩

묶음 데이터에서는 비트 0 위치에 있는 객체의 접근이 가장 효율적이므로, 가장 자주 접근하는 데이터를 비트 0 위치에 배치해야 한다.[6] 필드별 접근 빈도를 파악하기 어렵다면, 각 필드를 바이트 단위byte boundary로 할당한다. 묶음 데이터 타입에 미사용 비트unused bit가 있는 경우, 해당 비트를 데이터 구조 전체에 분산시켜서 각 필드가 바이트 단위로 시작되고 8비트의 배수 단위로 처리되도록 한다.

그림 3-8의 사회보장번호 표기 방법에는 미사용 비트가 하나 있는데, 이 비트를 이용해 두 개의 필드를 바이트 단위로 분리하고 필드의 길이를 8의 배수로 맞출 수 있다. 그림 3-9는 미사용 비트를 이용해 사회보장번호 데이터 타입을 재배치한 것이다.

---

6   데이터 필드에 대한 접속 빈도는 애플리케이션에 따라 다르다.

그림 3-9 개선된 사회보장번호(SSN)의 묶음 데이터 인코딩

그림 3-9 데이터 형식의 유일한 문제점은 기존 32비트 무부호 정수에 비해 정렬 순서가 직관적이지 않다는 것이다.[7] 사회보장번호를 이용해서 정렬 작업을 할 일이 많다면, 기존의 그림 3-8 형식이 좀 더 나을 수 있다.

정렬 작업이 그리 중요하지 않다면, 그림 3-9의 형식에서 몇 가지 장점을 찾을 수 있다. 이번 데이터 형식은 SecondField를 나타내기 위해 (7비트가 아닌) 8비트를 사용하고, 추가 미사용 비트에는 항상 0만 들어있게 된다. 이는 SecondField가 0~7번 비트를 사용하고, 바이트 경계인 8번 비트부터 ThirdField가 시작된다. ThirdField는 8의 배수 단위가 아니고 FirstField는 바이트 경계에서 시작하지 않지만, SecondField의 추가 비트를 이용해 각 필드의 구분을 명확히 할 수 있다.

그렇다면, 이와 같은 묶음 데이터 타입의 필드에는 어떤 방식으로 접근해야 할까? 이를 위해 두 가지 작업이 필요하다. 하나는 데이터 필드의 값을 가져온 뒤 추출하는 것이고, 다른 하나는 해당 필드에 데이터를 삽입하는 것이다. 이들 작업은 AND, OR, SHIFT 연산을 이용해서 처리할 수 있다.

이러한 필드 연산을 할 때는 묶음 데이터를 바로 사용하는 대신, 세 개의 변수를 사용하는 편이 더 낫다. 사회보장번호의 경우 FirstField, SecondField, ThirdField라는 세 개의 변수를 생성한 후 묶음 데이터 타입으로부터 필드 값을 추출해 이들 변수에 저장하고, 작업 종료 후 다시 묶음 데이터 타입에 값을 입력한다.

묶음 데이터 형식에서 SecondField 값을 추출할 때는 그림 3-9처럼 0번 비트를 기준으로 데이터를 정렬하는 것이 접근에 가장 유리하다. 필드 데이터 추출을 위해 데이터를 SecondField 변수에 복사하고, AND 연산으로 SecondField 변수와 관련 있는 비트만 남긴다. 이때 SecondField는 7비트 값이므로, 0~6번 비트는 1, 나머지 비트는 모두 0으로 만드

---

7 직관적인 정렬 순서라면, 데이터의 중요도에 따라 첫 번째 필드부터 두 번째, 세 번째 필드의 순서로 값을 입력하게 될 것이다.

는 마스크를 적용한다.

다음의 C/C++ 코드는 해당 필드의 값을 추출해서 SecondField 변수에 저장한다 (*packedValue*는 32비트 묶음 데이터 형식의 사회보장번호 정보를 지님).

```
SecondField = packedValue & 0x7f;    // 0x7f = %0111_1111
```

0번 비트에서 시작하지 않는 필드의 추출은 이보다 좀 더 복잡하다. 그림 3-9의 ThirdField의 경우, FirstField, SecondField와 연결된 비트는 묶음 데이터 값과 %_11_11 11_1111_1111_0000_0000($3f_ff00)의 AND 연산을 통해 제거할 수 있다. 하지만 이 경우, ThirdField 값이 8~21번 비트에 위치하게 되고 각종 산술 연산이 더 복잡해진다. 따라서 AND 연산을 통해 제거하는 대신, 마스킹 값을 8비트만큼 우측 이동시켜서 사용하려는 데이터가 0번 비트에서 시작되도록 한다. 아래 파스칼/델파이 코드가 해당 작업을 수행한다.

```
ThirdField := (packedValue and $3fff00) shr 8;
```

또는 이동 연산 후 AND 연산을 하는 방법도 있다. 단, 이때는 $11_1111_1111_1111 또는 $3FFF 마스크를 사용한다. 다음의 C/C++/스위프트 코드는 이와 같은 방식으로 ThirdField를 추출한다.

```
ThirdField = (packedValue >> 8) & 0x3FFF;
```

(사회보장번호의 첫 번째 필드처럼) HO 비트로 정렬된 필드를 추출할 때는 HO 필드를 0번 비트에 정렬되도록 우측 이동시킨다. 우측 이동 연산 시 HO 비트에는 자동으로 0이 채워지므로 마스킹을 하지 않아도 된다. 이를 위한 파스칼/델파이 코드를 참고하자.

```
FirstField := packedValue shr 22; // 델파이의 SHR이 논리 우측 이동 연산임
```

HLA/x86 어셈블리 언어를 사용하면, 메모리의 어떤 위치(바이트 경계)에 있는 데이터에도 쉽게 접근할 수 있으며, 이는 두 번째 및 세 번째 필드 모두 0번 바이트를 기준으로 정렬됐기 때문이다. 또한 SecondField 값은 8비트이므로(HO 비트는 항상 0), 다음과 같은 간단한 명령어로 묶음 데이터의 값을 추출할 수 있다.

```
movzx( (type byte packedValue), eax ); // movzx: 0 확장 이동
```

위 명령어는 packedValue의 첫 번째 바이트(80x86 packedValue의 LO 8비트) 값을 추출한 뒤, 이 값을 EAX 레지스터에서 32비트 값으로 0 확장zero extension시킨다. 위 명령 실행 후, EAX 레지스터에는 SecondField 값이 저장된다.

묶음 데이터 형식에서 추출한 ThirdField 값은 8비트의 배수가 아니므로, 32비트 데이터 중 미사용 비트를 마스킹으로 제거해야 한다. 하지만 ThirdField는 묶음 데이터 구조에서 1바이트 경계에 맞춰 정렬돼 있으므로, 지난 하이레벨 언어 예제와 같은 이동 연산을 할 필요는 없다. 다음은 packedValue에서 ThirdField 값을 추출하는 HLA/x86 어셈블리 코드다.

```
mov( (type word packedValue[1]), ax );  // packedValue에서 1, 2 바이트 추출
and( $3FFF, eax );                      // 모든 불필요한 비트 제거
```

다음은 packedValue에서 FirstField 값을 추출하는 HLA/x86 어셈블리 코드로, 상위 열 개 비트를 이동시켜 0번 비트를 기준으로 정렬시킨다.

```
mov( packedValue, eax );
shr( 22, eax );
```

이제 데이터 삽입에 대해 알아보자. 삽입하려는 데이터가 변수에 들어있고 미사용 비트는 모두 0인 경우, 다음 3단계 과정을 거쳐 데이터를 삽입할 수 있다. 우선, 데이터를 삽입하려는 필드의 위치에 맞춰 좌측으로 이동시킨다. 그다음, 묶음 데이터 구조에서 해

당 필드를 (마스킹 작업 등을 통해) 모두 비운다. 마지막으로, 논리 OR 연산을 통해 이동시킨 필드를 묶음 데이터 구조에 넣는다. 그림 3-10은 데이터 삽입과 관련된 연산 절차를 보여준다.

1단계: ThirdField 변수의 비트를 8번 비트를 기준으로 정렬

2단계: 묶음 구조에서 해당 비트를 마스킹 기법으로 제거

3단계: 두 개의 값에 대해 논리 OR 연산을 수행

최종 결과

그림 3-10 사회보장번호 묶음 데이터 형식에 ThirdField 삽입하기

다음은 그림 3-10의 작업을 수행하는 C/C++/스위프트 코드다.

```
packedValue = (packedValue & 0xFFC000FF) | (ThirdField << 8 );
```

위 $0xFFC000FF는 8~21번 비트의 값은 0, 나머지 비트의 값은 1인 16진수 값이다.

3.8 참고 자료

Hyde, Randall. *The Art of Assembly Language*. 2nd ed. San Francisco: No Starch Press, 2010.

Knuth, Donald E. *The Art of Computer Programming, Volume 2: Seminumerical Algorithms*. 3rd ed. Boston: Addison–Wesley, 1998.

4

부동소수점 연산

소수가 포함된 실수 연산real arithmetic 시, 앞서 살펴본 정수 타입은 소수를 표현할 수 없기 때문에 부동소수점 연산을 통해 정확한 값의 근삿값을 구한다. 하지만 이와 같은 부동소수점 연산이 지닌 근사성과 부정확성으로 인해 애플리케이션 소프트웨어 작동 시 심각한 오류가 발생할 수 있다.

따라서 부동소수점 연산을 통해 정확한 결과를 도출하는 탁월한 소프트웨어를 작성하기 위해 프로그래머는 컴퓨터의 수치 표기법과 부동소수점 연산으로 실수 연산을 근사시키는 방법을 잘 알고 있어야 한다.

4.1 부동소수점 연산의 개요

실수real value는 무한히 많지만, 부동소수점floating-point 수는 일정 개수의 비트만을 사용해 표현하므로, 컴퓨터에서 표현 가능한 실수는 유한하다. 따라서 부동소수점 방식으로 특정 실수를 정확히 표기할 수 없는 경우, 근사치로 나타낸다. 이번 절에서는 부동소수점의 작동 방식을 알아보고, 실제 수의 근사가 지니는 한계점도 살펴본다.

컴퓨터 연산에서 정수 표기와 고정소수점 형식은 몇 가지 문제점을 지니고 있다. 정수integer의 경우 소수 값을 나타낼 수 없고, 정수 표기로는 $0..2^n-1$ 혹은 $-2^{n-1}..2^{n-1}-1$ 범위의 수만을 나타낼 수 있다. 이어서 고정소수점 형식^{fixed-point format}의 경우 소수 값을 나타낼 수 있지만, 이를 위해 표현 가능한 값의 범위를 줄여야 한다. 이러한 문제를 동적 범위^{dynamic range} 문제라 부르며, 부동소수점 형식^{floating-point format}은 바로 이런 문제를 해결한다.

부호 없는 16비트 고정소수점 수의 경우, 8비트는 소수부로 사용하고 나머지 8비트는 정수부로 사용한다. 정수부는 0..255를 나타낼 수 있고, 소수부는 2^{-8}부터 1 사이의 값(2^{-8} 정밀도)을 나타낼 수 있다. 여기서 소수부에 2비트만 사용해 0.0, 0.25, 0.5, 0.75만 나타내면, 소수부의 6비트를 낭비하게 된다. 그렇다면, 낭비되는 6비트를 정수부로 활용해 표현할 수 있는 수의 범위를 0..255에서 0..16,383으로 확장할 수 있다면 좋을 것이다. 그리고 이것이 바로 부동소수점 형식의 기본 개념이다.

부동소수점 수는 소수점^{radix point}의 위치를 필요에 따라 자유롭게 움직일 수 있다. 16비트 2진수에서 소수부가 2비트로 충분하다면 소수점이 비트 1과 비트 2 사이에 있게 되고, 비트 2부터 비트 15는 모두 정수부 표기에 사용할 수 있다. 단, 이를 위해 부동소수점 표기 시 소수점의 위치를 나타내는 필드를 추가하며, 이는 유효 숫자와 지수로 수를 나타내는 과학적 표기법^{scientific notation}의 지수부^{exponent}에 해당한다.

대부분의 부동소수점 형식은 일부 비트로 가수^{mantissa}를 나타내고, 나머지 비트로 지수^{exponent}를 나타낸다. 가수는 일정 범위(예: 0과 1 사이)의 기본 수이고, 지수는 가수에 곱해져서 해당 범위를 넘어서는 수를 도출한다. 이와 같은 가수 및 지수 표기법을 이용해 부동소수점 형식은 매우 넓은 범위의 수를 나타낼 수 있다는 장점이 있다.[1]

하지만 하나의 수가 두 개의 부분으로 나눠져 있으므로, 부동소수점 수는 일정 개수의 유효 자릿수^{significant digit}로 이뤄진 수만 나타낸다는 단점이 있다. 가장 작은 지수와 가장 큰 지수의 차이가 가수의 유효 숫자보다 큰 경우(대부분 이에 해당한다.), 부동소수점 표기법으로 모든 범위의 수를 정확하게 나타내는 것은 어렵다.

정확도가 일정 수준으로 제한된 연산의 문제점을 확인하기 위해 간단한 10진 부동소수점 형식을 생각해보자. 이 형식에서 유효 자릿수에 세 자리, 지수 표현에 두 자리를 사

1　가수(假數)란 부동소수점 기수법에서 유효 자릿수 부분을 말한다. 10진수 0.0001234는 0.1234E−3으로 나타낼 수 있으며, 이 중 0.1234는 가수, −3은 지수(指數)다. 또한 부동소수점 표기법에서 E자 앞의 수를 가수라 부른다. 10진수 640,000은 6.4E5로 나타낼 수 있으며, 이 중 6.4는 가수, 5는 지수다. 가수에서 한자 '가(假)'의 의미는 '임시의' 또는 '앞의'라는 뜻으로 해석된다. − 옮긴이

용한다. 가수와 지수 모두 부호를 지니는 경우 그림 4-1처럼 나타낼 수 있다.

그림 4-1 간단한 부동소수점 형식

위의 부동소수점 표기법을 사용하면 0.00부터 9.99×10^{99} 사이의 모든 수를 근사해서 나타낼 수 있다. 그러나 이 형식으로 모든 수를 정확하게 표현할 수 없다(이를 위해 100개의 유효 자릿수가 필요하다). 9,876,543,210 같은 수를 부동소수점 형식으로 근사시켜 나타내면 9.88×10^9이 된다. 이는 프로그래밍 표기법으로 9.88e+9로 나타낼 수 있으며, 이후 이 표기법을 주로 사용한다.

부동소수점 형식은 정수 표기법만큼 다양한 수를 나타낼 수 없는데, 그 이유는 부동소수점 형식에서는 여러 개의 표기 방식(비트 패턴)으로 같은 값을 나타내기 때문이다. 그림 4-1과 같은 간단한 부동소수점 형식의 경우 1.00e+1과 0.10e+2는 표기 방식은 다르지만, 사실은 같은 값을 의미한다. 특정 형식이 사용할 수 있는 표기의 종류에는 한계가 있으므로, 하나의 값을 나타내는 두 개의 표기가 있다는 것은 표현할 수 있는 경우의 수가 하나 줄어든다는 의미다.

또한 과학적 표기법 중 하나인 부동소수점 형식은 계산이 복잡하며, 두 개의 수를 더하거나 빼려면 먼저 지수를 일치시켜야 한다. 예를 들어 1.23e1과 4.56e0을 더하려면, 먼저 4.56e0을 0.456e1로 변환해야 한다. 두 수의 덧셈 결과는 1.686e1인데, 이번에는 유효 자릿수가 맞지 않으므로 다시 결괏값을 라운딩^{rounding}(올림/내림, 맺음)하거나 제거(잘라냄)해야 한다. 보통은 라운딩을 통해 실제와 가장 가까운 값을 얻을 수 있으며, 위 근삿값의 라운딩 결과는 1.69e1이다. 이처럼 부동소수점 형식에서는 계산에 사용되는 비트 수 또는 정밀도^{precision}가 계산 결과의 정확도^{accuracy}에 영향을 준다.

위의 예에서 라운딩이 가능한 이유는 계산에 네 개의 유효 자릿수를 사용했기 때문이다. 만일 계산에 세 개의 유효 자릿수를 사용해야 한다면 작은 수의 마지막 자리를 잘라내야 하며, 이때 결괏값은 1.68e1로서 앞의 경우보다 정확도가 낮아진다. 즉, 계산의 정확도를 높이려면 계산 중에 추가 자릿수를 사용해야 한다. 이러한 추가 자릿수를 보호 자릿수(보호 숫자$^{guard\ digit}$, 또는 2진 형식의 경우 보호 비트$^{guard\ bit}$)라 한다. 보호 자릿수를 사용하면 결과의 정확도가 크게 향상된다.

개별 연산에서 정확도가 떨어지는 것은 큰 문제가 되지 않는다. 하지만 부동소수점 연산을 연속적으로 하는 경우 연산이 거듭될 때마다 오차가 누적되며, 이는 연산 결과에 큰 영향을 미친다.

예를 들어 1.23e3과 1.00e0의 덧셈 연산의 경우, 앞에서 알아본 바와 같이 먼저 지수부를 맞추고 덧셈을 하면 1.23e3 + 0.001e3이 되고 반올림 결과는 1.23e3이 된다. 여기까지는 별문제가 없다. 세 개의 유효 자릿수를 사용하는 경우, 작은 값의 덧셈으로 계산 결과가 크게 달라지지 않기 때문이다.

하지만 1.23e3과 1.00e0의 덧셈을 열 번 반복하는 경우를 생각해보자. 처음 1.23e3에 1.00e0을 더하면 1.23e3을 얻는다. 그다음에 두 번째, 세 번째, 네 번째 덧셈을 해도 결과는 동일하다. 반면 먼저 1.00e0을 열 번 더한 후 1.23e3에 더하면, 다른 결과인 1.24e3이 나온다.

제한된 정확도 조건에서 시행하는 부동소수점 연산의 첫 번째 규칙은 다음과 같다.

연산의 순서는 연산 결과의 정확도에 영향을 미칠 수 있다.

상대적 크기(즉, 지수의 크기)가 비슷한 수끼리 덧셈이나 뺄셈을 하면, 좀 더 정확한 결과를 얻을 수 있다. 덧셈과 뺄셈을 연속적으로 수행하는 연산의 경우 먼저 지수의 크기가 비슷한 수끼리 그룹화해 연산을 하고, 이후 지수의 크기 차이가 나는 수의 연산을 수행해야 한다.

덧셈과 뺄셈의 또 다른 문제로, 가짜 정밀도$^{false\ precision}$ 문제가 있다. 1.23e0 - 1.22e0 연산의 경우 결과는 0.001e0이다. 이는 수학적으로 1.00e-2와 같지만 1.00e-2의 경우 마지막 두 자리가 모두 0이라는 의미인데, 이 계산 결과의 유효 숫자는 소수점 두 번째 자리 하나뿐이다. 이런 경우, 일부 FPU나 부동소수점 처리 소프트웨어는 LO 비트에 임의의 수를 삽입하기도 한다.

제한된 정확도 조건에서 시행하는 부동소수점 연산의 두 번째 규칙은 다음과 같다.

같은 부호를 지닌 두 수를 빼거나 다른 부호를 지닌 두 수를 더하면, 결괏값의 정확도는 부동소수점 형식이 지원하는 것보다 낮아질 수 있다.

부동소수점 수의 곱셈이나 나눗셈은 지수를 맞춰줄 필요가 없으므로 이 같은 문제를 걱정할 필요가 없다. 곱셈의 경우 지수끼리 더하고 가수끼리 곱하면 되고, 나눗셈의 경우 지수끼리 빼고 가수끼리 나누면 된다. 부동소수점 곱셈이나 나눗셈은 그 자체로는 별다른 문제를 일으키지 않지만, 기존의 연산에서 발생한 오차를 확대시킬 가능성이 있다. 예를 들어, 1.24e0과 2의 곱셈 대신 1.23e0과 2의 곱셈을 하는 경우 정확도가 훨씬 낮아진다.

제한된 정확도 조건에서 시행하는 부동소수점 연산의 세 번째 규칙은 다음과 같다.

덧셈, 뺄셈, 곱셈, 나눗셈의 혼합 연산을 할 때는 곱셈과 나눗셈을 먼저 하라.

몇 가지 산술 변환을 통해 혼합 연산에서 곱셈과 나눗셈을 먼저 할 수 있다. 예를 들어 다음의 식을 연산하는 경우를 생각해보자.

$$x \times (y + z)$$

원래의 산술 원칙을 따르자면 소괄호 안의 덧셈 연산을 먼저 해야 하지만, 다음과 같이 전개한 후 곱셈을 먼저 수행하면 전체 연산의 정확도를 높일 수 있다.

$$x \times y + x \times z$$

위와 같은 방식으로 곱셈 또는 나눗셈을 먼저 할 수 있다.[2]

곱셈과 나눗셈에는 또 다른 문제가 있다. 곱셈의 경우 매우 큰 두 수나 매우 작은 두 수를 곱셈한 결과로 오버플로overflow 또는 언더플로underflow 현상이 발생할 수 있고, 나눗셈의 경우 작은 수를 큰 수로 나눌 때 혹은 큰 수를 작은 수로 나눌 때 이와 비슷한 현상이 발생할 수 있다.

이런 문제를 방지하기 위한 부동소수점 연산의 네 번째 규칙은 다음과 같다.

일련의 수에 대한 곱셈 또는 나눗셈 연산을 할 경우, 가급적 비슷한 크기의 수끼리 곱하거나 나눈다.

부동소수점 수의 비교 연산은 매우 까다롭다. 이는 모든 부동소수점 연산에 일정 수

---

2   이 방식의 단점은 곱셈을 두 번 해야 한다는 것이고, 연산 속도도 조금 느려질 수 있다.

준의 부정확성이 존재하기 때문이며, 입력 문자열을 부동소수점 수로 바꾸는 작업을 포함해 두 개의 부동소수점 수가 같은지 확인하면 예상과 다른 결과를 얻을 수 있다. 즉, 수학적으로는 같은 결과를 얻을 수 있더라도 결괏값의 LSB^{Least Significant Bit}는 다를 수 있다.

예를 들어 1.31e0 + 1.69e0 연산과 1.50e0 + 1.50e0 연산의 결괏값은 3.00e0으로 같다. 그러나 (1.31e0 + 1.69e0)과 (1.50e0 + 1.50e0)을 비교하면 결과가 다를 수 있다. 두 개의 부동소수점 수가 같다는 것은 모든 자리의 비트 값이 같다는 것인데, 덧셈 연산의 값이 같더라도 동등 비교 연산의 값까지 일치하는 것은 아니기 때문이다. 그래서 부동소수점 수의 비교 연산을 할 때는 매우 신중해야 한다.

두 부동소수점 수의 동등성^{equality}을 비교하려면, 다음 코드와 같이 비교 연산의 오차 ^{error, tolerance} 수준을 결정하고, 하나의 값이 해당 오차 범위에서 다른 값과 동일한지 확인한다.

```
if( (Value1 >= (Value2 - error)) and (Value1 <= (Value2 + error)) then . . .
```

이를 위한 좀 더 효율적인 코드는 다음과 같다.

```
if( abs(Value1 - Value2) <= error ) then . . .
```

허용 오차는 연산에서 발생할 수 있는 최대 오차보다 조금 큰 수가 되도록 설정하되, 정확한 허용 오차 수준은 부동소수점 형식과 비교하는 수의 크기^{magnitude}에 따라 달라진다.

이런 문제를 해소하기 위한 부동소수점 연산의 다섯 번째이자 마지막 규칙은 다음과 같다.

두 부동소수점 수를 비교해 동등 여부를 알아볼 때는 두 수의 차이가 허용 오차 범위 내에 있는지 확인한다.

두 부동소수점의 동등 비교는 널리 알려진 문제이며, 대부분의 프로그래밍 입문 서적에서 다룬다. 반면 대소 비교 연산에서도 비슷한 문제가 발생한다는 사실은 별로 언급되지 않는다.

일련의 부동소수점 수 연산을 시행하면 일정 수준의 오차 범위를 갖게 되는데, 이보다 좀 더 높은 수준의 정확도가 필요한 경우를 생각해보자. 대소 비교 연산의 결과를 오차 수준이 낮은 다른 연산 결과와 비교하는 경우, 대소 비교 연산의 결과가 정확하지 않을 수 있다.

예를 들어, 오차 범위 ±0.05인 연산의 결괏값이 1.25인 경우 정확한 값은 1.20~1.30 범위에 존재한다. 오차 범위 ±0.005인 다른 연산의 결괏값이 1.27인 경우, 정확한 값은 1.265~1.275 범위에 존재한다. 그리고 이들 연산 결과의 대소를 비교하면, 첫 번째 연산의 결괏값(1.25)이 두 번째 결괏값(1.27)보다 작다는 결론을 내릴 수 있다. 하지만 오차 범위를 고려했을 때, 이와 같은 결론을 신뢰하기 어렵다. 첫 번째 연산의 실제 결과가 1.27에서 1.30 사이의 값인 경우, 두 번째 값보다 크므로 위 결론은 틀린 것이 된다. 즉, 대소 비교 연산의 경우에도 두 개의 값이 서로의 오차 범위 내에 있는지 확인해야 한다.

두 값이 서로의 오차 범위 내에 있는 경우 두 값의 크기는 같다고 해야 하며, 어느 한쪽이 더 크다는 결론을 내려서는 안 되고, 두 값이 서로의 오차 범위 내에 있지 않은 경우에만 어느 한쪽이 더 크거나 작다고 결론을 내릴 수 있다. 어느 한쪽의 대소 여부를 가급적 인정하지 않으려는 이와 같은 방법을 소극적 접근법^{miserly approach}이라 부른다.

대소 비교를 위한 다른 방법으로 적극적 접근법^{eager approach}이 있으며, 이는 대소 비교 결과를 가급적 인정하는 속성을 지닌다. 예를 들어 비교를 위한 두 개의 수와 허용 오차가 주어진 경우, 적극적 접근법의 코드는 다음과 같다.

```
if( A < (B + error) ) then Eager_A_lessthan_B;
if( A > (B - error) ) then Eager_A_greaterthan_B;
```

위 코드에서는 (B + error) 계산 과정에서 B의 크기와 허용 오차(error)의 범위에 따라 오차가 달라질 수 있고 전체 결과에도 영향을 줄 수 있다.

노트 | 지면상의 제약으로 이번 절에서는 부동소수점 연산의 주요 문제점만 다뤘지만, 수치 해석(numerical analysis)이나 과학적 계산(scientific computing)을 다룬 책을 통해 좀 더 전문적이면서 깊이 있는 내용을 공부할 수 있다. 여러분이 어떤 프로그래밍 언어를 사용하든 간에 부동소수점 연산을 자주 한다면 제한된 정밀도 연산의 주요 내용을 충분히 파악해야 한다.

4.2 IEEE 부동소수점 형식

인텔이 자사의 8086 마이크로프로세서에 부동소수점 유닛$^{\text{FPU, Floating-Point Unit}}$을 도입하기로 했을 때, 칩 설계에 참여한 엔지니어와 물리학자가 부동소수점 표기 방식까지 고민하도록 할 필요는 없다는 사실을 알게 됐다.

이후 인텔은 최고의 수치 해석 전문가$^{\text{numerical analyst}}$에게 8087 FPU를 위한 부동소수점 표기 방식을 설계하도록 했고, 세 명의 전문가인 칸^{Kahn}, 쿠난^{Coonan}, 스톤^{Stone}은 부동소수점 표준 표기 방식인 'KCS Floating-Point Standard'를 고안했다. 그리고 이 표준안은 IEEE Std 754 부동소수점 형식의 기초가 됐다.

인텔은 다양한 성능 및 정밀도에 대한 요구 사항을 만족시키기 위해 단정밀도$^{\text{single precision}}$, 복정밀도$^{\text{double precision}}$, 확장 정밀도$^{\text{extended precision}}$라는 세 개의 부동소수점 형식을 개발했다. 단정밀도와 복정밀도는 각각 C의 float와 double에 해당하고, FORTRAN의 real과 double precision에 해당한다. 확장 정밀도는 16비트를 추가로 사용하며, 이들 추가 비트는 연산 결과를 라운딩해서 복정밀도 형식으로 변환하기 전에 사용하는 보호 비트 역할을 한다.

4.2.1 단정밀도 부동소수점 형식

단정밀도 부동소수점 형식$^{\text{single-precision floating-point format}}$은 24비트의 가수부^{mantissa}, 8비트의 지수부^{exponent}를 사용한다. 여기서 가수는 1.0 이상, 2.0 미만의 수이며, 가수부의 HO 비트는 항상 1이고 소수점$^{\text{binary point}}$ 좌측의 수를 나타낸다. 가수부의 나머지 23비트는 소수점 우측의 수를 나타낸다.

1.*mmmmmmm mmmmmmmm mmmmmmmm*

HO 비트가 항상 1이므로, 가수부는 언제나 1 이상이다. 가수부의 나머지 값이 모두 0이어도 가수부가 1 이상인 것은 변함없다. 소수점 오른쪽의 수는 각각 2의 음인 승수 negative power of 2를 나타내지만, 소수점 오른쪽의 값을 나타내기 위해 무한히 많은 비트를 사용하고, 그 모든 비트가 1이라 하더라도 전체 가수부의 값은 2보다는 작은 수이므로 가수의 범위는 항상 1.0 이상, 2.0 미만이 된다.

예를 들어 10진수 1.7997의 2진 가수를 구하는 경우 다음의 절차를 따른다.

1. 1.7997에서 2^0을 빼면 0.7997, %1.00000000000000000000000
2. 0. 7997에서 2^{-1}(1/2)을 빼면 0.2997, %1.10000000000000000000000
3. 0.2997에서 2^{-2}(1/4)을 빼면 0.0497, %1.11000000000000000000000
4. 0.0497에서 2^{-5}(1/32)을 빼면 0.0185, %1.11001000000000000000000
5. 0.0185에서 2^{-6}(1/64)을 빼면 0.00284, %1.11001100000000000000000
6. 0.00284에서 2^{-9}(1/512)을 빼면 0 .000871, %1.11001100100000000000000
7. 0.000871에서 2^{-10}(1/1,024)을 빼면 대략 0, %1.11001100110000000000000

1과 2 사이에는 무한히 많은 종류의 값이 있지만, 23비트의 가수로는 약 800만 개(2^{23})의 값만을 나타낼 수 있으므로 단정밀도 부동소수점 연산은 23비트 수준의 정확도만 가질 수 있다.

가수부는 2의 보수가 아닌 1의 보수 one's complement를 사용하므로, 24비트 가수는 부호 없는 2진수이고 31번 비트가 가수의 부호를 결정한다. 1의 보수를 사용하면 부호 비트가 1인 경우와 0인 경우 등 0의 표기 방식이 두 개가 된다는 문제가 있지만, 이는 부동소수점 소프트웨어나 하드웨어 시스템을 설계할 때만 문제가 된다. 보통 0을 나타낼 때 부호 비트는 언제나 0이라고 봐도 무방하다.

단정밀도 부동소수점 형식은 그림 4-2와 같다.

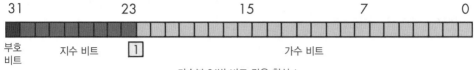

부호
비트　지수 비트　[1]　가수 비트

가수부 24번 비트 값은 항상 1

그림 4-2 32비트 단정밀도 부동소수점 형식

부동소수점 형식은 2의 멱수를 가수에 곱해서 원하는 값을 표현한다. 지수부는 8비트로 나타내며, excess-127(bias-127) 형식을 사용한다. 예를 들어 excess-127 형식에서 지수 2^0을 나타낼 때는 127($7F)을 사용한다. 지수부를 excess-127 형식으로 변환하려면, 지수부에 127만 더해주면 된다.

예를 들어 1.0을 단정밀도 부동소수점 표기 방식으로 나타내면 $3f800000이다. 가수는 1.0이고 지수는 2^0, excess-127 형식으로는 127($7F)이다. 2.0은 $40000000이고, 지수 2^1은 128($80)로 인코딩된다.

지수부에 excess-127 형식을 사용하면 부동소수점 값을 좀 더 쉽게 비교할 수 있으며, 두 개의 부동소수점 수의 크기를 비교할 때 부호 비트(31번 비트)만 따로 처리해주면 부호 없는 정수를 비교하는 것과 같다. 부호가 서로 다르다면 부호 비트가 0인 수(양수)가 부호 비트가 1인 수(음수)보다 크다.[3] 부호 비트가 모두 0이라면 단순히 부호 없는 정수처럼 비교하면 되고, 부호 비트가 모두 1이라면 부호 없는 정수처럼 비교하고 결과를 역전시킨다. 즉, 부호 없는 정수 비교에서 작은 수가 부동소수점 비교에서는 더 큰 수가 된다.

일부 CPU는 32비트 부호 없는 정수 비교가 부동소수점 수의 비교보다 훨씬 빠르며, 이때는 부동소수점 연산 대신 부호 없는 정수 연산을 사용하는 것이 효율적이다.

24비트 가수는 10진수로 대략 $6\frac{1}{2}$자리의 정밀도를 지닌다(여기서 1/2자리의 정밀도란 소수점 여섯 자리까지는 0..9의 수를 모두 나타낼 수 있지만 일곱 자리는 0..x까지만 나타낼 수 있고 x는 9보다 작은, 통상 5에 가까운 수임을 의미한다). excess-127 형식의 8비트 지수로 나타낼 수 있는 단정밀도 부동소수점 수의 동적 범위는 약 $2^{\pm128}$, 또는 $10^{\pm38}$이다.

단정밀도 부동소수점 수는 다수의 애플리케이션에서 활용될 수 있지만, 이 형식이 지

3　부호의 처리와 관련된 몇 가지 예외가 있다. 부동소수점 형식은 부호 비트가 다른 두 개의 0 표기를 사용하며, 대소 비교 시 표기 방식이 다른 두 개의 0은 모두 같은 수로 처리해야 한다. 이 외에도 몇 가지 예외적인 부동소수점 값이 있으며, 이들 값은 비교 연산 시 좀 더 신중하게 처리해야 한다.

니는 동적 범위 속성은 재무나 과학 분야에서 사용하기에 부적합하다. 또한 연속적인 연산을 시행할 경우 정확성의 한계로 인해 상당한 오차가 생길 수 있으므로, 복잡한 계산을 할 때는 좀 더 정밀한 부동소수점 형식이 필요하다.

4.2.2 복정밀도 부동소수점 형식

복정밀도 부동소수점 형식double-precision floating-point format을 사용하면, 기존 단정밀도 부동소수점 형식이 지니는 여러 문제를 해결할 수 있다. 복정밀도 부동소수점 형식은 단정밀도보다 두 배 많은 공간을 사용하므로 11비트의 excess-1023 지수부, 53비트의 가수부(항상 1인 HO 비트 포함), 부호 비트로 구성된다. 이를 통해 $10^{\pm308}$의 동적 범위와 15~16+자리의 정밀도를 지원하므로 대부분의 애플리케이션에서 문제없이 사용할 수 있다.

복정밀도 부동소수점 형식은 그림 4-3과 같다.

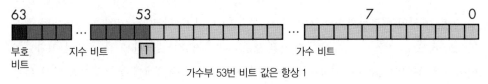

그림 4-3 64비트 복정밀도 부동소수점 형식

4.2.3 확장 정밀도 부동소수점 형식

인텔은 연속적인 복정밀도 부동소수점 수의 연산 과정에서 정확도를 유지할 수 있는 방법으로 확장 정밀도 부동소수점 형식extended-precision floating-point format을 고안했다. 확장 정밀도 부동소수점 형식은 80비트를 사용하며 64비트의 가수부, 15비트의 excess-16,383 지수부, 1비트의 부호부로 구성된다. 이번 형식은 기존 형식과 달리 값이 1인 HO 비트를 지니지 않는다. 확장 정밀도 부동소수점 형식은 그림 4-4와 같다.

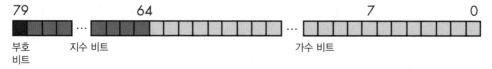

그림 4-4 80비트 확장 정밀도 부동소수점 형식

　80x86 FPU는 모든 연산에서 확장 정밀도 형식을 사용한다. 단정밀도, 복정밀도의 수를 로딩하면 FPU는 자동으로 확장 정밀도 값으로 변환하고, 연산 결과를 메모리에 저장할 때도 FPU는 자동으로 라운딩해서 적절한 크기의 값으로 변환한다. 확장 정밀도 형식은 32비트 또는 64비트 연산에서 보호 비트를 사용하므로, 32비트 또는 64비트 연산의 정확도를 유지할 수 있도록 돕는다.

　FPU는 80비트 연산에 대해서는 보호 비트를 사용하지 않으므로, 확장 정밀도 수끼리 연산할 때 LO 비트에서 일정 수준의 오차가 발생하게 된다. 즉, 확장 정밀도를 통해 80비트 수준의 정확도까지 보장할 수 없지만, 64비트 수준의 정확도는 충분히 확보할 수 있다.

　인텔 이외의 제조사가 만든 CPU는 보통 32비트와 64비트, 두 가지 부동소수점 형식만 제공하므로, 이들 CPU에서의 연산은 80x86에서 80비트 연산을 한 것보다 정확도가 떨어진다. 최신의 x86-64 CPU는 SSE 확장의 일부로서 추가적인 부동소수점 연산 하드웨어를 지원한다. 단, SSE 확장 기능은 64비트 및 32비트 부동소수점 연산만 지원한다.

4.2.4 쿼드 정밀도 부동소수점 형식

　인텔 입장에서 80비트의 확장 정밀도 부동소수점 형식은 어쩔 수 없는 선택이었다. 부동소수점 형식의 일관성을 고려한다면, 64비트 부동소수점 형식의 상위 개념은 당연히 128비트 부동소수점 형식이 돼야 했을 것이다. 하지만 부동소수점의 표준 형식을 설계하던 1970년대 말의 인텔에게는 128비트의 쿼드 정밀도 부동소수점 형식quad-precision floating-point format은 하드웨어에 너무나도 많은 부담을 주는 형식이었다. 그래서 당시에는 어쩔 수 없이 80비트의 확장 정밀도 형식에 머물러야 했지만, 오늘날의 IBM POWER 9과 최신의 ARM 계열 CPU는 쿼드 정밀도 부동소수점 연산을 지원한다.

　IEEE Std 754 쿼드 정밀도 부동소수점 형식은 그림 4-5와 같이 1비트의 부호부, 15비트의 excess-16,383 지수부, 112비트의 가수부(113번째 비트는 1)로 구성되며, 10진 자릿수 36개 수준의 정밀도와 $10^{\pm4932}$ 범위의 지수를 지닌다.

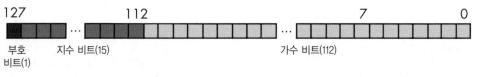

그림 4-5 128비트 쿼드 정밀도 부동소수점 형식

4.3 부동소수점 수의 정규화와 비정규화

대부분의 부동소수점 연산은 연산 과정에서의 정밀도를 유지하기 위해 정규화된 값을 사용한다. 정규화된 부동소수점 값normalized floating-point value이란 가수의 HO 비트가 1인 것을 뜻하며, 부동소수점 값을 정규화시켜 사용하면 연산 도중에 정밀도를 유지할 수 있다는 장점이 있다. 가수부의 HO 비트에 0이 포함돼 있는 경우에는 연산에서 사용할 수 있는 비트의 수가 줄어들고 그만큼 정밀도가 떨어지게 된다.

2진 부동소수점 수를 정규화하려면 가수부의 HO 비트가 1이 될 때까지 가수부 비트를 좌측으로 이동시키고 지수를 감소시킨다.[4] 2진 부동소수점에서 지수부는 2의 지수binary exponent이므로, 지수부를 1 증가시키는 것은 값에 2를 곱하는 것과 같고, 지수부를 1 감소시키는 것은 값을 2로 나누는 것과 같다.

또한 가수부를 좌측으로 1비트 이동시키는 것은 2를 곱하는 것과 같고, 우측으로 이동시키는 것은 2로 나누는 것과 같다. 즉, 정규화를 위해 가수부를 좌측으로 1만큼 이동시키고 지수부를 1 감소시켜도 값에는 변화가 없다. 이는 하나의 값을 표현하는 부동소수점 형식은 여러 가지가 있기 때문이다.

다음은 정규화되지 않은 부동소수점 수다.

`0.100000 × 2`^{1}

---

4   매우 드물게, 2진 소수점 좌측으로 1비트 이상이 필요한 경우도 있다. 이때는 가수부를 우측으로 이동시키고 지수를 증가시켜 정규화한다.

다음은 가수부를 좌측으로 1만큼 이동시키고 지수부를 1 감소시켜서 정규화한 부동소수점 수다.

1.000000×2^0

부동소수점 수를 정규화할 수 없는 두 가지 경우가 있다.

첫 번째는 부동소수점 수 0이다. 0은 지수부와 가수부의 모든 영역이 0으로 채워져 있기 때문에 정규화할 수 없다. 하지만 0은 한 개의 0비트로 표현할 수 있으므로 정밀도를 나타내기 위한 비트를 추가하지 않아도 된다.

두 번째는 가수부의 여러 HO 비트가 0이고 편향 지수부biased-exponent도 0이며, 정규화를 위해 가수부를 감소시킬 수 없는 경우다.[5] IEEE 표준은 가수부의 HO 비트가 0이면서 편향 지수부도 0이 되는 것을 금지하는 대신, 비정규화된 매우 작은 값을 사용할 수 있도록 했다.[6] IEEE 표준 부동소수점 연산은 비정규화된 값denormalized value을 이용해 정밀도를 좀 더 높일 수 있지만, 정규화된 값을 이용할 때보다는 정밀도가 낮다.

4.4 라운딩

부동소수점 연산에서는 부동소수점 형식이 지원하는 것보다 연산 결과의 정밀도를 높여야 하는 경우가 있으며, 이러한 경우에는 보호 비트guard bit를 추가해 정밀도를 높인다. 그리고 연산이 끝난 뒤 결괏값을 다시 부동소수점 형식으로 저장할 때, 이러한 추가 비트를 다시 제거하는 작업을 라운딩rounding이라 한다.

라운딩은 연산의 정확도에 영향을 끼치며, 부동소수점 소프트웨어 또는 하드웨어가 사용하는 라운딩 기법으로는 버림, 올림, 내림, 반올림 및 반내림 등 네 가지가 있다.

라운딩 기법 중 하나인 버림truncation은 간단한 대신 연속적인 연산을 수행할 경우 가장 정확성이 떨어진다. 요즘 사용되는 부동소수점 체계에서는 버림을 사용하는 경우가

---

5 여기서 '편향'이란 해당 값에 오프셋(offset)을 더했다는 의미다. 예를 들어 excess-127 지수부는 127의 편향성을 지닌다.
6 이에 대한 대안으로 값을 0으로 언더플로시키는 방법이 있다.

거의 없으며, 부동소수점 수를 정수로 바꾸는 경우에만 공식적으로 버림 기법을 사용한다.

올림rounding up은 보호 비트가 모두 0일 경우는 별도의 처리를 하지 않지만, 현재의 가수가 결괏값의 비트에 정확하게 들어맞지 않는 경우 부동소수점으로 나타낼 수 있는 수에 가장 가까운 큰 수를 사용한다. 올림도 버림의 경우처럼 자주 사용되지 않으며, 부동소수점 수를 가장 가까운 더 큰 정수로 바꾸는 ceil() 함수 구현 등에 사용된다.

내림rounding down은 올림과 유사하지만, 가장 가까운 더 작은 수를 사용한다는 점이 다르다. 그런 면에서 내림과 버림은 비슷하지만 약간의 차이점이 있는데, 버림은 항상 0에 가까운 결과를 반환한다는 것이다. 양수의 경우 내림과 버림의 결과는 같지만, 음수의 경우 버림은 불필요한 비트를 사용하지 않고 내림은 LO 비트에 1을 추가한다는 차이점이 있다. 내림도 버림처럼 많이 사용되는 편은 아니지만, 부동소수점 값을 가장 가까운 더 작은 정수로 바꾸는 floor() 함수 구현 등에 사용된다.

반올림 및 반내림rounding to nearest은 보호 비트를 처리하는 가장 직관적인 방법이다. 먼저 보호 비트가 가수 LO 비트 값의 절반보다 작은 경우, (부호와 관계없이) 더 작은 수 중 가장 큰 수로 변환한다. 이어서 보호 비트가 가수 LO 비트 값의 절반보다 큰 경우에는 (부호와 관계없이) 더 큰 수 중 가장 작은 수로 변환한다. 마지막으로, 보호 비트가 가수 LO 비트 값의 절반과 정확히 같은 경우 IEEE 표준 부동소수점 형식에서는 올림과 내림을 각각 절반의 확률로 수행한다.

이와 같은 작업은 가수부를 LO 비트 위치에 0이 있는 값으로 라운딩하는 것과 같다. 즉, 현재 가수부의 LO 비트에 이미 0이 있는 경우 현재의 가수부를 그대로 사용하고, 현재 가수부의 LO 비트에 1이 있는 경우 LO 비트에 이미 0이 있는 큰 값에 1을 더해 올림한다. IEEE 부동소수점 표준안이 반영된 이와 같은 반올림 기법은 앞서 살펴본 라운딩 기법 중 정밀도 손실이 가장 적은 연산 방식이다.

다음은 24비트의 가수, 4비트의 보호 비트를 지닌 부동소수점 수의 라운딩 사례다. 즉, 28비트인 수를 24비트인 수로 반올림하거나 반내림한다.

```
1.000_0100_1010_0100_1001_0101_0001 -> 1.000_0100_1010_0100_1001_0101
1.000_0100_1010_0100_1001_0101_1100 -> 1.000_0100_1010_0100_1001_0110
1.000_0100_1010_0100_1001_0101_1000 -> 1.000_0100_1010_0100_1001_0110
```

```
1.000_0100_1010_0100_1001_0100_0001 -> 1.000_0100_1010_0100_1001_0100
1.000_0100_1010_0100_1001_0100_1100 -> 1.000_0100_1010_0100_1001_0101
1.000_0100_1010_0100_1001_0100_1000 -> 1.000_0100_1010_0100_1001_0100
```

4.5 특수한 부동소수점 값

IEEE 표준 부동소수점 형식은 특수한 값의 표현을 위해 몇 가지 인코딩 기법을 제공한다. 이번 절에서는 특수한 값을 사용하는 목적과 해당 값이 지니는 의미를 알아보고, 특수한 부동소수점 수의 표현 형식을 알아본다.

보통의 경우 부동소수점 수에서 지수 비트exponent bit가 모두 0이거나 모두 1인 경우는 없으며, 이는 모든 지수 비트가 0 또는 1인 특수한 값을 의미한다.

지수부가 모두 1이고 가수부가 0이 아닌 경우(항상 특정 값으로 고정된 묵시 비트는 제외), 가수부의 HO 비트에 따라 QNaNQuiet Not-a-Number 혹은 SNaNSignaling Not-a-Number이 된다(표 4-1 참조). 이때 NaNNot-a-Number은 연산에 어떤 문제가 생겨서 미리 정의되지 않은 연산 결과가 나왔음을 의미한다. 그중에서 QNaN은 값을 정할 수 없다는 의미이고, SNaN은 유효하지 않은 연산이 행해졌다는 의미다. NaN이 포함된 연산은 다른 피연산자의 값에 관계없이 언제나 NaN이 되며, 부호 비트는 NaN과 무관하다.

표 4-1은 NaN의 2진 표기법을 보여준다.

표 **4-1** NaN의 2진 표기법

NaN	FP 형식	값
SNaN	32비트	%s_11111111_0xxxx...xx (s 값과 무관하고, x 비트 중 최소 하나는 0이 아니어야 함)
SNaN	64비트	%s_1111111111_0xxxxx...x (s 값과 무관하고, x 비트 중 최소 하나는 0이 아니어야 함)
SNaN	80비트	%s_1111111111_0xxxxx...x (s 값과 무관하고, x 비트 중 최소 하나는 0이 아니어야 함)
QNaN	32비트	%s_11111111_1xxxx...xx (s 값과 무관함)

(이어짐)

116

NaN	FP 형식	값
QNaN	64비트	%s_1111111111_1xxxxx...x (s 값과 무관함)
QNaN	80비트	%s_1111111111_1xxxxx...x (s 값과 무관함)

또 다른 두 가지 특별한 값은 지수 비트가 모두 1이고 가수 비트가 모두 0인 경우다. 이때는 부호 비트^{sign bit}에 따라 +infinity 혹은 -infinity를 나타낸다. 피연산자로 infinity 값이 사용된 경우의 연산 결과는 표 4-2와 같다.

표 4-2 infinity 값이 포함된 연산의 결과

연산	결과
n / ±infinity	0
±infinity × ±infinity	±infinity
±nonzero / 0	±infinity
infinity + infinity	infinity
n + infinity	infinity
n − infinity	−infinity
±0 / ±0	NaN
infinity − infinity	NaN
±infinity / ±infinity	NaN
±infinity × 0	NaN

마지막으로, 지수 비트가 모두 0이면 부호 비트에 따라 또 다른 특수값인 -0 또는 +0 을 나타낸다. 부동소수점 형식은 1의 보수 표기법을 사용하므로 0의 표기 방식 또한 두 가지가 있지만, 비교 연산, 산술 연산, 기타 연산에서 +0과 -0의 의미는 같다.

0의 부호 비트 활용

IEEE 부동소수점 형식은 0에 부호 비트를 추가해 표현한 +0과 −0을 모두 지원하며, 산술 및 비교 연산에서 이들 부호는 무시하는 것이 일반적이다. 하지만 소프트웨어에서 부동소수점 연산을 할 때, 이들 부호 비트가 붙은 0이 서로 다른 의미로 사용되기도 한다.

예를 들어, 부호 비트를 제거하고 정확히 0인 값을 나타내거나 부호 비트를 추가해 (현재의 표기법으로는 0으로 표현할 수밖에 없는) 매우 작은 값을 나타낼 수 있다.

인텔은 음수의 언더플로 표현에 부호 비트 있는 0을 사용하고, 양수의 언더플로 표현에 부호 없는 0을 사용하는 방식을 권장한다. 인텔이 배포한 FPU는 이와 같은 권장안에 따라 0의 부호 비트를 처리한다.

4.6 부동소수점 예외 규칙

IEEE 부동소수점 표준은 부동소수점 프로세서 또는 부동소수점 연산 소프트웨어가 애플리케이션에 알려야 하는 예외 상황exceptional condition에 대해 다음과 같이 정의한다.

- 유효하지 않은 연산
- 0으로 나눔
- 비정규화된 피연산자
- 오버플로
- 언더플로
- 부정확한 결과

위 예외 상황 중에서 부정확한 결과의 경우 부동소수점 연산 중 언제든 나타날 수 있으므로 큰 문제가 아니다. 정규화되지 않은 피연산자의 경우 또한 큰 문제가 아니며, 연산 결과의 정밀도가 시스템이 지원하는 정밀도보다 떨어질 뿐이다. 하지만 다른 예외 상황은 심각한 문제에 해당하며, 무시해서는 안 된다.

컴퓨터 시스템에서 애플리케이션에 이러한 예외exception를 알려주는 방식은 CPU/FPU, 운영체제, 프로그래밍 언어 등에 따라 다르다. 보통의 경우, 프로그래밍 언어의 예외 처리exception handling 기능을 사용해서 이와 같은 예외를 적절한 방식으로 처리할 수 있다. 단, 대부분의 컴퓨터 시스템은 사용자가 예외 처리 알림 설정을 한 경우에만 예외를 알려준다는 점에 주의해야 하며, 예외 처리 알림 설정을 하지 않는 경우에는 예외 상황의 발생 사실을 통보받지 못할 수 있다.

4.7 부동소수점 연산 방식의 이해

대부분의 현대적인 CPU는 하드웨어 기반의 부동소수점 연산 체계인 FPUFloating-Point Unit를 지원하지만, 부동소수점 연산에 대한 좀 더 구체적인 개념을 잡기 위해서는 소프트웨어 기반의 부동소수점 연산 루틴을 살펴볼 필요가 있다.

보통의 경우 어셈블리어를 이용해 부동소수점 연산 패키지를 개발할 때는 속도 향상에 주력하지만, 이번 4장에서는 부동소수점 연산에 관한 명확한 이해를 중시하므로 정규 코드에 비해 좀 더 읽기 쉽고 이해하기 쉬운 코드를 사용한다.

이번 절에서는 부동소수점의 다양한 연산 사례를 소개하며, 부동소수점의 덧셈과 뺄셈은 C/C++ 또는 파스칼과 같은 하이레벨 언어로 처리하기 쉽고 부동소수점의 곱셈과 나눗셈은 하이레벨 언어보다는 HLA 등의 어셈블리 언어를 사용하는 편이 이해하기 쉬우므로 각 연산 유형에 맞춰 프로그래밍 언어를 사용한다.

4.7.1 이번 절에서 사용하는 부동소수점 형식

이번 절에서는 부호 값 표기에 1의 보수 기법을 사용하는 IEEE 32비트 단정밀도 부동소수점 형식(그림 4-2)을 이용한다. 이는 음수의 경우 부호 비트(비트 31)가 1이고, 양수의 경우 부호 비트가 0임을 의미한다.

지수부는 23~30번 비트까지 8비트 excess-127 형식을 사용하고, 가수부는 24비트를 사용하되 (묵시적 비트implied bit인) HO 비트는 1이다. 묵시적 비트는 항상 1이므로, 이번 형식은 비정규화 값은 지원하지 않는다.

4.7.2 부동소수점 덧셈 및 뺄셈

부동소수점 수의 덧셈과 뺄셈은 연산 코드가 거의 동일하다. X - Y 연산은 X + (-Y)와 같은 연산이므로, 하나의 수에 음수를 더하는 것이나 하나의 수에서 양수를 빼는 것은 사실상 같은 의미다. IEEE 부동소수점 형식은 1의 보수 표기법을 사용하므로, 기존 값의 부호를 바꾸려면 부호 비트만 역전시키면 된다.

이번 절에서는 IEEE 32비트 단정밀도 부동소수점 형식을 사용하므로, 대부분의 현대적인 컴퓨터가 지원하는 C/C++의 float 데이터 타입을 사용해서 덧셈, 뺄셈 연산을 간단하게 구현할 수 있으리라 생각할 것이다. 하지만 소프트웨어로 부동소수점 연산을 처리하기 위해서는 데이터를 비트 문자열이나 정수 데이터로 처리해야 하는 경우가 많으므로, 이번 절에서 부동소수점 수를 나타낼 때는 32비트 무부호 정수형32-bit unsigned integer type을 사용한다.

또한 이번 절에서는 프로그램에서 실수 값과 정수 값을 혼동하는 일을 막기 위해 (C/C++에서 unsigned long 타입이 32비트라는 가정하에) uint32_t라는 새로운 실수 데이터 타입을 정의해서 사용한다.

```
typedef uint32_t  real;
```

C/C++의 float와 같은 형식을 사용하는 데 따른 장점은 부동소수점 상수를 real 변수에 바로 대입할 수 있고 여러 부동소수점 관련 라이브러리를 사용할 수 있다는 것이다. 하지만 이 경우의 문제점은 C/C++에서 부동소수점 표현에 real 변수를 사용하면 컴파일러가 자동으로 정수와 부동소수점 수 간의 변환을 처리할 수 있다는 것이다. C/C++에게 real 타입은 long unsigned 정수 타입과 같기 때문이다. 따라서 real 변수를 사용할 때는 컴파일러에게 미리 해당 변수를 float 타입 데이터로 처리하도록 알려줘야 한다.

하지만 (float) *realVariable*과 같은 단순한 형 선언으로는 문제가 해결되지 않는다. 이는 C/C++ 컴파일러가 *realVariable*이라는 이름의 정수를 만나면 연산에 적합한 부동소수점 수로 변환을 시도할 것이기 때문이다.

따라서 C/C++ 컴파일러가 *realVariable*의 비트 패턴을 확인한 뒤 해당 변수 타입을 변환할 필요가 없다는 사실을 알게 할 필요가 있다. 이를 위한 C/C++ 매크로 코드는 다음과 같다.

```
#define asreal(x) (*((float *) &x))
```

위 매크로의 인수 또는 파라미터로 real 타입의 변수를 입력하면, C/C++ 컴파일러는 매크로의 반환값이 float 타입의 변수라고 믿게 된다.

이상으로 변수 문제를 해결했으니 C/C++ 부동소수점 덧셈 함수인 fpadd와 뺄셈 함수인 fpsub를 만들어보자. 이들 함수는 각각 세 개의 인수를 받으며, 그중 두 개는 좌측 및 우측 피연산자^{operand}이고 나머지 한 개는 결괏값을 저장할 포인터^{pointer}다. 이들 함수의 프로토타입은 다음과 같다.

```
void fpadd( real left, real right, real *dest );
void fpsub( real left, real right, real *dest );
```

fpsub() 함수는 우측 피연산자를 음수화하고, fpadd() 함수를 호출한다. fpsub()의 코드는 다음과 같다.

```
void fpsub( real left, real right, real *dest )
{
    right = right ^ 0x80000000;   // 우측 피연산자의 부호 비트 역전
    fpadd( left, right, dest );    // fpadd의 연산 수행
}
```

fpadd() 함수에서 실제 연산 작업이 실행된다. fpadd() 함수를 좀 더 이해하기도, 유지보수하기도 쉽게 하고자 개별 연산 작업에 맞춰 좀 더 작은 함수로 세분화한다. 큰 루틴을 작은 서브루틴으로 나누면 연산 속도가 느려지므로, 실제 부동소수점 연산 라이브러리에서는 이와 같은 세분화 작업을 하지 않는 것이 좋다. 고성능의 부동소수점 덧셈 연산을 해야 한다면, 소프트웨어보다는 하드웨어 FPU를 사용하는 것이 좋다.

IEEE 표준 부동소수점 형식은 묶음 데이터$^{\text{packed data}}$ 타입의 좋은 예다. 3장에서 살펴봤듯이 묶음 데이터 타입은 저장 공간을 줄여주지만, 실제 연산에는 적합하지 않다. 따라서 부동소수점 연산 함수를 구현할 때 가장 먼저 할 일은 묶음 데이터 타입으로 제공된 부동소수점 수에서 부호부, 가수부, 지수부를 추출하는 것이다.

데이터 추출을 위한 첫 번째 함수는 extractSign() 함수이며, 묶음 데이터 타입에서 부호 비트(31번 비트)를 추출하고 0(양수) 또는 1(음수)을 반환한다.

```
inline int extractSign( real from )
{
    return( from >> 31);
}
```

다음 명령어를 통해 좀 더 효율적으로 부호 비트를 추출할 수 있다.

```
(from & 0x80000000) != 0
```

위 코드는 31번 비트를 0번 비트로 이동시키는 방식이지만, 우리가 원하는 기능을 수행한다.

두 번째 추출 함수인 extractExponent()는 묶음 데이터로 제공된 real 타입의 23~30번 비트에서 지수부를 추출한다. 이 함수는 데이터를 23비트 우측으로 이동시킨 후 부호 비트를 마스킹해 제거하고, excess-127 형식의 지수부에서 127을 빼서 2의 보수 형식으로 변환한다.

```
inline int extractExponent( real from )
{
    return ((from >> 23) & 0xff) - 127;
}
```

세 번째 추출 함수인 extractMantissa() 함수는 실수에서 가수부를 추출한다. 가수부 추출을 위해 지수부와 부호부를 마스킹으로 제거하고, 암묵적 HO 비트$^{\text{implied HO bit}}$에 1을 삽입한 뒤, 전체 값이 0인 경우 0을 반환하도록 한다.

```
inline int extractMantissa( real from )
{
    if( (from & 0x7fffffff) == 0 ) return 0;
    return ((from & 0x7FFFFF) | 0x800000 );
}
```

앞서 언급했듯이 IEEE 표준 부동소수점 형식과 같은 과학적 표기법scientific notation으로 두 개의 값을 더하거나 빼려 할 때는 먼저 지수부를 일치시켜야 한다. 예를 들어 두 개의 10진수 덧셈 1.2345e3 + 8.7654e1의 경우, 두 수를 더하기에 앞서 한쪽 수의 지수를 다른 쪽과 맞춰줘야 한다. 소수점을 우측으로 옮기면, 수의 값은 그대로 유지하면서 지수를 감소시킬 수 있다. 다음 수는 모두 1.2345e3과 같다.

```
12.345e2 123.45e1 1234.5 12345e-1
```

마찬가지로, 소수점을 좌측으로 옮기면 수의 값은 그대로 유지하면서 지수를 증가시킬 수 있다. 다음 수는 모두 8.7654e1과 같다.

```
0.87654e2 0.087654e3 0.0087654e4
```

부동소수점 2진수의 덧셈 또는 뺄셈의 경우, 가수부를 좌측으로 이동시켜 지수를 감소시키거나 가수부를 우측으로 이동시켜 지수를 증가시킴으로써 지수부를 일치시킬 수 있다.

가수부를 우측으로 이동시키면 가수부의 LO 비트 마지막 자릿수가 삭제돼 정밀도가 떨어질 수 있으므로, 연산의 정확도를 유지하려면 자릿수의 단순 삭제보다는 앞서 살펴본 라운딩 기법을 활용하는 것이 좋다. 다음은 IEEE의 표준 라운딩 규칙이다.

1. 비트 이동에 따라 삭제된 값이 모두 0이면 버림을 적용한다.

2. 마지막으로 이동시켜서 제거한 비트가 1이고 이동시킨 다른 비트 중 적어도 한 개가 0인 경우, 가수부에 1을 더한다.[7]

3. 마지막으로 이동시켜서 제거한 비트가 1이고 다른 비트가 모두 0이며 가수의 LO 비트가 1일 경우, 가수부에 1을 더한다.

가수부 이동과 라운딩은 꽤 복잡한 작업이지만, 부동소수점 덧셈 코드에서 자주 사용되므로, 유틸리티 함수로 만들어두고 필요할 때 간편하게 사용할 수 있다. 다음은 C/C++로 구현한 shiftAndRound() 함수의 코드다.

```
void shiftAndRound( uint32_t *valToShift, int bitsToShift )
{
    // 여기서 마스크는 '고정' 비트 확인 및 제거용이다
    static unsigned masks[24] =
    {
        0, 1, 3, 7, 0xf, 0x1f, 0x3f, 0x7f,
        0xff, 0x1ff, 0x3ff, 0x7ff, 0xfff, 0x1fff, 0x3fff, 0x7fff,
        0xffff, 0x1ffff, 0x3ffff, 0x7ffff, 0xfffff, 0x1fffff, 0x3fffff,
        0x7fffff
    };

    // masks 엔트리로 마스크한 값의 HO 비트를 제거함
    static unsigned HOmasks[24] =
    {
        0,
        1, 2, 4, 0x8, 0x10, 0x20, 0x40, 0x80,
        0x100, 0x200, 0x400, 0x800, 0x1000, 0x2000, 0x4000, 0x8000,
        0x10000, 0x20000, 0x40000, 0x80000, 0x100000, 0x200000, 0x400000
    };

    // shiftedOut: 비정규화 연산 중에 가수부 이동으로 삭제된 비트를 저장
    // (비정규화된 값을 라운딩할 때 사용)
    int shiftedOut;
```

---

7 가수부 자릿수 이동에 의해 단 하나의 비트만 제거됐다면, 다른 모든 비트는 0이라고 할 수 있다.

```
        assert( bitsToShift <= 23 );

        // 우선, 가수부 이동으로 삭제될 비트를 저장
        // (가수부 이동 후, 라운딩 기법 선택에 활용)
        shiftedOut = *valToShift & masks[ bitsToShift ];

        // 지정된 비트 수만큼 우측으로 이동
        // 참고: 31번 비트는 항상 0이므로,
        // C 컴파일러의 논리 이동, 산술 이동과 무관
        *valToShift = *valToShift >> bitsToShift;

        // 필요시 라운딩 시행

        if( shiftedOut > HOmasks[ bitsToShift ] )
        {
            // 이동 및 제거된 비트가 LO 비트의 1/2보다 큰 경우,
            // 라운딩해서 1로 증가시킴

            *valToShift = *valToShift + 1;
        }
        else if( shiftedOut == HOmasks[ bitsToShift ] )
        {
            // 이동 및 제거된 비트가 LO 비트의 정확히 1/2인 경우,
            // LO 비트가 0인, 가장 가까운 수로 라운딩

            *valToShift = *valToShift + (*valToShift & 1);
        }
        // 이외의 경우, 이동 및 제거된 비트는 버림
        // 현재 값은 이미 내림된 값이므로 별도 작업은 필요 없음
}
```

이 코드는 masks와 HOmasks라는 두 개의 참조표lookup table를 사용해 원하는 비트를 추출하는 기법을 사용했으며, masks는 이동 연산으로 삭제될 위치에 1번 비트(설정 비트set bit)를 넣는 역할을 하고, HOmasks는 배열의 인덱스에 해당하는 위치에 설정 비트를 넣는다. 즉, 인덱스 0에 해당하는 마스크는 0번 비트에 1을 지니고, 인덱스 1에 해당하는 마스크는 1번 비트 1을 지니게 되며, 우측 이동될 가수부 비트의 수가 참조표의 인덱스로 사용된다.

원래 가수부의 값을 masks의 해당 엔트리[entry]와 논리 AND 연산한 결과가 HOmasks의 해당 엔트리보다 크면, shiftAndRound() 함수는 이동된 가수부의 값을 더 큰 수로 라운딩한다. 또한 AND 연산 결과가 해당 HOmasks 엔트리와 같으면, 이동된 가수의 LO 비트에 따라 라운딩 처리된다. 이때 *valToShift & 1 구문은 가수의 LO 비트가 1이면 1, 0이면 0을 반환한다는 점을 기억한다. 마지막으로, AND 연산된 가수 값이 HOmasks의 엔트리보다 작으면 별도의 라운딩을 하지 않는다.

지수부 조정이 끝났다면, 다음은 두 값의 부호를 비교할 차례다. 두 피연산자의 부호가 같은 경우, 보통의 정수 덧셈 연산을 하듯 가수를 더한다. 부호가 다른 경우, 덧셈이 아닌 뺄셈을 해야 한다. 부동소수점 값은 1의 보수를 사용하고 일반 정수 연산은 2의 보수를 사용하므로 단순히 양수에서 음수를 빼면 안 되며, 큰 값에서 작은 값을 뺀 후 각 피연산자의 부호에 따라 결괏값의 부호를 정해야 한다. 이와 관련된 규칙은 표 4-3과 같다.

표 4-3 가수의 부호가 다른 경우의 연산 방식

좌측 부호	우측 부호	좌측 가수가 우측 가수보다 큰가?	가수 연산	결괏값의 부호
–	+	예	좌측 가수 – 우측 가수	–
+	–	예	좌측 가수 – 우측 가수	+
–	+	아니오	우측 가수 – 좌측 가수	+
+	–	아니오	우측 가수 – 좌측 가수	–

24비트 수의 덧셈 또는 뺄셈의 결과로 25비트 값이 나올 수 있으며, 이런 일은 정규화된 값의 연산에서 자주 발생한다. 따라서 덧셈이나 뺄셈 후에는 반드시 오버플로 발생 여부를 확인해야 하며, 오버플로 발생 시 가수를 우측으로 1비트 이동시키고 결과를 라운딩한 후 지수를 증가시켜야 한다.

이 모든 작업이 끝난 뒤 마지막으로 할 일은 부호부, 지수부, 가수부를 32비트 IEEE 부동소수점 형식으로 변환하는 것이며, packFP() 함수가 관련 업무를 처리한다.

```
inline real packFP( int sign, int exponent, int mantissa )
{
    return
        (real)
        (
```

```
            (sign << 31)
        |   ((exponent + 127) << 23)
        |   (mantissa & 0x7fffff)
    );
}
```

이 함수는 정규화된 값, 비정규화된 값, 0에서는 문제없이 작동하지만, NaN 또는 infinity에서는 정상적으로 작동하지 않는다.

다음의 fpadd() 함수는 두 개의 부동소수점 수를 더하고 32비트 실수를 출력한다.

```
void fpadd( real left, real right, real *dest )
{
    // 다음 변수는 좌측 피연산자와 관련된 필드의 값을 저장
    int             Lexponent;
    uint32_t        Lmantissa;
    int             Lsign;

    // 다음 변수는 우측 피연산자와 관련된 필드의 값을 저장
    int             Rexponent;
    uint32_t        Rmantissa;
    int             Rsign;

    // 다음 변수는 각 필드의 결괏값을 저장
    int             Dexponent;
    uint32_t        Dmantissa;
    int             Dsign;

    // 연산 작업이 용이하도록 각 필드의 값을 추출
    Lexponent = extractExponent( left );
    Lmantissa = extractMantissa( left );
    Lsign     = extractSign( left );

    Rexponent = extractExponent( right );
    Rmantissa = extractMantissa( right );
    Rsign     = extractSign( right );

    // 특수한 피연산자 처리(infinity와 NaN)
```

```
if( Lexponent == 127 )
{
    if( Lmantissa == 0 )
    {
        // 좌측 피연산자가 infinity인 경우,
        // 결괏값은 우측 피연산자의 값을 따름

        if( Rexponent == 127 )
        {
            // 비편향화(unbiasing) 후 Rexponent의 값이 127과 같으면
            // (즉, 지수부 비트가 모두 1이면)
            // 가수부의 값은 아래 세 개 중 하나가 됨
            // infinity(가수=0)
            // QNaN(가수=0x800000)
            // SNaN(가수가 0도 아니고, 0x800000도 아님)

            if( Rmantissa == 0 ) // 가수가 infinity인 경우
            {
                // infinity + infinity = infinity
                // -infinity - infinity = -infinity
                // -infinity + infinity = NaN
                // infinity - infinity = NaN

                if( Lsign == Rsign )
                {
                    *dest = right;
                }
                else
                {
                    *dest = 0x7fC00000; // +QNaN
                }
            }
            else // Rmantissa가 0이 아님(즉, NaN이 됨)
            {
                *dest = right; // 우측 피연산자가 NaN이므로, 결괏값도 NaN이 됨
            }
        }

    }
    else // Lmantissa는 0이 아니고, Lexponent는 모두 1임
```

```
    {
        // 좌측 피연산자가 NaN이면, 결괏값도 NaN이 됨

        *dest = left;
    }

    // 계산된 결괏값을 반환
    return;

}
else if( Rexponent == 127 )
{
    // 우측 피연산자는 NaN 또는 +/- infinity 중 하나에 해당
    // 좌측 피연산자는 보통의 수, 여기에 infinity를 더한 결과는 infinity임

    *dest = right; // 우측 피연산자가 NaN이면, 결괏값도 NaN이 됨
    return;
}


// 위 연산의 결과로 두 개의 부동소수점 값을 추출
// 이제는 두 부동소수점 값의 덧셈을 시행할 차례
// 우선, 지수부가 다른 경우 둘 중 한 개의 수를 비정규화시킴
// (덧셈이나 뺄셈 연산에서는 지수부가 같아야 함)

// 알고리듬 개요: 지수부가 작은 값을 선택하고,
// 두 지수부의 차이만큼 가수부를 우측으로 이동시킴

Dexponent = Rexponent;
if( Rexponent > Lexponent )
{
    shiftAndRound( &Lmantissa, (Rexponent - Lexponent));
}
else if( Rexponent < Lexponent )
{
    shiftAndRound( &Rmantissa, (Lexponent - Rexponent));
    Dexponent = Lexponent;
}


// 그다음, 가수부의 덧셈을 시행하되 두 수의 부호가 다르면 뺄셈을 함
// (FP 포맷은 1의 보수를 사용하므로, 큰 가수에서 작은 가수를 빼고
```

```
// 가수의 부호와 크기를 따져서 결과 부호를 설정)

if( Rsign ^ Lsign )
{
    // 부호가 다른 경우, 두 수의 뺄셈을 시행

    if( Lmantissa > Rmantissa )
    {
        // 좌측 피연산자의 값이 더 크면 좌측의 부호를 따름

        Dmantissa = Lmantissa - Rmantissa;
        Dsign = Lsign;
    }
    else
    {
        // 우측 피연산자의 값이 더 크면 우측의 부호를 따름

        Dmantissa = Rmantissa - Lmantissa;
        Dsign = Rsign;
    }
}
else
{
    // 부호가 같은 경우, 두 수의 덧셈을 시행

    Dsign = Lsign;
    Dmantissa = Lmantissa + Rmantissa;
}


// 결괏값의 정규화
// 덧셈 또는 뺄셈 과정에서 발생할 수 있는 오버플로를 처리
// 오버플로 발생 시 가수를 우측으로 1 이동시키고 지수를 증가시킴
// 지수부 증가 과정에서 오버플로가 발생하면 infinity를 반환함
// (지수부가 $FF이면, infinity가 됨)

if( Dmantissa >= 0x1000000 )
{
    // 덧셈 또는 뺄셈에서 추가 비트(extra bit)는 한 개를 넘지 않아야 함
    // 이번 예제에서 덧셈 또는 뺄셈으로 나올 수 있는 최대 가수 값은 0x1fffffe
    // 따라서 이 값을 라운딩해도 25번 비트까지 오버플로하지는 않음
```

```
        shiftAndRound( &Dmantissa, 1 ); // 결괏값을 24개의 비트에 입력
        ++Dexponent;                    // 이동 연산은 2로 나누는 효과가 있으므로 1을 더해서 상쇄
    }
    else
    {
        // HO 비트가 0인 경우, 결괏값의 정규화 시행
        // 정규화: 가수부를 좌측으로 이동시키고 지수부를 감소시킴
        // 결과가 0인 경우는 별도로 처리함

        if( Dmantissa != 0 )
        {

            // while 루프를 이용,
            // 가수부에 2를 곱하고(좌측 이동 연산)
            // 이 값을 다시 2로 나눔(지수부 감소)
            // 순환 중지: Dmantissa의 HO 비트가 1이 되거나
            // 지수부가 -127(biased-127 포맷으로 0)이 된 경우
            // Dexponent가 -128이 되면 비정규화된 결괏값 도출, 연산 중지

            while( (Dmantissa < 0x800000) && (Dexponent > -127 ))
            {
                Dmantissa = Dmantissa << 1;
                --Dexponent;
            }

        }
        else
        {
            // 가수부가 0이 되면, 지수부도 0이 됨

            Dsign = 0;
            Dexponent = 0;
        }
    }

    // 결괏값을 다시 묶어서 목표 변수에 저장

    *dest = packFP( Dsign, Dexponent, Dmantissa );
}
```

fpadd() 및 fsub() 함수 구현의 마지막 내용으로, C main() 함수에 이들 덧셈 및 뺄셈 함수를 적용한 코드는 다음과 같다.

```
// fpadd 및 fpsub 함수의 검증을 위한 main 함수 구현

int main( int argc, char **argv )
{
    real l, r, d;

    asreal(l) = 1.0;

    asreal(r) = 2.0;

    fpadd( l, r, &d );
    printf( "dest = %x\n", d );
    printf( "dest = %12E\n", asreal( d ));

    l = d;
    asreal(r) = 4.0;
    fpsub( l, r, &d );
    printf( "dest2 = %x\n", d );
    printf( "dest2 = %12E\n", asreal( d ));
}
```

마이크로소프트 비주얼 C++^{Microsoft Visual C++}에서 컴파일한 결괏값은 다음과 같다 (uint32_t는 unsigned long으로 정의).

```
l = 3f800000
l = 1.000000E+00
r = 40000000
r = 2.000000E+00
dest = 40400000
dest = 3.000000E+00
dest2 = bf800000
dest2 = -1.000000E+00
```

4.7.3 부동소수점 곱셈 및 나눗셈

대부분의 소프트웨어는 부동소수점 라이브러리를 하이레벨 언어^{HLL}가 아닌 어셈블리 언어로 작성한다. 지난 부동소수점 연산 예제 코드는 하이레벨 언어로 작성했으며, 단정밀도 덧셈 및 뺄셈의 경우에는 하이레벨 언어로도 효율적인 코드를 작성할 수 있다.

적절한 라이브러리만 선택한다면, 부동소수점의 곱셈과 나눗셈도 하이레벨 언어로 구현할 수 있다. 하지만 부동소수점의 곱셈과 나눗셈은 어셈블리 언어로 구현하는 편이 훨씬 간단하므로, 이번 절에서는 하이레벨 어셈블리 언어^{HLA}로 단정밀도 부동소수점의 곱셈과 나눗셈을 구현한다.

이번 절에서 HLA로 구현할 곱셈 함수는 fpmul()이고 나눗셈 함수는 fpdiv()이며, 각각의 프로토타입^{prototype}은 다음과 같다.

```
procedure fpmul( left:real32; right:real32 );  @returns( "eax" );
procedure fpdiv( left:real32; right:real32 );  @returns( "eax" );
```

지난 예제 코드가 C로 작성된 반면 이번 예제 코드는 어셈블리 언어로 작성된다는 점 외에도 두 가지 차이점이 있다.

첫 번째 차이점으로, 지난 예제 코드는 직접 정의한 real 데이터 타입을 사용했지만 이번에는 HLA가 제공하는 real32 데이터 타입을 사용한다. 어셈블리 언어를 사용하면, real32 또는 dword 데이터 타입에 모든 유형의 32비트 메모리 객체를 저장할 수 있어 편리하다.

두 번째 차이점으로, 프로토타입에서 정의한 두 개의 파라미터만 사용하고 결괏값 ^{destination}을 위한 파라미터는 사용하지 않는다. 이번 곱셈과 나눗셈 함수들은 real32 타입 결괏값을 EAX 레지스터에 반환한다.[8]

8　80x86 어셈블리 언어에 대해 좀 알고 있다면, 부동소수점 값을 정수 레지스터에 저장하는 것이 가능한지 궁금할 것이다. 정답은 '가능하다.'이다. EAX 레지스터에는 정수는 물론 모든 종류의 32비트 값을 저장할 수 있다. 소프트웨어 기반 부동소수점 패키지를 작성한다는 것은 부동소수점 하드웨어가 없다는 의미이므로, 별도의 부동소수점 관련 레지스터를 사용할 수 없다고 가정하는 것이 타당하다.

4.7.3.1 부동소수점 곱셈

과학적 표기법으로 나타낸 두 수를 곱한 경우에는 다음 규칙에 따라 부호, 지수부, 가수부를 구한다.

- 결괏값의 부호는 두 피연산자의 부호를 XOR^{exclusive-OR} 연산한 것과 같다. 즉, 두 수의 부호가 같으면 양수, 다르면 음수가 된다.
- 결괏값의 지수부는 두 피연산자의 지수부를 합한 것과 같다.
- 결괏값의 가수부는 두 피연산자의 가수부(고정소수점 정수)를 곱한 것과 같다.

IEEE 표준 부동소수점 형식은 위 규칙 외에도 곱셈 연산에 대한 몇 가지 규칙이 있다.

- 두 피연산자 중 하나 이상의 피연산자가 0인 경우, 결괏값도 0이다(이때 0은 특수한 표기법으로서 예외 처리한다).
- 두 피연산자 중 하나 이상이 infinity인 경우 결괏값도 infinity이다.
- 두 피연산자 중 하나 이상이 NaN인 경우 결괏값도 NaN이다.

fpmul() 함수는 먼저 두 피연산자 중에 0이 있는지 확인하고, 0이 있다면 바로 0을 반환한다. 그다음에는 두 피연산자 중 NaN이나 infinity가 있는지 확인하고, NaN이나 infinity가 있다면 동일한 값을 반환한다.

두 피연산자가 모두 보통의 부동소수점 값인 경우, fpmul() 함수는 각각의 부호, 지수부, 가수부 값을 추출한다. 그런데 이때는 '추출한다.'라는 말보다는 '서로 격리시킨다.'라는 말이 더 적절할 듯하다. 다음 코드는 각 피연산자에서 부호 비트를 분리시키고, 결괏값의 부호를 계산한다.

```
mov( (type dword left), ebx );
xor( (type dword right), ebx ); // 피연산자 부호에 대한 XOR 연산의 결과
and( $8000_0000, ebx );          // 부호 비트만 저장
```

위 코드는 두 피연산자의 HO 비트를 XOR 연산한 후 0~30번 비트를 마스킹으로 제거하고, EBX 레지스터에 31번 비트만 남긴다. 이번 연산에서는 (보통의 언팩 작업에서 하

듯) 부호 비트를 0번 비트로 이동시키지 않는데, 이는 나중에 부호 비트를 다시 31번 비트로 옮기는 수고를 하지 않기 위해서다.

다음으로 fpmul 함수는 지수부 처리를 위해 23~30번 비트를 격리시킨 후 연산을 수행한다. 과학적 표기법 수의 곱셈은 지수부에서는 덧셈에 해당한다. 그러나 부동소수점 수의 지수부는 excess-127 형식을 사용하므로, 덧셈을 하기 전에 먼저 127을 빼야 한다. 이는 단순히 두 지수부를 더하면 편향값^{bias} 127을 두 번 더하는 셈이 되기 때문이다.

다음 코드는 지수 비트를 격리시킨 후 추가 편향값을 조정하고 나서 지수부의 덧셈을 수행한다.

```
mov( (type dword left), ecx );   // 지수부 ECX의 23..30번 비트를
and( $7f80_0000, ecx );          // 마스킹으로 제거
sub( 126 << 23, ecx );           // 편향값 127을 제거하고 2를 곱함

mov( (type dword right), eax );
and( $7f80_0000, eax );

// 곱셈 연산을 위해 지수부를 더함

add( eax, ecx );                 // 계산한 지수부 값을 ECX의 23..30번 비트에 저장
```

위 코드에서 127이 아니라 126을 뺐다는 사실에 주목하자. 이는 나중에 가수부의 곱셈 결과에 2를 곱해야 하기 때문이다. 즉, 126을 빼면 2를 곱한 것과 같은 효과가 나타나며, 이후에 다시 곱셈을 할 필요가 없다.

또한 위 코드에서 add(eax, ecx) 함수에 의해 반환된 지수부의 합이 8비트보다 크다면, ECX의 30번 비트가 31번 비트로 이동하고 80x86 오버플로 플래그를 화면에 표시한다. 곱셈 연산에서 오버플로가 발생하면 해당 코드는 infinity를 반환하고, 오버플로가 발생하지 않으면 fpmul() 함수는 가수부의 암묵적 HO 비트를 1로 설정한다.

다음 코드는 가수부에서 지수부와 부호 비트를 제거하며, 레지스터 EAX와 EDX의 31번 비트에 맞춰 가수부를 정렬한다.

```
mov( (type dword left), eax );
mov( (type dword right), edx );

// 0이 없다면, 가수부의 암묵적 HO 비트를 설정

if( eax <> 0 ) then

    or( $80_0000, eax ); // 암묵적 HO 비트 값을 1로 설정

endif;
shl( 8, eax ); // 가수부를 8..31로 이동시키고 부호 및 지수부를 제거

// 우측 피연산자에 대해서도 같은 작업 반복

if( edx <> 0 ) then

    or( $80_0000, edx );

endif;
shl( 8, edx );
```

이제 EAX와 EDX의 가수부를 모두 31번 비트로 이동시켰으므로, 80x86이 제공하는 mul() 명령어를 통해 곱셈을 수행한다.

```
mul( edx );
```

위 명령어는 EAX와 EDX를 곱해 64비트 결괏값을 계산한 후, 그 값을 EDX:EAX에 넣는다(HO 더블워드는 EDX에, LO 더블워드는 EAX에 있음). n비트로 된 두 정수의 곱셈 결과는 $2 \times n$비트의 공간을 필요로 하므로, mul() 명령으로 EDX:EAX = EAX×EDX를 계산한다. 곱셈을 하기 전에 EAX와 EDX의 가수를 좌측으로 정렬하면 곱셈된 가수부가 EDX의 7~30번 비트에 들어간다.

가수부의 곱셈 결과가 EDX의 8~31번 비트에 들어가는 것이 더 좋지만, 이럴 경우 곱셈 결과를 2로 나눈(좌측으로 해당 비트만큼 이동시킨) 셈이 된다. 이런 사정을 고려해서, 앞

서 127이 아니라 126을 뺐다. 이 값들은 곱셈 전에 이미 정규화됐으므로, 결과가 0이 아
닌 이상 EDX의 비트 30은 항상 1이다. IEEE 32비트 실수 형식은 비정규화된 값을 지원
하지 않으므로, 정규화된 32비트 부동소수점을 사용하는 이번 예제에서는 신경 쓸 필요
가 없다.

두 수의 가수부는 모두 24비트이므로, 곱셈의 결괏값은 48개의 유효 비트를 지닌다.
하지만 이번 예제의 가수부에는 24비트만 저장할 수 있으므로, 결괏값에 IEEE의 라운딩
알고리듬을 적용해 24비트로 라운딩한다.

다음 코드는 EDX의 값을 (8~31번 비트에 해당하는) 24개의 유효 비트로 라운딩한다.

```
test( $80, edx ); // EDX의 7번 비트가 1인 경우, 제로 플래그 제거
if( @nz ) then

    add( $FFFF_FFFF, eax ); // EAX <> 0인 경우 캐리 설정
    adc( $7f, dl );          // DL:EAX > $80_0000_0000인 경우 캐리 설정
    if( @c ) then

        // DL:EAX > $80_0000_0000이면,
        // 8번 비트에 1을 더해 가수부 라운딩

        add( 1 << 8, edx );

    else // DL:EAX = $80_0000_0000

        // 가수부 중 값이 0인 비트를 라운딩(EDX의 8번 비트)

        test( 8, edx ); // 8번 비트 값이 1이면 제로 플래그 삭제
        if( @nz ) then

            add( 1 << 8, edx ); // 8번 비트에 1을 더함

            // 오버플로 발생 시 다시 정규화

            if( @c ) then

                rcr( 1, edx ); // EDX에서 비트 이동으로 오버플로 문제 해결
                inc( ecx );     // 비트 이동으로 2로 나누는 효과 발생, 문제 해결
```

```
        endif;

        endif;

    endif;

endif;
```

위의 코드에서 흥미로운 점은 라운딩 후 다시 정규화를 해야 할 수도 있다는 것이다. 가수부 비트가 모두 1이고 올림 처리를 해야 할 경우 가수부 HO 비트 밖에서 오버플로가 발생하며, 코드 마지막 부분의 rcr() 및 inc() 명령어가 오버플로되는 비트를 다시 가수부로 밀어 넣는다.

마지막으로 할 일은 부호, 지수부, 가수부를 묶어서 32비트 EAX에 넣는 것이며, 이를 위한 코드는 다음과 같다.

```
shr( 8, edx );            // 가수부를 0..23 비트로 이동
and( $7f_ffff, edx );     // 암묵적 비트를 제거
lea( eax, [edx+ecx] );    // 가수부와 지수부를 EAX에 병합
or( ebx, eax );           // 부호에 병합
```

위 코드에서는 단 하나의 lea() 명령어만으로 EDX(가수)와 ECX(지수)의 합을 구하고 그 결과를 EAX에 넣는 기법을 사용했다(여기서 lea는 load effective address의 의미로 사용).

4.7.3.2 부동소수점 나눗셈

부동소수점의 나눗셈은 곱셈보다 좀 더 복잡한데, 이는 IEEE 부동소수점 표준이 나눗셈 도중에 발생할 수 있는 많은 예외 조건을 명시하고 있기 때문이다. 하지만 이번 절에서는 예외 처리를 위한 모든 코드를 다루지 않으며, 앞서 살펴본 fpmul() 코드의 내용을 상기하고 이제부터 살펴볼 fdiv() 코드를 참조하길 바란다.

일반적인 두 수의 나눗셈을 위해 우선 곱셈에서 사용한 것과 동일한 알고리듬을 이용해서 부호를 구한다. 과학적 표기법의 두 수를 나누는 경우, 지수부는 뺄셈을 한다. 나눗셈은 곱셈에 비해 피연산자에서 지수부를 추출하고 excess-127 형식에서 2의 보수 형

식으로 변환하는 과정이 간단하다. 이를 위한 코드는 다음과 같다.

```
mov( (type dword left), ecx );   // 지수부는 23..30번 비트
shr( 23, ecx );
and( $ff, ecx );                 // (8번) 부호 비트 마스킹 제거

mov( (type dword right), eax );
shr( 23, eax );
and( $ff, eax );

// 지수부에서 편향값 제거

sub( 127, ecx );
sub( 127, eax );

// 나눗셈의 경우, 지수부는 뺄셈에 해당

sub( eax, ecx );                 // ECX에 지수부 연산 결과 저장
```

80x86 기반 div() 명령어를 사용하려면 나눗셈의 몫이 32비트에 들어가야 하며, 그렇지 않으면 CPU는 나눗셈 예외$^{divide exception}$ 처리를 한다. 제수^{divisor}의 HO 비트가 1이고 피제수^{dividend}의 HO 2비트가 %01인 경우에만 나눗셈 에러가 발생하지 않는다.

다음 코드는 나눗셈 연산 전에 피연산자의 연산 적합성을 확인한다.

```
mov (type dword left), edx );
if( edx <> 0 ) then

    or( $80_0000, edx );     // 좌측 피연산자의 암묵적 비트를 1로 설정
    shl( 8, edx );

endif;
mov( (type dword right), edi );
if( edi <> 0 ) then

    or( $80_0000, edi );     // 우측 피연산자의 암묵적 비트를 1로 설정
    shl( 8, edi );
```

```
else

    // 0으로 나눔 에러 처리

endif;
```

다음은 실제 나눗셈을 할 차례다. 나눗셈 에러를 막기 위해 피제수를 우측으로 1비트 이동시켜서 HO 2비트를 %01로 만든다. 이를 위한 코드는 다음과 같다.

```
xor( eax, eax );     // EAX := 0;
shr( 1, edx );       // EDX:EAX를 우측으로 1비트 이동해
rcr( 1, eax );       // 나눗셈 에러 방지
div( edi );          // EAX = EDX:EAX / EDI 연산 수행
```

div() 명령어 수행이 끝나면 몫^{quotient}은 EAX 레지스터의 HO 24비트에 저장되고, 나머지^{remainder}는 AL:EDX에 저장된다.

이제 계산 결과를 정규화하고 라운딩할 차례다. AL:EDX에 나머지가 저장돼 있으므로 나눗셈의 라운딩은 좀 더 간단하다. AL:EDX가 $80:0000_0000보다 작으면(80x86의 AL 레지스터가 $80, EDX 레지스터가 0이면) 내림을 하고 $80:0000_0000보다 크면 올림을 하며, 정확하게 $80:0000_0000이면 반올림을 한다. 이를 위한 코드는 다음과 같다.

```
test( $80, al );  // 가수부의 LO 비트 바로 아래 비트가
if( @nz ) then     // 0 또는 1인지 확인

    // 가수부의 LO 비트 바로 아래 비트가 1인 경우
    // 나머지 비트가 모두 0이면
    // LO 비트가 0인, 가장 가까운 수로 라운딩

    test( $7f, al );          // 0..6번 비트 <> 0이면 제로 플래그 삭제
    if( @nz || edx <> 0 ) then // AL의 0..6번 비트가 0이고 EDX도 0인 경우

        // 올림을 시행

        add( $100, eax );  // 가수부는 8번 비트에서 시작
```

```
        if( @c ) then        // 가수부 오버플로가 발생한 경우

            // 오버플로 발생 시 다시 정규화시킴

            rcr( 1, eax );
            inc( ecx );

        endif;

    else

        // 가수부 아래 비트가 정확히 가수부 LO 비트의 1/2인 경우,
        // LO 비트가 0인, 가장 가까운 수로 리운딩

        test( $100, eax );
        if( @nz ) then

            add( $100, eax );
            if( @c ) then

                // 오버플로 발생 시 다시 정규화시킴

                rcr( 1, eax );   // 오버플로 비트를 다시 EAX에 넣음
                inc( ecx );      // 지수부 재조정

            endif;

        endif;

    endif;

endif;
```

fpdiv()의 마지막 단계는 지수부를 본래 형식으로 바꾸고 오버플로 발생 여부도 점검한 후 나눗셈으로 도출된 몫의 부호, 지수부, 가수부를 32비트 부동소수점 형식으로 묶는 것이다. 이를 위한 코드는 다음과 같다.

```
if( (type int32 ecx) > 127 ) then

    mov($ff-127, ecx );       // 지수부의 값을 infinity로 설정
    xor( eax, eax );          // 오버플로가 발생했기 때문

elseif( (type int32 ecx) < -128 ) then

    mov( -127, ecx );         // 언더플로 발생 시 0을 반환하고
    xor( eax, eax );          // ECX에 127을 더함

endif;
add( 127, ecx );             // 편향값을 다시 더함
shl( 23, ecx );              // 지수부를 23..30번 비트로 다시 이동

// 이제 모든 결괏값을 real32 형식으로 결합

shr( 8, eax );               // 가수부는 0..23번 비트로 이동
and( $7f_ffff, eax );        // 암묵적 비트 삭제
or( ecx, eax );              // EAX에 가수부 및 지수부 병합
or( ebx, eax );              // 부호도 병합
```

이상으로 부동소수점 연산에 대한 설명을 모두 마친다. 상당한 분량의 글과 코드로 구성된 이번 장이 여러분 모두에게 도전적인 주제였겠지만, 부동소수점에 대해 좀 더 잘 알 수 있는 계기가 됐을 것으로 생각한다. 무엇보다 우리를 대신해서 부동소수점 연산을 처리해주는 FPU에게 감사한 마음이 들지 않을까 생각한다.

4.8 참고 자료

Hyde, Randall. *The Art of Assembly Language*. 2nd ed. San Francisco: No Starch Press, 2010.

————. "Webster: The Place on the Internet to Learn Assembly." http://plantation-productions.com/Webster/index.html.

Knuth, Donald E. *The Art of Computer Programming, Volume 2: Seminumerical Algorithms*. 3rd ed. Boston: Addison-Wesley, 1998.

5

문자 데이터의 활용

컴퓨터는 수치 데이터를 주로 처리하는 것으로 생각하겠지만, 사실 대부분의 컴퓨터 시스템은 수치 데이터보다 문자 데이터를 처리하는 경우가 훨씬 더 많다. 컴퓨터 시스템에서 '문자^{character}'란 사람이나 기계가 읽을 수 있는, 수치가 아닌^{nonnumeric} 기호를 말하며 알파벳 문자, 키보드로 입력하거나 화면에 출력되는 모든 언어 문자, 구두점, 숫자, 공백 문자, 탭, 줄바꿈 기호, 기타 제어 문자나 특수 문자 등이 포함된다.

5장에서는 문자와 문자열^{string}, 그리고 문자셋$^{character\ set}$의 표기 방식과 이들 데이터 타입에 관련된 다양한 연산 방법을 알아본다.

5.1 문자 데이터

대부분의 컴퓨터 시스템은 다양한 문자를 인코딩하기 위해 1바이트 또는 2바이트의 2진 데이터를 사용한다. ASCII나 유니코드^{Unicode} 문자셋을 사용하는 윈도우, 맥 OS, 리눅스가 이에 해당하며, 이들 운영체제의 문자는 모두 1바이트 또는 그 이상 크기의 2진 시퀀스로 나타낸다. IBM 메인프레임과 미니 컴퓨터에서 사용되는 EBCDIC 문자셋 또한 1바이트 문자 코드를 사용한다.

이번 절에서는 이들 세 가지 문자셋과 내부적인 표기법을 알아보고, 각각의 문자셋 생성 방법을 살펴본다.

5.1.1 ASCII 문자셋

ASCII^{American Standard Code for Information Interchange} 문자셋은 128개의 문자를 0에서 127까지의 무부호 정수($0..$7F)로 나타낸다. 문자와 정수의 이와 같은 대응 관계는 임의로 정한 것이므로 정수의 값 자체는 중요하지 않지만, 표준화된 대응 관계를 통해 프로그램이 주변 장치와 통신할 수 있다는 측면에서 의의가 있다. 표준 ASCII 코드가 유용한 이유는 대다수의 사람들이 이를 준용하기 때문이며, 여러분이 A를 출력하기 위해 ASCII 코드 65를 사용하면 프린터 등의 주변 장치는 ASCII 코드 65를 영문자 A로 출력할 수 있다.

ASCII 문자셋이 128개의 문자만 사용한다면, '1바이트로 표기할 수 있는 다른 128개의 값($80..$FF)은 어떤 용도로 쓰는가?'라는 의문이 들 것이다. 이에 대한 답 중 하나는 '쓰지 않고 남는 값들은 그냥 무시하는 것'이며, 이 책 또한 그 방식을 택할 것이다. 또 하나의 답은 '또 다른 128개의 문자를 추가로 정의해서 ASCII 문자셋을 확장하는 것'이다. 그런데 이렇게 확장한 문자셋이 호환성을 지니려면[1] 많은 사람이 이에 동의하고 함께 사용해야 하는데, 다른 사용자에게 이와 같은 동의를 구하는 것은 쉽지 않은 일이다.

ASCII 문자셋은 몇 가지 중대한 단점이 있지만 컴퓨터 시스템과 프로그램 사이의 표준 데이터 교환 방식으로서 널리 사용되고 있으며, 대부분의 현대적인 프로그램은 ASCII 데이터를 입력받거나 출력할 수 있다. 여러분이 작성할 프로그램도 ASCII 데이터를 포함할 것이므로 ASCII 문자셋의 레이아웃^{layout}을 이해하는 것은 물론이고 0, A, a 등의 주요 ASCII 코드 값을 암기해두는 것이 좋다.

노트 | 이 책의 부록에서 표준 ASCII 문자셋의 모든 문자 코드를 확인할 수 있다.

---

1 윈도우가 인기를 얻기 전, IBM은 자사의 텍스트 디스플레이에서 256개의 문자를 지원하는 확장 문자셋을 제공했다. 이들 문자셋은 현대 PC에서도 표준으로 인정받고 있지만, 최근 출시된 애플리케이션이나 주변 장치에서 IBM 확장 문자셋을 지원하는 경우는 거의 없다.

ASCII 문자셋은 각각 32개의 문자를 지닌 네 개의 그룹으로 나뉜다. ASCII 코드 $00에서 $1F까지의 처음 32개 문자는 제어 문자^{control character} 그룹이다. 제어 문자는 출력되지 않는 특수한 문자로서, 실제 문자 기호를 출력하는 용도보다는 다양한 프린터나 디스플레이를 제어하는 용도로 사용된다.

제어 문자 중 하나인 캐리지 리턴^{carriage return}은 커서의 위치를 현재 라인의 처음으로 옮겨준다.[2] 라인 피드^{line feed}는 출력 장치상에서 커서의 위치를 한 줄 아래로 옮겨주며, 백스페이스^{backspace}는 커서를 왼쪽으로 한 칸 옮겨준다.

ASCII 코드는 표준 문자셋임에도 불구하고, 제어 문자가 출력 장치에 따라 다른 결과를 나타내기도 한다. 이는 출력 장치 간의 표준화 차이 때문이며, 출력 상치별 제어 문자의 실행 결과는 관련 매뉴얼에서 확인할 수 있다.

두 번째 ASCII 코드 그룹은 다양한 구두점 기호와 특수 문자, 숫자 등으로 구성되며, 이 중 스페이스^{space} 문자(ASCII 코드 값 $20)나 숫자(ASCII 코드 값 $30..$39) 등이 자주 사용된다.

세 번째 ASCII 코드 그룹은 알파벳 대문자를 포함하며, $41부터 $5A까지의 코드로 A~Z를 나타낸다. 총 32개 코드에서 알파벳은 26개만 차지하며, 나머지 여섯 개 코드는 그 외의 다양한 특수 기호 표시에 사용된다.

네 번째이자 마지막 ASCII 코드 그룹은 26개의 알파벳 소문자와 다섯 개의 특수 기호, 제어 문자인 삭제^{delete} 문자로 구성된다. 이 중 $61부터 $7A까지의 코드로 a~z를 나타낸다. 대문자와 소문자의 ASCII 코드를 2진 코드로 바꿔보면, 각 대문자의 값은 해당 소문자의 값과 1비트만 제외하고 모두 동일함을 알 수 있다.

예를 들어, 그림 5-1의 영문자 E와 e를 살펴보자.

---

2   캐리지 리턴은 옛 타자기에서 타자 용지를 이동시키는 기능인 페이퍼 캐리지(paper carnage)에서 유래한 것으로, 캐리지를 우측 끝으로 이동시켜서 다음에 타이핑할 문자가 용지의 좌측에 나타나도록 한다.

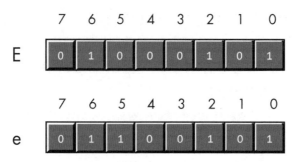

그림 5-1 영문자 E와 e의 ASCII 코드

두 코드는 5번 비트만 다르다. 즉, 알파벳 대문자는 5번 비트가 모두 0이고, 알파벳 소문자는 5번 비트가 모두 1이다. 이런 속성을 이용해, 5번 비트 값만 바꾸면 알파벳의 대문자와 소문자를 빠르게 변환할 수 있다. 대문자를 소문자로 바꾸려면 5번 비트 값을 1로 설정하고, 반대로 소문자를 대문자로 바꾸려면 5번 비트 값을 0으로 설정하면 된다.

5번 비트와 6번 비트는 문자 그룹을 결정한다(표 5-1 참고). 즉, 알파벳 대문자, 소문자, 특수 문자의 5, 6번 비트 값을 0으로 바꾸면, 그에 해당하는 제어 문자로 변환시킬 수 있다. 예를 들어 알파벳 *A*의 코드는 0x41인데, 5, 6번 비트 값을 0으로 바꾼 0x01은 Ctrl-A 키가 된다.

표 5-1 5, 6번 비트에 의한 ASCII 문자 그룹 구분

6번 비트	5번 비트	그룹
0	0	제어 문자
0	1	숫자와 구두점
1	0	대문자와 특수 문자
1	1	소문자와 특수 문자

5, 6번 비트 이외의 비트 자리도 중요한 의미를 지닌다. 예를 들어 표 5-2의 숫자 numeric digit character에 해당하는 ASCII 코드 값을 살펴보자. 이들 ASCII 코드에 대한 10진수 값은 별 의미가 없어 보이지만, 이를 16진수 값으로 바꾸면 이들 코드 속에 감춰진 특별한 의미를 파악할 수 있으며, 각 ASCII 코드의 하위 니블LO nibble이 해당 숫자의 값과 일치한다는 사실을 알 수 있다.

ASCII 코드의 상위 니블HO nibble을 제거하면(0으로 설정하면) 해당 숫자가 되고, 역으로

0~9의 2진 값의 상위 니블을 %0011(숫자 3)로 바꾸면 원래 숫자에 해당하는 ASCII 코드를 알 수 있다. 또한 논리 AND 연산을 통해 상위 니블의 비트를 0으로 변환할 수 있고, 논리 OR 연산을 통해 해당 비트를 %0011(숫자 3)로 간단하게 바꿀 수 있다. 문자-숫자 간 변환에 대한 더 자세한 내용은 2장을 참조한다.

표 5-2 숫자 타입별 ASCII 코드

문자	10진수	16진수
0	48	$30
1	49	$31
2	50	$32
3	51	$33
4	52	$34
5	53	$35
6	54	$36
7	55	$37
8	56	$38
9	57	$39

ASCII 문자셋은 표준임에도 불구하고, ASCII 코드 값으로 인코딩하는 것만으로는 시스템 간의 호환성을 보장하지 못한다. 즉, 문자 A는 거의 대부분의 시스템에서 'A'로 인식되지만, 제어 문자의 경우 시스템마다 지원 여부가 다르다. ASCII 코드의 첫 번째 그룹에서 마지막 그룹까지에 속한 문자 중 다수의 장치와 애플리케이션에서 공통적으로 지원하는 것은 백스페이스^{BS}, 탭^{tab}, 캐리지 리턴^{CR}, 라인 피드^{LF} 등 네 개뿐이다.

더욱이 이들 '지원되는' 제어 문자도 다른 방식으로 사용되며, 그중 EOL^{End Of Line}이 대표적이다. 윈도우, MS-DOS, CP/M 등의 시스템은 EOL을 CR/LF의 연속된 문자로 표기하지만, 애플 매킨토시^{Apple Macintosh} OS 등은 EOL을 CR 하나의 문자로만 표기하고, 리눅스, BeOS, 맥 OS, 유닉스 등은 LF로 EOL을 표기한다.

이처럼, 서로 다른 시스템에서는 단순한 텍스트 파일 변환 작업조차 쉽지 않다. 여러분이 모든 파일을 표준 ASCII 코드로 작성했다 하더라도, 시스템이 다른 경우에는 추가적인 데이터 변환 작업을 해야 하는 경우도 많다. 최신 텍스트 편집기^{editor}는 이처럼 호환되지 않는 표기를 자동으로 처리할 수 있으며, 시중에는 이를 위한 오픈소스 유틸리티들이 다수 출시돼 있다.

유틸리티를 쓰지 않고 여러분이 직접 파일 변환 처리를 하려 한다면, EOL 문자열을 제외한 모든 문자를 그대로 복사한 후 원본 파일의 EOL 문자열을 새로운 EOL 문자열로 바꿔준다.

5.1.2 IBM의 EBCDIC 문자셋

ASCII 문자셋은 가장 널리 사용되는 문자 표기법이지만, IBM의 EBCDIC 또한 메인프레임과 미니컴퓨터 제품군에서 널리 사용된다. 하지만 오늘날의 PC 시스템에서는 찾아보기 어려우므로, 이번 절에서 EBCDIC 코드를 간단히 살펴본다.

('엡서딕'으로도 읽는) EBCDIC은 Extended Binary Coded Decimal Interchange Code의 약어이며, '확장형^{extended}'이라는 단어를 통해 확장 이전의 버전이 있었음을 짐작할 수 있다. 초기 IBM 시스템과 키펀치 머신^{keypunch machine}은 확장 이전 버전인 BCDIC^{Binary Coded Decimal Interchange Code} 문자셋을 사용했다. 이는 펀치 카드 기반 문자셋으로, IBM의 구형 컴퓨터에서 사용된 10진 표기법이다.

BCDIC은 현대적인 컴퓨터 이전에 IBM 키펀치와 태뷸레이터^{tabulator}(도표 작성용 컴퓨터) 머신을 위해 개발됐고, EBCDIC은 이후 IBM의 컴퓨터에서 확장된 문자셋을 제공하기 위한 인코딩 방식이다. 하지만 EBCDIC은 현대적인 컴퓨터 측면에서는 다소 이상한 특성을 지닌다.

예를 들어 EBCDIC의 알파벳 영문 코드는 (연속적이어야 함에도 불구하고) 연속적이지 않은데, 이는 BCDIC 문자셋이 10진 인코딩 방식^{BCD, Binary Coded Decimal}을 사용했기 때문으로 보인다. 원래 알파벳 문자는 연속적인 값으로 인코딩됐지만, IBM이 문자셋을 확장하면서 BCD 포맷으로는 표기할 수 없는 2진 값(%1010..%1111)을 사용하게 됐다. 그리고 이들 2진 값이 두 개의 연속적인 BCD 값 사이에 배치되면서, 기존의 알파벳 문자와 같은 일련의 코드가 비연속적인 값으로 바뀌게 된 것으로 보인다.

이런 의미에서 EBCDIC은 단일 문자셋이 아니라 다양성을 지닌 문자셋 패밀리로 보는 것이 좋다. EBCDIC 문자셋은 공통 요소를 지니고 있지만, 그와 동시에 (코드 페이지 ^{code page}라 부르는) 다양한 버전이 있고 그만큼 다양한 구두점과 특수 문자를 지닌다.

ASCII와 비교해서 단일 바이트로 표현할 수 있는 경우의 수가 많지 않지만, 서로 다르게 정의된 코드 페이지를 이용해 같은 문자라도 다른 의미로 사용할 수 있다. 그리고 바로 이런 이유 때문에 EBCDIC 코드로 작성된 프로그램을 ASCII 코드로 변환하는 작업은 결코 간단치 않다.

ASCII 문자셋에서는 정상적으로 동작하는 알고리듬이 EBCDIC 문자셋에서는 제대로 작동하지 않는 경우도 많으며, EBCDIC 문자셋이 기능적으로 ASCII 문자셋과 동일하다는 점만 기억하면 될 듯하다. 더 자세한 내용은 IBM 문서를 참조하길 바란다.

5.1.3 더블 바이트 문자셋

싱글 바이트, 즉 1바이트로 인코딩할 수 있는 문자의 수는 최대 256개로 제한돼 있으므로, 그 이상의 문자를 나타내기 위해 더블 바이트 문자셋DBCS, Double-Byte Character Set을 사용하기 시작했다. 하지만 더블 바이트 문자셋은 이름과 달리, 모든 문자를 2바이트로 인코딩하지 않는다. 실제로 대부분의 문자 인코딩에는 1바이트만 사용하고, 일부 문자만 2바이트로 나타낸다.

보통의 더블 바이트 문자셋은 표준 ASCII 문자셋 이외의 문자를 나타내기 위해 $80에서 $FF까지의 추가 코드를 사용한다. 이 범위의 값은 바로 다음에 두 번째 바이트가 이어지는 확장 코드로 사용된다. DBCS는 이들 확장 코드를 이용해 또 다른 256개의 문자 코드를 사용할 수 있도록 한다. 예를 들어, DBCS에서 세 개의 확장 코드를 사용하면 최대 1,021개의 문자를 표기할 수 있다.

각 확장 코드에 대해 256개의 바이트를 결합해 새로운 문자 코드를 생성하고, 기존 표준 싱글 바이트셋으로 표기할 수 있는 253개(256-3)의 문자 코드도 그대로 사용할 수 있다. 여기서 3을 빼는 이유는 이들 세 개의 바이트 코드가 각각 256개의 바이트와 결합해 새로운 문자 코드를 위한 확장 코드로 사용되기 때문이다.

단말기나 컴퓨터가 메모리 맵 방식의 문자 디스플레이를 사용하던 시절에는 더블 바이트 문자셋이 널리 사용되지 못했다. 하드웨어 기반의 문자 생성기 입장에서는 모든 문자의 크기가 동일해야 하고 당시 처리해야 할 문자의 수 또한 제한적이었기 때문이다. 그러나 윈도우, 매킨토시, 유닉스/XWindows 기반의 컴퓨터, 태블릿, 스마트폰 등에서 비트맵 디스플레이bitmapped display 기반의 소프트웨어 문자 생성기가 널리 사용되면서 DBCS

또한 널리 보편화되기 시작했다.

DBCS로 좀 더 많은 수의 문자를 간단히 표기할 수 있지만, 이 포맷으로 작성된 텍스트를 처리하는 데 더 많은 리소스가 소요된다는 단점이 있다. DBCS 문자가 포함된 0 종료 문자열zero-terminated string을 처리해야 하는 경우 문자열 내의 대부분의 문자가 1바이트만을 사용하는 반면에 일부 문자만 2바이트를 사용하므로, C/C++ 프로그램에서 이 문자열 내 문자의 수를 세는 데 상당한 자원이 소모된다. 이 과정에서 문자열의 길이 판별 함수는 2바이트 확장 코드를 찾기 위해 문자열 내의 각 문자를 바이트 단위로 검사해야 하고, 문자열 길이 비교에만 두 배 이상의 시간이 소요된다.

또한 DBCS에는 문자열 데이터 처리를 위해 사용하는 일반적인 알고리듬을 그대로 적용할 수 없다. 예를 들어 문자열 내의 문자를 하나씩 순회하는 C/C++ 알고리듬은 ++ptrChar이나 --ptrChar과 같이 문자열 데이터에 대한 포인터를 증가시키거나 감소시키는 방법을 사용하는데, DBCS에는 이 기법을 적용할 수 없다. 즉, DBCS를 잘 처리하는 표준 C 라이브러리 함수를 확보하더라도, 싱글 바이트 문자 데이터를 처리하는 기존의 유용한 함수는 DBCS의 문자들을 제대로 처리하지 못할 가능성이 크다.

DBCS의 또 하나의 단점은 표준화의 일관성이 결여됐다는 것이다. 서로 다른 DBCS 배포판은 동일한 문자를 다르게 나타낸다. 이런 이유로, 256개 이상의 문자를 지원하는 표준 문자셋이 필요한 경우 유니코드 문자셋을 사용하는 편이 훨씬 낫다.

5.1.4 유니코드 문자셋

과거에 애플, 마이크로소프트, IBM, 넥스트NeXT, 썬Sun, 리서치 라이브러리 그룹Research Library Group, 제록스Xerox, 알두스Aldus의 엔지니어들은 자신들의 제품에 비트맵 방식의 디스플레이를 탑재해 256개 이상의 문자를 출력할 수 있음을 알게 됐으며, 이에 적합한 문자셋을 찾기 시작했다. 하지만 당시 널리 사용되던 DBCS는 호환성 문제가 있었으므로 다른 방법을 찾아야 했다.

이 과정에서 찾은 해법이 바로 유니코드 문자셋Unicode character set이다. 유니코드는 처음부터 2바이트 문자셋으로 설계됐으며, DBCS처럼 별도의 라이브러리 코드를 추가해야 했다. 이는 기존의 싱글 바이트 문자 함수로는 더블 바이트 문자를 처리하는 데 문제가 있었기 때문이다.

유니코드는 문자의 크기와 관련된 이슈를 제외하고는 기존 2바이트 문자 처리 알고리듬을 그대로 쓸 수 있었으며, 당시에 존재하던 거의 모든 문자셋을 담을 수 있었고 DBCS가 지닌 일관성 문제를 해소하기 위해 각 문자마다 유일한 코드를 부여했다.

유니코드는 16비트로 문자를 나타내므로 최대 65,536개의 문자 코드를 표현할 수 있었으며, 이는 기존에 8비트로 최대 256개의 문자를 표현하던 것과 비교하면 큰 발전이었다. 또한 유니코드는 ASCII 문자셋과의 호환성을 지니며, 유니코드 문자 코드의 상위 아홉 개의 비트가 모두 0이면 나머지 일곱 개의 비트 값은 표준 ASCII 코드 값을 나타낸다.[3] 상위 아홉 개의 비트 중 0이 아닌 값이 있다면, 이는 ASCII 문자셋에서 확장된 16비트 확장 문자 코드임을 의미한다.

유니코드에 이렇게 많은 문자 코드가 필요한 이유는 아시아 일부 국가의 문자셋에만 4,096개 이상의 문자가 포함돼 있기 때문이다. 또한 유니코드는 애플리케이션을 위한 새로운 문자셋을 정의할 수 있게 해주는 문자 코드셋을 제공할 수 있으며, 65,536개의 사용 가능한 문자 중 절반 정도가 이미 사용되고 있다. 나머지 잉여 문자 영역은 향후 확장을 대비해 남겨져 있다.

오늘날 유니코드는 범용 문자셋으로서 ASCII와 DBCS를 대체했으며, 맥 OS, 윈도우, 리눅스, iOS, 안드로이드, 유닉스 등 거의 모든 현대 운영체제는 물론이고 웹 브라우저, 애플리케이션 등도 유니코드를 지원한다. 비영리 기관인 유니코드 컨소시엄Unicode Consortium이 유니코드 표준을 관리하며, Unicode, Inc.(https://home.unicode.org/)가 유니코드 표준이 준수되도록 각종 지원 방안을 제시한다.

5.1.5 유니코드 코드 포인트

유니코드 표준이 만들어지고 얼마 지나지 않아, 컴퓨터 시스템에서 표현해야 할 문자셋의 수가 폭발적으로 증가하기 시작했다. 이모지emoji, 점성술 기호, 화살표, 포인터 기호뿐 아니라 인터넷, 모바일 앱, 웹 브라우저 전용 기호의 생성 및 사용량이 급증하면서 유니코드 기호 체계 또한 급격하게 확장됐다. 여기에는 현대 문자 체계에서는 거의 사용하지

---

3   ASCII는 7비트 코드이며, 16비트인 유니코드에서 아홉 개 HO 비트가 모두 0이라면 나머지 일곱 개 비트는 해당 문자의 ASCII 코드에 해당한다.

않는 구시대의 문자 기호도 포함된다.

1996년 무렵, 시스템 엔지니어는 유니코드의 65,536개 문자만으로는 충분치 않다는 결론을 내렸다. 그리고 기존과 같은 고정 크기 표기법fixed-size representation의 한계를 깨닫고 3바이트, 4바이트 크기로 고정된 유니코드를 만들지 않기로 했으며, 다양한 인코딩 체계를 수용하기로 했다. 오늘날 유니코드는 1,112,064개의 코드 포인트를 정의해뒀으며, 이는 당초 2바이트 용량으로 계획됐던 유니코드 문자셋에 비해 엄청나게 확장된 규모라고 할 수 있다.

유니코드 코드 포인트Unicode code point는 유니코드 문자 기호와 연계된 정수 코드이며, ASCII 문자와 연계된 ASCII 코드와 같은 역할을 한다. 유니코드 코드 포인트는 U+ 접두사와 16진수 표기법으로 특정 문자를 나타낼 수 있으며, 예를 들어 문자 A의 유니코드 코드 포인트는 U+0041이다.

노트 | 유니코드 코드 포인트에 대한 상세한 설명은 다음 링크에서 확인할 수 있다.
https://en.wikipedia.org/wiki/Unicode#General_Category_property

---

5.1.6 유니코드 코드 플레인

유니코드는 문자 표기의 역사적인 특성을 고려해 65,536개의 문자를 다국어 공간multilingual plane으로서 특별히 관리한다. 문자 공간의 첫 영역은 다국어 공간으로서 U+000000~U+00FFFF의 범위이고 대략 16비트 유니코드와 일치하며, 기본 다국어 공간BMP, Basic Multilingual Plane이라 부른다.

이어서 1번 공간(U+010000~U+01FFFF), 2번 공간(U+020000~U+02FFFF), 14번 공간(U+0E0000~U+0EFFFF)은 추가 공간supplementary plane이다. 그 사이의 3~13번 공간은 미래의 문자 확장에 대비하기 위한 공간이고, 15~16번 공간은 사용자 정의 문자셋을 위한 공간이다.

유니코드 표준은 U+000000~U+10FFFF 범위의 코드 포인트를 정의한다. 이때 0x10ffff에 해당하는 코드 수는 1,114,111개이며, 유니코드 문자셋 1,112,064개를 제외하면 2,048개만 남는다. 이렇게 남은 2,048개의 코드 포인트는 유니코드 확장을 위한 서로게이트 코드 포인트^{surrogate code point}로 사용된다. 2,048개의 서로게이트 코드 포인트를 제외한 나머지 코드 영역을 유니코드 스칼라^{Unicode scalar}라 칭한다.

여섯 자리 코드 포인트 중 두 개의 HO 16진수 자릿수로 다국어 공간을 정의한다. 유니코드에서 (0~16번까지의) 17개 공간을 사용하는 이유는 U+FFFF 범위를 넘는 코드 포인트 표현에 특수한 멀티워드 엔트리를 사용하기 때문이다. 두 개의 10비트 영역을 결합해서 만든 총 20비트 영역으로 16개의 다국어 공간을 만들고, 여기에 BMP를 추가해서 총 17개의 공간을 사용한다. 이것이 바로 코드 포인트가 U+000000~U+10FFFF 범위에 있는 이유이며, BMP와 16개의 다국어 공간을 위해 총 21비트를 사용하게 된다.

5.1.7 서로게이트 코드 포인트

초기 유니코드는 16비트 또는 2바이트 문자셋 인코딩으로 설계됐지만, 당시 존재하던 문자셋 표현에 16비트 인코딩 방식이 충분치 않다는 사실을 확인한 후 코드를 확장하려는 노력이 시작됐다.

이후 Unicode, Inc.는 Unicode v2.0을 배포하면서 멀티워드 문자를 유니코드 표준에 포함시켰으며, U+FFFF를 초과하는 문자(U+D800~U+DFFF)는 서로게이트 코드 포인트로 인코딩한다. 그림 5-2는 서로게이트 코드 포인트의 인코딩 방식을 보여준다.

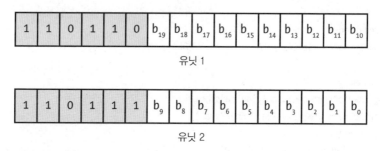

그림 5-2 1~16번 유니코드에 대한 서로게이트 코드 포인트의 인코딩

위 그림에서 항상 (유닛 1 또는 하이 서로게이트^{high surrogate}와 유닛 2 또는 로우 서로게이트^{low surrogate} 등) 두 개의 워드가 함께 사용된다는 점에 주목하자. 이때 유닛 1(HO 비트 %110110)은 유니코드 스칼라의 상위 열 개($b_{10}..b_{19}$) 비트를 정의하고, 유닛 2(HO 비트 %110111)는 유니코드 스칼라의 하위 열 개($b_0..b_9$) 비트를 정의한다. 이 가운데 b_{16}~b_{19}와 추

가 1비트로 1~16번 유니코드 공간을 정의하고, b_0~b_{15} 비트로 유니코드 스칼라 공간을 정의한다.

이때 주의할 점은 서로게이트 코드는 BMP에만 있다는 것이며, 다른 다국어 공간에는 서로게이트 코드가 없다. 유닛 1과 유닛 2에서 추출한 b_0~b_{19} 비트 값은 항상 유니코드 스칼라 문자에 대응되며 U+D800~U+DFFF 범위의 값도 마찬가지다.

5.1.8 글리프, 문자, 그래핌 클러스터

각 유니코드 코드 포인트는 유일한 이름을 지닌다. 예를 들어 U+0045 코드 포인트의 이름은 '라틴 대문자 A$^{\text{LATIN CAPITAL LETTER A}}$'이며, 우리가 자주 사용하는 '문자 A'는 공식적인 이름이 아니다. 글꼴이라는 측면에서 A는 글리프^{glyph}라고 부르며, 특정 문자를 나타내기 위한 일련의 획을 의미한다.

'라틴 대문자 A'에 해당하는 글리프는 여러 개가 있으며, Times Roman 문자 A와 Times Roman Italic 문자 A는 서로 다른 글리프이지만, 유니코드에서는 이를 구분하지 않는다. 즉, '라틴 대문자 A'는 폰트나 스타일에 상관없이 U+0045 코드를 사용한다.

스위프트 프로그래밍 언어에서는 다음과 같은 코드를 통해 유니코드 문자의 이름을 출력할 수 있다.

```
import Foundation
let charToPrintName :String = "A"        // 문자의 이름 출력

let unicodeName =
    String(charToPrintName).applyingTransform(
        StringTransform(rawValue: "Any-Name"),
        reverse: false
 )! // 위 명령은 항상 성공하므로 강제 언래핑 가능

print( unicodeName )

Output from program:
\N{LATIN CAPITAL LETTER A}
```

그렇다면 유니코드에서 문자란 정확히 무엇인가? 보통의 경우 유니코드 스칼라를 유니코드 문자라고 부르지만, 우리가 일반적으로 생각하는 문자와 유니코드 스칼라 문자 간에는 차이점이 있다. 예를 들어 é는 하나의 문자인가, 아니면 두 개의 문자인가? 이를 스위프트로 출력해보자.

```
import Foundation
let eAccent   :String = "e\u{301}"
print( eAccent )
print( "eAccent.count=\(eAccent.count)" )
print( "eAccent.utf16.count=\(eAccent.utf16.count)" )
```

위 코드에서 "\u{301}"은 유니코드 스칼라임을 알리는 스위프트 특유의 문법 요소이고, 301은 액센트accent 문자에 대한 16진수 코드다.

첫 번째 출력 명령문은 다음과 같다.

```
print( eAccent )
```

위 명령문은 우리의 예상대로 é를 출력한다.

두 번째 명령문은 문자의 수를 출력한다.

```
print( "eAccent.count=\(eAccent.count)" )
```

위 명령문은 1을 출력한다.

세 번째 명령문은 문자열을 구성하는 요소(UTF-16 포맷 요소[4])의 수를 출력한다.

```
print( "eAccent.utf16.count=\(eAccent.utf16.count)" )
```

---

4   5.1.10절 '유니코드 인코딩'에서 UTF-16 인코딩을 상세히 설명한다.

위 명령문은 2를 출력한다. 위 문자열에는 UTF-16 포맷으로 두 개의 단어가 포함돼 있기 때문이다.

다시 한 번 생각해보자, é는 하나의 문자인가, 아니면 두 개의 문자인가? é라는 (UTF-16 인코딩) 문자 데이터 처리를 위해 컴퓨터는 (두 개의 16비트 유니코드 스칼라를 위해) 4바이트의 메모리를 할당한다.[5] 하지만 화면상으로 나타난 문자는 분명 하나의 문자 자리를 차지하고, 문서 편집기에서 é 옆으로 커서를 이동시킨 뒤 삭제 키를 한 번 누르면 바로 삭제된다. 즉, 사용자의 관점에서 é는 분명 하나의 문자다(스위프트도 문자열에 포함된 문자 값으로 1을 반환했다).

하지만 유니코드에서 문자란 코드 포인트와 더 가까운 개념으로 사용되며, 이는 보통의 사용자가 생각하는 문자와는 개념적으로 다르다. 유니코드 용어 중 그래핌 클러스터 grapheme cluster가 보통의 사용자가 생각하는 문자와 유사한 개념을 지닌다. 그래핌 클러스터는 하나의 언어 요소를 나타내기 위해 결합된 유니코드 코드 포인트 시퀀스를 의미한다. 즉, 애플리케이션이 사용자 화면에 출력하는 기호를 문자라고 한다면, 이는 그래핌 클러스터를 의미하는 것이다.

그래핌 클러스터는 다소 복잡한 개념을 지닌 요소이며, 다음 스위프트 코드를 통해 알아보자.

```
import Foundation
let eAccent   :String = "e\u{301}\u{301}"
print( eAccent )
print( "eAccent.count=\(eAccent.count)" )
print( "eAccent.utf16.count=\(eAccent.utf16.count)" )
```

위 코드는 é를 출력하고, 두 번째 명령문은 1을 출력한다.

다음 명령문은 é를 출력한다.

```
print( eAccent )
```

5   스위프트 5부터 문자열 인코딩 포맷으로 UTF-16 대신 UTF-8을 권장한다(https://swift.org/blog/utf8-string/ 참조).

다음 명령문은 1을 출력한다.

```
print( "eAccent.count=\(eAccent.count)" )
```

하지만 다음 명령문은 2를 출력하지 않는다.

```
print( "eAccent.utf16.count=\(eAccent.utf16.count)" )
```

우리의 예상과 달리 3을 출력한다.

위 코드를 통해 é라는 문자에는 (U+0065, U+0301, U+0301이라는) 세 개의 유니코드 스칼라 값이 포함돼 있음을 알 수 있다. 우리가 이런 사실을 인지하지 못하는 이유는 출력 명령 문을 실행했을 때 시스템이 e와 두 개의 액센트 요소를 결합해 하나의 문자로 출력하기 때문이다.

스위프트는 화면에 출력될 때 é가 하나의 문자로 출력된다는 사실을 알고 있을 정도로 똑똑한 언어라고 생각할 수 있다. 어쨌든, 여기서는 하나의 문자열 속에 여러 개(이번 예제는 세 개)의 유니코드 코드 포인트 또는 그래픔 클러스터가 포함될 수 있다는 사실만 기억하자.

5.1.9 유니코드 노멀과 캐노니컬 동등

é라는 유니코드 문자는 유니코드가 만들어지기 훨씬 이전부터 존재했다. 사실 é는 초기 IBM PC 문자셋에 포함돼 있었으며, (DEC 단말에도 사용된) Latin-1 문자셋의 일부다. 유니코드는 코드 포인트 U+00A0부터 U+00FF의 영역을 Latin-1 문자셋 인코딩에 할당했으며, U+00E9 코드 포인트는 é에 해당한다.

다음은 지난 예제 코드를 약간 수정한 것이다.

```
import Foundation
let eAccent   :String = "\u{E9}"
print( eAccent )
```

```
print( "eAccent.count=\(eAccent.count)" )
print( "eAccent.utf16.count=\(eAccent.utf16.count)" )
```

위 프로그램의 출력 결과는 다음과 같다.

```
é
1
1
```

é에는 분명 세 개의 요소가 포함돼 있지만, 출력된 코드 포인트 수는 1뿐이다. 이것이 바로 여러분이 유니코드가 포함된 프로그램을 작성할 때 경험하게 되는 복잡성 문제다.

예를 들어 다음 세 개의 문자열이 있고 이를 비교하는 코드를 실행했을 때, 어떤 결괏값을 얻을 수 있을까?

```
let eAccent1 :String = "\u{E9}"
let eAccent2 :String = "e\u{301}"
let eAccent3 :String = "e\u{301}\u{301}"
```

사용자 관점에서 위 세 문자는 모두 é로 동일하다. 하지만 코드를 보면 서로 다른 요소를 포함하고 있는 것이 분명하다. 그렇다면 동등equivalence 비교를 해보면 어떨까?

동등 여부는 해당 문자가 어떤 문자열 라이브러리에 속하는지와 관계가 있으며, 대부분의 문자열 라이브러리는 이들 세 문자가 서로 같지 않다는 결과를 내놓을 것이다. 스위프트의 경우 eAccent1과 eAccent2가 같다고 하지만, eAccent1과 eAccent3, eAccent2와 eAccent3은 같지 않다는 결과를 내놓는다. 이는 모든 문자가 같다고 한 이전 결과와 배치된다. 상당수 프로그래밍 언어의 문자열 라이브러리는 위 문자 비교 결과에서 같지 않다는 결과를 내놓는다.

세 개의 유니코드/스위프트 문자 "\{E9}", "e\{301}", "e\{301}\{301}"은 화면상에 동일한 문자를 출력하며, 이를 유니코드를 기준으로 한 표준적 동등canonical equivalence이라 부른다. 물론 일부 문자열 라이브러리는 이들 문자가 동등하지 않다는 결과를 내놓을 것이다. 일부는 같고("\{E9}" == "e\{301}") 일부는 다르다는 결과를 내놓은 스위프트와 같은 경우를 일부 표준적 동등이라 한다.[6]

또한 유니코드는 문자열의 정규 형식normal form을 정의할 수 있다. 정규 형식 활용의 한 가지 방법은 하나의 표준적 동등 문자를 다른 표준적 동등 문자로 대체하는 것이다. 예를 들어 "e\u{309}"를 "\u{E9}"로 대체하거나 "\u{E9}"를 "e\u{309}"로 대체할 수 있다(이때 좀 더 짧은 형식으로의 대체를 선호한다).

일부 유니코드 시퀀스는 다수의 문자를 결합해서 만들 수 있다. 보통의 경우, 특정 그래핌 클러스터를 만들 때 문자의 결합 순서는 임의로 정하지만, 두 개의 결합 문자가 특정한 결합 순서를 따라 만들어졌다면, 동등 비교 등의 작업이 좀 더 쉬워질 것이다. 유니코드 문자열의 정규화normalizing Unicode strings 작업을 통해 나름의 결합 순서를 지닌 문자를 생성할 수 있고, 문자열 비교의 효율성 또한 높일 수 있다.

5.1.10 유니코드 인코딩

유니코드 2.0 버전이 배포되면서 21비트 문자 공간으로 확대됐고, 표현 가능한 문자의 수는 100만 개 이상으로 늘어났다(그중 대부분은 미래를 위한 예비 공간임). 또한 Unicode, Inc.는 기존의 고정식 3바이트 또는 4바이트 인코딩 방식 대신 UTF-32, UTF-16, UTF-8 등의 새로운 인코딩 방식을 사용할 수 있도록 했는데, 이들 새로운 문자 표기법은 각자 나름의 장점과 단점을 지니고 있다.[7]

새로운 표준인 UTF-32는 유니코드 스칼라를 표현하는 데 32비트 정수를 사용한다. 이 방식의 장점은 32비트 정수 공간을 이용해 기존의 (21비트로 표현되던) 모든 유니코드 스칼라를 인코딩할 수 있다는 것이며, 문자열 내 특정 문자에 대한 무작위 접근이 필요한 경우에는 서로게이트 쌍을 대조하지 않아도 되고 거의 대부분의 문자 연산도 가능하다.

반면 UTF-32 방식의 명확한 단점은 이 방식으로 표현한 모든 유니코드 스칼라 값이 4바이트 용량을 차지한다는 것이다. 이는 기존 ASCII 방식의 네 배, 초기 유니코드 표

---

6 스위프트의 이와 같은 동등 처리는 정확성과 효율성의 균형을 맞춘 사례라 할 수 있다. 모든 문자 요소를 엄밀히 비교하려면 많은 연산 비용이 소모되므로, 보편적이지 않은 "e\{301}\{301}"과 같은 문자는 동등하지 않다는 결론을 일찍 내리고 연산을 종료할 수 있다.

7 UTF는 Unicode Transformational Format의 약어다.

준의 두 배에 해당한다. 그럼에도 불구하고, 두 배에서 네 배의 용량이 소모된다는 점은 UTF-32의 장점에 비해 그리 큰 단점으로 여겨지지 않았다. 현대적인 컴퓨터는 그보다 더 큰 용량의 데이터도 별 어려움 없이 처리할 수 있기 때문이다. 하지만 이와 같은 대용량 데이터를 처리하는 과정에서 캐시 스토리지가 급속히 소모되고, 결국 시스템 전체의 성능을 크게 떨어뜨릴 수 있다.

또한 현대 문자열 라이브러리의 상당수는 (64비트 운영체제에서) 한 번에 8바이트 문자열 단위로 처리한다는 점도 고려해야 한다. 예를 들어 ASCII 문자의 경우 문자열 함수는 동시에 여덟 개의 문자를 처리할 수 있지만, UTF-32 문자의 경우 같은 문자열 함수가 동시에 처리할 수 있는 문자는 두 개에 불과하다. 결국 UTF-32 버전의 함수는 ASCII 버전 함수에 비해 네 배 느릴 수밖에 없다. 유니코드 스칼라의 문자 표현 부족 문제를 해결하기 위해 등장한 UTF-32 인코딩 기법은 이와 같은 단점으로 인해 널리 사용되지 않고 있다.

유니코드 2.0 버전에 포함된 두 번째 인코딩 형식은 UTF-16이며, 이름 그대로 유니코드 문자 표현을 위해 16비트 무부호 정수^{unsigned integer}를 사용한다. 0xFFFF를 넘는 스칼라 문자를 표현하기 위해 UTF-16은 서로게이트 페어 기법을 이용해 0x010000~0x10FFFF의 값을 나타낸다(5.1.7절 '서로게이트 코드 포인트' 참조). 일상적으로 사용되는 거의 대부분의 문자는 16비트로 표현할 수 있으므로 대부분의 UTF-16 문자는 2바이트만 사용하고, 서로게이트 기법이 필요한 일부 문자만 32비트, 2워드를 사용한다.

유니코드 2.0 버전의 세 번째 인코딩 형식이자 가장 널리 사용되는 문자 표기 방식은 UTF-8이며, 싱글 바이트로 표기하는 (HO 비트에 0을 포함한) 모든 ASCII 문자셋과 호환된다. 단, UTF-8 HO 비트가 1인 경우 유니코드 코드 포인트 출력을 위해 1~3바이트가 추가로 필요하다. 표 5-3은 UTF-8 인코딩 형식을 보여준다.

표 5-3 UTF-8 인코딩 형식

바이트	코드 포인트 비트	첫 번째 코드 포인트	마지막 코드 포인트	바이트 1	바이트 2	바이트 3	바이트 4
1	7	U+00	U+7F	0xxxxxxx			
2	11	U+80	U+7FF	110xxxxx	10xxxxxx		
3	16	U+800	U+FFFF	1110xxxx	10xxxxxx	10xxxxxx	
4	21	U+10000	U+10FFFF	11110xxx	10xxxxxx	10xxxxxx	10xxxxxx

위 표에서 'xxx . . .' 비트는 유니코드 코드 포인트 비트이며, 멀티바이트 시퀀스의 경우 1번 바이트에는 HO 비트를 넣고 2번 바이트에는 다음 HO 비트를 넣는 식으로 구성한다. 예를 들어, 2바이트 시퀀스(%11011111, %10000001)는 유니코드 스칼라로 %0000_0111_1100_0001(U+07C1)에 대응된다.

UTF-8은 다양한 분야에서 가장 폭넓게 사용되는 인코딩 방식이며, 웹 페이지 렌더링에는 물론이고 대부분의 표준 C 라이브러리 문자열 함수에서도 UTF-8 텍스트를 별다른 수정 작업 없이 바로 사용할 수 있다. 단, 일부 C 라이브러리 문자열 함수는 UTF-8 문자열을 다소 부정확하게 처리하는 경우도 있다.

프로그래밍 언어에 따라 기본적으로 지원하는 인코딩 방식도 달라진다. 예를 들어 맥 OS와 윈도우는 UTF-16을 사용하고, 대부분의 유닉스 시스템은 UTF-8을 사용하며, 파이썬은 네이티브 인코딩 방식으로 UTF-32를 사용한다. 하지만 대부분의 프로그래밍 언어는 기존 ASCII 기반 문자를 문제없이 처리하기 위해 UTF-8을 기본 인코딩 방식으로 채택하고 있다.

여러 언어 중에서 애플의 스위프트는 (성능 저하 문제가 있기는 하지만) 유니코드 표준을 완벽하게 적용한 최초의 프로그래밍 언어라 할 만하다.

5.1.11 유니코드 연결 문자

UTF-8과 UTF-16은 UTF-32에 비해 훨씬 적은 용량을 차지하지만, CPU 연산과 관련된 고정 비용이 존재하고 멀티바이트 문자가 지닌 기본적인 복잡성 때문에 각종 버그와 성능 문제가 지속적으로 발생한다.

그렇다면, 32비트 문자 형식에 메모리 낭비 문제가 있기는 하지만 차라리 UTF-32를 좀 더 간소하게 정의해서 사용하는 편이 낫지 않을까? 문자 처리 알고리듬을 단순화하고, 연산의 성능을 좀 더 올리고, 오류 발생 가능성을 줄여서 UTF-32를 좀 더 잘 쓰기 위해 노력해보는 것이다.

이와 같은 시도의 가장 큰 걸림돌은 21비트 또는 32비트로도 모든 그래핌 클러스터를 표현할 수 없다는 것이며, 이들 중 상당수는 여러 개의 유니코드 코드 포인트가 결합된 형태로 만들어진다.

Chris Eidhof와 Ole Begemann의 공저 『Advanced Swift』(CreateSpace, 2017)에 실

린 다음 예제 코드를 살펴보자.

```
let chars: [Character] = [
    "\u{1ECD}\u{300}",
    "\u{F2}\u{323}",
    "\u{6F}\u{323}\u{300}",
    "\u{6F}\u{300}\u{323}"
]
```

위 네 개의 그래핌 클러스터는 (Yoruba 문자셋에 포함된) 동일한 문자 ó를 나타낸다. 첫 번째 U+1ECD, U+300 문자 시퀀스는 o와 강조 점 기호를 출력하고, 두 번째 U+F2, U+323 문자 시퀀스는 ó와 결합 점 기호를 출력한다. 세 번째 U+6F, U+323, U+300 문자 시퀀스는 o와 결합 점 기호, 강조 점 기호를 출력하고, 네 번째 U+6F, U+300, U+323 문자 시퀀스는 o와 강조 점 기호, 결합 점 기호를 출력한다.

이렇게 출력된 네 개의 문자열은 동일한 모습을 지니며, 스위프트에서 문자열 비교 연산을 해도 모두 동일하다는 결과를 얻게 된다.

```
print( "\u{1ECD} + \u{300} = \u{1ECD}\u{300}" )
print( "\u{F2} + \u{323} = \u{F2}\u{323}" )
print( "\u{6F} + \u{323} + \u{300} = \u{6F}\u{323}\u{300}" )
print( "\u{6F} + \u{300} + \u{323} = \u{6F}\u{300}\u{323}" )
print( chars[0] == chars[1] ) // 결괏값은 참
print( chars[0] == chars[2] ) // 결괏값은 참
print( chars[0] == chars[3] ) // 결괏값은 참
print( chars[1] == chars[2] ) // 결괏값은 참
print( chars[1] == chars[3] ) // 결괏값은 참
print( chars[2] == chars[3] ) // 결괏값은 참
```

위와 같은 문자를 출력하려면 하나의 유니코드 스칼라만으로는 부족하며, 최소 두 개 이상(또는 세 개)의 유니코드 스칼라를 함께 사용해야 하는 셈이다. 즉, UTF-32 인코딩 기법을 사용하는 경우에도 위의 문자를 나타내기 위해 두 개의 32비트 스칼라가 필요하다.

최근 널리 사용되고 있는 이모지는 UTF-32 포맷의 또 다른 도전 과제다. 예를 들어

금발의 사람 아이콘을 출력하는 U+1F471의 경우, 다크 스킨 톤으로 피부 색상을 변경하면 새로운 유니코드 스칼라 값(U+1F471, U+1F3FF)을 사용해야 한다. 유니코드 스칼라가 늘어나도 화면에 표시되는 건 금발의 사람 아이콘 하나뿐이며, 어떤 경우에는 하나의 스칼라만 써도 되고, 또 다른 경우에는 두 개의 스칼라를 쓰게 되는 문제가 있다. 이모지 문제 또한 하나의 UTF-32 값만으로는 해결할 수 없다.

결국 충분한 표현 용량을 제공하는 UTF-32를 사용하더라도, 특정 유니코드 그래핌 클러스터를 나타내기 위해 여러 개(때로는 30~40개)의 스칼라를 결합해서 사용하는 문제는 해결할 수 없는 셈이다. 결국 우리 산업계에서 양산되는 멀티워드 시퀀스 문자의 문제는 표현 가능 용량의 문제와 다른 차원의 문제라고 할 수 있으며, 충분한 표현 용량을 지닌 UTF-32가 널리 사용되지 않는 것도 이 때문이다. UTF-32만으로는 개별 유니코드 문자의 임의적인 접근 문제를 해소할 수 없으며, 어차피 정규화 및 결합된 형태의 유니코드 스칼라를 사용해야 한다면 UTF-8 또는 UTF-16 인코딩이 훨씬 효율적인 방식이다.

오늘날, 대부분의 언어와 운영체제는 (UTF-8 또는 UTF-16 중) 하나 이상의 유니코드 인코딩 기법을 제공한다. 유니코드의 멀티워드 문자셋 문제가 있기는 하지만 현대 프로그램의 대부분은 ASCII 문자 대신 유니코드 문자를 기본적으로 제공하며, 사실상 '유니코드 표준'을 지원하는 스위프트 언어는 표준 ASCII 문자를 지원하지 않는다.

5.2 문자열

문자열character string은 오늘날 프로그램에서 정수 다음으로 많이 사용되는 타입이다. 일반적으로 문자열은 길이length와 문자 데이터character data라는 두 가지 중요한 속성을 지닌다.

이번 절에서는 문자열이 제공하는 변수의 허용 가능 최대 길이maximum length 속성이나 특정 문자열의 참조 빈도와 관련된 참조 횟수reference count 속성 등을 알아보고, 개별 프로그램이 이들 속성을 이용해 문자열 형식을 지정하고 문자열 기반 연산을 수행하는 방법을 알아본다.

5.2.1 문자열 형식

각국의 언어는 문자열 표현을 위한 나름의 데이터 구조를 지니고, 문자열마다 메모리 소모량, 처리 시간, 편의성 수준이 다르며, 운영체제별 부가 기능 등이 다르다. 문자열 설계 방식을 좀 더 잘 이해하기 위해 C 계열 언어와 파이썬을 포함한 고급 언어가 제공하는 문자열 표기법을 자세히 살펴본다.

5.2.1.1 0 종료 문자열

0 종료 문자열zero-terminated string(또는 NUL 값으로 끝나는 문자열)은 오늘날 가장 널리 사용되는 문자열 표기 방식이며, C, C++를 포함한 주요 언어의 네이티브 문자열 형식이다. 0 종료 문자열은 별도의 네이티브 문자열 형식을 지정하지 않는 어셈블리 언어에서도 자주 사용된다.

0 종료 ASCII 문자열은 0을 포함한 시퀀스 또는 0으로 끝나는 8비트 이상 길이의 문자 코드이며, UTF-16의 경우 0을 포함한 시퀀스 또는 0으로 끝나는 16비트 이상 길이의 문자 코드다. 예를 들어 C, C++에서 ASCII 문자열인 'abc' 표기를 위해서는 4바이트가 필요하고 a, b, c 등의 세 문자 표현에 각각 1바이트를 사용하며, 마지막 바이트에 0을 입력하고 문자열을 닫는다.

다른 문자열 표기법에 비해 0 종료 문자열이 지니는 장점은 다음과 같다.

- 0 종료 문자열은 어떤 길이의 문자열도 1바이트의 오버헤드만으로 표기할 수 있다(UTF-16은 2바이트, UTF-32는 4바이트 필요).
- 0 종료 문자열 처리를 위해 C/C++ 언어 기반의 고성능 문자열 연산 라이브러리를 이용할 수 있다.
- 0 종료 문자열은 구현이 용이하다. C/C++ 언어에서 문자열은 단순한 문자의 배열array of character일 뿐이며, 0 종료 문자열을 사용하면 복잡한 문자열 연산 기능을 정의할 필요성도 줄어든다.
- 어떤 언어에서도 0 종료 문자열을 이용해 문자 배열을 생성할 수 있다.

반면 0 종료 문자열의 단점은 다음과 같다.

- 문자열 함수는 문자열 데이터를 처리하기에 앞서 해당 문자열의 길이를 알아야 하며, 0 종료 문자열은 이와 같은 작업에서 효율성이 떨어진다. 0 종료 문자열의

길이를 계산하려면 문자열 전체를 스캔해야 하는데, 문자열이 긴 경우 연산 속도가 느려지게 된다. 즉, 문자열의 길이가 긴 경우 0 종료 문자열의 연산 효율성이 낮다는 문제가 있다.

- 흔하지는 않지만, 0 종료 문자열에서 문자 코드 값이 0인 문자(유니코드와 ASCII의 NUL 문자, 0\)를 나타내기 어려운 경우도 있다.
- 0 종료 문자열은 문자열이 종료를 의미하는 0 바이트 뒤로 얼마나 길어질 수 있는지 알려주지 않는다. 예를 들어, 문자열 연결concatenation 함수는 기존 문자열 변수의 길이 내에서만 확장하거나 호출 함수caller가 명시적으로 최대 길이 정보를 넘겨줘 오버플로overflow 여부를 미리 알 수 있는 경우에만 사용할 수 있다.

5.2.1.2 길이 정보 전치 문자열

길이 정보 전치 문자열length-prefixed string은 0 종료 문자열의 단점을 보완한 문자열 형식으로, 파스칼의 기본 문자열이다. 길이 정보 전치 문자열은 문자열의 길이 정보를 담은 1 바이트가 문자열 맨 앞에 오고, 그 뒤에 8비트 문자 코드가 이어진다. 예를 들어 문자열 "abc"의 경우 4바이트로 표현 가능하고, 맨 앞에 길이를 나타내는 $03이 위치하며, 그다음에 a, b, c가 이어진다.

길이 정보 전치 문자열은 0 종료 문자열의 두 가지 주요 문제점을 해결한다. 우선 NUL 문자 표현이 가능하고, 문자열 연산의 효율성을 높일 수 있다. 그다음, 길이를 나타내는 바이트가 문자열 내의 0번째 위치에 오므로, 문자열의 첫 번째 문자는 배열의 인덱스 1 위치에서 시작한다. 이는 문자열 함수의 연산 효율성을 더욱 높여준다.

반면에 길이 정보 전치 문자열에도 단점이 있는데, 길이 정보에 1바이트를 사용할 경우 길이 정보는 최대 255개 문자로만 표현할 수 있다는 것이다. 이는 길이 정보 바이트를 2바이트, 4바이트로 늘리는 방식으로 해결할 수 있지만, 그만큼 오버헤드가 증가하게 된다.

5.2.1.3 7비트 문자열

7비트 문자열은 (ASCII처럼) 7비트로 문자를 인코딩하며, 문자열의 끝을 나타내는 데 HO 비트를 사용한다. 즉, 문자열의 마지막 문자를 제외한 모든 문자의 HO 비트는 0이 되고,

마지막 문자의 HO 비트는 1이 된다.

7비트 문자열의 단점은 다음과 같다.

- 문자열의 길이를 계산하기 위해 문자열 전체를 스캔해야 한다.
- 길이가 0인 문자열은 사용할 수 없다.
- 7비트 문자열 상수를 제공하는 언어가 거의 없다.
- 문자 코드 수가 최대 128개로 제한된다.

반면에 7비트 문자열의 장점은 문자열 길이 표현을 위한 오버헤드가 없다는 것이며, 문자열 상수 생성에 매크로를 이용하는 어셈블리 언어가 7비트 문자열에 가장 적합한 언어라 할 수 있다. 특히 어셈블리 프로그래머의 간결함을 지향하는 성향은 7비트 문자열의 간결함과 잘 어울린다.

다음은 문자열 상수를 7비트 문자열로 변환해주는 HLA 매크로 예제다.

```
#macro sbs( s );

    // 문자열의 마지막 문자를 제외한 모든 요소 가져오기

    (@substr( s, 0, @length(s) - 1) +

        // 마지막 문자와 HO 비트 결합하기

        char( uns8( char( @substr( s, @length(s) - 1, 1))) | $80 ) )

#endmacro
    . . .
byte sbs( "Hello World" );
```

5.2.1.4 HLA 문자열

여러분의 프로그램에서 문자열당 몇 바이트의 오버헤드가 큰 문제가 아니라면, 길이 정보 전치 문자열과 0 종료 문자열의 장점만을 결합한 포맷을 만들 수 있다. HLA^{High-Level}

Assembly 언어의 네이티브 문자열이 바로 이런 방식을 사용한다.[8]

HLA 문자열 형식의 단점은 하나의 문자열을 구성하기 위한 오버헤드가 9바이트에 이를 정도로 크다는 것이다.[9] 이는 메모리가 충분치 않은 실행 환경에서 처리해야 할 문자열이 많은 경우 문제가 될 수 있다.

HLA 문자열의 길이 정보는 4바이트를 차지한다. 이는 400만 개 길이의 문자열을 나타낼 수 있는 수준이다. 이는 보통의 HLA 애플리케이션을 고려하면 다소 지나친 수준이다. HLA는 문자열 데이터에 0 바이트를 추가한다. 4바이트의 오버헤드에는 문자열의 최대 길이 정보도 포함되며, 이 정보를 이용해 오버플로 여부를 확인할 수 있다. HLA 문자열이 메모리에서 차지하는 영역은 그림 5-3과 같다.

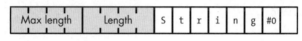

그림 5-3 HLA 문자열 형식

HLA 문자열에서 첫 번째 문자 바로 앞의 4바이트는 현재 문자열의 길이를 나타내고, 그 앞의 또 다른 4바이트는 문자 열의 최대 길이를 나타낸다. 문자열 데이터의 바로 뒤는 0 바이트다. 마지막으로, HLA 문자열은 4바이트의 배수가 되도록 문자열의 끝에 최대 3바이트를 추가한다(그림 5-3 문자열의 경우, 4바이트의 배수가 되도록 1바이트를 추가).

HLA 문자열 변수는 문자열의 첫 번째 문자의 주소 값을 가리키는 포인터다. 문자열의 길이 정보가 필요한 경우에는 32비트 레지스터에 문자열 포인터의 값을 로딩한 후 그 값에서 -4만큼 떨어진 위치에서 Length 필드의 데이터를 가져오고, 문자열의 최대 길이 정보가 필요한 경우에는 -8만큼 떨어진 위치에서 MaxLength 필드의 데이터를 가져온다. 다음 예제 코드를 참고하자.

```
static
        s :string := "Hello World";
            . . .
```

---

8 HLA는 어셈블리 언어로, 거의 모든 문자열 형식을 지원할 수 있다. HLA의 네이티브 문자열 형식은 문자열 상수 정의에 사용되며, 대부분의 HLA 표준 라이브러리에서 지원한다.

9 메모리 정렬 제한 등을 고려했을 때, 최대 12바이트의 오버헤드 적용이 가능하다.

```
mov( s, esi );          // "Hello World"에서 'H'의 주소를 esi로 이동시킴
mov( [esi-4], ecx );    // 문자열 길이 정보(11)를 ECX로 이동시킴
          . . .
mov( s, esi );
cmp( eax, [esi-8] );    // EAX의 값이 최대 문자열 길이를 초과하는지 확인
ja StringOverflow;
```

HLA 문자열은 읽기 전용 객체로서 0 종료 문자열과 호환된다. 예를 들어 C 언어로 작성된 함수에서 파라미터로 0 종료 문자열을 전달해야 하는 경우, 해당 함수를 호출한 뒤 다음과 같이 HLA 문자열 변수를 전달하면 된다.

```
someCFunc( hlaStringVar );
```

이때 주의 사항은 해당 C 함수가 문자열의 길이를 바꾸는 연산을 하지 않아야 한다는 것인데, 이는 C 코드가 HLA 문자열의 길이 필드를 업데이트하지 않기 때문이다. C의 strlen 함수를 사용해서 길이 필드의 갱신 여부를 판단할 수 있지만, 0 종료 문자열을 수정하는 함수를 호출하는 경우 파라미터로 HLA 문자열을 전달하지 않는 편이 낫다.

5.2.1.5 서술자 기반 문자열

지금까지 살펴본 문자열 형식은 문자와 함께 (문자열 길이, 종료 바이트 등과 같은) 속성 정보를 포함하고 있었다. 이와 같은 정보와 문자 데이터 포인터를 모두 담을 수 있는 좀 더 유연한 체계가 바로 서술자 기반 문자열descriptor-based string이다.

다음과 같은 파스칼/델파이 데이터 구조를 살펴보자.

```
type
    dString :record
            curLength  :integer;
            strData    :^char;
    end;
```

위 데이터 구조 정의에는 문자 데이터 자체는 들어있지 않다는 점에 유의한다. strData

포인터 변수는 문자열의 첫 번째 문자의 주소 값을 지니고, curLength 변수는 문자열의 현재 길이 값을 지닌다. 이 레코드에는 문자열의 최대 길이 등 다른 정보를 자유롭게 추가할 수 있지만, 서술자를 활용하는 문자열 형식은 동적 길이 개념을 사용하므로 최대 길이 정보는 그리 유용하지 않다. 이와 같은 서술자 기반 문자열은 Length 필드만 지니는 것이 일반적이다.

서술자 기반 문자열의 특징 중 하나는 어느 한 문자열에 해당하는 문자 데이터가 더 큰 문자열의 일부분일 수 있다는 점이다. 실제 문자 데이터에는 문자열 길이나 종료 문자 등 문자열을 설명하는 어떠한 정보도 없기 때문에 두 문자열에서 서로 겹치는 문자 데이터가 존재할 수 있다. 그림 5-4를 살펴보자.

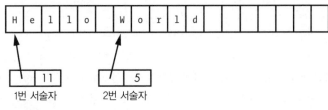

그림 5-4 서술자를 이용한 문자열 겹침

위 그림에는 "Hello World"와 "World"라는 두 개의 문자열이 있으며, 서로 겹쳐 있음에 유의한다. 이와 같은 문자의 겹침을 통해 메모리를 절약할 수 있고, substring() 등 특정 함수가 효율적으로 작동할 수 있다. 단, 이와 같은 겹침 문자열은 임의로 수정해서는 안 되며, 이는 또 다른 문자열이 수정될 수 있기 때문이다.

5.2.1.6 자바 문자열

자바는 기본적으로 서술자 기반 문자열 형식을 사용하지만, 자바 문자열의 내적 표현 방식을 정의하는 구조체 및 클래스인 String 데이터 타입의 작동 방식은 외부로 드러나지 않는다. 지난 수년간 자바 표준은 문자열의 내적 표현 방식을 변경해왔으며, 여러분의 자바 문자열을 자바 문자열 API(Java String API)를 통해 수정하는 일은 결코 권하고 싶지 않다.

초기 자바는 16비트 유니코드 문자의 배열 포인터(pointer), 카운트 필드(count field), 오프셋 필드(offset field), 해시 코드 필드(hash code field)라는 네 개 요소의 서술자로 String 타입을 정의했다. 자바 문자열 타입은 좀 더 큰 문자열에 포함된 하위 문자열은 동일한 문자 배열을 공유하므로, 오프셋 필드와 카운트 필드를 이용해 하위 문자열 연산을 할 수 있도록 했다.

하지만 이와 같은 문자열 형식은 일부 상황에서 메모리 누수로 이어지는 문제가 있으므로, 자바 설계자는 기존의 문자열 형식을 변경하고 오프셋 필드와 카운트 필드도 제거했다. 즉, 여러분이 오프셋 필드와 카운트 필드가 포함된 코드를 사용한다면 문자열 오류가 발생하게 된다.

또한 자바는 16비트 문자 공간이 불충분하다는 판단하에 초기부터 사용하던 2바이트 유니코드를 UTF-16으로 변경했다. 하지만 자바의 소유자인 오라클^{Oracle}이 인터넷에서 실행되고 있는 자바 프로그램에 대한 대대적인 조사를 시행한 결과, 대부분의 프로그램은 단지 Latin-1 문자셋(사실상 ASCII)만 사용하고 있는 것으로 밝혀졌다. 이에 대한 오라클의 설명과 대응책은 다음과 같다.

> 조사 대상 애플리케이션에서 수집된 데이터에 따르면, 문자열은 자바 힙 활용의 주요 요소이며 대부분의 java.lang.String 객체에는 Latin-1 문자만 포함돼 있는 것으로 확인됐다. 이들 문자 표현에는 수 바이트만 필요하며, java.lang.String 객체용 내부 문자 배열에 할당된 공간 중 절반 이상이 활용되지 못하는 것으로 나타났다. 이와 같은 상황을 반영해 자바 SE 9에 추가한 컴팩트 문자열 기능은 메모리 소모를 줄이고 가비지 컬렉션 작업 또한 감소시키도록 설계했다.

오라클은 String 서술자에 해당 문자열이 UTF-16 또는 Latin-1 인코딩을 사용하는지 명시하는 필드를 추가했으며, 새 버전에 적용된 이와 같은 변화는 모든 자바 사용자와 프로그램에 영향을 미치게 된다. 이와 같은 변화 때문에 기존의 내적 표현 기법을 사용하는 코드는 오류를 발생시킬 가능성이 높아지게 된다.

자바 문자열은 UTF-16 인코딩을 중심으로 한 유니코드 문자열 표현에 적합하며, 멀티워드 문자가 지닌 복잡성 등은 크게 문제 삼지 않는다. 자바 프로그래머라면 문자열에서 문자, 코드 포인트, 그래핌 클러스터의 차이를 확실히 알고 있어야 하며, 이들 각각의 요소를 위한 String.length(), String.codePointCount(), BreakIterator.getCharacterInstance() 등의 함수를 필요에 따라 명시적으로 호출할 수 있어야 한다.

5.2.1.7 스위프트 문자열

스위프트도 자바의 경우처럼 문자열 표현에 유니코드 문자를 사용한다. 스위프트 4.x와 그 이전 버전은 맥 OS의 기본 문자열 표현 형식인 UTF-16 인코딩 형식을 사용했지만, 스위프트 v5.0부터는 UTF-8을 문자열 인코딩의 기본 형식으로 사용하고 있다. 스위프트의 String 타입 또한 자바의 경우처럼 연산 과정이 외부에 드러나지 않으므로, 내부 표현 체계에 접근하거나 수정하는 시도는 하지 않는 것이 좋다.

5.2.1.8 C# 문자열

C# 언어도 문자열 표현에 UTF-16 인코딩 기법을 사용하며, 자바와 스위프트의 경우처럼 문자열의 연산 과정이 외부에 드러나지 않으므로 내부 표현 체계에 접근하거나 수정하는 시도는 하지 않는 것이 좋다. 마이크로소프트 개발자 문서에 따르면, C# 문자열은 유니코드 문자 배열 형식을 지닌다.

5.2.1.9 파이썬 문자열

초기 파이썬 언어는 문자열 표현에 (초기 16비트 유니코드에 가까우며 BMP만 지원하는) UCS-2 인코딩 기법을 사용하다가, 이후에는 UTF-16 및 UTF-32 인코딩을 지원하는 것으로 변경됐다. 16비트 인코딩을 사용하는 경우 'narrow' 버전으로 컴파일되고, 32비트 인코딩을 사용하는 경우 'wide' 버전으로 컴파일된다.

최신 파이썬 버전의 경우에는 문자열에서 개별 문자를 추적할 수 있는 기능의 특수한 문자열 형식을 사용하고, 가장 간결한 표현 방식에 의거해 ASCII, UTF-8, UTF-16, UTF-32 등으로 저장하는 옵션을 제공한다. 파이썬 프로그래머는 내부 문자열 표현 체계에 직접 접근할 수는 없으며, 이 부분은 자바, 스위프트, C# 등의 현대 언어와 비슷하다.

5.2.2 문자열 유형: 정적 문자열, 유사 동적 문자열, 동적 문자열

지금까지는 다양한 문자열 형식을 살펴봤다. 문자열은 시스템이 메모리에 문자열 객체를 할당하는 시기에 따라 정적 문자열static string과 유사 동적 문자열pseudo-dynamic string, 동적 문자열dynamic string이라는 세 가지 유형으로 나눌 수 있다.

5.2.2.1 정적 문자열

정적 문자열 유형은 문자열의 최대 크기를 프로그래머가 지정하는 유형이며, 파스칼 문자열과 델파이의 'short 문자열' 등이 이에 해당하고 C/C++의 0 종료 문자열에 사용되는 문자 배열 또한 이에 해당한다.

파스칼의 정적 문자열 선언 코드를 살펴보자.

(* 파스칼의 정적 문자열 선언 코드 *)

var pascalString :string(255); // 최대 길이는 항상 255임

C/C++의 정적 문자열 선언 코드는 다음과 같다.

// C/C++의 정적 문자열 선언 코드:

char cString[256]; // 최대 길이는 항상 255임 (0 바이트 추가)

정적 문자열의 단점은 프로그램 실행 중에는 문자열의 최대 길이를 증가시키거나 문자열이 사용하는 메모리를 감소시킬 수 없다는 것이며, 문자열 객체는 프로그램이 실행되는 동안 항상 256바이트를 차지하게 된다. 반면에 정적 문자열의 장점은 컴파일 시점에 문자열의 최대 길이를 결정할 수 있다는 것이며, 이를 통해 함수 실행 도중에 문자열의 최대 크기 경계를 넘어서는지 여부를 파악할 수 있다.

5.2.2.2 유사 동적 문자열

유사 동적 문자열은 런타임 시 길이가 결정된다. 예를 들면, 문자열에 메모리를 할당하는 malloc() 등의 메모리 관리 함수를 호출할 때 길이가 결정되는 것이다. 이후, 메모리에 문자열이 한 번 할당된 뒤에는 해당 문자열의 최대 길이가 고정된다는 측면에서 유사 동적 pseudo-dynamic 유형으로 부른다.

HLA 문자열이 유사 동적 유형에 해당된다.[10] HLA 프로그래머는 문자열 변수에 메모리를 할당할 때 stralloc() 함수를 사용하는 경우가 많으며, 이 함수를 통해 문자열이 생

10　HLA를 이용해 정적 문자열과 동적 문자열도 생성할 수 있다.

성된 뒤에는 길이를 바꿀 수 없다.[11]

5.2.2.3 동적 문자열

동적 문자열은 서술자 기반 문자열 형식을 사용하며, 새로운 문자열을 생성하거나 기존 문자열을 변경할 때 해당 문자열을 위해 자동으로 충분한 공간을 할당한다. 이와 같은 동적 문자열 체계에서는 문자열의 서술자만 복사한 뒤 변경하므로, 문자열 할당이나 부분 문자열 가져오기 등의 연산이 간단하고 효율적으로 이뤄진다.

하지만 지난 5.2.1.5절 '서술자 기반 문자열'에서 설명했듯이, 동적 문자열의 경우 변경될 데이터가 시스템상의 다른 문자열 객체의 일부일 수 있으므로 문자열 객체에 임의로 새로운 데이터를 저장할 수 없다는 문제가 있다.

이 문제에 대한 해법으로 '복사 후 수정copy-on-write' 기법을 사용할 수 있다. 동적 문자열 내 특정 문자를 수정하는 경우, 해당 문자열을 복사한 후 그 복사본을 수정하는 것이다. 이와 관련된 연구에 따르면 문자열 내 데이터를 수정하는 것보다 문자열 할당 또는 부분 문자열 연산이 훨씬 더 자주 일어나므로, 복사 후 수정 기법을 이용해 애플리케이션의 실행 성능을 높일 수 있다.

복사 후 수정 기법의 단점은 문자열을 여러 번 수정하는 과정에서 메모리상에 미사용 문자열에 할당되는 공간이 늘어난다는 것이다. 이러한 메모리 누수memory leak 문제를 피하기 위해 복사 후 수정 기법을 사용하는 동적 문자열 체계에서 제공하는 메모리 수거 garbage collection 코드를 이용함으로써 미사용 문자 데이터를 찾고 그에 할당된 메모리를 회수할 수 있다. 단, 메모리 수거 알고리듬에 따라 관련 작업이 매우 느리게 진행될 수 있다.

5.2.3 문자열 참조 카운터

메모리에 하나의 문자열을 할당한 후 이를 동시에 참조하는 두 개의 문자열 서술자 또는 포인터가 있다고 생각해보자. 프로그램이 이 문자열에 접근하기 위해 해당 포인터를 사용하고 있는 한 해당 메모리를 해제해서는 안 되지만, 복잡한 런타임 과정에서 이를 효과

---

11 유사 동적 문자열에 의해 일단 정해진 문자의 길이도 strrealloc() 함수를 이용해서 변경할 수 있지만, 동적 문자열은 이런 작업을 자동으로 처리한다는 차이점이 있다. 기존 HLA 문자열 함수는 오버플로를 감지한 경우에도 길이 조절을 자동으로 처리하지 못한다.

적으로 통제하기란 결코 쉽지 않다.

이에 대한 첫 번째 해법은 프로그래머가 직접 메모리를 할당하고 해제하는 것이다. 하지만 이 방법은 애플리케이션이 복잡해질수록 포인터 실종dangling pointer, 메모리 누수 등 포인터 관리와 관련된 다양한 문제를 발생시킬 수 있다.

이에 대한 두 번째 해법은 우선 프로그래머가 문자열에 대한 메모리를 반환한 후 해당 문자열을 참조하는 마지막 포인터가 해제되기 전까지 메모리 반환을 연기하는 것이다. 이를 위해 사용하는 것이 바로 참조 카운터reference counter이며, 포인터와 연관 데이터의 이용 상황을 추적한다.

참조 카운터는 메모리상에서 한 문자열의 문자 데이터를 참조하는 포인터의 개수를 정수로 나타낸 것으로, 문자열의 주소를 포인터에 할당할 때마다 참조 횟수를 1 증가시키고, 문자열 데이터에 할당된 메모리를 반환할 때마다 참조 횟수를 1 감소시킨다. 참조 카운터가 0이 됐을 때, 비로소 문자열에 할당된 메모리가 해제된다.

여러분이 사용하는 프로그래밍 언어가 문자열 할당과 관련된 세부적인 작업을 자동으로 처리할 수 있을 때, 참조 카운터로 문자열에 할당된 메모리를 효과적으로 관리할 수 있다. 단, 여러분이 직접 참조 카운터를 구현하는 경우, 문자열 포인터를 다른 포인터 변수에 할당할 때도 참조 카운터를 증가시켜야 한다는 점에 주의한다.

이를 위한 가장 좋은 방법은 직접 포인터를 할당하지 않고 함수 또는 매크로를 통해 포인터 데이터 복사 및 참조 카운터 갱신 작업을 함께 처리하도록 하는 것이다. 이 작업이 제대로 이뤄지지 않으면, 포인터 실종 또는 메모리 누수 문제를 겪을 수 있으므로 주의한다.

5.2.4 델파이 문자열

초기 버전의 델파이는 길이 정보 전치 문자열length-prefixed string과 호환되는 'short 문자열' 포맷을 기본적으로 제공하지만, 델파이 4.0 이후 버전은 동적 문자열을 제공한다. 델파이의 최신 동적 문자열 형식은 정식으로 발표되지 않았지만, HLA의 유사 동적 문자열과 매우 유사한 것으로 보인다. 델파이 문자열은 참조 카운터, 길이 정보, 문자열과 0 종료 문자로 구성되는데, HLA가 최대 길이 정보를 사용하는 것과 약간의 차이가 있다. 그림 5-5는 메모리 내 델파이 문자열의 배치를 보여준다.

그림 5-5 델파이 문자열 데이터 형식

HLA의 경우처럼 델파이 문자열 변수도 실제 문자열 데이터의 첫 문자를 가리키는 포인터이며, 해당 문자열의 길이 및 참조 카운터 필드에 접근하기 위해 문자 데이터의 베이스 주소에서 -4~-8의 오프셋 값을 이용한다. 하지만 델파이 문자열 형식은 외부로 드러나지 않으므로, 애플리케이션은 직접 문자열의 길이 필드 또는 참조 카운터 필드에 접근할 수 없다. 그 대신에 델파이는 길이 함수를 통해 문자열 길이 정보를 제공한다. 또한 문자열의 메모리를 델파이가 자동으로 관리하므로 여러분이 참조 카운터를 신경 쓰지 않아도 된다.

5.2.5 커스텀 문자열

문자열과 관련된 특별한 요구 사항이 없다면, 여러분은 프로그래밍 언어가 제공하는 문자열 포맷을 그대로 사용하면 된다. 하지만 여러분에게 문자열과 관련된 특별한 요구 사항이 있다면, 대다수 프로그래밍 언어가 제공하는 사용자 정의 데이터 구조를 사용해 커스텀 문자열 형식을 만들 수 있다.

이때, 개별 프로그래밍 언어는 커스텀 문자열 상수 정의에 있어 단일 문자열 형식만 사용하도록 강제하기도 한다. 하지만 이와 같은 문제는 간단한 변환 함수를 구현해 해결할 수 있으며, 변환 함수를 이용해 여러분이 원하는 문자열 형식으로 쉽게 바꿀 수 있다.

5.3 문자셋 데이터 타입

문자열 데이터 타입의 경우처럼, 문자셋character set 데이터 타입도 문자 데이터 형식에 기초한 또 하나의 복합 데이터 타입composite data type이며 다음과 같은 특성을 지닌다.

우선, 문자셋은 문자의 수학적 집합이다. 또한 집합에서 귀속 관계membership는 2진 관계binary relation로, 문자셋을 구성하는 하나의 문자는 특정 집합에 속하거나 속하지 않는다. 또한 하나의 문자셋에는 동일한 문자의 사본이 여러 개 존재할 수 없다.

다음으로, 문자셋에는 문자열처럼 앞뒤 문자의 위치에 따라 의미가 달라지는 시퀀스

sequence의 개념이 적용되지 않는다. 즉, 두 개의 문자가 동일한 문자셋에 있다면, 그 문자셋 내에서 문자의 순서가 바뀌어도 의미가 달라지지 않는다.

표 5-4는 보편적으로 사용되는 문자셋 함수 목록이다.

표 5-4 보편적으로 사용되는 문자셋 함수

함수/연산자	설명
Membership (in)	하나의 문자가 특정 문자셋에 속하는지를 검사(참 또는 거짓을 반환)
Intersection	두 문자셋의 교집합을 반환(양쪽 모두에 속한 문자를 반환)
Union	두 문자셋의 합집합을 반환(한쪽 또는 양쪽에 속한 모든 문자를 반환)
Difference	두 문자셋의 차집합을 반환(한쪽에만 있는 문자를 반환)
Extraction	문자셋에서 개별 문자를 추출
Subset	하나의 문자셋이 다른 문자셋의 부분집합인 경우 참을 반환
Proper subset	하나의 문자셋이 다른 문자셋의 진부분집합인 경우 참을 반환
Superset	하나의 문자셋이 다른 문자셋의 포함집합인 경우 참을 반환
Proper superset	하나의 문자셋이 다른 문자셋의 진포함집합인 경우 참을 반환
Equality	두 문자셋이 동일한 경우 참을 반환
Inequality	두 문자셋이 동일하지 않은 경우 참을 반환

5.3.1 문자셋의 멱집합 표기법

문자셋 표기 방식은 다양하며, 그중 하나가 불리언Boolean 값 배열을 이용하는 것이다. 불리언 배열의 경우 개별 문자 코드에 대해 하나의 불리언 값이 대응되고, 이들 불리언 값은 특정 문자가 해당 문자셋에 속하는지 여부를 참 또는 거짓으로 알려준다.

대부분의 문자셋은 메모리 절약을 위해 개별 문자에 하나의 비트만 할당한다. 이 경우 128개의 문자를 지원하는 문자셋은 16바이트(128비트)를 사용하고, 256개의 문자를 지원하는 문자셋은 32바이트(256비트)를 사용하게 된다. 이와 같은 문자셋 표기 방식을 멱집합powerset이라 부른다.

HLA 언어는 128개 ASCII 문자 표현을 위해 16바이트 배열을 사용하고, 그림 5-6과 같은 메모리 구조를 지닌다.

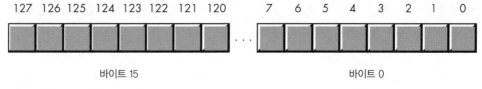

바이트 15 　　　　　　　　　　　　　　　　　　　바이트 0

그림 5-6 HLA 문자셋 표기 방식

0번 바이트의 0번 비트(그림 맨 오른쪽 비트)는 ASCII 코드 0(NUL 문자)에 해당한다. 이 비트가 1이면 현재 문자셋에 NUL 문자가 포함돼 있는 것이고, 이 비트가 0이면 현재 문자셋에 NUL 문자가 포함돼 있지 않은 것이다. 또 다른 예로, 8번 바이트의 1번 비트는 ASCII 코드 65, 알파벳 대문자 *A*에 해당한다. 65번 비트가 1이면 현재 문자셋에 *A* 문자가 포함된 것이고, 65번 비트가 0이면 *A* 문자가 포함되지 않은 것이다.

파스칼(예를 들어, 델파이)도 문자셋 표기에 비슷한 방식을 사용한다. 델파이는 하나의 문자셋에 256개의 문자를 추가할 수 있으므로, 총 256비트(32바이트)의 메모리를 소모한다.

이 외에도 다양한 문자셋 구현 방식이 존재하지만, 이와 같은 비트 벡터 (배열) 방식은 합집합, 교집합, 차집합, 포함 관계 검증 연산 작업을 좀 더 간편하게 수행할 수 있다.

5.3.2 문자셋의 리스트 표기법

멱집합 비트맵 표기 방식은 대용량 문자 표기에 적합하지만, 매우 적은 수(서너 개)의 문자만 사용할 경우 멱집합 비트맵 방식으로 16바이트나 32바이트를 할당하는 것은 낭비라 할 수 있다. 문자셋의 규모가 매우 작은 경우에는 문자 리스트 표기법을 사용하는 것이 좋다.[12]

문자셋에 포함된 문자의 수가 매우 적다면, 특정 문자를 찾기 위해 문자열 요소를 하나하나 살펴봐야 하는 불편함이 있더라도 애플리케이션에서 문자 리스트를 이용해 효율을 높일 수 있다. 반대로 문자셋에 포함된 문자의 수가 매우 많은 경우, 멱집합 표기 방식을 사용하면 규모가 예상 외로 커질 수 있다. 예를 들어 유니코드(UCS-2) 문자셋을 멱집합으로 구현하려면 8,192바이트가 필요하다. 이와 같이 문자의 수가 너무 적거나 너무

12　문자열은 집합의 속성을 유지하도록 해야 한다. 즉, 하나의 문자열에는 중복된 문자가 있으면 안 된다.

많은 경우에는 먹집합 표기법 대신 (실제 애플리케이션에서 사용할 문자만을 담은) 문자 리스트 또는 문자열 표기법을 쓰는 것이 좋다.

5.4 자체 문자셋 설계하기

그러나 과거에 만들어진 이들 표기법은 다양한 문자 연산 이외의 목적으로도 설계됐다. 예를 들어 ASCII와 EBCDIC은 지금은 거의 사용하지 않는 구형 하드웨어를 고려해 설계된 것으로, ASCII는 기계식 타자기를 위해 설계됐고 EBCDIC은 펀치 카드 시스템을 위해 설계됐다.

이제는 박물관에서나 볼 수 있는 이런 하드웨어를 위해 설계된 구식 문자 표기법은 현대적인 컴퓨터 시스템과 어울리지 않는 부분이 많으며, 현대적인 문자 인코딩 기법은 ASCII, EBCDIC과는 상당히 달라질 것이다. 최신형 키보드의 하드웨어적 특성을 반영해 왼쪽 화살표와 오른쪽 화살표, 페이지업, 페이지다운과 같은 일반적인 키를 당연히 포함하는 한편, 다양한 문자 연산을 훨씬 쉽게 할 수 있도록 만들어질 것이다.

이후 ASCII와 EBCDIC이 계속 사용되더라도 여러분의 애플리케이션을 위한 전용 문자셋을 만들지 못할 이유는 없다. 여러분의 애플리케이션을 위해 만든 문자셋은 다른 애플리케이션에서 공유하기는 어려울 수 있지만, 참조표^{lookup table} 방식으로 이러한 한계점도 극복할 수 있다. 참조표를 이용하면 하나의 문자셋을 다른 문자셋으로 비교적 쉽게 변환할 수 있으며, 입출력 I/O 연산에서 애플리케이션 전용 문자셋을 외부 요소와 호환되는 ASCII 등의 문자셋으로 변환할 수 있다. 여러분의 애플리케이션을 위해 전반적인 성능을 높이도록 인코딩했다면, 입출력 I/O 등 추가적인 연산으로 인한 효율성의 감소분은 충분히 상쇄될 수 있다.

그렇다면, 자체 문자셋을 어떻게 설계하면 좋을까? 자체 문자셋 설계를 위한 첫 번째 질문은 '몇 개의 문자를 제공할 것인가?'이다. 문자의 수는 문자 데이터의 연산 성능에 직접적으로 영향을 미치므로, 매우 중요한 요소라고 할 수 있다.

가장 보편적인 선택은 256개의 문자를 제공하는 것이며, 대부분의 소프트웨어가 원시 데이터 타입^{primitive data type}으로 바이트를 사용하므로 호환성도 유지되는 장점이 있다. 하지만 여러분의 애플리케이션에서 256개의 문자가 필요하지 않다면, 128개 또는 64개의 문자만 정의해 사용함으로써 텍스트 파일의 압축 성능을 높일 수 있다. 또한 하나의 문자셋 길이는 8비트로 하는 것이 일반적이지만, 8비트 대신에 6비트, 7비트로 정의해 데이터 처리 속도를 더욱 향상시킬 수 있다.

그런데 자체 문자셋으로 256개 이상의 문자가 필요하다면 다중 코드 페이지^{multiple code page}, 더블바이트 문자셋^{double-byte character set}, 또는 16비트 문자^{16-bit character}를 활용하는 방안을 고려할 필요가 있다. 아울러 유니코드의 사용자 정의 문자^{user-defined character}를 이용해 여러분이 필요로 하는 자체 문자를 정의하고, 나머지는 유니코드 표준을 사용하는 방안도 고려할 필요가 있다.

이번 절에서는 자체 문자셋 설계를 위해 8비트의 128개 문자를 지닌 ASCII 기반 문자셋을 정의한다. 이를 위해 먼저 기존 ASCII 문자셋 코드를 재배치해 현대적인 다양한 문자 연산에 대해 좀 더 적합하게 만든다. 그다음, ASCII의 메인프레임용 코드와 전신타자기용 코드 대신에 현대적인 시스템에서 사용할 수 있도록 제어 코드를 재정의한다. 마지막으로, ASCII 표준에 포함되지 않은 새로운 문자 몇 개를 추가한다. 그리고 이렇게 만든 자체 문자셋의 이름은 'HyCode^{하이코드}'라 하자.

이번 절의 목적은 새로운 문자셋 체계를 만드는 것 자체가 아니라 문자셋의 구조를 이해하고 문자 연산을 좀 더 효율적으로 수행하기 위한 것이라는 점을 기억하자.

노트 | 이번 절의 목적: 이번 HyCode 문자셋 구현 연습은 새로운 문자셋 표준을 만드는 것이 아니며, 프로그램 성능을 향상시키기 위해 애플리케이션 최적화 문자셋을 생성하는 과정을 이해하는 것이다.

5.4.1 효율적인 문자셋의 설계

새로운 문자셋을 설계하려면 몇 가지 생각해봐야 할 것들이 있다. 자체 문자셋 설계와 관련해 고려해야 할 또 다른 점은 기존 문자열 형식으로 새 문자열을 표기할 수 있도록 해야 하는지 여부다. 이는 문자열 인코딩의 방향성을 제시하는 것으로, 예를 들어 여러분이 0 종료 문자열을 처리하는 함수 라이브러리를 사용하려 한다면 새 문자셋에는 문자열의 종료점을 표시하기 위한 NUL 코드 자리가 있어야 한다.

그러나 이와 같은 호환성 시도에도 불구하고 기존 문자열 함수 중 상당수는 새 문자셋에서 제대로 작동하지 않을 수 있다. 예를 들어 stricmp() 함수는 ASCII 알파벳과 동일한 문자 표기법을 사용해야만 올바른 결과를 얻을 수 있다. 결국 새 문자셋을 정의한 후에는 이에 필요한 다양한 함수를 새로 작성해야 하므로 다른 문자열의 표기법을 너무 의식할 필요는 없다. HyCode 문자셋의 경우, 0 종료 문자열의 효율성이 낮다는 점을 감안해 문자열의 종료 표시로 NUL 코드를 사용하지 않는다.

프로그램에서 사용 빈도가 높은 문자 함수는 다음과 같다.

- 해당 문자가 숫자digit인지 확인한다.
- 숫자를 수치 데이터로 변환한다.
- 수치 데이터를 숫자로 변환한다.
- 해당 문자가 알파벳 영문자인지 확인한다.
- 해당 문자가 소문자인지 확인한다.
- 해당 문자가 대문자인지 확인한다.
- 대소문자 여부와 상관없이 두 개의 문자 또는 문자열을 비교한다.
- 문자열을 알파벳순으로 (대소문자를 구분하거나 구분하지 않음으로써) 정렬한다.
- 해당 문자가 영문과 숫자를 혼용하는지 확인한다.
- 해당 문자가 (사용 규칙에) 적합한 식별자identifier인지 확인한다.
- 해당 문자가 일반적인 수학 연산자나 논리 연산자인지 확인한다.
- 해당 문자가 괄호 문자((,), [,], {, }, 〈, 〉)인지 확인한다.
- 해당 문자가 구두점 기호punctuation character인지 확인한다.
- 해당 문자가 공백 문자(스페이스 키, 탭 키, 개행 문자)인지 확인한다.
- 해당 문자가 커서 제어 문자cursor control character인지 확인한다.
- 해당 문자가 스크롤 제어 키(PgUp, PgDn, Home, End 등)인지 확인한다.
- 해당 문자가 기능 키function key인지 확인한다.

HyCode 문자셋은 이들 연산을 가능한 한 쉽고 효율적으로 수행할 수 있도록 설계할 것이며, 알파벳 문자와 제어 문자 등 동일한 형식의 문자에는 연속적인 문자 코드를 할당해 ASCII 문자셋 대비 연산 속도를 크게 높일 수 있도록 한다. 이렇게 하면, 위 연산을 한 쌍의 비교 연산으로 수행할 수 있다. 예를 들어 어떤 문자가 구두점 문자인지 검사하는 경우에는 해당 문자의 코드 값을 구두점 문자에 할당된 코드 값 중에서 가장 큰 값^{upper} ^{bound} 또는 가장 작은 값$^{lower\ bound}$과 비교하면 되며, 이는 (구두점이 문자셋 전체에 흩어져 있는) ASCII 문자셋에서는 불가능한 연산 방식이다.

하지만 문자와 관련된 모든 비교 연산을 이렇게 간단히 처리할 수는 없으므로, 자체 문자셋을 설계할 때 비교 연산 횟수가 적으면서도 문자열 연산에서 사용 빈도가 높은 함수를 함께 구현하는 것이 좋다.

5.4.2 숫자 표현을 위한 문자 코드 그룹화

자체 문자셋에서 0에서 9까지의 문자에 각각 0에서 9까지의 문자 코드를 할당하는 것으로 사용 빈도가 높은 세 개의 함수를 구현할 준비를 한다. 우선, 문자 코드 값이 9보다 작거나 같은지 확인하는 무부호^{unsigned} 비교 연산을 수행해 해당 문자가 숫자인지 확인한다. 그다음, 문자와 숫자를 상호 변환한다. 이와 같은 변환 작업은 숫자 코드와 해당 문자의 값이 동일하므로 매우 간단하다.

5.4.3 알파벳 문자 그룹화

알파벳 표현에 있어 EBCDIC 문자셋은 다양한 문제점을 지닌다. ASCII 문자셋은 EBCDIC 문자셋보다는 낫지만, 알파벳 문자의 검사 및 연산과 관련된 개선점이 다수 존재한다. HyCode 문자셋을 이용해 해결할 ASCII 문자셋의 문제점은 다음과 같다.

- 알파벳 문자는 비연속적인 두 개의 문자셋 범위에 존재하며, ASCII 알파벳 문자 여부를 검사하려면 네 번의 비교 연산을 수행해야 한다.
- 알파벳 소문자의 ASCII 코드 값이 대문자의 ASCII 코드 값보다 크다. 대소문자 구분 비교$_{case-sensitive\ comparison}$ 연산을 하는 경우, 소문자 코드가 대문자 코드보다 더 작은 값으로 출력되는 편이 좀 더 직관적이다.
- 모든 소문자가 어떤 대문자보다 더 큰 값을 지닌다. 이 때문에 알파벳에 대한 우리의 상식과 달리 'a'가 'B'보다 더 크다는 연산 결과를 얻게 된다.

HyCode는 이러한 문제점을 해결하기 위해 두 가지 특징을 지닌다. 첫 번째 특징은

HyCode는 52개의 알파벳 문자를 표시하기 위해 $4C부터 $7F까지의 인코딩 값을 사용하는 것이다. HyCode는 128개($00..$7F)의 문자 코드만을 사용하며, 알파벳 문자를 위해 문자셋의 마지막 52개 코드를 사용한다. 따라서 특정 문자가 알파벳 문자인지 검사하려면, 해당 문자 코드 값이 $4C 이상인지만 비교하면 된다.

고급 언어를 이용한 비교 연산 코드는 다음과 같다.

```
if( c >= 76) . . .
```

HyCode 문자셋을 지원하는 컴파일러의 코드는 다음과 같다.

```
if( c >= 'a') . . .
```

어셈블리 언어를 이용한 비교 연산 코드는 다음과 같다.

```
    cmp( al, 76 );
    jnae NotAlphabetic;

        // 알파벳인 경우, 아래 코드를 실행

NotAlphabetic:
```

HyCode의 두 번째 특징은 소문자와 대문자가 교차해서 나온다는 것이다. 즉 a, A, b, B, c, C와 같이 순차적으로 인코딩 값을 부여한다. 이렇게 하면, 대소문자를 구분하지 않고도 문자열 비교 연산, 정렬 연산 등을 처리할 수 있다. HyCode 특유의 교차 시퀀스에서 LO 비트가 0이면 소문자, 1이면 대문자가 된다. HyCode의 알파벳 인코딩은 다음과 같다.

```
a:76, A:77, b:78, B:79, c:80, C:81, . . . y:124, Y:125, z:126, Z:127
```

HyCode 문자셋에서 대소문자를 구분하는 일은 단순히 알파벳 여부를 검사하는 것보다 좀 더 복잡하지만, ASCII 문자셋으로 알파벳 여부를 검사하는 것보다는 간단하다. HyCode 문자셋에서 하나의 문자가 대문자 또는 소문자인지 알아보려면 두 번의 비교 연산이 필요하며, 첫 번째로 알파벳 문자 여부를 비교하고 두 번째로 대소문자 여부를 비교한다. 이에 대한 C/C++ 코드는 다음과 같다.

```
if( (c >= 76) && (c & 1) )
{
    // 대문자인 경우, 이 코드를 실행
}

if( (c >= 76) && !(c & 1) )
{
    // 소문자인 경우, 이 코드를 실행
}
```

위 코드에서 (c & 1) 수식은 c의 LO 비트 값이 1일 때 참이 되고, c가 알파벳 문자일 경우 대문자임을 의미한다. 또한 !(c & 1) 수식은 c의 LO 비트 값이 0일 때 참이 되고, c가 알파벳 문자일 경우 소문자임을 의미한다. 80x86 어셈블리 언어를 이용하는 경우, 아래 세 개의 기계 명령어machine instruction를 이용해 대소문자 여부를 검사할 수 있다.

```
// 주의: ror은 소문자는 $26..$3F(38..63) 범위의 값에 매핑시키고,
//       대문자는 $A6..$BF(166..191) 범위의 값에 매핑시키며,
//       이외의 문자는 이들 범위보다 더 작은 값에 매핑시킴

        ror( 1, al );
        cmp( al, $26 );
        jnae NotLower;     // 주의: 무부호(unsigned) 값의 분기문

            // 소문자 관련 코드

NotLower:

// 대문자의 경우, ror은 $A8..$BF 사이의 음수(8비트)인 코드 값을 생성하고,
```

```
// 이들 코드 값은 HyCode 문자셋에서 ROR이 생성하는 값 중에서
// 절댓값이 가장 큰 음수가 됨

    ror( 1, al );
    cmp( al, $a6 );
    jge NotUpper;    // 주의: 부호(signed) 값의 분기문

        // 대문자 관련 코드

NotUpper:
```

위와 같은 ror() 연산과 유사한 기능을 제공하는 언어는 거의 없으며, 동일 코드 내에서 부호 있는 값과 부호 없는 값을 함께 처리할 수 있는 언어도 별로 없다. 따라서 위 코드는 어셈블리 언어 프로그램에서만 사용할 수 있다.

5.4.4 알파벳 문자의 비교 연산

HyCode의 알파벳 문자 그룹화의 의미는 매우 효율적으로 사전적 순서^{lexicographical ordering,} dictionary ordering로 정렬할 수 있다는 것이다. HyCode 알파벳의 사전순 정렬의 효율성이 높은 이유는 HyCode의 알파벳 대소문자가 다음과 같은 관계를 지니기 때문이다.

a < A < b < B < c < C < d < D < . . . < w < W < x < X < y < Y < z < Z

위와 같은 HyCode 문자셋의 순서 자체가 사전적 순서이며, 알파벳 사용자라면 누구나 공감할 수 있을 것이다. 대소문자 비교의 경우, 알파벳 문자에서 LO만 마스킹해 제거하면(1로 만들면) 된다.

대소문자 비교 연산에서 HyCode 문자셋의 장점을 확인하기 위해 우선 두 개의 ASCII 문자의 대소문자를 비교하는 C/C++ 코드를 살펴보자.

```
if( toupper( c ) == toupper( d ))
{
    // 대소문자를 구분하지 않는 비교 연산 후, c==d인 경우의 코드
```

```
}
```

위 코드 자체는 별다른 문제가 없어 보이지만, toupper() 함수가 전개되면서 복잡성이 커진다.[13]

```
#define toupper(ch) ( (ch >= 'a' && ch <= 'z') ? ch & 0x5f : ch )
```

C 전처리기^{preprocessor}가 if 구문을 위의 매크로로 전개하면 다음의 코드가 된다.

```
if
(
    ( (c >= 'a' && c <= 'z') ? c & 0x5f : c )
  == ( (d >= 'a' && d <= 'z') ? d & 0x5f : d )
)
{
        // 대소문자를 구분하지 않는 비교 연산 후, c==d인 경우의 코드
}
```

80x86 코드로 전개한 내용도 이와 비슷하다.

```
        // c는 cl 속에, d는 dl 속에 포함된 것으로 가정

        cmp( cl, 'a' );     // c가 'a'..'z' 범위에 있는지 검사
        jb NotLower;
        cmp( cl, 'z' );
        ja NotLower;
        and( $5f, cl );     // cl의 소문자를 대문자로 변환
NotLower:

        cmp( dl, 'a' );     // d가 'a'..'z' 범위에 있는지 검사
```

---

13 실제로는 이보다 더욱 복잡하게 전개된다. 대부분의 C 표준 라이브러리는 문자 범위 매핑에 참조표를 사용하는데, 이번 예제에서는 이 부분을 생략했다.

```
        jb NotLower2;
        cmp( dl, 'z' );
        ja NotLower2;
        and( $5f, dl );      // dl의 소문자를 대문자로 변환
NotLower2:

        cmp( cl, dl );       // 두 개의 문자 비교(알파벳 대문자)
        jne NotEqual;        // 두 문자가 같지 않은 경우, c==d 비교 연산 건너뜀

        // 대소문자를 구분하지 않는 비교 연산 후, c==d인 경우의 코드
NotEqual:
```

반면에 HyCode 문자셋에서는 대소문자를 구분하지 않는 비교 연산 과정이 훨씬 간단하다. 이에 대한 HLA 코드는 다음과 같다.

```
// CL이 알파벳인지 확인. DL은 확인 불필요. 이후 비교 연산에서 확인됨

        cmp( cl, 76 );       // CL < 76 ('a')이면 알파벳 아님
        jb TestEqual;        // (대소문자 비교를 제외해도) 두 문자가 같은 경우는 없음

        or( 1, cl );         // CL이 알파벳이면, 대문자로 변환
        or( 1, dl );         // DL은 알파벳일 수도 있고, 다른 문자일 수도 있음. 알파벳이면 대문자로 변환

TestEqual:
        cmp( cl, dl );       // 두 문자의 대문자 버전 비교
        jne NotEqual;        // 두 문자가 서로 다른 경우의 코드

TheyreEqual:
        // 대소문자를 구분하지 않는 비교 연산 후, c==d인 경우의 코드

NotEqual:
```

위 코드를 통해 HyCode 문자셋의 대소문자 비구분 비교 연산 코드가 ASCII 버전의 절반에 불과함을 알 수 있다.

5.4.5 기타 문자의 그룹화

문자셋 비교 연산의 마지막 예제를 살펴보자. 하나의 문자가 영숫자^{alphanumeric}인지 확인하려면 두 번의 비교 연산이 필요하다. 이는 전체 문자 코드 범위에서 알파벳 문자는 한쪽 끝을 차지하고 숫자는 또 다른 끝에 위치하기 때문이며, ASCII의 경우 영숫자 확인을 위해 네 번의 비교 연산이 필요하다. 영숫자 확인을 위한 파스칼/델파이 코드는 다음과 같다.

```
if( ch < chr(10) or ch >= chr(76) ) then . . .
```

어떤 프로그램은 식별자 문자열을 컴파일러보다 더 효율적으로 처리할 수 있어야 한다. 대부분의 언어는 영숫자를 식별자로 사용하며, HyCode를 이용해 단 두 번만 비교 연산을 하면 식별자 여부를 확인할 수 있다.

상당수의 언어는 식별자로 언더스코어(_) 문자를 사용하도록 하며, MASM 등의 일부 언어는 at(@) 문자나 달러 사인($) 등의 문자도 식별자로 사용하도록 허용한다. 따라서 언더스코어 문자를 코드 값 '75'에 할당하고 $와 @ 문자는 각각 '73', '74'에 할당하면, 두 번의 비교 연산만으로 식별자 여부를 확인할 수 있다.

HyCode 문자셋은 알파벳, 영숫자는 물론이고 커서 제어 키, 공백 문자, 괄호 문자, 수학 연산자, 구두점 등 다양한 문자를 연속적이며 동질적인 그룹으로 관리해 문자 연산의 효율성을 높인다. HyCode 문자셋의 간단하고도 기능적인 설계 덕분에 앞서 언급한 대부분의 문자 연산을 효율적으로 처리할 수 있다. 표 5-5는 HyCode 전체 문자셋이다.

표 5-5 HyCode 전체 문자셋

2진	16진	10진	문자	2진	16진	10진	문자
0000_0000	00	0	0	0001_1110	1E	30	End
0000_0001	01	1	1	0001_1111	1F	31	Home
0000_0010	02	2	2	0010_0000	20	32	PgDn
0000_0011	03	3	3	0010_0001	21	33	PgUp
0000_0100	04	4	4	0010_0010	22	34	Left

(이어짐)

2진	16진	10진	문자	2진	16진	10진	문자
0000_0101	05	5	5	0010_0011	23	35	Right
0000_0110	06	6	6	0010_0100	24	36	Up
0000_0111	07	7	7	0010_0101	25	37	Down/linefeed
0000_1000	08	8	8	0010_0110	26	38	Nonbreaking space
0000_1001	09	9	9	0010_0111	27	39	Paragraph
0000_1010	0A	10	Keypad	0010_1000	28	40	Carriage return
0000_1011	0B	11	Cursor	0010_1001	29	41	Newline/enter
0000_1100	0C	12	Function	0010_1010	2A	42	Tab
0000_1101	0D	13	Alt	0010_1011	2B	43	Space
0000_1110	0E	14	Control	0010_1100	2C	44	(
0000_1111	0F	15	Command	0010_1101	2D	45	)
0001_0000	10	16	Len	0010_1110	2E	46	[
0001_0001	11	17	Len128	0010_1111	2F	47	]
0001_0010	12	18	Bin128	0011_0000	30	48	{
0001_0011	13	19	Eos	0011_0001	31	49	}
0001_0100	14	20	Eof	0011_0010	32	50	〈
0001_0101	15	21	Sentinel	0011_0011	33	51	〉
0001_0110	16	22	Break/interrupt	0011_0100	34	52	=
0001_0111	17	23	Escape/cancel	0011_0101	35	53	^
0001_1000	18	24	Pause	0011_0110	36	54		
0001_1001	19	25	Bell	0011_0111	37	55	&
0001_1010	1A	26	Back tab	0011_1000	38	56	−
0001_1011	1B	27	Backspace	0011_1001	39	57	+
0001_1100	1C	28	Delete				
0001_1101	1D	29	Insert				
0011_1010	3A	58	*	0101_1101	5D	93	I
0011_1011	3B	59	/	0101_1110	5E	94	j
0011_1100	3C	60	%	0101_1111	5F	95	J
0011_1101	3D	61	~	0110_0000	60	96	k
0011_1110	3E	62	!	0110_0001	61	97	K
0011_1111	3F	63	?	0110_0010	62	98	l

(이어짐)

188

2진	16진	10진	문자	2진	16진	10진	문자
0100_0000	40	64	.	0110_0011	63	99	L
0100_0001	41	65	.	0110_0100	64	100	m
0100_0010	42	66	:	0110_0101	65	101	M
0100_0011	43	67	;	0110_0110	66	102	n
0100_0100	44	68	"	0110_0111	67	103	N
0100_0101	45	69	'	0110_1000	68	104	o
0100_0110	46	70	`	0110_1001	69	105	O
0100_0111	47	71	\	0110_1010	6A	106	p
0100_1000	48	72	#	0110_1011	6B	107	P
0100_1001	49	73	$	0110_1100	6C	108	q
0100_1010	4A	74	@	0110_1101	6D	109	Q
0100_1011	4B	75	_	0110_1110	6E	110	r
0100_1100	4C	76	a	0110_1111	6F	111	R
0100_1101	4D	77	A	0111_0000	70	112	s
0100_1110	4E	78	b	0111_0001	71	113	S
0100_1111	4F	79	B	0111_0010	72	114	t
0101_0000	50	80	c	0111_0011	73	115	T
0101_0001	51	81	C	0111_0100	74	116	u
0101_0010	52	82	d	0111_0101	75	117	U
0101_0011	53	83	D	0111_0110	76	118	v
0101_0100	54	84	e	0111_0111	77	119	V
0101_0101	55	85	E	0111_1000	78	120	w
0101_0110	56	86	f	0111_1001	79	121	W
0101_0111	57	87	F	0111_1010	7A	122	x
0101_1000	58	88	g	0111_1011	7B	123	X
0101_1001	59	89	G	0111_1100	7C	124	y
0101_1010	5A	90	h	0111_1101	7D	125	Y
0101_1011	5B	91	H	0111_1110	7E	126	z
0101_1100	5C	92	i	0111_1111	7F	127	Z

5.5 참고 자료

Hyde, Randall. "HLA Standard Library Reference Manual." n.d. http://www. plantation-productions.com/Webster/HighLevelAsm/HLADoc/ or https://bit. ly/2W5G1or.

IBM. "ASCII and EBCDIC Character Sets." n.d. https://ibm.co/33aPn3t.

Unicode, Inc. "Unicode Technical Site." Last updated March 4, 2020. https://www. unicode.org/.

6

메모리 구조와 접근 방식

이번 장에서는 컴퓨터 시스템의 기본 구성 요소인 CPU, 메모리, 입출력 장치(I/O)와 이들 요소를 연결하는 버스에 대해 알아본다.

우선 버스의 체계와 메모리 구조를 알아보자. 버스와 메모리는 CPU만큼이나 여러분의 소프트웨어 성능에 큰 영향을 미친다. 메모리 성능 특징, 데이터 지역성, 캐시 연산 등에 대한 개념은 여러분이 설계하는 소프트웨어의 성능을 높여줄 수 있다.

6.1 컴퓨터의 기본적인 시스템 구성 요소

컴퓨터의 기본적인 시스템 설계 방식을 아키텍처architecture라 부르며, 컴퓨터 시스템 설계의 선구자인 폰 노이만John von Neumann은 오늘날 널리 사용되는 컴퓨터 시스템의 기본 아키텍처를 설계했다. 대표적인 사례로 80x86 패밀리가 사용하는 설계 방식인 VNA가 있는데, 이는 폰 노이만 아키텍처Von Neumann Architecture의 줄임말이다. 전형적인 VNA는 그림 6-1과 같이 CPUCentral Processing Unit, 메모리memory, I/OInput/Output라는 3대 요소로 구성된다.

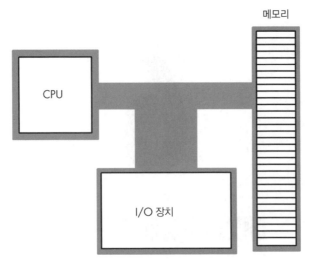

메모리

CPU

I/O 장치

그림 6-1 전형적인 폰 노이만 머신의 설계 레이아웃

80x86 시스템과 같은 VNA 머신의 경우 모든 연산은 CPU에서 처리하며, 메모리에 저장된 데이터와 기계 명령어는 CPU가 요청하는 순간 CPU로 전송된다. CPU의 관점에서 대부분의 I/O 장치는 메모리와 같은 역할을 한다. I/O 장치와 메모리의 가장 큰 차이점은 I/O는 CPU와 외부 환경을 연결하고 메모리는 CPU와 동일한 환경에 존재하면서 연산을 직접적으로 지원한다는 것이다.

6.1.1 시스템 버스

시스템 버스system bus는 VNA 머신의 다양한 요소를 연결한다. 여서기 버스bus란 전기적 신호를 이용해 시스템 요소를 이어주는 연결선a collection of wires을 의미한다. 대부분의 CPU는 데이터 버스data bus, 주소 버스address bus, 컨트롤 버스control bus라는 세 가지 버스를 지닌다.

이들 버스는 사용되는 프로세서마다 다르지만, 주로 CPU에 각 기능별 정보를 제공하는 역할을 수행한다. 예를 들어 펜티엄Pentium CPU와 80386 CPU의 데이터 버스는 서로 다른 구현 방식을 사용하지만, 주로 CPU, I/O, 메모리 등의 요소를 위해 데이터를 전송한다.

6.1.1.1 데이터 버스

데이터 버스는 CPU와 다른 컴퓨터 시스템의 요소 사이에서 데이터를 전달하며, CPU에 따라 버스의 크기가 달라진다. 사실, 데이터 버스의 크기는 CPU의 처리 성능을 결정하는 중요한 요소다. 현대적이면서도 범용성 높은 대부분의 CPU는 32비트 데이터 버스를 사용하며, 최근에는 64비트 데이터 버스를 사용하는 경우가 늘고 있다. 일부 프로세서는 8비트 또는 16비트 데이터 버스를 사용하지만, 머지않아 128비트 데이터 버스를 채택한 CPU도 등장할 것으로 예상한다.

여러분은 컴퓨터 사양과 관련해서 8, 16, 32, 64비트 프로세서에 대한 설명을 본 적이 있을 것이다. 이와 같은 프로세서의 크기는 프로세서의 데이터 라인 수$^{number\ of\ data\ lines}$ 또는 범용 정수 레지스터$^{general-purpose\ integer\ register}$의 수 중에서 작은 값을 기준으로 정해진다. 예를 들어 구형 인텔 80x86 CPU의 데이터 버스는 64비트이고 정수 레지스터는 32비트이므로, 해당 CPU는 32비트 프로세서로 분류된다. AMD와 인텔의 x86-64 프로세서는 64비트 데이터 버스와 64비트 정수 레지스터를 사용하므로 64비트 프로세서라 부른다.

8, 16, 32, 64비트 데이터 버스를 탑재한 80x86 프로세서 패밀리는 해당 비트 수만큼의 최대 대역폭으로 데이터를 처리할 수도 있고, 8, 16, 32비트보다 작은 메모리 유닛에 접근하는 것도 가능하다. 즉, 작은 크기의 데이터 버스로 처리할 수 있는 일은 좀 더 큰 데이터 버스로도 처리할 수 있다. 하지만 데이터 버스가 클수록 메모리에 좀 더 신속하게 접근할 수 있고, 한 번의 메모리 작업으로 좀 더 큰 덩어리의 데이터에 접근할 수 있다. 이번 장의 중반부(6.4.1절 '메모리 접근과 시스템 클럭')에서 메모리 접근의 기본 원칙을 알아본다.

6.1.1.2 주소 버스

80x86 프로세서의 데이터 버스는 특정 메모리 위치 또는 I/O에서 CPU로 정보를 전송하며, 어떤 메모리 위치 또는 I/O 장치에서 정보를 가져오는지는 해당 정보가 어떤 주소 버스에서 유입되는지에 따라 달라진다.

시스템 설계자는 개별 메모리 위치와 I/O 장치에 유일무이한 메모리 주소를 할당한다. 소프트웨어가 특정 메모리 위치 또는 I/O 장치에 접근하려는 경우, 주소 버스에 해당 주소를 전달한다. 장치 내 회로는 해당 주소를 확인한 후 요청받은 주소와 일치하면 데이터를 전송하고, 요청받은 주소와 일치하지 않는 모든 메모리 위치는 무시한다.

단일 주소 버스 라인의 경우, 프로세서는 0과 1, 단 두 개의 주소로만 접근한다. n개의 주소 버스 라인이 있는 경우, 프로세서는 (n비트의 2진수에 존재하는) 2^n개의 주소에 접근할 수 있다.

주소 버스의 비트 수는 메모리와 I/O에 접근할 수 있는 방법의 최대치를 결정한다. 예를 들어 초기 80x86 프로세서의 경우 주소 버스는 20개의 라인만 제공하므로, 최대 1,048,576(2^{20})개의 메모리 위치에 접근할 수 있었다. 주소 버스가 클수록 더 많은 메모리에 접근할 수 있다(표 6-1 참조).

표 6-1 80x86 주소 용량

프로세서	주소 버스의 크기	최대 접근 가능 메모리
8088, 8086, 80186, 80188	20	1,048,576 (1MB)
80286, 80386sx	24	16,777,216 (16MB)
80386dx	32	4,294,976,296 (4GB)
80486, 펜티엄	32	4,294,976,296 (4GB)
펜티엄 프로, II, III, IV	36	68,719,476,736 (64GB)
Core, i3, i5, i7, i9	≥ 40	$\geq 1,099,511,627,776$ ($\geq$1TB)

신형 프로세서는 더 많은 주소 버스를 지원하며, ARM과 IA-64 등의 프로세서는 이미 이전보다 훨씬 많은 수의 주소 버스를 지원하고 있다. 최신 소프트웨어 또한 64비트를 지원한다.

메모리만 고려한다면, 64비트 주소는 거의 무한한 수준이라 할 수 있다. 예전에는 컴퓨터 시스템에 2^{64}바이트 메모리를 탑재하면, 더 이상의 메모리는 필요하지 않았을 것이다. 하지만 오늘날 대다수 사용자의 메모리 요구 수준은 크게 높아졌다. 불과 몇 년 전만하더라도 컴퓨터에 1GB의 메모리가 필요하다고 생각하는 사용자는 없었지만, 이제 메모리는 많을수록 좋다는 인식이 높아졌고 고사양 PC의 경우 64GB 이상의 메모리를 탑재하기도 한다.

그럼에도 불구하고, 2^{64}바이트 메모리를 사실상 무한대에 가까운 용량으로 여기는 이유가 있다. 우주에 존재하는 약 256개의 모든 소립자에 메모리를 할당해도 2^{64}바이트 메모리를 다 채울 수 없기 때문이다. 여러분이 행성에 존재하는 모든 소립자에 1바이트 메모리를 할당하지 않는 한, 여러분의 컴퓨터에 있는 2^{64}바이트의 모든 메모리 주소에 접근하는 것은 불가능하다. 물론, 언젠가 소설에 등장하는 것과 같은 행성 컴퓨터 시스템을 사용하는 날이 올 수도 있을 것이다(더글라스 애덤스Douglas Adams의 소설 『은하수를 여행하는 히치하이커를 위한 안내서The Hitchhiker's Guide to the Galaxy』에는 행성 전체가 하나의 컴퓨터 시스템인 사례가 등장한다).

신형 64비트 프로세서에 실제로 64비트 주소 공간이 있다 하더라도, 프로세서에 64개의 주소 라인을 모두 추가하는 경우는 매우 드물다. 이는 대규모 CPU에서 핀 하나하나가 매우 중요한 공통 리소스이므로, 실제로 사용되지 않을 주소 핀을 추가하는 경우는 거의 없기 때문이다. 최신 프로세서의 경우 최대 40~52개의 주소 버스를 두는 것이 일반적이며, 현재로서는 그보다 많은 주소 버스를 둘 필요는 없어 보인다.

현대의 프로세서 제조사는 CPU 칩 위에 직접 메모리 컨트롤러를 탑재하고 있다. 과거에는 주소 버스와 데이터 버스를 임의의 메모리 장치에 연결하는 방식을 사용했지만, 최신 CPU에는 DRAM^{Dynamic Random-Access Memory} 모듈과 직접 소통할 수 있는 특수한 버스가 탑재된다.

전통적인 CPU의 메모리 컨트롤러는 소수의 DRAM 모듈에 연결된 형태였으며, CPU에 연결할 수 있는 최대 DRAM의 수는 외부 주소 버스의 크기가 아니라 CPU에 탑재된 메모리 컨트롤러의 기능에 따라 좌우됐다. 과거에 출시된 64비트 CPU 탑재 노트북이 고작 16~32MB의 메모리만 사용할 수 있는 이유도 바로 이 때문이다.[1]

6.1.1.3 컨트롤 버스

컨트롤 버스^{control bus}는 프로세서와 다른 시스템 요소의 소통 방식을 제어하기 위한 전기적 신호 집합이다. 컨트롤 버스의 작동 방식을 이해하고자 CPU가 메모리와의 소통을 위해 데이터 버스를 활용하는 방식을 생각해보자. 시스템은 컨트롤 버스를 이용해 CPU에서 메모리로의 데이터 흐름이나 메모리에서 CPU로의 데이터 흐름을 제어한다. CPU가 메모리에 어떤 내용을 쓰길 원할 경우 write 컨트롤 라인에 신호를 보내고, CPU가 메모

---

1   노트북도 (CPU 온칩 방식이 아닌) 외부 메모리 컨트롤러 등의 장치를 추가함으로써 성능의 한계를 극복할 수 있지만, 이와 같은 설계 방식은 노트북 제조 단가를 높이므로 실제로 이와 같은 외부 서킷 패널을 추가하는 경우는 드물다.

리에서 어떤 내용을 읽어오길 원할 경우 read 컨트롤 라인에 신호를 보낸다.

컨트롤 버스의 세부적인 구성 방식은 프로세서에 따라 다르지만, 시스템 클럭 라인 system clock line, 인터럽트 라인interrupt line, 스테이터스 라인status line, 바이트 인에이블 라인byte enable line 등은 대부분의 프로세서에서 공통적으로 사용되는 컨트롤 라인이다. 이 중에서 컨트롤 라인의 바이트 인에이블 라인은 바이트 접근 가능 메모리byte-addressable memory를 지원하는 CPU에서 사용된다.

16, 32, 64비트 프로세서는 이들 컨트롤 라인을 이용해 처리해야 할 데이터를 좀 더 작은 크기로 주고받을 수 있다. 이에 대한 상세한 내용은 6.2.2절 '16비트 데이터 버스'와 6.2.3절 '32비트 데이터 버스'에서 확인할 수 있다.

80x86 프로세서의 경우 컨트롤 버스는 주소 공간을 구분하는 신호를 포함하며, (다른 프로세서와 달리) 메모리 주소 공간과 I/O 장치 주소 공간이라는 두 개의 주소 공간을 제공한다.

하지만 물리적으로 존재하는 주소 버스는 하나뿐이므로, 컨트롤 라인이 메모리와 I/O 장치로 향하는 신호를 제어하게 된다. 예를 들어 I/O 장치에 대한 컨트롤 라인의 신호가 활성화된 경우 I/O 장치는 주소 버스의 LO 16비트 주소를 사용하고, 컨트롤 라인의 신호가 비활성화된 경우 I/O 장치는 이를 무시하고 그 대신 메모리 서브시스템이 해당 신호를 받아서 처리한다.

6.2 메모리의 물리적 구조

보통의 CPU는 주소 버스의 비트 수가 n일 때, 최대 2^n개의 메모리 위치memory location 속성을 지닌다. 여기서 메모리 위치란 80x86의 경우 바이트 접근 가능 메모리를 의미하며, 기본 메모리 접근 단위는 바이트다. 20, 24, 32, 36, 40 주소 라인을 포함한 주소 버스를 사용하는 경우, 80x86 프로세서는 각각 1MB, 16MB, 4GB, 64GB, 1TB의 메모리 위치에 접근할 수 있다(단, 대부분의 80x86 CPU 기반 컴퓨터 시스템은 최대 어드레서블 메모리는 제공하지 않는다).

일부 CPU 패밀리는 바이트 접근 가능 메모리 대신, 더블워드 또는 쿼드워드 메모리를 제공하기도 한다. 하지만 C/C++ 프로그램을 포함한 대부분의 소프트웨어는 바이트 접근 가능 메모리를 기반으로 개발되므로, 특정 CPU가 바이트 접근 가능 메모리를 기본적으로 제공하지 않아도 소프트웨어 차원에서 바이트 접근 가능 메모리를 사용하거나 그 작동 방식을 모방할 수 있다. 이에 대해서는 잠시 후 다시 설명한다.

메모리 구조를 바이트의 배열로 생각해보자. 첫 번째 바이트의 주소는 0, 마지막 바이트의 주소는 2^n-1이다. 다음은 의사 파스칼 코드로 20비트 주소 버스를 사용하는 CPU의 메모리를 간단하게 선언한 것이다.

```
Memory: array [0..1048575] of byte; // 1MB 주소 공간(20비트)
```

파스칼에서 Memory[125] := 0;의 구문을 실행하면, CPU는 그림 6-2와 같이 데이터 버스에 0, 주소 버스에 125를 쓰고 컨트롤 버스에 쓰기 라인을 삽입한다.

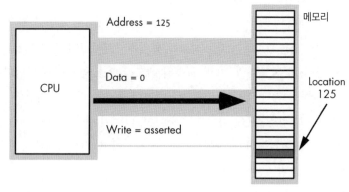

그림 6-2 메모리 쓰기 작업

이와 반대로 CPU := Memory [125]; 구문을 실행하면, CPU는 그림 6-3과 같이 주소 버스에 125를 쓰고 컨트롤 버스에 읽기 라인을 삽입한 후 데이터 버스에서 값을 읽는다.

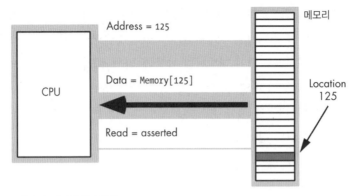

그림 6-3 메모리 읽기 작업

위 내용은 CPU가 메모리에 바이트 단위로 접근할 때만 해당되는 것인데, 워드나 더블워드 단위로 메모리에 접근할 때는 어떻게 될까? 메모리는 기본적으로 바이트 단위의 배열인데, 8비트 이상의 값은 어떻게 처리할 수 있을까?

이 문제에 대한 해법은 컴퓨터 시스템에 따라 다르다. 80x86 계열의 경우, 2바이트의 데이터를 담은 워드word는 LO 바이트를 지정된 위치에 저장하고 HO 바이트를 다음 위치에 저장한다. 즉, 하나의 워드는 두 개의 연속된 메모리 주소 공간을 차지한다. 이와 같은 방식으로 더블워드double-word는 네 개의 연속된 메모리 주소 공간을 차지한다.

워드나 더블워드의 주소는 LO 바이트 주소이며, 나머지 바이트는 LO 바이트 뒤에 이어진다. 워드의 HO 바이트는 'LO 바이트의 주소 + 1'이며, 더블워드에서는 'LO 바이트의 주소 + 3'이 된다. 그림 6-4를 참고하자.

바이트, 워드, 더블워드는 메모리 중첩overlap in memory이 가능하다. 예를 들어 그림 6-4를 보면 메모리 주소 공간 186번에 바이트 변수, 188~189번에 워드 변수, 192~195번에 더블워드가 있으며, 하나의 메모리에 서로 다른 크기의 데이터 타입이 나란히 존재할 수 있다. 이때 바이트, 워드, 더블워드는 메모리의 모든 유효한 주소에서 시작할 수 있지만, 주소 공간을 크게 차지하는 객체는 임의의 주소에서 시작하지 않도록 한다. 이에 대해서는 뒤에서 설명한다.

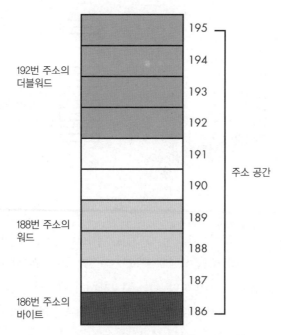

그림 6-4 80x86 계열의 메모리에 저장된 바이트, 워드, 더블워드

6.2.1 8비트 데이터 버스

8088 CPU 등 8비트 버스를 탑재한 프로세서는 한 번에 8비트의 데이터를 전송할 수 있다. 각 메모리 주소가 8비트 단위의 바이트에 대응되므로, 그림 6-5와 같은 8비트 버스는 (하드웨어 관점에서) 가장 편리한 아키텍처라 할 수 있다.

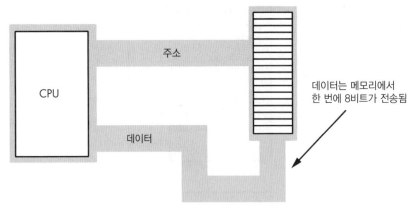

주소

CPU

데이터는 메모리에서
한 번에 8비트가 전송됨

데이터

그림 6-5 8비트 CPU와 메모리 인터페이스

바이트 접근 가능 메모리 배열byte-addressable memory array이란 CPU가 메모리에 1바이트 단위로 접근할 수 있다는 것을 의미하며, 이는 프로세서가 메모리에 접근할 수 있는 최소 단위임을 의미한다. 즉, 프로세서가 4비트 크기의 정보에 접근하는 경우에도 8비트를 읽고 나머지 4비트는 무시하는 방식을 사용한다.

하지만 이와 같은 바이트 접근 가능성은 CPU가 8비트 정보를 읽기 위해 메모리의 아무 영역에나 접근할 수 있다는 의미는 아니다. 메모리에 125번 주소를 지정했다면, CPU는 해당 주소의 8비트 정보에만 접근할 수 있다. 또한 메모리 주소는 정수이므로, 8비트보다 작은 단위에 접근하기 위해 125.5번과 같은 주소를 지정할 수 없고, 2바이트 주소 영역에 걸쳐 있는 8비트 정보를 가져올 수도 없다.

8비트 데이터 버스를 탑재한 CPU는 메모리에 바이트 단위로 접근할 수 있을 뿐 아니라, 워드 단위 및 더블워드 단위로도 접근할 수 있다. 하지만 이를 위해서는 메모리 연산을 수행해야 하는데, 이는 해당 프로세서가 한 번에 8비트의 데이터만 이동할 수 있기 때문이다. 워드의 로딩에는 두 번의 메모리 연산이 필요하고, 더블워드의 로딩에는 네 번의 메모리 연산이 필요하다.

6.2.2 16비트 데이터 버스

8086, 80286과 ARM 프로세서 계열의 CPU는 16비트 데이터 버스를 사용하며, 8비트 데이터 버스를 사용하는 프로세서와 비교할 때 같은 시간에 두 배의 데이터를 전송할 수 있다. 이들 프로세서는 메모리를 그림 6-6과 같이 짝수 뱅크even bank와 홀수 뱅크odd bank로 나눠 사용한다.

그림 6-6 워드 메모리에서의 바이트 접근 방식

그림 6-7은 CPU에 연결된 데이터 버스의 연결 방식을 나타낸다. 그림에서 D0에서 D7까지의 데이터 버스 라인은 워드의 LO 바이트를 전송하고, D8에서 D15까지의 데이터 버스 라인은 워드의 HO 바이트를 전송한다.

80x86 계열 프로세서의 16비트 멤버는 어떤 주소 위치에서도 워드 단위의 데이터를 로딩할 수 있다. 앞서 언급했듯이 프로세서는 지정된 주소에서 LO 바이트를 가져오고, 그다음 주소에서 HO 바이트를 가져온다. 그러나 이때 미묘한 문제가 발생한다.

예를 들어 CPU가 홀수 번지에서 시작하는 워드에 접근하면 어떤 일이 생길까? 가령 125번지에서 워드를 읽어오는 경우 워드의 LO 바이트는 125번지에서 읽어오고 HO 바이트는 126번지에서 읽어오는데, 이 과정에서 두 가지 문제가 발생할 수 있다.

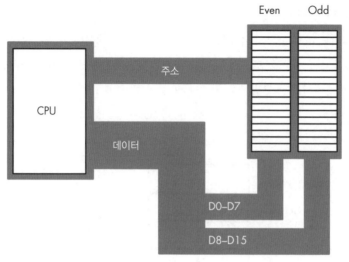

그림 6-7 16비트 프로세서 메모리 구조

그림 6-7에서 보는 것처럼, 8~15번 데이터 버스 라인(HO 바이트)은 홀수 뱅크에 연결되고 0~7번 라인(LO 바이트)은 짝수 뱅크에 연결된다. 125번 메모리 위치에 접근하려면 데이터 버스의 8~15번 라인의 CPU로 데이터를 전송하는데, 실제 연결돼야 할 라인은 LO 바이트에 해당하는 0~7번 라인이다. 하지만 이는 80x86 CPU가 자동으로 인식해 적절한 라인으로 데이터를 전송하므로 문제가 되지 않는다.

두 번째 문제는 좀 더 복잡하다. 워드 단위 데이터에 접근할 때 서로 다른 주소를 지니고 있는 두 개의 바이트 구조에 접근해야 하는데, 주소 버스에 표시되는 주소는 둘 중 어느 것으로 해야 할지 결정해야 한다. 16비트 80x86 CPU는 버스에 짝수 주소^even address 를 제공하는데, 짝수 주소의 바이트는 0~7번 데이터 라인에 나타나고 홀수 주소^odd address 는 8~15번 데이터 라인에 나타난다.

짝수 주소의 워드 데이터에 접근하는 경우, CPU는 한 번의 메모리 연산으로 16비트 전체 데이터 구조에 접근할 수 있다. 반면에 바이트 데이터에 접근하는 경우 CPU는 바이트 컨트롤 라인을 이용해 적절한 뱅크를 활성화하며, 주소에 맞는 데이터 라인을 골라 데이터를 전송한다.

그렇다면, 지난 예제처럼 CPU가 홀수 주소의 워드 데이터에 접근하는 경우에는 어떤 일이 일어날까? CPU는 주소 버스의 125번 주소에 접근하거나 해당 위치의 메모리에서

16비트 데이터를 읽을 수 없다. 16비트 80x86 CPU는 항상 짝수 주소를 사용하므로 해당 위치에서 데이터를 가져올 수 없다. 사실, 여러분이 주소 버스의 125번 주소에 접근하려고 할 때 실제로 접근하는 주소는 124번이다. 해당 주소에서 16비트 데이터를 읽으려고 할 경우, 124번 주소(LO 바이트)와 125번 주소(HO 바이트)에 있는 데이터를 읽게 되는 셈이다.

즉, 홀수 주소에 있는 워드 데이터에 접근하는 경우, (8088/80188 프로세서의 8비트 버스와 같이) 두 번의 메모리 작업이 필요하다. 먼저 CPU가 125번 주소의 바이트를 읽은 후 126번 주소의 바이트를 읽는 것이다. 그다음에는 내부적으로 이들 바이트의 위치를 바꿔서 실제 CPU가 접근하려는 정보의 형태로 제공한다. 그리고 이 모든 작업은 16비트 80x86 CPU가 여러분 모르게 자동으로 처리한다. 여러분의 프로그램이 어떤 주소의 워드 데이터에 접근하든, CPU가 해당 메모리 위치에 있는 데이터를 바로, 혹은 위치를 바꿔서 정확하게 전달한다.

하지만 어떤 형태로든 최소 두 번의 메모리 연산이 필요하므로 16비트 프로세서에서 홀수 주소의 워드 데이터에 접근할 때는 짝수 주소의 워드에 접근할 때보다 좀 더 많은 시간이 걸린다. 이와 같은 사항을 고려해 메모리를 좀 더 신중하게 관리하면, 이들 CPU에서 여러분의 프로그램 속도를 좀 더 향상시킬 수 있다.

6.2.3 32비트 데이터 버스

16비트 프로세서로 32비트 데이터에 접근할 때는 최소 두 번 이상의 메모리 연산이 필요하며, 홀수 주소에 있는 32비트 데이터에 접근할 때는 세 번 이상의 메모리 연산을 해야 할 수 있다. 펜티엄 및 코어Core 프로세서 등 32비트 데이터 버스를 탑재한 80x86 프로세서는 그림 6-8과 같이 네 개의 메모리 뱅크를 사용한다.

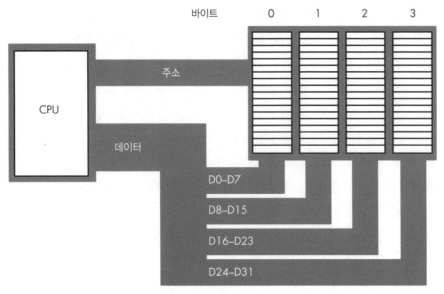

그림 6-8 32비트 프로세서 메모리 인터페이스

32비트 메모리 인터페이스의 경우, 80x86 CPU는 한 번의 메모리 연산으로 어떤 바이트 데이터에도 접근할 수 있다. 16비트 메모리 인터페이스에서는 주소 버스상의 주소가 항상 짝수이고, 32비트 메모리 인터페이스에서는 항상 4의 배수가 된다. 바이트 접근 가능 컨트롤 라인을 탑재한 CPU의 경우, 해당 주소 체계에서 4바이트 단위의 데이터에 접근할 수 있다. 16비트 프로세서 CPU의 경우에는 자동으로 바이트 구조를 재배열한다.

32비트 CPU의 경우 단 한 번의 메모리 연산으로 대부분의 메모리 주소에 접근할 수 있지만, 특정 워드 데이터에 접근할 때는 그림 6-9와 같이 기본적으로 두 번의 메모리 연산이 필요한 경우가 있다. 이는 앞서 16비트 프로세서가 홀수 주소에 접근하려 할 때 겪었던 문제와 유사한 것으로, 주소 번호를 4로 나눴을 때 나머지가 3인 경우만 해당된다.

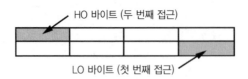

그림 6-9 32비트 프로세서가 (address mod 4) = 3인 주소에 접근하는 경우

32비트 CPU로 더블워드 데이터에 접근할 때는 주소 번호가 4로 나눠서 떨어지는 경

우에만 단 한 번의 메모리 연산으로 해당 데이터 구조에 접근할 수 있으며, 그렇지 않은 경우 두 번의 연산이 필요하다. 이때도 80x86 CPU가 제반 업무를 자동으로 처리하지만, 데이터 정렬 수준에 따라 성능이 달라질 수 있다. 보통의 경우 워드 데이터의 LO 바이트는 항상 짝수 주소에 입력하고, 더블워드 데이터의 LO 바이트는 항상 4로 나눠 떨어지는 짝수 주소에 입력해야 한다.

6.2.4 64비트 데이터 버스

펜티엄과 이후 출시된 인텔 i-시리즈 프로세서는 64비트 데이터 버스와 특화된 캐시 메모리를 통해 정렬되지 않은 데이터에 접근할 때 발생하는 성능 저하 문제를 줄여준다. 데이터 구조에 딱 들어맞지 않는 접근 시도는 상당히 많지만, 이전 프로세서에 비해 최신의 x86 CPU는 그러한 비정렬 데이터에 접근할 때도 성능 저하가 그다지 크게 나타나지 않는다. 이에 대해서는 6.4.3절 '캐시 메모리'에서 자세히 살펴본다.

6.2.5 80x86 이외 프로세서의 바이트, 워드, 더블워드 접근 방식

임의의 바이트 주소에 위치한 바이트, 워드, 더블워드 데이터에 접근할 수 있는 프로세서가 80x86 CPU만 있는 것은 아니었지만, 지난 30년간 출시된 대부분의 프로세서는 이와 같은 작업에 상당한 제약이 따랐다. 예를 들어 초기 애플 매킨토시에 탑재된 Motorola 68000 프로세서의 경우 임의의 주소에 있는 바이트 데이터에 접근할 수는 있었지만, 홀수 주소에 있는 워드 데이터에 접근하는 경우에는 예외 처리exception 경고를 보냈다.[2] 그간 출시된 다수의 프로세서는 여러분이 접근하려는 객체의 몇 배 단위에 해당하는 주소에 접근해야만 정상적으로 작동하고, 그렇지 않은 경우 바로 예외 처리 경고를 보냈다.

오늘날 스마트폰과 태블릿에 탑재되는 ARM 프로세서 등, 대부분의 RISC 프로세서는 바이트 단위 및 워드 단위 객체에 대한 접근을 허용하지 않는다. 대부분의 RISC CPU는 내부에 탑재된 데이터 버스의 크기나 이보다 좀 더 작은 범용 정수 레지스터 크기에 해당하는 더블워드(32비트) 또는 쿼드워드(64비트) 등의 데이터 타입에만 접근할 수 있게 한다.

---

2   매킨토시의 680x0 계열 중 68020 프로세서부터는 관련 문제가 해소됐으며, 임의의 주소에 있는 바이트 또는 워드 단위 데이터에 접근할 수 있게 됐다.

이들 프로세서에서 바이트 또는 워드 데이터에 접근해야 하는 경우, 이들 데이터를 묶음 필드^{packed field}로 처리한 후 더블워드의 데이터를 바이트 또는 워드 단위로 추출하거나 삽입하기 위한 필드 이동 또는 마스킹 작업을 수행해야 한다. 문자 또는 문자열 처리가 필요한 소프트웨어는 바이트 데이터 접근이 필수적이지만, 여러분의 소프트웨어가 최신의 RISC CPU에서 관련 작업을 좀 더 효율적으로 수행하도록 하기 위해서는 바이트 또는 워드 단위가 아니라 최소 더블워드 크기의 데이터로 각종 연산이 수행되도록 해야 한다.

6.3 빅 엔디안과 리틀 엔디안의 구조 비교

앞서 80x86 CPU 패밀리는 워드 또는 더블워드 데이터를 메모리에 저장할 때 LO 바이트를 특정 주소에 저장하고 HO 바이트는 그에 이어서 높은 주소 지번에 저장한다고 설명한 바 있다. 이번 절에서는 프로세서가 바이트 접근 가능 메모리에 멀티바이트 객체를 어떤 방식으로 저장하는지 좀 더 자세히 알아본다.

대부분의 CPU에서 비트 크기는 8, 16, 32, 64 등과 같이 2의 멱수 단위로 증가한다. 비트 크기를 2의 멱수 단위 이외의 방식으로 관리하는 경우는 극히 드물며, 서로 다른 프로세서에서도 표현 방식만 다를 뿐, 기본 원칙은 동일하다. 하지만 8비트 이상 크기의 객체를 처리할 때는 다양한 예외 상황이 존재하며, CPU별로 멀티바이트 객체에 접근하는 방법이 크게 달라진다.

예를 들어 그림 6-10과 같은 80x86 CPU의 더블워드 바이트 레이아웃을 살펴보자. 2진수 요소 가운데 가장 작은 값으로 구성되는 LO 바이트는 0~7번 비트 위치에 있고, 메모리에서 가장 낮은 주소를 차지한다. 이처럼, 가장 작은 값의 비트가 메모리에서 가장 낮은 주소 위치에 있는 것은 당연해 보인다.

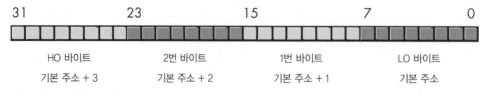

그림 6-10 80x86 프로세서에서 더블워드의 바이트 구조

하지만 이와 다른 바이트 구조를 지닌 더블워드도 생각해볼 수 있다. 일부 CPU는 그림 6-11과 같이 더블워드의 바이트 주소를 위 순서와 반대로 배치하기도 한다.

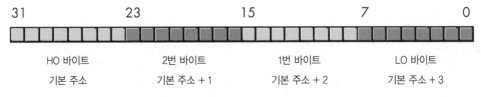

그림 6-11 더블워드의 또 다른 바이트 구조

그림 6-11과 같은 더블워드의 또 다른 바이트 구조는 다름 아닌 초기 애플 매킨토시(68000과 PowerPC)와 80x86 이외의 유닉스 계열 프로세서 대부분이 사용한다. 심지어 80x86 시스템에서도 네트워크 전송 등 일부 프로토콜은 위와 같은 데이터 구조로 정의돼 있다. 즉, 기본 더블워드 바이트 구조는 물론이고 그에 역순으로 구성된 바이트 구조도 널리 사용되고 있으며, 소프트웨어 개발자라면 두 가지 구조 모두를 알고 있어야 한다.

업계에서는 인텔 프로세서가 사용하는 위와 같은 바이트 구조를 리틀 엔디안 바이트 구조little-endian byte organization라 부르고, 다른 제조사의 프로세서가 사용하는 이와 반대의 바이트 구조를 빅 엔디안 바이트 구조big-endian byte organization라 부른다.

노트 | 리틀 엔디안과 빅 엔디안이란 단어는 조나단 스위프트가 쓴 『걸리버 여행기』에서 차용한 것으로, '달걀을 큰 쪽에서 깨느냐, 작은 쪽에서 깨느냐'를 두고 릴리풋 주민들이 논쟁을 벌이는 부분에서 등장한다. 이는 당시 카톨릭과 청교도 사이의 논쟁을 은유적으로 묘사한 것이다.

리틀 엔디안과 빅 엔디안 바이트 구조 중 어느 것이 좀 더 우수한지에 대한 논쟁은 현 시점에서는 무의미하다고 할 수 있다. 오늘날에는 다수의 제조사가 다양한 프로세서를 출시하고 있으며, CPU마다 리틀 엔디안 또는 빅 엔디안 바이트 구조의 채택 여부가 다르므로 소프트웨어 개발자인 우리는 이들 두 가지 바이트 구조의 작동 원리를 모두 이해하는 것이 좋다.

프로그래머는 서로 다른 컴퓨터 기종에 바이너리 데이터를 전송할 때 리틀 엔디안과 빅 엔디안 문제를 직접 경험할 수 있다. 예를 들어, 리틀 엔디안 바이트 구조의 더블워드

2진 표기법을 사용하는 컴퓨터는 256의 바이트 값을 다음과 같이 표시한다.

```
LO byte:    0
Byte #1:    1
Byte #2:    0
HO byte:    0
```

리틀 엔디안 머신의 4바이트는 다음과 같은 형식을 지닌다.

```
Byte:      3   2   1   0
256:       0   0   1   0    (각 자릿수는 8비트 값을 나타냄)
```

반면, 빅 엔디안 머신의 4바이트는 다음과 같은 형식을 지닌다.

```
Byte:      3   2   1   0
256:       0   1   0   0    (각 자릿수는 8비트 값을 나타냄)
```

즉, 서로 다른 엔디안 바이트 구조를 사용하는 컴퓨터는 32비트 값을 서로 다르게 처리한다. 예를 들어 256이란 수를 처리할 때 빅 엔디안의 16번 비트 값은 1인 반면, 리틀 엔디안의 16번 비트 값은 65,536(즉, %1_0000_0000_0000_0000)이 되는 것이다.

엔디안 구조가 다른 두 컴퓨터 간에 데이터를 전송해야 하는 경우, 가장 좋은 해법은 특정 정규형canonical form으로 값을 변환해 처리한 후 이를 다시 원래의 형식으로 변환하는 것이다.

이때 사용되는 정규 형식은 전송 장치 또는 방식에 따라 달라질 수 있다. 예를 들어 네트워크상에서 데이터를 전송하는 경우 TCP/IP를 포함한 주요 네트워크 프로토콜이 빅 엔디안 타입을 사용하므로 정규 형식은 빅 엔디안으로 정하는 것이 좋고, USB로 데이터를 전송하는 경우에는 리틀 엔디안 형식으로 하는 것이 좋다. 물론 여러분이 소프트웨어의 입출력을 모두 제어하는 경우 정규 형식은 여러분이 임의로 선택할 수 있지만, 이때도 전송 장치 또는 방식을 고려해 가장 적합한 형식을 선택하는 것이 좋다.

엔디안 타입을 변환할 때는 바이트의 거울 스왑^{mirror-image swap} 기법을 사용해야 한다. 이를 위해 우선 2진수의 반대쪽 끝에 있는 바이트부터 변환하고, 이어서 데이터 객체의 중간 부분을 순차적으로 거울에 비춘 듯 변환해 나간다. 예를 들어 더블워드 객체의 리틀 엔디안에서 빅 엔디안으로 변환할 때, 그림 6-12와 같이 먼저 0번(LO 바이트) 바이트와 3번(HO 바이트) 바이트의 자리를 바꾸고 나서 1번 바이트와 2번 바이트의 자리를 바꾼다.

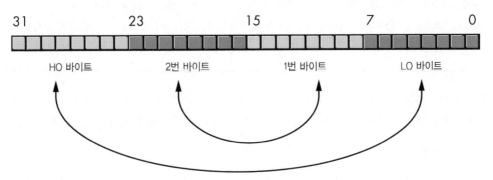

그림 6-12 더블워드의 엔디안 타입 변환 방식

워드 객체의 경우 엔디안 변환을 위해 HO 바이트와 LO 바이트만 맞바꾸면 되고, 쿼드워드의 경우 0번과 7번, 1번과 6번, 2번과 5번, 그리고 마지막으로 3번과 4번을 맞바꾸면 된다. 128비트 정수를 사용하는 소프트웨어는 거의 없으므로, 쿼드워드보다 긴 워드 객체의 엔디안 변환에 대해서는 걱정할 필요가 없으며 변환 방식은 동일하다.

이와 같은 엔디안 변환 작업은 양방향으로 진행할 수 있으므로, 어떤 연산을 위해 빅 엔디안을 리틀 엔디안으로 변경한 경우, 이를 다시 반대로 바꿀 때는 원래의 형식으로 되돌리기만 하면 된다.

여러분의 소프트웨어에서 직접 엔디안 타입 변환이 필요하지 않은 경우에도 업무 처리 과정에서 다양한 엔디안 변환 이슈를 경험할 수 있다. 일부 프로그램은 기존 데이터의 특정 위치에 있는 값을 가져와서 또 다른 값으로 조합해 사용하기도 한다. 예를 들어 리틀 엔디안 타입의 LO 바이트를 빅 엔디안 머신의 0~7번 비트 위치에 입력하면 예상과는 다른 결과를 얻게 된다. 따라서 서로 다른 바이트 구조를 지닌 CPU에서 실행되는 소프트웨어는 해당 컴퓨터에서 실행할 엔디안 타입을 결정할 수 있어야 하며, 좀 더 큰 데이터 객체에서 순서에 맞춰 바이트 값을 추출하고 조합할 수 있어야 한다.

이와 같이 다른 데이터 객체에서 추출한 이산 바이트^{discrete byte}로 새로운 데이터 객체를 생성하는 방법을 알아보고자 네 개의 바이트에서 데이터를 추출해 새로운 32비트 데이터 객체를 조합한다. 아래 예제 코드는 32비트 객체와 4바이트 배열을 지닌 이산 유니온^{discriminant union} 구조를 만든다.

노트 | 상당수의 프로그래밍 언어가 이산 유니온 데이터 타입을 지원하며, 파스칼은 이를 위해 case variant record 타입을 사용한다. 이산 유니온 데이터 타입 사용과 관련해 여러분이 사용하는 언어의 참조 문서를 확인하길 바란다.

유니온 구조는 레코드 또는 구조체와 유사하지만, 컴파일러가 유니온의 각 필드를 위해 메모리의 동일한 주소 위치에 저장 공간을 할당한다는 차이가 있다. C 프로그래밍 언어로 작성한 다음 두 가지 선언문을 살펴보자.

```
struct
{
    short unsigned i;    // short는 16비트라 가정
    short unsigned u;
    long unsigned r;     // long은 32비트라 가정
} RECORDvar;

union
{
    short unsigned i;
    short unsigned u;
    long unsigned r;
} UNIONvar;
```

그림 6-13에서 보듯이 RECORDvar 객체는 메모리에서 8바이트의 공간을 차지하고, 각 필드는 자신의 메모리 공간을 다른 필드와 공유하지 않는다. 즉, 각 필드는 레코드의 기본 주소를 기준으로 서로 다른 오프셋 값을 지닌다. 반면에 UNIONvar 객체는 유니온에 포함된 모든 필드가 동일한 메모리 주소를 사용하므로, 유니온의 i 필드에 값을 저장하면 다른 필드인 u와 r의 값이 덮어 쓰기된다. 이때 어떤 위치의 요소가 LO 또는 HO 바이트

가 될지는 전적으로 CPU의 엔디안 타입에 달려 있다.

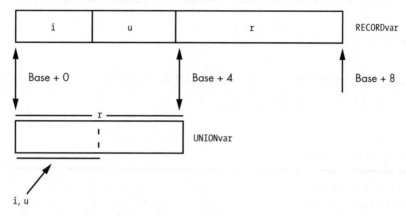

그림 6-13 메모리에서 유니온과 레코드(또는 구조체)의 레이아웃 비교

C 프로그래밍 언어로 32비트 객체의 개별 바이트 요소에 접근할 때 이와 같은 레이 아웃 차이를 활용할 수 있다. 다음 유니온 선언을 살펴보자.

```
union
{
    unsigned long bits32; // unsigned long은 32비트라 가정
    unsigned char bytes[4];
} theValue;
```

위 코드는 리틀 엔디안 머신에서 그림 6-14와 같은 유니온 데이터 타입을 생성하고, 빅 엔디안 머신에서 그림 6-15와 같은 구조의 유니온 데이터 타입을 생성한다.

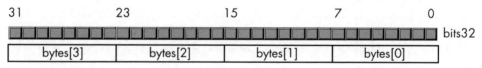

그림 6-14 리틀 엔디안 머신에서의 C 유니온 데이터 타입

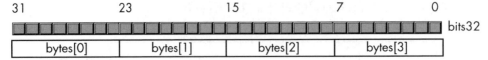

그림 6-15 빅 엔디안 머신에서의 C 유니온 데이터 타입

리틀 엔디안 머신에서 네 개의 이산 바이트로부터 하나의 32비트 객체를 조합해 만들려면 다음과 같은 코드를 사용한다.

```
theValue.bytes[0] = byte0;
theValue.bytes[1] = byte1;
theValue.bytes[2] = byte2;
theValue.bytes[3] = byte3;
```

C는 배열의 첫 번째 바이트를 메모리에서 가장 낮은 주소 위치에 할당하며, 이는 리틀 엔디안 머신에서 theValue.bits32 객체의 0~7번 비트에 해당한다. 두 번째 바이트는 그다음에 이어지는 8~15번 비트에 할당하고, 세 번째 바이트는 16~23번 비트에, 마지막 HO 바이트는 메모리에서 가장 높은 주소 위치인 24~31번 비트에 할당한다.

하지만 위 코드는 빅 엔디안 머신에서는 다른 결과를 가져오며, theValue.bytes[0]은 0~7번 비트가 아니라 24~31번 비트에 할당된다. 이와 같은 32비트 값을 빅 엔디안 머신에서 적절하게 처리하려면 다음 코드를 사용해야 한다.

```
theValue.bytes[0] = byte3;
theValue.bytes[1] = byte2;
theValue.bytes[2] = byte1;
theValue.bytes[3] = byte0;
```

이처럼 리틀 엔디안 머신과 빅 엔디안 머신에서의 실행 결과가 다르므로, 엔디안 타입에 맞는 코드를 실행하도록 다음과 같이 코드를 추가한다.

```
theValue.bytes[0] = 0;
theValue.bytes[1] = 1;
```

```
theValue.bytes[2] = 0;
theValue.bytes[3] = 0;
isLittleEndian = theValue.bits32 == 256;
```

위 코드는 빅 엔디안 머신에서는 1을 16번 비트에 저장해 32비트 값이 256이 되지 않도록 하고, 리틀 엔디안 머신에서는 1을 8번 비트에 저장해 32비트 값이 256이 되도록 한다. 즉, 위 코드의 isLittleEndian 변수를 통해 현재의 머신 타입이 리틀 엔디안(참)인지, 혹은 빅 엔디안(거짓)인지 구분할 수 있도록 한다.

6.4 시스템 클럭

현대의 컴퓨터는 이미 상당히 빠르고 현재도 계속 빨라지고 있지만, 최소한의 작업을 수행하는 데도 여전히 일정한 시간이 소요된다. 폰 노이만 기기에서 대부분의 작업은 직렬화serialized 방식으로 처리되며, 이는 컴퓨터가 명령어를 미리 지정된 순서대로 실행함을 의미한다.[3] 예를 들어 컴퓨터는 다음 파스칼 코드를 실행할 때 I := J;를 실행한 후에 I := I * 5 + 2;를 실행한다.

```
I := J;
I := I * 5 + 2;
```

위 코드는 동시에 실행되지 않는다. J의 사본을 I에 저장하는 데 일정 시간이 소요되고, I에 5를 곱한 뒤 2를 더하는 작업에도 일정 시간이 소요된다.

프로세서는 일련의 명령문을 적절한 순서대로 실행하기 위해 시스템의 표준 시간이라 할 수 있는 시스템 클럭system clock을 사용한다. 하나의 작업이 또 다른 작업보다 좀 더 많은 시간이 걸리는 이유를 파악하려면, 먼저 시스템 클럭의 작동 원리부터 이해해야 한다.

---

3   현대 CPU는 서열형 실행은 물론, 선순위 명령어의 실행이 완료되기 전에 후순위 명령어가 실행되는 비서열형 실행 (out-of-order execution)도 지원한다. 하지만 CPU는 기본적으로 서열형으로 명령을 처리한다.

시스템 클럭은 컨트롤 버스에 탑재된 전자 신호 체계로서, 그림 6-16과 같이 주기적으로 0과 1의 값을 생성한다. CPU의 모든 동작은 시스템 클럭의 상승^{rising} 및 하강^{falling} 신호에 동기화된다.

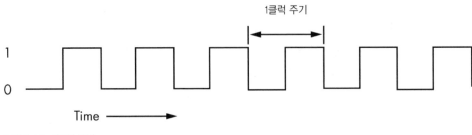

그림 6-16 시스템 클럭

시스템 클럭이 0과 1을 오가는 속도를 시스템 클럭 주파수$^{system\ clock\ frequency}$라 하고, 0에서 1로, 다시 0으로 복귀하는 데 걸리는 시간을 클럭 사이클$^{clock\ cycle}$ 또는 클럭 기간$^{clock\ period}$이라 한다.

현대적인 컴퓨터 시스템의 경우 클럭 주파수는 초당 수십억 회의 사이클로 작동한다. 예를 들어 2004년경 출시된 펜티엄 IV 칩의 경우에는 초당 30억 회 이상의 사이클로 작동한다. 헤르츠^{Hertz}(Hz)는 초당 1사이클의 작동을 의미하는 단위로서, 펜티엄 IV 칩은 3,000~4,000메가헤르츠(MHz) 또는 3~4기가헤르츠(GHz)의 속도로 실행된다. 일반적인 80x86 프로세서의 속도는 최소 5MHz부터 최대 수 GHz에 이른다.

이와 같은 클럭 주파수는 클럭 사이클로 바꿔서 나타낼 수 있다. 예를 들어 특정 프로세서의 클럭 주파수가 1MHz라면, 해당 프로세서의 클럭 사이클이 1마이크로초(μs)임을 의미한다.[4] 1GHz 속도로 작동하는 CPU의 클럭 사이클은 1나노초(ns)에 해당하며, 이는 하나의 사이클이 10억 분의 1초 속도로 작동함을 의미한다. 프로세서의 클럭 사이클은 마이크로초 또는 나노초로 표현한다.

시스템 클럭과의 동기화를 위해 대부분의 CPU는 하강 에지$^{falling\ edge}$(1에서 0으로 하강) 또는 상승 에지$^{rising\ edge}$(0에서 1로 상승) 시점에 작동을 시작한다. 시스템 클럭의 대부분의 시간은 0 또는 1에 머무르는 동안 흘러가고, 매우 짧은 순간만 전환 동작에 소요된다.

---

4   마이크로초를 표기할 때, 그리스어의 뮤(mu) 문자를 사용하기 어려운 경우에 사용한다.

모든 CPU의 동작은 시스템 클럭과 동기화돼 있으므로, CPU는 클럭 실행 속도보다 빠르게 특정 연산을 수행할 수 없다. 그러나 CPU가 특정 클럭 주파수에서 동작한다고 해서 반드시 해당 주파수만큼의 연산 수준을 보장하지는 않는다. 상당수의 연산은 몇 사이클이 소요되기도 하므로, 실제 CPU의 연산 속도는 표시된 동작 주파수보다 훨씬 느린 경우가 많다.

6.4.1 메모리 접근과 시스템 클럭

메모리 접근 동작은 시스템 클럭과 동기화돼 있으며, 각 클럭 사이클 속도에 맞춰 메모리에 접근할 수 있다. 구형 프로세서의 경우, 하나의 메모리 주소에 접근하는 데 수 회의 클럭 사이클을 소모한다. 메모리 접근 시간memory access time은 메모리에 대한 읽기 또는 쓰기 등 작업 요청부터 해당 메모리 작업이 종료될 때까지 소요되는 클럭 사이클의 수다. 우리가 메모리 접근 시간을 중시하는 이유는 이 시간이 길어질수록 시스템의 성능이 낮다는 의미이기 때문이다.

실행 속도 측면에서 최신의 CPU는 메모리 장치보다 훨씬 빠르며, 이처럼 높은 CPU의 속도를 분산해서 사용하기 위해 두 번째 시스템 클럭으로 버스 클럭 등을 추가해서 사용한다. 예를 들어 100MHz에서 4GHz 속도의 프로세서는 1600MHz, 800MHz, 500MHz, 400MHz, 133MHz, 100MHz, 66MHz 속도의 버스 클럭을 사용할 수 있다. 하나의 CPU는 다수의 버스 사이클을 지원할 수 있으며, 정확한 범위는 CPU에 따라 달라진다.

메모리에서 읽기 작업을 위한 메모리 접근 시간은 CPU가 주소 버스에 접근하려는 메모리 주소를 전달하는 때부터 CPU가 데이터 버스로부터 해당 데이터를 읽어오는 때까지의 시간이다. 그림 6-17은 보통의 80x86 CPU에서 하나의 읽기 작업이 완료되는 메모리 접근 시간의 흐름을 보여준다. 메모리에 대한 쓰기 작업 또한 이와 비슷한 방식으로 진행되며, 그림 6-18과 같다.

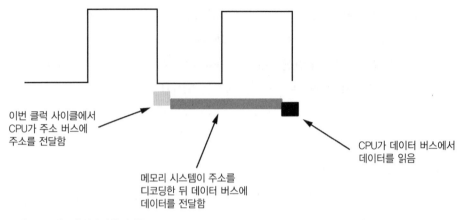

그림 6-17 메모리 읽기 작업 사이클

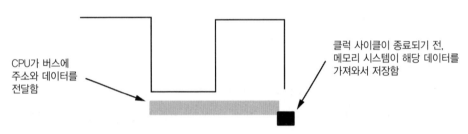

그림 6-18 메모리 쓰기 작업 사이클

CPU는 메모리가 작업을 완료할 때까지 기다리지 않으며, 메모리 접근 시간은 버스 클럭 주파수에 의해 정해진다. 메모리 하위 시스템이 CPU 속도를 따라가지 못할 경우, CPU는 가비지 데이터를 읽게 되며 메모리에 데이터를 제대로 저장할 수 없게 된다. 이는 결국 시스템 실패로 이어진다.

메모리 장치의 특성에는 여러 가지가 있지만, 그중 가장 중요한 것은 용량capacity과 속도speed다. 보통의 DRAM(랜덤 액세스 메모리) 장치는 16GB 이상의 용량을 지니고, 0.1~100나노초의 속도로 작동한다. 4GHz의 인텔 시스템은 1.6GHz 또는 0.625나노초의 메모리 장치를 사용한다.

그런데 앞서 메모리 장치가 버스 속도를 따라가지 못하면 시스템은 제대로 동작할 수 없다고 했다. 4GHz 기기의 클럭 사이클은 약 0.25나노초인데, 어떻게 0.625나노초의 메모리를 사용할 수 있을까? 답은 또 하나의 클럭 사이클인 대기 상태에 있다.

6.4.2 대기 상태

대기 상태wait state는 장치가 CPU에 응답할 때까지 추가로 주어지는 클럭 사이클이다. 예를 들어 100MHz 펜티엄 시스템의 클럭 사이클은 10나노초이며, 이는 10나노초 메모리를 사용해야 한다는 의미다. 하지만 CPU와 메모리 사이에는 디코딩과 버퍼링 로직이 필요하고, 이러한 로직은 처리 지연delay을 유발하므로 실제로는 10나노초보다 빠른 메모리가 필요하다. 그림 6-19를 보면 버퍼링과 디코딩에 추가로 10나노초가 필요한 것을 알 수 있다. CPU가 10나노초 이내에 데이터를 원한다면, 메모리는 (사실상 불가능한 속도인) 0나노초 이내에 응답해야 하는 것이다.

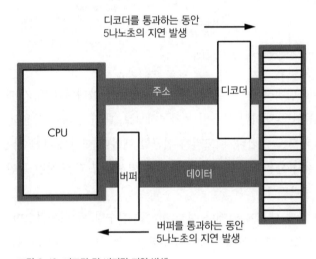

그림 6-19 디코딩 및 버퍼링 지연 발생

CPU 속도는 높지만 적정한 가격대의 메모리가 그러한 속도를 뒷받침해주지 못하면, 저렴하면서도 고성능을 지닌 PC를 만들기는 어려울 것이다. 이와 같은 CPU와 메모리의 성능 차이를 극복할 수 있게 해주는 것이 바로 대기 상태다. 예를 들어 메모리 사이클이 10나노초인 100MHz 프로세서를 사용하고 버퍼링과 디코딩에 2나노초가 소요된다면, 8 나노초 메모리를 사용해야 한다. 그런데 시스템에서 20나노초 메모리만 지원한다면, 대기 상태를 사용해서 메모리 주기를 20나노초로 늘리면 된다.

대부분의 범용 CPU는 대기 상태를 삽입할 수 있는 핀pin을 제공하며, 이 핀을 통해 컨트롤 버스와 신호를 주고받을 수 있다. 그림 6-20과 같이, 대기 상태 필요시 메모리 주소 디코딩 회로에 이 신호를 삽입하면 메모리가 필요로 하는 대기 시간을 줄 수 있다.

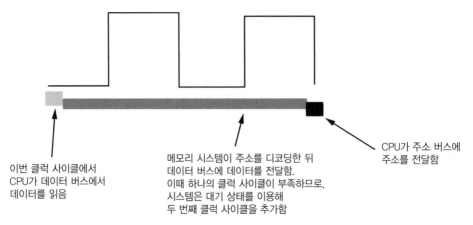

이번 클럭 사이클에서
CPU가 데이터 버스에서
데이터를 읽음

메모리 시스템이 주소를 디코딩한 뒤
데이터 버스에 데이터를 전달함.
이때 하나의 클럭 사이클이 부족하므로,
시스템은 대기 상태를 이용해
두 번째 클럭 사이클을 추가함

CPU가 주소 버스에
주소를 전달함

그림 6-20 메모리 읽기 작업에 대기 상태 삽입하기

시스템 성능 측면에서 볼 때 대기 상태는 좋은 것이 아니다. CPU가 메모리에서 데이터를 기다리는 동안은 데이터 사용이 불가능하므로, 대기 상태를 사용하면 보통 메모리 접근 시간이 두 배로 늘어난다. 메모리에 접근할 때마다 대기 상태를 사용하면, CPU 클럭을 반으로 낮춰서 사용하는 것과 같은 효과가 발생하고 같은 시간 동안 할 수 있는 일의 양도 반으로 줄어든다.

하지만 대기 상태 때문에 언제나 성능 저하를 감수할 필요는 없으며, 하드웨어 설계자는 다양한 방법으로 대기 상태를 줄이기 위해 노력한다. 그중 대표적인 방식이 바로 캐시 메모리cache memory다.

6.4.3 캐시 메모리

프로그램은 동일 메모리 위치에 반복적으로 접근하는 경향이 있으며, 그 인접 메모리 위치에도 자주 접근한다. 전자를 시간적 참조 지역성temporal locality of reference이라 하고, 후자를 공간적 참조 지역성spatial locality of reference이라 한다. 이들 지역성은 다음 파스칼 코드를 통해 확인할 수 있다.

```
for i := 0 to 10 do
        A [i] := 0;
```

위 순환문에는 시간적 및 공간적 참조 지역성이 모두 포함돼 있다. 먼저 시간적 참조 지역성부터 살펴보자. 위 파스칼 코드는 변수 i에 여러 차례 접근한다. for 루프에서 루프가 끝났는지 알아보기 위해 i 값을 10과 비교하고, 루프의 끝에서는 i를 1씩 증가시킨다. 또한 대입문에서는 i를 배열 인덱스로 사용한다. 이는 특정 메모리 위치의 시간적 참조 지역성을 보여준다.

위 루프는 먼저 A 배열의 첫 번째 위치에 0을 기록한 후 두 번째 위치에 0을 쓰고, 이후 연속되는 메모리에 계속 0을 저장한다. 위 파스칼 코드는 A의 배열 요소를 연속된 메모리 위치에 기록하므로, 위 루프는 인접 메모리 공간에 지속적으로 접근하게 된다. 이는 특정 메모리 위치의 공간적 참조 지역성을 보여준다.

이 코드에는 또 다른 시간 지역성과 공간 지역성이 있다. 즉, 명령어도 역시 메모리에 존재하므로, CPU가 연속적인 메모리에서 명령어를 가져와 수행하고 루프를 돌 때 같은 명령어를 가져와 수행하는 것 역시 지역성이라 할 수 있다.

실제 일반적인 프로그램의 수행 프로파일을 살펴보면, 전체 프로그램 구문 중 절반도 수행하지 않는다는 것을 알 수 있다. 보통 프로그램은 할당된 메모리의 10~20%만을 사용한다고 하며, 1MB 프로그램은 한 번에 4~8KB의 코드와 데이터만을 사용한다. 즉, 대기 상태를 최소화한 비싼 메모리를 구입하더라도 한 번에 사용하는 메모리의 양은 그리 많지 않다면, 차라리 작고 빠른 RAM을 구입해서 프로그램 실행 수준에 맞춰 동적으로 메모리가 사용되도록 하는 것이 이상적일 것이다. 이를 구현한 것이 바로 캐시 메모리다.

캐시 메모리cache memory는 CPU와 메모리 사이에 존재하는, 작으면서도 매우 빠른 메모리다. 일반 메모리와 달리 캐시 내부의 메모리 셀은 지정된 주소가 없으며 동적으로 주소를 할당한다. 이를 통해 최근에 접근한 데이터를 캐시 메모리 내부에 유지한다. 반면 CPU가 거의 접근하지 않았거나 한동안 접근하지 않은 주소는 메인 메모리main memory에 저장한다. 대부분의 메모리 접근은 최근 접근했던 변수(또는 최근 접근한 메모리의 인접 메모리)이므로, 프로그램이 접근을 원하는 대부분의 데이터는 캐시 메모리에 존재한다.

캐시 동작과 관련해서 캐시 히트와 캐시 미스를 알아보자. 먼저 캐시 히트cache hit는

CPU가 메모리에 접근해 캐시에 저장된 데이터를 찾았을 때를 의미하고, CPU가 해당 데이터에 접근하기 위한 대기 상태는 발생하지 않는다. 반면에 캐시 미스cache miss는 CPU가 캐시에서 저장된 데이터를 찾지 못했을 때를 의미하고, 이때는 CPU가 메인 메모리에 접속해 데이터를 가져오므로 캐시에 비해 성능 저하가 발생한다.

시간적 참조 지역성의 이점을 활용하기 위해 CPU는 캐시에 저장되지 않은 주소에 접속한 뒤 항상 해당 주소를 캐시에 추가한다. 시스템은 조만간 해당 주소에 접근할 것이므로, 캐시에 데이터를 저장함으로써 대기 상태 시간을 줄일 수 있다.

캐시 메모리를 사용해도 대기 상태를 아예 없앨 수는 없다. 프로그램이 대부분의 시간 동안 캐시 메모리만 사용하더라도, 때때로 캐시 메모리 밖에 있는 코드를 수행하게 된다. 이 경우 CPU는 메인 메모리에서 데이터를 읽어오게 되며, 메인 메모리는 캐시보다 느리기 때문에 대기 상태가 필요하다. 그러나 CPU가 해당 데이터에 한 번 접근한 뒤에는 해당 데이터를 캐시에 넣어두고 좀 더 신속하게 접근할 수 있게 된다.

이번에는 캐시 메모리를 이용해 공간적 참조 지역성의 이점을 활용하는 방법을 알아보자. CPU가 특정 데이터를 접근할 때만 캐시를 이용하면, 그와 인접한 다른 메모리에 접근할 때는 속도를 높일 수 없다. 이 문제를 해결하기 위한 기법 중 하나가 바로 캐시 라인cache line이다. 캐시 라인은 캐시 미스 발생 시, 일정 수의 연속적인 메인 메모리 데이터를 캐시 메모리에 저장한 것이다. 80x86의 경우, 캐시 미스 발생 시 해당 데이터 주소와 인접한 16~64바이트를 캐시 라인으로 저장한다.

하지만 '필요성 여부를 모르는 인접 데이터를 읽어오는 것이 과연 좋은 것일까?'라는 의문이 든다. 이에 대해 최신의 메모리 칩은 연속적인 메모리를 빠르게 읽어올 수 있는 특별한 모드를 제공하며, 캐시는 이 기능을 이용해서 연속적인 메모리를 읽어올 때 대기 상태의 사용을 최소화할 수 있다. 프로그램이 캐시 라인에서 몇 바이트만을 사용한다면 16바이트나 읽어오는 것이 쓸데없는 일이 될 수도 있지만, 대부분의 경우 이 기법은 매우 효율적이다.

캐시 메모리 서브시스템의 크기(바이트)가 커질수록 캐시 미스에 비해 캐시 히트의 비율이 높아진다. 과거 널리 사용되던 80486 CPU의 온칩 캐시 용량은 8,192바이트이며, 인텔은 80486의 캐시 히트율이 80~95%에 이른다고 설명한다. 언뜻, 이 수치는 대단해 보인다.

하지만 정말로 대단한 수치인지 좀 더 생각해보자. 히트율을 80%라고 가정했을 때, 평균적으로 다섯 번에 한 번은 데이터가 캐시에 없다는 뜻이 된다. 예를 들어 50MHz(즉, 20나노초) 프로세서와 90나노초 속도의 메모리를 사용할 때 메모리 접근 시도 다섯 번 중 네 번은 1회의 클럭 사이클로 접근이 가능하지만, 한 번은 10회의 대기 상태를 사용해야 한다.

10회의 대기 상태가 필요한 이유는 다음과 같다. 80486 당시의 캐시는 연속적으로 이어진 16바이트 또는 네 개의 더블워드를 읽어온다. 80486의 메모리 서브시스템이 어떤 바이트를 읽은 후 연속적인 데이터를 읽을 때는 40나노초가 소요되며, 나머지 12바이트 또는 세 개의 더블워크를 읽는 데 6회의 클럭 사이클이 필요하다. 즉, 총 11회의 클럭 사이클이 소요되므로 다섯 번 중 한 번은 10회의 대기 상태를 거쳐야 하는 것이다.

이외에도 시스템은 메모리 위치당 3회의 클럭 사이클을 필요로 하며, 다섯 개의 메모리 위치에 접근하는 데 총 15회의 클럭 사이클을 필요로 한다. 이는 각 메모리 접근마다 2회의 대기 상태를 추가하는 셈이다. 이쯤 되면 인텔 80486의 캐시 히트율 80~95%라는 수치가 그리 높은 것이 아니라는 사실을 알게 됐을 것이다. 여기에 최신형의 좀 더 빠른 프로세서를 적용하게 되면, CPU와 메모리의 속도 차이에 따라 대기 상태 시간이 더욱 늘어나게 된다.

캐시 히트 비율을 늘리기 위해 더 많은 캐시 메모리를 추가하는 방법도 있지만, 고가의 인텔 i9 칩을 떼어낸 뒤 캐시 메모리를 직접 납땜질해서 붙이기는 쉽지 않다. 이런 이유로 최신의 인텔 CPU는 80486 등 이전 프로세서에 비해 훨씬 큰 용량의 캐시 메모리를 탑재해 대기 상태를 최소화하고, 결과적으로 캐시 히트 비율을 높인다. 예를 들어 80%인 기존 캐시 히트 비율을 90%로 높이면, 20 사이클 내에 열 개의 메모리 위치에 접근할 수 있다. 이는 한 번의 대기 상태마다 하나의 메모리 위치에 접근할 수 있는, 상당히 개선된 수준이다.

캐시 히트율을 높일 수 있는 또 다른 방법은 2차 캐싱 시스템two-level caching system을 구현하는 것이다. 2차 캐싱은 L2 캐싱이라고도 하며, 그림 6-21에서 보는 것과 같이 1차는 8,192바이트의 온칩 캐시 메모리이고 2차는 온칩과 메인 메모리 사이에 위치한 캐시 메모리다. 최신 프로세서는 1차 및 2차 캐시를 CPU 위에 하나로 패키징하기도 하며, 이를 통해 CPU와 메모리의 인터페이스 성능이 개선되고 CPU와 캐시 간의 데이터 전송 속도도 높일 수 있다.

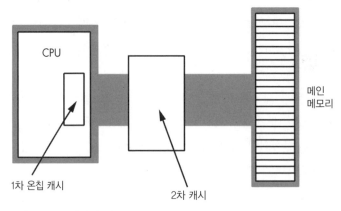

그림 6-21 2차 캐싱 시스템

보통의 온칩 2차 캐시는 32,768바이트에서 2MB 용량의 메모리로 구성된다. 1차 캐시와 달리 2차 캐시는 대기 상태가 존재하며, 좀 더 낮은 비용으로 필요 성능을 구현하기 위해 1~2회의 대기 상태가 발생하는 수준으로 설계한다. 이렇게 하더라도 메인 메모리에 비해서는 훨씬 빠른 성능을 낼 수 있으며, 기존의 온칩 1차 캐시와 외부 2차 캐시를 조합해 전체적인 메모리 접근 성능을 크게 향상시킬 수 있다.

최신 CPU에는 L3 캐싱, 즉 3차 캐싱 시스템도 적용되는 사례가 늘고 있다. L1 또는 L2 캐싱 추가에 따른 극적인 성능 향상에 비해 L3 캐싱 추가로 인한 성능 향상 효과는 그리 크지 않지만, 수 메가바이트를 3차 캐시로 추가해 최신의 기가바이트급 메인 메모리에 맞게 사용할 수 있어서 인기를 끌고 있다.[5] 방대한 양의 데이터를 다루면서도 시간적 및 공간적 참조 지역성을 활용할 수 있는 경우, L3 캐싱 시스템으로 성능 효율을 높일 수 있다.

---

5   2019년에 출시된 인텔 i7 CPU의 경우, 8MB의 온칩 L3 캐시를 지원한다.

6.5 CPU의 메모리 접근 방법

대부분의 CPU는 2~3개 이상의 메모리 접근 방법을 제공하며, 가장 널리 사용되는 메모리 주소 지정 모드memory addressing mode로는 직접 모드direct mode, 간접 모드indirect mode, 인덱스 모드index mode 등이 있다. 80x86 등과 같은 일부 CPU는 스케일 인덱스 모드scaled indexed mode를 지원하기도 하며, 일부 RISC CPU는 간접 모드만 지원한다.

CPU의 다양한 메모리 주소 지정 모드를 이용하면 좀 더 유연하게 메모리에 접근할 수 있으며, 특정 메모리 주소 지정 모드를 사용할 경우 복잡한 데이터 구조에 포함된 데이터에 다수의 명령어가 아닌, 단 하나의 명령어만으로 접근할 수 있어 편리하다.

메모리 접근을 위해 80x86 프로세서는 한 개의 명령어를 사용하는 반면에 RISC 프로세서는 3~5개의 명령어를 사용해야 하지만, 80x86 프로그램이 RISC 프로그램보다 서너 배 빠르게 실행되지는 않는다. 메모리 접근 작업은 대기 상태를 포함하는 매우 느린 작업이며, 80x86은 메모리에 자주 접근하는 반면 RISC는 메모리에 대한 접근 빈도가 훨씬 낮다.

RISC 프로세서는 80x86에서 명령어 하나를 수행할 동안 메모리 접근이 없는 네 개의 명령어를 실행하고, 다섯 번째 명령어에서 메모리 접근을 위한 대기 상태로 들어간다. 두 프로세서 모두 명령어 하나를 처리하는 데 1사이클이 필요하고 메모리 접근 시 30클럭의 대기 상태가 필요하다고 가정하면, 80x86은 31클럭 사이클이 필요하고 RISC는 35클럭 사이클이 필요하므로 두 프로세서의 메모리 접근 성능 차이는 12% 정도다.

프로그래머는 적절한 메모리 주소 지정 모드를 선택함으로써 좀 더 적은 수의 명령어와 좀 더 적은 수의 메모리 접근으로 같은 결과를 얻을 수 있다. 즉, 경량이면서도 신속하게 작동되는 코드를 작성하려는 프로그래머는 CPU가 제공하는 다양한 메모리 주소 지정 모드를 이해할 필요가 있다.

6.5.1 직접 메모리 주소 지정 모드

직접 메모리 주소 지정 모드direct memory addressing mode는 변수의 메모리 주소를 실제 기계 명령어의 일부로 인코딩해 해당 변수에 직접 접근할 수 있도록 한다. 80x86의 경우, 직접 지정 모드는 기계 명령어에 변수를 32비트 값으로 직접 인코딩한다. 이와 같은 직접 지정 모드는 전역 정적 변수global static variable의 생성 및 접근에 주로 사용된다.

다음은 HLA 어셈블리 언어로 작성된 직접 모드 변수다.

```
static
    i:dword;
        . . .
    mov( eax, i ); // EAX의 값을 변수 i에 저장함
```

직접 지정 모드는 프로그램 실행 전에 접근하려는 변수의 주소를 미리 알고 있는 경우에 적합하며, 이는 하나의 명령어만으로 원하는 변수의 메모리 위치를 참조할 수 있기 때문이다. 직접 지정 모드를 지원하지 않는 CPU에서 변수 접근을 하려면, 변수의 주소를 레지스터에 넣기 위해 하나 이상의 명령어를 추가해야 한다.

6.5.2 간접 메모리 주소 지정 모드

간접 메모리 주소 지정 모드indirect memory addressing mode는 메모리 주소를 저장하기 위해 레지스터register를 사용한다. 오늘날에도 간접 주소 지정을 위해 메모리 위치 정보를 사용하는 경우는 있지만, 레지스터를 사용하는 간접 지정 모드는 드물다.

간접 지정 모드는 직접 지정 모드에 비해 몇 가지 장점이 있다. 우선 런타임 시에도 (레지스터에 들어있는) 변수의 주소를 바꾸는 것이 가능하다. 그다음, 32비트 또는 64비트 주소를 직접 인코딩하는 것보다 간접 주소를 지닌 레지스터를 인코딩하는 것이 메모리를 훨씬 적게 차지하므로 명령어 크기 또한 작아진다. 간접 지정 모드의 단점은 어떤 주소에 접근하기 위해서는 주소를 레지스터에 넣기 위한 하나 이상의 명령어가 필요하다는 것이다.

다음은 80x86 간접 지정 모드 사용을 위한 HLA 코드이며, 레지스터 이름을 감싼 대괄호는 간접 주소임을 나타낸다.

```
static
    byteArray: byte[16];
        . . .
```

```
lea( ebx, byteArray );    // EBX 레지스터에 byteArray의 주소를 저장
mov( [ebx], al );         // byteArray[0]의 값을 AL에 저장
inc( ebx );               // EBX가 다음 메모리 위치(byteArray[1])를 가리키게 함
mov( [ebx], ah );         // byteArray[1]의 값을 AH에 저장
```

간접 지정 모드는 포인터를 이용한 객체 접근 등과 같은 다양한 상황에서 활용할 수 있다.

6.5.3 인덱스 메모리 주소 지정 모드

인덱스 메모리 주소 지정 모드indexed addressing mode는 직접 지정 모드와 간접 지정 모드를 혼합한 것이며, 인덱스 지정 모드를 사용하는 기계 명령어는 직접 주소를 위한 오프셋과 간접 주소를 위한 레지스터를 모두 인코딩해서 사용한다. 런타임 시 CPU는 두 주소의 합을 통해 유효 주소effective address를 계산함으로써 접근하려는 정확한 메모리 위치를 파악한다.

인덱스 지정 모드는 배열 요소 접근이나 구조체, 레코드 접근 시 매우 유용하다. 일반적으로, 인덱스 지정 모드로 인코딩된 명령어의 크기는 간접 지정 모드에 비해 크다. 하지만 접근해야 할 주소를 레지스터에 저장하는 별도의 명령어 없이 하나의 명령어로 원하는 주소를 접근할 수 있다는 장점이 있다.

다음은 80x86 인덱스 지정 모드 사용을 위한 HLA 코드다.

```
static
    byteArray: byte[16];
        . . .
    mov( 0, ebx );                    // 배열의 오프셋 인덱스 초기화
    while( ebx < 16 ) do

        mov( 0, byteArray[ebx] );    // byteArray[ebx] 배열 요소 초기화
        inc( ebx );                   // EBX := EBX +1, 다음 배열 요소로 이동

    endwhile;
```

위 코드에서 byteArray[ebx] 명령어는 인덱스 지정 모드를 나타내고, 이때 유효 주소는 byteArray의 주소에 EBX 레지스터 값을 더한 것이 된다.

인덱스 지정 모드를 사용하는 모든 명령어마다 오프셋 값에 32비트나 64비트의 공간을 할당하는 것은 비효율적이므로, 다수의 CPU는 오프셋 값을 8비트 또는 16비트로 만들어 명령어 내부에 인코딩해 넣는다. 여기서 레지스터는 메모리 객체의 베이스 주소를 나타내고, 오프셋은 메모리 자료 구조 내부에서의 변위, 즉 위치 변화량displacement을 나타낸다. 이와 같은 인덱스 지정 모드는 포인터를 통해 구조체나 레코드 필드에 접근할 때 특히 유용하다.

지난 HLA 예제는 4바이트로 byteArray의 주소를 인코딩했으며, 다음 인덱스 지정 모드와의 차이점을 살펴보자.

```
lea( ebx, byteArray ); // byteArray의 주소를 EBX에 로딩
    . . .
mov( al, [ebx+2] );    // al을 byteArray[2]에 저장
```

위의 마지막 명령어는 4바이트가 아닌 1바이트에 변위값을 인코딩하므로, 명령어가 차지하는 주소 공간은 좀 더 짧고 효율적으로 작동한다.

6.5.4 스케일 인덱스 주소 지정 모드

다수의 CPU가 지원하는 스케일 인덱스 주소 지정 모드scaled-index addressing mode는 다음 두 가지 측면에서 기존 인덱스 모드보다 낫다.

- 두 개의 레지스터(그리고 오프셋)를 이용해 유효 주소를 계산할 수 있음
- 유효 주소를 계산하기 전, 두 개의 레지스터 값 중 하나에 (1, 2, 4, 8 등의) 상수를 곱할 수 있음

스케일 인덱스 지정 모드는 배열 요소의 크기가 스케일 상수scaling constant인 배열에 접근할 때 특히 유용하다. 배열에 대한 상세한 설명은 7장에서 확인한다.

다음은 80x86 스케일 인덱스 지정 모드 사용을 위한 HLA 코드다.

```
mov( [ebx+ecx*1], al );           // EBX는 기본 주소이고, ecx는 인덱스임
mov( wordArray[ecx*2], ax );      // wordArray는 기본 주소이고, ecx는 인덱스임
mov( dwordArray[ebx+ecx*4], eax ); // 유효 주소는 offset(dwordArray)+ebx+(ecx*4)의 조합임
```

6.6 참고 자료

Hennessy, John L., and David A. Patterson. *Computer Architecture: A Quantitative Approach*. 5th ed. Waltham, MA: Elsevier, 2012.

Hyde, Randall. *The Art of Assembly Language*. 2nd ed. San Francisco: No Starch Press, 2010.

Patterson, David A., and John L. Hennessy. *Computer Organization and Design: The Hardware/Software Interface*. 5th ed. Waltham, MA: Elsevier, 2014.

노트 | 11장에서 캐시 메모리와 메모리 아키텍처에 대한 좀 더 상세한 내용을 소개한다.

7

복합 데이터 타입과 메모리 객체

복합 데이터 타입composite data type은 기본 데이터 타입primitive data type으로 구성된 데이터 타입이며 포인터, 레코드, 구조체, 튜플, 유니온 등이 있다. 다수의 하이레벨 언어HLL는 복합 데이터 타입을 통해 프로그래머가 복잡한 내용을 고려하지 않고도 고수준의 데이터를 다룰 수 있는 추상화 체계를 제공한다.

이들 복합 데이터 타입의 비용은 그리 크지 않지만, 프로그래머는 복합 데이터 타입을 좀 더 효율적으로 쓸 수 있는 방법을 이해하고 있어야 한다. 이 장에서는 복합 데이터 타입의 개요를 소개하고, 각 언어별로 좀 더 효율적인 활용 방법을 설명한다.

7.1 포인터 타입

포인터는 다른 객체를 참조하기 위한 변수다. 파스칼과 C/C++ 등의 하이레벨 언어는 추상화라는 벽 뒤에 포인터의 간결함을 감춰뒀으며, 소프트웨어 입문자 중 상당수는 추상화의 개념적 복잡성 때문에 포인터까지 어렵게 느끼곤 한다. 포인터를 제대로 이해한다면, 부담감을 크게 덜 수 있다.

우선은 기본 데이터 타입인 배열에 대해 생각해보자. 다음은 파스칼의 배열 선언이다.

```
M: array [0..1023] of integer;
```

    M은 M[0]부터 M[1023]까지 1,024개의 정수를 요소로 지닌 배열이며, 각 배열 요소는 서로 독립적으로 하나의 정수 값을 지닌다. 즉, 이 배열에는 1,024개의 정수를 저장할 수 있는 변수가 있고, 이들 변수는 이름 대신 인덱스 번호로 접근할 수 있다.

    M[0]:=100 구문은 배열 M의 첫 번째 요소에 정수 100을 저장하며, 아래 두 개의 구문으로 예제 코드를 작성할 수 있다.

```
i := 0; (* i는 정수형 변수임 *)
M [i] := 100;
```

    위 두 줄의 코드는 M[0]:=100; 코드와 동일한 의미를 지니며, 배열의 인덱스에 0에서 1023까지의 번호를 부여해 각 변수에 다양한 정수 값을 저장할 수 있다.

    다음 네 줄의 코드도 위와 동일한 작업을 수행한다.

```
i := 5;        (* 모든 변수는 정수형임 *)
j := 10;
k := 50;
m [i * j - k] := 100;
```

    그러면 다음 코드의 실행 결과는 어떨까?

```
M [1] := 0;
M [ M [1] ] := 100;
```

    정말 같은 의미인지 생각해보자. 천천히 살펴보면, 이 두 구문도 기존 코드와 동일한 연산을 수행한다는 사실을 알 수 있을 것이다. 첫 번째 구문은 M[1]의 배열 요소로 0을 저장하고, 두 번째 구문은 M[1]의 값인 0을 100이라는 값을 저장할 위치 값, 즉 인덱스 번호로 사용한다.

다소 특이하지만 위 방식이 포인터가 작동하는 방식이며, M[1]이 바로 100이라는 값을 참조하기 위한 포인터다. 위 코드에 사용된 M[1]이 실제 포인터는 아니지만, 'M'을 '메모리'로 바꾸고 이 배열의 각 원소를 각 메모리의 위치를 나타내는 주소라고 설명한다면 여러분은 이미 포인터를 경험한 셈이다. 포인터는 다른 메모리 객체의 주소를 저장하는 변수다.

7.1.1 포인터 구현

다수의 언어가 메모리 주소를 이용해서 포인터를 구현하지만, 사실 포인터는 메모리 주소를 추상화한 것이다. 따라서 포인터를 정의할 때는 어떤 방법으로든 포인터의 값을 메모리 객체의 주소로 매핑mapping하기만 하면 된다. 예를 들어 파스칼은 포인터 값으로 고정된 메모리 주소로부터의 오프셋을 사용하고, LISP와 같은 동적 언어는 이중 간접 참조 double indirection 기법으로 포인터를 구현한다. 이중 간접 참조에서 포인터 객체는 특정 메모리 변수의 주소를 지니고, 해당 메모리 변수는 다른 객체에 접근할 수 있는 주소를 지닌다. 이런 방법은 다소 번잡해 보이지만, 복잡한 메모리 관리 업무에 도움을 준다.

하지만 이번 절에서는 복잡한 개념은 잠시 뒤로 하고, 포인터는 단순히 다른 메모리에 저장된 객체의 주소를 지닌 변수라는 부분에만 초점을 맞추고 주요 개념과 구현 방법을 알아본다.

지난 6장의 예제에서는 다음과 같은 두 개의 32비트 80x86 기계 명령어로 작성된 포인터를 이용해 객체에 간접적으로 접근할 수 있었다.

```
mov( PointerVariable, ebx );    // 포인터 변수를 레지스터에 저장
mov( [ebx], eax );              // 레지스터를 이용해 해당 데이터에 간접적으로 접근
```

이중 간접 참조 기법으로 데이터에 접근하면 메모리에서 데이터를 가져올 때 추가 명령어를 사용해야 하므로, 포인터를 직접 구현하는 방법보다 효율성이 떨어진다. 하지만 다음과 같이 C/C++나 파스칼 등의 하이레벨 언어로 간접 참조를 구현하면 두 기법의 차이가 잘 드러나지 않는다.

```
i = **cDblPtr;          // C/C++
i := ^^pDblPtr;         (* 파스칼 *)
```

위 코드는 단일 간접 참조에 가까워 보인다. 하지만 다음과 같이 어셈블리 언어로 구현하면 차이점이 좀 더 잘 드러난다.

```
mov( hDblPtr, ebx );  // 포인터에 대한 포인터를 가져옴
mov( [ebx], ebx );    // 값에 대한 포인터를 가져옴
mov( [ebx], eax );    // 값을 가져옴
```

기존의 두 줄로 된 어셈블리 명령어와 달리 위 코드는 단일 간접 참조 기법으로 객체에 접근한다는 사실을 알 수 있다. 즉, 이중 간접 참조가 단일 간접 참조 기법에 비해 50% 더 많은 코드를 필요로 하므로, 다수의 언어는 포인터 구현에 단일 간접 참조 기법을 사용한다.

7.1.2 포인터와 동적 메모리 할당

포인터는 여러분이 힙heap(동적 메모리 할당을 위해 예약된 메모리 공간)에 할당한 익명의 변수를 참조한다. 이때 메모리 할당 및 해제 함수를 사용하며, C 언어의 malloc()와 free(), 파스칼의 new()와 dispose(), C++의 new()와 delete() 등이 이에 해당한다. C++11 이후 버전은 std::unique_ptr과 std_shared_ptr 포인터를 이용해 메모리 할당 및 자동 해제 작업을 수행한다. 최신의 자바, 스위프트, C++11 이후 버전은 관련 작업에 new() 및 이와 동등한 함수만 제공한다. 이들 언어는 가비지 컬렉션 기능을 이용해 자동으로 메모리를 해제한다.

여러분이 힙에 할당한 객체는 변수의 이름 대신 주소를 통해 참조하므로 익명 변수anonymous variable라 부른다. 이와 같은 할당 함수는 힙에 객체의 주소를 반환하므로, 함수의 반환값은 포인터 변수에 저장한다. 포인터 변수에 이름이 있는 경우 해당 이름은 포인터의 데이터를 가리키는 것이지, 해당 주소로 참조하는 객체를 가리키는 것은 아니다.

7.1.3 포인터 작업과 포인터 산술 연산

포인터 데이터 타입을 제공하는 대부분의 언어는 포인터 변수에 대한 주소 할당, 포인터 값의 동등 또는 비동등 비교, 포인터를 통한 객체의 간접 참조 등과 같은 기능을 제공한다. 일부 언어는 이외의 다양한 기능을 제공하며, 이번 절에서는 이들 포인터 작업 및 연산에 대해 알아본다.

다수의 언어가 제공하는 포인터 연산 기능은 그리 다양한 편은 아니지만, 포인터에 대한 정수의 덧셈 연산과 포인터에 대한 정수의 뺄셈 연산은 기본적으로 제공한다. 이들 연산의 목적과 활용도를 이해하기 위해 C 표준 라이브러리의 malloc() 함수에 대해 알아본다.

```
ptrVar = malloc( bytes_to_allocate );
```

---

malloc()의 파라미터는 스토리지에 할당할 바이트의 수를 입력하며, 우수한 C 프로그래머라면 여기에 sizeof(int)를 사용할 것이다. sizeof() 함수는 파라미터를 통해 필요한 바이트 수를 반환하므로, sizeof(int)를 파라미터로 전달해 malloc() 함수가 int 변수를 위한 최소한의 스토리지를 할당하게 할 수 있다. 좀 더 구체적으로 작성된 다음 코드를 살펴보자.

```
ptrVar = malloc( sizeof( int ) * 8 );
```

정수 데이터의 크기는 최소 4바이트이므로, 위 malloc() 함수는 그림 7-1과 같이 연속적인 메모리 공간에 32바이트의 스토리지를 할당한다.

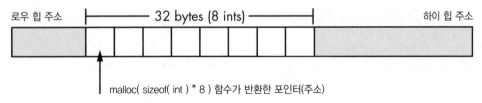

그림 7-1 malloc(sizeof(int) * 8)로 할당한 메모리 공간

malloc()이 반환한 포인터에는 여덟 개의 정수 중 첫 번째 정수의 주소가 포함돼 있으며, 프로그램은 이들 정수 중 첫 번째 정수에만 직접 접근할 수 있다. 다른 일곱 개의 정수에 접근하기 위해서는 기본 주소에 정수 오프셋 값을 추가해야 한다. 바이트 접근 가능 메모리byte-addressable memory를 지원하는 80x86 등과 같은 프로세서의 경우, 메모리에 존재하는 다음 정수의 주소는 이전 정수의 주소에 정수의 크기 값을 더한 것이다.

예를 들어 C 표준 라이브러리의 malloc() 루틴이 $0300_1000이란 메모리 주소를 반환한 경우, malloc()이 할당한 여덟 개의 정수는 표 7-1과 같은 메모리 주소에 존재하게 된다.

표 7-1 기본 주소 $0300_1000에 할당된 정수의 주소

정수	메모리 주소
0	$0300_1000..$0300_1003
1	$0300_1004..$0300_1007
2	$0300_1008..$0300_100b
3	$0300_100c..$0300_100f
4	$0300_1010..$0300_1013
5	$0300_1014..$0300_1017
6	$0300_1018..$0300_101b
7	$0300_101c..$0300_101f

7.1.3.1 포인터에 정수 더하기

지난 예제의 정수는 메모리 내에서 정확히 4바이트씩 떨어져 있으므로, 첫 번째 정수의 주소에 4바이트를 더하면 두 번째 정수의 주소를 얻을 수 있고, 두 번째 정수의 주소에 4바이트를 더하면 세 번째 정수의 주소를 얻을 수 있다. 이런 방식으로 모든 정수에 접근할 수 있다. 어셈블리 언어의 경우, 다음 코드를 이용해 이들 정수에 접근할 수 있다.

```
malloc( @size( int32 ) * 8 );  // 여덟 개의 int32 객체를 위한 메모리 공간을 반환
                               // EAX가 해당 주소를 가리킴
mov( 0, ecx );
mov( ecx, [eax] );             // 0부터 4바이트씩 증가해 32바이트까지 이동
```

234

```
mov( ecx, [eax+4] );
mov( ecx, [eax+8] );
mov( ecx, [eax+12] );
mov( ecx, [eax+16] );
mov( ecx, [eax+20] );
mov( ecx, [eax+24] );
mov( ecx, [eax+28] );
```

malloc()이 할당한 여덟 개의 정수에 접근할 때 80x86이 제공하는 인덱스 주소 지정 모드를 사용했다는 점에 주목하자. EAX 레지스터에는 이번 코드가 할당한 여덟 개 정수의 기본 주소(첫 번째 정수의 주소)가 저장돼 있으며, mov() 명령에서 주소 지정 모드에 사용된 상수는 기본 주소에 대한 오프셋을 가리킨다.

대부분의 CPU는 메모리 객체에 바이트 주소를 사용하므로, 메모리에 임의의 n바이트 객체를 여러 개 할당할 경우 객체는 연속된 주소 공간에 존재하는 대신 n바이트씩 떨어져서 존재하게 된다. 하지만 어떤 CPU는 프로그램이 메모리의 임의의 주소에 직접 접근하는 것을 허용하지 않고 워드, 더블워드, 쿼드워드의 배수 단위의 주소에 대한 접근만 허용한다. 이 경우, 이와 맞지 않는 다른 주소에 대한 접근 시도는 예외 상황을 발생시키거나 프로그램의 작동을 멈추게 만든다.

포인터 연산을 지원하는 하이레벨 언어는 이와 같은 문제 상황을 고려해 다양한 CPU 구조에서 사용 가능한 범용 포인터 연산 기법을 제공한다. 대부분의 언어는 포인터에 정수 오프셋을 더할 때, 먼저 포인터가 참조하는 객체의 크기에 오프셋을 곱한 후 포인터에 더한다. 예를 들어 포인터 p가 16바이트의 객체를 위한 메모리를 할당받았다면, p+1은 p가 위치하고 있는 주소에서 16바이트를 더한 지점이 되고, p+2는 p가 위치하고 있는 주소에서 32바이트를 더한 지점이 된다. 데이터 객체의 크기가 정렬alignment 단위의 배수인 경우에는 주소의 정렬 문제를 피할 수 있다. 이를 위해 컴파일러에서 패딩 바이트padding byte를 추가하는 방식으로 주소의 크기를 맞추기도 한다.

여기서 중요한 점은 포인터의 덧셈 연산이 포인터와 정수 사이에서만 의미가 있다는 것이다. 예를 들어 C/C++ 언어에서 *(p+i)와 같은 구문을 사용해 간접적으로 메모리 객체에 접근할 수 있다. 여기서 p는 객체에 대한 포인터이고 i는 정수 값이다. 하지만 두 개의 포인터를 더하는 연산은 의미가 없으며, 정수형 이외의 실수나 문자열 등의 데이터 타입을 포인터와 더하는 것도 의미가 없다. 포인터 덧셈에서 피연산자로 사용될 수 있는 데이터 타입은 정수형뿐이다.

반면 덧셈 연산의 교환법칙에 따라 포인터에 정수를 더하는 것(p+i)은 물론이고 정수에 포인터를 더하는 것(i+p)도 가능하며, 이 연산의 결과는 변함없이 포인터가 된다.

7.1.3.2 포인터에서 정수 빼기

포인터 값(p)에서 정수(i)를 빼면 포인터가 참조하는 메모리의 바로 앞 주소를 참조하도록 할 수 있다. 그러나 뺄셈에서는 교환법칙이 성립하지 않으므로 정수에서 포인터를 뺄 수는 없다. 즉, p-i는 가능하지만 i-p는 불가능하다.

C/C++에서 *(p-i)는 p가 가리키고 있는 객체 주소에서 i 앞에 있는 객체에 접근한다. 80x86 어셈블리 언어의 경우 다른 프로세서의 어셈블리 언어처럼 인덱스 주소 모드를 사용해 음의 값으로 메모리를 이동할 수 있다. 다음 코드를 살펴보자.

```
mov( [ebx-4], eax );
```

80x86 어셈블리 언어는 (C/C++처럼) 객체 오프셋이 아닌 바이트 오프셋을 사용하므로, 이 구문은 현재 EBX의 주소 앞에 있는 번지에서 더블워드 데이터를 EAX로 읽어온다.

7.1.3.3 포인터에서 포인터 빼기

포인터에 포인터를 더하는 것은 불가능하지만, 포인터에서 포인터를 빼는 것은 가능하다. 다음의 C/C++ 코드는 어떤 문자열에서 a를 처음 발견한 후에 나타나는 e를 찾는다.

```
int distance;
char *aPtr;
char *ePtr;
    . . .
aPtr = someString;    // aPtr에서 임의의 문자열의 시작 위치를 가져옴

// 문자열의 끝에 있지 않고 현재 문자가 'a'가 아닌 경우
```

```
while( *aPtr != '\0' && *aPtr != 'a' )
{
    aPtr = aPtr + 1;   // aPtr이 가리키는 다음 문자로 이동
}

ePtr = aPtr;           // 'a' 문자에서 시작(또는 'a'가 없는 경우, 문자열 끝에서 시작)
                       // 문자열의 끝에 있지 않고 현재 문자가 'e'가 아닌 경우
while( *ePtr != '\0' && *ePtr != 'a' )
{
    ePtr = ePtr + 1;   // ePtr이 가리키는 다음 문자로 이동
}

// 'a'와 'e' 사이의 문자의 수를 계산('a'는 포함, 'e'는 제외)

distance = (ePtr - aPtr);
```

포인터와 포인터 간의 뺄셈 연산은 이들 포인터 사이에 존재하는 데이터 객체의 수를 반환한다. 위 예제의 경우 ePtr과 aPtr은 각각 문자를 가리키고, 해당 문자를 가리키는 포인터의 뺄셈은 각 문자 사이에 존재하는 바이트 수를 반환한다.

두 포인터 간의 뺄셈은 이들 포인터가 메모리 내 동일한 데이터 구조의 객체(예: 동일 문자열 내 존재하는 문자)를 참조할 때 의미가 있다. C/C++와 일부 어셈블리 언어의 경우 메모리 내 서로 다른 객체를 가리키는 포인터 간의 뺄셈을 허용하기도 하지만, 결괏값에서 큰 의미를 찾기는 어렵다.

C/C++의 포인터 간 뺄셈에서 두 포인터의 기본 타입이 동일해야 하는 이유는 포인터 간의 뺄셈 연산의 결과는 바이트의 수가 아니라 객체의 수이기 때문이다. 가령 더블워드의 경우 우리는 이미 포인트 사이의 바이트 수를 알 수 있는 방법이 충분히 있으므로, 객체의 수를 파악하기 위해 이 같은 연산을 수행하는 것이다. 일부 어셈블리 언어도 포인터 간 뺄셈을 허용하지만 별 의미는 없다.

두 포인터 간의 뺄셈 연산 결과, 좌측 포인터 피연산자가 우측 포인터 피연산자보다 낮은 메모리 주소에 있는 경우에는 음수가 나오기도 한다. 여러분이 사용하는 언어나 구현 방식에 따라 두 포인터 간의 거리만 알고 싶고 어느 포인터가 더 큰 주소를 지녔는지는 관심이 없다면 연산 결과를 절댓값으로 만든다.

7.1.3.4 포인터의 비교 연산

포인터를 지원하는 대부분의 언어는 포인터의 대소 비교 연산 기능을 제공한다. 비교 연산 결과, 두 포인터가 메모리에서 동일한 객체를 참조하는지 여부를 알 수 있다. 어셈블리 언어나 C/C++ 등의 언어는 두 포인터 간의 대소 관계를 알려주지만, 이는 포인터가 배열, 문자열, 레코드 등 동일한 데이터 타입과 동일한 자료 구조의 객체를 가리킬 때만 가능하다.

포인터 비교 결과, 하나의 포인터가 다른 포인터보다 작은 경우는 동일한 데이터 구조 안에서 첫 번째 포인터가 두 번째 포인터보다 먼저 나타나는 것을 의미한다.

7.2 배열

배열array은 문자열 다음으로 가장 널리 사용되는 복합 데이터 타입으로, 배열에 속한 모든 요소가 동일한 타입인 집합적 데이터 타입aggregate data type이다. 배열에서는 정수로 된 배열 인덱스를 통해 해당 요소에 접근할 수 있고, 기본적으로 정수와 유사한 형식인 char, enum, boolean 값으로도 접근할 수 있다. 이번 절에서는 배열의 인덱스로 연속형 수 타입인 정수를 사용한다. 즉, 배열의 인덱스로 x와 y를 사용하는 경우, x < y이면 x < i < y인 모든 i도 인덱스로 사용할 수 있다.

배열 요소는 메모리에서 연속적인 공간에 위치한다고 간주할 수 있다. 예를 들어 다섯 개의 요소를 지닌 배열의 경우, 각 요소는 메모리 구조에서 그림 7-2와 같이 연속적으로 이어진다.

그림 7-2 메모리에서 배열 요소의 배치 형태

배열의 기본 주소는 첫 번째 배열 요소의 주소이고 메모리에서 가장 낮은 지점에 위치한다. 두 번째 배열 요소는 메모리에서 첫 번째 요소 다음에 오고, 세 번째 요소는 그다음에 위치한다.

메모리 구조에서는 인덱스가 0부터 시작해야 한다는 규칙이 적용되지 않으며, 요소들이 연속적으로 이어지기만 한다면 어디에서 시작하든 상관없다. 하지만 이번 절에서는 별다른 조건이 붙지 않는 한, 인덱스 0 위치부터 배열을 시작한다.

배열에 인덱스 연산자를 적용한 결괏값은 해당 인덱스 번호에 위치한 배열 요소가 된다. 예를 들어 A[i]와 같은 배열 문법을 사용하면 A 배열의 i번째 요소가 선택된다.

7.2.1 배열 선언

하이레벨 언어 간에는 배열 선언 형식이 대체로 유사하며 C, C++, 자바 모두 배열 선언 시 요소의 개수를 지정할 수 있다. 이들 언어의 배열 선언 문법은 다음과 같다.

---

data_type array_name [*number_of_elements*];

다음은 C/C++의 배열 선언 예시다.

```
char CharArray[ 128 ];
int intArray[ 8 ];
unsigned char ByteArray[ 10 ];
int *PtrArray[ 4 ];
```

이들 배열을 오토매틱^{automatic} 변수로 선언하면, C/C++는 이들 변수를 메모리에 존재하는 비트 패턴과 상관없이 초기화한다. 반면 이들 배열을 정적 변수로 선언하면, C/C++는 이들 변수를 모두 0으로 초기화한다.

배열 요소가 아닌 배열 자체를 초기화하려는 경우 다음 문법을 사용한다.

---

data_type array_name[number_of_elements] = {element_list};

다음은 배열 요소에 값을 할당하는 전형적인 문법이다.

```
int intArray[8] = {0,1,2,3,4,5,6,7};
```

스위프트 배열 선언 방식은 C 계열 언어의 방식과 차이가 있으며, 다음 두 가지 방식 중 하나를 따른다.

```
var array_name = Array<element_type>()
var array_name = [element_type]()
```

다른 언어와 달리, 스위프트는 완전히 동적으로 배열 요소를 생성하며 처음 배열 생성 시 배열의 수를 지정하지 않아도 된다. 그 대신 append() 또는 insert() 등의 함수를 이용해 필요에 따라 배열 요소를 추가할 수 있다. 다른 언어처럼 배열 요소의 수를 미리 지정하려는 경우, 다음과 같은 배열 생성자를 사용한다.

```
var array_name = Array<element_type>( repeating: initial_value, count: elements)
```

위 코드에서 initial_value는 element_type 타입의 값이며, elements는 배열에서 생성하려는 요소의 수다. 예를 들어, 100개의 정수 데이터를 요소로 지니는 두 개의 배열을 만들고 배열 요소를 0으로 초기화하는 코드는 다음과 같다.

```
var intArray = Array<Int>( repeating: 0, count: 100)
var intArray2 = [Int]( repeating: 0, count: 100)
```

이렇게 선언한 후에도 append() 등의 함수를 이용해 배열의 크기를 변경할 수 있다. 스위프트 배열은 동적인 속성을 지니므로 런타임 시 배열 크기를 변경할 수 있다.

스위프트 배열은 다음과 같이 초깃값을 부여할 수 있다.

```
var intArray = [1, 2, 3]
var strArray = ["str1", "str2", "str3"]
```

C# 배열도 동적 속성을 지니며, 스위프트와 문법은 약간 다르지만 기본 개념은 같다.

```
type[ ] array_name = new type[elements];
```

위 코드에서 *type*은 (double 또는 int 등의) 데이터 타입, *array_name*은 배열 변수명, *elements*는 배열에 할당된 요소의 수를 의미한다.

C# 배열은 다음과 같이 초기화할 수 있으며 이 외에도 다양한 문법이 존재한다.

```
int[ ] intArray = {1, 2, 3};
string[ ] strArray = {"str1", "str2", "str3"};
```

다음은 HLA^{하이레벨 어셈블리}의 배열 선언 문법이며 개념적으로는 C/C++와 동일하다.

```
array_name : data_type [ number_of_elements ];
```

다음 HLA 배열 선언은 초기화되지 않은 배열을 메모리에 할당한다. 두 번째 예제 코드는 타입 섹션에 integer 타입이 정의돼 있는 경우를 가정한 것이다.

```
static

    CharArray: char[128];        // 인덱스 0..127번 요소를 지닌 문자 배열
    IntArray: integer[8];        // 인덱스 0..7번 요소를 지닌 정수 배열
    ByteArray: byte[10];         // 인덱스 0..9번 요소를 지닌 바이트 배열
    PtrArray: dword[4];          // 인덱스 0..3번 요소를 지닌 더블워드 배열
```

다음과 같은 형식으로 배열 요소를 초기화할 수 있다.

```
RealArray: real32[8] := [ 0.0, 1.0, 2.0, 3.0, 4.0, 5.0, 6.0, 7.0 ];
IntegerAry: integer[8] := [ 8, 9, 10, 11, 12, 13, 14, 15 ];
```

위 배열 선언 모두 여덟 개의 배열 요소를 생성한다. 첫 번째 배열 선언의 경우, 0.0에서 0.7까지 범위의 수를 4바이트, real32 타입으로 생성한다. 두 번째 배열 선언의 경우, 8에서 15까지 범위의 수를 정수 타입으로 생성한다.

파스칼/델파이의 배열 선언 문법은 다음과 같다.

```
array_name : array[ lower_bound..upper_bound ] of data_type;
```

다른 언어의 예제 코드와 같이 위 코드도 array_name은 식별자, data_type은 배열 요소의 타입을 의미한다. 하지만 다른 언어와 달리 파스칼/델파이는 배열의 크기가 아니라 배열의 상한선과 하한선을 지정하는 방식을 사용한다.

다음은 파스칼의 전형적인 배열 선언 형식이다.

```
type
    ptrToChar = ^char;
var
    CharArray: array[0..127] of char;      // 128개의 요소
    IntArray: array[ 0..7 ] of integer;    // 여덟 개의 요소
    ByteArray: array[0..9] of char;        // 열 개의 요소
    PtrArray: array[0..3] of ptrToChar;    // 네 개의 요소
```

위 파스칼 예제 코드는 인덱스 0부터 시작하지만, 다른 번호로 시작해도 무방하다. 다음 파스칼 배열 선언은 정상적으로 작동한다.

```
var
    ProfitsByYear : array[ 1998..2039 ] of real; // 42개의 요소
```

위 코드는 0부터 41까지가 아닌, 1998부터 2039까지의 값을 인덱스 번호로 사용해 42개의 배열 요소를 생성한다.

다수의 파스칼 컴파일러는 여러분의 프로그램에 존재하는 결함의 위치를 특정하는 기능을 제공한다. 여러분이 배열 요소에 접근할 때, 이들 컴파일러는 자동으로 배열 인덱

스가 미리 선언된 범위 내에 있는지 확인하는 코드를 삽입한다. 이 검증 코드는 인덱스가 범위를 벗어나면 프로그램을 중지시킨다. 예를 들어, ProfitsByYear의 인덱스가 1998에서 2039의 범위를 벗어나면 프로그램은 오류를 표시한다.[1]

보통의 경우 인덱스 번호는 정수형이지만, 일부 언어는 순위형 데이터 타입^{ordinal type}을 사용하기도 한다. 예를 들어 파스칼에서는 배열 인덱스로 char 및 boolean 타입을 사용할 수 있다. 다음 코드는 문자 타입의 인덱스를 적절하게 사용하는 방식을 보여준다.

```
alphaCnt : array[ 'A'..'Z' ] of integer;
```

사용자는 배열 인덱스로 문자 표현식을 사용해 alphaCnt의 개별 요소에 접근할 수 있다. 다음 코드는 alphaCnt의 각 배열 요소를 0으로 초기화한다.

```
for ch := 'A' to 'Z' do
    alphaCnt[ ch ] := 0;
```

어셈블리 언어와 C/C++ 언어는 이와 같은 순위형 값을 정수의 특수한 형태로 취급하며, 이들 프로그램에서도 문제없이 사용할 수 있다. BASIC의 경우 배열 인덱스로 부동소수점 수를 쓸 수 있도록 하지만, 실제 배열 연산에서는 이들 실수형 인덱스의 소수점을 떼서 정수형 인덱스로 처리한다.[2]

7.2.2 메모리에서의 배열 표현

개념적으로 배열은 인덱스를 통해 접근할 수 있는 변수의 집합이라 할 수 있다. 메모리에서 서로 명확하게 구분되는 객체를 인덱스 번호로 매핑한 후 특정 인덱스 번호를 통해 특정 객체에 접근할 수만 있다면, 우리는 이를 배열이라고 부를 수 있다. 대부분의 언어는

---

1   다수의 파스칼 컴파일러는 프로그램이 완벽하게 검증된 경우, 인덱스 범위 검증 기능을 끌 수 있도록 허용한다. 이를 통해 프로그램의 효율성을 좀 더 높일 수 있다.

2   BASIC 언어의 경우 초기 버전부터 정수 데이터 타입을 지원하지 않았으며, 배열 인덱스로는 오직 부동소수점 수만 쓸 수 있다.

이와 같은 배열 데이터에 좀 더 효율적으로 접근할 수 있는 알고리듬을 제공한다.

메모리에서 배열 객체가 차지하는 바이트의 수는 배열 요소의 수에 배열 요소별 바이트 수를 곱한 것이 된다. 대부분의 언어는 배열 뒷부분에 몇 바이트를 더 추가해 배열의 전체 길이를 4 또는 8의 배수 형태로 만든다. 32비트 또는 64비트 머신에서 컴파일러는 해당 머신의 워드 크기에 맞춰 배열에 몇 바이트를 추가하기도 한다.

하지만 여러분의 프로그램은 이와 같이 추가된 패딩 바이트를 기준으로 연산을 수행해서는 안 되며, 이는 추가 바이트가 없는 경우도 있기 때문이다. 일부 컴파일러는 배열 자릿수를 4 또는 8배수 단위로 만들기 위한 바이트를 사용하지 않는다. 하지만 이번 절에서는 메모리에서 좀 더 효과적으로 배열을 처리하는 방식으로 객체 타입에 바이트를 추가하는 방법을 알아본다.

다수의 최적화된 컴파일러는 메모리 주소에서 배열에 접근할 때 2, 4, 8 등 2의 배수로 접근을 시도한다. 이와 같은 경우, 그림 7-3과 같이 배열의 시작 부분에 바이트를 추가하거나 배열 끝부분에 바이트를 추가할 수 있다.

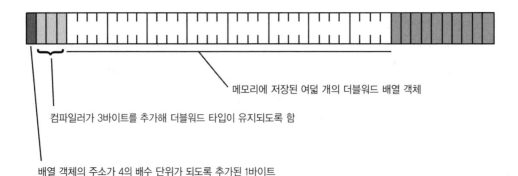

메모리에 저장된 여덟 개의 더블워드 배열 객체

컴파일러가 3바이트를 추가해 더블워드 타입이 유지되도록 함

배열 객체의 주소가 4의 배수 단위가 되도록 추가된 1바이트

그림 7-3 배열 앞부분에 추가된 패딩 바이트

바이트 접근 가능 메모리를 지원하지 않는 머신의 경우, (좀 더 쉽게 메모리 경계에 접근하기 위해) 배열의 첫 번째 요소에 접근하는 컴파일러는 메모리 경계에 배열을 위한 메모리 공간을 할당한다. 이때 배열 요소의 크기는 CPU가 지원하는 최소 메모리 객체의 크기보다 작으며, 다음 두 가지 옵션 중 하나를 선택한다.

- 개별 배열 요소에 대해 접근 가능한 최소 크기의 메모리를 할당
- 여러 개의 배열 요소를 하나의 메모리 셀에 묶어서 패키지로 관리

첫 번째 옵션은 빠르다는 장점이 있지만, 각 배열 요소에 불필요할 수도 있는 메모리를 할당하므로 메모리 공간을 낭비한다는 단점이 있다. 두 번째 옵션은 메모리 공간 낭비가 적다는 장점이 있지만, 배열 요소에 접근할 때마다 패킹 및 언패킹 연산을 수행해야 하므로 속도가 느리다는 단점이 있다. 두 번째 옵션을 채택한 컴파일러의 경우, 공간 또는 속도의 이점을 선택할 수 있도록 프로그래머가 패킹 및 언패킹 연산 수행 여부를 선택하도록 한다.

80x86과 같은 바이트 접근 가능 메모리 지원 머신의 경우 이와 같은 문제를 걱정할 필요가 없지만, HLL을 통해 배열에 접근하는 프로그램을 작성하는 소프트웨어 개발자라면 타깃 머신에 좀 더 적합한 배열 옵션을 선택할 수 있어야 할 것이다.

7.2.3 배열 요소에 접근하기

여러분의 배열을 연속적인 메모리 공간에 저장했고 배열의 첫 번째 요소의 인덱스를 0으로 한 경우 1차원 배열의 요소에 접근하는 일은 매우 간단하며, 다음 문법을 통해 해당 배열 요소에 접근할 수 있다.

```
Element_Address = Base_Address + index * Element_Size
```

*Element_Size*는 각 배열 요소에 할당할 바이트 크기다. 각 배열 요소의 크기가 1바이트 단위인 경우, *Element_Size* 필드의 값은 1로 하면 되고 배열 연산은 매우 간단하다. 각 배열 요소의 크기가 워드 또는 2바이트 단위인 경우, *Element_Size* 필드의 값은 2가 된다.

다음 파스칼 배열 선언 코드를 살펴보자.

```
var SixteenInts : array[ 0..15 ] of integer;
```

바이트 접근 가능 메모리의 머신에서 SixteenInts 배열의 4바이트 정수 타입인 개별 요소에 접근하려면 다음과 같은 코드를 사용한다.

```
Element_Address = AddressOf( SixteenInts ) + index * 4
```

어셈블리 언어의 경우, SixteenInts[index] 요소에 접근하기 위해 다음과 같은 코드를 사용한다.

```
mov( index, ebx );
mov( SixteenInts[ ebx*4 ], eax );
```

7.2.4 다차원 배열

대부분의 CPU에서 1차원 배열one-dimensional array은 손쉽게 처리할 수 있지만, 다차원 배열 multi-dimensional array 요소에 접근하려면 1차원 배열과 달리 다소 복잡한 연산 과정을 거쳐야 한다.

다차원 배열의 선언 방식을 소개하기에 앞서, 다차원 배열이 메모리에 어떤 방식으로 위치하는지 알아본다. 우선, 1차원인 메모리 공간에 다차원 객체를 저장하는 원리를 살펴보자.

다음과 같이 파스칼 배열을 선언한다.

```
A:array[0..3,0..3] of char;
```

이 배열은 네 개의 문자가 포함된 4행의 데이터, 즉 16바이트의 배열 요소를 지닌다. 각각이 16바이트인 배열 요소를 16개의 메모리 공간에 연속적으로 배치하면 그림 7-4 와 같은 모습이 된다.

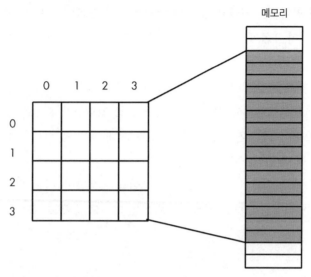

그림 7-4 연속적인 메모리 공간에 4×4 배열을 매핑

다차원 배열 구현을 위한 다음 두 가지 규칙만 지킨다면 실제 매핑 형태는 그리 중요하지 않다.

- 하나의 메모리 공간에는 하나의 배열 요소만 포함돼야 하며 동일 메모리 공간에 두 개 이상의 배열 요소가 포함되지 않음
- 각 배열 요소는 항상 동일한 메모리 공간에 매핑돼야 함

위 규칙을 지키려면 배열 접근 함수에 (행과 열을 위한) 두 개의 파라미터가 필요하며, 이들 값을 이용해 16개의 연속적인 메모리 공간에 대한 오프셋 정보를 가져올 수 있다. 위 규칙에 부합하는 기능을 지녔다면 어떤 함수를 사용해도 무방하다.

하지만 실제 배열 연산에 사용할 함수라면 런타임에서 해당 배열 요소의 정확한 위치를 파악할 수 있고, 배열 차원 또는 배열 경계와 무관하게 해당 요소에 접근할 수 있어야 한다. 이러한 조건을 충족하는 다양한 함수가 있으며, 대부분의 HLL이 사용하는 방식은 행 우선 정렬row-major ordering 기법과 열 우선 정렬column-major ordering 기법이다.

행 우선 정렬과 열 우선 정렬을 살펴보기 전에 행 인덱스와 열 인덱스의 개념적 차이부터 알아보자. 행 인덱스row index는 행을 기준으로 한 인덱스 번호이며, 1행이 1차원 배열

에 해당한다. 행 인덱스는 배열의 행 단위 인덱스라 할 수 있다. 열 인덱스^{column index}도 동일한 의미를 지니며, 1열이 1차원 배열에 해당한다. 열 인덱스는 배열의 열 단위 인덱스라 할 수 있다.

그림 7-4를 다시 보면, 각 열 위의 0, 1, 2, 3은 열 번호를 나타내고 행 좌측의 0, 1, 2, 3은 행 번호를 나타낸다. 이와 같은 행 인덱스와 열 인덱스가 혼동을 주는 이유는 행과 열이 동일한 값으로 표현되기 때문이며, 열 번호는 네 개의 행 인덱스와 동일한 값을 지니고 행 번호 또한 열 인덱스와 동일한 값을 지닌다.

이 책에서는 행 인덱스와 열 인덱스라는 용어를 사용하며, 다른 책에서 배열을 설명하면서 행 또는 열이라는 단어를 사용한다면 이는 대부분 행 번호 또는 열 번호를 의미하는 것이다.

7.2.4.1 배열의 행 우선 정렬

행 우선 정렬은 그림 7-5와 같이 연속적인 메모리 공간에서 먼저 행을 따라 옆으로 이동하며 배열 요소를 저장한 뒤, 열을 따라 아래로 내려가며 배열 요소를 저장한다.

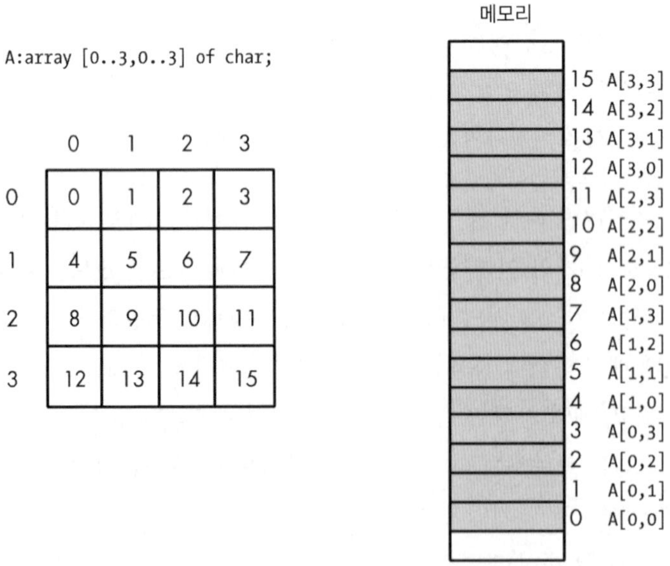

그림 7-5 행 우선 정렬

행 우선 정렬은 파스칼, C/C++, 자바, C#, 에이다, Modula-2 등과 같은 대부분의 하이레벨 언어가 사용하는 방식이며, 기계어로도 매우 쉽게 구현하고 활용할 수 있다. 행 우선 정렬 방식으로 구현된 2차원 배열 구조를 1차원 배열 구조로 변환하는 것도 간단하며, 그림 7-6은 4×4 배열이 1×16 배열로 변환될 때의 모습이다.

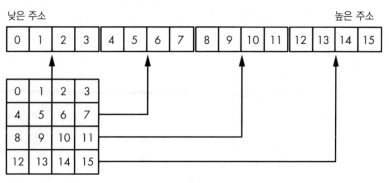

그림 7-6 4×4 배열이 1×16 배열로 변환되는 방식

다차원 배열 인덱스를 1차원의 오프셋 값으로 변환하려면, 1차원 배열 요소에 접근하기 위한 인덱스 연산을 약간 변경해야 한다.

4×4 2차원 행 우선 배열 형식이 다음과 같을 때,

A[colindex][rowindex]

이 배열 요소의 오프셋 계산식은 다음과 같다.

Element_Address = Base_Address + (colindex * row_size + rowindex) * Element_Size

---

Base_Address는 배열의 첫 번째 요소의 주소(A[0][0])이고, Element_Size는 바이트 단위의 개별 배열 요소 크기이며, row_size는 배열 1행에 포함된 요소의 수(이번 예제는 네 개)다. Element_Size가 1인 경우, 기본 주소를 기준으로 한 오프셋 값은 표 7-2와 같다.

표 7-2 2차원 행 우선 배열의 오프셋

열 인덱스	행 인덱스	배열 내 오프셋
0	0	0
0	1	1
0	2	2
0	3	3
1	0	4
1	1	5
1	2	6
1	3	7
2	0	8
2	1	9
2	2	10
2	3	11
3	0	12
3	1	13
3	2	14
3	3	15

다음의 C/C++ 코드는 행 우선 배열의 연속적인 메모리 위치에 접근할 수 있도록 해준다.

```
for( int col=0; col < 4; ++col )
{
    for( int row=0; row < 4; ++row )
    {
        A[ col ][ row ] = 0;
    }
}
```

3차원 배열의 경우, 메모리 내에서의 오프셋 값을 계산하는 공식은 좀 더 복잡하다. 다음은 C/C++의 3차원 배열 선언이다.

```
someType A[depth_size][col_size][row_size];
```

A[depth_index][col_index][row_index] 배열 요소의 메모리 위치에 접근하기 위한 오프셋 값 계산 공식은 다음과 같으며, Element_Size는 개별 배열 요소의 바이트 단위 크기다.

```
Address =
Base + ((depth_index * col_size + col_index) * row_size + row_index) * Element_Size
```

n차원 배열을 생성하는 경우, C/C++의 코드는 다음과 같다.

```
dataType A[bn-1][bn-2]...[b0];
```

위 n차원 배열의 개별 요소에 접근하기 위한 코드는 다음과 같다.

```
A[an-1][an-2]...[a1][a0]
```

이와 같은 n차원 배열의 특정 배열 요소의 주소는 다음과 같은 방식으로 계산한다.

```
Address := an-1
for i := n-2 downto 0 do
    Address := Address * bi + ai
Address := Base_Address + Address * Element_Size
```

7.2.4.2 배열의 열 우선 정렬

열 우선 정렬column-major ordering은 FORTRAN 및 BASIC(마이크로소프트 베이직Microsoft BASIC의 구 버전) 언어에서 사용되는 배열 인덱스 관리 기법이다.

열 우선 정렬 배열의 구조는 그림 7-7과 같다.

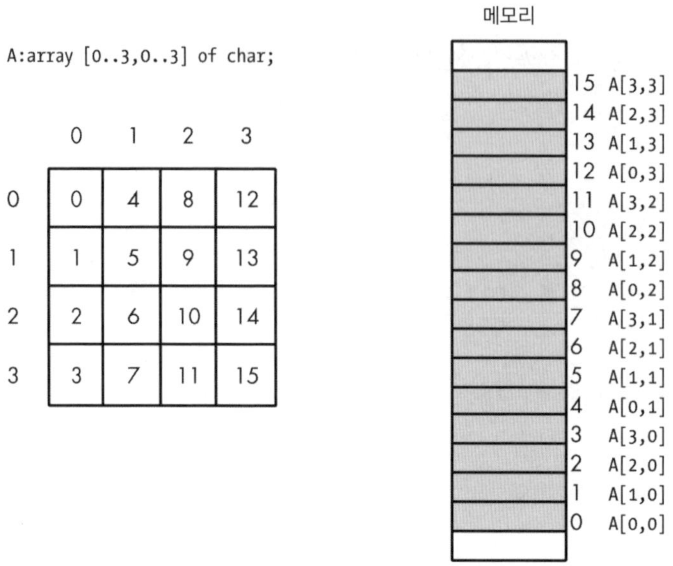

```
A:array [0..3,0..3] of char;

       0    1    2    3

0      0    4    8    12

1      1    5    9    13

2      2    6    10   14

3      3    7    11   15
```

메모리

```
        15  A[3,3]
        14  A[2,3]
        13  A[1,3]
        12  A[0,3]
        11  A[3,2]
        10  A[2,2]
        9   A[1,2]
        8   A[0,2]
        7   A[3,1]
        6   A[2,1]
        5   A[1,1]
        4   A[0,1]
        3   A[3,0]
        2   A[2,0]
        1   A[1,0]
        0   A[0,0]
```

그림 7-7 열 우선 정렬

열 우선 정렬의 배열 요소 주소 계산 공식은 앞서 소개한 행 우선 정렬과 유사하며, 유일한 차이점은 오프셋 계산 시 인덱스와 크기 변수의 순서를 역순으로 한다는 것이다. 즉, 행 우선 정렬은 좌측에서 우측 방향으로 오프셋을 계산하지만, 열 우선 정렬은 우측에서 좌측 방향으로 오프셋을 계산한다.

2차원 열 우선 정렬 배열 요소의 오프셋 계산 공식은 다음과 같다.

Element_Address =
    Base_Address + (rowindex * col_size + colindex) * Element_Size

---

3차원 열 우선 정렬 배열 요소의 오프셋 계산 공식은 다음과 같다.

Element_Address =
    Base_Address +
        ((rowindex * col_size + colindex) * depth_size + depthindex) * Element_Size

---

n차원 열 우선 정렬 배열 요소의 오프셋도 위와 같은 방식으로 계산할 수 있다. 이 부분만 제외하면, 열 우선 정렬 기법의 배열 요소 접근 방식은 행 우선 정렬 기법과 동일하다.

7.2.4.3 다차원 배열 선언하기

'$m \times n$' 배열은 m×n개의 요소를 지니고, m×n×$Element\_Size$바이트의 메모리 공간을 소모한다. 배열을 메모리에 할당하려면 m×n×$Element\_Size$만큼의 메모리 공간이 필요하다. 1차원 배열의 경우 대부분의 HLL은 비슷한 문법을 사용하지만, 다차원 배열의 경우 언어에 따라 문법이 크게 달라진다.

C, C++, 자바의 경우 다차원 배열 선언 문법은 다음과 같다.

```
data_type array_name [dim1][dim2] . . . [dimn];
```

예를 들어 C/C++의 3차원 배열 선언은 다음과 같다.

```
int threeDInts[ 4 ][ 2 ][ 8 ];
```

위 코드는 깊이[depth]가 4인 2행 8열 배열을 생성하며, 총 배열 요소의 수는 64개다. 이들 int 타입 객체에 각각 4바이트를 할당한다면, 이번 배열 생성에 소모되는 총 메모리양은 256바이트다.

파스칼의 다차원 배열 선언은 다음과 같으며, 다음 두 코드의 결괏값은 동일하다.

```
var
        threeDInts : array[0..3] of array[0..1] of array[0..7] of integer;
        threeDInts2 : array[0..3, 0..1, 0..7] of integer;
```

C#의 다차원 배열 선언은 다음과 같다.

```
type [,]array_name = new type [dim1,dim2] ;
type [,,]array_name = new type [dim1,dim2,dim3] ;
type [,,,] array_name = new type [dim1,dim2,dim3,dim4] ;
```

문법 구조상, 이들 언어에서의 배열 선언 차이는 크게 두 가지다. 하나는 배열 선언에서 배열의 차원 또는 상위 및 하위 경계를 통해 전체 배열 크기를 지정하는지 여부이고, 또 다른 하나는 배열 인덱스가 0, 1, 2 순서로 진행되는지(혹은 사용자 지정 값을 사용할 수 있는지) 여부다.

스위프트의 경우 전통적인 관점에서의 다차원 배열을 지원하지 않으며, '배열의 배열 array of arrays'을 생성하는 방식으로 다차원 배열을 사용할 수 있도록 하지만 접근 방식에서도 다른 언어와 차이가 있다. 이에 대해서는 7.2.4.5절 '스위프트의 배열 구현'에서 알아본다.

7.2.4.4 다차원 배열 요소에 접근하기

프로그래머는 HLL을 이용해 다차원 배열 요소에 쉽게 접근할 수 있지만, 이제는 그에 따른 비용을 생각해볼 때다. 이번 절에서는 배열 연산에 소요되는 비용을 알아보기 위해 다차원 배열에 접근하기 위한 어셈블리 언어의 코드 시퀀스를 살펴본다.

먼저 C/C++로 작성된 ThreeDInts 배열 선언은 다음과 같다.

```
int ThreeDInts[ 4 ][ 2 ][ 8 ];
```

C/C++에서 배열 [i][j][k] 요소에 n 값을 할당하는 코드는 다음과 같다.

```
ThreeDInts[i][j][k] = n;
```

위 코드는 간단하지만 실제로는 복잡한 배열 연산이 포함돼 있다. 위와 같은 3차원 배열 요소에 접근하기 위한 공식은 다음과 같다.

```
Element_Address =
    Base_Address +
        ((rowindex * col_size + colindex) * depth_size + depthindex) *
            Element_Size
```

ThreeDInts 배열 요소에 접근하기 위해서는 위 공식을 실행해야 하며, C/C++ 컴파일러가 생성한 기계 코드는 다음과 같다.

```
intmul( 2, i, ebx );           // EBX = 2 * 1
add( j, ebx );                 // EBX = 2 * i + j
intmul( 8, ebx );              // EBX = (2 * i + j) * 8
add( k, ebx );                 // EBX = (2 * i + j) * 8 + k
mov( n, eax );
mov( eax, ThreeDInts[ebx*4] ); // ThreeDInts[i][j][k] = n
```

사실 ThreeDInts는 특수한 경우라고 할 수 있으며, 모든 배열의 차원 크기는 2의 배수이므로 CPU가 EBX에 2나 4를 곱하는 대신 이동shift 연산을 사용할 수 있다. 이동 연산은 곱셈보다 훨씬 빠르기 때문에 최신 C/C++ 컴파일러는 이동 연산을 이용해 다음과 같은 코드를 생성해낼 것이다.

```
mov( i, ebx );
shl( 1, ebx );                 // EBX = 2 * i
add( j, ebx );                 // EBX = 2 * i + j
shl( 3, ebx );                 // EBX = (2 * i + j) * 8
add( k, ebx );                 // EBX = (2 * i + j) * 8 + k
mov( n, eax );
mov( eax, ThreeDInts[ebx*4] ); // ThreeDInts[i][j][k] = n
```

이런 연산은 오직 배열 차원의 크기가 2의 멱수(2^n)일 때만 가능하므로, 다수의 프로그래머는 배열의 크기를 2의 멱수로 정의해 연산의 속도를 높이는 방식을 택한다. 물론 배열의 크기를 2의 멱수로 정의하는 과정에서 추가로 공간이 소모될 수 있으며, 고차원 배열의 경우에는 공간 소모가 클 수 있다.

행 우선 정렬 기법으로 10×10 크기의 배열을 생성하는 경우, 10×16 배열을 생성해서 (10의) 곱셈 연산 대신 (4만큼의) 이동 연산을 사용할 수 있다. 또한 행 우선 정렬 기법으로 10×10 크기의 배열을 생성하는 경우, 16×10 배열을 생성해서 동일한 효과를 기대할 수 있다.

오프셋 계산 시, 행 우선 정렬 기법은 첫 번째 차원의 크기를 사용하지 않고 열 우선 정렬 기법은 두 번째 차원의 크기를 사용하지 않는다. 이에 따라 연산 속도가 빨라지지만, 100개가 아닌 160개의 원소를 사용한다는 단점이 있다. 메모리 공간을 희생하고 연산 속도를 높이는 것이 좀 더 나은지에 대한 판단은 여러분의 몫이다.

7.2.4.5 스위프트의 배열 구현

스위프트 배열은 기존 다른 언어의 배열과 다른 점이 많다. 먼저 스위프트 배열 타입은 struct 객체에 따라 타입이 달라지며, 이는 다른 언어에서 배열이 메모리에 존재하는 동일 타입의 단순한 요소의 집합이라는 개념과 다른 부분이다.

또한 스위프트는 배열 요소가 연속적인 메모리 공간에 존재한다는 사실을 보장하지 않는다. 연속적인 메모리 공간에 배열을 생성해야 할 경우, 다음 코드와 같이 ContiguousArray 타입으로 배열 선언을 해야 한다. 다음 코드를 실행하면 다른 언어의 배열처럼 연속적인 메모리 공간에 배열 요소가 만들어진다.

```
var array_name = ContiguousArray<element_type>()
```

스위프트 배열의 또 다른 차이점은 다차원 배열이다. 앞서 언급한 것처럼, 스위프트는 다차원 배열이 아닌, '배열의 배열'이란 개념을 제공한다. 대부분의 언어에서 배열은 메모리에 연속적인 요소를 배치한 것이므로, 다차원 배열과 배열의 배열이란 개념은 사실상 동일한 것이다.

하지만 스위프트에서 배열은 struct 기반의 디스크립터descriptor(인덱스어) 객체의 일종이며, 다양한 필드를 포함한 데이터 구조로 구성되므로 다수의 포인터가 하나의 배열 요소를 가리킬 수 있다. 스위프트의 배열의 배열을 생성할 때, 하위 배열을 가리키는 디스크립터 배열을 생성하는 것이다.

다음 스위프트 코드는 a1과 a2라는 두 개의 동일한 배열의 배열을 생성한다.

```
import Foundation

var a1 = [[Int]]()
var a2 = ContiguousArray<Array<Int>>()
a1.append( [1,2,3] )
a1.append( [4,5,6] )
a2.append( [1,2,3] )
a2.append( [4,5,6] )

print( a1 )
print( a2 )
print( a1[0] )
print( a1[0][1] )
```

위 코드의 실행 결과는 다음과 같다.

```
[[1, 2, 3], [4, 5, 6]]
[[1, 2, 3], [4, 5, 6]]
[1, 2, 3]
2
```

위 실행 결과는 외견상 2차원 배열이지만, 내부 구조를 보면 a1과 a2는 두 개의 요소를 지닌 1차원 배열이다. 여기서 두 개의 요소는 배열 자체를 가리키는 디스크립터 객체로서 내부에 세 개의 요소를 포함한다.

이렇게 구성된 a2의 여섯 개 배열 요소는 연속적인 메모리 공간에 위치하지 않으며, 심지어 ContiguousArray 타입을 명시적으로 지정한 경우에도 연속성을 보장하지 않는다. 이는 a2에 포함된 두 개의 배열 디스크립터 객체는 연속적인 메모리 공간에 위치할 수 있지만, 여섯 개 배열 요소 모두가 일련의 메모리 공간에 저장되지 않기 때문이다.

스위프트는 배열을 동적으로 할당하므로, 2차원 배열의 행은 요소의 수에 따라 달라진다. 위 코드를 약간 변형한 두 번째 코드를 살펴보자.

```
import Foundation

var a2 = ContiguousArray<Array<Int>>()
a2.append( [1,2,3] )
a2.append( [4,5] )

print( a2 )
print( a2[0] )
print( a2[0][1] )
```

이번 코드의 실행 결과는 다음과 같다.

```
[[[1, 2, 3], [4, 5]]
[1, 2, 3]
2
```

위 코드에서 a2 배열의 두 개 행은 크기가 다르므로, 여러분의 작업 내역에 따라 정상적으로 실행될 수도 있고 문제가 될 수도 있다.

스위프트 언어로 표준적인 다차원 배열을 구현해야 할 경우, 다차원 배열에 필요한 만큼의 요소를 포함한 ContiguousArray 타입 1차원 배열을 선언한다. 그다음, 요소 크기 연산자 없이 행 우선 배열 또는 열 우선 배열 함수를 이용해 배열의 인덱스를 계산하는 방식을 사용한다.

7.3 레코드와 구조체

배열 외에 복합 데이터 타입으로는 파스칼 레코드Pascal record 또는 C/C++ 구조체C/C++ structure가 있다. 레코드와 구조체는 기능적으로 동일하지만, 이번 절에서는 데이터 구조 등의 단어와 혼동할 수 있는 구조체라는 단어 대신 레코드를 사용한다.

앞서 살펴본 배열은 동일한 타입의 요소로 구성된 동질적homogeneous 데이터 타입인 반면, 이제부터 알아볼 레코드는 서로 다른 타입의 요소를 포함할 수 있는 비동질적

heterogeneous 데이터 타입이다. 이와 같은 레코드를 이용해 단일 데이터 객체 속에 논리적인 연관값을 캡슐화할 수 있다.

배열은 정수형 인덱스index를 통해 배열 요소array element를 선택하는 반면, 레코드는 필드 네임field's name을 통해 레코드 요소인 필드field를 선택할 수 있다. 각 필드 네임은 레코드 내에서 유일해야 하며, 동일 레코드 내에 동일한 필드 네임이 여러 개 존재해서는 안 된다. 단, 필드 네임 속성은 레코드 내에서만 유효하므로 레코드를 벗어나 프로그램 내 다른 영역에서 사용될 때는 이런 규칙이 적용되지 않는다.

7.3.1 파스칼/델파이의 레코드

다음은 파스칼/델파이의 전형적인 레코드 선언이며, Student라는 데이터 타입을 정의한다.

```
type
    Student =
        record
            Name:       string (64);
            Major:      smallint;      // 델파이에서는 2바이트 정수형임
            SSN:        string (11);   // 사회보장번호
            Mid1:       smallint;
            Midt:       smallint;
            Final:      smallint;
            Homework:   smallint;
            Projects:   smallint;
        end;
```

다수의 파스칼 컴파일러는 필드를 연속적인 메모리 공간에 할당하며, 처음 65바이트는 Name, 다음 2바이트는 Major, 다음 12바이트는 SSN 등 데이터순으로 할당한다.[3]

---

3   파스칼 문자열 생성 시 기본 바이트에 1바이트를 추가해 문자열 길이(length)를 저장한다.

7.3.2 C/C++의 레코드

다음은 위와 동일한 내용을 C/C++ 구조체로 구현한 것이다.

```
typedef
    struct
    {
        char Name[65]; // 64개 문자 외에 0 종료 문자열을 위해 한 개 문자 추가
        short Major;    // C/C++에서도 2바이트 정수형임
        char SSN[12];   // 11개 문자 외에 0 종료 문자열을 위해 한 개 문자 추가
        short Mid1;
        short Mid2;
        short Final;
        short Homework;
        short Projects
    } Student;
```

C++ 구조체는 클래스 선언에 특화된 데이터 타입으로, C 구조체와 차이가 있고 C는 지원하지 않는 추가 데이터를 메모리에 저장할 수 있다. C++ 특유의 메모리 구조는 7.3.5절 '레코드 타입의 메모리 저장'에서 살펴본다.

이 외에도 네임스페이스 외 몇 가지 부분에서 C의 구조체와 C++의 구조체는 차이가 있지만, 다음과 같은 외부 "C" 블록을 통해 C++ 구조체를 C 구조체로서 컴파일할 수 있다.

```
extern "C"
{
    struct
    {
        char Name[65]; // 64개 문자 외에 0 종료 문자열을 위해 한 개 문자 추가
        short Major;    // C/C++에서도 2바이트 정수형임
        char SSN[12];   // 11개 문자 외에 0 종료 문자열을 위해 한 개 문자 추가
        short Mid1;
        short Mid2;
        short Final;
        short Homework;
```

```
        short Projects;
    } Student;
}
```

노트 | 자바는 C 구조체를 지원하지 않으며, 단지 C 클래스만을 지원한다. 이에 대해서는 7.5절 '클래스'에서 상세히 설명한다.

7.3.3 HLA의 레코드

HLA의 경우, record/endrecord 선언을 통해 레코드 타입을 생성할 수 있다. HLA를 이용한 Student 레코드의 선언 내용은 다음과 같다.

```
type
    Student:
        record
            Name:       char[65];    // 64개 문자 외에 0 종료 문자열을 위해 한 개 문자 추가
            Major:      int16;
            SSN:        char[12];    // 11개 문자 외에 0 종료 문자열을 위해 한 개 문자 추가
            Mid1:       int16;
            Mid2:       int16;
            Final:      int16;
            Homework:   int16;
            Projects:   int16;
        endrecord;
```

위에서 보듯이 HLA의 레코드 선언은 파스칼의 레코드 선언과 매우 유사하다. 기존 파스칼 선언과의 일관성을 유지하기 위해 이번 코드에서 Name 및 SSN 필드에는 string 타입 대신 char 배열을 사용했다. 보통의 HLA 레코드 선언에서는 Name 필드에 string 타입을 사용할 것이며, 이는 4바이트에 해당한다.

7.3.4 스위프트의 레코드(튜플)

스위프트는 레코드 타입은 제공하지 않지만, 그 대신 레코드와 비슷한 속성을 지닌 튜플 tuple을 사용할 수 있다. 스위프트의 튜플 요소 저장 방식은 다른 언어의 레코드 요소 저장 방식과 다르지만, 클래스를 사용하지 않고도 복합적 또는 집합적 데이터 타입을 생성할 수 있다는 점에서 튜플 나름의 유용성이 있다. 스위프트 튜플은 다음과 같은 단순한 값의 목록이라 할 수 있다.

```
( value1, value2, ..., valuen )
```

튜플의 요소는 타입이 서로 달라도 되며, 스위프트는 함수에 튜플을 전달해 다양한 값을 반환하도록 한다. 스위프트로 작성된 다음 코드를 살펴보자.

```
func returns3Ints()->(Int, Int, Int )
{
    return(1, 2, 3)
}
var (r1, r2, r3) = returns3Ints();
print( r1, r2, r3 )
```

returns3Ints() 함수는 1, 2, 3이라는 세 개의 값을 반환하며, 다음 구문은 이들 값을 r1, r2, r3 변수에 각각 저장한다.

```
var (r1, r2, r3) = returns3Ints();
```

위와 같은 방법 대신, 튜플 타입으로 정의한 변수에 이들 값을 저장한 뒤 다음과 같이 튜플 필드를 통해 접근할 수 있다.

```
let rTuple = ( "a", "b", "c" )
print( rTuple.0, rTuple.1, rTuple.2 ) // "a b c" 출력
```

하지만 위와 같은 .0 스타일의 필드 네임은 코드 유지 보수를 어렵게 만들 수 있다. 튜플로 레코드 타입 데이터를 생성할 때, 정수로 필드 네임을 부여하면 실제 프로그램에서 다양한 문제가 발생할 수 있다.

이와 같은 문제를 해결할 수 있도록 스위프트는 튜플 필드에 라벨을 부여할 수 있게 하며, 필드 참조를 위해 정수 값을 사용하는 대신 해당 라벨을 사용할 수 있다. 다음의 스위프트 코드를 살펴보자.

```
typealias record = ( field1:Int, field2:Int, field3:Float64 )

var r = record(1, 2, 3.0 )
print( r.field1, r.field2, r.field3 )  // "1 2 3.0" 출력
```

위와 같은 스위프트 튜플 문법은 파스칼이나 HLA의 레코드 또는 C의 구조체와 거의 유사하다고 할 수 있다. 하지만 형태적인 유사성에도 불구하고, 튜플의 메모리 내 저장 레이아웃은 다른 언어의 레코드 또는 구조체와 다른 형태를 지닌다.

스위프트 배열과 마찬가지로 스위프트 튜플 역시 메모리 내 저장 위치를 확정하기 어려운 타입이며, 튜플 타입의 데이터가 다른 언어의 레코드처럼 연속적인 메모리 공간에 존재한다고 장담할 수 없다.

7.3.5 레코드 타입의 메모리 저장

파스칼 언어를 이용한 Student의 변수 선언은 다음과 같다.

```
var
    John: Student;
```

앞서 파스칼을 이용해 Student 데이터 타입을 정의했으며, 위 코드는 그림 7-8과 같이 John이라는 변수에 81바이트의 메모리 공간을 할당한다.

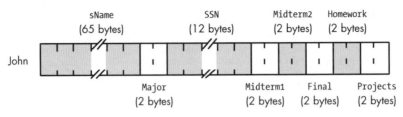

그림 7-8 Student 데이터 타입의 메모리 레이아웃

John이라는 라벨이 레코드의 기본 주소에 대응되면, Name 필드는 John+0의 오프셋 위치, Major 필드는 John+65의 오프셋 위치, SSN 필드는 John+67의 오프셋 위치에 입력된다.

대부분의 프로그래밍 언어는 레코드 내 오프셋 값 대신 필드 이름으로 레코드 필드를 참조하도록 하며, 메모리 내 개별 필드 요소에 접근할 때는 레코드 변수에 점 표기법을 추가하는 방식을 사용한다. 예를 들어, John의 중간고사 및 기말고사 성적 등 세부 속성에 접근할 때는 다음과 같은 방식을 사용한다.

```
John.Mid1 = 80;            // C/C++ 예제 코드
John.Final := 93;          (* 파스칼 예제 코드 *)
mov( 75, John.Projects );   // HLA 예제 코드
```

그림 7-8을 보면, 레코드의 모든 필드가 메모리 내에서 선언한 순서대로 할당됐음을 알 수 있다. 하지만 이론적으로 컴파일러는 필드의 저장 공간 할당 시 임의의 순서를 따르며 위와 같은 순서가 지켜지지 않을 수 있다. 보통의 경우, 첫 번째 필드는 레코드를 위한 메모리 공간에서 가장 낮은 주소에 배치되고, 두 번째 필드는 그다음 낮은 주소, 세 번째 필드는 그다음으로 낮은 주소에 할당된다.

또한 그림 7-8은 하나의 레코드에 포함된 다수의 필드가 메모리에서 빈 공간 없이 바로 이어진다는 점도 알 수 있다. 이와 같은 레이아웃 방식은 대부분의 언어도 사용하고 있지만, 모든 레코드가 이와 같은 레이아웃 형태를 지니는 것은 아니다. 성능 효율성을 고려해 대부분의 컴파일러는 나름의 적절한 메모리 경계 영역 속에 레코드 필드를 배치한다. 세부적인 레이아웃은 언어, 컴파일러 타입, CPU 등에 따라 달라질 수 있지만, 대부분의 컴파일러는 레코드에 할당된 메모리 영역에 각 필드를 나름의 기준에 따라 오프셋 값을 이용해 배치한다.

80x86 프로세서의 경우, 컴파일러는 인텔 ABI^Application Binary Interface 규칙에 따라 1바이트 객체는 레코드 내 임의의 오프셋 위치에, 워드는 짝수 오프셋 위치에, 더블워드 이상은 더블워드 경계 위치를 기준으로 배치한다. 대부분의 80x86 컴파일러는 이와 같은 규칙을 따르며, 언어에 따라 해당 공간을 함수와 프로시저가 공유할 수 있다.

다른 제조사의 CPU는 자체 ABI 규칙을 따르며, 프로그래밍으로 런타임에 바이너리 데이터를 공유하도록 할 수 있다. 대부분의 컴파일러는 레코드 필드를 메모리 내에서 일정한 오프셋 경계 규칙으로 정렬하는 것은 물론, 전체 레코드의 길이를 2, 4, 8, 16의 배수로 관리한다. 이를 위해 레코드에 일정 수의 패딩 바이트를 추가한다.

패딩 바이트를 추가해 배수 단위로 만들 때는 레코드 내 최대 크기의 (비복합 데이터 타입인) 스칼라 객체 크기의 배수가 되도록 하거나 CPU의 최적 정렬 크기 기준에 맞춘다. 예를 들어 특정 레코드의 필드 길이가 1, 2, 4, 8, 10바이트인 경우, 80x86 컴파일러는 모든 레코드 필드가 8의 배수가 되도록 패딩 바이트를 추가한다. 이를 통해 레코드 배열이 생성되며, 각 레코드가 항상 메모리 내 적절한 위치에서 시작되도록 한다.

일부 CPU는 이와 같은 정렬 규칙을 벗어난 객체에 대한 접근을 차단하기도 하지만, 다수의 컴파일러는 프로그래머가 이와 같은 레코드 필드의 자동 정렬 기능을 비활성화할 수 있도록 한다. 보통의 컴파일러는 이와 같은 기능을 전역 차원에서 적용하거나 적용하지 않을 수 있도록 한다. 또한 다수의 컴파일러는 레코드 단위의 필드 정렬 기능을 비활성화할 수 있는 별도의 프로그램이나 packed와 같은 키워드를 제공한다.

자동 레코드 필드 정렬 기능을 비활성화함으로써 필드와 레코드 경계 영역에 추가되는 패딩 바이트를 줄일 수 있고, CPU 작동 환경에 맞춰 좀 더 최적화할 수 있다. 하지만 이와 같은 작업을 위해 메모리 공간의 잘못 정렬된 위치에 접근하는 과정에서 실행 속도가 다소 느려질 수 있다.

레코드를 일련의 묶음 단위^packed record로 사용하는 이유는 프로그래머가 직접 레코드 필드 정렬 작업을 제어하기 위한 것이다. 예를 들어 여러분이 두 개의 언어로 작성한 몇 개의 함수를 사용해야 할 때, 두 함수는 동일한 레코드 타입 데이터에 접근할 수 있어야 한다. 또한 이들 두 함수를 컴파일할 때도 동일한 레코드 필드 정렬 알고리듬을 사용해야 한다.

다음은 파스칼 레코드 선언으로, 여러 함수 중 일부는 해당 레코드 데이터에 접근이 불가능할 수 있다.

```
type
    aRecord: record
        bField : byte;   (* 파스칼 컴파일러가 byte 타입을 지원하는 경우 *)
        wField : word;   (* 파스칼 컴파일러가 word 타입을 지원하는 경우 *)
        dField : dword; (* 파스칼 컴파일러가 double-word 타입을 지원하는 경우 *)
    end; (* record *)
```

위 코드는 다양한 데이터 타입을 지원하기 위해 작성됐음에도 불구하고, 첫 번째 컴파일러는 bField, wField, dField에 접근하기 위한 오프셋 값으로 0, 2, 4를 사용하고 두 번째 컴파일러는 오프셋 값으로 0, 4, 8을 사용하는 경우 둘 중 하나는 해당 데이터에 접근할 수 없게 된다.

이런 문제를 해결하기 위해 레코드 키워드 앞에 packed 키워드를 추가하면, 컴파일러가 각 필드를 즉시 저장해 언제든 접근할 수 있게 할 수 있다. packed 키워드는 두 함수 모두에서 호환이 되지는 않지만, 다음과 같은 레코드 선언 시 패딩 필드를 여러분이 직접 추가할 수 있다.

```
type
    aRecord: packed record
        bField    :byte;
        padding0 :array[0..2] of byte; (* wField 정렬을 위해 dword를 패딩으로 추가 *)
        wField    :word;
        padding1 :word;                 (* dField 정렬을 위해 dword를 패딩으로 추가 *)
        dField    :dword;
    end; (* record *)
```

레코드 필드에 수동 방식으로 패딩 바이트를 추가하면 이후 코드 유지 보수에 여러 가지 어려움이 따를 수 있지만, 호환성이 부족한 컴파일러 간에 데이터를 공유할 수 있도록 하려면 위와 같은 방식을 시도해볼 만하다. packed 레코드에 대한 좀 더 상세한 내용은 해당 언어의 매뉴얼에서 확인하길 바란다.

7.4 이산 유니온 데이터 타입

이산 유니온discriminant union은 간단히 '유니온'이라고도 하며, 레코드와 여러모로 유사한 속성을 지니고 레코드처럼 점 표기법dot notation으로 특정 필드에 접근할 수 있다. 상당수의 언어에서 유니온과 레코드의 외형적인 차이는 union과 record라는 키워드를 쓰는 차이 정도라고 할 수 있지만, 내부 작동 원리에서는 큰 차이가 있다.

앞서 살펴본 레코드의 경우 각 필드는 레코드 리본 주소 위치를 기준으로 한 오프셋 값으로 위치를 나타내며, 필드는 결코 겹치는 법이 없다. 하지만 유니온의 경우 모든 필드가 동일한 오프셋 값인 0을 지니고, 모든 필드는 유니온 영역 내에서 겹쳐져 있게 된다. 이에 따라 레코드의 크기는 모든 필드의 합인 반면, 유니온의 크기는 가장 큰 필드의 크기와 같다.

이와 같은 유니온 필드 특유의 겹침 속성으로 인해 하나의 필드 값이 변경되면 다른 모든 값도 함께 변경되므로, 실제 프로그램에서 복합 데이터 타입 데이터로서 활용되는 빈도가 낮다. 유니온 필드의 상호 배타성과 한 번에 하나만 쓸 수 있는 점과 같은 제약 사항 때문에 레코드 등의 다른 데이터 타입에 비해 활용도가 낮은 편이지만, 지금도 유니온 특유의 속성을 필요로 하는 프로그램에서 사용되고 있다.

7.4.1 C/C++의 유니온

C/C++의 유니온 선언 문법은 다음과 같다.

```
typedef union
{
    unsigned int  i;
    float         r;
    unsigned char c[4];

} unionType;
```

위 코드에서 C/C++ 컴파일러가 unsigned int 타입 변수에 4바이트를 할당하면, unionType 객체의 크기는 4바이트가 된다. 앞서 설명했듯이 다른 세 개 필드의 크기 또한

4바이트가 되기 때문이다.

노트 | 자바의 경우 예전에는 유니온 타입을 지원했으나, 이후 몇 가지 안정성 문제가 드러나면서 현재는 이산 유니온 타입을 지원하지 않는다. 프로그래머는 서브클래싱 기법으로 이산 유니온 기능을 구현할 수 있지만, 자바는 하나의 변수가 또 다른 변수의 메모리 공간을 공유하는 것을 명시적으로 지원하지 않는다.

7.4.2 파스칼/델파이의 유니온

파스칼/델파이는 case 변형 레코드^{case-variant record} 선언 방식으로 이산 유니온을 구현하며, 선언 문법은 다음과 같다.

```
type
    typeName =
        record
            <<nonvariant/union 레코드 필드 입력>>
            case tag of
                const1:( field_declaration );
                const2:( field_declaration );
                        .
                        .
                        .
                constn:( field_declaration ) (* 마지막 필드에는 세미콜론을 사용하지 않음 *)
        end;
```

위 예제에서 *tag*는 boolean, char, 또는 사용자 정의 데이터 타입의 식별자나 *identifier:type* 형식의 필드 선언 역할을 한다. *tag* 아이템이 후자와 같은 형식을 따르면, 식별자는 레코드의 또 다른 필드가 돼 해당 타입 요소가 되고 case 변형 레코드 요소 중 하나가 되지는 않는다.

또한 파스칼 컴파일러는 애플리케이션이 *tag* 필드 값 중 하나가 아닌, 레코드 필드에 접근하려 할 때 예외 처리 코드를 생성할 수 있지만, 실제로 이를 확인하는 경우는 거의 없다. 파스칼은 표준 컴파일러에 애플리케이션이 어떤 필드에 접근하는지 확인하는 기능을 정의하고 있다.

파스칼에서 두 개의 서로 다른 case 변형 레코드를 선언하는 코드는 다음과 같다.

```
type
    noTagRecord=
        record
            someField: integer;
            case boolean of
                true:( i:integer );
                false:( b:array[0..3] of char)
        end; (* record *)

    hasTagRecord=
        record
            case which:0..2 of
                0:( i:integer );
                1:( r:real );
                2:( c:array[0..3] of char )
        end; (* record *)
```

hasTagRecord 유니온 선언에서 보듯이 파스칼의 case 변형 레코드에는 필드 정의가 포함되지 않으며, 이는 tag 필드가 없는 경우에도 마찬가지다.

7.4.3 스위프트의 유니온

스위프트도 자바의 경우처럼 명시적으로 이산 유니온 타입을 지원하지는 않지만, 파스칼의 case 변형 레코드와 비슷한 형식으로 좀 더 안전하게 유니온 속성을 쓸 수 있도록 한다. 이때 사용되는 데이터 타입이 바로 열거형enumeration이며, 다음과 같은 방법으로 스위프트 열거형 타입을 선언할 수 있다.

```
enum EnumType
{
    case a
    case b
```

```
        case c
}

let et = EnumType.b
print( et )   // 열거형 표준은 "b"를 출력함
```

위 코드만 봐서는 열거형과 유니온의 유사성을 찾아보기 어렵지만, 열거형 데이터 타입의 각 케이스에 튜플 등의 값을 추가해 유니온으로서의 속성을 부여할 수 있다.

다음은 스위프트에서 열거형 연관값을 선언하는 방식을 보여준다.

```
import Foundation

enum EnumType
{
    case isInt( Int )
    case isReal( Double )
    case isString( String )
}

func printEnumType( _ et:EnumType )
{
    switch( et )
    {
        case .isInt( let i ):
            print( i )
        case .isReal( let r ):
            print( r )
        case .isString( let s ):
            print( s )
    }
}

let etI = EnumType.isInt( 5 )
let etF = EnumType.isReal( 5.0 )
let etS = EnumType.isString( "Five" )

print( etI, etF, etS )
```

```
printEnumType( etI )
printEnumType( etF )
printEnumType( etS )
```

위 코드의 실행 결과는 다음과 같다.

```
isInt(5) isReal(5.0) isString("Five")
5
5.0
Five
```

위 코드에서 EnumType 타입 변수는 열거형 상수인 isInt, isReal, isString 중 하나의 값을 받는다. 스위프트가 내부적인 인코딩 규칙에 의해 이들 세 값 중 어느 것을 선택하든 상관없이 isInt는 정수형 값이 되고, isReal은 배정도 부동소수점 값이 되며, isString은 문자열 값이 된다.

세 개의 let 구문은 EnumType 변수에 각각 적절한 값을 할당하며, 상수 이름에 맞는 값을 할당한다. 이들 할당된 값은 switch 구문을 이용해 추출할 수 있다.

7.4.4 HLA의 유니온

HLA도 유니온을 지원하며, 기본적인 유니온 선언 방식은 다음과 같다.

```
type
    unionType:
        union
            i: int32;
            r: real32;
            c: char[4];
        endunion;
```

7.4.5 유니온 타입의 메모리 저장

유니온과 레코드의 차이점 중 하나는 레코드의 경우 각 필드를 서로 다른 오프셋에 할당하는 반면에 유니온은 모든 필드를 동일한 메모리 오프셋에 할당한다는 것이다. 예를 들어 다음 HLA의 레코드와 유니온 선언문을 살펴보자.

```
type
    numericRec:
        record
            i: int32;
            u: uns32;
            r: real64;
        endrecord;
    numericUnion:
        union
            i: int32;
            u: uns32;
            r: real64;
        endunion;
```

위와 같이 numericRec 타입의 레코드 변수 n을 선언한 경우, numericUnion으로 선언했을 때와 마찬가지로 각 필드를 n.i, n.u, n.r 표기법으로 접근할 수 있다. 하지만 레코드가 두 개의 더블워드 필드와 쿼드워드(real64) 필드를 지니고 있으므로, numericRec 객체의 크기는 16바이트인 반면에 numericUnion 객체의 크기는 8바이트다. 그림 7-9는 레코드와 유니온에서 i, u, r 필드의 메모리 배치의 차이점을 보여준다.

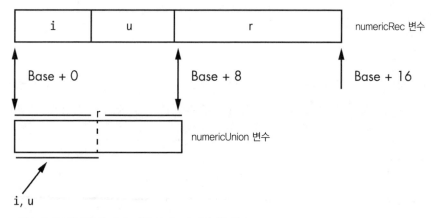

그림 7-9 유니온 변수와 레코드 변수의 메모리 레이아웃 차이

스위프트 enum 타입도 메모리 구조를 확인하기 어렵다. 열거형에 포함된 연관값이 동일한 메모리 주소에 저장된다고 단정하기 어려우며, 설사 동일한 메모리 주소를 공유한다고 하더라도 이후 스위프트 버전에서도 같은 방식을 유지하리란 보장도 없다.

7.4.6 유니온 타입의 기타 활용 방식

프로그래머가 유니온 타입을 사용하는 이유 중 하나는 메모리 공간의 절약이고, 또 다른 이유는 코드의 사본 또는 알리아스alias를 만들기 위한 것이다. 알리아스는 메모리 객체를 가리키는 또 다른 이름으로 사용되고 알리아스 나름의 편의성을 제공하지만, 프로그래머에게 혼동을 줄 수 있으므로 신중하게 사용해야 한다.

예를 들어 프로그램의 일부 코드에서 지속적으로 특정 객체를 참조해야 하는 경우가 있는데, 이런 경우 유니온 타입의 변수를 이용해 객체에 필요한 다양한 타입을 각각의 필드로 제공할 수 있다. HLA 언어로 작성된 다음 코드를 살펴보자.

```
type
    CharOrUns:
        union
            c:char;
            u:uns32;
            endunion;
```

```
static
    v:CharOrUns;
```

위와 같이 선언하면 v.u에 접근해 uns32 객체를 수정할 수 있고, 특정 시점에 uns32 변수의 LO 바이트를 변경해 문자로 변경하려면 다음과 같이 v.c 변수에 접근하면 된다.

```
mov( eax, v.u );
stdout.put( "v, as a character, is '", v.c, "'" nl );
```

또한 큰 객체를 좀 더 작은 크기의 객체로 분할할 때도 유니온을 사용할 수 있다. C/C++ 언어로 작성된 다음 코드를 살펴보자.

```
typedef union
{
    unsigned int u;
    unsigned char bytes[4];
} asBytes;

asBytes composite;
    .
    .
    .
    composite.u = 1234567890;
    printf
    (
        "HO byte of composite.u is %u, LO byte is %u\n",
        composite.u[3],
        composite.u[0]
    );
```

유니온으로 데이터 타입을 합치고 나누는 것이 유용한 경우도 있지만, 이렇게 작성한 코드는 이식성portability이 낮다. 특히 이와 같은 다중 바이트 객체는 빅 엔디안과 리틀 엔디안에서 HO 바이트와 LO 바이트가 서로 다른 주소에 나타나게 되며, 위 코드는 리틀 엔디안 CPU에서는 잘 작동하지만 빅 엔디안 CPU에서는 다른 값을 보여준다. 큰 객체를 분할하기 위해 유니온을 사용할 때도 머신에 따라 서로 다른 코드를 사용해야 한다는 점을 기억해야 한다.

하지만 큰 객체를 바이트로 분리하거나 바이트를 모아 큰 객체를 구성하기 위해 이동 연산을 사용하거나 AND 연산자를 사용하는 경우에 비해 유니온이 훨씬 효율적이며, 여러분도 실무에서 유니온의 유용성을 확인할 기회가 있을 것이다.

노트 | 스위프트는 타입 안전 시스템을 사용하므로 프로그래머는 이산 유니온을 이용해 다른 타입으로 비트 집합에 접근할 수 없다. 원초적인 비트 배열 변환 방식으로 타입을 변환해야 하는 경우, 스위프트 unsafeBitCast() 함수를 사용할 수 있다. 이에 대한 상세한 내용은 스위프트 표준 라이브러리 문서를 참고하길 바란다.

7.5 클래스

클래스class 타입은 C++, 오브젝트 파스칼, 스위프트 등과 같은 프로그래밍 언어의 경우 레코드 또는 구조체의 기능 확장 버전처럼 보이며, 메모리 구조 또한 비슷해 보인다. 실제로 대부분의 프로그래밍 언어에서 클래스는 레코드 및 구조체와 매우 유사한 메모리 형식을 지니며, 컴파일러는 클래스 선언 시 필드를 메모리 공간에 순차적으로 배치한다. 하지만 클래스는 기존 레코드나 구조체와는 확연히 구분되며, 멤버 함수member function(클래스 내에 선언된 함수), 상속inheritance, 다형성polymorphism 등의 다양한 특징을 지닌다.

다음은 HLA 구조체 및 HLA 클래스 선언이다.

```
type
    student: record
        sName:    char[65];
        Major:    int16;
        SSN:      char[12];
        Midterm1: int16;
        Midterm2: int16;
        Final:    int16;
```

```
        Homework: int16;
        Projects: int16;
    endrecord;

    student2: class
        var
                sName:     char[65];
                Major:     int16;
                SSN:       char[12];
                Midterm1: int16;
                Midterm2: int16;
                Final:     int16;
                Homework: int16;
                Projects: int16;

        method setName( source:string );
        method getName( dest:string );
        procedure create;  // 클래스 생성자
    endclass;
```

HLA는 클래스 선언 시 레코드처럼 모든 var 필드를 순차적으로 메모리에 할당한다. 또한 var 데이터 필드로만 구성된 클래스의 경우, 해당 클래스의 메모리 구조는 레코드의 메모리 구조와 거의 흡사하다. 그림 7-10, 7-11을 살펴보자.

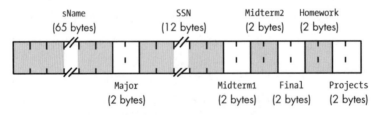

그림 7-10 HLA student 레코드의 메모리 레이아웃

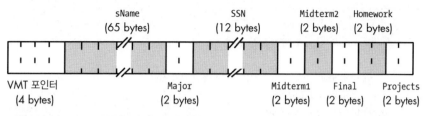

그림 7-11 HLA student2 클래스의 메모리 레이아웃

위 그림에서 보듯이 두 메모리 레이아웃의 차이는 student2 클래스 첫 부분이 VMT 포인터로 시작한다는 것이다. 여기서 VMT는 가상 메소드 테이블virtual method table의 약어로, 클래스 연관 메소드를 가리키는 포인터 배열의 포인터를 의미한다.[4]

student2 클래스의 경우 VMT 필드는 두 개의 32비트 포인터가 포함된 테이블을 가리키며, 하나는 setName() 메소드, 또 다른 하나는 getName() 메소드를 가리킨다. 프로그램이 이 클래스에 포함된 가상의 메소드인 setName() 또는 getName()을 호출하면, 이들 함수는 해당 메모리 주소에서 직접 가져오지 않으며 메모리 내 객체의 VMT 주소에서 가져온다.

이때 특정 메소드 주소를 가리키는 포인터 주소를 이용하게 되며, 이렇게 가져온 주소를 이용해 해당 메소드를 간접적으로 호출하게 된다. VMT에서 setName() 메소드는 첫 번째 인덱스 요소이고, getName()은 두 번째 인덱스 요소가 될 수 있다.

7.5.1 클래스 개념 1: 상속

VMT에서 메소드 주소를 가져오려면 다소 복잡한 과정을 거쳐야 하는데, 컴파일러가 좀 더 직접적으로 해당 메소드를 호출할 수 없는 이유는 무엇일까? 클래스에서 메소드의 간접 호출 방식을 택하게 된 가장 중요한 이유는 클래스와 객체의 주요 속성인 상속과 다형성에서 기인한다.

다음 HLA 클래스 선언을 살펴보자.

---

4   여기서 create는 메소드가 아닌 클래스 프로시저라는 점에 주의한다. 클래스 프로시저는 VMT에 나타나지 않는다.

```
type
     student3: class inherits( student2 )
          var
               extraTime: int16; // 시험 기간을 위한 추가 시간
          override method setName;
          override procedure create;
     endclass;
```

위 코드에서 student3 클래스는 'inherits' 구문을 통해 student2 클래스의 모든 데이터 필드와 메소드를 상속하며, 이후 새 데이터 필드인 extraTime을 생성해 분 단위로 시간을 지정한다. 그다음, student2 클래스에서 정의한 setName 메소드와 create 프로시저를 student3 클래스의 새로운 값으로 덮어 쓰기한다.

이와 같이 정의된 student3 객체의 메모리 레이아웃은 다음과 같다.

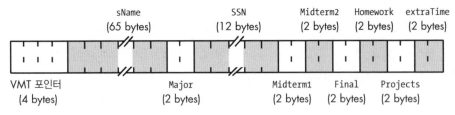

그림 7-12 HLA student3 클래스의 메모리 레이아웃

student2와 student3의 메모리 구조상의 차이는 student3의 데이터 구조 끝부분에 extraTime을 위한 2바이트가 추가된 것이다.

student2 객체의 VMT 필드는 student2 클래스의 VMT를 가리키며, 메모리에는 단 하나의 student2 VMT만 존재하므로 VMT 필드로 student2의 모든 객체를 가리킬 수 있다. 예를 들어 student2 클래스에 John과 Joan이라는 객체가 있다면, 이들 객체의 VMT 필드는 메모리에서 동일한 VMT 주소를 지니게 되며 표 7-3과 같은 정보를 포함하게 된다.

표 7-3 student2 VMT의 입력값

오프셋[5]	엔트리
0 (바이트)	student2의 setName() 메소드를 가리키는 포인터
4 (바이트)	getName() 메소드를 가리키는 포인터

이번에는 Jenny라는 student3 객체가 메모리에 저장되는 방식을 생각해보자. Jenny의 메모리 레이아웃 또한 그림 7-11, 7-12에서 본 John과 Joan의 메모리 레이아웃과 유사하지만, John과 Joan의 VMT 필드는 student2 VMT를 가리키는 동일한 값을 지닌 반면 Jenny의 VMT 필드는 표 7-4와 같이 student3 VMT를 가리킨다.

표 7-4 student3 VMT의 입력값

오프셋	엔트리
0 (바이트)	student3의 setName() 메소드를 가리키는 포인터
4 (바이트)	getName() 메소드를 가리키는 포인터

student3 VMT는 student2 VMT와 거의 비슷하지만, 단 하나의 매우 중요한 차이점이 있다. 표 7-3의 첫 번째 필드가 student2의 setName() 메소드를 가리키는 반면에 표 7-4의 첫 번째 필드는 student3의 setName() 메소드를 가리킨다는 점이다. 그리고 바로 이런 이유로 기본 클래스를 상속한 또 다른 클래스에서 필드를 추가할 때는 좀 더 신중해야 한다.

클래스의 중요한 속성 중 하나는 기본 클래스에서 상속받은 필드에 접근하려면 적절한 포인터를 사용해야 한다는 것이며, 이는 해당 포인터에 (기본 클래스로부터 상속받은) 다른 클래스의 주소가 포함된 경우에도 마찬가지다. 다음과 같은 클래스를 생각해보자.

```
type
    tBaseClass: class
        var
            i:uns32;
```

---

5   어셈블리 언어의 경우, 테이블 인덱스는 바이트 인덱스다. HLA 포인터는 4바이트이므로 테이블 오프셋은 이전 입력 필드의 오프셋에 비해 4바이트 단위로 커진다.

```
            j:uns32;
            r:real32;

        method mBase;
    endclass;

    tChildClassA: class inherits( tBaseClass )
        var
            c:char;
            b:boolean;
            w:word;

        method mA;
    endclass;

    tChildClassB: class inherits( tBaseClass )
        var
            d:dword;
            c:char;
            a:byte[3];

    endclass;
```

위 코드에서 tChildClassA와 tChildClassB는 tBaseClass의 필드를 상속하므로, 이들 두 자손 클래스는 직접 선언한 필드 외에 i, j, r 필드를 포함한다.

클래스 간의 상속이 제대로 이뤄지려면 자손 클래스의 i, j, r 필드는 tBaseClass와 동일한 오프셋 위치에 존재해야 하며, 이 경우 EBX가 tChildClassA 또는 tChildClassB 타입 객체를 가리키더라도 mov((type tBaseClass [ebx]).i, eax) 명령을 통해 i 필드에 정상적으로 접근할 수 있다.

그림 7-13은 기본 클래스와 자손 클래스의 메모리 레이아웃을 보여준다.

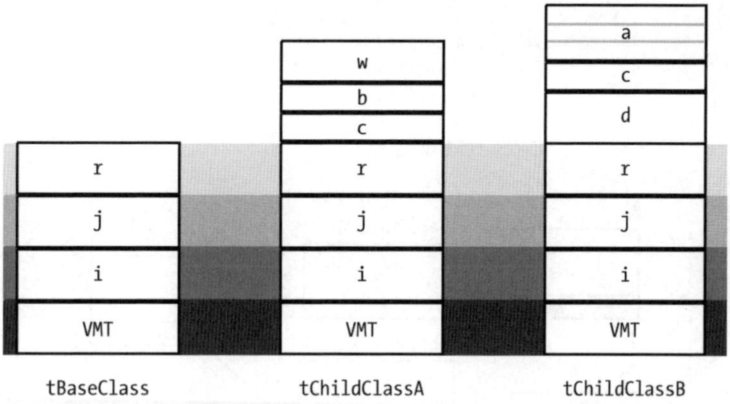

자손 클래스가 상속한 필드는 기본 클래스 필드와 동일한 오프셋에 위치함

그림 7-13 기본 클래스와 자손 클래스의 메모리 레이아웃

단, 두 자손 클래스의 필드는 동일한 이름을 사용하더라도 서로 아무런 관련성이 없을 수도 있다. 예를 들어 두 자손 클래스의 c 필드의 오프셋 값은 서로 다르다. 두 자손 클래스가 기본 클래스에서 공통적으로 사용되는 필드를 공유하더라도, 각 자손 클래스에 추가된 필드는 서로 별개의 존재라 할 수 있다. 기본 클래스에서 상속받은 필드가 아닌 이상, 서로 다른 클래스의 필드가 동일한 오프셋에 존재하는 것은 우연이라 할 수 있다.

모든 클래스에서 VMT를 가리키는 포인터는 동일한 오프셋을 지니며, 보통의 경우 오프셋 0에 위치한다. 하나의 프로그램은 각 클래스마다 단 하나의 VMT를 지니며, 기본 클래스를 상속한 자손 클래스도 각기 나름의 VMT를 지닌다.

그림 7-14는 tBaseClass, tChildClassA, tChildClassB 타입 객체의 VMT 참조 방식을 보여준다.

```
var
    B1:    tBaseClass
    CA:    tChildClassA
    CB:    tChildClassB
    CB2:   tChildClassB
    CA2:   tChildClassA
```

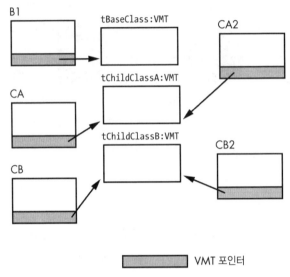

그림 7-14 객체별 VMT 참조 방식

자손 클래스가 기본 클래스의 필드를 상속할 때마다 자손 클래스의 VMT 또한 기본 클래스의 VMT 입력값을 상속한다. 예를 들어 tBaseClass의 VMT는 tBaseClass.mBase()를 가리키는 단일 포인터만 지니고, tChildClassA의 VMT는 tBaseClass.mBase()와 tChildClassA.mA()의 포인터 등 두 개의 입력값을 지닌다.

tChildClassB는 새 메소드를 정의하지 않았으므로, tChildClassB의 VMT에는 tBaseClass.mBase() 메소드 포인터 하나만 존재한다. 이때 tChildClassB의 VMT는 tBaseclass의 VMT와 동일하지만, HLA는 자손 클래스를 위해 두 개의 VMT를 생성한다. 그림 7-15는 이와 같은 관계를 보여준다.

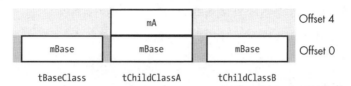

그림 7-15 기본 클래스와 자손 클래스의 메모리 레이아웃

7.5.2 클래스 구조체

VMT에 정의된 메소드를 호출하기 전, 해당 테이블이 메모리에 존재하는지 여부(클래스에 해당 메소드의 주소가 존재하는지 여부)를 확인한 후 VMT 포인터 필드를 초기화해야 한다. C++, C#, 자바, 스위프트 등의 HLL을 사용하는 경우, 클래스 생성 시 컴파일러가 자동으로 VMT를 생성한다. 객체의 VMT 포인터 필드를 초기화할 때 각 클래스를 위한 기본 구조체, 즉 객체 초기화 함수가 관련 작업을 수행하며, 제반 업무는 HLL 컴파일러가 자동으로 수행한다.

이번 예제에서 HLA를 사용하는 이유는 클래스 생성 과정을 우리가 직접 살펴볼 수 있기 때문이며, HLA 예제를 통해 객체의 작동 방식과 생성 과정에서 소요되는 비용을 파악할 수 있다.

HLA는 프로그래머를 위해 자동으로 VMT를 생성하지 않으며, 클래스 정의 시 명시적으로 VMT 생성을 선언해야 한다. 예를 들어 student2 및 student3 클래스의 경우 다음과 같이 VMT 생성을 선언할 수 있다.

```
readonly
    VMT( student2 );
    VMT( student3 );
```

위 코드를 반드시 readonly 섹션에 정의할 필요는 없지만, 이번 예제에서는 VMT 값을 변경하지 않을 것이므로 readonly 속성으로 시작한다.

위 VMT 선언 코드는 student2._VMT_와 student3._VMT_라는 두 개의 심볼을 정의하며,

이들 심볼은 각 VMT의 첫 번째 입력값의 주소에 대응한다. 이후, 구조체 프로시저 등에서 연관 클래스의 VMT 주소로 각 객체의 VMT 필드를 초기화하면 된다.

HLA로 작성된 클래스 구조체 선언 문법은 다음과 같다.

```
procedure student2.create; @noframe;
begin create;

    push( eax );

    // "student2.create();" 방식으로 호출하면, ESI에는 NULL이 포함될 수 있음
    // "John.create();"와 같이 객체 참조 방식으로 호출하면 ESI는 NULL이 될 수 없음

    if( esi == NULL ) then

        // 클래스 호출 시 힙에 객체 스토리지 할당

        mov( malloc( @size( student2 )), esi );

    endif;
    mov( &student2._VMT_, this._pVMT_ );

    // 클래스의 다른 필드 초기화 코드 입력

    pop( eax );
    ret();

end create;

procedure student3.create; @noframe;
begin create;

    push( eax );
    if( esi == NULL ) then

        mov( malloc( @size( student3 )), esi );

    endif;
```

```
// 클래스 초기화 필요시 기본 클래스 구조체를 호출해야 함

(type student2 [esi]).create(); // 기본 클래스 구조체 호출

// student3 필드 초기화 코드 입력

// student2.create는 student2 VMT 주소로 VMT 포인터를 초기화함
// 하지만 실제로는 student3 VMT 주소로 초기화해야 하므로
// 여기서 해당 내용을 수정함

mov( &student3._VMT_, this._pVMT_ );
pop( eax );
ret();

end create;
```

student2.create()와 student3.create()는 클래스 프로시저(정적 클래스 메소드)이며, 이들 클래스 프로시저는 VMT를 통해 간접적으로 객체에 접근하는 방식이 아니라 직접 해당 객체에 접근하는 방식을 사용한다. 따라서 John.create() 또는 Joan.create()를 호출하는 것은 student2.create() 클래스 프로시저를 호출하는 것이 되며, 같은 맥락에서 Jenny.create()를 호출하는 것은 student2.create() 클래스 프로시저를 호출하는 것이 된다.

다음 두 구문을 살펴보자.

```
mov( &student2._VMT_, this._pVMT_ );

mov( &student3._VMT_, this._pVMT_ );
```

위 코드는 해당 클래스의 VMT 주소를 복사해 생성될 객체의 VMT 포인터 필드(this._pVMT_)에 입력한다.

student3.create() 구조체에 포함된 다음 구문을 살펴보자.

```
(type student2 [esi]).create();  // 기본 클래스 구조체 호출
```

위 코드 실행 시점에 80x86 ESI 레지스터는 student3 객체의 포인터 값을 얻게 되며, type student2 [esi]는 student2 포인터를 생성하게 된다. 이는 기본 클래스의 구조체를 호출해 기본 클래스의 모든 필드를 초기화하는 데 사용된다.

마지막으로 다음 코드를 살펴보자.

```
var
    John        :pointer to student2;
    Joan        :pointer to student2;
    Jenny       :pointer to student3;
        .
        .
        .
    student2.create(); // 다른 언어는 "new student2" 구문을 사용하기도 함
    mov( esi, John );  // John의 새 student2 객체에 포인터 저장
    student2.create();
    mov( esi, Joan );
    student3.create();
    mov( esi, Jenny );
```

John과 Joan 객체의 _pVMT_ 입력란을 보면 student2 클래스의 VMT 주소가 포함된 것을 알 수 있으며, Jenny 객체의 _pVMT_ 입력란을 보면 student3 클래스의 VMT 주소가 포함된 것을 알 수 있다.

7.5.3 클래스 개념 2: 다형성

HLA로 선언한 student2 변수가 있다면, 즉 메모리에 student2 객체의 포인터를 지닌 변수가 있다면 다음의 코드로 setName() 메소드를 호출해 객체의 이름을 설정할 수 있다.

```
John.setName("John");
Joan.setName("Joan");
```

위와 같은 호출 방식은 HLA가 처리하는 하이레벨 작업의 사례 중 하나이며, 컴파일러는 위 코드를 다음과 같은 기계 코드로 변환해 처리한다.

```
mov( John, esi );
mov( (type student2 [esi])._pVMT_, edi );
call( [edi+0] );          // VMT에서 setName 메소드의 오프셋 값은 0
```

위 기계 코드의 작업 내용은 다음과 같다.

1. 첫 번째 코드 라인은 John 포인터의 주소를 ESI 레지스터에 복사한다. 이는 80x86에서 이뤄지는 대부분의 간접 접근 작업은 메모리 변수에서가 아닌, 레지스터에서 처리되기 때문이다.

2. 두 번째 코드 라인에서 VMT 포인터는 student2 객체의 필드이므로, VMT에 저장된 setName() 메소드의 포인터를 가져온다. 객체의 _pVMT_ 필드에는 VMT 주소가 포함돼 있다. 이 작업 또한 레지스터에 접근해 간접적으로 처리해야 하며, VMT 포인터를 80x86 EDI 레지스터에 복사한다.

3. EDI가 가리키는 VMT에는 두 개의 입력값이 있다. 오프셋 0에 위치한 첫 번째 입력값에는 student2.setName() 메소드의 주소가 있고, 오프셋 4에 위치한 두 번째 입력값에는 student2.getName() 메소드의 주소가 있다. 우리는 student2.setName() 메소드를 호출할 것이므로, 이번 세 번째 코드 라인은 메모리에서 [edi+0] 위치의 주소에 있는 메소드를 호출한다.

사실 위와 같은 방식은 직접 student.setName()을 호출하는 것보다 복잡한 편이지만, 이런 단점을 감수하는 이유가 있다. John과 Joan 모두 student2 객체이고 Jenny는 student3 객체라는 사실을 알고 있으며, 위와 같은 과정을 거친 후에는 student2.setName() 또는 student3.setName() 메소드를 직접 호출할 수 있다. 결과적으로, 하나의 기계 명령으로 여러 객체에 좀 더 빠르고 간단하게 접근할 수 있다.

클래스 선언에서 위와 같은 사전 작업을 하는 이유는 다형성을 지원하기 위함이다. 다음과 같이 student2 객체를 선언하는 경우를 생각해보자.

```
var student:pointer to student2;
```

student2에 Jenny를 할당하고 student.setName()을 호출하면 어떻게 될까? 위 코드는 John을 할당할 때의 코드와 사실상 같은 의미다. 즉, ESI 레지스터에 있는 student 객체에 저장된 포인터를 로딩하고, EDI 레지스터에 _pVMT_ 필드 내용을 복사한 후 VMT의 첫 번째 입력값, 즉 setName() 메소드를 가리키는 포인터를 통해 간접적으로 해당 객체에 접근한다.

하지만 이번 코드와 이전 코드 간에는 한 가지 중요한 차이점이 있다. 이번 코드에서 student는 메모리에 있는 student3 객체를 가리킨다. 따라서 프로그램이 VMT 주소를 EDI 레지스터에 로딩하면, EDI는 student2 VMT가 아니라 student3 VMT를 가리키게 된다. 따라서 프로그램이 setName() 메소드를 호출하면, student2.setName()이 아니라 student3. setName() 메소드가 호출된다. 이와 같은 작동 방식이 바로 현대 객체지향 프로그래밍 언어의 한 가지 특유한 속성인 다형성에 의한 것이다.

7.5.4 추상 메소드와 추상 기본 클래스

추상 기본 클래스abstract base class는 파생 클래스에 공통 필드를 제공한다. 프로그래머는 추상 기본 클래스 타입의 변수를 직접 선언할 수 없으며, 파생 클래스 중 하나의 타입으로 선언할 수 있다. 즉, 추상 기본 클래스는 다른 클래스를 만들기 위한 템플릿과 같은 역할만 수행한다.

표준 기본 클래스와 추상 기본 클래스 간의 유일한 차이점은 최소 하나 이상의 추상 메소드abstract method를 선언했는지 여부다. 추상 메소드는 추상 기본 클래스에서 실제로는 별도의 기능을 구현하지 않는 특수한 형태의 메소드이며, 추상 메소드를 직접 호출하려고 하면 예외 처리 메시지가 표시된다.

이와 같이 유명무실해 보이는 추상 메소드를 사용하는 이유를 알아보자. 예를 들어 숫자형 변수를 포함하는 클래스를 생성하는 경우를 생각해보자. 첫 번째 변수는 무부호 정수, 두 번째 변수는 부호 정수, 세 번째 변수는 BCD 값, 네 번째 변수는 real64 값을 포함하도록 한다. 이와 같은 변수를 선언할 때는 서로 독립적으로 작동하는 네 개의 클래스를 생성하면서도 이들 클래스가 지닌 공통점을 활용할 수 있도록 해야 한다. 예를 들어 다음 HLA 클래스 선언을 살펴보자.

```
type

    uint: class
        var
            TheValue: dword;

        method put;
        << 이 클래스를 위한 다른 메소드 구현 >>
    endclass;

    sint: class
        var
            TheValue: dword;

        method put;
        << 이 클래스를 위한 다른 메소드 구현 >>
    endclass;

    r64: class
        var
            TheValue: real64;

        method put;
        << 이 클래스를 위한 다른 메소드 구현 >>
    endclass;
```

위와 같은 클래스 구현 방식은 나름 합리적이라 할 수 있다. 데이터를 저장할 필드를 생성하고, put() 메소드를 구현해 표준 출력 장치에 데이터를 전달하는 내용을 담고 있으며, 데이터 처리를 위한 다양한 메소드와 프로시저를 추가할 수 있다. 하지만 이와 같은 클래스 선언은 기본 클래스에 대한 상속 부분이 빠져 있으며, 이 때문에 두 가지 문제점이 발생한다.

우선, 작은 문제점은 클래스에서 공통 필드가 필요할 때마다 선언 작업을 여러 번 반복해야 한다는 것이다. 예를 들어, put() 메소드가 각 클래스에 포함돼 있으므로 공통 작업을 수행하더라도 클래스에서 개별적으로 선언해야 한다.[6]

다음으로, 좀 더 큰 문제점은 이와 같은 방식은 클래스 사용의 중요 이유 중 하나인 제네릭generic 속성을 반영하지 못한다는 것이다. 숫자형 객체를 가리킬 제네릭 포인터를 생성할 수 없으며 덧셈, 뺄셈 등의 연산을 수행하거나 다양한 연산 결과를 출력하는 데도 제약이 따른다.

이와 같은 문제점은 기본 클래스를 추가하고 기존 클래스 선언을 파생 클래스 선언부에 넣음으로써 해결할 수 있다. 기존 클래스 선언을 개선한 코드는 다음과 같다.

```
type
    numeric: class
        method put;
        << 모든 클래스가 공유하는 공통 메소드 구현 >>
    endclass;

    uint: class inherits( numeric )
        var
            TheValue: dword;

        override method put;
        << 이 클래스를 위한 다른 메소드 구현 >>
    endclass;

    sint: class inherits( numeric )
        var
            TheValue: dword;

        override method put;
        << 이 클래스를 위한 다른 메소드 구현 >>
    endclass;

    r64: class inherits( numeric )
        var
```

---

6   TheValue는 r64 클래스에서 다른 타입을 지니므로 공통 필드는 아니다.

```
        TheValue: real64;

    override method put;
        << 이 클래스를 위한 다른 메소드 구현 >>
endclass;
```

먼저 위 코드는 numeric을 상속한 put() 메소드를 생성해 파생 클래스가 언제든 put() 메소드를 사용할 수 있게 함으로써 프로그램의 유지 보수를 간편하게 한다. 이어서 위 코드는 파생 클래스를 사용하므로, numeric 타입을 가리키는 포인터를 생성해 uint, sint, r64 객체의 주소를 포인터에 로딩할 수 있도록 한다. 이 포인터는 numeric 클래스에 정의된 메소드를 호출해 덧셈, 뺄셈, 기타 수치 연산을 수행하도록 한다. 즉, 이 포인터를 사용하는 애플리케이션은 정확한 데이터 타입을 알 필요가 없으며, 프로그래머는 제네릭 패턴의 이점을 최대한 활용하며 수치 데이터만 제공하면 된다.

이러한 방식의 단점은 numeric 타입의 변수를 선언하고 사용할 때 가능하다는 것이며, 이와 같은 numeric 타입 변수는 다른 수 타입을 나타내는 데 사용할 수 없다. 이는 해당 타입이 파생 클래스의 numeric 필드에 데이터를 저장하기 때문이다. 또한 numeric 클래스에 put() 메소드를 선언했으므로, 실제로는 사용할 계획이 없더라도 해당 메소드를 구현하는 코드를 작성한 후 실제 필요한 기능은 해당 파생 클래스에서 구현해야 한다. 이를 위해 메소드에 별 의미 없는 오류 메시지 출력 코드를 작성하더라도, 해당 코드는 결코 실행되지 않을 것이다.

하지만 여러분이 추상 메소드를 사용하면, 이와 같은 불필요한 작업을 하지 않아도 된다. HLA에서 메소드 선언 뒤에 abstract 키워드를 추가하면 이 클래스를 위한 메소드를 여러분이 직접 작성하지 않을 것이란 점을 밝힌 것이 되며, 모든 파생 클래스가 추상 메소드를 구현할 책임을 지게 된다. 이후에는 여러분이 직접 추상 메소드를 호출하려고 하면 HLA가 예외 처리 메시지를 표시한다.

다음 코드는 numeric 클래스에서 put() 메소드를 추상 메소드로 변환한다.

```
type
    numeric: class
        method put; abstract;
```

```
        << 모든 클래스가 공유하는 공통 메소드 구현 >>
    endclass;
```

추상 기본 클래스는 최소 하나 이상의 추상 메소드를 지닌다. 하지만 추상 기본 클래스에서 여러분이 모든 메소드에 abstract 속성을 부여할 필요는 없으며, 내부에 표준 메소드를 선언해도 무방하다. 추상 메소드 선언은 기본 클래스가 파생 클래스가 구현해야 하는 제네릭 메소드를 설정할 수 있도록 한다. 만일 파생 클래스에서 모든 추상 메소드에 대한 구체적인 구현을 하지 않으면, 추상 기본 클래스가 해당 역할을 넘겨받게 된다.

앞서 여러분이 직접 추상 기본 클래스 타입의 변수를 생성해서는 안 된다고 했는데, 만일 여러분이 추상 메소드를 직접 실행하려고 시도하면 잘못된 메소드 호출이라면서 예외 처리 메시지를 표시할 것이다.

7.6 C++의 클래스

지금까지는 HLA 언어로 작성된 클래스와 객체 예제를 살펴봤으며, 지난 예제를 통해 클래스의 로우레벨에서의 구현 방식을 통해 좀 더 세밀하게 관련 메커니즘을 살펴볼 수 있었다. 이제부터는 하이레벨 언어를 이용한 클래스와 객체 구현 방식을 알아본다. 먼저 C++ 언어를 이용해서 클래스를 선언해보자.

다음은 C++ 언어로 작성한 student2 클래스 선언이다.

```
class student2
{
    private:
        char    Name[65];
        short   Major;
        char    SSN[12];
        short   Midterm1;
        short   Midterm2;
        short   Final;
        short   Homework;
        short   Projects;
```

```
    protected:
        virtual void clearGrades();

    public:
        student2();
        ~student2();

        virtual void getName(char *name_p, int maxLen);
        virtual void setName(const char *name_p);
};
```

지난 HLA 기반 클래스 선언과의 가장 큰 차이점은 private, protected, public 키워드를 사용한다는 것이다. C++와 다른 하이레벨 언어는 캡슐화^{encapsulation}에 초점을 맞추며, 이들 세 개의 키워드는 C++의 캡슐화를 돕는 대표적인 도구라 할 수 있다.

스코프^{scope}, 프라이버시^{privacy}, 캡슐화는 현대 소프트웨어 엔지니어링과 하이레벨 언어의 중요한 이슈 중 하나이지만, 메모리에 클래스와 객체를 구현하는 방식에서는 기존 로우레벨 언어와 큰 차이가 없다. 따라서 이 책에서는 클래스 구현 방식 자체에 초점을 맞추고, 캡슐화 등의 이슈는 이후 출간될 WGC4와 WGC5에서 상세히 알아본다.

메모리에서 C++로 작성된 student2 객체의 레이아웃은 HLA 언어로 작성된 것과 매우 비슷하며, 특히 데이터 필드와 VMT 활용 방식 등은 큰 차이점이 없다.

다음은 C++의 클래스 상속 예제 코드다.

```
class student3 : public student2
{
    public:
        short extraTime;
        virtual void setName(char *name_p, int maxLen);
        student3();
        ~student3();
};
```

구조체와 클래스의 선언 내용은 기존 HLA 버전과 C++ 버전이 거의 동일하지만, 클래스 선언 초반부의 가시성은 private인 반면에 구조체의 가시성은 public이라는 차이점이 있다. 따라서 이를 수정하기 위해 다음과 같이 코드를 수정한다.

```
struct student3 : public student2
{
    short extraTime;
    virtual void setName(char *name_p, int maxLen);
    student3();
    ~student3();
};
```

7.6.1 C++의 추상 멤버 함수 및 클래스

C++는 추상 멤버 함수 선언 시 (다소 특이하게) 클래스 함수 선언 뒤에 '= 0;'을 추가한다.

```
struct absClass
{
    int someDataField;
    virtual void absFunc( void ) = 0;
};
```

HLA의 경우처럼 C++의 클래스도 하나 이상의 추상 함수를 지녀야 하며, 추상 함수를 지닌 클래스를 추상 클래스라 부른다. 추상 함수는 형식적인 요소이며, 파생 클래스에서 이를 오버라이딩해 필요한 기능을 구현해야 한다.

7.6.2 C++의 다중 상속

C++는 다중 상속multiple inheritance을 지원하는 몇 안 되는 현대 프로그래밍 언어이며, 클래스는 다수의 클래스로부터 데이터와 멤버 함수를 상속받을 수 있다. 다음과 같이 다수의 클래스를 선언하는 C++ 코드를 살펴보자.

```
class a
{
    public:
        int i;
        virtual void setI(int i) { this->i = i; }
};

class b
{
    public:
        int j;
        virtual void setJ(int j) { this->j = j; }
};

class c : public a, public b
{
    public:
        int k;
        virtual void setK(int k) { this->k = k; }
};
```

위 코드에서 클래스 c는 클래스 a와 b의 모든 정보를 상속하며, 이와 같은 내용을 반영해 C++ 컴파일러가 생성한 클래스 c의 메모리 레이아웃은 다음과 같다.

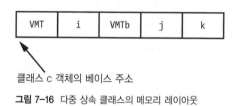

클래스 c 객체의 베이스 주소

그림 7-16 다중 상속 클래스의 메모리 레이아웃

그림 7-17에서 보듯이 보통의 VMT의 포인터 엔트리에는 setI(), setJ(), setK() 메소드의 주소가 들어있으며, 여러분이 setI() 메소드를 호출하면 컴파일러는 객체 내 VMT 포인터 엔트리의 주소(그림 7-16 c 객체의 베이스 주소)를 로딩한다.

setI() 메소드를 위해 로딩 작업을 수행할 때, 시스템은 해당 메소드가 a 타입 객체를 가리키는 것으로 처리한다. 특히 this.VMT 필드는 VMT의 첫 번째 엔트리인 setI() 메소드의 주소를 가리킨다. setI() 메소드는 메모리의 해당 오프셋(this+4)에서 데이터 i의 값을 가져오며, setI() 메소드 관점에서 보면 this는 (결과적으로는 c 타입 객체를 가리키더라도) 표면적으로는 a 타입 객체를 가리킨다.

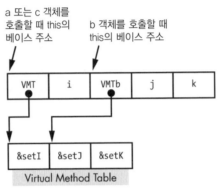

그림 7-17 this 값의 다중 상속

setK() 메소드를 호출하는 경우에도 시스템은 c 객체의 베이스 주소를 전달한다. setK()는 c 타입 객체를 전달받을 것을 기대하고 this는 c 타입 객체를 가리키므로, 객체 내 모든 요소의 오프셋은 setK()가 기대하는 것과 일치한다. 이때 c 타입 객체와 클래스 메소드는 VMT2 포인터 필드는 무시한다.

하지만 프로그램이 setJ() 메소드를 호출할 때 문제가 발생한다. setJ()는 클래스 b에 속하므로 this는 클래스 b의 VMT 포인터 주소를 지니고 있으며, 데이터 필드 j는 (this+4) 오프셋에 있을 것으로 기대한다. 그러나 c 객체의 this 포인터를 setJ()에 전달하면 (this+4)는 데이터 필드 j가 아니라 데이터 필드 i를 참조하게 된다. 또한 클래스 b 메소드가 클래스 b의 또 다른 메소드를 호출하면 오프셋 0에 있는 setI()의 포인터를 지닌 VMT를 가리키게 된다.

이와 같은 문제를 해결하기 위해 C++ 컴파일러는 c 객체의 j 데이터 필드 바로 앞에 VMT 포인터를 하나 더 추가한다. 추가된 포인터는 그림 7-17과 같이 두 번째 VMT 필드가 클래스 b 포인터가 시작되는 위치에서 c VMT를 가리키도록 한다. 클래스 b의 메소드를 호출하면, 컴파일러는 this 포인터를 두 번째 VMT 포인터 주소로 초기화하는 코드를 생성한다. 이렇게 하면 클래스 b 메소드로 setJ()를 실행할 때 this가 클래스 b의 VMT 포

인터를 가리키도록 할 수 있고, j 데이터 필드는 클래스 b 메소드가 예상한 대로 (this+4)
오프셋 위치에 나타나게 된다.

7.7 자바의 클래스

C 기반 언어 중 하나인 자바 역시 C++와 유사한 방식으로 클래스를 정의하지만, 다중 상
속은 지원하지 않고 추상 메소드 선언에서 좀 더 합리적인 선언 방식을 사용한다. 다음은
자바의 클래스 선언이다.

```java
public abstract class a
{
    int i;
    abstract void setI(int i);
};

public class b extends a
{
    int j;
    void setI( int i )
    {
        this.i = i;
    }

    void setJ(int j)
    {
        this.j = j;
    }
};
```

7.8 스위프트의 클래스

C 기반 언어 중 하나인 스위프트 역시 C++처럼 class 또는 struct 키워드를 이용해 클래스를 정의하지만, 스위프트의 구조체와 클래스는 C++의 그것과는 다른 의미를 지닌다.

스위프트 구조체는 C++의 클래스 변수와 유사하며, 스위프트 클래스는 C++의 객체를 가리키는 포인터와 유사하다. 스위프트에서 구조체는 값 객체value object이고, 클래스는 참조 객체reference object다. 여러분이 스위프트에서 구조체 객체를 생성하면, 시스템은 모든 객체를 담을 수 있을 정도로 충분한 메모리를 할당한 후 스토리지 공간을 해당 변수로 묶는다.[7]

또한 스위프트는 자바의 경우처럼 다중 상속은 지원하지 않으며, 오직 단일 상속만 허용하고 추상 멤버 함수나 추상 클래스를 지원하지 않는다. 다음은 스위프트의 클래스 선언이다.

```
class a
{
    var i: Int;
    init( i:Int )
    {
        self.i = i;
    }
    func setI( i :Int )
    {
        self.i = i;
    }
};

class b : a
{
    var j: Int = 0;
    override func setI( i :Int )
```

---

7 엄밀히 말하면 항상 그렇지는 않다. 이는 스위프트가 성능 문제를 고려해 copy-on-write 기법을 사용하기 때문이다. 여러분이 구조체의 필드 값을 변경하지 않는 한, 스위프트의 다중 구조체 객체는 동일한 메모리 공간을 공유한다. 하지만 여러분이 구조체의 내용을 변경하면, 스위프트는 이에 대한 사본을 만든 후 사본에 변경 내용을 반영한다. 상세한 내용은 스위프트 개발자 문서를 참고한다.

```
        {
        self.i = I;
        }
        func setJ( j:Int)
        {
            self.j = j;
        }
};
```

스위프트에서 모든 멤버 함수는 기본적으로 별도의 기능을 구현하지 않는다. 아울러 init() 함수는 생성자의 역할을 수행하고, deinit() 함수는 그 반대의 역할을 담당한다.

7.9 프로토콜과 인터페이스

자바와 스위프트는 프로그래밍 로직 문제로 인해 다중 상속을 허용하지 않으며, 대표적인 사례가 다이아몬드 격자diamond lattice 데이터 구조와 관련된 문제다. 이 문제는 b와 c라는 두 개의 클래스가 a라는 하나의 클래스로부터 상속받았을 때, 네 번째인 d 클래스는 b와 c 클래스 모두에게서 상속받게 되는 문제를 말한다.

다중 상속이 이와 같은 문제점을 지니고 있기는 하지만, 다중 상속이라는 개념의 유용성은 확실히 존재한다. 그래서 자바와 스위프트는 다중 상속의 이점을 활용하기 위해 클래스가 다른 여러 소스의 메소드와 함수는 상속할 수 있도록 하되, 데이터 필드만은 단일 부모 클래스에게서 상속받도록 한다. 이런 방식은 다중 상속에서 정확하게 어떤 데이터 필드를 상속하는지 미리 알도록 하고, 다양한 소스의 메소드가 주는 이점을 활용할 수 있도록 한다. 자바는 이를 인터페이스interface라 부르고, 스위프트는 이를 프로토콜protocol이라 부른다.

다음은 스위프트의 프로토콜 선언과 해당 프로토콜을 지원하는 클래스 선언이다.

```
protocol someProtocol
{
    func doSomething()->Void;
    func doSomethingElse() ->Void;
```

```
}
protocol anotherProtocol
{
    func doThis()->Void;
    func doThat()->Void;
}

class supportsProtocols: someProtocol, anotherProtocol
{
    var i:Int = 0;
    func doSomething()->Void
    {
        // 관련 함수 정의
    }
    func doSomethingElse()->Void
    {
        // 관련 함수 정의
    }
    func doThis()->Void
    {
        // 관련 함수 정의
    }
    func doThat()->Void
    {
        // 관련 함수 정의
    }}
}
```

스위프트 프로토콜은 모든 함수를 지원하지는 않으며, 클래스가 해당 프로토콜이 지정한 함수를 지원하도록 한다. 위 코드에서 supportsProtocols 클래스는 프로토콜이 지원하게 될 모든 함수를 제공한다. 프로토콜은 추상 메소드만 포함한 추상 클래스와 유사한 기능을 수행하며, 상속 클래스는 추상 메소드의 내용을 직접 구현해야 한다.

다음은 자바의 인터페이스 선언과 이를 지원하는 클래스 선언이다.

```
class InterfaceDemo {
    interface someInterface
```

```
{
    public void doSomething();
    public void doSomethingElse();
}
interface anotherInterface
{
    public void doThis();
    public void doThat();
}

class supportsInterfaces implements someInterface, anotherInterface
{
    int i;
    public void doSomething()
    {
        // 관련 함수 정의
    }
    public void doSomethingElse()
    {
        // 관련 함수 정의
    }
    public void doThis()
    {
        // 관련 함수 정의
    }
    public void doThat()
    {
        // 관련 함수 정의
    }
}

public static void main(String[] args) {
System.out.println("InterfaceDemo");
}
}
```

인터페이스와 프로토콜은 자바와 스위프트가 제공하는 기본 클래스라고 할 수 있으며, 클래스 객체의 인스턴스를 생성하고 이를 interface 및 protocol 타입의 변수에 할당하면 해당 interface와 protocol을 지원하는 멤버 함수를 실행할 수 있다. 이를 반영한 다음의 자바 코드를 살펴보자.

```
someInterface some = new supportsInterfaces();

// someInterface를 위해 정의된 멤버 함수 호출

some.doSomething();
some.doSomethingElse();

// "some" 변수를 이용한
// doThis 또는 doThat 호출,
// i 데이터 필드 접근 시 오류 발생
```

이를 반영한 스위프트 코드는 다음과 같다.

```
import Foundation

protocol a
{
    func b()->Void;
    func c()->Void;
}

protocol d
{
    func e()->Void;
    func f()->Void;
}

class g : a, d
{
    var i:Int = 0;

    func b()->Void {print("b")}
    func c()->Void {print("c")}
    func e()->Void {print("e")}
```

```
    func f()->Void {print("f")}

    func local()->Void {print( "local to g" )}
}


var x:a = g()
x.b()
x.c()
```

인터페이스와 프로토콜은 인터페이스와 프로토콜에서 선언된 함수의 주소를 포함한
VMT 포인터를 이용해 구현할 수 있다. 따라서 위 코드에서 스위프트 g 클래스의 데이터
구조는 프로토콜 a, d와 (local() 함수의 포인터를 지닌) 클래스 g 등, 세 개의 VMT 포인터
를 지닌다.

interface 또는 protocol 타입의 변수를 생성하면, 이 변수는 해당 interface 또는
protocol의 VMT 포인터를 지니게 된다. 위 예제 코드에서 g()를 x 변수에 할당하는 부분
은 실제로는 a 프로토콜의 VMT 포인터를 x에 복사하는 작업을 수행한다. 이후 x.b 또는
x.c를 실행하면, VMT에서 실제 함수의 주소를 가져오게 된다.

7.10 제네릭과 템플릿

클래스와 객체는 객체지향 프로그래밍 기법이 존재하지 않던 시기에는 불가능했던 여러
가지 작업을 가능하게 만들어줬지만, 객체는 소프트웨어 엔지니어링을 위한 완벽한 제네
릭 도구는 아니다. '제네릭generic'이라는 개념은 1973년에 등장한 ML 프로그래밍 언어에
서 처음 사용됐으며, 이후 에이다 프로그래밍 언어와 함께 범용성과 확장성extensibility을 구
현하는 방식으로 큰 인기를 얻었다. 오늘날에는 C++, 스위프트, 자바, HLA, 델파이 등 거
의 모든 프로그래밍 언어가 제네릭 프로그래밍 기법을 지원한다(C++에서는 템플릿이라 부
르고, HLA는 매크로를 이용한다).

제네릭 프로그래밍generic programming 스타일이란, 프로그래머는 미래에 구체적으로 정
의될 수 있는 임의의 데이터 타입에 대한 연산을 수행하는 알고리듬을 만들고 제네릭 타

입 사용 직전에 실제로 필요한 데이터 타입을 정의하는 방식을 말한다.

제네릭 프로그래밍의 필요성을 이해하기 위해 연결 리스트^{linked list} 클래스를 예로 들어보자. 여러분은 매우 간단하게 정수 타입 목록을 관리할 수 있는 리스트 클래스를 선언했다. 이후 더블 타입 목록이 필요한 경우, 간단한 복사 및 붙여넣기 작업을 통해 더블 타입을 처리할 수 있는 리스트 클래스로 만들 수 있다. 만일 문자열 타입 목록이 필요하다면, 그 역시 간단한 복사 및 붙여넣기 작업을 통해 문자열 타입을 처리할 수 있는 리스트 클래스로 만들 수 있다. 객체 타입 목록이 필요한 경우에도 마찬가지로 간단하게 바꿀 수 있다. 이런 방식으로 순식간에 수십여 가지 리스트 클래스를 생성할 수 있다.

하지만 이후 원본 리스트 클래스에서 버그가 발견되면 어떻게 해야 할까? 아마도 지금까지 구현한 모든 종류의 리스트 선언 코드를 이동하며 수정해야 할 것이고, '복사 및 붙여넣기' 작업의 문제점을 깨닫게 될 수도 있을 것이다. 이와 같은 문제를 해결해줄 수 있는 것이 바로 제네릭 클래스(C++의 템플릿)다. 우선 제네릭 클래스로 리스트에 대한 알고리듬만 작성하고 노드 타입에 대해서는 고민하지 않는다.

노드 타입은 이후 해당 제네릭 클래스 타입 객체를 선언할 때 설정한다. 정수, 더블, 문자열, 객체 리스트 생성 시 제네릭 리스트 클래스에 해당 데이터 타입만 제공하면 된다. 원본 제네릭 클래스에 버그가 있는 경우 원본 제네릭 클래스에서 버그를 수정하고 다시 컴파일하면 되며, 제네릭 타입이 사용된 다른 모든 부분도 자동으로 수정된다.

다음은 C++의 node 클래스 및 list 클래스 선언이다.

```
template< class T >
class node {
    public:
        T data;
    private:
        node< T > *next;
};

template< class T >
class list {
    public:
        int  isEmpty();
        void append( T data );
```

```
        T    remove();
        list() {
            listEnd = new node< T >();
            listEnd->next = listEnd;
        }
    private:
        node< T >* listEnd;
};
```

위 코드에서 <T>는 파라미터화 타입parameterized type을 의미하며, 여러분이 타입을 제공하면 컴파일러가 템플릿 내 T가 사용된 모든 곳의 타입을 해당 타입으로 채우게 된다. 즉, 위 코드에서 파라미터 타입으로 int를 제공하면, C++ 컴파일러가 모든 T 인스턴스를 int 대체 타입으로 채운다. 다음의 C++ 코드는 정수 및 더블 타입 리스트를 생성할 수 있다.

```
#include <iostream>
#include <list>

using namespace std;

int main(void) {
    list< int > integerList;
    list< double > doubleList;

    integerList.push_back( 25 );
    integerList.push_back( 0 );
    doubleList.push_back( 1.2 );
    doubleList.push_back( 3.14 );

    cout << "integerList.size() " << integerList.size() << endl;
    cout << "doubleList.size() " << doubleList.size() << endl;

    return 0;
}

    doubleList.add( 3.14 );
```

제네릭을 구현하는 가장 간단한 방법은 매크로^{macro}를 사용하는 것이다. 컴파일러가 `<int> integerList` 리스트 선언부를 발견하면, 연관 템플릿 코드를 실행해 T 타입을 int 타입으로 대체하게 된다.

이 같은 템플릿 확장^{template expansion} 과정에서 대량의 코드가 생성될 수 있으며, 현대 컴파일러는 이 과정을 최적화해 불필요한 코드 생성을 최소화한다. 예를 들어 다음과 같이 두 개의 변수를 선언하는 경우를 살펴보자.

```
list <int> iList1;
list <int> iList2;
```

위 두 변수의 경우 타입이 모두 int이므로, 두 개의 리스트 클래스를 생성할 필요가 없다. 즉, 템플릿 확장 작업 내용이 동일하므로 최신의 컴파일러는 이들 두 변수 선언에 동일한 클래스 선언 방식을 사용할 것이다.

최신 컴파일러는 remove()와 같은 함수를 인식할 수 있는 능력을 지니고 있지만, 해당 노드 데이터 타입은 신경 쓰지 않는다. '삭제'라는 작업은 거의 모든 데이터 타입에서 동일한 방식으로 이뤄지므로, 다른 타입의 remove() 함수를 위해 새로운 코드를 생성할 필요가 없는 것이다. 클래스와 객체의 다형성이라는 특성에 따라 단 하나의 remove() 멤버 함수만으로 다양한 데이터 타입의 '삭제' 작업 요청에 적절히 대응할 수 있으며, 데이터 타입에 따른 미세한 대응 방식의 차이는 컴파일러가 결정하게 된다.

하지만 템플릿 및 제네릭 확장은 궁극적으로는 매크로 확장^{macro expansion} 프로세스라 할 수 있으며, 각종 작업 수행 방식은 컴파일러가 최적화한다.

7.11 참고 자료

Hyde, Randall. *The Art of Assembly Language*. 2nd ed. San Francisco: No Starch Press, 2010.

Knuth, Donald. *The Art of Computer Programming, Volume I: Fundamental Algorithms*. 3rd ed. Boston: Addison-Wesley Professional, 1997.

8

불리언 로직과 디지털 설계

불리언 로직[Boolean logic]은 현대 컴퓨터 시스템의 근간을 이루며, 모든 알고리듬과 컴퓨터 회로는 불리언 식으로 나타낼 수 있다. 프로그래머라면 소프트웨어의 작동 원리를 이해하기 위해 불리언 로직과 디지털 설계 방식부터 파악해야 한다.

이번 장의 내용은 전자 회로를 설계하거나 전자 회로를 제어하는 소프트웨어 프로그래머에게 특히 중요하지만, 소프트웨어를 최적화하려는 모든 이에게 중요한 주제다. 다수의 하이레벨 언어는 if 문이나 while 문을 제어하기 위해 불리언 식을 사용하며, 불리언 식을 통해 하이레벨 언어로 작성된 코드의 성능을 최적화할 수 있다.

8장에서는 불리언 식을 최적화할 수 있는 다양한 원리와 기법을 제공한다.

- 불리언 대수, 불리언 연산자, 불리언 함수
- 불리언 공리와 불리언 명제의 개요
- 진리표와 불리언 함수 최적화
- 정규형
- 전자 회로와 불리언 함수 대체식

일반적인 소프트웨어 개발에 불리언 대수와 디지털 회로 설계까지는 필요하지 않을 수 있지만, 이번 주제에 익숙해지면 이후 CPU의 로우레벨 구현과 관련된 내용을 살펴볼 때 많은 도움이 될 것이다.

8.1 불리언 대수

불리언 대수Boolean algebra는 연역적 수학의 한 분야로, '°' 기호로 표시하는 이항 연산자 binary operator는 한 쌍의 불리언 값을 입력으로 받아서 새로운 불리언 값을 만든다. 예를 들면, 불리언 AND 연산자는 두 개의 불리언 값을 입력으로 받아서 하나의 불리언 결괏값 (두 개의 입력값을 논리 AND한 값)을 만든다.

8.1.1 불리언 연산자

불리언 대수에 사용되는 값과 연산자는 다음과 같다.

- 불리언 대수에서는 0과 1만 사용하며, 이를 각각 거짓false, 참true이라고도 한다.
- '•' 표시는 논리 AND 연산자를 나타낸다. 예를 들어 $A•B$는 A와 B의 불리언 값을 논리 AND시킨 값이다. 한 글자로 된 변수 이름을 사용할 때는 '•' 표시를 빼고 표기하기도 한다. 예를 들어 AB는 변수 A와 B의 값을 논리 AND시킨 값을 나타내며, A와 B의 곱product이라 한다.
- '+' 표시는 논리 OR 연산자를 나타낸다. 예를 들어 $A+B$는 변수 A와 B의 값을 논리 OR시킨 값을 나타내며, A와 B의 합sum이라 한다.
- 논리 역logical complement, logical negation, NOT은 모두 동일한 단항 연산자를 가리킨다. 8장에서는 논리 역을 표시할 때 '′' 문자를 사용한다. 예를 들어 $A′$는 A의 논리 역이다.

8.1.2 불리언 공리

모든 대수학은 일정한 초기 가정, 즉 공리postulates를 기반으로 한다. 규칙rule이나 정리 theorem 혹은 다른 특징들은 이들 공리로부터 나온 것이다. 불리언 대수에서 사용하는 주요 공리는 다음과 같다.

닫힘closure: 어떤 이항 연산자가 모든 불리언 입력값에 대해 항상 불리언 값만을 만든다면, 이 이항 연산자에 대해 닫혀 있다고 한다.

교환법칙commutativity: 어떤 이항 연산자 ‘°’가 모든 불리언 값 A, B에 대해 $A°B = B°A$를 만족하면, 이 연산자에 대해 교환법칙이 성립한다고 한다.

결합법칙associativity: 어떤 이항 연산자 ‘°’가 모든 불리언 값 A, B에 대해 $(A°B)°C = A°(B°C)$를 만족하면, 이 연산자에 대해 결합법칙이 성립한다고 한다.

분배법칙distribution: 어떤 이항 연산자 ‘°’, ‘%’가 모든 불리언 값 A, B, C에 대해 $A°(B\%C) = (A°B)\%(A°C)$를 만족하면, 이 연산자에 대해 분배법칙이 성립한다고 한다.

항원identity: 모든 불리언 값 A에 대해 $A°I = A$를 만족하는 I가 존재하면, I를 이항 연산자 ‘°’에 대한 항원이라고 한다.

역원inverse: $A ≠ B$를 만족하는(불리언 대수에서 B가 항상 A의 반대 값인) 모든 불리언 값 A, B에 대해 $A°I = B$를 만족하는 I가 존재하면, I를 이항 연산자 ‘°’에 대한 역원이라고 한다.

위 공리를 불리언 연산자에 적용해 다음과 같은 공리를 추론할 수 있다.

공리 1: 불리언 대수는 AND, OR, NOT 연산에 대해 닫혀 있다.

공리 2: AND(•) 연산의 항원은 1이고, OR(+) 연산의 항원은 0이다. NOT(′) 연산에 대한 항원은 존재하지 않는다.

공리 3: • 연산과 + 연산에 대해서는 교환법칙이 성립한다.

공리 4: • 연산과 + 연산에 대해서는 분배법칙이 성립한다. 즉, $A•(B+C) = (A•B)+(A•C)$이고, $A+(B•C) = (A+B)•(A+C)$이다.

공리 5: • 연산과 + 연산에 대해서는 결합법칙이 성립한다. 즉, $(A•B)•C = A•(B•C)$이고, $(A+B)+C = A+(B+C)$이다.

공리 6: 모든 불리언 값 A에 대해 $A•A′ = 0$이고 $A•A′ = 1$을 만족하는 $A′$가 항상 존재한다. 이 $A′$의 값은 A의 논리역(또는 NOT)이다.

이와 같은 공리를 이용해 불리언 대수의 모든 정리를 증명할 수 있다. 8장에서는 불리언 관련 정리에 대해 상세히 설명하지는 않지만, 불리언 대수 연산에서 유용한 주요 정리는 다음과 같다.

정리 1: $A + A = A$

정리 2: $A \cdot A = A$

정리 3: $A + 0 = A$

정리 4: $A \cdot 1 = A$

정리 5: $A \cdot 0 = 0$

정리 6: $A + 1 = 1$

정리 7: $(A + B)' = A' \cdot B'$

정리 8: $(A \cdot B)' = A' + B'$

정리 9: $A + A \cdot B = A$

정리 10: $A \cdot (A + B) = A$

정리 11: $A + A'B = A + B$

정리 12: $A' \cdot (A + B') = A'B'$

정리 13: $AB + AB' = A$

정리 14: $(A' + B') \cdot (A' + B) = A'$

정리 15: $A + A' = 1$

정리 16: $A \cdot A' = 0$

노트 | 정리 7번과 정리 8번은 발견한 수학자의 이름을 따서 '드모르간(DeMorgan)의 법칙'이라고 한다.

불리언 대수의 중요한 특징 중 하나는 쌍대성^{duality}이다. 정리 1과 정리 2, 그리고 정리 3과 정리 4 등은 한 쌍을 형성한다. 불리언 대수의 공리와 정리를 이용해서 만든 유효한 수식은 수식에 사용된 연산자와 상수 값을 바꿔도 여전히 유효한 불리언 수식이 된다. 구체적으로 • 연산자와 + 연산자를 서로 바꾸고 0과 1을 서로 바꿔도 그 결과 수식은 여전히 불리언 대수의 모든 원칙을 만족하는 유효한 수식이다. 그렇다고 해서 쌍을 이루는 수식이 동일한 값을 가지는 것은 아니다. 쌍대성은 두 개의 수식 모두 유효한 불리언 식이 된다는 의미다.

8.1.3 불리언 연산자의 우선순위

하나의 불리언 식에 여러 개의 불리언 연산자가 있는 경우, 연산 순서는 연산자의 우선순위에 따라 결정된다. 다음은 불리언 연산자를 높은 우선순위 순서로 정렬한 것이다.

- 괄호parentheses
- 논리 역logical NOT
- 논리 ANDlogical AND
- 논리 ORlogical OR

논리 AND와 논리 OR은 좌측우선 결합left associative 연산자로, 같은 우선순위인 두 개의 연산자가 세 개의 피연산자에 적용되는 경우 왼쪽에서 오른쪽 방향으로 계산해야 한다. 논리 역 연산은 우측우선 결합right associative 연산자다. 하지만 이 연산자는 하나의 피연산자만을 지니는 단항 연산자이므로, 어떤 방식으로 계산하든 결괏값은 동일하다.

8.2 불리언 함수와 진리표

불리언 식Boolean expression은 0, 1, 리터럴이 불리언 연산자에 의해 결합된 형태를 지닌다. 여기서 리터럴literal이란 변수의 이름을 의미하며, 모든 리터럴은 하나의 문자 혹은 논리 역이 붙은 문자로 표시된다. 불리언 함수Boolean function는 특별한 형태의 불리언 식이며, 보통 F라는 이름을 사용한다.

다음 불리언 함수를 살펴보자.

$$F_0 = AB + C$$

위 함수는 A와 B를 논리 AND 연산한 후, 그 결괏값과 C를 논리 OR 연산한다. 만약 $A = 1, B = 0, C = 1$이면 F_0은 $(1 \cdot 0 + 1 = 1)$을 반환한다.

불리언 함수는 진리표truth table로도 나타낼 수 있다. 논리 AND와 논리 OR 함수의 진리표는 각각 표 8-1, 표 8-2와 같다.

표 8-1 AND 진리표

AND	0	1
0	0	0
1	0	1

표 8-2 OR 진리표

OR	0	1
0	0	1
1	1	1

위와 같은 진리표는 두 개의 변수와 이항 연산자를 지닌 수식은 간단하게 나타낼 수 있지만, 세 개 이상의 변수를 지닌 수식은 이러한 형태의 진리표로 나타내기 어렵다.

표 8-3은 다른 형식의 진리표다. 이런 형식의 진리표는 테이블에 값을 채워 넣기가 더 쉽고, 세 개 이상의 변수를 갖는 수식도 나타낼 수 있으며, 두 개 이상의 함수에 대한 진리표를 한꺼번에 나타낼 수 있다는 장점이 있다. 표 8-3은 세 개의 서로 다른 입력값을 갖는 세 개의 함수에 대한 진리표다.

표 8-3 세 개의 변수를 취하는 함수의 진리표

C	B	A	F = ABC	F = AB + C	F = A + BC
0	0	0	0	0	0
0	0	1	0	0	1
0	1	0	0	0	0
0	1	1	0	1	1
1	0	0	0	1	0
1	0	1	0	1	1
1	1	0	0	1	1
1	1	1	1	1	1

우리가 만들 수 있는 불리언 함수는 무수히 많지만, 모든 함수가 고유하지는 않다. 예를 들어 $F = A$와 $F = AA$는 서로 다른 함수 같지만, 정리 2에 의하면 이 두 함수는 A 값에 관계없이 항상 동일한 결괏값을 지닌다.

사실 입력값의 개수가 정해지면, 이 입력값으로 만들어지는 불리언 함수의 개수도 정해진다. 예를 들어 두 개의 변수를 사용하는 서로 다른[unique] 불리언 함수는 16개이고, 세 개의 변수를 사용하는 서로 다른 불리언 함수의 개수는 256개다. 즉, n개의 변수를 사용해 2^{2^n}개의 서로 다른 불리언 함수를 만들 수 있다.

두 개의 변수를 지니는 경우 2^{2^2}은 $2^4 = 16$이므로 불리언 함수의 개수는 16개이고, 세 개의 변수를 지니는 경우 2^{2^3}은 $2^8 = 256$이므로 불리언 함수의 개수는 256개가 된다. 네 개의 변수를 지니는 경우 2^{2^4}은 $2^{16} = 65,536$이므로 불리언 함수의 개수는 65,536개다.

두 개의 변수를 지니는 불리언 함수의 개수는 16개이므로, 표 8-4와 같이 각각의 함수에 고유한 이름을 부여할 수 있다.

표 8-4 두 개의 변수를 지니는 불리언 함수의 명칭

함수 번호[1]	함수 이름	설명
0	Zero (clear)	A와 B의 값에 관계없이 항상 0을 반환
1	논리 NOR	(NOT (A OR B)) = (A+B)'
2	억제 (AB')	억제 = AB'(A AND not B). A > B 또는 B < A와 동일
3	NOT B	A를 무시하고 B'를 반환
4	억제 (BA')	억제 = BA'(B AND not A). B > A 또는 A < B와 동일
5	NOT A	B를 무시하고 A'를 반환
6	배타적-OR(XOR)	A + B. A ≠ B와 동일
7	논리 NAND	(NOT (A AND B)) = (A · B)'
8	논리 AND	A · B = (A AND B)
9	동일	(A = B). 배타적-NOR(비배타적-OR)
10	A	B는 무시하고 A를 반환
11	암시, B는 A를 암시	A+B'(만약 B이면 A이다). B ≥ A와 동일
12	B	A는 무시하고 B를 반환
13	암시, A는 B를 암시	B+A'(만약 A이면 B이다). A ≥ B와 동일
14	논리 OR	A+B. A OR B를 반환
15	One (set)	A와 B에 관계없이 항상 1을 반환

1   함수 번호는 다음 절에서 자세히 설명한다.

8.3 함수 번호

입력 변수가 두 개 이상이 되면 함수의 수가 너무 많아져서 모든 함수에 이름을 붙이기가 어려워지므로, 입력 변수가 두 개 이상인 경우 특정 함수를 지정할 때 함수 이름 대신 함수 번호를 사용할 수 있다. 예를 들어, F_8은 입력값 A와 B의 논리 AND 함수를 나타내고 F_{14}는 논리 OR 함수를 나타내도록 할 수 있다. 그러나 이 경우에는 입력 변수의 개수가 세 개 이상인 함수의 번호를 정할 때 문제가 된다. 예를 들어 $F = AB + C$라는 함수를 나타내는 함수 번호는 몇 번으로 해야 할까?

이 경우, 함수의 진리표를 이용해 함수 번호를 계산할 수 있다. 예를 들어 A, B, C라는 세 개 변수의 값을 붙여서 A를 최하위 비트로 하고 C를 최상위 비트로 하는 비트열을 만든다고 가정해보자. 이 비트열의 값은 0과 7 사이의 값을 지니며, 0 또는 1인 함수의 결괏값은 이 비트열의 값과 연관돼 있다. A, B, C 값에 의해 계산되는 함수의 결괏값을 ABC 비트열의 값이 나타내는 위치에 넣으면 하나의 비트열 값을 얻을 수 있고, 이를 함수 번호로 사용할 수 있다.

예를 들어 $F = AB + C$의 진리표의 경우를 생각해보자.

표 8-5 F = AB + C의 진리표

C	B	A	F = AB + C
0	0	0	0
0	0	1	0
0	1	0	0
0	1	1	1
1	0	0	1
1	0	1	1
1	1	0	1
1	1	1	1

입력 변수 C, B, A의 값을 연결하면 하나의 비트열 CBA를 만들 수 있다. 이 비트열은 %000..%111(0..7)의 값을 갖는데, 이 값은 임의의 8비트 비트열의 비트 위치를 나타내는 데 사용할 수 있다. 즉, CBA = %111은 비트 위치 7을 나타내고 CBA = %110은 비트 위치 6을

나타낸다. 결국 A, B, C 변수의 모든 값에 대해 $F = AB + C$ 함수의 결괏값을 지정된 비트 위치에 놓으면, 함수 F의 함수 번호가 결정된다.

CBA:	7	6	5	4	3	2	1	0
F = AB + C:	1	1	1	1	1	0	0	0

위의 경우 함수 번호는 $F8 또는 248이다. 이제부터는 함수 번호를 10진수로 표시한다. 이상의 내용을 통해 n개의 입력 변수가 있을 때 함수의 수가 2^{2^n}이 되는 이유를 직관적으로 이해할 수 있을 것이다. 변수의 개수가 n개이면 입력 변수들로 만든 비트열로 만들 수 있는 값의 개수는 2^n개이므로, 함수 번호의 길이도 2^n비트가 된다. 비트의 길이가 2^n인 비트열이 가질 수 있는 값의 수는 2^{2^n}이므로, 결국 n개의 입력 변수를 가지는 함수의 개수는 2^{2^n}개가 된다.

8.4 불리언 수식의 대수 처리

불리언 대수의 공리와 정리를 이용하면, 어떤 불리언 수식을 그와 동등한 다른 수식으로 변환할 수 있다. 이 방법은 어떤 수식을 정규형(표준형)으로 변환하거나 수식에 있는 리터럴과 항의 개수를 줄이는 작업에 특히 도움이 된다. 여기서 리터럴은 하나의 변수를 나타내고, 항은 한 개 이상의 리터럴을 곱한(AND) 식을 말한다.

전자 회로는 각각의 리터럴이나 항을 구현한 컴포넌트로 구성되므로, 리터럴과 항의 개수를 최소화하면 회로 설계자가 더 적은 수의 컴포넌트로 회로를 구현할 수 있으므로 전체 시스템 구현 비용을 줄일 수 있다.

특정 불리언 식을 최적화하기 위한 정답이 정해져 있는 것은 아니며, 불리언 식을 최적화하는 일은 수학 공식 증명을 하는 것처럼 개개인의 경험과 능력에 달려 있다. 그럼에도 불리언 수식 최적화를 위한 몇 가지 공식이 있다. 다음은 불리언 수식 최적화와 관련된 주요 공식이다.

ab + ab' + a'b	= a(b + b') + a'b	공리 4에 의함
	= a • 1 + a'b	공리 5에 의함
	= a + a'b	정리 4에 의함
	= a + b	정리 11에 의함
(a'b + a'b' + b')'	= (a'(b + b') + b')'	공리 4에 의함
	= (a'• 1 + b')'	공리 5에 의함
	= (a' + b')	정리 4에 의함
	= ((ab)')'	정리 8에 의함
	= ab not	정의에 의함
b(a + c) + ab' + bc' + c	= ba + bc + ab' + bc' + c	공리 4에 의함
	= a(b + b') + b(c + c') + c	공리 4에 의함
	= a • 1 + b • 1 + c	공리 5에 의함
	= a + b + c	정리 4에 의함

8.5 정규형

하나의 불리언 함수와 동등한 함수의 개수는 무한히 많다고 할 수 있다. 이로 인한 혼란을 막기 위해 회로 설계자들은 보통 불리언 함수를 정규형canonical 또는 표준형standardized 으로 표시한다. 하나의 불리언 함수가 주어지면, 그 함수의 유일한 정규형을 만들 수 있다.

n개의 입력 변수를 가지는 모든 불리언 함수를 정규형 함수 집합으로 정의하는 방법에는 몇 가지가 있다. 정규형 함수 집합에 속하는 함수는 각각 유일한 불리언 함수를 대표하므로, 하나의 정규형 함수 집합에 속한 함수를 변형해 사용하면 각각 서로 다른 함수, 즉 고유한 함수를 만들 수 있다. 여기서는 최소항의 합sum of minterms과 최대항의 곱product of maxterms이라는 두 가지 정규형을 소개하고, 그중 최소항의 합만 사용한다. 쌍대성의 원리를 이용하면 두 형식을 서로 다른 형식으로 변환할 수 있다.

앞서 언급한 바와 같이 항term은 하나의 리터럴이 될 수도 있고, 다수 리터럴의 곱(논리 AND)이 될 수도 있다. 예를 들어 두 개의 변수를 사용해 만들 수 있는 항의 총개수는 $A, B, A', B', A'B', A'B, AB', AB$ 등 여덟 개고, 세 개의 변수를 사용해 만들 수 있는 항의 개수는 $A, B, C, A', B', C', AB, A'B, AB', A'B', BC, B'C, BC', B'C', AC, A'C, AC', A'C', ABC,$

$A'BC$, $AB'C$, ABC', $A'B'C$, $AB'C'$, $A'BC'$, $A'B'C'$ 등 26개다. 이처럼 변수의 개수가 늘어나면 항의 수도 급격히 늘어난다.

최소항minterm은 정확히 n개의 리터럴을 곱한 항을 말한다. 예를 들어 두 개의 변수 A, B에 대해 최소항은 $A'B'$, AB', $A'B$, AB이고, 세 개의 변수 A, B, C에 대한 최소항은 ABC, $A'BC$, $AB'C$, ABC', $A'B'C$, $AB'C'$, $A'BC'$, $A'B'C'$이다. 일반적으로 입력 변수의 수가 n개이면, 최소항의 수는 2^n개다. 최소항은 2진수에 대응될 수 있으므로 표 8-6과 같이 간단하게 최소항 집합을 만들 수 있다.

표 8-6 2진수로 최소항 생성하기

2진수 표현(CBA)	최소항
000	A'B'C'
001	AB'C'
010	A'BC'
011	ABC'
100	A'B'C
101	AB'C
110	A'BC
111	ABC

모든 불리언 함수는 최소항의 합으로 정규형을 나타낼 수 있다. $F_{248} = AB + C$라는 함수의 정규형은 $ABC + A'BC + AB'C + A'B'C + ABC'$이다. 이 정규형이 $AB + C$와 동일하다는 것은 대수적으로 증명할 수 있다.

$ABC + A'BC + AB'C + A'B'C + ABC' = BC(A + A') + B'C(A + A') + ABC'$	공리 4에 의함
$= BC \cdot 1 + B'C \cdot 1 + ABC'$	정리 15에 의함
$= C(B + B') + ABC'$	공리 4에 의함
$= C + ABC'$	정리 4, 정리 15에 의함
$= C + AB$	정리 11에 의함

정규형은 최적화된 형태의 식은 아니지만 정규형으로부터 간단하게 함수의 진리표를 생성할 수 있고, 진리표로부터 최소항의 합 정규형을 생성할 수 있다는 장점이 있다.

8.5.1 최소항의 합 정규형과 진리표

최소항의 합 정규형으로 진리표를 만들려면 다음 작업을 수행한다.

1. 각각의 최소항을 그에 대응하는 2진수로 바꾼다. 이때 역 연산자('')가 붙은 변수는 0으로, 그렇지 않은 변수는 1로 바꾼다.

```
F248 = CBA + CBA' + CB'A + CB'A' + C' BA
     = 111 + 110  + 101  + 100   + 011
```

---

2. 진리표에서 최소항에 대응하는 함수 칸을 1로 채운다.

C	B	A	F = AB + C
0	0	0	
0	0	1	
0	1	0	
0	1	1	1
1	0	0	1
1	0	1	1
1	1	0	1
1	1	1	1

3. 마지막으로 빈 함수 칸을 0으로 채운다.

C	B	A	F = AB + C
0	0	0	0
0	0	1	0
0	1	0	0
0	1	1	1
1	0	0	1
1	0	1	1
1	1	0	1
1	1	1	1

진리표에서 정규형 함수를 만드는 작업 역시 간단하며 다음 순서를 따른다.

1. 진리표에서 함수 결괏값이 1인 행을 모두 찾는다. 이 테이블에서는 마지막 다섯 개의 행이 해당한다. 함수 결과가 1인 행의 개수가 바로 정규형에서 최소항의 개수가 된다.
2. 정규형을 구성하는 최소항을 만든다. 이때 1은 A, B 또는 C로 치환하고, 0은 A', B' 또는 C'로 치환한다. 이 예제에서는 CBA가 111, 110, 101, 100, 011일 때 F_{248}의 값이 1이므로, $F_{248} = CBA + CBA' + CB'A + CB'A' + C'AB$가 된다.
3. OR 연산자와 AND 연산자는 모두 교환법칙이 성립하므로, 항을 구성하는 리터럴의 순서를 바꿀 수도 있고 함수를 구성하는 항의 순서도 원하는 대로 바꿀 수 있다.

이 방법은 함수에서 사용되는 어떤 변수의 수에도 적용할 수 있으며, 표 8-7의 경우 $F_{53,504} = ABCD + A'BCD + A'B'CD + A'B'C'D$가 된다.

표 8-7 $F_{53,504}$의 진리표

D	C	B	A	F = ABCD + A'BCD + A'B'CD + A'B'C'D
0	0	0	0	0
0	0	0	1	0
0	0	1	0	0
0	0	1	1	0
0	1	0	0	0
0	1	0	1	0
0	1	1	0	0
0	1	1	1	0
1	0	0	0	1
1	0	0	1	0
1	0	1	0	0
1	0	1	1	0
1	1	0	0	1
1	1	0	1	0
1	1	1	0	1
1	1	1	1	1

불리언 함수의 정규형을 만드는 가장 간단한 방법은 해당 함수의 진리표를 만든 뒤, 이 진리표를 이용해 정규형을 만드는 것이다. 이 방식은 이후 두 개의 정규형 변환에 사용한다.

8.5.2 대수적으로 생성된 최소항의 합 정규형

대수적으로 최소항의 합 정규형을 만드는 것도 간단하며, 분배법칙과 정리 15($A + A = 1$)를 이용하면 된다. 예를 들어 $F_{248} = AB + C$ 함수의 경우 AB와 C라는 두 개의 항이 있으며, 이들 항 모두 최소항이 아니다. 첫 번째 항 AB는 다음의 방식으로 최소항의 합으로 변환할 수 있다.

AB	= AB • 1	정리 4에 의함
	= AB • (C + C')	정리 15에 의함
	= ABC + ABC'	분배법칙에 의함
	= CBA + C'BA	결합법칙에 의함

두 번째 항 C도 최소항의 합으로 변환할 수 있다.

C	= C • 1	정리 4에 의함
	= C • (A + A')	정리 15에 의함
	= CA + CA'	분배법칙에 의함
	= CA • 1 + CA' • 1	정리 4에 의함
	= CA • (B + B') + CA' • (B + B')	정리 15에 의함
	= CAB + CAB' + CA'B + CA'B'	분배법칙에 의함
	= CBA + CBA' + CB'A + CB'A'	결합법칙에 의함

위에서 마지막 두 과정은 항을 재배치하는 과정이며, 선택적으로 할 수 있다. F_{248}의 정규형 함수를 만들기 위해 다음과 같이 이들 최소항의 합을 더한다.

F_{248}	= (CBA + C'BA) + (CBA + CBA' + CB'A + CB'A')
	= CBA + CBA' + CB'A + CB'A' + C'BA

8.5.3 최대항의 곱 정규형

정규형의 또 다른 형태인 최대항의 곱은 모든 입력 변수의 합(논리 OR)과 같다. 예를 들어, 최대항의 곱 형식으로 세 개의 변수를 사용하는 다음의 논리 함수 G를 살펴보자.

$G = (A + B + C) \cdot (A' + B + C) \cdot (A + B' + C)$

최소항의 합처럼, 모든 논리 함수에는 그에 대응하는 최대항의 곱 함수가 반드시 한 개 존재하고, 모든 최대항의 곱 함수는 동일한 최소항의 합 함수로 변환될 수 있다. 위의 G 함수는 다음 F_{248} 함수의 최소항의 합과 동일한 함수다.

F_{248} = CBA + CBA' + CB'A + CB'A' + C'BA = AB + C

최대항의 곱으로 진리표를 만들 때도 쌍대성의 원리^{duality principle}를 이용한다. 즉, OR 은 AND로 바꾸고 0은 1로, 1은 0으로 바꾸는 것이다. 진리표를 만들 때는 먼저 각 항의 리터럴을 바꿔야 하며, 위의 식에서 G는 다음처럼 바꾼다.

$G = (A' + B' + C') \cdot (A + B' + C') \cdot (A' + B + C')$

이어서 논리 OR 연산자와 논리 AND 연산자도 서로 바꾼다.

G = A'B'C' + AB'C' + A'BC'

마지막으로 모든 0과 1을 바꾼다. 즉, 위의 각 최대항에 대해 진리표의 항목에 0을 채워 넣고 나머지 항목에 1을 채워 넣는다. 이렇게 하면 진리표의 0, 1, 2열이 0이 되고, 나머지 항에 1을 채우면 F_{248}이 나온다.

두 개의 정규형을 바꾸려면 특정 형태의 정규형에서 진리표를 만든 후, 진리표에서 다른 정규형을 만든다. $F_7 = A + B$와 같은 두 개의 변수를 지닌 함수의 경우 최소항의 합은 $F_7 = A'B + AB' + AB$이고, 이 함수의 진리표는 표 8-8과 같다.

표 8-8 두 변수의 OR 진리표

A	B	F7
0	0	0
1	0	1
0	1	1
1	1	1

이와 반대로, 최대항의 곱을 얻으려면 먼저 진리표에서 결과가 0인 항목을 찾는다. 진리표에서 결과가 0인 항목은 A와 B가 모두 0인 경우뿐이다. 즉, $G = A'B'$이다. 모든 변수를 역전시키면 $G = AB$가 되고, 쌍대성의 원리에 의해 논리 OR을 논리 AND로 바꾸면 $G = A + B$가 되며, 이 함수가 최대항의 곱이 된다.

8.6 불리언 함수의 단순화

n개의 변수를 사용하는 불리언 함수는 무한히 많지만 유일한 함수의 수는 유한하므로, 특정 불리언 함수를 최소한의 연산자만 포함한 단순한 형태로 만들어서 최적형optimal form을 찾을 수 있는지 궁금할 것이다.

최적형은 모든 로직 함수에 대해 존재하지만, 이번 정규형 생성에는 다음 두 가지 이유로 사용하지 않는다. 첫째, 진리표와 정규형 간의 변환은 간단하지만 진리표에서 최적형을 생성하는 것은 간단하지 않다. 둘째, 하나의 함수에 대해 여러 개의 최적형이 존재할 수 있다.

여러 가지 대수적 방법을 사용해 함수를 최적화해볼 수는 있지만, 그 결과가 실제로 최적인지는 보장할 수 없다. 불리언 함수를 항상 최적형으로 변환해주는 두 가지 방식이 있다. 하나는 매핑 방식mapping method이고, 다른 하나는 주항목 방식prime implicants method이다. 이 책에서는 매핑 방식만 소개한다.

매핑 방식의 최적화는 2, 3, 4개의 변수를 사용하는 함수에 대해서만 유용하다. 변수가 다섯 개나 여섯 개인 함수에도 이 방식을 사용할 수 있지만 매우 복잡해지며, 변수가 여섯 개를 넘는 경우 프로그램으로 처리하는 편이 낫다.

매핑 방식으로 최적화를 하려면 그림 8-1과 같이 해당 함수를 2차원 표에 표시해야 한다. 이 표를 자세히 보면 기존 진리표와는 약간 다르다는 사실을 알 수 있다. 특히 2비트 값이 크기순으로 나열돼 있지 않으며 00, 01, 10, 11 순서가 아니라 00, 01, 11, 10 순서로 나열돼 있음을 알 수 있다. 테이블에서 이 순서는 매우 중요하며, 이 순서를 값의 크기순으로 나열하면 최적화를 할 수 없다. 우리는 이 표를 기존의 진리표와 구분해서 진리맵truth map이라 부르기로 하자.[2]

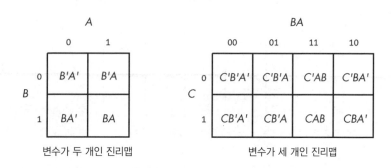

변수가 두 개인 진리맵

변수가 세 개인 진리맵

변수가 네 개인 진리맵

그림 8-1 변수가 2, 3, 4개인 진리맵

---

2 진리맵은 에드워드 비치(Edward Veitch)의 불리언 최적화 다이어그램(Boolean optimization diagram)을 재정의한 모리스 카르노(Maurice Karnaugh)의 이름을 따서 카르노(Karnaugh) 맵 또는 카르노/비치(Karnaugh/Veitch) 다이어그램이라 부른다.

불리언 함수의 형태가 이미 최소항의 합 정규형이면, 함수에서 각각의 최소항에 대응되는 테이블의 칸에 1을 채워 넣고 나머지 칸에는 0을 채워 넣는다. 예를 들어 세 개의 변수를 갖는 함수 $F = C'B'A + C'BA' + C'BA + CB'A' + CB'A + CBA' + CBA$를 살펴보자.

그림 8-2는 이 함수에 대한 진리맵이다.

BA

	00	01	11	10
C 0	0	1	1	1
1	1	1	1	1

그림 8-2 함수 F = C'B'A + C'BA' + C'BA + CB'A' + CB'A + CBA' + CBA의 진리맵

그다음, 진리맵에서 1이 채워진 칸을 포함하는 사각형을 그린다. 이때 사각형의 한 변의 길이는 2의 멱수(2^n)가 돼야 한다. 예를 들어 변수의 개수가 세 개인 함수의 경우, 사각형의 한 변의 길이는 1, 2, 4 중 하나가 된다. 이런 방식으로 진리맵에서 1인 칸을 모두 포함하도록 한 개 이상의 사각형을 그린다. 한 가지 방법은 어떤 사각형이 다른 사각형에 완전히 포함되지 않도록 가능한 모든 사각형을 그리면서 사각형의 개수를 최소화하는 것이다. 하나의 사각형이 다른 사각형에 완전히 포함되지 않는 이상, 다른 사각형과 중복되는 것도 가능하다.

그림 8-3은 이런 방식으로 그린 세 개의 사각형이 있는 진리맵을 보여준다.

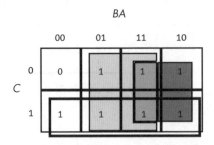

변의 길이가 2의 멱수인 세 개의 사각형

그림 8-3 진리맵에서 1인 칸을 포함하는 사각형

진리맵에서 각각의 사각형은 단순화된 불리언 함수의 각 항을 나타내며, 위와 같은 경우 단순화된 불리언 함수는 세 개의 항을 지닌다.

사각형을 통해 항을 만들 때는 제거elimination 작업을 수행한다. 제거 작업이란 하나의 사각형 내에서 어떤 변수가 역전된 형태와 그렇지 않은 형태가 모두 나타나는 경우, 그 변수를 제거하는 것이다. 그림 8-3에서 $C = 1$ 행에 가로로 길게 놓인 사각형을 살펴보자. 이 사각형에는 A와 B가 반전된 형태로도 나타나고, 그렇지 않은 형태로도 나타난다. 이때 이 항에서 A와 B를 모두 제거할 수 있다. 이 사각형은 $C = 1$ 영역에 위치해 있으므로 이 사각형이 나타내는 항은 결국 하나의 리터럴 C가 된다.

그림 8-3에서 연한 회색 사각형은 C, C', B, B', A를 포함하고 있으며, 이는 하나의 리터럴 A를 나타낸다. 마찬가지로 그림 8-3에서 진한 회색 사각형은 C, C', A, A', B를 포함하고 있으며, 이 사각형은 B를 나타낸다. 결국 이 함수의 최적형은 세 개의 사각형이 나타내는 항을 합한 결과물인 $F = A + B + C$가 된다. 0으로 채워진 나머지 칸은 신경 쓰지 않아도 된다.

진리맵에서 사각형을 그릴 때는 진리맵이 원환체torus라는 것을 고려해야 한다. 진리맵의 오른쪽 경계는 왼쪽 경계와 연결돼 있고, 반대의 경우도 마찬가지다. 위쪽 경계는 아래쪽 경계와 연결돼 있고, 아래쪽 경계는 위쪽 경계와 연결돼 있다. 이를 고려하면, 진리표에 그릴 수 있는 사각형의 종류가 더 많아진다.

예를 들어 $F = C'B'A' + C'BA' + CB'A' + CBA'$ 함수를 생각해보자. 그림 8-4는 이 함수의 진리표를 보여준다.

	BA			
	00	01	11	10
C 0	1	0	0	1
1	1	0	0	1

그림 8-4 F = C'B'A' + C'BA' + CB'A + CBA'의 진리맵

처음 진리맵을 보면, 그림 8-5와 같이 사각형의 최소 개수가 두 개로 보인다.

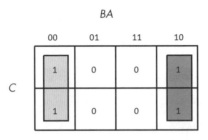

그림 8-5 1인 칸을 포함하는 사각형을 찾는 첫 번째 시도

하지만 진리맵은 좌측과 우측이 연결된 연속적 객체이므로, 그림 8-6과 같은 직사각형을 포함하고 있음을 알 수 있다.

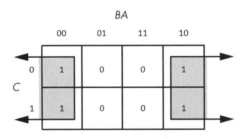

그림 8-6 함수에 대응하는 올바른 사각형 형태

사각형의 수가 한 개인지 두 개인지가 중요한 이유는 사각형의 크기가 커질수록 더 많은 칸을 포함하게 돼서 더 많은 변수를 제거할 수 있기 때문이다. 또한 사각형의 수가 적을수록 최종 불리언 함수에 포함되는 항의 개수도 줄어든다.

그림 8-5의 경우, 사각형이 두 개이므로 항은 두 개다. 왼쪽 사각형에서 C 변수가 제거되므로 $A'B'$를 나타내고, 오른쪽 사각형에서도 C 변수가 제거되므로 BA'를 나타낸다. 따라서 이 진리표를 사용해서 만든 함수식은 $F = A'B' + A'B$가 된다. 그러나 이 식은 정리 13에 따라 최적화된 형태가 아니다.

그림 8-6의 진리표를 살펴보면, 하나의 사각형만 있으므로 불리언 함수의 식에는 한 개의 항만 존재한다. 한 개의 항을 갖는 경우가 두 개의 항을 갖는 경우보다 낫다고 할 수 있으며, 이 사각형에는 C와 C'가 포함되고 B와 B'도 포함되기 때문에 결국 A 항만 남게

된다. 따라서 이 불리언 함수는 $F = A'$로 최적화된다.

매핑 방식을 이용해서 진리맵을 만들 수 없는 경우는 두 가지이며, 첫 번째는 진리맵의 모든 칸이 0인 경우고 두 번째는 진리맵의 모든 칸이 1인 경우다. 이 두 경우는 각각 $F = 0$과 $F = 1$에 대응되며, 함수 번호는 각각 0과 $2^n - 1$이 된다. 이제 이 진리표를 이용해 최적화된 형태로 나타낼 수 있다.

매핑 방식을 이용해 불리언 함수를 최적화할 때는 사각형의 한 변의 길이가 2의 제곱인 사각형 중 가장 큰 사각형을 선택해야 한다. 한 사각형이 다른 사각형에 완전히 포함되지만 않는다면, 이들 사각형이 서로 중첩돼도 무방하다. 불리언 함수 $F = C'B'A'$ + $C'BA'$ + $CB'A'$ + $C'AB$ + CBA' + CBA의 진리맵은 그림 8-7과 같다.

BA

	00	01	11	10
0	1	0	1	1
1	1	0	1	1

C

그림 8-7 F = C'B'A' + C'BA' + CB'A' + C'AB + CBA' + CBA의 진리맵

처음 조건에 맞는 사각형 찾기 시도의 결과는 그림 8-8과 같지만, 최종 결과는 그림 8-9와 같다.

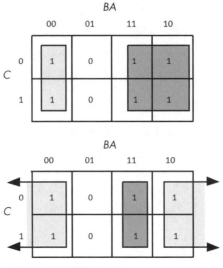

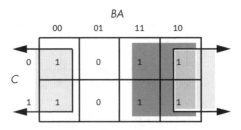

그림 8-8 초기 사각형 찾기 시도

BA

	00	01	11	10
0	1	0	1	1
1	1	0	1	1

그림 8-9 F = C'B'A' + C'BA' + CB'A' + C'AB + CBA' + CBA의 최종 사각형 세트

위 세 가지 경우 모두가 두 개의 항을 가진 함수를 만든다. 그러나 첫 번째와 두 번째 테이블을 함수식으로 바꾸면 각각 $F = B + A'B'$와 $F = AB + A'$인 반면, 세 번째 테이블에 대응되는 함수식은 $F = B + A'$이다. 이 중에서 세 번째 테이블이 정리 11과 정리 12에 따라 최적화된 함수다.

변수가 네 개가 되면 좀 더 까다로워진다. 사각형을 그릴 수 있는 영역들이 경계에 많이 숨어있기 때문이다. 그림 8-10은 4×4 테이블에서 사각형을 그릴 수 있는 영역 중 일부를 보여주며, 이 외에도 더 많은 경우의 수가 존재한다. 그림 8-10에 1×2 사각형은 포함되지 않았다.

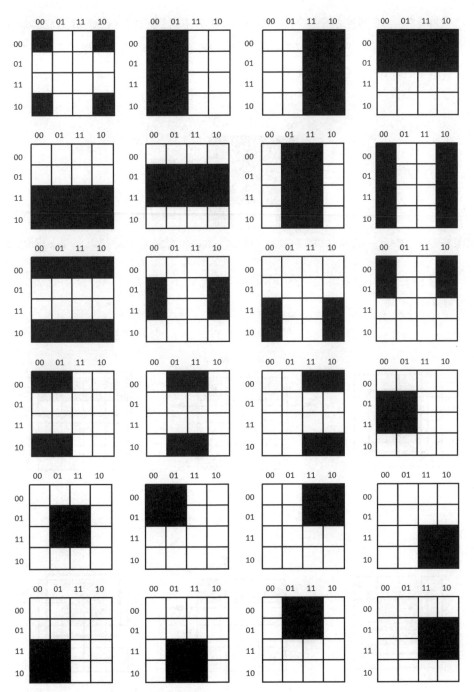

그림 8-10 4×4 진리맵의 사각형 그룹 중 일부 패턴

마지막으로, 네 개의 변수를 사용하는 $F = D'C'B'A' + D'C'B'A + D'C'BA + D'C'BA' + D'CB'A + D'CBA + DCB'A + DCBA + DC'B'A' + DC'BA'$ 함수의 최적화 형태를 찾아보자. 이 함수의 진리맵은 그림 8-11과 같다.

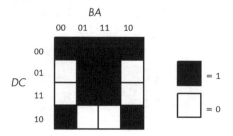

그림 8-11 F = D'C'B'A' + D'C'B'A + D'C'BA + D'C'BA' + D'CB'A + D'CBA + DCB'A + DCBA + DC'B'A' + DC'BA'의 진리맵

그림 8-12는 이 함수의 두 가지 최대 사각형 세트 조합을 보여주며, 각각 세 개의 항을 생성한다.

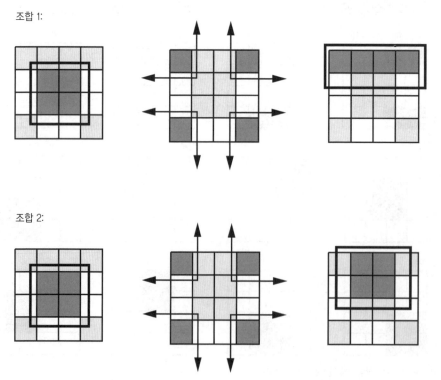

그림 8-12 세 개의 항을 생성하는 두 가지 사각형 조합

우선, 네 개 구석에 걸쳐 있는 사각형으로 표현되는 항을 살펴보자. 이 사각형은 그림 8-12의 두 가지 경우에 모두 나타나며 B, B', D, D'를 포함하고 있으므로 제거할 수 있다. 이 사각형에 포함된 리터럴 중에서 남은 것은 C'와 A'이므로, 이 사각형이 나타내는 항은 $C'A'$이다.

그다음, 진리표의 가운데 네 칸을 차지하는 사각형을 살펴보자. 이 사각형은 A, B, B', C, D, D'를 포함하고 있으며 B, B', D, D'를 제거하면 이 사각형이 나타내는 항은 CA가 된다.

그림 8-12의 첫 번째 조합을 보면 진리맵의 맨 위쪽에 세 번째 사각형이 있다. 이 사각형에는 A, A', B, B', C', D'가 포함돼 있으며 A, A', B, B'를 제거하면 $C'D'$만 남는다. 따라서 이 진리표에 의해 만들어지는 함수는 $F = C'A' + CA + C'D'$가 된다.

그림 8-12의 두 번째 조합을 보면 진리맵의 위쪽 중앙 부근에 네 칸을 차지하는 사각형이 있다. 이 사각형은 변수 A, B, B', C, C', D'를 포함하고 있으며, B, B', C, C'를 제거하면 AD'만 남는다. 따라서 이 진리표에 의해 만들어지는 함수식은 $F = C'A' + CA + AD'$가 된다.

이들 함수는 동일하며 둘 다 최적화돼 있다. 단, 유일한 최적해인지는 보장하지 못하지만, 최소 개수의 항을 지닌 불리언 함수를 찾는다는 우리의 목적은 달성된 셈이다.

8.7 불리언 로직의 적용 방식

우리가 작성하는 모든 프로그램은 불리언 수식으로 표현할 수 있다. 즉, 여러분이 소프트웨어로 구현하는 모든 알고리듬은 전자 회로 등 하드웨어에 직접 구현할 수 있다. 모든 불리언 함수 세트와 모든 전자 회로 세트는 일대일 대응 관계one-to-one relationship를 지니며, CPU나 컴퓨터 관련 회로를 설계하는 엔지니어들은 이러한 내용에 익숙해야 한다.

물론 하나의 프로그래밍 문제가 있을 때, 불리언 식보다는 파스칼, C, 어셈블리 등의 언어로 해당 문제를 푸는 편이 훨씬 쉽다. 그래서 상태 머신state machine이나 논리 회로만 사용해 전체 프로그램을 작성하는 경우는 드물다. 하지만 하드웨어에 바로 구현하는 것이 나은 경우도 분명 존재한다. 하드웨어 구현은 동일한 내용의 소프트웨어 구현보다 수백에서 수천 배 더 빠를 수 있다. 따라서 수행 시간이 매우 중요한 일부 작업은 하드웨어 기반의 해결책이 필요하다.

　　모든 하드웨어 함수를 소프트웨어로 구현하는 것 역시 가능하다. 일반적으로 하드웨어로 구현하는 작업을 마이크로프로세서상에서 소프트웨어로 구현하면 비용이 훨씬 적게 든다. 실제로 현대 시스템에서 어셈블리 언어를 사용하는 중요한 이유는 적은 비용으로 복잡한 전자 회로를 대체할 수 있기 때문이다. 수십 또는 수백 달러의 전자 회로가 수행하는 기능을 단 2달러의 마이크로컴퓨터 칩으로 대체할 수 있다.

　　이런 방식으로 문제를 처리하는 분야가 임베디드 시스템embedded system이다. 임베디드 시스템이란 다른 제품 안에 들어가는 컴퓨터 시스템을 말한다. 예를 들어 전자레인지, TV, 비디오 게임기, CD 플레이어와 같은 전자 제품은 복잡한 하드웨어 설계를 대신해 하나 이상의 완전한 컴퓨터 시스템을 포함하고 있다. 컴퓨터를 사용하는 것이 전통적인 하드웨어 설계보다 쉽기 때문에 엔지니어는 컴퓨터를 사용하는 방식을 선호한다.

　　소프트웨어를 사용하면 스위치switch를 통해 입력값을 읽거나 모터, LED, 조명 등을 켜고 문을 잠그거나 열 수 있는 제품을 쉽게 설계할 수 있다. 하지만 그러한 소프트웨어를 작성하기 위해서는 불리언 함수를 이해하고 불리언 함수를 소프트웨어로 구현하는 방법을 알아야 한다.

8.7.1 전자 회로와 불리언 함수의 대응 관계

어떤 불리언 함수라도 그에 대응하는 전자 회로를 설계하는 것이 가능하며, 그 반대도 가능하다. 불리언 함수는 정규형에 사용하는 유일한 연산자인 AND, OR, NOT 등의 연산만 사용하며, 이들 세 연산자를 이용해 어떤 전자 회로도 구성할 수 있다. AND, OR, NOT 불리언 함수는 그림 8-13과 같이 각각 AND와 OR, 인버터inverter(NOT) 전자 회로 게이트에 대응된다. 이들 기호는 스키마 다이어그램schematic diagram에 표시되는 표준 전자 기호다 (스키마 다이어그램에 대한 상세한 내용은 전자 회로 설계 서적을 참고하길 바란다).

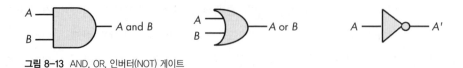

그림 8-13 AND, OR, 인버터(NOT) 게이트

그림 8-13에서 *A*와 *B*가 적힌 왼쪽의 선은 논리 함수의 입력input에 해당하고, 각 기호를 빠져나가는 오른쪽의 선은 논리 함수의 출력output에 해당한다.

전자 회로는 불리언 함수 세트로 구현된 게이트 조합이라 할 수 있다. 예를 들어, 불리언 함수 *F* = *AB* + *B*는 AND 게이트와 OR 게이트로 구현할 수 있다. 두 개의 입력 변수를 AND 게이트의 입력부에 연결하고 AND 게이트의 출력부는 OR 게이트의 입력부 중 하나에 연결한 뒤, *B* 입력 변수를 OR 게이트의 또 다른 입력부에 연결하면 이번 함수에 대한 전자 회로가 완성된다.

그러나 실제로는 하나의 게이트로 모든 전자 회로를 구현할 수 있으며, 이는 그림 8-14에서 보는 것과 같은 NANDnot AND 게이트다. NAND 게이트는 두 입력값(*A*와 *B*)을 검사해서 둘 다 참true이면 출력 핀output pin에 거짓false을 내보내고, 둘 중 하나라도 참이 아니면 출력 핀에 참을 내보낸다.

AND 게이트와 인버터를 이용해 NAND 회로를 구성할 수 있지만, 트랜지스터 또는 하드웨어 측면에서 NAND 게이트 하나를 사용하는 것이 훨씬 효율적이다. 그래서 실무적으로도 NAND 게이트(7400 IC 등)가 널리 사용된다.

그림 8-14 NAND 게이트

NAND 게이트만을 사용해서 모든 불리언 함수를 구성할 수 있음을 보이려면, NAND 게이트를 이용해 NOT 게이트, AND 게이트, OR 게이트를 만들 수 있음을 증명해야 한다.[3]

먼저 NAND 게이트로 NOT 게이트(인버터)를 만들려면, 그림 8-15와 같이 두 개의 입력 핀을 서로 연결하면 된다.

---

3   7408 TTL IC(Transistor–Transistor Logic IC)에는 네 개의 AND 게이트가 있으며, 이를 통해 인버터에 연결된 NAND 게이트의 기능을 제공한다.

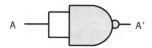

그림 8-15 NAND 게이트로 만든 인버터

일단 NOT 게이트를 만들었다면, NAND 게이트의 출력값을 역전시켜서 AND 게이트를 만들 수 있다. 결국 NOT(NOT(*A* AND *B*))는 그림 8-16과 같이 *A* AND *B*와 같다. 여기서는 하나의 AND 게이트를 구성하기 위해 두 개의 NAND 게이트를 사용한다. 이 방식은 NAND만 사용해도 모든 게이트를 구현할 수 있다는 점을 시사한다.

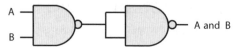

그림 8-16 두 개의 NAND 게이트로 만든 AND 게이트

마지막으로 OR 게이트를 만들 차례다. 드모르간의 정리를 적용해 NAND 게이트로부터 OR 게이트를 만들 수 있다.

(A or B)'	=	A' and B'	드모르간의 정리
A or B	=	(A' and B')'	등식의 양쪽을 역전
A or B	=	A' and B'	**NAND** 연산 정의

이러한 변환을 적용해 그림 8-17과 같은 회로를 얻어낼 수 있다.

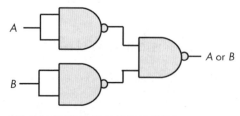

그림 8-17 NAND 게이트로 만든 OR 게이트

다른 게이트를 NAND 게이트를 이용해 만드는 이유는 NAND 게이트 생성 비용이 다른 게이트에 비해 상대적으로 낮고 NAND라는 기본적이면서 동일한 요소로 집적 회로를

만드는 것이 좀 더 간단하기 때문이다.

8.7.2 조합 회로

컴퓨터의 CPU를 만드는 데 사용하는 조합 회로combinatorial circuit는 기본적인 불리언 연산 (AND, OR, NOT)과 입력, 출력 세트로 구성되는 시스템이다. 조합 회로는 다수의 불리언 함수를 구현하며, 각 출력값은 하나의 논리 함수에 대응된다.

노트 | 각각의 출력값이 서로 다른 불리언 함수를 나타낸다는 점은 반드시 기억해야 한다.

8.7.2.1 덧셈 회로의 조합

불리언 함수를 사용해서 덧셈 연산을 구현할 수 있다. 예를 들어 두 개의 1비트 숫자인 A, B가 있다고 할 때, 다음 두 개의 불리언 함수를 써서 덧셈의 1비트 합sum과 1비트 캐리 carry를 만들 수 있다.

```
S  =  AB' + A'B       A와 B의 합
C  =  AB              A와 B의 덧셈 연산 후 발생한 캐리
```

위의 두 불리언 함수는 반가산기half adder가 되는데, 이들 함수가 두 개 비트의 덧셈 연산을 하지만 이전 연산에서 발생한 캐리는 처리하지 못하므로 반가산기라고 부른다. A 또는 B가 1이면 S = 1이고, A와 B 모두 0 또는 1이면 S = 0이다(A와 B 모두 1인 경우 캐리를 생성하며, 이는 $C = AB$ 식의 출력값과 같다).

이와 달리, 전가산기full adder는 세 개의 1비트 입력값(2비트와 이전 덧셈의 캐리)을 더하고 두 개의 값(합과 캐리)을 출력한다. 다음 두 함수는 전가산기에 대한 논리식이다.

```
S     =  A'B'Cin + A'BCin' + AB'Cin' + ABCin
Cout  =  AB + ACin + BCin
```

위 식은 1비트 덧셈 연산을 구현하지만, 그림 8-18과 같이 여러 개의 가산기 회로를 조합하면 상당히 복잡한 수준의 n비트 덧셈 연산도 구현할 수 있다.

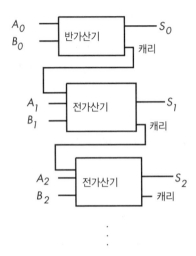

그림 8-18 반가산기와 전가산기를 조합한 n비트 가산기

위 그림에서 두 개의 n비트 입력값인 A, B는 비트 단위로 가산기에 전달되며, LO 비트 입력값은 A_0과 B_0으로, HO 비트는 A_{n-1}과 B_{n-1}로 전달된다. S_0은 합의 LO 비트이고, S_{n-1}까지 덧셈 연산이 이뤄지며, 마지막 캐리는 n비트의 오버플로 여부를 나타낸다.

8.7.2.2 7 세그먼트 LED 디코더

널리 사용되는 또 다른 조합 회로로 7 세그먼트 디코더seven-segment decoder가 있다. 여기서 디코더는 비트열을 인식, 즉 해독decode할 수 있게 해주는 회로이며 컴퓨터 시스템 설계에서 상당히 중요한 요소다.

7 세그먼트 디코더 회로는 4비트의 입력값을 받은 후 7 세그먼트 LED 디스플레이에서 빛을 낼 세그먼트를 결정한다. 7 세그먼트 디스플레이는 그림 8-19와 같이 일곱 개의 출력값을 가지므로, 각 세그먼트에 연결된 일곱 개(세그먼트 0부터 6까지 해당)의 논리 함수가 존재한다. 그림 8-20은 열 개의 10진수 값에 대해 각각 활성화된 세그먼트를 보여준다.

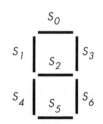

그림 8-19 7 세그먼트 디스플레이

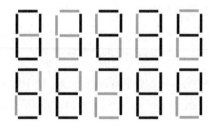

그림 8-20 세그먼트 디스플레이를 이용해 0~9까지 나타내기

이들 일곱 개의 불리언 함수에 대한 네 개의 입력은 0에서 9까지 범위의 2진수로 된 4비트다. 예를 들어 각 2진 값의 HO 비트를 D라 하고 LO 비트를 A라 하면, 각 세그먼트의 논리 함수는 그림 8-20과 같이 해당 세그먼트가 빛을 발해야 하는 모든 입력에 대해 1을 출력한다. 예를 들어 S_4(세그먼트 4)는 0000, 0010, 0110, 1000에 해당하는 10진수 0, 2, 6, 8에 대해 빛을 출력한다. 이에 해당하는 각 2진수에 대한 논리식은 하나의 최소항을 지닌다.

$$S_4 = D'C'B'A' + D'C'BA' + D'CBA' + DC'B'A'$$

또 다른 예로, S_0(세그먼트 0)은 10진수 0, 2, 3, 5, 6, 7, 8, 9의 경우 빛을 출력하며, 이는 각각 2진수 0000, 0010, 0011, 0101, 0110, 0111, 1000, 1001에 해당한다. 따라서 S_0의 논리 함수는 다음과 같이 나타낼 수 있다.

$$S_0 = D'C'B'A' + D'C'BA' + D'C'BA + D'CB'A + D'CBA' + D'CBA + DC'B'A' + DC'B'A$$

8.7.2.3 메모리 주소 디코딩의 활용

디코더는 메모리 확장 방식으로도 널리 활용된다. 예를 들어, 네 개의 동일한 256MB의 메모리 모듈을 시스템에 설치해서 총 1GB의 RAM을 사용하려는 경우를 생각해보자. 이들 256MB의 각 메모리 모듈은 28개($A_0..A_{27}$)의 주소 라인을 지니고, 각 메모리 모듈은 8비트의 너비[8 bits wide]를 지닌다. $2^{28} \times 8$비트의 연산 결과는 256MB이다.[4]

만약 여러분이 네 개의 메모리 모듈을 각각 CPU의 주소 버스에 그냥 연결해 놓았다면, 각 모듈은 버스를 통해 들어오는 동일한 주소 값에 모두 응답하는 문제가 발생할 것이다. 이 문제를 해결하려면 각 메모리 모듈이 주소 버스로 들어오는 서로 다른 주소의 집합(주소 버스의 LO 28비트의 모듈 주소)에 대해서만 응답하게 해야 한다. 이를 위해 각 메모리 모듈에 칩 선택 라인[chip-select line]을 추가하고 두 개의 입력과 네 개의 출력을 갖는 디코더 회로를 구성한 뒤, 칩 선택 라인 A_{28} 및 A_{29}를 이용해 메모리 주소의 HO 2비트를 설정할 수 있다.

좀 더 상세한 설명을 위해 그림 8-21을 살펴보자.

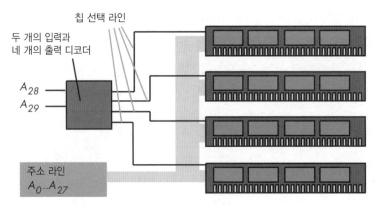

그림 8-21 시스템에 네 개의 256MB 메모리 모듈 추가하기

그림 8-21의 2-4라인 디코더[two-line-to-four-line decoder]는 네 개의 서로 다른 논리 함수를 표현할 수 있고, 이렇게 생성된 각 함수는 하나의 출력값에 대응된다. 예를 들어 두 개의 입력값을 $A, B(A = A_{28}, B = A_{29})$라 하면 각 출력 함수는 다음과 같다.

---

4   대부분의 메모리 모듈의 너비는 8비트보다 크므로 256MB 메모리 모듈의 주소 라인 수는 28보다 작지만, 이번 예시에서는 이를 무시한다.

$$Q_0 = A'B'$$
$$Q_1 = AB'$$
$$Q_2 = A'B$$
$$Q_3 = AB$$

위 식은 표준 전자 회로 표기법standard electronic circuit notation에 따라 출력값의 디코딩을 나타내기 위해 Q를 사용했다.

대부분의 회로 설계 시 디코더나 칩을 구현하기 위해 액티브 로우 로직을 사용한다. 액티브 로우 로직active low logic이란 로우 입력값low-input value(0)이 입력될 때 회로를 작동시키고 하이 입력값high-input value(1)이 입력될 때 회로의 작동을 멈추는 것을 의미한다. 실제 디코딩 회로는 다음과 같은 최대항의 합 함수를 사용한다.

$$Q_0 = A + B$$
$$Q_1 = A' + B$$
$$Q_2 = A + B'$$
$$Q_3 = A' + B'$$

8.7.2.4 기계어 디코딩

디코더 회로는 기계어machine instruction를 해석하는 데도 사용된다. 이에 대해서는 이어지는 9, 10장에서 자세히 다루므로 여기서는 개요만 소개한다.

오늘날 대부분의 컴퓨터 시스템은 메모리상에서 2진 값으로 기계어를 표기한다. CPU가 명령어를 수행하기 위해서는 메모리에서 해당 명령어의 2진 값을 읽어오고 디코더 회로를 이용해 그 값을 해석한 후 적절한 작업을 수행해야 한다. 이러한 작업이 진행되는 과정을 살펴보기 위해 간단한 명령어 집합을 지니는 단순한 CPU를 만든다. 그림 8-22는 우리가 만들 간단한 CPU의 명령어 형식을 나타내며, 각 숫자 코드는 다양한 명령어에 해당한다. 1바이트의 연산 코드opcode 내에서 3비트(iii)는 명령어, 2비트(ss)는 소스의 피연산자, 2비트(dd)는 목적destination의 피연산자에 할당한다.

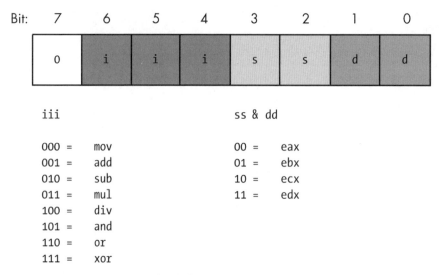

그림 8-22 간단한 CPU를 위한 명령어(opcode) 형식

주어진 명령어에 대한 8비트 opcode를 결정하기 위해 그림 8-22의 표에서 인코딩하려는 명령어를 선택한 후 해당 비트 값을 대체한다.

예를 들어 mov(eax, ebx); 명령어를 숫자로 변환하는 경우 그림 8-23과 같이 mov는 000, eax는 00, ebx는 01로 인코딩된다. 이들 세 개의 필드를 opcode 바이트로 조합하면 %00000001이라는 비트 값을 얻을 수 있다. 즉, mov(eax, ebx); 명령어에 해당하는 값은 숫자 코드 $1이 된다.

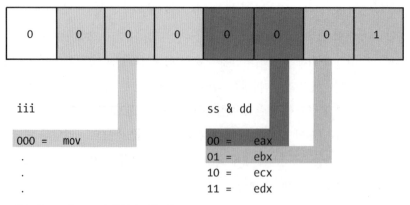

그림 8-23 mov(eax, ebx); 명령어의 인코딩

위 예제의 일반적인 디코더 회로는 그림 8-24와 같다. 회로는 세 개의 디코더를 이용해 opcode의 개별 필드를 디코딩한다. 이렇게 하면, 전체 opcode를 하나의 7~128개 라인을 지닌 디코더로 생성하는 방식에 비해 훨씬 간단해진다.

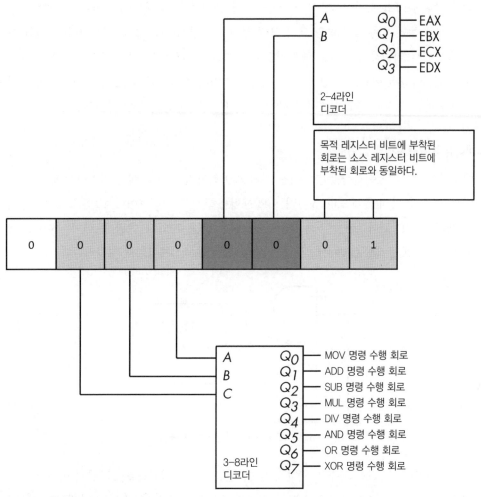

그림 8-24 간단한 기계어의 디코딩

그림 8-24의 회로는 opcode가 어떤 명령어와 피연산자에 대응되는지 보여준다. 실제로 이 명령어를 실행하려면, 레지스터 배열에서 소스 피연산자와 목적 피연산자를 선택하고 관련 연산을 수행하는 회로를 추가해야 한다. 하지만 이에 대한 설명은 8장의 범

위를 벗어나므로 나중에 다룬다.

8.7.3 시퀀셜 로직과 클럭 로직

앞서 살펴본 조합 로직combinatorial logic의 중요한 문제점 중 하나는 무기억성memoryless이다. 이는 모든 논리 함수의 출력을 오직 그 순간의 입력값에 따라 결정하는 것이다. 연산 속도 측면에서 입력값의 변화를 즉각적으로 출력값에 반영하는 것은 중요하지만, 컴퓨터 시스템은 다양한 이유로 이전 연산의 결과를 기억하고 활용할 수 있어야 한다.[5] 이런 필요성을 반영한 것이 바로 시퀀셜 로직sequential logic 또는 클럭 로직clocked logic이다.

8.7.3.1 S/R 플립플롭

메모리셀memory cell은 입력값이 없어진 후에도 이전의 입력값을 계속 기억하고 있는 회로이며, 가장 기본적인 메모리 유닛이 S/R 플립플롭Set/Reset flip-flop이다. 그림 8-25와 같이 두 개의 NAND 게이트를 이용해 S/R 플립플롭을 만들 수 있다. 그림 8-25의 다이어그램을 보면, 두 개의 NAND 게이트 출력은 각각 다른 NAND 게이트로 재입력된다.

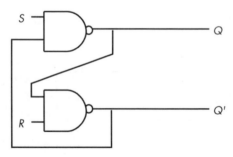

그림 8-25 NAND 게이트로 구성한 S/R 플립플롭

S와 R 입력은 보통 하이high, 즉 1 값을 가진다. 이때 S 입력을 0으로 잠시 바꿨다가 다시 1로 돌려놓으면 Q의 값은 1이 된다. 마찬가지로 R 입력을 0으로 잠시 바꿨다가 다시 1로 돌려놓으면 Q의 값은 0으로 바뀐다.

---

5   불리언 함수의 전자 회로를 구현할 때, 실제로는 입력값과 출력값 변환부에 단기 전송 지연 장치가 존재한다.

S와 R 입력이 모두 1이면 Q의 값은 바뀌지 않는다는 사실에 주목하자. 즉, Q 값에 상관없이 위쪽의 NAND 게이트는 Q의 값을 출력하게 된다. 만약 Q의 값이 원래 1이었다면, 아래쪽 NAND 게이트의 입력은 둘 다 1이 되고(Q와 R), 게이트의 출력값은 0이 된다(Q'). 그 결과 위쪽의 NAND 게이트의 입력값은 0과 1이 되므로, 게이트의 출력값은 1이 된다. 이 값은 Q의 원래 값과 동일하다.

반대로 Q의 값이 원래 0이었다면, 아래쪽 NAND 게이트의 입력은 각각 $Q = 0$, $R = 1$이 되기 때문에 이 게이트의 출력값은 1이 된다. 그 결과 위쪽의 NAND 게이트의 입력값은 각각 $S = 1$, $Q' = 1$이 되므로, 게이트의 출력값은 0이 된다. 이 값 역시 원래 Q 값과 동일하다.

이제 Q가 0, S가 0, R이 1인 경우를 살펴보자. 이 경우 위쪽의 NAND 게이트의 입력은 1과 0이 되고, 따라서 Q의 값을 1로 바꾸려고 할 것이다. 그런데 S를 1로 바꿔도 출력값은 바뀌지 않는다. 왜냐하면 Q'가 1이기 때문이다. Q가 1이고, S가 0이고, R이 1인 경우에도 동일한 결과를 얻을 수 있다. Q의 값은 1인데, S를 0에서 1로 바꿔도 여전히 Q의 값은 1이 된다. 이 문제를 해결해 Q의 값을 1로 만들기 위해서는 S 입력을 1은 0으로, 0은 1로 바꿔야 한다. 이 개념은 R 입력에도 동일하게 적용할 수 있다. 다만 이 경우에는 Q의 값이 1이 아니라 0이 된다.

이 회로에는 한 가지 단점이 있다. S와 R이 동시에 0이 되면, Q와 Q'가 모두 1이 되는 것이다. 즉, 논리적으로 맞지 않게 된다. 이 경우, 어떤 입력 단자가 더 오래 0 값을 유지하느냐에 따라 플립플롭의 최종 상태가 결정된다. 플립플롭이 이 상태에 있는 경우 불안정 unstable하다고 한다.

표 8-9는 현재의 입력값과 이전의 출력값에 따라 결정되는 S/R 플립플롭의 출력값이다.

표 8-9 현재의 입력값과 이전의 출력값에 따라 결정되는 S/R 플립플롭의 출력값 상태

이전의 Q	이전의 Q′	S 입력	R 입력	Q 출력	Q′ 출력
x[6]	X	0 (1 > 0 > 1)	1	1	0
X	X	1	0 (1 > 0 > 1)	0	1
x	X	0	0	1	1[7]
0	1	1	1	0	1
1	0	1	1	1	0

8.7.3.2 D 플립플롭

S/R 플립플롭의 문제점은 0 또는 1의 값을 기억하도록 하기 위해 두 개의 입력 단자를 추가해야 한다는 것이다. 만약 하나의 입력 단자만으로 기억하려는 값을 지정하고 클릭 입력으로 그 데이터의 값을 기억latch하는 메모리셀을 만들 수 있다면 복잡성이 훨씬 줄어들 것이다.[8] 이러한 플립플롭을 D 플립플롭(D는 data를 의미)이라고 하며, 그림 8-26과 같다.

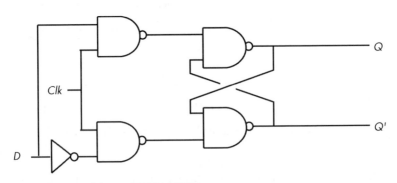

그림 8-26 NAND 게이트로 D 플립플롭 구현하기

---

6   x 값은 0 또는 1이 되며, 출력값에 영향을 미치지 않으므로 신경 쓰지 않아도 된다.

7   이 값은 불안정 환경 설정이며, S 또는 R이 1이 되면 값이 바뀐다.

8   여기서 'latch'는 값을 기억한다는 의미로 사용됐으며, D 플립플롭은 D 입력 시 하나의 데이터 비트를 기억할 수 있는 기본 메모리 요소다.

Q와 Q'의 출력값을 0/1 또는 1/0으로 바꾸면 클럭 펄스는 0에서 1로 바뀐 후 다시 0으로 바뀌며, D 입력값을 Q 출력값으로 복사하고 Q'는 Q의 역으로 만든다. 그림 8-26에서 회로의 오른쪽은 S/R 플립플롭이라는 사실에 주목할 필요가 있다. 만약 클럭이 1일 때 D 입력이 1이면, S/R 플립플롭의 S 입력은 0이 되고 R 입력은 1이 된다. 반대로 클럭이 1일 때 D 입력이 0이면, S/R 플립플롭의 R 입력은 0이 되고 S 입력은 1이 되기 때문에 S/R 플립플롭의 출력값은 0이 된다. 클럭이 0으로 바뀔 때마다 S와 R 입력은 모두 1이 되므로, S/R 플립플롭의 출력값은 바뀌지 않는다.

하나의 비트 값으로 저장하는 것도 중요하지만, 대부분의 컴퓨터 시스템을 위해서는 비트 집합으로 저장해야 한다. 이를 위해 몇 개의 D 플립플롭을 병렬적으로 연결해서 사용할 수 있다. n비트의 값을 저장하기 위해 플립플롭을 연결하면 하나의 레지스터가 만들어진다. 그림 8-27은 여덟 개의 D 플립플롭을 연결해서 만든 8비트 레지스터다.

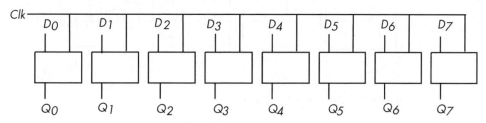

그림 8-27 여덟 개의 D 플립플롭으로 구현한 8비트 레지스터

그림 8-27의 D 플립플롭은 공용 클럭 라인common clock line을 사용한다. 이 다이어그램에는 플립플롭에 Q' 출력을 나타내지 않았는데, 이는 Q'가 레지스터에서 거의 사용되지 않기 때문이다.

D 플립플롭은 간단한 레지스터 외에 순차 회로sequential circuit를 만드는 데도 널리 사용된다. 예를 들어, D 플립플롭을 사용하면 한 클럭에 왼쪽으로 한 비트씩 이동시키는 시프트shift 레지스터를 만들 수 있다. 그림 8-28은 4비트 이동 레지스터shift register를 나타낸다.

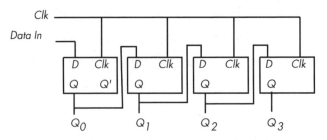

그림 8-28 D 플립플롭으로 구현한 4비트 이동 레지스터

또한 클럭이 1에서 0으로 바뀌었다가 다시 1로 바뀐 횟수를 세는 비트 카운터도 만들 수 있다. 그림 8-29는 D 플립플롭을 이용해 만든 4비트 카운터를 나타낸다.

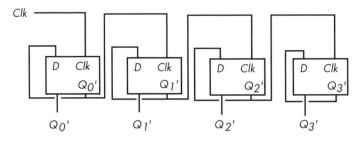

그림 8-29 D 플립플롭으로 구현한 4비트 카운터

이를 좀 더 확장하면, 조합 회로와 몇 개의 순차 회로를 이용해 CPU를 만들 수도 있다. 예를 들어 한 개의 카운터와 디코더를 연결하면, 그림 8-30에서 보는 것과 같은 시퀀서sequencer라는 간단한 상태 머신을 만들 수 있다.

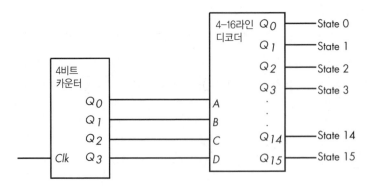

그림 8-30 16개의 상태 시퀀서

그림 8-30의 시퀀서는 1클럭마다 출력 라인 중 하나를 활성화한다. 그리고 이 라인은 다른 회로를 제어하는 데 사용될 수 있다. 다른 회로들을 이 출력 라인에 연결시키면 이들 회로가 수행되는 순서를 제어할 수 있다. 이는 CPU에서 필수적인 부분이며, 여러 동작이 수행되는 순서를 조절해야 하는 경우가 많기 때문이다. 예를 들어 add(eax, ebx); 명령어는 EAX에서 소스 피연산자를 읽어오기 전에 EBX에 결괏값을 저장하면 안 된다. 이경우 간단한 시퀀서를 사용하면, 언제 첫 번째 및 두 번째 피연산자를 읽어오고 두 개의 피연산자를 더한 후 그 결과를 저장해야 하는지 CPU에 알려줄 수 있다.

이에 대한 자세한 내용은 다음 두 개 장에서 좀 더 자세히 소개한다.

8.8 참고 자료

Horowitz, Paul, and Winfield Hill. *The Art of Electronics*. 3rd ed. Cambridge, UK: Cambridge University Press, 2015.

노트 | 이번 8장에서는 소프트웨어 엔지니어링 측면에서 필수적인 불리언 대수와 디지털 설계에 대한 내용을 소개했으며, 상세한 내용은 해당 전문 서적을 찾아보길 바란다.

9

CPU 아키텍처

중앙 처리 장치^{CPU, Central Processing Unit}의 설계 방식은 소프트웨어의 성능에 가장 큰 영향을 미치는 요소 중 하나다. 특정 명령어를 실행시키기 위해 CPU는 해당 명령어를 처리할 수 있는 일련의 전자 회로를 지니고 있어야 한다. CPU가 지원하는 명령어의 수가 늘어날수록 CPU의 복잡성은 커지고 회로와 로직 게이트의 수는 늘어난다.

따라서 CPU 설계자는 로직 게이트의 수와 관련 연산 비용이 낮은 수준으로 유지되도록 CPU가 실행할 수 있는 명령어의 수와 복잡성을 제한하며, 이를 CPU 명령어 집합^{instruction set}이라 부른다. 9장과 10장에서는 CPU 설계의 개요와 명령어 집합에 대해 알아볼 것이며, 고성능의 소프트웨어를 작성하려는 모든 프로그래머에게 이는 매우 중요한 부분이다.

9.1 CPU의 기본적인 설계 방식

초기 컴퓨터 시스템에서는 프로그램을 회로의 일부로 구현했으며, 컴퓨터의 회로 구성 방식이 컴퓨터가 실행하는 작업을 결정했다. 따라서 컴퓨터가 다른 작업을 하도록 하려면 컴퓨터의 회로를 재구성해야 했는데, 이는 전문 엔지니어만이 할 수 있는 어려운 작업이었다.

그 후 컴퓨터 시스템은 프로그래밍 가능 컴퓨터 시스템programmable computer system으로 발전했다. 이 시스템은 컴퓨터 사용자가 소켓과 플러그를 이용해 좀 더 쉽게 컴퓨터 시스템을 재구성할 수 있게 했으며, 이를 패치 보드 시스템patch board system이라 부른다.

이때의 컴퓨터 프로그램은 일련의 소켓으로 구성됐으며, 하나의 소켓 행socket row은 프로그램이 실행하는 하나의 동작 또는 명령을 나타냈다. 프로그래머는 그림 9-1과 같이 전선을 특정한 소켓에 연결하는 방식으로 실행하려는 명령어를 작성할 수 있다.

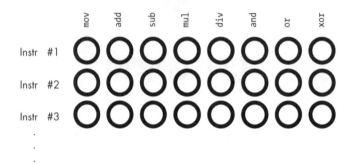

그림 9-1 패치보드 프로그래밍

하지만 이 방식은 한 줄에 있는 소켓의 수로 선택 가능한 명령어의 수가 제한된다는 단점이 있었다. 이에 대해 고민하던 CPU 설계자는 부가적인 논리 회로를 추가하면 n개의 명령어를 지정하기 위해 필요한 소켓의 수를 n개에서 $\log_2(n)$개로 줄일 수 있다는 사실을 발견했으며, 이를 위해 각각의 명령어에 서로 다른 수치 코드numeric code를 할당하고 각 코드를 2진수로 표시했다. 예를 들어 그림 9-2는 여덟 개의 명령어를 세 개의 비트만으로 나타낼 수 있음을 보여준다.

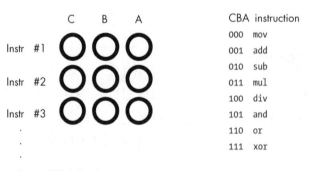

그림 9-2 명령어 인코딩

그림 9-2에서 A, B, C 세 개의 비트를 디코딩하기 위해서는 여덟 개의 논리 함수가 필요하지만, 각 명령어에 필요한 소켓의 개수가 여덟 개에서 세 개로 줄었으므로 이와 같은 '3-8라인 디코더three-to-eight-line decoder' 회로는 추가할 만한 가치가 있다.

다수의 CPU 명령어는 피연산자가 필요하다. 예를 들어 mov 명령어는 컴퓨터 내의 한 곳에서 다른 곳으로, 하나의 레지스터에서 다른 레지스터로 데이터를 이동시키는 명령어이며, 소스source 피연산자와 목적destination 피연산자라는 두 개의 피연산자가 필요하다. 이들 피연산자를 명령어의 일부로 인코딩하기 위해 별도의 피연산자 소켓을 따로 할당한다.

그림 9-3은 피연산자를 포함한 mov 명령어를 처리할 수 있는 소켓 조합이다.

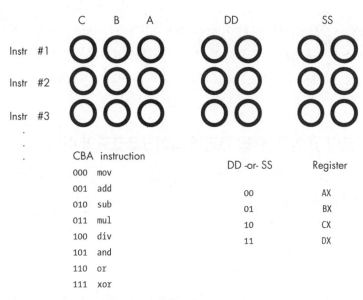

그림 9-3 소스 필드와 목적 필드를 지닌 명령어의 인코딩

move 명령어는 데이터를 소스 레지스터에서 목적 레지스터로 이동시키고, add 명령어는 소스 레지스터와 목적 레지스터의 값을 더해서 연산 결과를 목적 레지스터에 저장한다. 이 방식으로 한 명령어당 일곱 개의 소켓만 사용해 128개의 서로 다른 명령어를 인코딩할 수 있다.

앞서 언급했듯이 패치보드 프로그래밍의 가장 큰 문제점은 컴퓨터에 존재하는 소켓 줄의 수가 프로그램의 크기를 제한한다는 것이었다. 초기의 컴퓨터 설계자는 패치보드 소켓과 메모리 비트 사이의 상관관계를 알아낸 후 특정 기계어 명령에 대응되는 2진수를 메모리에 저장하고, CPU가 그 명령어를 실행하려 할 때 메모리에서 그 값을 읽어와 명령어 해석을 위한 특별한 레지스터로 로딩할 수 있다는 것을 알아냈다. 이를 프로그램 기억식 컴퓨터stored program computer라고 하며, 이는 컴퓨터 설계의 수준을 한 차원 높였다는 평가를 받는다.

프로그램 기억식 컴퓨터를 구현하기 위해 CPU에 제어 유닛CU, Control Unit이라는 회로를 추가하면 된다. 제어 유닛은 명령어 포인터instruction pointer라는 특별한 레지스터를 사용하며, 이 포인터는 명령어의 수치 코드(opcode) 값이 저장돼 있는 메모리의 주소를 저장한다.

제어 유닛은 명령어 실행을 위해 메모리에서 명령어의 opcode를 읽어온 후 명령어 디코딩 레지스터에 저장한다. 명령어의 실행이 끝나면 제어 유닛은 명령어 포인터에 저장된 주소 값을 증가시키고 메모리에서 다음 명령어를 읽어오는 작업을 반복한다.

9.2 명령어 디코딩 및 실행: 랜덤 로직과 마이크로코드의 비교

제어 유닛이 메모리에서 명령어를 읽어오고 난 뒤, CPU는 주로 다음 두 가지 방식으로 명령어를 처리할 수 있다. 하나는 랜덤 로직random logic(하드와이어드hardwired) 방식이고, 다른 하나는 마이크로코드microcode(에뮬레이션emulation) 방식이다. 80x86 계열 CPU는 이 두 가지 방식을 모두 사용한다.

하드와이어드 또는 랜덤 로직[1] 방식은 opcode의 데이터를 조작하기 위해 디코더decoder, 래치latch, 카운터counter 등의 하드웨어 장치를 사용한다. 랜덤 로직은 빠르지만, 회로 설계 측면에서 단점이 존재한다. 대규모의, 복잡한 명령어 집합을 지닌 CPU의 경우 로직을 하드웨어적으로 구현하는 작업이 매우 어렵다는 것이며, 관련된 회로는 칩 내 2차원 공간에서 서로 닫힌 상태를 유지한다.

마이크로코드 방식의 CPU에는 작고 매우 빠른 실행 유닛execution unit이 있다. 이 실행

---

1 랜덤 로직은 로직이 랜덤하게 설계됐다는 의미가 아니다. 마이크로코드를 사용하는 CPU 다이(die)의 사진을 봤을 때 마이크로코드 구현 부분이 매우 정형적(regular)으로 보이는 반면, 랜덤 로직을 사용하는 CPU 다이는 정형적으로 보이지 않기 때문에 정해진 이름이다.

유닛은 마이크로엔진^{microengine}이라 부르며, 2진 opcode를 인덱스하는 마이크로코드 테이블에서 실행할 마이크로코드를 선택한다. 선택된 마이크로코드는 1클럭 주기에 하나의 마이크로 명령어를 실행하며, 이렇게 실행된 일련의 마이크로 명령어^{microinstruction}는 원하는 opcode 기능을 구현하기 위해 여러 단계의 작업을 실행한다.

마이크로엔진이 꽤 빠르기는 하지만, 명령어를 실행하기 위해서는 마이크로코드 ROM에서 명령어를 읽어와야 한다. 메모리가 실행 유닛보다 느리게 동작하는 경우, 마이크로코드는 마이크로코드 ROM과 동일한 속도로 동작해야 하므로 결과적으로 CPU의 성능도 제한하게 된다.

보통의 경우 CPU가 메모리보다 빠르게 작동하므로 랜덤 로직의 opcode 명령어 실행 시간이 마이크로엔진보다 좀 더 빠를 수 있지만, 항상 랜덤 로직이 마이크로엔진보다 빠르다고 할 수는 없다. 랜덤 로직에는 여러 상태를 단계별로 이동하는 시퀀스 로직이 포함돼 있으므로, 마이크로 명령어를 실행하는 경우처럼 랜덤 로직의 상태 머신이 실행되는 동안에도 시간이 흐른다는 점은 동일하다.

'좀 더 나은 CPU 설계 방식이 무엇인가?'라는 질문에 대한 답은 전적으로 메모리 기술 수준에 달려 있다. 메모리가 CPU보다 더 빨리 동작한다면 마이크로코드 방식을 쓰는 것이 더 유리할 것이고, 메모리가 CPU보다 더 느리게 동작한다면 랜덤 로직 방식이 더 빠른 성능을 보일 것이다.

9.3 단계별 명령어 실행

최고의 코드를 작성하기 위해서는 CPU가 어떻게 각각의 명령어를 실행하는지 이해해야 하며, 이번 절에서는 이를 위한 네 개의 대표적인 80x86 명령어를 살펴본다. mov, add, loop, jnz^{jump if not zero}라는 네 개의 명령어를 살펴보면 CPU가 어떻게 명령어 집합의 모든 명령어를 실행하는지 이해할 수 있다.

mov 명령어는 소스 피연산자에서 목적 피연산자로 데이터를 복사하는 명령어이고, add 명령어는 소스 피연산자의 값을 목적 피연산자의 값에 더하는 명령어다. loop 명령어와 jnz 명령어는 조건부 분기^{conditional-jump} 명령어로, 조건을 검사한 후 조건을 만족하면 메모리상의 다른 특정 명령어로 분기하고, 조건이 만족되지 않으면 분기하지 않고 다음 명령어를 계속 실행한다.

jnz 명령어는 CPU에 있는 제로 플래그^{zero flag}라 불리는 2진 변수 값을 검사한 후에 제로 플래그의 값이 0이면 지정된 타깃 명령어로 분기하고, 제로 플래그의 값이 1이면 그냥 다음 명령어를 실행한다. 프로그램은 메모리상에서 jnz 명령어와 타깃 명령어 사이의 거리를 바이트 단위로 나타냄으로써 분기하려는 타깃 명령어의 주소를 지정한다.

loop 명령어는 ECX 레지스터의 값을 감소시키고, ECX 레지스터의 값이 0이 아니면 타깃 명령어로 분기한다. 이 명령어는 CISC^{Complex Instruction Set Computer} 명령어의 전형적인 예이며, 다음과 같은 여러 연산을 실행한다.

1. ECX 레지스터의 값을 1만큼 감소시킨다.
2. ECX 레지스터의 값이 0이 아니면 조건부 분기를 한다.

즉, loop 명령어는 다음의 명령어들이 하는 일과 동일한 작업을 실행한다.

```
sub(1, ecx); // 80x86에서 sub 명령어는 명령어 실행 결과가 0이면
jnz SomeLabel; // 제로 플래그를 1로 설정한다
```

---

mov, add, jnz, loop 명령어를 실행하기 위해 CPU는 서로 다른 단계를 실행해야 한다. 각 명령어를 실행하기 위해서는 일정한 시간이 필요하다. CPU는 한 클럭에 하나의 단계를 실행하므로, CPU가 하나의 명령어를 완전히 실행하는 데 필요한 시간은 CPU가 각 단계를 실행하는 데 사용한 클럭을 모두 더한 것이 된다.

하나의 명령어를 실행하는 데 필요한 단계가 많을수록 CPU가 명령어를 처리하는 속도는 분명히 느려질 것이다. 복잡한 명령어를 실행하기 위해서는 많은 실행 단계를 거쳐야 하므로, 보통 이러한 명령어는 간단한 명령어에 비해 느리게 처리된다.

80x86 CPU는 다양한 모델이 존재하고 실행 단계도 서로 다르지만, 작동 시퀀스는 상당히 유사하다. 이번 절에서는 다음 세 가지 실행 단계로 시작하는 다양한 시퀀스를 알아본다.

1. 메모리에서 명령어의 opcode를 가져온다.
2. opcode에 이어지는 바이트 주소로 EIP^{Extended Instruction Pointer} 레지스터를 업데이트한다.
3. 명령어의 opcode를 디코딩해 명령문의 내역을 확인한다.

9.3.1 mov 명령어

32비트 80x86 CPU에서 mov(*srcReg*, *destReg*); 명령어는 다음의 실행 단계를 거친다.

1. 소스 레지스터(*srcReg*)에서 데이터를 읽어온다.
2. 읽어온 데이터를 목적 레지스터(*destReg*)에 저장한다.

mov(*srcReg*, *destMem*); 명령어는 다음의 실행 단계를 거친다.

1. opcode 바로 다음 메모리 위치에 있는 피연산자의 위치 변화량^{displacement} 데이터를 가져온다.
2. EIP 레지스터의 값을 소스 피연산자 다음 바이트 주소로 설정한다.
3. mov 명령어가 인덱스 주소 지정 모드^{indexed addressing mode} 등과 같은 복합 주소 지정 모드를 사용하는 경우, 목적 메모리 위치의 유효 주소를 계산한다.
4. *srcReg*에서 데이터를 가져온다.
5. 가져온 데이터를 목적 메모리 위치에 저장한다.

mov(*srcMem*, *destReg*); 명령어의 실행 단계도 매우 유사하며, 메모리 접근과 레지스터 액세스 단계만 서로 바꾸면 된다.

mov(*constant*, *destReg*); 명령어는 다음의 실행 단계를 거친다.

1. opcode 바로 다음 메모리 위치에 있는 피연산자의 위치 변화량 데이터를 가져온다.
2. EIP 레지스터의 값을 소스 피연산자 다음 바이트 주소로 설정한다.
3. 읽어온 상수 값을 목적 레지스터에 저장한다.

각 단계 실행을 위해 1클럭이 필요하다면, 위의 모든 단계를 실행하기 위해서는 6클럭이 필요하다.

mov(*constant*, *destMem*); 명령어는 다음의 실행 단계를 거친다.

1. opcode 바로 다음 메모리 위치에 있는 피연산자의 위치 변화량 데이터를 가져온다.
2. EIP 레지스터의 값을 opcode 다음 바이트의 주소로 설정한다.
3. 상수 피연산자에 저장된 상수 값을 메모리상의 메모리 피연산자 다음 바이트에서 읽어온다.
4. EIP 레지스터의 값을 상수 피연산자 다음 바이트의 주소로 설정한다.
5. mov 명령어가 인덱스 주소 지정 모드 등과 같은 복합 주소 지정 모드를 사용하는 경우, 목적 메모리 위치의 유효 주소를 계산한다.
6. 읽어온 상수 값을 목적 메모리 위치에 저장한다.

9.3.2 add 명령어

add 명령어는 좀 더 복잡하다. add(*srcReg*, *destReg*); 명령어는 다음의 실행 단계를 거친다.

1. 소스 레지스터에서 값을 읽어온 후 CPU에서 수리 연산 작업을 담당하는 ALU^Arithmetic Logical Unit에 전송한다.
2. 목적 레지스터에서 값을 읽어온 후 ALU로 전송한다.
3. ALU가 두 값을 더하는 연산을 실행하도록 한다.
4. 연산 결과를 목적 레지스터에 저장한다.
5. 덧셈 결과에 따라 플래그 레지스터^flag register의 값을 설정한다.

노트 | 플래그 레지스터는 조건 코드 레지스터(condition-codes register) 또는 프로그램 상태 워드 (program-status word)라고도 부른다. 이 레지스터는 직전의 명령어가 오버플로, 0 결괏값, 음수 결괏값, 또는 그 외의 다른 조건들에 해당하는 결과를 생성했는지 여부를 확인하기 위한 비트가 모여 있다.

소스 피연산자가 레지스터가 아니라 메모리 위치를 가리킨다면 add 명령어는 add(*srcMem*, *destReg*); 형태를 지니며, 이 명령어의 실행 단계는 좀 더 복잡하다.

1. 메모리 피연산자에 저장된 변위값을 메모리상의 opcode 다음 바이트에서 읽어 온다.
2. EIP 레지스터의 값을 메모리 피연산자 다음 바이트의 주소로 설정한다.
3. add 명령어가 인덱스 주소 방식과 같은 복잡한 주소 방식을 사용하면 소스 메모리 위치의 유효한 주소 값을 계산한다.
4. 소스 피연산자에 저장된 값을 읽어와서 ALU로 전송한다.
5. 목적 레지스터에 저장된 값을 읽어와서 ALU로 전송한다.
6. ALU가 두 값을 더하는 연산을 실행하도록 한다.
7. 연산 결괏값을 목적 레지스터에 저장한다.
8. 덧셈 결과에 따라 플래그 레지스터의 값을 설정한다.

소스 피연산자가 상수이고 목적 피연산자가 레지스터인 add 명령어는 add(*constant*, *destReg*);이며, 다음의 실행 단계를 거친다.

1. 소스 피연산자에 저장된 상수 값을 메모리상의 opcode 다음 바이트에서 읽어온 후 ALU에 전송한다.
2. EIP 레지스터의 값을 상수 피연산자 다음 바이트의 주소로 설정한다.
3. 목적 레지스터에 저장된 값을 읽어와서 ALU로 전송한다.
4. ALU가 두 값을 더하는 연산을 실행하도록 한다.
5. 연산 결괏값을 목적 레지스터에 저장한다.
6. 덧셈 결과에 따라 플래그 레지스터의 값을 설정한다.

위의 과정을 모두 실행하는 데 9클럭이 걸린다.

소스 피연산자가 상수이고 목적 피연산자가 메모리 위치를 가리키는 add 명령어는 add(*constant*, *destMem*); 형태를 지니며, 이 명령어의 실행 단계는 좀 더 복잡하다.

1. 메모리 피연산자에 저장된 변위값을 메모리상의 opcode 다음 바이트에서 읽어

온다.

2. EIP 레지스터의 값을 메모리 피연산자 다음 바이트의 주소로 설정한다.

3. 만약 add 명령어가 인덱스 주소 방식과 같은 복잡한 주소 방식을 사용하면, 목적 메모리 위치의 유효한 주소 값을 계산한다.

4. 소스 피연산자에 저장된 상수 값을 메모리 피연산자 다음 바이트에서 읽어와 ALU로 전송한다.

5. 목적 메모리에 저장된 값을 읽어와서 ALU로 전송한다.

6. EIP 레지스터의 값을 상수 피연산자 다음 바이트의 주소로 설정한다.

7. ALU가 두 값을 더하는 연산을 실행하도록 한다.

8. 연산 결괏값을 목적 메모리에 저장한다.

9. 덧셈 결과에 따라 플래그 레지스터의 값을 설정한다.

과정 6에서 설명한 것처럼, 이 명령어가 복잡한 주소 방식을 사용하는지 여부에 따라 위의 과정을 모두 실행하는 데는 11 또는 12클럭이 걸린다.

9.3.3 jnz 명령어

80x86의 jnz 명령어는 하나만 있으므로, 명령어 실행 단계도 한 가지만 존재한다.

jnz label; 명령어는 다음의 실행 단계를 거친다.

1. 메모리 변위값을 메모리상의 opcode 다음 바이트에서 읽어온 후 ALU로 전송한다.

2. EIP 레지스터의 값을 변위 피연산자 다음 바이트의 주소로 설정한다.

3. 제로 플래그의 값이 0인지 검사한다.

4. 만약 제로 플래그의 값이 0이면 EIP 레지스터의 값을 복사해서 ALU로 전송한다.

5. 만약 제로 플래그의 값이 0이면 ALU가 메모리 변위값과 EIP 레지스터의 값을 더한다.

6. 만약 제로 플래그의 값이 0이면 연산 결괏값을 EIP 레지스터에 복사한다.

jnz 명령어의 경우, CPU가 분기를 하지 않으면 명령어 실행에 좀 더 적은 클럭 주기가 걸린다는 것을 알 수 있다. 이런 현상은 대부분의 조건부 분기 명령어[conditional jump instruction]에 적용된다.

9.3.4 loop 명령어

80x86 loop 명령어도 jnz 명령어처럼 한 종류의 형태만 있으므로, 이 명령어를 실행하는 단계도 하나만 존재한다. 80x86의 loop 명령어는 다음의 실행 단계를 거친다.[2]

1. ECX 레지스터의 값을 읽어와서 ALU로 전송한다.
2. 이 값을 줄이도록 ALU에게 지시한다.
3. 연산 결괏값을 ECX 레지스터에 다시 저장한다. 그리고 결괏값이 0이 아니면 특수한 내부 플래그를 설정한다.
4. 메모리 변위값(분기할 거리)을 메모리상의 opcode 다음 바이트에서 읽어와 ALU로 전송한다.
5. EIP 레지스터의 값을 변위 피연산자 다음 바이트의 주소로 설정한다.
6. 특정 내부 플래그를 검사해서 ECX의 값이 0인지 여부를 확인한다.
7. 플래그의 값이 설정돼 있으면(플래그의 값이 1이면), EIP 레지스터의 값을 ALU로 전송한다.
8. 플래그의 값이 설정돼 있으면, ALU가 두 값을 더하는 연산을 실행하도록 한다.
9. 플래그의 값이 설정돼 있으면, 연산 결괏값을 EIP 레지스터에 다시 저장한다.

jnz 명령어의 경우와 같이 loop 명령어도 분기를 하지 않고 CPU가 loop 다음 명령어를 바로 실행하게 되면, 분기를 하는 경우보다 더 빨리 실행된다.

9.4 RISC vs. CISC: 명령어의 신속 실행을 통한 성능 향상

80x86과 그 이전 세대의 초기 마이크로프로세서는 CISC[Complex Instruction Set Computer](복합 명령어 집합 컴퓨터) 아키텍처를 사용했다. 당시의 CPU 설계에서는 좀 더 적은 명령어를 사

---

2   시퀀스 초반부에는 opcode 읽어오기, EIP 레지스터 설정, opcode 해석 등 명령어 실행을 위한 공통 단계가 추가된다.

용하는 것을 중시했으며, 하나의 명령어로 좀 더 많은 작업을 처리하는 방식을 선호했다. 이는 단순한 명령어를 지닌 CPU는 동일한 작업을 수행하기 위해 더 많은 명령어를 사용해야 했기 때문이다. DEC사의 PDP-11과 후속 버전인 VAX 등은 이러한 철학에 최적화된 CPU이다.

1980년대 초에 아키텍처 연구자들은 CISC 방식의 연산 비용이 매우 높다는 사실을 알게 됐다. CISC의 복합 명령을 처리하기 위해 사용되는 다수의 하드웨어가 CPU의 전반적인 클럭 스피드 향상을 저하시킨다는 결론을 얻게 된 것이다. VAX 11-780 미니컴퓨터 실험에서는 소수의 복합적인 명령어 처리 방식보다 다수의 단순한 명령어 처리 방식이 속도 면에서 더 빠르다는 사실을 확인하게 됐다.

당시 실험에 참여한 연구자들은 간단한 명령어를 이용해 프로그램 수행에 핵심적인 명령만 전달하면, 하드웨어의 성능 지표 중 클럭 스피드를 크게 향상시킬 수 있다는 가설을 세웠다. 그리고 이 이론을 반영한 새 아키텍처의 이름이 바로 RISC^{Reduced Instruction Set Computer}(축소 명령어 집합 컴퓨터)이다.[3] 이후 'RISC와 CISC 중 어떤 아키텍처가 더 나은가?'라는 논쟁이 시작됐다.

논문에서는 RISC CPU가 좀 더 낫다는 결론이 제시됐지만 실무적으로는 RISC의 클럭 스피드가 좀 더 느렸는데, 당시 CISC 아키텍처는 다양한 연구와 실무 적용을 통해 설계나 기술 구현 측면에서 최적화 수준이 높았기 때문이다. 이후 RISC CPU가 좀 더 높은 클럭 스피드를 기록할 무렵, CISC는 RISC 연구 결과를 반영해 더욱 높은 성능을 기록했다. 그리고 오늘날에도 80x86 CISC CPU는 고성능의 대명사로 불린다. 오늘날, RISC CPU는 새로운 타깃 시장인 스마트폰과 태블릿 등의 휴대용 및 저전력 프로세서 시장에서 좀 더 높은 에너지 효율성으로 CISC와 경쟁하고 있다.

CISC 계열 80x86 CPU가 여전히 고성능 시장을 주도하는 가운데, 다수의 단순한 80x86 명령어를 사용해 프로그램을 작성할 수 있으며, 소수의 복합적인 80x86 명령어를 사용했을 때보다 좀 더 빠른 실행 속도를 경험할 수 있다. 80x86 설계자들은 기존의 구형 소프트웨어를 실행하는 데 소수의 복합적인 명령어 체계를 사용할 수 있도록 지원하고 있지만, 최신의 컴파일러는 좀 더 빠른 코드 실행을 위해 이들 레거시 명령어의 지

---

3   RISC는 축소 컴퓨터(reduced computer)가 아닌, 세트 컴퓨터(set computer) 측면에 초점을 맞춰야 한다. RISC는 명령어 집합의 수가 아니라 명령어의 복잡성을 줄이는 데 초점을 맞추기 때문이다.

원을 줄이고 있다.

RISC 연구의 중요한 시사점 중 하나는 명령어의 실행 시간은 작업량에 따라 달라진다는 것이다. 명령어가 좀 더 많은 내부 연산을 필요로 할 경우, 실행 시간은 길어질 수밖에 없다. 내부 연산의 수를 줄여서 실행 시간을 높이려는 경우, RISC는 동시에 실행될 수 있는 내부 연산 작업, 즉 병렬 처리 가능 작업에 우선순위를 둔다.

9.5 병렬성: 더 높은 성능의 비결

만약 CPU의 명령어 집합을 구성하는 각각의 명령어를 CPU가 더 빨리 실행할 수 있다면 그 명령어로 구성된 프로그램 또한 당연히 더 빨리 실행될 것이다.

RISC 프로세서의 초기 목적은 1클럭 주기에 평균적으로 하나의 명령어를 실행하도록 하는 것이었다. 하지만 RISC 명령어가 단순하다고 해도 실제로 명령어를 실행하는 데는 더 많은 클럭 주기가 필요하다는 문제가 있었다. CPU 설계자가 이 문제를 해결하기 위해 사용한 방식이 바로 병렬성^{parallelism}이다.

mov(*srcReg*, *destReg*); 명령어를 실행하는 다음의 단계를 살펴보자.

1. 메모리에서 명령어의 opcode를 읽어온다.
2. EIP 레지스터의 값을 opcode 다음 바이트의 주소로 설정한다.
3. 읽어온 opcode가 어떤 명령어인지를 알아내기 위해 opcode를 해석한다.
4. *srcReg*에서 데이터를 읽어온다.
5. 읽어온 데이터를 목적 레지스터(*destReg*)에 저장한다.

CPU는 EIP 레지스터의 값을 변경하기 전에 opcode의 값을 읽어와야 하고, 소스 레지스터에서 값을 가져오기 전에 opcode를 디코딩해야 하며, 목적 레지스터에 데이터를 저장하기 전에 먼저 소스 레지스터에서 데이터를 읽어와야 한다.

위의 mov 명령어 실행 단계에서 보듯이 단 하나의 단계를 제외하고 모두 순차적^{serial}으로 실행된다. 즉, CPU는 다음 단계를 실행하기 전에 반드시 이전 단계를 먼저 실행해야 한다. 여기서 예외가 되는 단계가 EIP 레지스터를 변경하는 두 번째 단계다. 첫 번째 단계를 실행한 후에 두 번째 단계를 실행해야 하지만, 이후 단계(3~5단계)는 두 번째 단계의 실행 여부와 상관없이 실행될 수 있다. 두 개의 단계를 병렬적으로 실행함으로써, 이 명령어를 실행하는 데 필요한 클럭 주기를 1클럭만큼 줄일 수 있다.

다음은 명령어가 병렬적으로 실행되는 단계를 보여준다.

1. 메모리에서 명령어의 opcode를 읽어온다.
2. 읽어온 opcode가 어떤 명령어인지를 알아내기 위해 opcode를 해석한다.
3. *srcReg*에서 데이터를 읽어오고, EIP 레지스터의 값을 opcode 다음 바이트의 주소로 설정한다.
4. 읽어온 데이터를 목적 레지스터(*destReg*)에 저장한다.

mov(*reg, reg*); 명령어의 나머지 4단계는 이전처럼 순차적으로 실행돼야 하지만, 다른 형태의 mov 명령어에서도 실행 단계를 중첩시켜서 클럭을 줄일 수 있다.

예를 들어 80x86의 mov([ebx+disp], eax); 명령어의 실행 단계를 살펴보자.

1. 메모리에서 명령어의 opcode를 읽어온다.
2. EIP 레지스터의 값을 opcode 다음 바이트의 주소로 설정한다.
3. 읽어온 opcode가 어떤 명령어인지를 알아내기 위해 opcode를 해석한다.
4. 소스 피연산자의 유효한 주소 값을 계산하기 위한 변위값을 읽어온다.
5. EIP 레지스터의 값을 변위값 다음 바이트의 주소로 설정한다.
6. 소스 피연산자의 유효한 주소 값을 계산한다.
7. 소스 피연산자의 데이터 값을 메모리에서 읽어온다.
8. 이 값을 목적 레지스터에 저장한다.

이 명령어에서도 몇 단계의 중첩이 가능하다. 아래에서는 EIP 레지스터의 값을 변경하는 단계를 다른 단계와 중첩시켜 기존 방식보다 두 단계를 줄였다.

1. 메모리에서 명령어의 opcode를 읽어온다.
2. 읽어온 opcode가 어떤 명령어인지 알아내기 위해 opcode를 해석하고, EIP 레지스터의 값을 opcode 다음 바이트의 주소로 설정한다.
3. 소스 피연산자의 유효한 주소 값을 계산하기 위한 변위값을 읽어온다.

4. 소스 피연산자의 유효한 주소 값을 계산하고, EIP 레지스터의 값을 변위값 다음 바이트의 주소로 설정한다.
5. 소스 피연산자의 데이터 값을 메모리에서 읽어온다.
6. 이 값을 목적 레지스터에 저장한다.

마지막으로 add(*constant*, [*ebx+disp*]); 명령어의 경우를 살펴보자. 이 명령어의 실행 단계는 다음과 같다.

1. 메모리에서 명령어의 opcode를 읽어온다.
2. EIP 레지스터의 값을 opcode 다음 바이트의 주소로 설정한다.
3. 읽어온 opcode가 어떤 명령어인지 알아내기 위해 opcode를 해석한다.
4. opcode 다음 바이트에서 변위값을 읽어온다.
5. EIP 레지스터의 값을 변위값 다음 바이트의 주소로 설정한다.
6. 두 번째 피연산자의 유효한 주소 값을 계산한다.
7. 변위값 다음 바이트에서 상수 피연산자의 값을 읽어와 ALU로 전송한다.
8. 메모리에서 목적 피연산자의 값을 읽어와 ALU로 전송한다.
9. EIP 레지스터의 값을 상수 값 다음 바이트의 주소로 설정한다.
10. ALU가 두 값을 더하는 연산을 실행하도록 한다.
11. 연산 결괏값을 목적 피연산자(두 번째 피연산자)에 저장한다.
12. 덧셈 결과에 따라 플래그 레지스터의 값을 설정한다.

위의 단계 중 일부는 이전 단계의 실행 결과에 관계없이 실행될 수 있으므로, 이전처럼 일부 단계를 중첩시킬 수 있다.

1. 메모리에서 명령어의 opcode를 읽어온다.
2. 읽어온 opcode가 어떤 명령어인지 알아내기 위해 opcode를 해석하고, EIP 레지스터의 값을 opcode 다음 바이트의 주소로 설정한다.
3. opcode 다음 바이트에서 변위값을 읽어온다.
4. EIP 레지스터의 값을 변위값 다음 바이트의 주소로 설정하고, 메모리 피연산자의 유효한 주소 값을 계산한다(*EXB+disp*).

5. 변위값 다음 바이트에서 상수 피연산자의 값을 읽어와 ALU로 전송한다.

6. 메모리에서 목적 피연산자의 값을 읽어와서 ALU로 전송한다.

7. ALU가 두 값을 더하는 연산을 실행하도록 하고, EIP 레지스터의 값을 상수 값 다음 바이트의 주소로 설정한다.

8. 연산 결괏값을 목적 피연산자에 저장하고, 덧셈 결과에 따라 플래그 레지스터의 값을 설정한다.

메모리에서 상수 값을 읽어오는 단계와 메모리 피연산자의 값을 읽어오는 단계는 두 값이 서로 의존성을 갖지 않으므로 동시에 실행될 수 있을 것 같지만, 실제로 CPU는 그렇게 하지 못한다. 이는 CPU에는 한 개의 데이터 버스만 있으므로 두 개의 데이터를 동시에 읽어올 수 없기 때문이다. 다음 절에서는 이 문제의 해결 방법을 알아본다.

이와 같은 중첩 방식을 이용해서 명령어 실행에 필요한 단계를 상당히 줄일 수 있고, 명령어 실행에 필요한 클럭 주기도 줄일 수 있다. 칩의 클럭 속도를 변경하지 않고도 CPU의 성능을 높일 수 있는 비결이 바로 명령어의 각 단계를 병렬적으로 실행하는 것이다.

그러나 명령어가 여전히 순차적으로 실행되기 때문에 이 방식만으로 얻을 수 있는 이득은 크지 않다. 다음 절에서는 인접한 명령어를 중첩 실행함으로써 더 많은 클럭을 절약하는 방법을 알아본다.

9.5.1 기능성 유닛

add 명령어에서 본 것처럼, 두 값의 합과 그 결괏값의 저장 단계는 동시에 처리될 수 없다. 이는 연산이 이뤄지기 전에는 결괏값을 저장할 수 없기 때문이다. 이 외에도 명령어 처리 시 CPU가 공유할 수 없는 리소스가 다수 존재한다. 데이터 버스가 하나만 있는 경우, CPU는 메모리에 데이터를 저장함과 동시에 명령어 opcode를 읽어올 수 없다. 이 과정에서 명령어 실행을 구성하는 여러 단계는 CPU의 기능성 유닛을 공유한다.

기능성 유닛functional unit은 공통 작업을 처리하는 로직 그룹으로, 산술 논리 유닛arithmetic logical unit, 제어 유닛control unit 등이 있다. 기능성 유닛은 한 번에 하나의 작업을 수행하며, 동일한 기능성 유닛을 사용하는 두 개의 작업을 동시에 수행할 수 없다. CPU가 병렬적으로 다수의 단계를 실행하도록 하려면, 이들 단계가 서로 충돌하지 않도록 세심하게 조정하거나 두 개의 연산을 동시에 수행할 수 있도록 로직을 추가해 서로 다른 기능성 유닛에서 연산이 이뤄지도록 해야 한다.

예를 들어 mov(*srcMem*, *destReg*); 명령어가 다음 단계를 거쳐야 하는 경우를 생각해보자.

1. 메모리에서 명령어의 opcode를 읽어온다.
2. EIP 레지스터의 값을 opcode 다음 변위값 주소로 설정한다.
3. 명령어의 opcode를 디코딩해 명령어의 의미를 파악한다.
4. 소스 피연산자의 유효 주소를 계산하기 위해 메모리에서 변위값을 읽어온다.
5. EIP 레지스터의 값을 변위값 이전 바이트 주소로 설정한다.
6. 소스 피연산자의 유효 주소를 계산한다.
7. 소스 피연산자의 값을 읽어온다.
8. 읽어온 값을 목적 레지스터에 저장한다.

첫 번째 작업은 EIP 레지스터의 값을 사용하므로, EIP의 값을 수정하는 다음 단계의 작업과 중첩시킬 수 없다. 또한 첫 번째 작업은 메모리에서 명령어의 opcode를 읽어오는 버스를 사용하고, 다른 모든 단계가 이 opcode와 연계돼 있으므로 다른 단계와 중첩시킬 수 없다.

두 번째와 세 번째 작업은 기능성 유닛을 공유하지 않으며, 세 번째 작업은 두 번째 단계에서 수정된 EIP 레지스터의 값에 의존하지 않는다. 따라서 이들 단계를 연결하는 제어 유닛을 수정해 명령어 디코딩과 동시에 EIP 레지스터의 값을 변경하도록 할 수 있다. 그리고 이를 통해 mov 명령어 실행에 필요한 1사이클을 줄일 수 있다.

세 번째와 네 번째 단계는 명령어의 opcode를 디코딩하고 변위값을 읽어오며, CPU가 메모리에서 변위값 피연산자를 가져와야 할 때 명령어의 opcode를 디코딩하므로, 이 단계에서는 병렬적으로 처리할 부분이 존재하지 않는다. 하지만 필요시 언제든 CPU가 변위값을 읽어오도록 설계할 수 있다.

일곱 번째와 여덟 번째 단계 역시 CPU가 값 저장 전에 해당 값을 가져와야 하므로 중첩시킬 수 있는 부분이 없다.

이상의 상황을 종합해서 다음과 같이 mov 명령어의 단계를 줄여 실행할 수 있다.

1. 메모리에서 명령어의 opcode를 읽어온다.
2. 명령어의 opcode를 디코딩해 명령어의 의미를 파악하고, EIP 레지스터의 값을 opcode 다음 변위값 주소로 설정한다.
3. 소스 피연산자의 유효 주소를 계산하기 위해 메모리에서 변위값을 읽어오고, EIP 레지스터의 값을 변위값 이전 바이트 주소로 설정한다.
4. 소스 피연산자의 유효 주소를 계산한다.
5. 소스 피연산자의 값을 읽어온다.
6. 읽어온 값을 목적 레지스터에 저장한다.

CPU에 약간의 로직을 추가해서 mov 명령어 실행에 필요한 1~2사이클을 줄였다. 이와 같은 최적화 방식은 다른 명령어에도 간단하게 적용할 수 있다.

예를 들어 ALU를 사용할 때 여러 단계가 필요한 loop 명령어에 대해 생각해보자. CPU가 하나의 ALU만 지닌 경우, 각 단계를 순차적으로 실행해야 한다. 하지만 CPU가 다수의 ALU, 즉 다수의 기능성 유닛을 지닌 경우에는 일부 단계를 병렬적으로 실행할 수 있다. 예를 들어, CPU가 ALU를 이용해 ECX 레지스터의 값을 감소시키는 동시에 EIP 값을 업데이트할 수 있다.

또한 loop 명령어는 (분기 여부 결정을 위해) 감소된 ECX 값과 0을 비교하는 데도 ALU를 사용할 수 있지만, ECX 증가 작업과 0과의 비교 작업은 서로 의존성이 존재하므로 CPU는 이들 작업을 동시에 수행할 수 없다.

9.5.2 프리페치 큐

지금까지 몇 가지 간단한 최적화 기법을 살펴봤다. 이제 mov 명령어를 32비트 데이터 버스를 가진 CPU에서 실행하면 어떤 일이 일어나는지 알아보자. mov 명령어가 1바이트의 변위값을 메모리에서 읽어오려고 하면, CPU는 실제로 변위값 외에 3바이트를 추가로 더 읽어온다. 이는 32비트 데이터 버스가 1버스 주기에 4바이트를 읽어올 수 있기 때문에 가능하다.

데이터 버스의 두 번째 바이트는 다음 명령어의 opcode이며, 다음 명령어 실행까지 이 opcode를 갖고 있을 수 있으면 다음 명령어를 실행할 때 다시 opcode를 읽어올 필요가 없어지므로 1클럭을 절약할 수 있다.

9.5.2.1 미사용 버스 사이클의 활용

아직 성능을 개선할 여지가 남아있다. CPU가 mov 명령어를 실행하는 모든 단계에서 메모리에 접근하는 것은 아니라는 점에 주목하자. 예를 들어 데이터 값을 목적 레지스터에 저장할 때 버스는 유휴idle 상태이며, 버스가 유휴 상태일 때 다음 명령어의 opcode와 피연산자를 미리 읽어올 수 있다.

이 작업을 담당하는 하드웨어가 바로 프리페치 큐prefetch queue다. 그림 9-4는 프리페치 큐를 사용한 CPU의 구조를 보여준다.

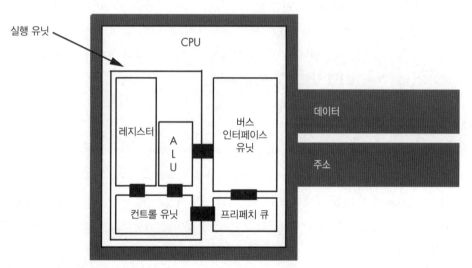

그림 9-4 프리페치 큐를 사용한 CPU 설계

버스 인터페이스 유닛BIU, Bus Interface Unit은 이름 그대로 데이터 버스와 주소 버스에 대한 접근을 제어한다. BIU는 마치 교통 경찰처럼 실행 유닛이나 프리페치 큐와 같은 여러 모듈이 버스에 동시에 접근하는 상황을 적절히 통제한다. CPU 내부의 특정 모듈이 주메모리에 접근하려고 할 때마다 CPU는 BIU에 버스 접근을 요청한다.

실행 유닛이 BIU를 사용하지 않으면, BIU는 메모리에서 바이트를 읽어와 프리페치 큐에 저장한다. 그리고 CPU가 명령어의 opcode나 피연산자의 값이 필요할 때마다 프리페치 큐에서 다음 바이트를 읽어온다. BIU는 메모리에서 한 번에 여러 바이트를 읽어오고 보통 CPU는 한 클럭에 프리페치 큐에 있는 바이트의 수보다 적은 바이트를 사용하기 때문에 실행하려는 명령어는 대부분 프리페치 큐에서 찾을 수 있다.

하지만 모든 명령어와 피연산자를 프리페치 큐에서 읽어올 수 있을 것이라고 보장할 수는 없다. 예를 들어 80x86의 jnz Label 명령어의 경우를 살펴보자. 2바이트로 구성된 이 명령어가 메모리의 400과 401번지 주소에 위치하고 있으며, 프리페치 큐는 402, 403, 404, 405, 406, 407번지의 바이트를 저장하고 있다고 가정하자.

이제 jnz 명령어를 실행하면서 CPU가 Label로 분기하면 어떻게 되는지 알아보자. 만약 타깃 주소, 즉 Label이 가리키는 번지가 480이라면 프리페치 큐에 있던 402, 403, 404 등의 번지에 저장된 바이트는 더 이상 쓸모가 없다. CPU는 우선 480번지에 저장된 데이터를 가져와야 하고, 따라서 시스템은 계속 실행하기 전에 잠시 대기해야 한다. 하지만 대부분의 경우, CPU는 메모리에서 연속적인 값을 읽어와 실행하기 때문에 프리페치 큐에 데이터를 미리 저장하면 실행 시간이 절약된다.

9.5.2.2 명령어 중첩

성능을 향상시킬 수 있는 또 다른 방법은 다음 명령어의 디코딩 단계와 이전 명령어의 마지막 단계를 중첩시키는 것이다. CPU가 피연산자를 처리한 후 프리페치 큐에는 다음 명령어의 opcode가 존재할 것이다. CPU가 현재 명령어를 처리하는 동안 명령어 디코더는 유휴 상태이므로, 다음 명령어가 곧바로 실행될 것이라 예상하고 미리 다음 명령어의 opcode 해석 단계를 실행할 수 있다.

물론 현재 명령어를 실행하는 도중에 EIP 레지스터가 변경되면 디코더가 다음 명령어의 opcode를 미리 해석한 일이 무의미해지기는 하지만, 시스템의 속도를 떨어뜨리지는 않는다. 물론 이런 부가적인 작업을 위한 회로는 추가해야 한다.

9.5.2.3 백그라운드 프리페치 이벤트의 요약

명령어가 실행될 때 다음과 같은 CPU 프리페치 이벤트가 백그라운드에서 병렬적으로 실행된다고 가정해보자.

1. 프리페치 큐에 여유가 있고 BIU가 현재 클럭에 유휴 상태이면, 프리페치 큐는 클럭 주기가 시작되는 시점의 EIP 레지스터가 가리키는 주소에서 더블워드의 값을 읽어온다(프리페치 큐는 프로세서에 따라 8~32바이트까지 저장할 수 있다).
2. 명령어 디코더가 유휴 상태이고 현재 명령어가 명령어 피연산자를 갖지 않는 명령어라면, CPU는 프리페치 큐에 저장된 첫 번째 opcode를 해석해야 한다. 만약 현재 명령어가 피연산자를 가지는 명령어라면 CPU는 프리페치 큐에서 피연산자 다음 바이트에 저장된 opcode를 해석해야 한다.

앞서 소개한 mov(*srcReg, destReg*); 명령어를 다시 살펴보자. 프리페치 큐와 BIU를 추가했기 때문에 opcode 읽어오기, 디코딩하기, EIP 레지스터 변경하기 등의 작업은 다음과 같이 이전 명령어 실행의 특정 단계와 중첩시킬 수 있다.

1. 명령어를 읽어온 뒤 디코딩한다. 이 단계는 이전 명령어와 중첩된다.
2. 소스 레지스터를 읽어온 후 다음 명령어의 주소로 EIP 레지스터를 갱신한다.
3. 읽어온 값을 목적 레지스터에 저장한다.

위의 명령어 실행 단계는 opcode가 프리페치 큐에 이미 존재하고 CPU가 이미 그 opcode를 디코딩한 상태라는 두 가지 가정을 바탕으로 한다. 만약 이 가정 중 하나라도 만족하지 않으면, opcode를 읽어오고 디코딩하기 위한 클럭 주기가 추가로 필요하다.

9.5.3 프리페치 큐의 성능을 저하시키는 조건

분기 명령어나 조건부 분기 명령어에 의해 분기가 발생하면, CPU는 다음 명령어를 읽어오는 단계와 디코딩하는 단계를 실제 분기 명령어와 중첩시킬 수 없으므로 명령어 처리 속도가 느려진다. 결국 분기 명령어가 실행되면 프리페치 큐가 회복되기까지 몇 클럭의 시간이 소요된다.

노트 | 빠른 코드를 작성하고 싶다면 프로그램에서 가능한 한 분기가 발생하지 않게 하라.

조건부 분기 명령어의 경우, 실제로 분기가 일어나는 경우에만 프리페치 큐가 무효화된다는 사실에 주목하자. 만약 분기 조건이 거짓이면 다음 명령어가 계속 실행되고, 프리페치 큐는 계속 유효한 상태로 있게 된다. 따라서 프로그램을 작성하는 동안 어떤 분기 조건이 가장 많이 발생하는지 미리 알아낼 수 있다면, 프로그램을 적절히 변경해서 그 조건이 프로그램의 제어를 다른 곳으로 분기하게 하지 말고 다음 명령어를 계속 실행하게 해야 한다.

명령어 자체의 길이도 프리페치 큐의 성능에 영향을 미친다. 명령어의 길이가 길수록 CPU는 프리페치 큐에 저장된 데이터를 빨리 소모한다. 상수나 메모리 피연산자를 포함하는 명령어는 대체로 길이가 긴 편이다. 만약 CPU가 그러한 명령어를 연속으로 실행하면, BIU가 데이터를 프리페치 큐에 새로 추가하는 속도보다 CPU가 프리페치 큐에서 새로운 명령어를 읽어오는 속도가 더 빠르기 때문에 CPU는 다음 명령어 실행을 위해 대기하는 일이 발생할 것이다. 따라서 프리페치 큐의 성능을 향상시키기 위해서는 명령어의 길이를 가능한 한 짧게 해야 한다.

마지막으로, 프리페치 큐는 데이터 버스가 넓을수록 더 높은 성능을 발휘한다. 16비트 8086 프로세서가 8비트 8088 프로세서보다 더 빠른 이유는 비트 수가 클수록 더 적은 수의 버스 접근만으로도 프리페치 큐를 채울 수 있기 때문이다. 여러분은 CPU가 버스를 프리페치 큐 외에 다른 목적으로도 사용한다는 점을 기억해야 하며, 메모리에 접근하는 명령어는 버스를 놓고 프리페치 큐와 경쟁한다는 사실을 명심해야 한다. 만약 CPU가 메모리에 접근하는 명령어를 연속적으로 실행하면 프리페치 큐가 버스에 접근할 가능성이 떨어지므로, 프리페치 큐는 빠르게 비워질 것이다. 물론 프리페치 큐가 비게 되면, CPU는 BIU가 메모리에서 새로운 opcode를 읽어올 때까지 대기해야 한다.

9.5.4 파이프라이닝: 다중 명령어 중첩

BIU와 실행 유닛을 이용해서 명령어를 병렬적으로 실행하는 것은 일종의 파이프라이닝 pipelining이다. 대부분의 현대적인 프로세서는 성능을 향상시키기 위해 파이프라이닝 기능을 제공한다. 일부 예외는 있지만, 파이프라이닝은 클럭 사이클당 하나의 명령어를 실행할 수 있도록 돕는다.

프리페치 큐의 장점은 CPU가 명령어를 읽어오는 단계와 해석하는 단계를 다른 명령어의 실행과 중첩시킬 수 있다는 것이다. 즉, 하나의 명령어를 실행하는 동안 BIU는 다음 명령어를 읽어오고 해석할 수 있다. 병렬 처리용 하드웨어를 좀 더 추가할 수 있다면 대부분의 단계를 병렬적으로 실행할 수 있으며, 이것이 바로 파이프라이닝의 기본 개념이다.

파이프라이닝은 몇 개의 명령어를 동시에 병렬적으로 실행해서 애플리케이션의 평균 성능을 향상시킨다. 그러나 프리페치 큐의 경우처럼 파이프라이닝 시스템에서 좀 더 높은 성능을 발휘하는 명령어나 명령어 조합이 있으며, 파이프라이닝이 동작하는 원리를 이해함으로써 애플리케이션의 실행 속도를 높일 수 있다.

9.5.4.1 전형적인 파이프라인

다음은 하나의 클럭 사이클당 명령어가 실행되는 일반적인 단계다.

1. 메모리에서 명령어의 opcode를 읽어온다.
2. opcode를 해석하고, 필요하면 변위 피연산자나 상수 피연산자를 미리 읽어온다.
3. 필요하면 메모리 피연산자의 유효 주소를 계산한다(예: [ebx+$disp$]).
4. 필요하면 메모리 피연산자나 레지스터의 값을 읽어온다.
5. 연산을 실행한다.
6. 연산 결과를 목적 레지스터에 저장한다.

하드웨어를 추가할 여유가 있다면 위의 각 단계를 처리할 수 있는 미니프로세서를 만들 수 있으며, 기본 구조는 그림 9-5와 같다.

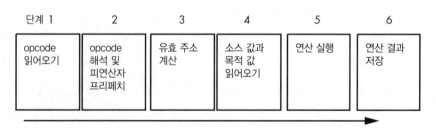

그림 9-5 명령어 실행을 위한 파이프라인 구현

위 네 번째 단계에서 CPU는 소스 피연산자와 목적 피연산자의 값을 함께 읽어온다. 이것은 CPU에 여러 개의 데이터 경로를 설치하고, 어떤 두 개의 피연산자도 데이터 버스

를 동시에 사용하지 않게 하면 가능하다. 즉, 메모리에서 메모리로 데이터를 이동시키는 연산이 없도록 한다.

그림 9-5의 각 단계마다 별개의 하드웨어를 설계하면, 대부분의 단계를 병렬적으로 수행할 수 있다. 물론 동시에 두 개 이상 명령어의 opcode를 읽어오고 해석할 수는 없지만, 현재 명령어의 opcode를 해석하면서 다음 명령어의 opcode를 읽어올 수는 있다. 만약 n 단계의 파이프라인이 있다면 n개의 명령어가 병렬적으로 실행될 것이다.

그림 9-6은 파이프라이닝된 명령어가 실행되는 모습을 보여준다. T1, T2, T3 등은 시스템 클럭의 연속적인 틱(time = 1, time = 2 등)을 나타낸다.

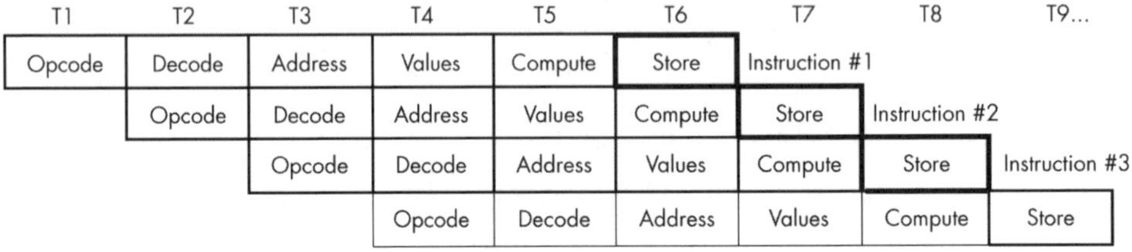

T1	T2	T3	T4	T5	T6	T7	T8	T9...
Opcode	Decode	Address	Values	Compute	Store	Instruction #1		
	Opcode	Decode	Address	Values	Compute	Store	Instruction #2	
		Opcode	Decode	Address	Values	Compute	Store	Instruction #3
			Opcode	Decode	Address	Values	Compute	Store

그림 9-6 파이프라인에서의 명령어 실행

T = T1에서 CPU는 첫 번째 명령어의 opcode 바이트를 읽어온다. T = T2에서 CPU는 첫 번째 명령어의 opcode를 해석하기 시작하고, 첫 번째 명령어가 피연산자를 가지는 경우 병렬적으로 한 블록의 바이트를 프리페치 큐에서 읽어온다. 또한 CPU는 첫 번째 명령어를 해석하는 것과 동시에 BIU가 두 번째 명령어의 opcode를 읽어오도록 지시한다. 왜냐하면 첫 번째 명령어는 이 시점에 BIU를 더 이상 필요로 하지 않기 때문이다.

이때 약간의 충돌 문제가 발생할 수 있다. CPU가 프리페치 큐에서 현재 명령어의 피연산자로 사용할 바이트를 읽어오는 동시에 다음 명령어의 opcode를 읽어오기 때문이다. CPU는 어떻게 이 두 가지 일을 동시에 할 수 있을까? 이에 대해서는 잠시 후 알아본다.

T = T3에서 첫 번째 명령어가 메모리에 접근하면 CPU는 메모리 피연산자의 유효한 주소 값을 계산한다. 첫 번째 명령어가 메모리에 접근하지 않으면, CPU는 아무 일도 하지 않는다. T3 주기 동안, CPU는 두 번째 명령어의 opcode를 디코딩하고 피연산자를 읽어온다. 마지막으로 CPU는 세 번째 명령어의 opcode를 읽어온다. 클럭의 틱이 진행될수록 파이프라인에서 명령어의 다음 단계가 실행되며, CPU는 메모리에서 또 다른 명

령어의 opcode를 읽어온다.

이러한 과정은 T = T6까지 계속되며, CPU가 첫 번째 명령어의 실행을 마치면 두 번째 명령어의 결괏값을 계산하고 파이프라인 내 여섯 번째 명령어의 opcode를 읽어온다. T = T5 이후 중요한 점은 CPU가 모든 클럭 사이클의 명령어 실행을 완료한다는 것이다. CPU가 파이프라인을 채우면 각 사이클마다 하나의 명령어 실행을 완료한다.

복합 주소 모드를 처리해야 하거나, 메모리 피연산자를 읽어오거나, 혹은 파이프라인을 지원하지 않는 프로세서에서 사이클을 소모하는 경우에도 위 부분만큼은 동일하다. 성능을 높이기 위해 우리가 해야 할 일은 파이프라인에 좀 더 많은 스테이지를 추가하는 것이며, 이를 통해 한 클럭 사이클마다 좀 더 효율적으로 하나의 명령어를 처리할 수 있다.

이제 앞에서 언급했던 충돌 문제에 대해 알아보자. T = T2에서 CPU는 메모리에서 첫 번째 명령어의 피연산자를 읽어오면서 동시에 두 번째 명령어의 opcode를 읽어온다. CPU가 첫 번째 명령어를 해석하기 전까지는 첫 번째 명령어가 얼마나 많은 피연산자를 갖고 있고 길이가 어떻게 되는지 알 수 없다. CPU는 첫 번째 명령어의 피연산자 길이를 모르면 다음 명령어의 opcode 위치를 알 수 없다. 그렇다면 파이프라인은 어떻게 현재 명령어의 피연산자와 함께 다음 명령어의 opcode를 읽어올 수 있는 것일까?

첫 번째 방법은 이러한 데이터 해저드data hazard를 일으키는 상황이 아예 발생하지 않게 하는 것이다. 현재 명령어가 주소 피연산자나 상수 피연산자를 지니는 명령어이면, 다음 명령어의 실행 시작을 잠시 지연시킬 수 있다. 하지만 다수의 명령어가 이러한 피연산자를 지니므로, 이 방법은 CPU의 실행 속도에 나쁜 영향을 미칠 수 있다.

두 번째 방법은 이 문제를 해결하기 위해 더 많은 하드웨어를 추가하는 것이다. 주소 피연산자나 상수의 크기는 보통 1, 2, 4바이트다. 따라서 현재 해석 중인 opcode에서 1, 2, 4바이트 떨어진 바이트를 읽어오면, 이 3바이트 중에 한 바이트는 다음 명령어의 opcode가 된다. 현재 명령어의 해석이 끝나는 시점에 명령어의 정확한 길이를 알 수 있으므로, 다음 명령어의 opcode 위치도 알 수 있게 된다. 간단한 데이터 선택기 회로data selector circuit를 이용하면 다음 명령어의 opcode로 예상되는 3바이트 중 1바이트를 선택할 수 있다.

하지만 실제로는 80x86 명령어의 길이가 다양하기 때문에 다음 명령어의 opcode를 선택하기 위해 3바이트보다 더 많은 바이트를 미리 읽어야 한다. 예를 들어 32비트의 상수를 메모리로 옮기는 mov 명령어의 경우, 10바이트 혹은 그 이상의 길이가 된다. 또한 명령어의 길이는 1바이트에서 15바이트까지 다양하고, 어떤 80x86 명령어의 opcode는 길이가 1바이트 이상이다. 따라서 CPU가 현재 명령어의 opcode를 정확하게 해석하기 위해서는 꽤 많은 데이터를 읽어와야 한다.

하지만 이 모든 어려움에도 불구하고, 하드웨어를 충분히 많이 추가한다면 현재 명령어를 해석하면서 동시에 다음 명령어를 읽어올 수 있다.

9.5.4.2 파이프라인 지연

지난 절에서 제시된 시나리오는 실제보다 훨씬 간단한 경우다. 기존 파이프라인 시나리오에서는 두 가지 측면을 무시했다. 하나는 두 개 이상의 명령어가 버스에 동시에 접근할 때 생기는 문제이고, 다른 하나는 명령어가 비순차적으로 실행되는 문제다. 이 두 가지 문제점은 파이프라인에서 명령어가 실행되는 평균 속도를 떨어뜨린다. 하지만 파이프라인의 동작 방식을 이해하게 되면, 이러한 문제점을 피해 프로그램을 작성함으로써 결국 애플리케이션의 성능을 향상시킬 수 있다.

버스 경쟁bus contention은 명령어가 메모리에 접근할 때는 언제든 발생할 수 있다. 예를 들어 mov(*reg*, *mem*); 명령어로 데이터를 메모리에 저장한 후 mov(*mem*, *reg*); 명령어로 메모리에서 데이터를 읽어온다고 하자. 이때 CPU는 메모리에서 데이터를 읽어오면서 동시에 써야 하므로 버스 경쟁이 발생한다.

버스 경쟁 문제를 해결하는 간단한 방법은 파이프라인 지연pipeline stall을 이용하는 것이다. CPU는 버스 경쟁 문제가 발생하면 파이프라인에서 현재 가장 많은 단계를 실행한 명령어에게 최우선권을 준다. 이렇게 하면 파이프라인에서 그 명령어 뒤에 처리되고 있는 명령어는 처리가 지연되고, 그림 9-7과 같이 이 명령어를 실행하는 데 걸리는 시간은 2클럭이 된다.

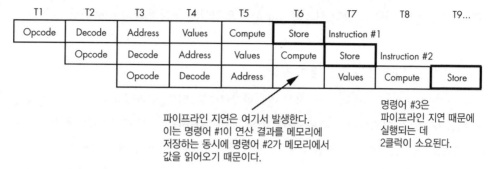

T1	T2	T3	T4	T5	T6	T7	T8	T9...
Opcode	Decode	Address	Values	Compute	Store	Instruction #1		
	Opcode	Decode	Address	Values	Compute	Store	Instruction #2	
		Opcode	Decode	Address		Values	Compute	Store

파이프라인 지연은 여기서 발생한다.
이는 명령어 #1이 연산 결과를 메모리에
저장하는 동시에 명령어 #2가 메모리에서
값을 읽어오기 때문이다.

명령어 #3은
파이프라인 지연 때문에
실행되는 데
2클럭이 소요된다.

그림 9-7 파이프라인 지연

버스 경쟁은 여러 경우에 발생한다. 예를 들어 CPU가 어떤 명령어의 피연산자를 읽어오기 위해서는 프리페치 큐에 접근해야 하는데, CPU가 다음 명령어의 opcode를 읽어올 때도 프리페치 큐에 접근해야 한다. 그러므로 지금까지 살펴본 간단한 파이프라인 설계로는 하나의 명령어가 하나의 클럭으로[CPI, Clock Per Instruction] 실행될 수 없는 경우도 많다.

파이프라인 지연의 다른 예로, 명령어가 EIP 레지스터를 변경하면 어떤 일이 발생하는지 알아보자. jnz 명령은 분기 조건이 만족되면 EIP 레지스터를 타깃 주소로 변경한다. 당연하지만 이것은 EIP 레지스터를 변경하는 명령어 이후에 실행돼야 할 명령어가 메모리에 연속적으로 존재하지 않는다는 것을 의미한다. jnz label; 명령어의 실행이 끝나고 실제로 분기가 일어났다고 가정해보자. 그 시점에 파이프라인에는 이미 다른 다섯 명령어가 실행 중일 것이고, 그중 한 명령어는 한 클럭이 지나면 실행이 끝나게 될 것이다. 하지만 분기가 일어났으므로 CPU는 그 다섯 개의 명령어를 실행해서는 안 된다. 그렇지 않으면 CPU는 잘못된 연산 결과를 내놓을 것이다.

이에 대한 합리적인 해결 방안은 전체 파이프라인을 비우고 새로운 opcode를 읽어오는 것이다. 그러나 이는 실행 시간을 심각하게 지연시킨다. 이 경우, 다음 명령어의 실행이 완료되려면 파이프라인 길이만큼의 클럭 시간(이번 예의 경우 6클럭)이 소요된다. 파이프라인 단계가 길수록 시스템은 한 클럭당 더 많은 기능을 실행할 수 있지만, 분기가 발생할 때 프로그램 실행 속도는 더 느려진다. 프로그래머는 안타깝게도 파이프라인의 단계 수를 조절할 수는 없지만,[4] 프로그램에 존재하는 분기 명령어의 수는 조절할 수 있

---

4 명령어 파이프라인 내 단계의 수는 CPU에 따라 달라진다.

다. 프로그래머는 파이프라인 시스템에서 분기 명령어의 수를 최소화해야 한다.

9.5.5 명령어 캐시: 다수의 메모리 경로 제공

시스템 설계자는 프리페치 큐와 캐시 메모리 서브시스템을 활용해서 버스 경쟁 문제를 해결할 수 있다. 이제까지 살펴본 바와 같이, 프리페치 큐는 명령어 스트림 데이터에 대한 버퍼로 사용할 수 있다. 또한 데이터 캐시$^{data\ cache}$ 외에 명령어 캐시$^{instruction\ cache}$를 추가해서 명령어를 저장하는 버퍼로 이용할 수 있다. 비록 프로그래머는 CPU의 캐시 구성을 바꿀 수는 없지만, CPU에서 명령어 캐시가 어떻게 동작하는지 이해한다면 지연을 유발하는 명령어를 피할 수 있을 것이다.

예를 들어 CPU가 두 개의 메모리 공간을 지닌다고 가정해보자. 하나는 명령어를 위한 메모리 공간이고, 다른 하나는 데이터를 위한 명령어 공간이다. 그리고 이 두 메모리 공간이 각각의 버스를 갖고 있을 때, 이러한 구조를 처음 고안한 하버드 대학교의 이름을 따서 하버드 아키텍처$^{Harvard\ architecture}$라고 부른다. 하버드 아키텍처를 적용한 시스템에서는 버스 경쟁 문제가 발생하지 않는데, 이는 BIU가 그림 9-8처럼 명령어 버스를 통해 명령어를 읽어오면서 데이터/메모리 버스를 통해 메모리에 접근할 수 있기 때문이다.

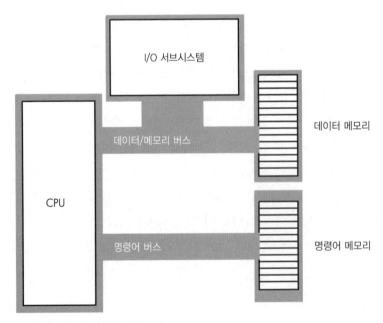

그림 9-8 전형적인 하버드 머신의 구조

하지만 실제로 이러한 하버드 아키텍처를 그대로 적용한 컴퓨터는 거의 없다. 두 개의 서로 다른 버스를 사용하기 위해서는 프로세서에 핀을 추가해야 하는데, 이는 프로세서의 가격을 높이고 또 다른 기술적인 문제를 유발하기 때문이다. 이후 마이크로프로세서 설계자는 칩에 별도의 데이터 캐시와 명령어 캐시를 추가하면 하버드 아키텍처의 단점을 최소화하면서 장점을 이용할 수 있는 방법을 발견했다. 발전된 CPU는 내부적으로는 하버드 아키텍처이고, 외부적으로는 전통적인 폰 노이만 아키텍처의 형태를 지닌다.

그림 9-9는 별도의 명령어 캐시와 데이터 캐시를 갖고 있는 80x86의 구조를 보여준다.

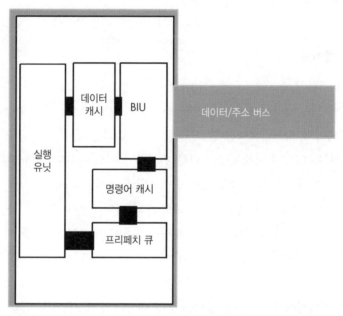

그림 9-9 별도의 명령어 캐시와 데이터 캐시를 지닌 머신

위 그림에서 CPU 내부의 각 영역을 연결하는 경로는 각각의 버스를 나타내며, 데이터는 모든 경로를 병렬적으로 지날 수 있다. 이는 프리페치 큐가 명령어 캐시에서 명령어 opcode를 읽어오는 동안 실행 유닛이 데이터를 데이터 캐시에 쓸 수 있다는 것을 의미한다. 그러나 이렇게 캐시를 이용한다고 해서 항상 버스 충돌 문제를 피할 수 있는 것은 아니다. 두 개의 캐시가 있는 CPU 구성에서도 명령어 캐시에 찾으려는 명령어가 없을 때

마다 BIU는 데이터/주소 버스를 이용해 메모리에서 opcode를 읽어와야 한다. 마찬가지로 데이터 캐시도 계속해서 메모리에서 데이터를 읽어와 저장해야 한다.

CPU에 있는 캐시의 크기나 종류 등을 바꿀 수는 없지만, 최고의 프로그램을 작성하기 위해서는 캐시가 어떻게 동작하는지 이해해야 한다. 온칩 레벨 1(L1) 명령어 캐시는 주메모리에 비해 크기가 작은 편(4~64KB)이다. 따라서 길이가 짧은 명령어를 많이 사용할수록 캐시에 더 많은 명령어를 담을 수 있다. 그리고 캐시에 더 많은 명령어를 담을수록 버스 경쟁은 더 적어진다. 마찬가지로 임시 데이터를 레지스터에 저장하면 데이터 캐시가 데이터를 메모리에서 읽어오거나 메모리에 다시 쓰는 작업을 하지 않아도 되므로 데이터 캐시에 걸리는 부하를 줄일 수 있다.

9.5.6 파이프라인 해저드

파이프라인과 관련된 또 다른 문제는 앞서 잠시 언급했던 해저드hazard다. 해저드는 제어 해저드control hazard와 데이터 해저드data hazard 두 가지가 있다. 앞서 잠시 언급했던 해저드 문제가 바로 제어 해저드에 해당한다.

제어 해저드는 CPU가 메모리상의 다른 위치로 분기할 때마다 발생한다. CPU가 분기하면 그 시점에 서로 다른 단계를 실행 중이었던 명령어를 파이프라인에서 모두 비워야 한다. 이런 분기 명령어의 개수를 최소화할 수 있다면, 이렇게 비워지는 명령어를 실행하는 데 사용된 시스템 자원들을 좀 더 생산적인 일에 사용할 수 있을 것이다. 코드에 존재하는 해저드가 어떤 영향을 미치는지를 이해하면 더 빠른 애플리케이션을 작성할 수 있다.

다음 일련의 명령어가 실행되는 방식을 통해 데이터 해저드를 알아보자.

```
mov( SomeVar, ebx );
mov( [ebx], eax );
```

위 두 명령어를 실행하면 파이프라인은 그림 9-10과 같은 모습이 된다.

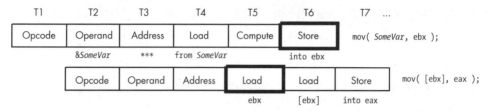

그림 9-10 데이터 해저드

위 두 명령어는 *Somevar* 포인터 변수가 가리키는 주소에 저장된 32비트 값을 읽어오려고 하지만, 제대로 실행되지 않는다. 첫 번째 명령어가 *Somevar* 변수에 저장된 주소 값을 EBX 레지스터에 복사하기 전에 두 번째 명령어가 EBX 레지스터에 접근하기 때문이다(그림 9-10의 T5, T6 참조).

80x86과 같은 CISC 계열의 프로세서는 해저드를 자동으로 처리하지만, 어떤 RISC 칩은 해저드를 자동으로 처리하지 않는다. 따라서 만약 여러분이 위의 명령어 순서를 그러한 RISC 칩에서 실행하면 EAX 레지스터에 잘못된 값이 저장될 것이다. CISC 프로세서는 위와 같은 해저드를 처리하기 위해 두 명령어의 동기화를 위한 파이프라인 지연을 실행한다. 따라서 이 경우 위 명령어를 실행하면 파이프라인은 그림 9-11과 같은 모습이 된다.

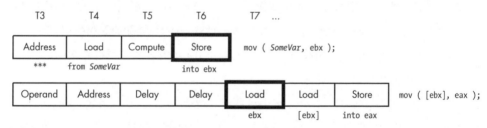

그림 9-11 CISC CPU가 데이터 해저드를 처리하는 방법

CPU가 두 번째 명령어 실행을 2클럭만큼 지연시키면 두 번째 명령어에서 EAX 레지스터에 정확한 값이 로드되는 것을 보장할 수 있다. 그 결과 mov([ebx], eax); 명령어를 수행하는 데는 1클럭이 아닌 3클럭이 소요되지만, 2클럭 느려지는 편이 잘못된 결과가 나오는 것보다 낫다.

컴파일러는 해저드가 소프트웨어의 성능에 미치는 영향을 줄일 수 있다. 데이터 해저드는 어떤 명령어의 소스 피연산자가 이전 명령어의 목적 피연산자와 같을 때 발생한다는 점에 주목하자. 즉, 두 명령어가 연달아 실행되지만 않으면, *SomeVar* 값을 EBX 레지스터로 로드하고 [EBX]의 데이터를 EAX로 로드하는 작업 자체는 아무 문제가 없다. [EBX]는 EBX 레지스터가 가리키는 주소에 저장된 더블워드 값을 가리킨다.

예를 들어 다음과 같은 코드를 살펴보자.

```
mov( 2000, ecx );
mov( SomeVar, ebx );
mov( [ebx], eax );
```

위 코드의 명령어 순서를 바꾸는 것만으로 해저드 효과를 줄일 수 있다. 위 코드를 다음과 같이 바꿔보자.

```
mov( SomeVar, ebx );
mov( 2000, ecx );
mov( [ebx], eax );
```

변경된 코드에서 mov([ebx], eax); 명령어를 실행하는 데는 2클럭이 아닌 1클럭이 더 필요하게 된다. mov(*SomeVar*, ebx); 명령어와 mov([ebx], eax); 명령어 사이에 또 다른 명령어를 삽입하면 해저드를 완전히 제거할 수 있다. 이때 삽입되는 명령어는 EAX와 EBX 레지스터를 변경하지 않아야 한다.

파이프라인 시스템에서는 명령어의 순서가 프로그램 성능에 매우 큰 영향을 미친다. 따라서 어셈블리 코드를 작성한다면 명령어 순서를 확인하며 해저드 위험이 있는지 항상 유의하고, 해저드가 있으면 명령어의 순서를 바꿔서 해저드를 가능한 한 줄여야 한다.

9.5.7 슈퍼스칼라 연산: 병렬적 명령어 실행

이제까지 살펴본 파이프라인을 사용하면 최대 1CPI^{Clock Per Instruction}의 성능을 낼 수 있다. 명령어를 이보다 더 빨리 실행하는 것이 가능할까? 언뜻 '당연히 불가능하지. 하나의 클럭에는 하나의 동작밖에 실행할 수 없으니까 한 클럭에 두 개 이상의 명령어를 실행하는 것은 불가능해.'라고 생각할 것이다. 하지만 한 명령어가 하나의 동작만으로, 즉 1 단계만으로 실행되지 않는다는 점에 유의하자. 이제까지 살펴본 명령어들은 6 단계에서 8 단계로 실행됐으며, 일곱 개 혹은 여덟 개의 유닛을 CPU에 추가해서 효과적으로 8 단계의 동작을 1클럭 내에 실행할 수 있었다. 즉, CPI를 1로 만들었다.

만약 더 많은 하드웨어를 추가해서 16 단계의 동작을 한 클럭에 실행할 수 있다면 0.5CPI의 성능을 발휘할 수 있을까? 정답은 '그렇다.'이다. 이러한 부가적인 하드웨어를 갖고 있는 CPU를 슈퍼스칼라 CPU^superscalar CPU라고 한다. 슈퍼스칼라 CPU는 한 클럭에 한 개 이상의 명령어를 실행할 수 있다. 펜티엄 프로세서는 처음으로 슈퍼스칼라 방식이 적용된 80x86 계열 CPU이다.

슈퍼스칼라 CPU는 그림 9-12와 같이 다수의 실행 유닛을 갖고 있으며, 프리페치 큐에 독립적으로 실행할 수 있는 두 개 이상의 명령어가 있으면 그 명령어를 동시에 실행한다.

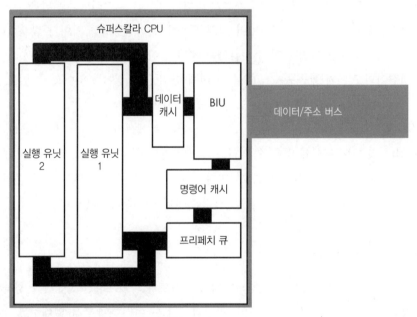

그림 9-12 슈퍼스칼라 연산을 지원하는 CPU

슈퍼스칼라 방식은 기존 방식에 비해 몇 가지 장점을 지닌다. 예를 들어 명령어 스트림에 다음과 같은 명령어가 있다고 가정해보자.

```
mov( 1000, eax );
mov( 2000, ebx );
```

해저드나 그 외 다른 문제의 소지가 없고 이 두 명령어를 구성하는 6바이트가 모두 프리페치 큐에 있다면, CPU는 이들 명령어를 병렬적으로 실행할 수 있다. 단, CPU에 두 개의 실행 유닛을 넣기 위한 부가적인 회로가 필요하다.

슈퍼스칼라 CPU는 서로 독립적인 명령어의 실행 속도를 높일 뿐만 아니라 해저드를 포함하고 있는 프로그램의 실행 속도도 향상시킨다. 일반적인 CPU의 단점 중 하나는 해저드가 발생하면 그 명령어가 전체 파이프라인을 지연시킨다는 것이며, 지연된 명령어 뒤에 실행되는 명령어도 CPU가 명령어 실행을 동기화할 때까지 기다려야 한다. 그러나 슈퍼스칼라 CPU에서는 해저드가 발생해도 명령어가 파이프라인에서 실행되며, 해저드가 생기지 않도록 명령어 순서를 조심스럽게 다뤄야 하는 프로그래머의 부담을 덜어준다.

슈퍼스칼라 CPU에서는 소프트웨어 작성 방식에 따라 큰 성능 차이가 발생한다. 첫 번째이자 가장 중요한 원칙은 앞서 언급했던 것과 같이 '짧은 명령어를 사용하라.'는 것이다. 명령어의 길이가 짧을수록 CPU는 한 번에 더 많은 명령어를 읽어올 수 있고, CPU가 1CPI 이상의 성능을 낼 수 있는 가능성도 높아진다.

대부분의 슈퍼스칼라 CPU는 실행 유닛을 완전히 복제하지 않으며, 다수의 ALU와 부동소수점 유닛 등이 포함돼 있을 수 있다. 즉, 어떤 명령어는 매우 빠르게 실행되는 반면에 다른 명령어는 느리게 실행된다는 의미다. 여러분이 사용하는 CPU의 정확한 구성을 잘 파악할수록 어떤 명령어 순서가 좀 더 빨리 실행되는지 알 수 있다.

9.5.8 명령어의 비순차적 실행

일반 CPU에서는 프로그래머 또는 컴파일러가 해저드와 파이프라인 지연이 발생하지 않도록 명령어의 순서를 조정한다. 하지만 최신의 CPU는 이러한 부담을 없애주고, 프로그램이 실행 중에 명령어의 순서를 스스로 재조정해 CPU 성능을 향상시킬 수 있다. 이러한 기능의 작동 방식을 알아보기 위해 다음 명령어를 살펴보자.

```
mov( SomeVar, ebx );
mov( [ebx], eax );
mov( 2000, ecx );
```

위 명령어 스트림의 경우, 첫 번째와 두 번째 명령어 사이에 해저드가 존재한다. 이 해저드는 파이프라인 지연을 야기하고, 결국 프로그램의 실행 시간을 증가시킨다. 지연은 이후의 모든 명령어에 영향을 미치지만, 이 경우 세 번째 명령어는 앞의 두 명령어의 실행 결과와는 무관하므로 mov(2000, ecx); 명령어를 지연시킬 이유가 없다.

따라서 CPU는 두 번째 명령어가 첫 번째 명령어의 실행이 끝날 때까지 기다리는 동안 세 번째 명령어를 먼저 실행할 수 있다. 이러한 기법을 비순차적 실행out-of-order execution이라고 하며, CPU가 이전 명령어의 실행이 완료되기 전에 다음 명령어를 먼저 실행할 수 있도록 한다.

CPU는 비순차적으로 명령어를 실행해도 순차적으로 실행했을 때와 동일한 결과를 얻을 수 있을 때만 비순차적으로 명령어를 실행한다. 실무적으로는 비순차적 명령어 실행 기법의 구현을 어렵게 만드는 요인들이 존재하지만, 이들 문제 요인 또한 기술적인 노력을 통해 충분히 해소할 수 있다.

9.5.9 레지스터 이름 변경

80x86 CPU의 제한된 개수의 범용 레지스터는 슈퍼스칼라 연산의 효율을 저해한다. 예를 들어 CPU에 네 개의 파이프라인이 있고 그에 따라 네 개의 명령어를 동시에 실행할 수 있다고 가정했을 때, 명령어들 사이에 별다른 충돌 문제가 없고 동시에 실행될 수 있다고 해도 네 개의 명령어를 한 클럭에 모두 실행하는 것은 매우 어려운 일이다. 네 개의 명령어를 병렬적으로 실행하기 위해서는 네 개의 목적 레지스터와 네 개의 소스 레지스터 등 총 여덟 개의 레지스터가 필요할 수 있다.

이와 같은 병렬 처리는 레지스터를 많이 지니고 있는 CPU에서는 별문제가 안 될 수도 있지만, 레지스터 수가 제한된 80x86 계열 CPU에서는 어려운 작업이 된다. 하지만 이 문제는 레지스터 이름 변경register renaming을 통해 일부 완화할 수 있다.

레지스터 이름 변경은 CPU가 실제로 가진 레지스터보다 더 많은 레지스터를 사용할 수 있도록 하는 방법이다. 프로그래머는 이렇게 추가된 레지스터를 직접 이용할 수는 없지만, CPU는 해저드를 방지하기 위해 이름 변경 레지스터를 사용할 수 있다. 예를 들어 다음 명령어를 살펴보자.

```
mov( 0, eax );
mov( eax, i );
mov( 50, eax );
mov( eax, j );
```

위 명령어에서 첫 번째와 두 번째 명령어 사이에 데이터 해저드가 존재하고 세 번째와 네 번째 사이에 역시 데이터 해저드가 존재한다는 것을 알 수 있다. 앞서 살펴본 비순차적 실행을 하면 슈퍼스칼라 CPU는 보통 첫 번째와 세 번째 명령어를 동시에 실행하고, 두 번째와 네 번째 명령어를 동시에 실행할 수 있다. 하지만 이때 두 명령어가 모두 EAX 레지스터를 사용하기 때문에 첫 번째와 세 번째 명령어 사이에도 일종의 데이터 해저드가 존재한다.

이 경우 프로그래머는 세 번째와 네 번째 명령어에 EAX 레지스터를 사용하지 않고, EBX 레지스터 등 다른 레지스터를 사용해 이 문제를 쉽게 해결할 수 있다. 하지만 다른 모든 레지스터가 이미 사용 중이어서 프로그래머가 그런 방식으로 문제를 해결할 수 없는 상황이라고 가정해보자. 이 네 개의 명령어는 슈퍼스칼라 CPU에서 2클릭이 아닌 4클릭에 실행될 수밖에 없는 것일까?

CPU가 이 문제를 해결하는 데 적용할 수 있는 방법 중 하나는 CPU에 있는 각각의 범용 레지스터에 대응되는 다수의 레지스터를 만드는 것이다. 즉, 단 한 개의 EAX 레지스터만 있는 것이 아니라 EAX 레지스터의 배열을 만들고 각각의 레지스터를 EAX[0], EAX[1], EAX[2]라고 명명하는 것이다. 이와 비슷하게 다른 레지스터에 대해서도 레지스터 배열을 만들어서 EBX[0]..EBX[n], ECX[0]..ECX[n]과 같이 만들 수 있다.

명령어 활용 규칙상, 프로그래머가 이렇게 만든 다수의 레지스터 중에 하나의 레지스터를 지정해서 사용할 수는 없다. 하지만 전체 실행 결과에 영향을 미치지 않고 프로그램의 실행 속도를 향상시킬 수 있는 경우, CPU는 자동으로 이들 레지스터 중에서 일부를 선택해 사용할 수 있다.

예를 들어 다음 명령어의 경우 명령어 처리에 사용할 레지스터를 CPU가 배열에서 선택한다.

```
mov( 0, eax[0] );
mov( eax[0], i );
mov( 50, eax[1] );
mov( eax[1], j );
```

EAX[0]과 EAX[1]은 서로 다른 레지스터이기 때문에 CPU는 첫 번째와 세 번째 명령어를 동시에 실행할 수 있다. 마찬가지로 CPU는 두 번째와 네 번째 명령어를 동시에 실행할 수 있다.

이 코드는 레지스터 이름 바꾸기를 설명하기 위한 간단한 예시로, CPU마다 레지스터 이름 바꾸기를 구현하는 방식은 다를 수 있다. 위 예제 코드는 CPU가 특정 경우에 어떻게 이 기술을 사용해서 성능을 향상시킬 수 있는지 잘 보여준다.

9.5.10 VLIW 아키텍처

슈퍼스칼라 방식에서는 다수의 명령어를 동시에 실행할 수 있도록 하드웨어가 명령어 수행 순서를 조절한다. 병렬 처리의 또 다른 기법으로서 인텔 IA-64 아키텍처는 매우 긴 명령어 워드very long instruction word, 즉 VLIW를 사용한다.

VLIW 컴퓨터 시스템에서 CPU는 하나의 큰 바이트 블록을 읽어온 뒤(IA-64 Itanium CPU의 경우, 블록 크기는 41비트), 이 블록을 한꺼번에 해석하고 실행한다. VLIW 컴퓨팅에서는 프로그래머나 컴파일러가 직접 한 블록 안에 포함되는 명령어 사이에 해저드나 다른 충돌 문제가 없도록 명령어를 적절히 배치해야 하지만, 일단 명령어가 적절히 배치되고 나면 CPU는 한 클럭에 세 개 또는 네 개의 명령어를 실행할 수 있다.

9.5.11 병렬 처리

아키텍처의 발전을 통해 CPU 성능을 향상시키는 데 사용되는 대부분의 기술은 명령어를 병렬적으로 실행하는 것과 관련이 있다. 앞서 살펴봤듯이 프로그래머가 하위의 아키텍처를 이해하고 있어야 더 빨리 실행되는 코드를 작성할 수 있지만, 이런 아키텍처상의 발전은 프로그래머가 특별한 코드를 작성하지 않아도 매우 높은 성능 향상을 가져오기도 한다.

그럼에도 불구하고 하위 아키텍처를 중시해야 하는 이유는 원래 순차적인 실행을 해야만 하는 프로그램을 하드웨어를 통해 병렬적으로 실행할 수 있는 부분이 많다는 것이다. 그러므로 진정한 병렬적 프로그램을 작성하려면 프로그래머는 특별히 병렬성을 고려한 코드를 작성해야 하며, CPU가 아키텍처 차원에서 이를 지원해줘야 한다. 이번 절과 다음 절에서는 CPU가 제공할 수 있는 병렬성 구현과 관련된 아키텍처적인 지원의 종류를 알아본다.

일반적인 CPU는 단일 명령어, 단일 데이터^{SISD, Single Instruction, Single Data} 구조를 지닌다. 즉, 이런 구조의 CPU는 한 번에 하나의 명령어를 실행하고, 그 명령어는 하나의 데이터만을 변경한다는 것이다.[5] 반면에 널리 사용되는 병렬 구조로는 단일 명령어, 다수 데이터^{SIMD, Single Instruction, Multiple Data} 구조와 다수 명령어, 다수 데이터^{MIMD, Multiple Instruction, Multiple Data} 등 두 가지가 있다. 80x86을 비롯한 다수의 CPU는 이 두 병렬 구조를 부분적으로 지원하며, 일종의 SISD/SIMD/MIMD의 혼합 구조를 제공한다.

SIMD 구조에서 CPU는 SISD 구조처럼 하나의 명령어 실행 흐름(스트림)을 실행하되, 하나의 데이터만 변경하는 것이 아니라 다수의 데이터를 동시에 변경한다. 예를 들어 80x86의 add 명령어의 경우 하나의 데이터만 변경하고 결괏값도 하나인 SISD 명령어다. 이 명령어가 두 개의 피연산자에서 값을 가져오는 것은 사실이지만, 결국 add 명령어는 마지막에 연산 결과를 오직 하나의 목적 레지스터에 저장한다.

반면에 SIMD 버전의 add 명령어는 다수의 값에 대한 연산을 동시에 실행한다. 펜티엄 III의 MMX와 확장된 SIMD 명령어, PowerPC의 AltiVec 명령어가 이렇게 동작하는 명령어다. 예를 들어, paddb라는 MMX 명령어를 사용하면 하나의 명령어로 최대 8쌍의 값을 더할 수 있다. 다음은 이 명령어를 사용한 예다.

```
paddb( mm0, mm1 );
```

---

5   여기서는 파이프라이닝 및 슈퍼스칼라 연산 기반의 병렬성 구현 방식은 논외로 한다.

이 명령어는 마치 전형적인 SISD 구조의 **add** 명령어처럼 단지 두 개의 피연산자를 갖고 있는 것처럼 보이지만, MMX 레지스터인 MMO와 MMI는 실제로 각각 여덟 개의 바이트를 저장하고 있다. MMX 레지스터는 크기가 64비트이지만, 하나의 64비트 값이 아니라 여덟 개의 8비트 값을 지닌 것으로 간주된다.

SIMD 명령어 처리 방식은 MMX와 함께 고성능 3D 그래픽이나 멀티미디어 애플리케이션을 실행하는 데 특히 유용하다. 따라서 SIMD 처리 방식을 포함한 80x86 CPU는 이들 애플리케이션의 성능 향상에 크게 기여할 수 있다.

MIMD 구조는 다수의 명령어를 이용해 한꺼번에 다수의 데이터를 조작한다. 보통 각 명령어는 하나의 데이터만을 조작하지만, 어떤 명령어는 다수의 데이터를 조작할 수 있다. 이때 다수의 명령어는 서로 독립적으로 실행되므로 하나의 애플리케이션, 좀 더 정확히 말해 하나의 스레드는 MIMD 구조를 사용하는 경우가 드물다.

하지만 다수의 프로그램이 동시에 실행되는 멀티프로그래밍^{multiprogramming} 환경을 사용하는 경우, MIMD 구조는 동시에 각각의 프로그램이 자신만의 코드 스트림을 실행할 수 있게 해준다. 이런 유형의 병렬 시스템을 멀티프로세서^{multiprocessor} 시스템이라고 한다.

9.5.12 멀티프로세싱

CPU 설계자는 파이프라인, 슈퍼스칼라, 비순차적 실행, VLIW 등의 기법을 이용해서 몇 개의 명령어를 동시에 실행하도록 할 수 있다. 이 기법은 세분화된 병렬성^{fine-grained parallelism}을 제공하고 컴퓨터 시스템에서 인접한 명령어의 실행 성능을 향상시킬 수 있다. 병렬성을 더 높이기 위해 또 다른 CPU를 컴퓨터 시스템에 추가하는 기법을 멀티프로세싱^{multiprocessing}이라고 하며, 항상 일관되게 적용할 수 있는 것은 아니지만 이 또한 시스템 성능을 향상시킬 수 있다.

멀티프로세싱 기법으로 프로그램의 성능을 향상시키려면 멀티프로세서 시스템을 고려해서 프로그램을 작성해야 한다. 예를 들어, 두 개의 CPU를 탑재한 시스템에서 각각의 CPU는 하나의 프로그램에 있는 명령어를 번갈아 실행하지 않는다. 사실, 프로그램 실행을 하나의 프로세서에서 또 다른 프로세서로 전환하는 것은 매우 어렵고 비효율적인 작업이다. 따라서 멀티프로세서 시스템은 다수의 프로세스나 스레드를 동시에 지원하는 운영체제에서만 효과적이다. 이러한 종류의 병렬성은 파이프라인과 슈퍼스칼라에 의해 제공되는 병렬성과 구분하기 위해 큰 단위의 병렬성coarse-grained parallelism이라고 한다.

프로세서를 시스템에 추가하려면 단지 여러 개의 프로세서를 메인보드에 꽂는 것만으로는 부족하다. 그 이유를 알기 위해 멀티프로세서 시스템에서 각 프로그램이 각각의 프로세서에서 실행되는 경우를 살펴보자. 이 두 프로그램은 물리적 메모리의 일부를 공유해서 서로 통신한다고 가정하자. CPU 1, CPU 2라는 두 개의 프로세서가 사용되는 경우, CPU 1이 공유 메모리에 저장할 내용이 있을 때 CPU 1은 즉시 공유 메모리에 해당 데이터를 저장하지 않고 일정 시간 동안 CPU 1 내부 캐시에 임시 저장한다. 이때 CPU 2가 공유 메모리 영역을 읽으면 CPU 2는 CPU 1에 의해 갱신된 데이터를 읽어오는 것이 아니라, 갱신 이전의 데이터를 자신의 내부 캐시나 주메모리에서 읽어오게 된다. 이 문제를 캐시 일관성cache coherency 문제라고 한다.

따라서 두 CPU가 적절히 동작하도록 하기 위해 공유하는 데이터를 변경할 때마다 하나의 CPU는 또 다른 CPU에게 이 사실을 알려서 그 CPU가 자신의 로컬 캐시 데이터를 수정할 수 있도록 해야 한다.

RISC CPU가 인텔 CPU에 비해 뛰어난 점 중 하나는 멀티프로세서 기능을 더 잘 지원하는 것이다. 인텔 80x86 시스템은 16개의 프로세서를 추가하면 시스템의 전체 성능이 떨어지기 시작하는 반면, Sun SPARC 등의 RISC 프로세서는 64개의 CPU도 충분히 지원한다. 그리고 시간이 지날수록 점점 더 많은 CPU를 지원하는 추세를 보인다. 이는 대규모 데이터베이스와 대규모 웹 서버 시스템이 80x86 시스템 대신에 고성능의 유닉스 기반 RISC 시스템을 채택하는 이유이기도 하다.

최신의 인텔 i 시리즈와 Xeon 프로세서는 하이퍼스레딩hyperthreading이라는 혼합형의 멀티프로세싱 기법을 지원한다. 이 기법의 개념은 의외로 간단하다. 일반적인 슈퍼스칼라 프로세서에서 한 프로그램이 클럭마다 CPU의 모든 기능성 유닛을 사용하는 경우는 드물다. 따라서 이러한 기능 유닛을 사용하지 않는 상태로 놔두기보다, CPU는 두 개의 스레드를 동시에 실행해서 CPU의 모든 기능성 유닛이 활용되도록 할 수 있다. 이렇게 하면 멀티프로세서 시스템에서 1.5개의 CPU가 처리하는 일을 한 개의 CPU가 처리하게 할 수 있다.

9.6 참고 자료

Hennessy, John L., and David A. Patterson. *Computer Architecture: A Quantitative Approach.* 5th ed. Waltham, MA: Elsevier, 2012.

노트 | 9장에서 다루지 않은 유일한 내용은 CPU의 실제 명령어 집합 설계로, 이는 이어지는 10장에서 살펴본다.

10

명령어 집합 설계

10장에서는 CPU의 명령어 집합 설계에 관해 알아보자. 비록 소프트웨어 엔지니어가 명령어 집합을 바꾸는 것은 불가능하지만, 하드웨어 엔지니어가 명령어 집합을 설계할 때 결정해야 하는 사항을 이해하게 되면 더 좋은 코드를 작성하는 데 분명히 도움이 된다.

컴퓨터 설계자는 명령어 집합을 설계할 때 소프트웨어 엔지니어가 어떤 식으로 코드를 작성할지 미리 추측하고 그에 맞게 명령어 집합을 설계한다. 만약 CPU 설계자의 입맛에 맞게 코드를 작성한다면, 그 코드는 좀 더 빨리 수행되고 좀 더 적은 컴퓨터 리소스를 사용할 것이다. 반대로 CPU 설계자의 의도와 다르게 코드를 작성한다면, 그 코드는 분명히 좀 더 느리게 수행될 것이다.

명령어 집합 설계를 공부하는 것은 어셈블리 프로그래머에게만 유용할 것 같지만, 고급 언어를 사용하는 프로그래머도 CPU의 명령어 집합 설계를 이해하면 많은 도움이 된다. 이는 고급 언어로 작성된 모든 프로그램은 결국 기계어로 변환되기 때문이다.

실제로 명령어 집합 설계에 관한 일반적인 이론을 공부하는 것은 어셈블리 프로그래머보다 고급 언어 프로그래머에게 더 중요하다. 어셈블리 프로그래머는 그들이 사용하는 특정 명령어 집합을 공부해야 하는 반면, 일반적인 개념은 모든 아키텍처에 적용되기 때문이다. 따라서 어셈블리 언어로 프로그램을 작성할 생각이 없더라도, 코드가 실행되는 하드웨어가 처음에 어떻게 설계됐고 어떻게 동작하는지를 이해하는 것은 중요하다.

10.1 명령어 집합 설계의 중요성

캐시, 파이프라이닝, 슈퍼스칼라 등은 CPU 설계가 완성되고 나서 한참이 지난 후에도 추가될 수 있는 기술인 반면, 양산형 CPU가 만들어지고 많은 사람이 쓰기 시작한 이후에는 명령어 집합을 변경하는 것이 매우 어렵게 된다. 따라서 명령어 집합 설계는 매우 주의가 요구되는 작업이며, 설계자가 설계 초기부터 정확히 명령어 집합 아키텍처^{ISA, Instruction Set}Architecture를 정의해야 한다.

수정이 그렇게 까다롭다면 애초부터 필요한 기능을 다 포함시키면 안 될까? 생각할 수 있는 모든 기능을 최대한 포함시키는 것^{kitchen sink}도 하나의 방법이 될 수 있다. 하지만 이 접근법은 실패할 가능성이 높으며 다양한 현실적인 측면을 반영할 수밖에 없다는 사실을 깨닫게 될 것이다. 그렇다면 왜 CPU에 가능한 모든 명령어를 포함시킬 수 없을까? 현실적인 주요 제약 사항은 다음과 같다.

실리콘의 양: 모든 명령어를 포함시킬 수 없는 첫 번째 이유는 각각의 명령어가 CPU의 실리콘 다이^{die}에 있는 일정 수의 트랜지스터를 필요로 하기 때문이다. CPU 설계자는 제한된 양의 실리콘만을 사용할 수 있고 정해진 개수의 트랜지스터만 사용할 수 있다. 이는 CPU가 모든 명령어를 지원하기에는 트랜지스터가 부족하다는 의미다. 8086 프로세서는 3만 개 이하의 트랜지스터를 사용하고, 1999년에 출시된 펜티엄 III 프로세서는 900만 개 이상의 트랜지스터를 사용하며, 2019년에 출시된 AWS Graviton2 (ARM) CPU는 300억 개의 트랜지스터를 사용한다.[1] 이들 프로세서의 트랜지스터 개수 차이는 1978년과 오늘날의 반도체 기술력 차이가 그만큼 크다는 사실을 나타낸다.

제조원가: 오늘날에는 CPU에 수십억 개의 트랜지스터를 사용할 수 있겠지만, 더 많은 트랜지스터를 사용할수록 CPU 가격은 올라간다. 예를 들어 2018년 초에 수백만 개의 트랜지스터를 사용한 인텔 i7은 수백 달러를 호가하는 반면, 3만 개 이하의 트랜지스터를 사용하는 CPU의 가격은 수 달러밖에 하지 않는다.

---

1 2019년부터 2020년 사이에 출시된 현대적인 일반 데스크톱 및 서버의 CPU에는 50억에서 100억 개의 트랜지스터가 들어있다.

확장성: 모든 기능을 다 포함하는 설계 방식의 또 다른 문제점은 사람들이 원하는 기능을 알기 어렵다는 것이다. 인텔의 MMX와 SIMD 명령어는 효율적인 멀티미디어 프로그램을 위해 펜티엄 프로세서에 새롭게 추가된 명령어다. 그러나 8086 프로세서가 처음 나왔던 1978년에는 이러한 명령어를 필요로 하는 사람들이 거의 없었다. 따라서 CPU 설계자는 동일 계열의 CPU가 미래의 예상치 못한 기능을 지원할 수 있도록 명령어 집합의 확장성을 고려해야 한다.

하위 호환성: 이는 확장성과는 반대되는 개념이다. 종종 CPU 설계자가 중요하다고 생각했던 명령어가 실제로는 덜 유용하다고 판단될 때가 있다. 예를 들면 80x86의 loop 명령어는 현대의 고성능 프로그램에서는 거의 사용되지 않는다. 80x86의 enter 명령어도 마찬가지다. CPU에 많은 기능을 포함하게 되면 일반적으로 프로그램 대부분은 일부 명령어를 전혀 사용하지 않는다. 하지만 그렇다고 해서 이후에 출시된 프로세서가 특정 명령어를 지원하지 않으면, 그 명령어를 사용하는 프로그램은 나중에 나온 프로세서에서 동작하지 않을 것이다. CPU 설계자가 그 명령어를 사용하는 프로그램이 동작하지 않아도 된다고 판단하지 않는 이상, 명령어를 제거하는 것은 어려운 작업이다.

복잡성: CPU 설계자는 칩을 사용할 어셈블리 프로그래머 또는 컴파일러 작성자를 고려해야 한다. 어떤 사람은 프로그래머가 '모든 기능이 포함된 CPU'를 좋아할 것으로 생각하지만, 실제로는 그 누구도 과도하게 복잡한 시스템을 배우느라 시간을 낭비하고 싶어 하지 않는다.

지금까지 살펴본 문제의 해결책이 존재한다. 바로 CPU의 첫 버전에서는 명령어 집합을 간단하게 설계하되, 이후 확장이 가능하도록 만드는 것이다. 80x86 CPU가 인기를 끌며 오래 사용된 이유 중 하나가 바로 이 점 때문이다. 인텔은 비교적 단순하게 설계된 CPU에서 시작해, 오랜 기간에 걸쳐 명령어 집합을 확장시키며 기능을 추가해왔다.

10.2 명령어 설계의 기본적인 목표

여러분의 프로그램 성능은 어떤 명령어를 사용했는지에 달려 있다. 길이가 짧은 명령어는 적은 메모리를 사용하면서 빠르게 수행되는 경우가 많은데, 이것은 최고의 코드가 지녀야 하는 특성 중 하나다. 반면 길이가 긴 명령어는 좀 더 복잡한 작업을 수행할 수 있고 몇 개의 명령어가 수행해야 하는 작업을 하나의 복잡한 명령어로 수행할 수 있는 대신, 메모리 소모량이 많고 머신 사이클 또한 늘어난다. 소프트웨어 엔지니어가 최고의 코드를 작성할 수 있도록 하려면, CPU 설계자는 짧고 간단한 명령어와 복잡한 명령어 사이에서 적절한 선을 찾아야만 한다.

CPU는 명령어를 수치 값(opcode)으로 코딩하고 그 값을 메모리에 저장한다. 이렇게 명령어를 인코딩하는 작업은 명령어 집합 설계에서 중요한 단계이므로 세심한 주의가 요구된다. 모든 명령어는 유일한 opcode를 할당받아야 한다. n개의 비트를 사용하면 2^n개의 서로 다른 명령어를 인코딩할 수 있다. 즉, m개의 명령어를 인코딩하기 위해서는 $\log_2(m)$개의 비트가 필요하다. 여기서 중요한 점은 명령어의 길이는 CPU가 지원하는 명령어의 총개수에 따라 달라진다는 것이다.

opcode를 인코딩하는 것은 각각의 명령어에 유일한 값을 할당하는 것보다 좀 더 복잡하다. 앞서 설명했듯이 CPU가 명령어를 해석하고 수행하기 위해서는 특정한 회로가 필요하다. 7비트 opcode를 사용하면 128개의 서로 다른 명령어를 인코딩할 수 있다. 128개의 명령어를 해석하기 위해서는 7~128개의 라인을 지닌 디코더가 필요한데, 이것은 매우 비싼 모듈이다. 그러나 명령어의 opcode가 특정한 규칙을 갖고 있으면 하나의 커다란 디코더를 몇 개의 작고 저렴한 모듈로 대체할 수 있다.

만약 명령어 집합이 서로 독립적인 128개의 명령어로 구성돼 있다면, 각 명령어를 해석하기 위해 전체 비트열을 해석해야만 한다. 그러나 대부분의 CPU에서는 명령어가 몇 개의 그룹으로 나뉜다. 80x86 CPU에서 mov(eax, ebx); 명령어와 mov(ecx, edx); 명령어는 서로 다른 opcode를 갖지만, 이 두 명령어는 모두 한 레지스터에서 다른 레지스터로 데이터를 이동시킨다는 공통점이 있다. 이 두 명령어는 소스 피연산자와 목적 피연산자만 다르므로, CPU 설계자는 mov와 같은 명령어를 subopcode로 인코딩하고 명령어의 피연산자를 opcode의 다른 비트 필드를 이용해서 인코딩할 수 있다.

예를 들어 어떤 명령어 집합에 여덟 개의 명령어가 있고 이들 명령어는 두 개의 피연산자를 지니는데, 각각의 피연산자는 네 개의 값 중에서 하나를 값으로 가진다고 가정하자. 그러면 이 명령어는 세 개의 비트 필드를 이용해서 인코딩할 수 있다. 세 개의 비트 필드는 그림 10-1과 같이 각각 3, 2, 2개의 비트로 구성된다.

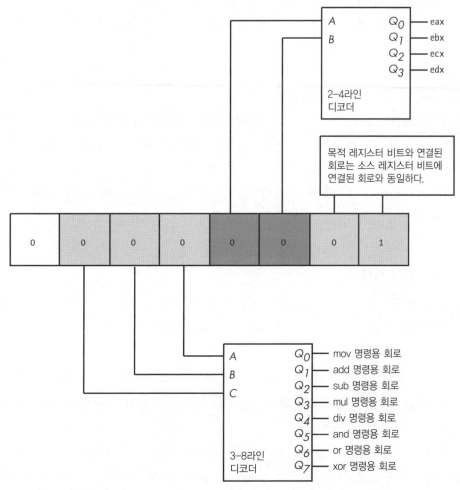

그림 10-1 디코딩 단순화를 위해 opcode를 여러 개의 필드로 분할

이 방식을 사용하면 세 개의 간단한 디코더만으로 명령어를 해석할 수 있다. 이 예제는 간단하지만 명령어 집합 설계에서 매우 중요한 원칙을 잘 보여준다. 이는 바로 '해석하기 쉽도록 opcode를 인코딩해야 한다.'는 것이다. 이를 위해 가장 쉬운 방법은 몇 개의 다른 비트 필드를 이용해서 opcode를 구성하는 것이다. 각 비트 필드의 크기가 작을수록 하드웨어가 명령어를 해석하고 수행하는 작업도 쉬워진다.

CPU 설계자의 목표는 opcode 명령어 필드와 피연산자 필드에 적절한 수의 비트를 할당하는 것이다. 명령어 필드에서 더 많은 비트를 선택하면 opcode가 좀 더 많은 명령어를 인코딩할 수 있으며, 피연산자 필드에서 더 많은 비트를 선택하면 opcode가 좀 더 많은 수의 피연산자를 설정할 수 있다.

n개의 비트로 2^n개의 서로 다른 명령어를 인코딩할 때는 명령어 길이를 달리 선택할 방법이 없어 보인다. 2^n개의 명령어를 인코딩하기 위해서는 명령어 길이가 무조건 n비트가 돼야 하기 때문이다. 그러나 명령어를 인코딩하기 위해 n개 이상의 비트를 사용할 수도 있는데, 이 방법이 명령어의 평균 길이를 줄이는 비법이다. 다시 한 번 강조하지만, 명령어의 적절한 길이를 선택하는 것이야말로 명령어 집합 설계의 중요한 요소다.

10.2.1 opcode 길이 선택

opcode 길이는 임의로 정할 수 없다. CPU가 메모리에서 바이트 단위로 데이터를 읽을 수 있는 경우, opcode의 길이는 보통 16비트의 배수여야 한다. CPU가 바이트 단위로 데이터를 읽을 수 없다면(대부분의 RISC CPU는 32비트나 64비트 단위로만 데이터 읽기 가능), opcode의 길이는 CPU가 메모리에서 한 번에 읽을 수 있는 데이터의 최소 길이와 같아야 한다. opcode 길이를 이보다 짧게 하는 것은 의미가 없다. 10장에서는 길이가 8비트의 배수인 opcode만 다룬다.

또 다른 고려 사항은 명령어 피연산자의 길이다. 어떤 CPU 설계자는 피연산자를 opcode의 일부로 포함하는 반면, 또 다른 CPU 설계자는 상수나 메모리 변위와 같은 피연산자를 opcode의 일부로 포함하지 않는다. 이 책은 두 번째 방법에 따라 피연산자를 opcode의 일부로 간주하지 않는다.

8비트 opcode는 256개의 명령어만 인코딩할 수 있다. 하지만 명령어의 피연산자를 opcode의 일부로 간주하지 않더라도 명령어의 개수는 여전히 256개로 제한된다.

opcode의 길이가 8비트인 CPU가 있기는 하지만, 요즘 출시되는 CPU는 보통 256개보다 훨씬 많은 명령어를 갖고 있다. opcode의 길이는 8비트의 배수여야 하므로, 우선 사용할 수 있는 opcode의 길이는 16비트다. 이렇게 되면 2바이트의 opcode는 명령어의 길이도 길어지지만, 65,536개의 명령어를 인코딩할 수 있다.

CPU 설계자는 설계 목표가 명령어의 길이를 줄이는 것일 경우, 종종 데이터 압축 이론data compression theory을 사용한다. 이를 위한 첫 번째 단계는 일반 CPU에서 수행되도록 작성된 프로그램을 분석해 각 명령어의 사용 빈도를 알아내는 것이다. 두 번째 단계는 빈도수에 따라 정렬된 형태로 이 명령어들의 리스트를 만드는 것이다. 세 번째 단계는 가장 자주 사용되는 명령어에 1바이트의 opcode를 할당하고, 그다음으로 자주 사용되는 명령어에 2바이트의 opcode를 할당하고, 마지막으로 거의 사용되지 않는 명령어에 3바이트 혹은 4바이트의 opcode를 할당하는 것이다.

이 방법을 사용하면 opcode의 최대 길이는 3바이트 혹은 4바이트가 되지만, 프로그램에서 사용되는 대부분의 명령어 길이는 1바이트나 2바이트가 된다. 따라서 평균 opcode 길이는 1바이트와 2바이트의 사이(대략 1.5바이트)가 된다. 이렇게 하면 모든 명령어의 opcode 길이를 2바이트로 했을 때보다 프로그램의 크기가 작아진다(그림 10-2).

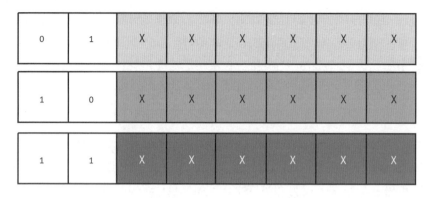

opcode의 HO 2비트가 모두 0이 아니면 모든 opcode 길이는 1바이트이고,
나머지 6비트를 이용해 64개의 1바이트 명령어를 인코딩할 수 있다.
이 형식으로 총 opcode 길이는 3바이트가 되므로, 총 192개의 1바이트 명령어를 인코딩할 수 있다.

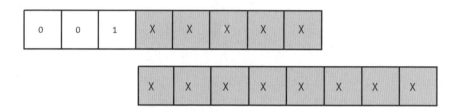

opcode의 HO 3비트의 값이 %001이면 opcode 길이는 2바이트이고,
나머지 13비트를 이용해 8,192개의 명령어를 인코딩할 수 있다.

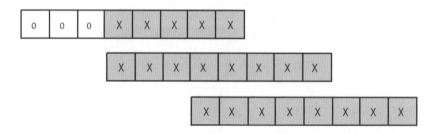

opcode의 HO 3비트의 값이 %000이면 opcode 길이는 3바이트이고,
나머지 21비트를 이용해 200만(2^{21}) 개의 명령어를 인코딩할 수 있다.

그림 10-2 가변 길이 opcode를 사용한 명령어 인코딩

가변 길이 명령어variable-length instruction를 사용하면 프로그램의 크기를 줄일 수 있지만,
여기에는 두 가지 문제가 있다. 먼저 가변 길이 명령어를 해석하는 것은 그렇지 않은 경

우보다 좀 더 복잡하다. CPU는 특정 명령어 필드를 해석하기 전에 먼저 명령어의 길이를 알아내야 한다. 이 때문에 CPU가 명령어를 해석하는 시간이 길어지며, 이는 CPU의 최대 클럭 속도를 제한하므로 CPU의 전체 속도에 영향을 미친다. 명령어를 해석하는 데 걸리는 시간이 길어지므로, 클럭 주기는 길어지고 클럭 속도는 줄어든다. 다음으로, 파이프라인에서 가변 길이의 명령어를 동시에 수행하는 일은 어렵다. 이는 CPU 프리페치 큐에 있는 명령어 사이의 경계를 쉽게 알아낼 수 없기 때문이다.

이러한 문제로 인해 대부분의 주요 RISC 아키텍처는 가변 길이 명령어를 사용하지 않는다. 하지만 10장에서는 메모리 크기를 줄이는 방법을 파악하기 위해 가변 길이 명령어의 구조를 좀 더 자세히 살펴본다.

10.2.2 미래에 대한 대비

CPU에 구현할 명령어들을 실제로 선택하기에 앞서 CPU 설계자는 미래에 대한 대비를 해야 한다. 초기 설계 이후에 새로운 명령어를 추가해야 하는 경우는 당연히 발생하므로, 확장성을 위해 일부 opcode를 비워둬야 한다. 그림 10-2의 경우 확장성을 위해 64개의 1바이트 opcode, 절반(4,096)의 2바이트 opcode와 다시 절반(1,048,576)의 3바이트 opcode를 비워두는 것도 하나의 방법이 될 수 있다. 64개의 1바이트 opcode를 비워두는 것이 너무 많아 보일 수 있지만, CPU의 역사를 돌아보면 미래에 대한 이 정도의 대비는 결코 과하다고 할 수 없다.

10.2.3 명령어 선택

다음 단계는 구현할 명령어를 선택하는 것이다. 앞 절에서 확장을 대비해 거의 절반의 opcode를 비워뒀지만, 그렇다고 해서 나머지 절반의 opcode를 모두 사용해야 하는 것은 아니다. 설계자는 이 opcode 중 일부는 구현하지 않고 이후 확장을 대비해 남겨 놓을 수 있다. opcode를 모두 사용하지 않으면서 일관성 있고 완전한 형태의 명령어 집합을 구현하는 것이 좋은 설계 방법이다. 명령어를 새로 추가하는 것이 제거하는 것보다 훨씬 쉽다는 점을 기억하자. 따라서 처음에는 가급적 복잡한 구조를 피하면서 단순한 구조로 설계하는 것이 좋다.

명령어 선택의 첫 번째 단계는 범용성 높은 일반적인 명령어를 추가하는 것이다. 설계 초기에는 가장 일반적인 명령어부터 선택하는 것이 중요하다. 다른 프로세서의 명령어 집합을 참고하면 이러한 일반적인 명령어를 알 수 있다.

예를 들어 대부분의 프로세서는 다음과 같은 명령어를 지닌다.

- 데이터 이동 명령어(mov)
- 산술/논리 연산 명령어(add, sub, and, or, not)
- 비교 명령어
- 조건부 분기 명령어(보통 비교 명령어 이후에 사용)
- 입출력 명령어
- 기타 명령어

CPU의 초기 명령어 집합을 설계하는 설계자는 프로그래머가 효율적으로 프로그램을 작성할 수 있도록 명령어들을 적절하게 선택해야 한다. 이때 설계자는 너무 많은 명령어를 명령어 집합에 추가해서 예산을 초과하거나 다른 설계상의 제한 사항을 어겨서는 않된다. CPU 설계자는 이를 위해 주의 깊은 연구와 실험, 시뮬레이션을 통해 전략적인 결정을 내려야 한다.

10.2.4 명령어에 opcode 할당하기

초기 명령어 집합에 들어갈 명령어를 선택한 뒤, 이들 명령어에 opcode를 할당한다. 이를 위한 첫 단계는 명령어를 특성에 따라 몇 개의 그룹으로 나누는 것이다. 예를 들면 add 명령어와 sub 명령어는 동일한 피연산자를 지니므로 같은 그룹에 포함시킬 수 있다. not 명령어와 neg 명령어는 일반적으로 하나의 피연산자만 지니므로, 이들 명령어는 add, sub 명령어가 포함된 그룹과는 다른 하나의 그룹에 포함시킬 수 있다.

모든 명령어를 그룹별로 나눈 후 이 명령어를 인코딩한다. 일반적인 인코딩 방법은 몇 개의 비트를 명령어가 속한 그룹을 나타내는 데 사용하고, 몇 개의 비트는 그 그룹 내에서 명령어를 선택하기 위해 사용하며, 다른 비트는 피연산자 종류(레지스터, 메모리 위치, 상수 등)를 구분하기 위해 사용한다.

이 모든 정보를 나타내는 데 사용하는 비트의 개수는 명령어가 얼마나 자주 사용되는지 여부에 관계없이 명령어 길이에 직접적인 영향을 미친다. 예를 들어 만약 명령어의 그룹을 나타내는 데 두 개의 비트를 사용하고 명령어 그룹 내에서 명령어를 지정하기 위해 네 개의 비트를 사용하고 명령어의 피연산자 종류를 나타내기 위해 여섯 개의 비트를 사용하면, 이 명령어는 8비트의 opcode로 인코딩할 수 없다. 한편 여덟 개의 서로 다른 레지스터 중 한 개를 스택에 푸시push하는 명령어만 있는 경우, push 명령어 그룹을 지정하는 데 네 개의 비트를 사용하고 레지스터를 지정하는 데는 세 개의 비트만 사용하면 충분하다.

최소한의 비트로 명령어의 피연산자를 인코딩하는 것은 매우 중요하다. 이는 많은 명령어가 피연산자를 지니기 때문이다. 예를 들어 두 개의 피연산자를 지니는 80x86 mov 명령어의 opcode 길이는 2바이트다.[2] 그러나 인텔은 mov(disp, eax); 명령어와 mov(eax, disp); 명령어가 프로그램에서 자주 사용된다는 사실을 발견한 뒤, 이 명령어의 길이를 줄이고 이 명령어가 사용하는 프로그램의 크기를 줄이기 위해 이 명령어에 대한 1바이트 버전을 제공한다. 따라서 EAX 레지스터에서 메모리로 데이터를 이동시키거나 메모리에서 EAX 레지스터로 데이터를 이동시키려고 하는 경우, 두 버전의 명령어를 모두 사용할 수 있다. 컴파일러나 어셈블러는 이 두 버전의 명령어 중 짧은 명령어를 생성한다.

인텔은 더 짧은 버전의 mov 명령어를 제공하기 위해 opcode를 추가로 할당했으며, 다른 명령어도 더 짧고 해석하기 쉽게 만들고자 이 기법을 많이 사용한다. 1978년에는 프로그램의 크기를 줄이기 위해 중복된 명령어redundant instruction를 만들었지만, 오늘날의 CPU 설계자는 다른 목적으로 중복된 opcode를 사용한다.

10.3 가상의 Y86 프로세서

지난 수년간 80x86 계열의 CPU 기능은 계속 확장됐으며, 이는 1978년에 인텔이 프로세서를 처음 설계할 때의 목적에 부합되는 일이다. 그동안 컴퓨터 아키텍처 기술은 계속 발전했고, 80x86 명령어의 인코딩은 매우 복잡해졌으며, 일부 비논리적인 부분도 생겨났다.

---

2   실제로 인텔은 1바이트의 opcode와 1바이트의 mod-reg-r/m 바이트라고 설명한다. 이번 장에서는 편의상 mod-reg-r/m 바이트를 opcode의 일부로 다룬다.

즉, 명령어 집합 설계를 공부하기에 80x86은 좋은 예가 아니다. 그러므로 여기서는 명령어 집합 설계를 2단계로 나눠서 알아본다. 우선 Y86이라는 가상의 프로세서를 위한 간단한 명령어 집합을 만든 뒤, 이 명령어 집합을 80x86 명령어의 부분집합이 되도록 할 것이다. 그다음에는 완전한 80x86 명령어 집합을 만드는 방법을 알아본다.

10.3.1 Y86 프로세서의 제한된 기능 소개

명령어 집합 설계를 이해하기 위해 가상으로 만든 Y86 프로세서는 80x86을 매우 단순화한 버전이며, 다음과 같은 기능을 제공한다.

- 길이가 16비트인 피연산자 하나만 제공한다. 이 경우 opcode에 명령어의 피연산자 길이를 포함하지 않아도 되므로 필요한 opcode의 개수도 줄어든다.
- AX, BX, CX, DX라는 네 개의 16비트 레지스터를 제공한다. 따라서 2비트만으로 레지스터 피연산자를 인코딩할 수 있다(80x86 계열의 프로세서는 여덟 개의 레지스터를 인코딩해야 하므로 3비트를 사용).
- 최대 65,536바이트의 메모리를 지정할 수 있는 16비트의 주소 버스를 제공한다.

이와 같은 제한된 명령어 집합과 단순함 덕분에 Y86 프로세서는 1바이트의 opcode 와 2바이트의 변위/오프셋만으로 모든 Y86 명령어를 인코딩할 수 있다.

10.3.2 Y86 명령어의 종류

Y86 CPU는 두 개의 mov 명령어를 포함해서 총 18개의 명령어를 제공한다. 이 중 일곱 개의 명령어는 두 개의 피연산자가 있고, 여덟 개의 명령어는 한 개의 피연산자를 가지며, 나머지 세 개의 명령어는 피연산자가 없다. 제공하는 명령어는 mov(두 종류), add, sub, cmp, and, or, not, je, jne, jb, jbe, ja, jae, jmp, get, put, halt 등이다.

10.3.2.1 mov 명령어

mov 명령어는 다음 두 가지 형식이 있으며, 이들은 하나의 명령어 클래스로 통합할 수 있다.

402

```
mov( reg/memory/constant, reg );
mov( reg, memory );
```

위 명령어에서 *reg*는 AX, BX, CX, DX 레지스터 중 하나를 가리키며, *constant*는 16진수로 표시된 상수 값을 나타내고 *memory*는 메모리 위치를 나타낸다.

10.3.2.2 산술 및 논리 명령어

Y86의 산술 및 논리 명령어는 다음과 같다.

```
add( reg/memory/constant, reg );
sub( reg/memory/constant, reg );
cmp( reg/memory/constant, reg );
and( reg/memory/constant, reg );
or( reg/memory/constant, reg );

not( reg/memory );
```

add 명령어는 첫 번째 피연산자의 값을 두 번째 피연산자의 값에 더해서 그 합을 두 번째 피연산자에 저장한다. sub 명령어는 첫 번째 피연산자의 값을 두 번째 피연산자의 값에서 뺀 다음, 그 차를 두 번째 피연산자에 저장한다. cmp 명령어는 첫 번째 피연산자의 값과 두 번째 피연산자의 값을 비교한 후에 조건부 분기 명령어가 이용할 수 있도록 비교 결과를 저장한다(다음 절에서 자세히 설명).

and와 or 명령어는 두 피연산자의 값에 대해 and/or 비트 논리 연산을 수행한 다음, 그 결과를 두 번째 피연산자에 저장한다. not 명령어는 레지스터나 메모리에 저장된 값의 모든 비트를 반전시키는 비트 논리 연산을 수행하며, 다른 명령어와 달리 하나의 피연산자만을 가지므로 다른 명령어와 구분해서 표시했다.

10.3.2.3 제어 전송 명령어

제어 전송 명령어control transfer instruction 또는 분기 명령어는 CPU가 메모리상의 연속적인 영역에 있는 명령어들의 수행을 멈추고, 다른 메모리 위치에 저장된 명령어로 분기하게 한다. 이 중에는 무조건 분기를 수행하는 명령어도 있고, cmp 명령어의 결과에 따라 조건부로 분기하는 명령어도 있다.

Y86의 제어 전송 또는 분기 명령어는 다음과 같다.

```
ja   dest;  // Jump if above (초과)
jae  dest;  // Jump if above or equal (이상)
jb   dest;  // Jump if below (미만)
jbe  dest;  // Jump if below or equal (이하)
je   dest;  // Jump if equal (동등)
jne  dest;  // Jump if not equal (비동등)

jmp  dest;  // Unconditional jump (무조건)
```

처음 여섯 개의 분기 명령어(ja, jae, jb, jbe, je, jne)는 이전에 수행된 cmp 명령어의 실행 결과를 확인한다. cmp 명령어는 두 개의 피연산자를 비교한 후에 그 결과를 저장한다.[3]

예를 들어 AX와 BX 레지스터를 비교하는 cmp(ax, bx); 명령어를 수행한 후에 ja 명령어를 수행하면, AX 레지스터의 값이 BX 레지스터의 값보다 큰 경우에만 지정된 명령어로 분기를 수행한다. AX 레지스터의 값이 BX 레지스터의 값보다 크지 않은 경우에는 분기를 하지 않고 다음 명령어를 계속 수행한다. jmp 명령어는 처음 여섯 개의 명령어와 달리 지정된 주소의 명령어로 무조건 분기한다.

10.3.2.4 기타 주요 명령어

Y86 프로세서는 피연산자를 지니지 않는 다음 세 개의 명령어를 제공한다.

```
get;   // AX 레지스터에 저장된 정수 값 읽기
put;   // AX 레지스터에 저장된 값 출력
halt;  // 프로그램 종료
```

get 명령어와 put 명령어는 사용자가 정수 값을 읽고 쓸 수 있게 하는 명령어다. get

---

3   Y86 프로세서는 무부호 비교 연산만 수행한다.

명령어는 프로그램의 수행을 잠시 중단하고, 사용자로부터 16진수의 정수 값을 입력받아서 AX 레지스터에 저장한다. put 명령어는 AX 레지스터의 값을 16진수 형태로 사용자에게 보여준다.

10.3.3 Y86의 피연산자 유형과 주소 지정 모드

opcode를 할당하기 전에 명령어가 지원하는 피연산자에 대해 알아보자. 18개의 Y86 명령어는 다섯 가지의 피연산자를 사용한다. 레지스터, 상수, 그리고 세 종류의 메모리 지정 모드를 사용하는 메모리 피연산자다. 세 종류의 지정 모드란 간접 지정 모드indirect addressing mode, 인덱스 지정 모드indexed addressing mode, 직접 지정 모드direct addressing mode이며, 이에 대한 자세한 내용은 6장에서 살펴봤다.

10.3.4 Y86 명령어 인코딩

CPU는 명령어를 해석하고 적절한 동작을 수행하기 위해 회로를 사용하므로, opcode를 임의로 할당하는 것은 좋지 않다. 일반적인 CPU의 opcode는 몇 개의 비트를 이용해 mov, add, sub 등과 같은 명령어 종류를 나타내고, 다른 몇 개의 비트를 이용해 피연산자를 인코딩한다.

기본적인 Y86 명령어의 인코딩은 그림 10-3과 같은 형식을 지닌다.

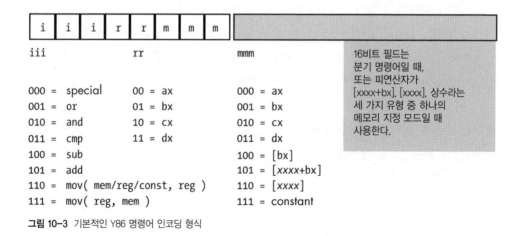

i	i	i	r	r	m	m	m	

iii		rr		mmm	
					16비트 필드는 분기 명령어일 때, 또는 피연산자가 [xxxx+bx], [xxxx], 상수라는 세 가지 유형 중 하나의 메모리 지정 모드일 때 사용한다.
000 =	special	00 = ax		000 =	ax
001 =	or	01 = bx		001 =	bx
010 =	and	10 = cx		010 =	cx
011 =	cmp	11 = dx		011 =	dx
100 =	sub			100 =	[bx]
101 =	add			101 =	[xxxx+bx]
110 =	mov(mem/reg/const, reg)			110 =	[xxxx]
111 =	mov(reg, mem)			111 =	constant

그림 10-3 기본적인 Y86 명령어 인코딩 형식

기본적인 명령어는 1바이트나 3바이트의 길이를 지닌다. 명령어의 opcode는 1바이트이고 세 개의 필드로 구성되며, 첫 번째 필드는 opcode의 HO 3비트이고 명령어의 종류를 나타낸다. 3비트로 구성되므로 총 여덟 개의 값을 나타낼 수 있지만, Y86 명령어의 개수는 18개이므로 나머지 열 개의 명령어는 다른 방법을 사용한다.

10.3.4.1 여덟 개의 범용 Y86 명령어

그림 10-3을 보면, 여덟 개의 opcode 중에서 일곱 개는 or, and, cmp, sub, add, mov 명령어를 인코딩하는 데 사용된다(mov 명령어는 두 개). 이때 여덟 번째인 000은 확장 opcode$^{\text{expansion opcode}}$라고 하며, 사용할 수 있는 opcode의 개수를 늘려주는 역할을 한다.

특정 명령어의 opcode를 정하기 위해서는 iii, rr, mmm 필드의 값을 정해야 한다(그림 10-3 참고). rr 필드에는 목적 레지스터가 들어있고(iii 필드가 111인 mov 명령어는 제외), mmm 필드는 소스 레지스터를 인코딩한다. 예를 들어 mov(bx, ax); 명령어는 필드 값을 iii=110(mov(reg,reg);), rr=00(AX), mmm=001(BX)과 같이 설정해야 하며, 이에 대한 opcode 값은 %11000001 또는 $c1이 된다.

Y86의 일부 명령어는 1바이트보다 큰 경우도 있는데, 여기에는 이유가 있다. 예를 들어 mov([1000], ax); 명령어의 경우 메모리 주소 $1000에 저장된 데이터를 AX 레지스터에 복사한다. 이 명령어의 opcode는 %11000110 또는 $C6이다. 그러나 mov([2000], ax); 명령어의 opcode 역시 $c6이다. 이 두 명령어는 분명히 다른 작업을 수행한다. mov([1000], ax); 명령어는 주소 $1000에 저장된 데이터를 AX 레지스터에 복사하는 반면에 mov([2000], ax); 명령어는 주소 $2000에 저장된 데이터를 AX 레지스터에 복사한다.

[xxxx]와 [xxxx+bx] 지정 모드를 구분하거나, 또는 직접 지정 모드에서 사용되는 상수 값을 인코딩하기 위해 명령어의 opcode 뒤에 16비트의 상수나 주소 값을 추가한다. 이 16비트에서 LO 바이트는 명령어의 opcode 바로 다음에 위치하고, HO 바이트는 LO 바이트 다음에 위치한다. 따라서 mov([1000], ax); 명령어를 인코딩하는 3바이트는 각각 $C6, $00, $10이고, mov([2000], ax); 명령어를 인코딩하는 3바이트는 각각 $C6, $00, $20이다.

10.3.4.2 확장 opcode

그림 10-3의 확장 opcode는 Y86 CPU가 한 바이트로 인코딩할 수 있는 명령어의 개수를 늘려주는 역할을 한다. 그림 10-4와 그림 10-5에 나타난 바와 같이, 확장 opcode는 1바이트의 피연산자를 갖거나 갖지 않는 다수의 명령어를 인코딩한다.

그림 10-4에는 피연산자가 하나인 네 개의 명령어가 있다. 이 중에서 rr 필드의 값이 %00이면, 이 opcode는 그림 10-5에 나와 있는 피연산자가 없는 명령어를 인코딩하는 데 사용된다. 그림 10-5에 나오는 명령어들 중 다섯 개의 명령어는 유효하지 않은 명령어이고, 세 개의 유효한 명령어는 halt, get, put 명령어다. 이 중 halt 명령어는 프로그램의 수행을 중단시키고, get 명령어는 사용자로부터 16진수의 값을 입력받아서 AX 레지스터에 저장하며, put 명령어는 AX 레지스터에 저장된 값을 출력한다.

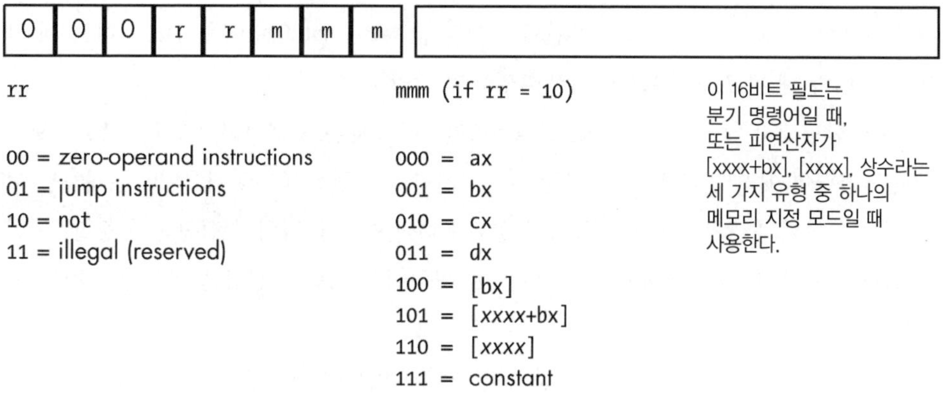

0	0	0	r	r	m	m	m	

rr

00 = zero-operand instructions
01 = jump instructions
10 = not
11 = illegal (reserved)

mmm (if rr = 10)

000 = ax
001 = bx
010 = cx
011 = dx
100 = [bx]
101 = [xxxx+bx]
110 = [xxxx]
111 = constant

이 16비트 필드는 분기 명령어일 때, 또는 피연산자가 [xxxx+bx], [xxxx], 상수라는 세 가지 유형 중 하나의 메모리 지정 모드일 때 사용한다.

그림 10-4 피연산자가 한 개인 명령어 인코딩(iii = %000)

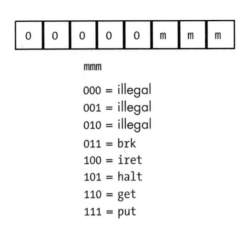

mmm

000 = illegal
001 = illegal
010 = illegal
011 = brk
100 = iret
101 = halt
110 = get
111 = put

그림 10-5 피연산자가 없는 명령어 인코딩(iii = %000, rr = %00)

rr 필드의 두 번째 2비트 인코딩 값 %01은 Y86의 분기 명령어를 인코딩하는 데 사용된다(그림 10-6 참고). rr 필드의 세 번째 인코딩 값 %10은 not 명령어를 인코딩하는 데 사용되며, 네 번째 인코딩 값 %11은 아직 할당되지 않았다.

아직 할당되지 않은 iii = %000, rr = %11인 opcode를 수행하려고 하면, 프로세서는 잘못된 명령어 에러illegal instruction error를 발생시키면서 수행을 중단한다. CPU 설계자는 이와 같이 할당되지 않은 opcode를 남겨 놓음으로써 이후에 명령어 집합을 확장할 수 있게 하며, 이는 인텔이 80286에서 80386으로 바꾸면서 명령어 집합을 확장했던 것과 동일한 전략이다.

Y86 명령어 집합에는 일곱 개의 분기 명령어가 있으며 모두 jxx 주소의 형태를 지닌다. jmp 명령어는 메모리에서 opcode 다음에 저장된 16비트의 주소 값을 명령어 포인터 레지스터에 복사하고, CPU는 해당 주소로 분기한다. 그 외에 여섯 개의 명령어 ja, jae, jb, jbe, je, jne는 조건부 분기 명령어로서 어떤 조건 검사를 수행한 후 조건이 만족하면 분기하고, 그렇지 않으면 메모리의 다음 번지에 저장된 명령어를 수행한다. 여덟 번째 opcode인 %00001111은 사용되지 않는다. 이들 인코딩은 그림 10-6과 같다.

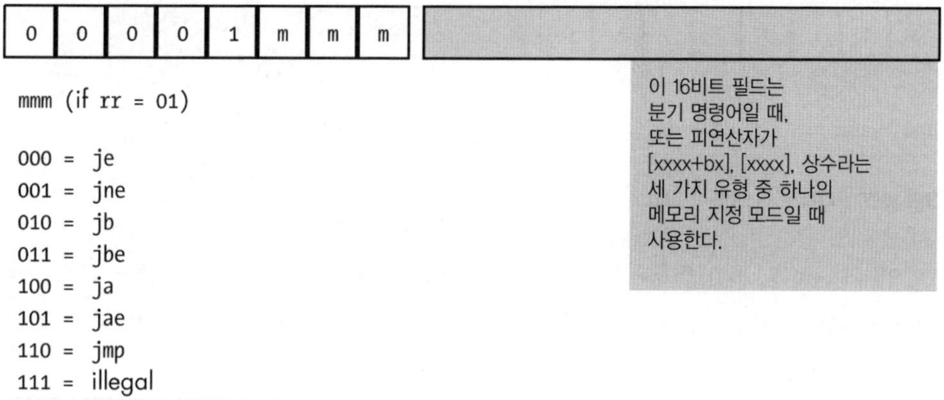

0	0	0	0	1	m	m	m	

mmm (if rr = 01)

```
000 = je
001 = jne
010 = jb
011 = jbe
100 = ja
101 = jae
110 = jmp
111 = illegal
```

이 16비트 필드는
분기 명령어일 때,
또는 피연산자가
[xxxx+bx], [xxxx], 상수라는
세 가지 유형 중 하나의
메모리 지정 모드일 때
사용한다.

그림 10-6 분기 명령어 인코딩

10.3.5 Y86 명령어 인코딩 사례

Y86 프로세서가 실제로 실행하는 명령어는 mov(ax, bx);와 같이 사람이 읽을 수 있는 문자열 형태가 아니라 $Cl과 같은 비트열이며, 이와 같은 비트 패턴을 메모리에서 읽어온 후 디코딩하고 실행한다. 사람이 읽을 수 있는 mov(ax, bx);와 mov(5, ex); 등의 명령어는 수행되기 전에 2진 형태, 즉 기계어^{machine code}로 변환돼야 한다. 이 절에서는 이러한 변환 작업에 대해 알아본다.

10.3.5.1 add 명령어

명령어를 기계어로 변환하기에 앞서 변환할 명령어를 선택한다. 매우 간단한 add(cx, dx); 명령어부터 시작하자. 명령어를 선택하고 나면 이전 절의 opcode 테이블에서 그 명령어를 찾아봐야 한다. add 명령어는 첫 번째 그룹에 속한 명령어이고(그림 10-3 참고), iii 필드는 %101이다. 소스 피연산자는 CX이므로 mmm 필드는 %010이고, 목적 피연산자는 DX이므로 rr 필드는 %11이다. 이 모든 비트 값을 합하고 나면 opcode는 %10111010, $BA가 된다(그림 10-7 참고).

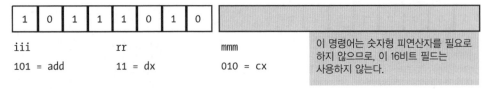

iii	rr	mmm	이 명령어는 숫자형 피연산자를 필요로 하지 않으므로, 이 16비트 필드는 사용하지 않는다.
101 = add	11 = dx	010 = cx	

그림 10-7 add(cx, dx); 명령어 인코딩

이어서 add(5, ax); 명령어를 살펴보자. 이 명령어의 소스 피연산자는 상수이므로 mmm 필드는 %111이고(그림 10-3 참고), 목적 피연산자는 AX이므로 rr 필드는 %00이다. 따라서 전체 opcode는 %10100111 또는 $A7이다.

하지만 이 명령어 인코딩 작업은 좀 더 남았다. 16비트 상수인 $0005 역시 명령어의 일부로 포함해야 한다. 상수 값은 메모리에서 opcode 바로 다음에 위치한다. Y86 프로세서는 리틀 엔디안^{little-endian} 방식을 사용하므로, 상수의 LO 바이트는 opcode 바로 다음에 위치하고 HO 바이트는 그다음에 위치한다. 따라서 메모리에 저장된 바이트들을 하위 주소에서 상위 주소 순서로 나열해보면 $A7, $05, $00이 된다(그림 10-8 참고).

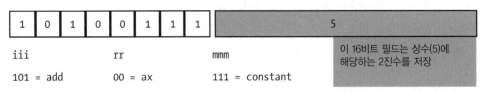

그림 10-8 add(5, ax); 명령어 인코딩

add([2ff+bx], cx); 명령어도 16비트 상수를 포함한다. 이 상수는 인덱스 지정 모드에서 변위로 사용되는 값이다. 이 명령어를 인코딩하기 위해서는 iii = %101, rr = %10, mmm = %101로 설정해야 한다. 따라서 opcode는 %10110101 또는 $B5가 된다. 이 명령어도 16비트 상수 $2FF를 명령어의 일부로 포함해야 하므로, 전체 명령어는 $B5, $FF, $02가 된다(그림 10-9 참고).

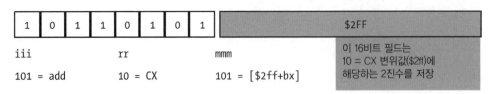

그림 10-9 add([$2ff+bx], cx); 명령어 인코딩

이제 add([1000], ax); 명령어를 살펴보자. 이 명령어는 AX 레지스터에 저장된 값에 메모리 번지 $1000, $1001에 저장된 16비트 값을 더한다. add 명령어의 iii 값은 %101이고, 목적 레지스터가 AX이므로 rr = %00이다. 그리고 변위만을 사용하는 지정 모드이므로 mmm = %110이다. 따라서 이 명령어의 opcode는 %10100110 또는 $A6이다. opcode 뒤에 2 바이트의 메모리 변위값을 인코딩해야 하므로, 완전한 명령어의 길이는 3바이트이고 전체 명령어는 $A6, $00, $10이다(그림 10-10 참고).

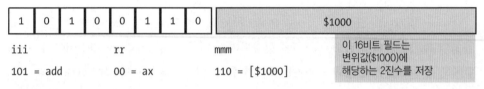

그림 10-10 add([1000], ax); 명령어 인코딩

마지막으로 레지스터 간접 지정 모드^{register indirect addressing mode}를 살펴보자. add([bx], bx); 명령어를 인코딩하기 위한 각 필드의 값은 iii = %101, rr = %01(bx), mmm = %100([bx]) 이다. 이 명령어는 BX 레지스터만으로 완전한 메모리 주소를 지정하고 있으므로, 이 경우에는 명령어 인코딩에 변위값을 추가할 필요가 없다. 따라서 명령어의 길이는 1바이트다(그림 10-11 참고).

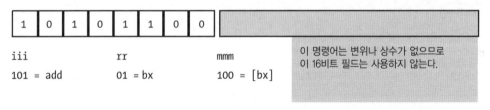

그림 10-11 add([bx], bx); 명령어 인코딩

sub, cmp, and, or 명령어를 인코딩하는 것도 위 경우와 비슷하다. 이들 명령어와 add 명령어를 인코딩할 때는 opcode에서 iii 필드의 값만 달라진다.

10.3.5.2 mov 명령어

Y86의 mov 명령어는 다른 명령어와 달리 두 가지 타입이 있다. mov 명령어와 add 명령어

의 유일한 차이점은 iii 필드이며, mov 명령어의 첫 번째 타입은 iii = %110이다. 이 mov 명령어는 mmm 필드에서 지정된 레지스터나 메모리 번지에서 데이터를 가져와 rr 필드에서 지정된 목적 레지스터에 저장한다.

두 번째 mov 명령어 타입은 iii = %111이며, rr 필드에서 지정된 소스 레지스터의 데이터를 mmm 필드가 지정하는 목적 메모리 위치에 저장한다. 이 mov 명령어에서는 rr 필드와 mmm 필드의 소스/목적 부분의 의미가 뒤바뀌어야 하므로 rr이 소스 필드를 나타내고 mmm이 목적 필드를 나타낸다.

두 mov 명령어의 또 다른 차이점은 두 번째 mov 명령어에서 mmm 필드의 값이 %100([bx]), %101([disp+bx]), %110([disp])에 한정된다는 것이다. 두 번째 mov 명령어에서는 mmm 필드의 값이 %000..%011이 돼 레지스터를 지정할 수 없고, mmm 필드의 값이 %111이 돼 상수를 지정할 수도 없다. 첫 번째 mov 명령어는 레지스터를 이동시킬 뿐, 데이터를 상수에 저장하는 것은 불가능하기 때문이다.

10.3.5.3 not 명령어

not 명령어는 Y86 프로세서에서 하나의 메모리/레지스터 피연산자를 갖는 유일한 명령어이며 다음과 같은 문법을 사용한다.

---

not(*reg*);

또는

---

not(*address*);

여기서 *address*는 메모리 지정 모드([bx], [disp+bx], [disp]) 중 하나를 나타낸다. 상수는 not 명령어의 피연산자가 될 수 없다.

not 명령어는 한 개의 피연산자만을 가지므로, 이 명령어의 피연산자의 인코딩은 mmm 필드만으로 가능하다. opcode의 각 필드가 iii = %000, rr = %10이면 not 명령어를 나타낸다. 실제로 CPU는 iii 필드의 값이 0일 때마다 iii 다음 필드를 해석해서 수행할 명령어를 확인한다. 이 경우, rr 필드는 CPU가 수행할 명령어가 not 명령어인지, 또 다른 명령어인지를 나타낸다.

not(ax); 명령어를 인코딩하기 위해서는 iii 필드의 값을 %000으로 하고, rr 필드의 값을 %10으로 한다. mmm 필드의 값은 add 명령어를 인코딩할 때와 동일하게 하면 된다. AX 레지스터의 경우 mmm = %000이므로, not(ax); 명령어의 인코딩 결과는 %00010000 또는 $10이 된다(그림 10-12 참고).

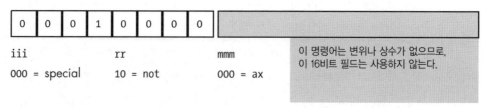

그림 10-12 not(AX); 명령어 인코딩

not 명령어는 레지스터 외의 피연산자를 허용하지 않으므로 %00010111($17)은 잘못된 opcode이다.

10.3.5.4 jump 명령어

Y86의 분기 명령어도 특별한 인코딩 방식을 사용한다. 즉, 분기 명령어를 위한 iii 필드의 값도 항상 %000이다. 이 명령어의 길이는 항상 3바이트다. 첫 번째 바이트인 opcode는 수행할 분기 명령어의 종류를 나타내고, 이후 2바이트는 CPU가 분기할 메모리 번지를 나타낸다. 조건부 분기 명령어인 경우, 조건이 만족됐을 때 분기할 주소가 된다.

Y86에는 일곱 개의 분기 명령어가 있는데, 이 중 여섯 개는 조건부 분기 명령어이고 한 개는 조건 없는 분기 명령어다. 이들 명령어의 opcode는 모두 iii = %000, rr = %01이므로 mmm 필드의 값만 서로 달라진다. 이때 mmm 필드가 %111이면, 잘못된 opcode다(그림 10-6 참조).

이들 명령어는 직관적으로 인코딩할 수 있다. 어떤 명령어를 인코딩할 것인지 정하면, opcode가 바로 정해진다. opcode는 $08에서 $0e의 값을 지니게 되며, $0f는 잘못된 opcode다.

opcode 다음에 위치하는 16비트 피연산자는 좀 더 생각이 필요하다. 이 필드는 조건 없는 분기 명령어가 항상 분기하는 메모리 주소를 나타내거나 조건부 분기 명령어가 조건이 만족되는 경우에 분기하는 메모리 주소를 나타낸다. 이 16비트 피연산자를 적절히 인코딩하기 위해서는 타깃 명령어의 opcode 주소를 미리 알고 있어야 한다.

만약 타깃 명령어가 2진 형태로 메모리에 있다면, 그 명령어의 주소를 분기 명령어의 피연산자로 설정하면 된다. 반면에 타깃 명령어가 2진 형태로 메모리에 존재하지 않는 경우, 그 명령어가 저장될 주소는 미리 예측하기 힘들 것이다. 다행히 현재의 분기 명령어와 분기할 타깃 명령어 사이의 거리를 타깃 주소로 설정할 수 있다. 하지만 이 경우에도 두 명령어 사이의 거리를 계산하는 것은 힘든 작업이다.

분기 명령어 주소와 타깃 명령어 주소 간의 거리를 계산하는 가장 좋은 방법은 명령어를 모두 적은 후에 각 명령어의 길이를 계산하고(모든 명령어는 1, 2, 3바이트의 길이를 가지므로 이 작업은 그리 어렵지 않다.) 각 명령어에 적절한 주소를 할당하는 것이다. 이 작업을 끝내고 나면, 모든 명령어의 시작 주소를 알 수 있으므로 분기 명령어의 타깃 주소 피연산자를 적절히 설정할 수 있게 된다.

10.3.5.5 피연산자가 없는 명령어

피연산자가 없는 명령어는 인코딩하기 가장 쉽다. 피연산자가 없기 때문에 이 명령어의 길이는 항상 1바이트다. 명령어의 opcode는 iii = %000, rr = %00이고, mmm 필드가 특정 명령어를 구분하는 데 사용된다(그림 10-5 참고). Y86 CPU는 이 명령어의 opcode 중 다섯 개는 정의하지 않았으므로 이후 확장 시에 사용할 수 있다.

10.3.6 Y86 명령어 집합의 확장

Y86 CPU는 기계어를 어떻게 인코딩하는지 보여주기 위해 가상으로 만든 간단한 CPU다. 그러나 다른 CPU처럼 Y86도 확장 기능을 제공하며, 기능의 확장이 필요하면 언제든 Y86 명령어 집합에 새로운 명령어를 추가해서 CPU를 개선할 수 있다.

우리는 미정의undefined opcode나 잘못된illegal opcode를 이용해서 CPU의 명령어 개수를 늘릴 수 있다. Y86에는 아직 정의되지 않았거나 잘못 정의된 opcode가 몇 개 있으며, 이 opcode를 이용해 명령어 집합을 확장할 수 있다. 만약 어떤 opcode 그룹에 정의되지 않은 opcode가 있고 여러분이 추가하려는 명령어가 그 명령어 그룹에 속한다면,

정의되지 않은 opcode를 이용하는 것이 최선이다.

예를 들어 opcode %00011*mmm*은 not 명령어와 동일한 그룹에 속한다. 두 명령어 모두 iii 필드가 %000이기 때문이다. 만약 여러분이 neg[negate] 명령어를 추가하려 한다면 neg 명령어의 opcode는 %00011*mmm*으로 하는 것이 적절할 것이다. neg 명령어와 not 명령어의 문법상 규칙은 동일하므로 같은 명령어 그룹에 속하기 때문이다.

마찬가지로 피연산자가 없는 명령어를 추가하려 한다면 Y86 CPU에는 이를 위한 다섯 개의 정의되지 않은 opcode(%00000000...%00000100, 그림 10-5 참조)가 있으므로, 이 중에서 하나의 opcode를 새로운 명령어에 할당하기만 하면 된다.

Y86 CPU에는 미정의 opcode가 많지 않다. 따라서 shl[shift left], shr[shift right], rol[rotate left], ror[rotate right] 등, 피연산자가 하나인 명령어를 추가하기에는 opcode가 부족하다(현재는 %00011*mmm*만 사용 가능). 2 피연산자 명령어의 경우, 미정의 opcode가 없으므로 xor[exclusive OR] 명령어와 같은 2 피연산자 명령어는 추가할 수 없다.

이러한 문제를 해결하는 일반적인 방법이자 인텔 설계자가 사용한 방법은 미정의 opcode 중 하나를 접두 opcode 바이트[prefix opcode byte]로 이용하는 것이다. 예를 들어 opcode \$FF는 잘못된 opcode이며(이 opcode는 mov(dx, const);에 해당하는데, mov 명령어의 목적 필드에는 상수가 올 수 없다.), 이 바이트를 특별한 접두 바이트로 이용해서 명령어 집합을 확장할 수 있다(그림 10-13 참조).[4]

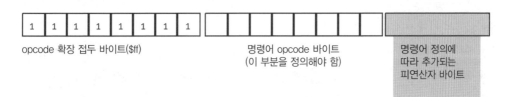

그림 10-13 명령어 집합 확장을 위한 접두 바이트 활용

CPU는 메모리에서 접두 바이트를 만날 때마다 다음 바이트를 읽어서 그 바이트를 실제 opcode로 간주하고 해석한다. 그러나 CPU는 이 두 번째 바이트를 지금까지 살펴본 원래의 opcode로 해석하지 않는다. 따라서 CPU 설계자는 이 두 번째 바이트를 위한 완

---

4   레지스터에 상수를 저장하기 위해 \$f7, \$ef, \$e7 등의 값을 사용할 수 있다. 하지만 \$ff를 디코딩하는 것이 좀 더 간단하다. 명령어 확장을 위해 좀 더 많은 접두 바이트가 필요한 경우, 이들 세 값을 사용하면 된다.

전히 다른 명령어 집합을 설계할 수 있다. 즉, 하나의 확장 바이트를 사용하면 256개의 새로운 명령어를 추가할 수 있다.

CPU 설계자가 더 많은 명령어를 추가하고 싶다면, 더 많은 확장 opcode를 추가하고 각각에 대한 새로운 명령어 집합을 정의하면 된다. 또한 어떤 확장 opcode 뒤에는 항상 2바이트의 opcode가 위치한다고 정의하면 65,536개의 새로운 명령어를 추가할 수도 있다. 이 외에도 설계자는 다양한 방법으로 명령어 집합을 확장할 수 있다.

물론 이렇게 했을 때의 문제점은 새로 추가된 명령어의 길이가 1바이트만큼 커진다는 것이다. 이는 새로 추가되는 명령어의 opcode는 항상 접두 바이트로 시작해야 하기 때문이다. 그리고 접두 바이트를 해석하고 다수의 명령어 집합을 처리해야 하기 때문에 하드웨어 회로도 복잡해진다. 따라서 간단한 명령어 집합 구현에는 이 방법이 좋지 않다. 그럼에도 불구하고, opcode가 부족한 상황에서 명령어 집합을 확장해야 하는 경우 이 방법을 효과적으로 사용할 수 있다.

10.4 80x86 명령어 인코딩

앞서 살펴본 가상의 프로세서인 Y86은 이해하기 쉽다. 명령어 인코딩이 간단하므로 설계자가 opcode를 명령어에 어떻게 할당하는지 배우기에 좋은 사례다. 하지만 Y86은 순전히 교육을 위해 설계된 가상의 프로세서이므로, 이제부터는 실제로 사용되는 CPU인 80x86의 기계어에 대해 알아본다.

여러분이 작성하는 프로그램은 결국 80x86과 같은 실제 CPU에서 수행될 것이다. 실제 컴파일러가 코드를 어떻게 처리하는지 완전히 이해해야 최적의 코드와 데이터 구조를 선택할 수 있다. 이를 위해서는 먼저 실제 명령어가 어떻게 인코딩되는지를 이해해야 한다.

여러분이 다른 CPU를 사용하더라도, 80x86 명령어의 인코딩을 공부해두면 도움이 될 것이다. 사람들이 80x86을 복합 명령어 집합 컴퓨터^{CISC, Complex Instruction Set Computer} 계열 칩이라고 부르는 이유가 있다. 80x86보다 더 복잡한 명령어 인코딩이 있기는 하지만, 80x86이야말로 대표적인 복합 명령어 인코딩 기법을 사용하는 프로세서이기 때문이다. 따라서 우리는 80x86의 명령어 집합 설계 방식을 통해 현대적인 CPU의 작동 방식을 잘 이해할 수 있다.

80x86의 32비트 범용 명령어는 그림 10-14와 같은 형식을 지닌다.[5]

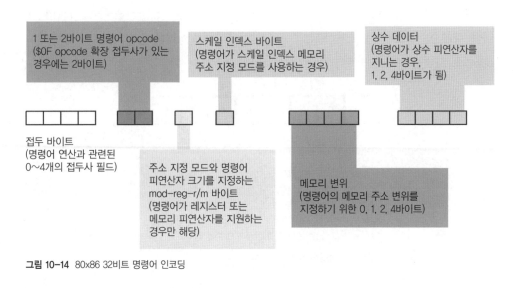

그림 10-14 80x86 32비트 명령어 인코딩

노트 | 위 다이어그램은 80x86 32비트 명령어 인코딩에서 최대 16바이트 길이의 명령어를 사용할 수 있는 것처럼 보이지만, 실제로는 최대 15바이트만 사용할 수 있다.

그림 10-14의 접두 바이트는 이전 절에서 봤던 opcode 확장 접두 바이트와는 다르다. 80x86 접두 바이트는 이미 존재하는 명령어의 동작 방식을 변경하는 역할을 한다. 하나의 명령어는 최대 네 개의 접두 바이트를 가질 수 있으며, 접두 바이트가 가질 수 있는 값은 네 개 이상이다. 이 중에는 함께 사용될 수 없는 접두 바이트도 몇 개 있다. 양립할 수 없는 접두 바이트가 어떤 명령어에 함께 붙어있는 경우, 이들 명령어의 수행 결과는 미정의 상태가 된다. 곧 이런 종류의 접두 바이트를 살펴보겠다.

32비트 80x86은 두 종류의 opcode 길이를 지원한다. 기본적인 1바이트 opcode와 2바이트 opcode가 있으며, 2바이트 opcode는 $0f opcode 확장 접두사와 실제 명령어 바이트로 구성된다. 이 opcode 확장 바이트는 Y86 인코딩에서 iii 필드가 8비트로 확장

---

5   64비트 80x86의 명령어 집합은 이보다 훨씬 복잡하다.

된 것으로 생각할 수 있다. 이 방식을 사용하면 512개의 서로 다른 명령어 그룹을 지정할 수 있지만, 80x86은 모든 그룹을 사용하지는 않는다.

실제로 많은 명령어는 opcode 확장 접두 바이트를 명령어를 구분하는 목적이 아니라 다른 목적으로 사용한다. 일례로 add 명령어의 opcode를 살펴보자. 이 명령어의 opcode 형태는 그림 10-15와 같다.

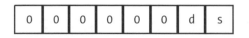

add opcode

d = 0 레지스터에서 메모리로 덧셈하는 경우
d = 1 메모리에서 레지스터로 덧셈하는 경우

s = 0 8비트 피연산자 덧셈의 경우
s = 1 16 또는 32비트 피연산자 덧셈의 경우

그림 10-15 80x86 add 명령어의 opcode

비트 1(d)은 명령어의 동작 방향을 나타낸다. 이 비트가 0이면 add(al, [ebx]);와 같이 목적 피연산자는 메모리 위치를 나타내고, 반대로 1이면 add([ebx], al);과 같이 목적 피연산자는 레지스터가 된다.

비트 0(s)은 add 명령어가 사용하는 피연산자의 길이를 나타낸다. 문제는 바로 여기에 있다. 80x86 계열은 세 종류의 피연산자 길이(8비트, 16비트, 32비트)를 사용하는데, 1비트만으로는 세 개 중 두 개의 피연산자 길이만 지정할 수 있다. 현대 운영체제에서 사용하는 피연산자 길이는 대부분 8비트이거나 32비트이므로, 80x86 CPU는 opcode에 있는 피연산자 길이 비트를 8비트 피연산자와 32비트 피연산자를 구분하는 데 사용한다.

16비트 피연산자는 8비트 및 32비트 피연산자만큼은 아니지만 필요에 따라 사용되기도 하며, 이때는 피연산자의 길이를 나타내기 위해 특별한 opcode 접두 바이트를 사용한다. 16비트 피연산자를 사용하는 명령어가 1/8보다 적은 경우, 모든 명령어에 비트를 한 개 더 추가하는 것보다 접두 바이트를 사용하는 방식이 프로그램의 크기를 더 작게 만든다. 인텔의 설계자들은 길이를 나타내는 접두 바이트를 사용해 원래의 16비트 CPU에서 설계된 명령어의 인코딩을 변경하지 않고도 피연산자 길이의 종류를 늘릴 수 있도록 한다.

AMD와 인텔의 64비트 아키텍처는 opcode 접두 바이트를 훨씬 다양하게 활용한
다. 하지만 CPU가 특수한 64비트 모드로 작동할 때, X86-64 CPU라고도 부르는 64비트
80x86 CPU는 서로 완전히 다른 두 개의 명령어 집합과 인코딩 기법을 사용한다. X86-
64 CPU는 64비트 모드와 32비트 모드를 오가며 서로 다른 명령어 집합으로 작성된 프
로그램을 처리한다. 이번 절에서는 32비트 아키텍처를 중심으로 설명하므로, 64비트 아
키텍처에 대한 내용은 AMD와 인텔의 관련 문서를 확인하길 바란다.

10.4.1 명령어 피연산자 인코딩

그림 10-14의 `mod-reg-r/m` 바이트는 명령어의 피연산자를 인코딩하는 데 사용된다. 이
바이트는 피연산자에서 사용하는 지정 모드와 피연산자의 길이를 나타내며, 그림 10-16
과 같이 몇 개의 필드로 구성된다.

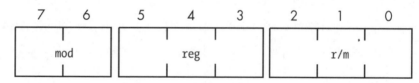

그림 10-16 mod-reg-r/m 바이트

reg 필드는 항상 80x86 레지스터를 나타내는데, 명령어에 따라 이 레지스터는 소
스 피연산자가 될 수도 있고 목적 피연산자가 될 수도 있다. 많은 명령어는 opcode의
$d^{direction}$ 비트를 이용해서 이 두 경우를 구분한다. d 비트가 0이면 reg는 소스 피연산자이
고, d 비트가 1이면 목적 피연산자가 된다.

reg 필드는 레지스터를 인코딩하기 위해 표 10-1과 같이 3비트를 사용한다. 앞서 살
펴봤듯이 명령어 opcode에 있는 길이 비트는 reg 필드가 지정하는 레지스터가 8비트인
지, 32비트인지를 나타내는 데 사용된다(현대 32비트 운영체제의 경우). reg 필드가 16비트
레지스터를 지정하도록 하기 위해서는 opcode의 길이 비트를 1로 설정하고, 접두 바이
트를 추가해야 한다.

표 10-1 reg 필드 인코딩

reg 값	데이터 크기가 8비트인 경우	데이터 크기가 16비트인 경우	데이터 크기가 32비트인 경우
%000	al	ax	eax
%001	cl	cx	ecx
%010	dl	dx	edx
%011	bl	bx	ebx
%100	ah	sp	esp
%101	ch	bp	ebp
%110	dh	si	esi
%111	bh	di	edi

두 개의 피연산자를 지니는 명령어의 경우, opcode의 d 비트는 reg 필드가 가리키는 레지스터가 소스 피연산자인지, 목적 피연산자인지를 나타낸다. mod 필드와 r/m 필드는 두 개의 피연산자 중 레지스터를 제외한 나머지 피연산자를 나타내는 데 사용된다. not 또는 neg와 같이 한 개의 피연산자를 지니는 경우, reg 필드에는 opcode 확장 필드와 해당 피연산자를 나타내기 위한 mod와 r/m을 결합한 필드가 포함된다. mod와 r/m 필드는 표 10-2와 표 10-3에서 보는 것처럼 피연산자 지정 모드를 나타낸다.

표 10-2 mod 필드 인코딩

mod	설명
%00	레지스터 간접 주소 지정 모드 지정(단, 두 가지 예외가 있음. r/m = %100인 경우 변위가 없는 스케일 인덱스 지정 (sib) 모드, r/m이 %101인 경우 변위 전용 지정 모드)
%01	주소 지정 모드 바이트 뒤에 1바이트 유부호 변위가 있음
%10	주소 지정 모드 바이트 뒤에 2바이트(16비트 모드) 또는 4바이트(32비트 모드) 변위가 있음
%11	레지스터 직접 접근 모드 지정

표 10-3 mod-r/m 인코딩

mod	r/m	주소 지정 모드
%00	%000	[eax]
%01	%000	[eax+$disp_8$]
%10	%000	[eax+$disp_{32}$]
%11	%000	al, ax, eax

(이어짐)

mod	r/m	주소 지정 모드
%00	%001	[ecx]
%01	%001	[ecx+$disp_8$]
%10	%001	[ecx+$disp_{32}$]
%11	%001	cl, cx, ecx
%00	%010	[edx]
%01	%010	[edx+$disp_8$]
%10	%010	[edx+$disp_{32}$]
%11	%010	dl, dx, edx
%00	%011	[ebx]
%01	%011	[ebx+$disp_8$]
%10	%011	[ebx+$disp_{32}$]
%11	%011	bl, bx, ebx
%00	%100	스케일 인덱스 (sib) 모드
%01	%100	sib + $disp_8$ 모드
%10	%100	sib + $disp_{32}$ 모드
%11	%100	ah, sp, esp
%00	%101	변위 전용 모드(32비트 변위)
%01	%101	[ebp+$disp_8$]
%10	%101	[ebp+$disp_{32}$]
%11	%101	ch, bp, ebp
%00	%110	[esi]
%01	%110	[esi+$disp_8$]
%10	%110	[esi+$disp_{32}$]
%11	%110	dh, si, esi
%00	%111	[edi]
%01	%111	[edi+$disp_8$]
%10	%111	[edi+$disp_{32}$]
%11	%111	bh, di, edi

표 10-2와 10-3에는 몇 가지 흥미로운 점이 있다. 첫째, 표에는 두 종류의 [*reg+disp*] 지정 모드가 있다. 하나는 8비트 변위를 사용하는 지정 모드이고, 다른 하나는 32비트 변

위를 사용하는 지정 모드다. 변위값이 −128..+127에 속하는 경우에는 opcode 뒤에 1 바이트만을 사용해서 변위를 인코딩할 수 있다. 이 명령어는 32비트의 변위를 사용하는 명령어보다 길이가 더 짧고(변위를 인코딩하기 위해 4바이트가 더 필요), 더 빨리 수행될 것이다.

둘째, [ebp] 지정 모드가 존재하지 않는다는 것이다. 그림 10-3을 보면 r/m = %101, mod = %00인 슬롯이 이 주소 방식에 사용될 것 같지만, 실제로 이 슬롯은 32비트 변위 지정 모드에 사용되고 있는 것을 알 수 있다. 본래 지정 모드 인코딩에서 변위 지정 모드는 없었다. 이에 인텔은 [ebp] 지정 모드를 없애고 이 자리에 대신 변위 지정 모드를 넣었다. 하지만 반드시 [ebp] 지정 모드를 사용해야 하는 경우에는 [ebp+$disp_8$]에서 8비트 변위를 0으로 설정해 사용하면 된다. 이렇게 하면 [ebp] 지정 모드를 사용할 때보다 명령어의 길이가 조금 길어지기는 하지만 실행 결과는 동일하다. 인텔은 프로그래머가 [ebp] 지정 모드를 다른 레지스터 간접 지정 모드보다 덜 사용할 것으로 판단했기 때문에 다른 지정 모드로 교체한 것이다.

이외에 표에서 빠진 지정 모드로는 [esp], [esp+$disp_8$], [esp+$disp_{32}$]가 있다. 인텔의 설계자는 80x86 계열 32비트 프로세서에 스케일 인덱스 주소 지정 모드scaled-index addressing mode를 새로 추가하기 위해 이들 주소 지정 모드의 인코딩 방식을 적용했다.

r/m = %100이고 mod = %00이면, 이 인코딩은 [$reg_1$32+$reg_2$32*n] 지정 모드를 나타낸다. 이 스케일 인덱스 주소 지정 모드는 메모리 주소를 계산하기 위해 reg_2에 n(n = 1,2,4,8)을 곱한 후 reg_1을 더한다. 이 지정 모드는 프로그램에서 배열을 사용할 때 많이 사용된다. 이때 reg_1은 배열의 시작 주소를, n은 배열 원소의 크기를, reg_2는 배열의 인덱스를 나타내며, 바이트 배열인 경우에는 n = 1, 워드 배열인 경우에는 n = 2, 더블워드 배열인 경우에는 n = 4, 쿼드워드 배열인 경우에는 n = 8이 된다.

r/m = %100이고 mod = %01이면, 이 인코딩은 [$reg_1$32+$reg_2$32*n+$disp_8$] 지정 모드를 나타낸다. 이 스케일 인덱스 주소 지정 모드는 메모리 주소를 계산하기 위해 reg_2에 n(n = 1,2,4,8)을 곱한 후 reg_1을 더하고 다시 8비트의 변위를 더한다(32비트로 부호 확장됨). 이 지정 모드는 레코드 배열을 사용할 때 가장 많이 사용된다. 이때 reg_1은 배열의 시작 주소, reg_2는 배열의 인덱스를 나타내며, $disp_8$은 레코드의 특정 필드에 대한 오프셋을 나타낸다.

r/m = %100이고 mod = %10이면, 이 인코딩은 [reg$_1$32+reg$_2$32+$disp_{32}$] 지정 모드를 나타낸다. 이 스케일 인덱스 주소 지정 모드는 메모리 주소를 계산하기 위해 reg$_2$에 n(n = 1,2,4,8)을 곱한 후에 reg$_1$을 더하고 다시 32비트의 부호가 있는 변위를 더한다. 이 지정 모드는 바이트, 워드, 더블워드, 쿼드워드로 구성된 정적 배열에 접근할 때 주로 사용된다.

mod 필드와 r/m 필드가 sib 모드 중의 하나를 가리키면, 스케일 인덱스 주소 지정 모드에 sib라는 바이트가 추가됐다는 것을 의미한다. sib 바이트는 mod-reg-r/m 바이트 뒤에 위치하며, 이 경우 mod 필드는 변위 필드의 크기(0, 1, 4바이트)를 나타낸다. 그림 10-17은 sib 바이트의 구성을 보여주고 표 10-4, 10-5, 10-6은 sib 바이트의 각 필드 값을 보여준다.

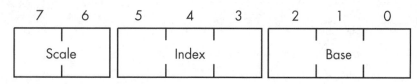

그림 10-17 sib(스케일 인덱스 바이트) 레이아웃

표 10-4 sib의 스케일 필드 값

Scale 값	Index * Scale 값
%00	Index * 1
%01	Index * 2
%10	Index * 4
%11	Index * 8

표 10-5 sib의 인덱스 필드 값

Index 값	레지스터
%000	EAX
%001	ECX
%010	EDX
%011	EBX
%100	Illegal

(이어짐)

Index 값	레지스터
%101	EBP
%110	ESI
%111	EDI

표 10-6 sib의 베이스 필드 값

Base 값	레지스터
%000	EAX
%001	ECX
%010	EDX
%011	EBX
%100	ESP
%101	mod = %00일 때만 편위, mod = %01 또는 %10일 때 EBP
%110	ESI
%111	EDI

mod-reg-r/m 바이트와 sib 바이트의 구성은 꽤 복잡하다. 이 바이트들이 이렇게 복잡해진 이유는 인텔이 32비트로 전환할 때 자사의 16비트 주소 지정 회로를 버리지 않고 재사용했기 때문이다. 당시에는 그렇게 할 수밖에 없었던 하드웨어적인 이유가 충분히 있었지만, 그 결과로 지정 모드를 설정하는 방식이 복잡해진 것이다. 이후 인텔과 AMD가 x86-64 아키텍처를 개발하면서 구성이 더욱 복잡해졌다.

mod-reg-r 바이트의 r/m 필드가 %100이고 mod 필드가 %11이 아니면, 이 지정 모드는 [esp], [esp+$disp_8$], [esp+$disp_{32}$]가 아니라 sib 모드다. 이 경우에 컴파일러나 어셈블러는 자동으로 sib 바이트를 mod-reg-r/m 바이트 뒤에 추가한다. 표 10-7은 80x86의 스케일 인덱스 주소 지정 모드에서 사용 가능한 값들의 조합을 보여준다.

표 10-7에 나열된 각각의 지정 모드에서 mod 필드는 변위의 길이(0, 1, 4바이트)를 나타내고, sib 바이트의 base 필드와 index 필드는 각각 base 레지스터와 index 레지스터를 나타낸다. 그런데 ESP 레지스터는 index 레지스터로 사용될 수 없다는 사실에 주목하자. 아마도 인텔은 이후에 CPU의 지정 모드를 3바이트로 확장할 때를 대비해 이 모드를

정의하지 않은 것으로 보인다.

mod-reg-r/m 인코딩에서 [ebp] 지정 모드를 변위 지정 모드로 바꾼 것과 마찬가지로, sib 인코딩에서는 [EBP+*index**scale] 지정 모드를 변위 더하기 인덱스 지정 모드로 교체했다(즉, base 레지스터가 없다). 만약 꼭 [EBP+*index**scale] 지정 모드를 사용해야 한다면, [$disp_8$+EBP+*index**scale] 지정 모드에서 한 바이트 변위값을 0으로 설정해 사용하면 된다.

표 10-7 스케일 인덱스 주소 지정 모드

mod	Index	정상적인 스케일 인덱스 주소 지정 모드[6]
%00 Base ≠ %101	%000	[$base_{32}$+eax*n]
	%001	[$base_{32}$+ecx*n]
	%010	[$base_{32}$+edx*n]
	%011	[$base_{32}$+ebx*n]
	%100	n/a[7]
	%101	[$base_{32}$+ebp*n]
	%110	[$base_{32}$+esi*n]
	%111	[$base_{32}$+edi*n]
%00 Base = %101[8]	%000	[$disp_{32}$+eax*n]
	%001	[$disp_{32}$+ecx*n]
	%010	[$disp_{32}$+edx*n]
	%011	[$disp_{32}$+ebx*n]
	%100	n/a
	%101	[$disp_{32}$+ebp*n]
	%110	[$disp_{32}$+esi*n]
	%111	[$disp_{32}$+edi*n]

(이어짐)

---

6 $base_{32}$ 레지스터는 base 필드에 의해 지정된 범용 80x86 32비트 레지스터다.

7 80x86에서는 ESP를 index 레지스터로 사용할 수 없다.

8 80x86은 [$base_{32}$+ebp*n] 주소 지정 모드를 지원하지 않는다. 대신 [$base_{32}$+ebp*n+$disp_8$] 지정 모드에서 8비트 변위를 0으로 설정하는 방식으로 해당 모드를 사용할 수 있다.

mod	Index	정상적인 스케일 인덱스 주소 지정 모드
%01	%000	$[disp_8+base_{32}+eax*n]$
	%001	$[disp_8+base_{32}+ecx*n]$
	%010	$[disp_8+base_{32}+edx*n]$
	%011	$[disp_8+base_{32}+ebx*n]$
	%100	n/a
	%101	$[disp_8+base_{32}+ebp*n]$
	%110	$[disp_8+base_{32}+esi*n]$
	%111	$[disp_8+base_{32}+edi*n]$
%10	%000	$[disp_{32}+base_{32}+eax*n]$
	%001	$[disp_{32}+base_{32}+ecx*n]$
	%010	$[disp_{32}+base_{32}+edx*n]$
	%011	$[disp_{32}+base_{32}+ebx*n]$
	%100	n/a
	%101	$[disp_{32}+base_{32}+ebp*n]$
	%110	$[disp_{32}+base_{32}+esi*n]$
	%111	$[disp_{32}+base_{32}+edi*n]$

10.4.2 add 명령어 인코딩

복잡하게 진행되는 명령어 인코딩 절차를 이해하기 위해 다양한 주소 지정 모드를 사용하도록 80x86 add 명령어를 인코딩해보자. add 명령어의 opcode는 direction 비트와 size 비트 값에 따라 $00, $01, $02, $03 중 하나의 값을 갖는다(그림 10-15 참조). 다음 몇 페이지에 걸쳐 다양한 지정 모드를 사용하는 add 명령어의 인코딩을 그림 10-18에서 10-25까지에 나타냈다.

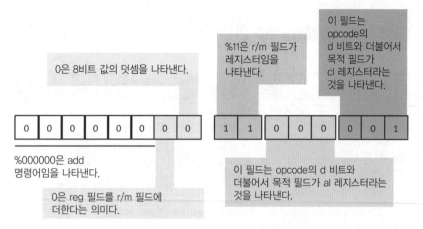

그림 10-18 add(al, cl); 명령어 인코딩

mod-reg-r/m 바이트와 direction 비트를 사용하면, 몇몇 명령어가 두 개의 opcode를 지니게 되는 특이한 부작용이 생긴다. 예를 들어 그림 10-18에서 reg와 r/m 필드에 설정된 AL과 CL 레지스터의 순서를 바꾸고 opcode의 d 비트를 1로 바꾸면, add 명령어는 $02, $c8로도 인코딩할 수 있다. 두 개의 레지스터 피연산자와 direction 비트를 갖는 모든 명령어는 이와 같이 두 개의 opcode를 갖는다. 예를 들어 그림 10-19의 add(eax, ecx); 명령어는 $03, $c8로 인코딩할 수 있다.

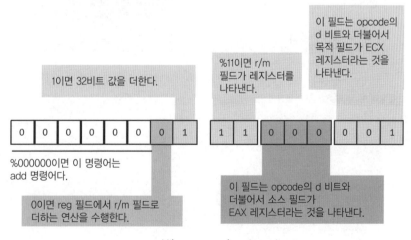

그림 10-19 add(eax, ecx); 명령어 인코딩

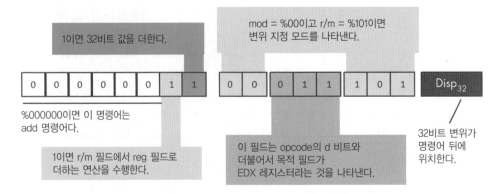

add(disp, edx) = $03, $1d, $ww, $xx, $yy, $zz

참고: $ww, $xx, $yy, $zz는 4바이트의 변위를 나타낸다.
$ww는 가장 하위 바이트이고, $zz는 가장 상위 바이트다.

그림 10-20 add(disp, edx); 명령어 인코딩

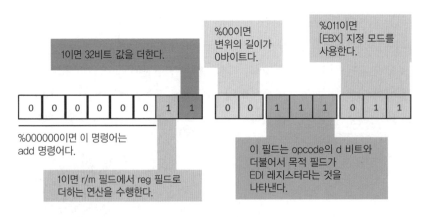

add([ebx], edi) = $03, $3b

그림 10-21 add([ebx], edi); 명령어 인코딩

428

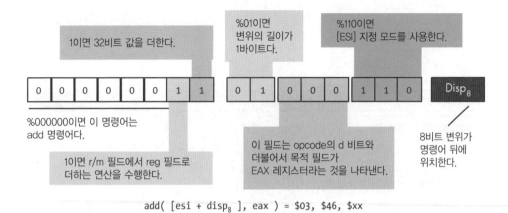

그림 10-22 add([esi+disp₈], eax); 명령어 인코딩

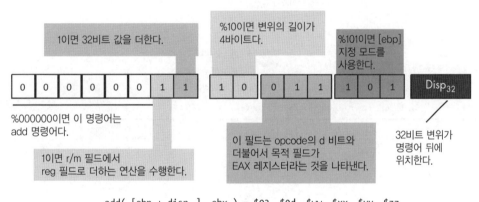

add([ebp + disp₃₂], ebx) = $03, $9d, $ww, $xx, $yy, $zz

참고: $ww, $xx, $yy, $zz는 4바이트의 변위를 나타낸다.
$ww는 가장 하위 바이트이고, $zz는 가장 상위 바이트다.

그림 10-23 add([ebp+disp₃₂], ebx); 명령어 인코딩

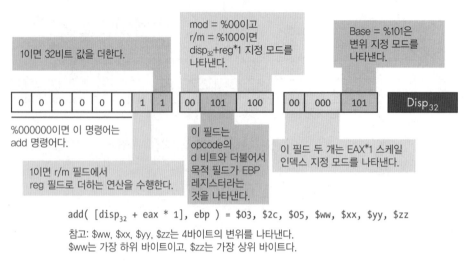

add([disp_32 + eax * 1], ebp) = $03, $2c, $05, $ww, $xx, $yy, $zz

참고: $ww, $xx, $yy, $zz는 4바이트의 변위를 나타낸다.
$ww는 가장 하위 바이트이고, $zz는 가장 상위 바이트다.

그림 10-24 add([disp_32+eax*1], ebp); 명령어 인코딩

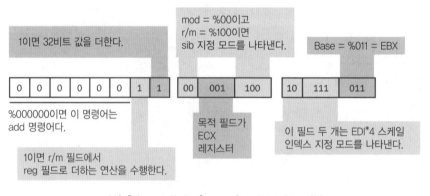

add([ebx + edi * 4], ecx) = $03, $0c, $bb

그림 10-25 add([ebx+edi*4], ecx); 명령어 인코딩

10.4.3 x86 상수 피연산자 인코딩

앞서 소개한 다양한 명령어 인코딩을 살펴보면서 여러분은 mod-reg-r/m 바이트와 sib 바이트에 명령어의 상수 피연산자를 지정하는 비트가 없다는 사실을 눈치챘을 것이다. 80x86은 상수 피연산자를 지정하기 위해 완전히 다른 opcode를 사용한다. 그림 10-26

은 상수 피연산자를 지니는 add 명령어의 기본 인코딩 형식을 보여준다.

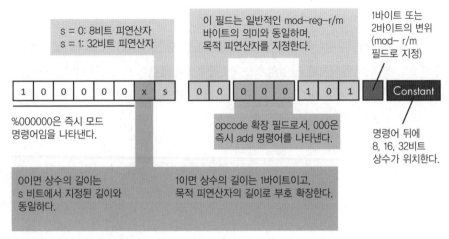

그림 10-26 add 즉시 모드 명령어 인코딩

일반 add 명령어와 add 즉시 모드 명령어add immediate instruction 간의 인코딩상 차이점은 세 가지다.

첫 번째 차이점은 opcode의 HO 비트 값이 1이라는 것이다. 이 비트는 명령어가 상수 피연산자immediate constant를 갖고 있다는 사실을 CPU에게 알려준다. 그러나 이 비트를 바꾸는 것만으로는 CPU가 실행해야 하는 명령어가 add 명령어라는 것을 나타낼 수 없다.

두 번째 차이점은 opcode에 direction 비트가 없다는 것이다. 상수 피연산자는 목적 피연산자가 될 수 없으므로 direction 비트가 필요하지 않다. 따라서 mod-reg-r/m 바이트의 mod와 r/m 필드에서 지정한 레지스터가 항상 목적 피연산자가 된다.

direction 비트 자리에는 그 대신에 부호 확장 비트(x)가 있다. 피연산자의 길이가 8비트인 경우에 CPU는 이 비트를 무시한다. 그러나 피연산자의 길이가 16비트 또는 32비트인 경우에는 부호 확장 비트가 add 명령어 뒤에 위치하는 상수의 길이를 지정하는 역할을 한다. 부호 확장 비트가 0이면, 상수의 길이는 피연산자의 길이와 일치한다(16비트 또는 32비트).

부호 확장 비트가 1이면 상수는 유부호 8비트 값이다. CPU는 이 8비트 상수를 피연산자에 더하기 전에 피연산자의 길이로 부호 확장한다. 이 방법을 사용하면 프로그램의 크기가 조금 줄어드는 효과가 있다. 16비트나 32비트 피연산자에 작은 상수를 더하는 경우가 종종 있기 때문이다.

세 번째 차이점은 mod-reg-r/m 바이트의 reg 필드의 의미가 다르다는 것이다. 상수 피연산자를 가지는 add 명령어의 경우 소스 피연산자는 당연히 상수이고 mod 필드와 r/m 필드를 합쳐서 목적 피연산자를 지정하므로, 이 경우 add 명령어는 피연산자를 지정하기 위해 reg 필드를 사용할 필요가 없다. 그 대신 80x86 CPU는 이 3비트를 opcode 확장용으로 사용한다. add 명령어의 경우에는 이 필드의 값이 0이지만, 다른 명령어인 경우에는 0이 아닌 다른 값을 가진다.

레지스터가 아닌 메모리에 상수를 더할 때는 메모리 위치를 나타내는 변위 바이트가 상수 데이터 다음에 위치한다.

10.4.4 8비트, 16비트, 32비트 피연산자 인코딩

인텔이 8086을 설계할 당시에는 opcode상의 한 개 비트(s)를 사용해서 피연산자의 길이가 8비트인지, 16비트인지를 나타냈다. 이후 80x86 아키텍처를 32비트로 확장해 80386 아키텍처를 출시하면서 인텔의 설계자는 한 가지 문제에 부딪혔다. 1비트만으로는 두 종류의 피연산자 길이만을 지정할 수 있는데, 세 가지 피연산자 길이(8, 16, 32비트)를 지정해야 했기 때문이다. 이 문제를 해결하기 위해 인텔은 피연산자 길이 접두 바이트를 사용했다.

인텔은 자신들의 명령어 집합을 분석한 결과, 32비트 환경에서는 프로그램이 16비트 피연산자보다 8비트나 32비트 피연산자를 훨씬 자주 사용할 것이라는 결론을 내렸다. 따라서 앞 절에서 설명한 것처럼 인텔은 opcode의 길이 비트(s)를 8비트와 32비트 중에서 선택하게 했다. 비록 현대의 32비트 프로그램에서 16비트 피연산자를 자주 사용하지는 않지만, 그래도 가끔 필요할 때가 있다. 이런 경우 인텔은 32비트 명령어 앞에 피연산자 길이 접두 바이트 $66을 붙이도록 했다. 이 접두 바이트는 명령어의 피연산자 길이가 32비트가 아니라 16비트라는 사실을 CPU에게 알려주는 역할을 한다.

여러분은 16비트 명령어 앞에 피연산자 길이 접두 바이트를 직접 붙이지 않아도 된다. 어셈블러나 컴파일러가 여러분 대신에 이러한 작업을 자동으로 해주기 때문이다. 하지만 32비트 프로그램에서 16비트 피연산자를 사용하면 접두 바이트 때문에 실제 명령어의 길이가 1바이트만큼 늘어난다는 사실을 명심해야 한다. 따라서 프로그램의 크기나 속도가 중요한 경우에 16비트 명령어를 사용하는 것은 주의해야 한다.

10.4.5 64비트 피연산자 인코딩

64비트 모드를 실행할 때, 인텔과 AMD의 x84-64 프로세서는 64비트 레지스터를 지정하기 위해 특수한 opcode 접두 바이트를 사용한다. 이 프로세서에는 16개의 REX opcode 바이트가 있으며, 이를 통해 64비트 피연산자 및 주소 지정 모드를 처리한다. 기존에 있던 16개의 1바이트 opcode는 제공되지 않으므로, 명령어 집합의 설계를 담당한 AMD는 기존 16개 opcode의 용도와 기능을 재정의하기로 했다(inc(*reg*) 및 dec(*reg*) 명령어를 위한 1바이트 opcode의 변형).

　이들 명령어 가운데는 2바이트 변형 opcode도 있으므로, AMD는 이들 명령어를 모두 없애버리는 대신에 1바이트 명령어만 제거하는 방식을 택했다. 그럼에도 불구하고, (1바이트 증가 및 감소 명령을 다수 사용하는) 표준 32비트 코드는 64비트 모델에서는 더 이상 실행할 수 없다는 문제가 있다. 이에 따라 최근 AMD와 인텔은 새로운 32비트 및 64비트 모드를 출시하면서 CPU가 구형 32비트 코드와 신형 64비트 코드를 모두 실행할 수 있도록 지원하고 있다.

10.4.6 명령어의 대안으로서의 인코딩

인텔이 80x86을 설계할 당시, 가장 중요하게 생각했던 것 중 하나가 (당시에는 매우 비싼) 메모리의 절약을 위해 프로그램의 크기를 줄이는 것이었다고 설명한 바 있다. 이를 위해 인텔은 매우 자주 사용되는 몇몇 명령어를 위한 대안 인코딩alternative encoding을 만들었다. 이 대안 명령어는 원래의 명령어에 비해 길이가 짧았으므로, 인텔은 프로그래머들이 짧은 버전의 명령어를 사용해서 프로그램의 크기를 줄일 수 있을 것으로 기대했다.

　대안 인코딩의 좋은 예로는 add(*constant, accumulator*); 명령어가 있으며, 파라미터 중 하나인 누산기accumulator 자리에 올 수 있는 레지스터는 al, ax, eax이다. 인텔은 add(*constant*, al); 명령어와 add(*constant*, eax); 명령어를 위한 1바이트 opcode인 $04, $05를 제공하며, 이들 명령어는 mod-reg-r/m 바이트 없이 1바이트 opcode만으로 구성되기 때문에 일반적인 상수 피연산자를 가지는 add 명령어보다 길이가 1바이트만큼 짧다.

add(*constant*, ax); 명령어는 피연산자 길이 접두 바이트를 필요로 하기 때문에 이 접두 바이트까지 포함하면 명령어의 실제 opcode 길이는 2바이트가 된다. 하지만 이 경우에도 표준 add 명령어보다 길이가 1바이트만큼 짧다.

이러한 짧은 버전의 명령어를 사용하기 위해 특별한 작업이 필요한 것은 아니다. 잘 만들어진 어셈블러나 컴파일러는 소스 코드를 기계어로 변환할 때, 동일한 명령어 가운데 가장 짧은 명령어를 자동으로 선택해서 사용할 수 있다.

그러나 인텔의 대안 인코딩은 누산기 레지스터에 대해서만 제공한다는 사실을 명심해야 한다. 따라서 몇 개의 명령어 중에 사용할 명령어를 선택해야 하는데, 그중 누산기 레지스터를 사용하는 명령어가 있다면 그 명령어를 선택하는 것이 가장 좋다. 하지만 이것도 어셈블리 언어를 사용하는 프로그래머에게만 해당된다.

10.5 명령어 집합 설계의 중요성

프로그래머는 컴퓨터의 아키텍처를 이해하고 어떻게 CPU가 기계어를 인코딩하는지를 이해한 뒤에 기계어를 가장 효율적으로 사용할 수 있게 된다. 명령어 집합 설계를 공부함으로써 프로그래머는 다음과 같은 사항을 명확히 이해할 수 있다.

- 어떤 명령어는 다른 명령어에 비해 왜 길이가 짧은가?
- 어떤 명령어는 다른 명령어에 비해 왜 빠르게 수행되는가?
- CPU는 어떤 상수 값을 효율적으로 처리할 수 있는가?
- 상수를 사용하는 것이 메모리 위치를 지정하는 것보다 더 효율적인가?
- 어떤 산술 논리 연산은 다른 연산에 비해 왜 더 효율적인가?
- 어떤 산술식이 다른 식에 비해 기계어로 더 쉽게 변환되는가?
- 왜 멀리 떨어진 주소로 분기하는 코드는 비효율적인가? (등등)

프로그래머는 명령어 집합 설계에 대한 이해를 바탕으로 자신이 작성하는 코드를 CPU의 효율적인 수행과 연관 지어서 더 많은 것을 생각할 수 있게 되며, 이는 고급 언어를 사용하는 경우에도 마찬가지다. 이러한 지식으로 무장한 프로그래머는 최고의 코드를 작성할 수 있다.

10.6 참고 자료

Hennessy, John L., and David A. Patterson. *Computer Architecture: A Quantitative Approach*. 5th ed. Waltham, MA: Elsevier, 2012.

Hyde, Randall. *The Art of Assembly Language*. 2nd ed. San Francisco: No Starch Press, 2010.

Intel. "Intel® 64 and IA-32 Architectures Software Developer Manuals." Last updated November 11, 2019. https://software.intel.com/en-us/articles/intel-sdm/.

11

메모리 아키텍처 및 구성

11장에서는 메모리 계층 구조를 살펴본다. 컴퓨터 시스템에는 다양한 유형과 성능을 지닌 메모리가 존재한다. 프로그래머는 종종 이들 메모리를 모두 동일하게 다루는데, 메모리를 잘못 사용하면 프로그램 성능에 좋지 않은 영향을 미치게 된다. 지금부터는 여러분의 프로그램이 메모리 계층 구조를 가장 효과적으로 활용할 수 있는 방법을 알아본다.

11.1 메모리 계층 구조

대부분의 최신 프로그램의 성능이 향상된 것은 크고 빠른 메모리 덕분이라고 할 수 있다. 그런데 메모리 장치는 크기가 커질수록 속도가 느려지는 경향이 있다. 예를 들어 캐시 메모리cache memory는 매우 빠르지만 작고 비싸다. 반면에 메인 메모리main memory는 저렴하지만 크기가 크고 속도가 느리다. 그림 11-1은 메모리 계층 구조memory hierarchy를 보여준다.

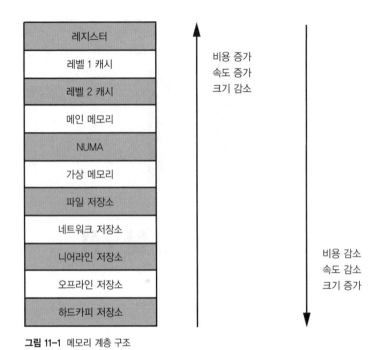

레지스터
레벨 1 캐시
레벨 2 캐시
메인 메모리
NUMA
가상 메모리
파일 저장소
네트워크 저장소
니어라인 저장소
오프라인 저장소
하드카피 저장소

비용 증가
속도 증가
크기 감소

비용 감소
속도 감소
크기 증가

그림 11-1 메모리 계층 구조

메모리 계층에서 최상위 레벨에는 CPU의 범용 레지스터가 있다. 레지스터register는 데이터 접근 속도가 가장 빠른 메모리이며, 레지스터 파일register file은 메모리 계층에서 크기가 가장 작은 메모리다. 예를 들어 80x86에는 단지 여덟 개의 범용 레지스터가 있고, x86-64 계열에는 16개까지 추가할 수 있다. CPU에 더 많은 레지스터를 추가하는 것은 불가능하므로, 레지스터는 컴퓨터 내에서 가장 귀한 메모리 자원이기도 하다. FPU, MMX/AltiVec/Neon, SSE/SIMD, AVX/2/-512와 그 외의 CPU 레지스터를 다 포함해도, CPU는 레지스터 수가 제한돼 있고 레지스터 메모리의 바이트당 비용이 높다는 사실에는 변함이 없다.

메모리 계층에서 레지스터 아래에 있는 레벨 1 캐시level-one cache는 레지스터 다음으로 빠른 메모리다. CPU 제조사는 레지스터와 마찬가지로 레벨 1L1 캐시를 보통 칩 위에 구현해 놓기 때문에 사용자가 쉽게 확장할 수 없다. 비록 CPU에 있는 레지스터의 크기보다는 크지만, L1 캐시의 크기는 보통 4KB에서 32KB 사이로 여전히 작은 편에 속한다. L1 캐시의 크기가 고정돼 있기는 하지만, L1 캐시는 레지스터보다 더 많은 메모리를 제공하기 때문에 바이트당 비용은 L1 캐시가 더 낮다. 시스템 설계자의 입장에서 이들 메모리 타입의 비용은 CPU의 가격과 거의 맞먹는다.

레벨 2 캐시는 모든 CPU에 구현돼 있지 않고, 몇몇 CPU에만 구현돼 있다. 예를 들어 인텔 i3, i5, i7, i9 CPU는 레벨 2^{L2} 캐시를 CPU 패키지의 일부로 포함하고 있지만, 구형의 셀러론 CPU는 L2 캐시가 없다. L2 캐시의 크기는 보통 256KB에서 1MB 사이인데, L1 캐시의 크기가 4KB에서 32KB 사이인 것을 감안하면 L2 캐시의 크기가 더 크다는 것을 알 수 있다. L1 캐시와 마찬가지로 CPU의 L2 캐시도 확장될 수 없다. L2 캐시의 바이트당 비용은 L1 캐시보다 낮다. 이는 CPU의 비용을 두 캐시에 있는 바이트의 수로 나눠봤을 때, L2 캐시의 크기가 L1 캐시보다 더 커서 L2 캐시의 바이트당 비용이 더 낮아지기 때문이다.

레벨 3^{L3} 캐시는 인텔의 초기 프로세서를 제외한 대부분의 모델에 포함돼 있으며, L2 캐시보다 좀 더 큰 8MB의 용량을 제공한다.

메인 메모리$^{main\ memory}$는 메모리 계층에서 L3 캐시 아래에 또는 (L3가 없는 경우) L2 아래에 위치하며, 대부분의 컴퓨터 시스템에 탑재돼 있는 범용 메모리로서 DRAM이나 다른 저렴한 메모리로 구성된다. 메인 메모리로 사용되는 메모리의 종류와 속도는 다양하며, 표준 DRAM, SDRAM$^{synchronous\ DRAM}$, DDRAM$^{double\ data\ rate\ DRAM}$, DDR3, DDR4 등이 있다. 메모리의 종류가 다양하기는 하지만, 보통 하나의 컴퓨터 시스템에서는 다른 종류의 메모리를 혼합해 쓰지 않는다.

메인 메모리 아래에는 NUMA 메모리가 위치한다. NUMA는 비일관적 메모리 접근$^{Non-Uniform\ Memory\ Access}$의 줄임말인데, 조금 잘못된 명칭이라고 할 수 있다. NUMA의 사전적 의미는 서로 다른 종류의 메모리는 서로 다른 접근 속도를 가진다는 것인데, 이는 전체 메모리 계층을 설명하는 말이기 때문이다.

그림 11-1에서의 NUMA는 메인 메모리와 비슷하지만, 몇 가지 이유로 메인 메모리보다 훨씬 느리게 동작하는 메모리 블록을 나타낸다. NUMA 메모리의 대표적인 예로는 비디오 디스플레이 카드의 메모리가 있고, 또 다른 예로는 플래시^{flash} 메모리가 있다. 플래시 메모리는 표준 반도체 RAM보다 훨씬 느린 접근 속도와 전송 속도를 지닌다. 다른 주변 장치들에도 CPU와 주변 장치가 공유하는 메모리 블록이 있는데, 이 메모리의 접근 속도도 보통 메인 메모리에 비해 느리다.

대부분의 현대 컴퓨터 시스템은 가상 메모리$^{virtual\ memory}$를 제공한다. 가상 메모리는 대용량 디스크 드라이브를 메인 메모리처럼 이용할 수 있게 하는 기술이며, 프로그램이 요청할 때마다 디스크와 메인 메모리 사이에서 데이터를 이동하는 역할을 한다. 디스크는 메모리에 비해 훨씬 속도가 느리지만, 디스크의 비트당 비용은 메모리에 비해 훨씬 낮다. 따라서 데이터를 마그네틱 또는 SSD^{Solid-State Drive} 저장 장치에 저장하는 것이 메인 메모리에 저장하는 것보다 훨씬 적은 비용이 든다.

파일 저장소^{file storage}도 프로그램 데이터를 저장하기 위해 디스크 장치를 사용한다. 하지만 가상 메모리 서브시스템이 프로그램의 간섭 없이도 디스크와 메인 메모리 사이의 데이터 전송을 수행하는 반면, 파일 저장소에 데이터를 읽고 쓰는 작업은 프로그램이 직접 수행해야 한다. 대체로 파일 저장소가 가상 메모리보다 느리기 때문에 메모리 계층에서 파일 저장소는 가상 메모리 아래에 위치한다.[1]

파일 저장소 아래에 네트워크 저장소^{network storage}가 있다. 이 레벨에서는 컴퓨터 시스템이 네트워크로 연결된 다른 시스템의 메모리에 데이터를 저장한다. 네트워크 저장소는 가상 메모리가 될 수도 있고, 파일 저장소가 될 수도 있으며, 분산 공유 메모리^{DSM, Distributed Shared Memory}가 될 수도 있다. DSM을 사용하면 서로 다른 컴퓨터 시스템에서 실행 중인 프로세스들이 공동의 메모리 블록을 통해 데이터를 공유하는 동시에 네트워크를 통해 데이터의 변동 사항을 서로 알려준다.

가상 메모리, 파일 저장소, 네트워크 저장소는 모두 온라인 메모리 서브시스템^{online memory subsystem}의 일종이다. 이들 메모리는 메인 메모리보다 느리게 동작하지만, 프로그램이 이들 메모리에 데이터를 요구하면 해당 메모리 장치는 최대한 신속하게 응답할 것이다. 그러나 온라인 메모리 서브시스템의 이러한 특징은 메모리 계층의 나머지 레벨에는 적용되지 않는다.

메모리 계층의 하위 레벨에 해당하는 니어라인^{near-line} 저장소와 오프라인^{offline} 저장소는 프로그램이 데이터를 요청할 때 즉시 응답하지 못할 수도 있다. 오프라인 저장소 시스템은 데이터를 전자기적 형태로 저장하며(자기 및 광학 형태로 저장), 데이터를 저장하는 미디어가 반드시 컴퓨터 시스템에 연결돼 있을 필요는 없다. 오프라인 저장소의 예로는 자기 테이프나 디스크 카트리지, 광학 디스크, 플로피 디스켓 등이 있다.

---

1   때로는 가상 메모리가 파일 저장소보다 더 느려지는 경우도 있다.

테이프나 분리 가능한 미디어는 가장 저렴한 전자기적 데이터의 저장소다. 따라서 이들 미디어는 대용량의 데이터를 오랫동안 저장할 때 가장 적합하다. 프로그램이 오프라인 매체에 있는 데이터를 필요로 할 때, 프로그램은 수행을 중단하고 다른 사람이나 다른 장치가 해당 미디어를 컴퓨터 시스템에 연결해줄 때까지 기다려야 한다. 이 작업은 시간이 꽤 오래 걸릴 수도 있다.

니어라인 저장소는 오프라인 저장소와 동일한 미디어를 매체로 사용하지만, 데이터 저장 미디어를 외부에서 연결하지 않고 내부에서 연결한다. 이 장치는 프로그램이 데이터를 요청할 때, 데이터를 저장한 미디어를 자동으로 컴퓨터에 연결하는 기능을 한다.

메모리 계층의 하위 레벨에 해당하는 하드카피 저장소hard-copy storage는 데이터 자체를 출력한 결과물이다. 프로그램이 어떤 데이터를 요청할 때, 그 데이터가 출력물 형태로 존재한다면 누군가가 데이터를 컴퓨터에 직접 입력해줘야 할 것이다. 종이를 포함한 하드카피 미디어는 특정한 데이터 타입에서 가장 저렴한 메모리라고 할 수 있다.

11.2 메모리 계층의 작동 방식

메모리 계층의 목적은 대용량의 메모리에 대한 빠른 접근 속도를 제공하는 것이다. 만약 적은 양의 메모리만 사용한다면, 모든 경우에 캐시 메모리가 사용하는 메모리인 SRAM을 사용해도 된다. 만약 속도가 중요하지 않다면, 모든 경우에 가상 메모리를 사용할 수도 있다. 메모리 계층을 사용하는 가장 중요한 목적은 참조의 공간 지역성spatial locality of reference과 참조의 시간 지역성temporality of reference의 원칙을 이용해서 사용 빈도가 높은 데이터는 빠른 메모리에 저장하고 사용 빈도가 낮은 데이터는 좀 더 느린 메모리에 저장하는 것이다.

하지만 데이터 그룹의 사용 빈도는 바뀌게 마련이며, 프로그램이 수행되는 동안 자주 사용하는 데이터의 그룹과 자주 사용하지 않는 데이터의 그룹은 계속해서 바뀐다. 따라서 수행 중인 프로그램의 데이터를 메모리 계층의 모든 레벨에 분산시킨 후에 프로그램이 수행되는 동안 데이터의 위치가 고정된 방식은 사용할 수 없다. 그 대신 메모리 서브시스템은 프로그램 수행 중에 공간 지역성과 시간 지역성의 변경에 따라 동적으로 각 계층의 메모리 사이에서 데이터를 이동시켜야 한다.

레지스터와 메모리 사이에 데이터를 이동하는 작업은 전적으로 프로그램에 의해 수행된다. 프로그램은 mov 같은 명령어를 이용해 데이터를 레지스터에 저장하고, 레지스터 데이터는 메모리로 이동시킨다. 가장 많이 참조되는 데이터를 레지스터에 위치시키는 것은 전적으로 프로그래머나 컴파일러의 몫이며, CPU가 프로그램의 수행 성능을 높이기 위해 자동으로 데이터를 범용 레지스터에 저장하지 않는다.

프로그램은 단지 레지스터와 메인 메모리, 파일 저장소 레벨 이하의 메모리를 직접 통제하지만, 레지스터 레벨과 메인 메모리 사이의 메모리 계층에 대해서는 알지 못한다. 특히 캐시와 가상 메모리의 동작은 일반적으로 프로그램에 보이지 않는 부분이다. 즉, 이들 메모리에 대한 접근은 보통 프로그램의 개입 없이 이뤄지는 것이다. 프로그램은 오로지 메인 메모리에만 접근하고 하드웨어와 운영체제가 나머지 작업을 수행한다.

만약 프로그램이 오로지 메인 메모리만 사용한다면 이 프로그램은 물론 매우 느리게 수행될 것이다. 이는 DRAM으로 구성된 현대의 메인 메모리 서브시스템은 CPU보다 훨씬 느리게 동작하기 때문이다. 캐시 메모리와 CPU의 캐시 컨트롤러^{cache controller}는 CPU가 자주 사용되는 데이터에 좀 더 빨리 접근할 수 있도록 메인 메모리와 L1, L2 캐시 사이로 데이터를 이동시킨다. 이와 달리 가상 메모리는 자주 참조되는 데이터를 디스크에서 메인 메모리로 이동시키는 역할을 한다. 만약 해당 데이터를 더 빨리 접근해야 한다면 캐시 서브시스템이 데이터를 캐시로 이동시킬 것이다.

몇 가지 예외가 있지만, 대부분의 메모리 접근은 메모리 계층의 한 레벨 바로 위 또는 아래에서 이뤄진다. 예를 들어 CPU가 메인 메모리에 직접 접근하는 일은 거의 없다. 대신 CPU가 메인 메모리상의 데이터를 요청하면, 이에 대한 응답은 L1 캐시가 담당한다. 만약 요청한 데이터가 캐시 내에 있다면, L1 캐시는 그 데이터를 CPU에 전송함으로써 CPU의 요청에 대한 응답을 완료한다.

만약 요청한 데이터가 L1 캐시 내에 없다면, L1 캐시는 L2 캐시에 그 요청을 전달한다. L2 캐시 내에 찾으려는 데이터가 있다면 L2 캐시는 그 데이터를 L1 캐시로 전송하고, 다시 L1 캐시는 CPU로 데이터를 전송한다. 만약 곧바로 CPU가 동일한 데이터를 요청한다면, 그 데이터는 이제 L2 캐시가 아니라 L1 캐시에서 바로 전송될 것이다. 이전 동작을 수행함으로써 L1 캐시는 L2 캐시에 있는 데이터의 복사본을 갖고 있기 때문이다. L2 캐시 다음에는 L3 캐시로 넘어간다.

L1, L2, L3 캐시가 모두 데이터의 복사본을 갖고 있지 않다면, 이제 그 요청은 메인 메모리로 넘어간다. 찾으려는 데이터가 메인 메모리에 있다면 메인 메모리는 그 데이터를 L3 캐시로 전송하고, L3 캐시는 다시 L2 캐시로 전송하고, L2 캐시는 다시 L1 캐시로 전송하며, 결국 L1 캐시가 CPU에 해당 데이터를 전송한다. 마찬가지로 이 데이터는 L1 캐시에 저장되기 때문에 CPU가 이 데이터를 또 다시 요청한다면 L1 캐시가 해당 데이터를 전송할 것이다.

데이터가 메인 메모리에도 없고 다른 저장 장치의 가상 메모리에 존재한다면, 운영체제^{operating system}가 해당 요청을 처리한다. 운영체제는 디스크나 네트워크 저장 서버 등과 같은 장치에서 해당 데이터를 읽어와 메인 메모리에 저장한다. 그러면 메인 메모리는 캐시를 통해 데이터를 CPU로 전송한다.

CPU는 공간 지역성과 시간 지역성 때문에 L1 캐시의 데이터에 가장 많이 접근하고, 다음으로 L2 캐시의 데이터에 많이 접근하며, 그다음으로 L3 캐시 데이터에 많이 접근한다. CPU는 가상 메모리의 데이터에 가장 적은 빈도로 접근한다.

11.3 메모리 서브시스템의 성능 비교

그림 11-1을 보면, 메모리 계층에서 상위 레벨로 갈수록 메모리의 속도가 빨라진다는 것을 알 수 있다. 그렇다면 메모리 계층에서 연속적인 레벨 사이의 메모리 속도 차이는 얼마나 될까? 간단히 말하면, 연속적인 레벨 사이의 속도 차이는 매우 크다. 즉, 연속적인 레벨의 메모리 사이에는 속도 차이가 거의 없는 경우도 있고 수만 배나 차이가 나는 경우도 있다.

레지스터는 신속하게 접근해야 하는 데이터를 저장하기에 가장 적합한 메모리다. 레지스터에 접근할 때는 부가적인 시간이 전혀 필요하지 않고, 데이터에 접근하는 대부분의 기계어는 레지스터에 접근할 수 있다. 메모리에 접근하는 명령어를 인코딩할 때는 변위 바이트^{displacement byte}와 같은 부가적인 바이트를 필요로 하기 때문에 명령어의 길이가 길어지고 수행 속도도 느려지게 된다.

인텔의 80x86 명령어에 대한 타이밍 테이블을 보면, mov(*SomeVar*, ecx); 명령어는 mov(ebx, ecx); 명령어와 비슷한 속도로 수행된다는 것을 알 수 있다. 좀 더 자세히 살펴보면, 이러한 성능 내역은 몇 가지 가정을 전제로 하고 있다는 것을 알 수 있다. 우선 *SomeVar*의 값이 L1 캐시 메모리에 있다고 가정하고 있다. 만약 *SomeVar*의 값이 L1 캐시에 없다면 캐시 컨트롤러는 L2 캐시, L3 캐시를 검사하고, 그래도 없으면 메인 메모리를 검사하며, 여기에도 없으면 가상 메모리 디스크까지 검사해야 할 것이다. 이 경우 1GHz 프로세서에서 1나노초에 수행(1클럭에 수행)될 수 있는 명령어를 처리하는 데 몇 밀리초가 소요될 수 있으며, 이 차이는 수백만 배의 차이에 해당한다.

이 명령어를 수행하고 나면 데이터가 L1 캐시에 저장되므로, 이 명령어를 다시 수행하면 이번에는 1클럭 만에 수행될 것이다. 하지만 *SomeVar*의 값이 L1 캐시에 있는 동안 100만 번 접근한다 하더라도, 명령어를 처음 수행할 때 걸린 시간이 너무 크기 때문에 전체 평균 접근 시간은 여전히 2클럭이 된다.

물론 어떤 변수가 가상 메모리의 디스크에 저장돼 있을 확률은 꽤 낮다. 하지만 L1 캐시와 메인 메모리 사이에는 수천 배만큼의 성능 차이가 존재한다. 따라서 프로그램이 디스크에 저장된 데이터를 읽어와야 한다면, 이후 999번 메모리에 접근할 때까지 데이터에 접근하는 평균 속도는 인텔의 명세서에서 설명하는 1클럭이 아니라 2클럭이 된다.

L1, L2, L3 캐시 간의 속도 차이는 L2 또는 L3 캐시가 CPU에 함께 패키징된 경우라면 그리 크지 않다. 4GHz 프로세서에서 L1 캐시는 대기 상태 없이 동작하는 경우 0.25나노초 만에 응답해야 한다. 실제로 몇몇 프로세서는 L1 캐시에 접근할 때 대기 상태를 필요로 하지만, CPU 설계자는 이런 경우가 발생하지 않게 하려고 한다. L2 캐시의 데이터에 접근하는 속도는 L1 캐시에 접근할 때보다 항상 느리며, 최소 한 번 이상의 대기 상태를 거쳐야 한다.

L2 캐시가 L1 캐시보다 느린 데는 몇 가지 이유가 있다. 첫 번째 이유는 CPU가 찾는 데이터가 L1 캐시에 없다는 사실을 알기까지 시간이 걸린다는 점이다. 데이터가 L1 캐시에 없다는 사실을 알았을 때는 이미 메모리 접근 주기가 거의 끝난 상태이므로 L2 캐시에 접근할 여지가 없다. 두 번째 이유는 L2 캐시의 회로가 L1 캐시보다 더 느리다는 점이다. L2 캐시는 L1 캐시보다 더 저렴하게 설계됐기 때문이다. 세 번째 이유는 L2 캐시의 크기는 L1 캐시보다 16~64배만큼 크며 크기가 큰 메모리 서브시스템은 보통 크기가 작은 메모리보다 더 느리다는 점이다. 이 모든 이유로 인해 L2 캐시에 접근할 때 대기 상태가 추가로 필요하다. 앞서 언급했듯이 L2 캐시는 L1 캐시보다 최대 수십 배 느리며, 이런 규칙

은 L3 캐시에도 그대로 적용된다.

L1, L2, L3 캐시는 캐시 실패$^{\text{cache miss}}$가 발생할 때 메모리에서 읽어오는 데이터의 크기가 서로 다르다(6장 참고). CPU가 L1 캐시에서 데이터를 읽어오거나 데이터를 쓸 때는 보통 요청한 데이터만 읽고 쓴다. 만약 mov(al, memory); 명령어를 수행하면, CPU는 캐시에 한 바이트만 쓴다. 마찬가지로 mov(mem32, eax); 명령어를 수행하면 CPU는 L1 캐시에서 정확하게 32비트의 데이터만 읽어온다. 그러나 L1 캐시 아래 레벨의 메모리는 이와 같이 작은 메모리 블록을 다루지 않는다. 보통 메모리 계층에서 하위 레벨의 메모리에 접근할 때 메모리 서브시스템은 데이터를 블록 또는 캐시 라인 단위로 L2 캐시에 전송한다.

예를 들어 mov(mem32, eax); 명령어를 수행할 때 mem32의 값이 L1 캐시에 없다면, 캐시 컨트롤러는 L2 캐시에서 mem32의 값 중 32비트만을 읽어오지 않는다. 그 대신에 캐시 컨트롤러는 자동으로 한 블록의 데이터를 L2 캐시에서 읽어온다. 이때 블록의 크기는 CPU의 종류(보통 16, 32, 64바이트)에 따라 다르다. 프로그램은 공간 지역성을 가지므로 한 블록의 바이트를 읽어오면 이후 CPU가 메모리상에서 인접한 위치에 있는 데이터에 접근하는 속도를 높여준다.

여기서 문제는 L1 캐시가 하나의 캐시 라인을 L2 캐시에서 완전히 읽어오기 전까지 mov(mem32, eax); 명령어의 수행이 완료되지 않는다는 것이다. 이때 필요한 부가적인 시간을 지연^{latency}이라고 한다. 이 경우 프로그램이 mem32에 인접한 데이터에 접근하지 않는다면, 지연된 만큼 시간을 낭비하게 된다.

L2 캐시와 L3 캐시, 그리고 L3 캐시와 메인 메모리 사이에도 비슷한 성능 차이가 존재한다. 메인 메모리는 보통 L3 캐시보다 수십 배 느리고, L3 캐시는 L2 캐시보다 수십 배 느리다. 인접한 메모리 객체를 읽어오는 속도를 높이기 위해 L3 캐시는 메인 메모리에서 데이터를 캐시 라인 단위로 읽어오고, L2 캐시는 L3 캐시에서 캐시 라인 데이터를 읽어온다.

표준 DRAM은 SSD 저장소보다 수백에서 수천 배 빠르고, 하드 디스크보다 수만 배 빠르다(이러한 격차를 줄이기 위해 하드 디스크는 자체 DRAM 기반 캐시를 제공한다). 이 차이를 극복하기 위해 L3 캐시의 크기는 메인 메모리보다 수백 배 또는 수천 배 작게 만들어진다. 이렇게 하면 디스크와 메인 메모리 사이의 속도 차이는 메인 메모리와 L3 캐시 사이의 속도 차이와 비슷해진다. 이렇게 하는 이유는 서로 다른 메모리 레벨을 효과적으로 사용하기 위해서는 메모리 계층 간의 속도 차이를 적절하게 맞춰야 하기 때문이다.

이후 절들에서는 위 상위 메모리 외 메모리 서브시스템의 성능에 대해 고려하지 않는다. 하위 레벨 메모리는 어느 정도 프로그래머가 제어할 수 있기 때문이다. 하위 메모리에 대한 접근은 CPU 또는 메모리의 로직에 의해 자동으로 처리되는 것이 아니므로, 프로그램이 이들 메모리에 얼마나 자주 접근할지에 대해서는 말하기 어렵다. 하지만 12장에서는 이들 하위 레벨 저장 장치에 대한 몇 가지 이슈를 살펴볼 것이다.

11.4 캐시 아키텍처

지금까지 캐시를 CPU가 새로운 데이터를 요청해서 읽어올 때마다 자동으로 데이터를 저장하는 신비의 공간으로 간주했다. 그러면 캐시는 정확히 어떻게 동작하는 것일까? 그리고 만일 캐시가 꽉 찼는데 CPU가 캐시에 없는 새로운 데이터를 요청하면 어떻게 될까? 이 절에서는 캐시의 내부 구성을 알아보면서 위 두 가지 질문에 대한 답을 찾아본다.

프로그램은 일정한 시간에 적은 양의 데이터만을 사용한다. 따라서 프로그램이 필요로 하는 데이터만큼 캐시 용량이 제공될 수 있으면, CPU의 데이터 접근 속도가 빨라진다. 하지만 프로그램이 사용하는 데이터가 한 곳에 모여 있는 경우는 드물며, 보통 데이터는 전체 주소 영역에 퍼져 있다. 따라서 캐시는 넓은 주소 영역에 있는 데이터를 매핑할 수 있도록 설계돼야 한다.

캐시 메모리는 하나의 바이트 배열로 구성돼 있지 않고 보통 몇 개의 캐시 라인의 집합으로 구성된다. 그림 11-2와 같이 각각의 캐시 라인은 다시 몇 개의 바이트로 구성되며, 이때 캐시 라인의 크기는 16, 32, 64바이트 등 2의 멱수로 하는 것이 일반적이다.

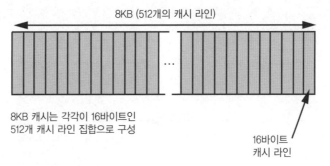

8KB (512개의 캐시 라인)

8KB 캐시는 각각이 16바이트인
512개 캐시 라인 집합으로 구성

16바이트
캐시 라인

그림 11-2 8KB 캐시의 기본 구조

　각각의 캐시 라인에 비연속적인 메모리 주소를 할당할 수 있다. 예를 들면, 캐시 라인 0은 주소 $10000.. $1000F에 매핑되고 캐시 라인 1은 주소 $21400.. $2140F에 매핑될 수 있다.

　일반적으로 캐시 라인의 길이가 n이면, 메인 메모리에서 n 바이트 경계에 위치한 n바이트의 메모리 블록을 저장할 수 있다. 그림 11-2에서는 캐시 라인의 길이가 16바이트이므로 캐시 라인은 메인 메모리에서 16바이트 경계에 위치한 16바이트 데이터를 저장할 수 있다. 즉, 캐시의 첫 바이트의 하위 4비트는 언제나 모두 0이다.

　캐시 컨트롤러가 메모리 계층의 하위 레벨에 있는 데이터를 읽어올 때, 그 데이터는 캐시의 어느 부분에 저장될까? 이에 대한 답은 사용하는 캐시 기법caching scheme에 따라 달라진다. 현대적인 캐시 기법으로는 직접 매핑 캐시, 완전 연관 캐시, n-way 집합 연관 캐시 등 세 가지가 있다.

11.4.1 직접 매핑 캐시

직접 매핑 캐시direct-mapped cache는 일방향 집합 연관 캐시one-way set associative cache라고도 하며, 하나의 메인 메모리 블록이 항상 동일한 캐시 라인에 저장된다. 저장할 캐시 라인을 결정하기 위해 보통 데이터 메모리 주소의 몇 개 비트를 이용한다. 그림 11-3은 512×16바이트의 구성을 가진 8KB 캐시와 32비트 메모리 주소를 이용해서 캐시 컨트롤러가 캐시 라인을 선택하는 방법을 보여준다.

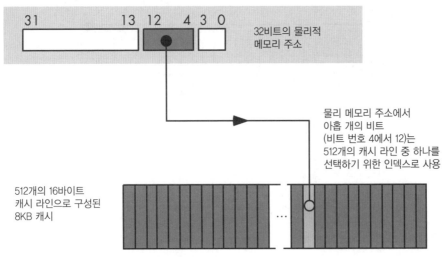

그림 11-3 직접 매핑 캐시에서의 캐시 라인 선택

512개의 캐시 라인이 있으므로 이 중 하나의 캐시 라인을 선택하기 위해서는 9비트가 필요하다(2^9 = 512). 여기서는 4번 비트에서 12번 비트까지의 값을 이용해 0~511번까지의 캐시 라인을 선택하고, 16바이트 캐시 라인 안에서 특정 바이트를 결정하기 위해 0번 비트에서 3번 비트의 값을 사용한다.

직접 매핑 캐시는 구현하기가 매우 쉽다. 메모리 주소에서 아홉 개의 비트 값을 뽑아낸 후 그 값을 캐시 라인 배열의 인덱스로 사용하는 방법은 빠르면서도 간단하다. 그러나 직접 매핑 캐시에는 몇 가지 문제가 있다.

예를 들어 그림 11-3에서 메모리 주소 0은 캐시 라인 0에 매핑된다. 또한 주소 $2000(8KB), $4000(16KB), $6000(24KB), $8000(32KB)도 모두 캐시 라인 0에 매핑된다.

사실상 8KB의 배수인 메모리 주소는 모두 캐시 라인 0에 매핑되는 것이다. 이렇게 되면 프로그램이 8KB의 배수인 메모리 주소에만 접근하고 이외의 메모리는 사용하지 않는 경우, 시스템은 캐시 라인 0만 사용하며 나머지 캐시 라인은 사용하지 않고 방치하게 된다는 것을 의미한다.

좀 더 극단적인 경우, 캐시는 한 개의 캐시 라인만 사용하게 될 수도 있다. CPU가 캐시 라인 0에 매핑된 (8KB의 배수인) 주소의 데이터를 요청할 때 캐시 라인 0에 원하는 주소의 데이터가 없다면, CPU는 데이터를 찾기 위해 메모리 계층상에서 낮은 레벨로 다시 내려가야 하는 문제가 발생한다.

11.4.2 완전 연관 캐시

완전 연관 캐시^{fully associative cache} 서브시스템에서 캐시 컨트롤러는 한 블록의 바이트를 캐시 메모리상에 존재하는 어떠한 캐시 라인에도 저장할 수 있다. 하지만 이러한 완전 연관 캐시의 유연함에는 댓가가 따른다. 완전 연관 캐시를 구현하기 위한 부가적인 회로는 매우 비싸지만, 오히려 이 캐시가 메모리 서브시스템의 속도를 떨어뜨리게 된다. 이러한 이유로 대부분의 L1 캐시와 L2 캐시는 완전 연관 캐시 구조를 사용하지 않는다.

11.4.3 n-way 집합 연관 캐시

완전 연관 캐시는 너무 복잡하고 느리며 구현하기 어렵다는 단점이 있고, 직접 매핑 캐시는 효율성이 떨어진다는 단점이 있다. 이 두 가지 캐시 시스템의 단점을 보완해 만든 것이 바로 *n*-way 집합 연관 캐시^{n-way set associative cache}다.

n-way 집합 연관 캐시에서 캐시는 *n*개의 캐시 라인 집합으로 구성된다. 직접 매핑 캐시에서와 같이 CPU는 메모리 주소의 특정 비트 값을 이용해 어떤 캐시 라인 집합을 선택할지 결정하고, 캐시 컨트롤러는 캐시 라인 집합 내에서 특정 캐시 라인을 선택하기 위해 완전 연관 매핑 알고리듬을 사용한다.

예를 들어 16바이트의 캐시 라인을 사용하고 크기가 8KB인 2-way 집합 연관 캐시 서브시스템에서 캐시는 256개의 캐시 라인 집합으로 구성된다. 이 경우, 각각의 캐시 라인 집합에는 두 개의 캐시 라인이 포함돼 있다. 메모리 주소에서 여덟 개의 비트 값을 이용하면 데이터가 저장될 캐시 라인이 속한 집합을 결정할 수 있다. 캐시 라인 집합이 정해지면, 캐시 컨트롤러는 그룹 내 두 개의 캐시 라인 중 한 곳에 데이터 블록을 저장한다 (그림 11-4 참고).

이와 같은 2-way 집합 연관 캐시가 직접 매핑 캐시에 비해 나은 점은 8KB 경계에 위치하는 두 개의 주소, 즉 4번 비트부터 11번 비트까지의 값이 동일한 주소가 동시에 캐시 내에 존재할 수 있다는 것이다. 하지만 이때 CPU가 8KB 경계에 위치하는 또 다른 메모리에 접근하려고 하면 충돌이 발생할 수 있다.

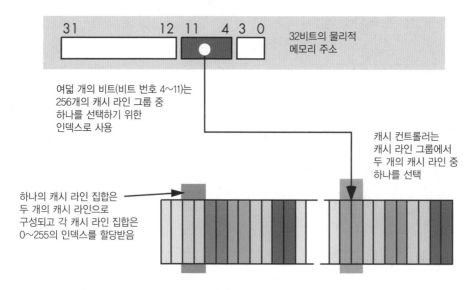

여덟 개의 비트(비트 번호 4~11)는
256개의 캐시 라인 그룹 중
하나를 선택하기 위한
인덱스로 사용

캐시 컨트롤러는
캐시 라인 그룹에서
두 개의 캐시 라인 중
하나를 선택

하나의 캐시 라인 집합은
두 개의 캐시 라인으로
구성되고 각 캐시 라인 집합은
0~255의 인덱스를 할당받음

512KB 2-way 집합 연관 캐시는 두 개 캐시 라인으로
구성된 256개의 캐시 라인 집합으로 구성됨

그림 11-4 2-way 집합 연관 캐시

4-way 집합 연관 캐시는 각 캐시 라인 그룹에 네 개의 캐시 라인을 추가해 경계 위치 메모리 충돌 문제를 해소한다. 그림 11-4에서 보는 것과 같은 8KB 크기의 캐시가 4-way 집합 연관 캐시 방식을 사용하면 128개의 캐시 라인 그룹으로 나눠진다. 이렇게 하면 직접 매핑 캐시에서는 동일한 캐시 라인에 로딩될 메모리 블록을 최대 네 개까지 동시에 수용할 수 있다.

2-way 및 4-way 집합 연관 캐시는 직접 매핑 캐시보다 성능 면에서 훨씬 더 우수하며, 완전 연관 캐시에 비해서는 훨씬 덜 복잡하다는 장점이 있다. 하지만 각각의 캐시 라인 그룹이 더 많은 캐시를 포함할수록 집합 연관 캐시는 점점 더 완전 연관 캐시에 가까워지므로 복잡성과 속도의 문제가 나타난다. 대부분의 캐시 설계 시에는 직접 매핑, 2-way 집합 연관, 4-way 집합 연관 방식 중 하나를 사용하며, 80x86 CPU는 이들 세 개의 캐시 방식을 모두 사용한다.

11.4.4 캐시 라인 교체 방식

지금까지는 데이터 블록을 캐시의 어느 위치에 놓을 것인지 알아봤는데, 캐시와 관련된 또 다른 중요한 문제가 있다. 캐시에 데이터를 추가하려고 하는데, 빈 캐시 라인이 없을 때는 어떻게 해야 할까?

직접 매핑 캐시 기법의 해결책은 간단하다. 캐시 컨트롤러가 해당 캐시 라인에 있는 데이터를 새로운 데이터로 교체하기만 하면 된다. CPU가 교체하기 이전 데이터에 접근하려고 하면 캐시 실패cache miss가 발생하고, 그러면 캐시 컨트롤러는 이전 데이터를 다시 읽어와서 해당 캐시 라인의 데이터를 다시 교체할 것이다.

2-way 집합 연관 캐시의 교체 알고리듬은 좀 더 복잡하다. CPU가 특정 메모리 주소를 참조할 때마다, 캐시 컨트롤러는 주소의 특정 비트 값을 이용해서 데이터가 저장돼 있을 캐시 라인 집합을 결정한다. 캐시 컨트롤러는 특별한 회로를 이용해서 해당 캐시 라인

그룹 내에 찾으려는 데이터가 있는지 여부를 검사한다. 이때, 데이터가 없다면 CPU는 메모리에서 데이터를 읽어와야 한다. 메인 메모리 데이터는 두 개의 캐시 라인 중 하나에 저장될 수 있으므로 컨트롤러는 사용할 캐시 라인을 선택해야 한다. 만약 사용되지 않는 캐시 라인이 있다면, 컨트롤러는 사용되지 않는 라인을 하나 고르면 된다. 그러나 만약 두 개의 캐시 라인이 모두 사용 중이라면, 캐시 컨트롤러는 이 중에서 하나의 라인을 고른 후 새로운 데이터로 교체해야 한다.

캐시 컨트롤러가 참조할 데이터를 지닌 캐시 라인을 예측할 수 없고 다른 캐시 라인으로 교체할 수 없다면, 시간 지역성 원칙을 사용할 수 있다. 즉, 특정 메모리 위치가 최근에 참조됐다면, 그 메모리는 곧 다시 참조될 가능성이 높다. 따라서 다음과 같은 추론을 해볼 수 있다. 어떤 메모리 위치가 한동안 참조되지 않았다면 그 메모리가 다시 참조되기까지 꽤 오랜 시간이 걸릴 것이다. 다수의 캐시 컨트롤러가 사용하는 교체 알고리듬은 이런 아이디어에 기반한 LRU^{Least Recently Used} 알고리듬에 해당한다.

LRU 알고리듬은 2-way 집합 연관 캐시 시스템에서 간단하게 구현할 수 있으며, 각각의 캐시 라인 그룹에 하나의 비트만 할당하면 된다. CPU가 캐시 라인 그룹 내의 어떤 캐시 라인에 접근하면 이 비트를 0으로 설정하고, 다른 캐시 라인에 접근하면 이 비트를 1로 설정한다. 이렇게 하면 프로그램이 마지막으로 접근한 캐시 라인을 추적할 수 있다. 또 캐시 라인의 개수가 두 개이므로 이 비트를 이용하면 가장 오래 전에 접근한 캐시 라인도 알 수 있다. 따라서 캐시 교체가 필요한 경우 이 비트를 이용해서 교체할 라인을 선택할 수 있다.

4-way 집합 연관 캐시에서는 LRU 정보를 유지하는 것이 좀 더 복잡하며, 이에 따라 전체 캐시의 회로도 좀 더 복잡해진다. 이처럼 LRU 알고리듬을 사용하면 집합 연관 캐시가 복잡해지기 때문에 종종 다른 알고리듬이 사용되기도 한다. 이 중 대표적인 것이 선입선출^{FIFO, First-In, First-Out} 방식과 랜덤^{random} 방식이다. 이들 방식은 LRU보다 구현하기는 쉽지만, 몇 가지 문제점이 있다. 하지만 이에 대한 논의는 이 책의 범위를 벗어나므로, 컴퓨터 구조와 운영체제에 관한 책을 살펴보길 바란다.

11.4.5 캐시에서의 데이터 쓰기 방식

CPU가 메모리에 데이터를 쓰려고 하면 어떻게 될까? 가장 간단한 답변은 CPU는 캐시에 데이터를 쓴다는 것이다. 그럼 해당 데이터를 갖고 있는 캐시 라인이 새로운 데이터로 교체되면 어떻게 될까? 캐시 라인이 교체되기 전에 기존의 데이터가 메인 메모리에 기록되지 않으면, 그 데이터를 잃어버리게 될 것이다. CPU가 다시 그 데이터를 참조하기 위해 메인 메모리에서 데이터를 읽어오면, 쓰기 동작 이전의 옛날 데이터를 읽어오게 될 것이다.

결국 캐시에 기록된 데이터는 메인 메모리에도 함께 기록돼야 함을 알 수 있다. 이를 위해 캐시가 사용하는 쓰기 방식은 '즉시 쓰기'와 '나중에 쓰기' 두 가지다.

즉시 쓰기^{write-through} 방식의 경우, 데이터를 캐시에 쓸 때마다 캐시는 즉시 해당 캐시 라인에 있는 데이터를 메인 메모리에 다시 쓴다. 여기서 주목할 점은 캐시 컨트롤러가 캐시의 데이터를 메인 메모리에 쓰는 동안 CPU가 수행을 중단하지 않아도 된다는 것이다. CPU가 쓰기 동작을 수행한 후에 곧바로 메인 메모리에 접근하지만 않으면, 메모리에 데이터를 쓰는 작업은 프로그램 수행과 병렬적으로 수행될 수 있다. 또한 즉시 쓰기는 변경된 데이터를 메인 메모리에 최대한 빨리 반영하므로, 두 개의 CPU가 공유 메모리를 이용해 통신하는 데도 적합하다.

그럼에도 불구하고 캐시 데이터를 메모리에 쓰려면 여전히 시간이 걸리고, 메모리에 데이터를 쓰는 도중에 CPU가 메인 메모리에 접근하려고 할 수도 있다. 따라서 즉시 쓰기 방식은 이러한 문제에 대한 효과적인 해결책이 아닐 수도 있다. 게다가 CPU가 특정 메모리 위치를 연속해서 계속 읽고 쓰게 되면, 버스는 캐시 라인 쓰기 작업을 수행하느라 포화 상태가 될 것이며, 이는 프로그램의 성능에 나쁜 영향을 미친다.

나중에 쓰기^{write-back} 방식의 경우, 캐시 컨트롤러는 캐시에 기록된 데이터를 메인 메모리에 즉시 쓰지 않고 나중에 업데이트한다. 이 방식은 단시간에 데이터를 동일한 캐시 라인에 여러 번 쓰는 경우에도 메인 메모리를 여러 번 업데이트하지 않으므로 더 높은 성능을 나타낼 수 있다.

캐시 컨트롤러는 특정 시점에 캐시의 데이터를 메인 메모리에 기록해야 한다. 이때 어떤 캐시 라인의 데이터를 메모리에 써야 할지 결정하기 위해 캐시 컨트롤러는 보통 각 캐시 라인에 수정 비트^{dirty bit}를 할당한다. 캐시 시스템은 데이터를 캐시에 쓸 때마다 해당 캐시 라인의 수정 비트도 설정한다. 나중에 캐시 컨트롤러는 캐시 라인의 수정 비트를 검사해서 캐시 라인의 데이터를 메모리에 쓸지 여부를 결정한다.

예를 들어, 캐시 컨트롤러는 새로운 데이터로 캐시 라인을 교체해야 할 때마다 우선 캐시 라인의 수정 비트를 검사한다. 이때 비트가 설정돼 있으면 캐시 라인 교체를 수행하기 전에 캐시 라인의 데이터를 메모리에 기록하고, 이러한 캐시 교체 과정에서 시간 지연이 발생한다. 하지만 버스가 사용되지 않는 동안 캐시 컨트롤러가 수정된 캐시 라인을 메인 메모리에 쓸 수 있다면 캐시 교체에 따른 지연을 줄일 수 있다. 이 기능을 제공하는 시스템도 있지만, 비용 문제로 이런 기능을 제공하지 않는 시스템도 있다.

11.4.6 캐시 활용과 소프트웨어

캐시 서브시스템만으로 메모리 접근 속도를 높일 수는 없으며, 캐시가 오히려 애플리케이션의 성능을 떨어뜨리기도 한다. 캐시 시스템이 제대로 작동하려면 프로그래머는 캐시의 작동 방식을 잘 이해하고 있어야 하며, 소프트웨어는 참조에 대한 시간 지역성 또는 공간 지역성을 지니고 있어야 한다. 이를 통해 소프트웨어 설계자는 동일 캐시 라인에 있는 메모리 인접 변수를 좀 더 쉽게 가져올 수 있고, 캐시 라인이 필요 이상으로 자주 대체되는 상황을 막을 수 있다.

어떤 애플리케이션이 캐시 컨트롤러에 의해 동일한 캐시 라인에 매핑되는 여러 주소에 접근하는 상황을 가정해보자. 이 경우 메모리에 접근할 때마다 새로운 캐시 라인을 읽어와야 하고, 기존의 캐시 라인이 수정될 경우에는 이전 데이터를 메모리에 써야 한다. 그 결과, 메모리에 접근할 때마다 메인 메모리에서 새로운 캐시 라인을 읽어오는 지연 시간이 발생한다. 이와 같은 상황을 스래싱thrashing이라고 하며, 이 경우 프로그램의 성능은 메인 메모리의 속도와 캐시 라인 크기에 따라 수십에서 수백 배만큼 감소할 수 있다. 스래싱에 관해서는 잠시 후 좀 더 자세히 살펴본다.

현대적인 80x86 CPU는 잘못 정렬된 데이터를 참조할 때 발생하는 문제를 캐시 데이터로 자동 갱신하는 방법으로 해소한다. 객체 크기의 짝수 배수가 아닌, 워드 혹은 더블 워드 객체에 접근할 때는 성능 저하가 발생한다. 인텔의 설계자는 특수한 로직을 추가해서 데이터 객체가 하나의 캐시 라인 안에 들어갈 때는 이러한 성능 저하가 발생하지 않게 만들었다. 그러나 객체가 캐시 라인을 통해 저장되면 여전히 성능 저하가 발생한다.

11.5 NUMA와 주변 장치

시스템에서 사용하는 RAM은 대부분 프로세서의 버스와 직접 연결된 고속 DRAM이지만, 모든 메모리가 이 같은 방식으로 CPU에 연결돼 있는 것은 아니다. 때로는 주변 장치에 큰 블록의 RAM이 있어 CPU가 RAM에 데이터를 써서 주변 장치와 통신하기도 한다. 비디오 디스플레이 카드가 가장 일반적인 경우이며, 네트워크 인터페이스 카드나 USB 컨트롤러와 같은 다른 주변 장치도 이와 같은 방식으로 동작한다. 하지만 이들 주변 장치의 RAM 접근 속도는 메인 메모리 접근 속도보다 훨씬 느리다. 이번 절에서는 비디오 카드를 예로 들어 설명하며, NUMA 기법은 다른 장치나 메모리 기술에도 적용된다.

일반적인 비디오 카드는 PCI-e^{Peripheral Component Interconnect Express} 버스를 통해 CPU와 통신한다. 16레인^{16-lane} PCI-e 버스도 상당히 빠르지만, 이에 비해 메모리 접근 속도가 훨씬 빠르다. 게임 프로그래머들은 이미 오래전부터 메인 메모리에서 스크린 데이터를 조작한 후 해당 데이터를 비디오 카드 RAM에 정기적으로(1초에 60번) 복사하는 것이 훨씬 빠르다는 사실을 알고 있었다. 이 방법을 사용하면 비디오 카드 메모리를 직접 수정할 때보다 훨씬 빠르게 화면의 정보를 바꿀 수 있다.

캐시나 가상 메모리 서브시스템은 사용자의 간섭 없이 자동으로 동작하지만, NUMA 메모리는 자동으로 작동하지 않는다. 따라서 NUMA 장치에 데이터를 쓰는 프로그램은 접근 횟수를 가능한 한 최소화해야 하며, (예를 들면) 임시 결과를 저장하기 위해 오프스크린 비트맵을 사용할 수 있다. 플래시 메모리 카드와 같은 NUMA 장치에 데이터를 읽고 쓰는 경우에는 별도로 직접 데이터를 캐시해야 한다.

11.6 가상 메모리, 메모리 보호, 페이징

안드로이드, iOS, 리눅스, 맥 OS, 윈도우와 같은 현대 운영체제에서는 여러 개의 프로그램이 메모리에서 동시에 실행되는데, 이때 몇 가지 고려 사항이 있다.

- 어떻게 각 프로그램이 다른 프로그램의 메모리를 간섭하지 않게 할 것인가?
- 하나의 프로그램이 메모리 주소 $1000에 어떤 값을 로드하려 할 때, 다른 프로그램도 $1000번지에 값을 로드하려는 경우 어떻게 두 개의 값을 모두 로드하고 두

프로그램을 동시에 실행할 수 있는가?

- 컴퓨터의 메모리 크기가 64MB인데, 크기가 각각 32MB, 32MB, 16MB인 세 개의 프로그램을 동시에 수행하려고 하면 어떻게 될까?

가상 메모리virtual memory subsystem는 위 모든 질문에 대한 해결책을 제시한다.

80x86 CPU에서 가상 메모리는 각 프로세스에 고유의 32비트 주소 공간을 할당한다.[2] 즉, 어떤 프로그램상의 메모리 주소 $1000번지와 다른 프로그램상의 메모리 주소 $1000번지는 물리적 위치가 다르게 된다. 이를 위해 CPU는 프로그램이 사용하는 가상의 주소virtual address를 실제 메모리의 물리적 주소physical address로 매핑하는 작업을 수행한다. 예를 들면 프로그램 1의 가상 주소 $1000번지는 물리 주소 $215000에 대응되고, 프로그램 2의 가상 주소 $1000번지는 물리 주소 $300000에 대응된다. CPU는 이를 위해 페이징 기법을 사용한다.

페이징paging의 기본 개념은 간단하다. 우선, 메모리를 페이지page라고 불리는 메모리 블록으로 나눈다. 메인 메모리에서 페이지의 개념은 캐시에서의 캐시 라인에 대응될 수 있고, 크기는 캐시 라인보다 훨씬 크다. 예를 들어 80x86 CPU에서 페이지의 크기는 4,096바이트이고 64비트 프로세서는 이보다 더 크다.

메모리를 페이지 단위로 나눈 후 페이지 룩업 테이블lookup table을 이용해 가상 주소의 HO 비트를 메모리 물리 주소의 HO 비트로 매핑하고, 가상 주소의 LO 비트를 페이지의 인덱스로 사용한다. 예를 들어 4,096바이트의 페이지에서 가상 주소의 LO 12비트는 페이지 내 오프셋으로 이용하며, HO 20비트는 테이블 인덱스로 테이블을 조회하고 물리 주소의 HO 20비트 값을 가져온다(그림 11-5 참고).

---

2   최신의 64비트 프로세서에서 각 프로세스는 자체적인 64비트 주소 공간을 지닌다.

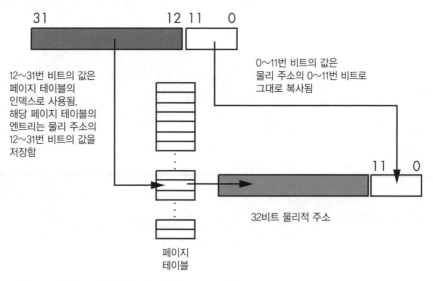

32비트 가상 주소

31　　　　　　　　　12 11　　0

12~31번 비트의 값은
페이지 테이블의
인덱스로 사용됨.
해당 페이지 테이블의
엔트리는 물리 주소의
12~31번 비트의 값을
저장함

0~11번 비트의 값은
물리 주소의 0~11번 비트로
그대로 복사됨

11　　0

32비트 물리적 주소

페이지
테이블

그림 11-5 가상의 주소를 물리적 주소로 변환

　　20비트 크기의 페이지 테이블 인덱스를 사용하면 100만 개 이상의 테이블 엔트리를 지정할 수 있다. 하나의 테이블 엔트리 크기가 32비트이면 전체 페이지 테이블의 크기는 4MB 이상이 되며, 이 경우 메모리에서 수행되는 대부분의 프로그램 크기보다 크다. 그러나 멀티레벨 페이지 테이블^multilevel page table 기법을 사용하면, 대부분의 작은 프로그램을 위한 8KB 정도 크기의 페이지 테이블을 쉽게 만들 수 있다. 멀티레벨 페이지 테이블과 관련해, 프로그램이 4GB 주소 공간을 모두 사용하지 않는 한 4MB의 페이지 테이블이 필요하지 않다는 점만 기억하자.

　　그림 11-5를 좀 더 자세히 살펴보면, 페이지 테이블과 관련된 한 가지 문제점을 발견할 수 있다. 즉, 어떤 물리 주소상에 저장된 데이터를 읽어오기 위해서는 메모리에 두 번 접근해야 한다는 점이다. 페이지 테이블의 데이터를 읽어오기 위해 한 번 접근하고, 실제 물리 메모리에 읽고 쓰기 위해 다시 한 번 접근해야 한다. 이렇게 되면, CPU의 캐시에 페이지 테이블 엔트리의 내용이 가득 차서 다른 명령어나 데이터 읽기 시 캐시 실패가 발생할 수 있다.

　　이런 상황을 방지하기 위해 페이지 테이블은 TLB^Translation Lookaside Buffer라는 별도의 캐시를 사용한다. 현대적인 인텔 프로세서의 경우 TLB 캐시는 64~512개의 엔트리를 지니며 관련 작업을 캐시 실패 없이 처리할 수 있게 해준다. 일반적으로 프로그램은 이보다 작은 크기의 데이터를 사용하므로, 대부분의 페이지 테이블 접근은 메인 메모리가 아니라 캐시에서 처리된다.

앞서 언급했듯이 페이지 테이블의 각 엔트리는 32비트의 값을 갖지만, 실제 시스템은 가상 주소를 물리 주소로 변환하기 위해 20비트만 사용한다. 인텔 80x86 프로세서는 이렇게 해서 남은 12비트를 다음과 같이 메모리 보호 정보memory protection information를 저장하는 데 사용한다.

- 페이지가 읽기/쓰기가 가능한지 혹은 읽기만 가능한지를 나타내기 위한 1비트
- 페이지의 코드를 실행할 수 있는지 여부를 나타내기 위한 1비트
- 애플리케이션이 페이지에 접근할 수 있는지 혹은 운영체제만 접근할 수 있는지 나타내기 위한 몇 비트
- CPU는 페이지에 데이터를 썼으나 물리 메모리에는 아직 데이터를 쓰지 않았음을 나타내기 위한 몇 비트(페이지 수정 여부, CPU가 최근에 페이지에 접근했는지 여부)
- 페이지가 메모리에 저장돼 있는지 혹은 다른 저장소에 저장돼 있는지 나타내기 위한 1비트

애플리케이션은 페이지 테이블에 접근할 수 없고, 운영체제만이 페이지 테이블을 읽고 쓸 수 있다. 따라서 애플리케이션은 위에서 설명된 비트의 값을 변경할 수 없다. 하지만 윈도우와 같은 운영체제는 필요시 페이지 테이블의 특정 비트 값을 변경할 수 있는 특수한 함수를 제공한다. 예를 들어 윈도우는 페이지를 읽기 전용read-only 상태로 변경할 수 있다.

페이징 기법을 사용하면 메모리 매핑을 통해 여러 개의 프로그램이 메인 메모리에서 동시에 수행되는 것은 물론이고, 운영체제가 사용 빈도가 낮은 페이지를 2차 저장소로 옮길 수 있다. 공간 지역성은 캐시 라인뿐만 아니라 메인 메모리상의 페이지에도 적용된다. 특정 시점에 프로그램은 한정된 페이지에만 접근해서 데이터와 명령어를 읽어오며, 이러한 페이지 집합을 작업 영역working set이라고 한다. 작업 영역 페이지는 시간에 따

라 변하지만, 짧은 시간 동안에는 일정하게 유지된다. 따라서 미사용 프로그램이 메모리를 차지해서 다른 프로세스가 사용하지 못하는 일이 발생하지 않는다. 운영체제가 미사용 페이지를 디스크로 옮길 수 있다면, 이 페이지가 사용하던 메인 메모리는 그것을 필요로 하는 다른 프로세스에 할당될 수 있다.

이 기법은 메인 메모리에서 미사용 페이지를 제거한 후 프로그램이 다시 해당 데이터에 접근하려 할 때 문제가 생긴다. 메모리 관리 유닛MMU, Memory Management Unit이 메모리상의 페이지에 접근해서 페이지 테이블의 비트를 통해 해당 페이지가 메인 메모리에 존재하지 않는다는 사실을 알게 되면, CPU는 프로그램 수행을 중단하고 운영체제로 제어권을 넘긴다.

운영체제는 메모리 요청을 분석해 해당 페이지를 디스크 드라이브에서 읽은 후 메인 메모리의 빈 페이지 영역에 복사한다. 이 과정은 디스크에 접근하는 것이 메인 메모리에 접근하는 것보다 훨씬 느리다는 점을 제외하면 완전 연관 캐시 서브시스템에서 수행되는 과정과 유사하다. 사실, 메인 메모리를 4,096바이트 크기의 캐시 라인을 가진 완전 연관 캐시와 같다고 생각해도 무방하다. 캐시에 데이터를 추가하고 교체할 때를 비롯해 다른 많은 상황에서 캐시와 메인 메모리가 동작하는 방식은 매우 유사하다.

노트 | 운영체제가 메인 메모리와 2차 스토리지 사이에서 페이지를 교체하는 방식에 대한 자세한 내용은 운영체제 설계와 관련된 자료를 참고하길 바란다.

각 프로그램이 별도의 페이지 테이블을 갖고 있고 프로그램은 직접 자신의 페이지 테이블을 조작할 수 없으므로, 결국 하나의 프로그램은 다른 프로그램의 수행을 간섭할 수 없다. 즉, 하나의 프로그램은 다른 프로그램의 주소 공간에 접근하기 위해 자기 자신의 페이지 테이블을 조작할 수 없다. 또한 어떤 프로그램이 종료되더라도, 동시에 수행 중인 다른 프로그램까지 종료되지는 않는다. 이 점이 바로 페이징 메모리 시스템의 가장 큰 장점이다.

두 개의 프로그램이 서로 데이터를 공유하면서 협력하게 하고 싶다면, 두 프로세스가 공유하는 메모리 영역에 데이터를 저장한다. 이후 이들 프로세스가 어떤 메모리 페이지를 공유하고 싶다면 해당 요청을 운영체제에 알려주기만 하면 된다. 그러면 운영체제는 두 프로세스에서 물리 주소가 동일한 메모리 세그먼트에 대한 포인터를 각 프로세스에 반환한다.

윈도우의 경우에는 메모리 매핑 파일memory-mapped file을 이용해 메모리 공유를 할 수 있다. 맥 OS와 리눅스의 경우에는 메모리 매핑 파일 외에 특수한 공유 메모리 기능shared-memory operation도 제공한다. 좀 더 자세한 내용은 관련 운영체제의 문서를 통해 확인하길 바란다.

이번 절에서는 80x86 CPU에 한정해 논의했지만, 멀티레벨 페이징 시스템은 다른 CPU에서도 일반적으로 사용되는 기법이다. 페이지 크기는 CPU에 따라 1KB에서 64KB 까지 다양하다. 4GB 이상의 메모리 공간을 지원하는 특정 CPU는 역전 페이지 테이블 inverted page table 혹은 3레벨 페이지 테이블을 사용한다. 이에 대한 자세한 내용은 이 책의 범위를 벗어나지만, 기본 개념은 동일하다.

CPU는 자주 참조되는 데이터가 메인 메모리에 오랫동안 머물 수 있도록 메인 메모리와 디스크 사이에서 데이터를 적절히 이동시킨다. 이러한 기법은 애플리케이션이 전체 메모리 공간 중 일부에만 존재하는 경우, 페이지 테이블의 크기를 효과적으로 줄일 수 있다.

스래싱

스래싱(thrashing) 또는 과다 상태란, 시스템의 성능이 떨어져서 시스템의 동작 속도가 메인 메모리나 디스크 드라이브 등과 같은 메모리 계층의 낮은 레벨의 속도로 동작하게 되는 성능 저하 현상(degenerate case)을 말한다.

스래싱의 주요 원인은 다음 두 가지다.

- 메모리 계층에서 특정 레벨의 메모리가 캐시 라인이나 페이지의 작업 영역을 처리하기에 충분한 메모리를 갖고 있지 않은 경우
- 프로그램이 참조 지역성을 나타내지 않은 경우

페이지나 캐시 라인의 작업 영역을 포함할 만큼 충분한 메모리가 없는 경우, 메모리 시스템은 계속해서 캐시나 메인 메모리에 있는 데이터 블록을 메인 메모리나 디스크의 메모리 블록으로 교체해야 한다. 그 결과, 시스템은 메모리 계층에서 느리게 동작하는 메모리의 속도로 동작하게 된다.

스래싱은 가상 메모리에서 자주 발생한다. 사용자는 여러 개의 프로그램을 동시에 수행할 수 있으며, 이들 프로그램이 사용하는 메모리의 총합이 사용 가능한 전체 물리 메모리의 크기보다 크면 운영체제가 애플리케이션을 스위칭할 때마다 운영체제는 애플리케이션의 데이터나 명령어를 디스크에 읽고 써야 한다. 그런데 프로그램을 스위칭하는 속도는 디스크에서 데이터를 읽어오는 속도보다 훨씬 빠르므로, 이는 프로그램의 속도를 매우 저하시킨다.

앞서 프로그램이 지역성을 갖고 있지 않고 하위 메모리 서브시스템이 완전 연관 형태가 아닌 경우, 메모리에 충분한 공간이 있어도 스래싱이 발생할 수 있음을 이미 확인했다. 지난 예제의 경우 8KB L1 캐시 시스템이 512개의 16바이트 캐시 라인으로 구성돼 있는 직접 매핑 캐시이고 프로그램이 8KB 배수의 번지에 위치한 데이터만 참조한다면, 시스템은 하나의 캐시 라인을 메인 메모리의 데이터로 바꾸는 작업을 계속 반복해야 한다. 이러한 상황은 나머지 511개의 캐시 라인이 비어있는 경우에도 마찬가지다.

메모리가 부족한 경우에는 메모리를 추가해 스래싱을 줄일 수 있다. 메모리를 추가할 수 없는 경우라면, 동시에 수행되는 프로그램의 개수를 줄이거나 일정한 시점에 프로그램이 참조하는 메모리의 크기가 작아지도록 프로그램을 수정하면 된다. 하지만 참조 지역성 부족으로 인해 스래싱이 발생한다면 인접 메모리를 참조하도록 프로그램과 데이터 구조를 수정해야 한다.

11.7 메모리 계층을 고려한 소프트웨어 개발

메모리의 성능 차이를 고려한 소프트웨어는 메모리 계층을 무시하고 작성된 소프트웨어보다 훨씬 빠르다. 시스템의 캐시나 페이징 기능은 대부분의 프로그램에서 잘 동작하지만, 주의를 기울이지 않으면 캐시 시스템을 장착하고도 더 느리게 실행되는 소프트웨어가 만들어지기도 한다. 최고의 소프트웨어는 메모리 계층을 최대한 활용할 수 있는 소프트웨어라고 해도 과언이 아니다.

예를 들어 다음 순환문은 메모리 계층에 대한 고려 없이 작성된 2차원 정수 배열 초기화 코드다.

```
int array[256][256];
        . . .
    for( i=0; i<256; ++i )
        for( j=0; j<256; ++j )
            array[j][i] = i*j;
```

위 코드는 다음 코드에 비해 훨씬 느리게 실행된다.

```
int array[256][256];
        . . .
    for( i=0; i<256; ++i )
        for( j=0; j<256; ++j )
            array[i][j] = i*j;
```

두 코드의 유일한 차이점은 배열에 접근할 때 i 인덱스와 j 인덱스의 순서가 서로 반대라는 것이다. 이 작은 차이점 때문에 두 코드의 수행 시간이 수십에서 수백 배까지 차이가 난다.

그 이유를 파악하기 위해 C 프로그래밍 언어는 메모리상의 2차원 배열을 행 중심으로 나열row-major ordering한다는 점을 상기한다. 따라서 두 번째 코드는 메모리를 참조함에 있어서 공간 지역성을 갖지만, 첫 번째 코드는 메모리를 연속적으로 접근하지 않고 다음과 같은 순서로 배열 원소에 접근한다.

```
array[0][0]
array[1][0]
array[2][0]
array[3][0]
    . . .
array[254][0]
array[255][0]
array[0][1]
array[1][1]
array[2][1]
    . . .
```

462

정수의 크기가 4바이트이면, 이 코드는 배열의 시작 주소에서 오프셋 0, 1024, 2048, 3072에 위치한 더블워드에 접근한다. 그리고 이 코드는 n-way 집합 연관 캐시에 n개의 정수 값을 로드하는데, 그 이후부터는 데이터 덮어 쓰기를 막기 위해 배열 원소의 데이터를 캐시에서 메모리로 복사해야 한다.

두 번째 코드는 스래싱 문제가 발생하지 않는다. 캐시 라인의 크기가 64바이트인 경우, 두 번째 코드는 메인 메모리에서 또 다른 캐시 라인의 데이터를 읽어서 현재의 캐시 라인을 교체하기 전까지 하나의 캐시 라인에 16개의 정수 값을 저장한다. 그 결과 두 번째 코드에서는 캐시가 메모리에서 캐시 라인을 한 번 읽음으로써 16번의 메모리 요청을 할 수 있지만, 첫 번째 코드는 한 번의 메모리 요청만 할 수 있다. 이런 이유로 두 번째 코드가 훨씬 빠르게 수행된다.

여러분의 프로그램에서 메모리 계층의 성능을 최대로 활용하기 위한 변수 선언 규칙이 있다.

첫 번째, 사용하는 모든 변수를 공용 코드에 모아서 선언한다. 이렇게 하면 대부분의 프로그래밍 언어에서 이들 변수를 물리적으로 인접한 메모리 영역에 할당하게 되고, 프로그램은 공간 지역성과 시간 지역성을 모두 가질 수 있다.

두 번째, 지역 변수는 프로시저 내부에 선언한다. 대부분의 프로그래밍 언어에서 지역 변수를 스택 영역에 할당하는데, 시스템은 스택을 자주 참조하므로 스택에 있는 변수는 캐시에 있을 확률이 높기 때문이다.

세 번째, 일반 변수는 배열이나 레코드 변수와 따로 구분해 선언한다. 이 변수 중의 하나에 접근하면, 시스템은 자동으로 인접한 객체를 모두 캐시에 로드한다. 그 결과, 하나의 변수에 접근할 때마다 시스템은 인접한 변수를 캐시에 로드하게 된다.

여러분은 프로그램의 메모리 접근 패턴에 맞춰 애플리케이션의 메모리 성능을 최적화하고 싶을 것이다. 프로그램을 어셈블리 언어로 재작성하더라도 단지 10%의 성능 향상밖에 얻지 못할 수도 있지만, 프로그램이 메모리에 접근하는 방식을 수정하면 수십 배의 성능 향상을 기대할 수 있다.

11.8 런타임 시 메모리 구성

맥 OS, 리눅스, 윈도우와 같은 운영체제는 다른 종류의 데이터를 메인 메모리에서 서로 다른 영역(섹션 또는 세그먼트)에 저장한다. 링커linker를 실행하거나 다양한 파라미터를 지정함으로써 메모리 구성을 제어할 수 있지만, 윈도우는 기본 설정에 의해 그림 11-6과 같은 구성으로 프로그램을 메모리에 로드한다. 맥 OS, 리눅스는 섹션의 일부를 재배열하기는 하지만 기본적으로 비슷하다.

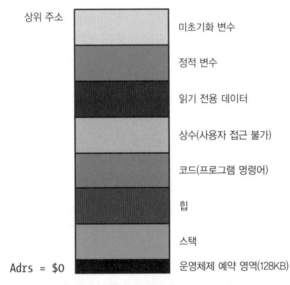

그림 11-6 전형적인 윈도우 런타임 메모리 구성

운영체제는 메모리 공간의 최하위 영역을 사용한다. 보통 애플리케이션은 이 부분의 메모리에 위치한 데이터를 읽거나 코드를 수행할 수 없다. 운영체제가 이 영역을 할당받는 이유 중 하나는 NULL 포인터 참조를 처리하기 위해서다. 프로그래머는 종종 포인터 변수에 유효한 데이터가 저장되지 않았다는 것을 나타내기 위해 NULL(zero) 값으로 초기화한다. 만약 여러분이 그러한 운영체제상에서 0보다 작은 번지의 메모리에 접근하려고 시도하면, 운영체제는 유효하지 않은 데이터가 저장된 메모리 위치에 접근했다는 사실을 나타내기 위해 '일반 보호 에러general protection fault'를 발생시킨다.

메모리를 구성하는 나머지 일곱 개 영역은 프로그램이 사용하는 다양한 데이터를 저

464

장하며, 세부 영역의 개요는 다음과 같다.

- 코드 영역code section: 프로그램의 기계어를 저장
- 상수 영역constant section: 컴파일러가 생성한 읽기 전용의 데이터를 저장
- 읽기 전용 데이터 영역read-only data section: 사용자가 선언한 읽기 전용 데이터 저장
- 정적 영역static section: 사용자가 선언한 초기화된 정적 변수 저장
- 저장소 섹션storage section 또는 BSS 섹션BSS section: 미초기화 변수 저장
- 스택 영역stack section: 프로그램이 지역 변수와 다른 임시 데이터를 저장
- 힙 영역heap section: 프로그램이 동적인 변수를 저장

노트 | 컴파일러는 읽기 전용 데이터 타입인 코드, 상수, 읽기 전용의 데이터 영역을 결합해서 처리한다.

대부분의 애플리케이션은 컴파일러와 링커/로더에 의해 결정되는 메모리 영역의 레이아웃 구조를 그대로 이용해 실행하지만, 여러분이 메모리 레이아웃을 좀 더 잘 이해하면 더 빠르게 실행되는 프로그램을 작성할 수 있다. 예를 들어 코드 영역은 보통 읽기 전용이므로 코드, 상수, 읽기 전용의 데이터 영역을 하나의 영역으로 합칠 수 있다. 이렇게 하면 컴파일러가 이들 영역에 넣는 패딩 데이터의 크기를 줄일 수 있다. 대용량의 프로그램에서는 이러한 차이가 크지 않을 수 있지만, 크기가 작은 프로그램에서는 큰 효과가 나타날 수 있다.

다음 절에서는 이들 메모리 영역을 좀 더 자세히 알아본다.

11.8.1 정적 객체, 동적 객체, 바인딩, 생애주기

일반적인 프로그램의 메모리 구성을 살펴보기에 앞서 결합, 생애주기, 정적, 동적 등과 같은 주요 용어의 의미부터 알아보자.

결합binding은 하나의 객체에 어떤 속성을 연결시키는 과정이다. 예를 들면 하나의 변수에 어떤 값을 저장하는 경우, 그 시점에 변수는 해당 값과 결합됐다고 말한다. 또 다른 값을 변수에 저장하기 전까지, 변수 값은 계속해서 해당 변수에 결합된 상태가 된다. 마찬

가지로 프로그램 수행 중에 변수에 메모리를 할당하면, 그 시점에 그 변수는 특정 메모리 주소에 결합됐다고 말할 수 있다. 이 변수와 주소 값은 다른 주소를 할당하기 전까지는 계속 결합 상태를 유지한다. 결합은 항상 수행 중에 이뤄지는 것은 아니며, 상수 값은 컴파일 중에 상수 객체에 결합되고 이 결합은 프로그램 수행 중에 변하지 않는다.

속성의 수명 기간 또는 생애주기lifetime는 처음 그 속성을 어떤 객체에 결합하는 시점부터 시작해 다른 속성을 객체에 결합하면서 기존의 결합이 끊어지는 시점까지의 기간이다. 예를 들어, 한 변수의 수명 기간은 처음 변수에 메모리를 할당하는 시점부터 시작해 변수에 할당된 메모리를 해제하는 시점까지의 기간이다.

정적 객체static object는 애플리케이션이 수행되기 전에 이미 결합된 속성을 지니는 객체이며, 상수constant는 정적 객체의 좋은 예다. 상수는 애플리케이션이 실행되는 동안 언제나 동일한 값에 결합돼 있다. 파스칼, C/C++와 같은 프로그래밍 언어에서 사용되는 전역globa 또는 프로그램 레벨program-level 변수도 정적 객체의 예다. 이는 이들 변수가 프로그램이 수행되는 동안 동일한 주소 값에 결합된 상태를 유지하기 때문이다. 따라서 정적 객체의 수명 기간은 프로그램이 처음 수행되는 시점부터 시작해 종료되는 시점까지의 기간이다.

식별자 범위identifier scope도 정적 결합과 관련이 있다. 식별자 이름identifier's name은 컴파일 과정에서만 사용되므로, 컴파일 언어에서 범위 또한 정적 속성을 지닌다. 반면에 인터프리팅 언어의 경우 인터프리터가 식별자의 이름을 프로그램 수행 중에도 계속 유지하므로, 이때의 범위는 정적 속성을 지니지 않는다고 할 수 있다.

지역 변수의 범위는 그 변수가 선언된 프로시저나 함수 내부에 한정되므로 서브루틴 밖에서는 접근할 수 없다(파스칼 또는 에이다 같은 블록 구조화 언어에서는 중첩 프로시저나 중첩 함수가 범위가 될 수 있다). 사실, 식별자의 이름은 다른 범위, 즉 다른 함수나 프로시저 안에서 재사용할 수 있다. 이 경우 두 번째로 사용된 식별자는 첫 번째 식별자가 적용된 객체와 다른 객체에 결합된다.

동적 객체dynamic object는 프로그램 수행 중에 할당되는 속성을 갖는 객체다. 프로그램은 수행 중에 이러한 속성을 동적으로 바꿀 수 있다. 이 속성의 수명 기간은 애플리케이션이 객체에 속성을 결합한 시점부터 결합을 해제하는 시점까지다. 만약 프로그램이 어떤 객체에 속성을 결합하고 나서 해제하지 않으면, 이 속성의 수명 기간은 처음 속성을 할당한 시점부터 프로그램이 종료되는 시점까지가 된다. 시스템은 애플리케이션이 실행을 시작한 이후, 객체에 동적인 속성을 부여한다.

노트 | 하나의 객체는 정적인 속성과 동적인 속성을 모두 가질 수 있다. 예를 들어 정적 변수는 프로그램이 수행되는 동안 고정된 주소 값을 갖지만, 변수에 할당되는 값은 프로그램 수행 중에 바뀔 수 있다. 그러나 하나의 속성만을 놓고 보면 그 속성은 정적이거나 동적인 속성 중 하나다. 즉, 하나의 속성이 정적이면서 동시에 동적일 수는 없다.

11.8.2 코드 영역, 읽기 전용 영역, 상수 영역

메모리의 코드 영역^{code section}에는 프로그램의 기계어가 저장된다. 컴파일러는 프로그래머가 작성한 코드를 일련의 바이트 값으로 변환하고, CPU는 프로그램 수행 중에 이 바이트 값을 기계어로 해석한 뒤 실행한다.

대부분의 컴파일러는 프로그램의 읽기 전용 데이터를 코드 영역에 포함시킨다. 코드 영역의 명령어와 마찬가지로 읽기 전용 데이터는 쓰기가 금지된 상태이기 때문이다. 그러나 윈도우, 맥 OS, 리눅스 등의 운영체제에서는 실행 코드 내에 읽기 전용 데이터를 위한 별도의 영역을 만들 수 있다. 그 결과, 어떤 컴파일러는 별도의 읽기 전용 데이터 영역을 지원하기도 한다. 이 영역에는 초기화된 데이터, 테이블, 또는 그 외에 프로그램이 수행 중에 바꿀 수 없는 객체들이 저장된다.

그림 11-6의 상수 영역은 (사용자 정의 읽기 전용 데이터와 달리) 컴파일러가 생성한 데이터를 저장하지만, 대부분의 컴파일러는 이러한 데이터를 바로 코드 영역에 넣는다. 따라서 대부분의 실행 파일은 코드, 읽기 전용 데이터, 상수 데이터 영역이 하나의 영역에 합쳐져 있다.

11.8.3 정적 변수 영역

다수의 프로그래밍 언어는 컴파일 과정 중에 전역 변수를 초기화하는 기능을 제공한다. 예를 들어 C/C++는 정적인 객체의 초깃값을 설정하기 위해 다음과 같이 코드를 작성할 수 있다.

```
static int i = 10;
static char ch[] = { 'a', 'b', 'c', 'd' };
```

몇몇 언어는 컴파일러가 이들 초깃값을 실행 파일 내에 포함시킨다. 그리고 프로그램이 수행될 때, 운영체제는 실행 파일 내부의 초깃값을 저장하고 있는 영역을 메모리로 로드해서 이들 변수의 주소 위치에 초깃값이 위치하도록 만든다. 이렇게 해서 프로그램이 처음 수행되면, i와 ch 등의 정적 변수는 초깃값을 지니게 된다.

11.8.4 스토리지 변수 영역

스토리지 변수 영역 또는 BSS 영역은 컴파일러가 초깃값을 갖고 있지 않은 정적인 객체를 저장하는 영역이다. BSS는 'Block Started by a Symbol'의 약어이며, 어셈블리 언어에서 초기화되지 않은 정적인 배열을 위한 공간을 할당할 때 사용하던 의사 opcode$^{pseudo-opcode}$이다. 윈도우나 리눅스와 같은 현대의 운영체제에서는 컴파일러 또는 링커가 초기화되지 않은 변수를 모아 BSS 영역에 저장할 수 있는 기능을 지원한다. 실제로 BSS 영역은 이 영역을 위해 운영체제가 얼마만큼의 바이트를 할당해야 하는지에 대한 정보만 포함한다. 그리고 운영체제는 프로그램을 메모리로 로드할 때, BSS 영역의 정보를 참조해 객체를 위한 영역을 할당하고 이 영역을 0으로 초기화한다.

이때 BSS 영역에는 초깃값 데이터가 전혀 저장되지 않는다는 점에 주목한다. BSS 영역을 사용하면 실행 파일에 초기화되지 않은 영역을 위한 공간을 따로 할당하지 않아도 되므로, 초기화되지 않고 크기가 큰 정적 배열을 사용하는 프로그램은 디스크 공간을 절약할 수 있게 된다.

그러나 모든 컴파일러가 BSS 영역을 사용하는 것은 아니다. 예를 들어 다수의 마이크로소프트 프로그래밍 언어와 링커는 단순히 초기화되지 않은 객체를 정적인 데이터 영역에 놓고, 명시적으로 초깃값 0을 할당한다. 마이크로소프트는 이 방식이 더 빠르다고 주장하지만, 코드에 초기화되지 않은 큰 배열이 있는 경우에는 실행 파일의 크기가 커지는 문제가 있다. 정적 데이터 영역은 실행 파일에 포함되므로, 배열을 BSS 영역에 위치시키면 실행 파일의 크기가 커지는 문제는 발생하지 않을 것이다.

11.8.5 스택 영역

스택 영역stack section은 프로시저를 호출하고 반환할 때마다 크기가 달라지는 데이터 구조다. 시스템은 실행 중에 모든 자동 변수(비정적 지역 변수), 서브루틴 파라미터, 임시 결괏값 같은 데이터를 메모리의 스택 영역에 저장한다. 이때 시스템은 활성화 레코드activation record라고 하는 특별한 자료 구조 형태로 데이터를 저장한다(활성화 레코드는 시스템이 해당 데이터를 서브루틴으로 호출할 때 생성되고, 서브루틴 호출이 종료될 때 소멸됨). 따라서 스택 영역의 메모리는 매우 자주 변경된다.

대부분의 CPU는 스택 포인터stack pointer라는 레지스터를 이용해서 스택을 구현하지만, 일부 CPU는 별도의 스택 포인터 없이 범용 레지스터로 스택을 구현하기도 한다. CPU에 스택 포인터 레지스터가 없는 경우 CPU가 하드웨어 스택hardware stack을 지원한다고 표현하고, CPU가 범용 레지스터를 사용하는 경우 CPU가 소프트웨어적으로 구현된 스택software implemented stack을 지원한다고 말한다. 80x86 계열은 하드웨어 스택을 지원하는 대표적인 CPU이고, MIPS Rx000 계열은 소프트웨어 기반 스택을 제공하는 대표적인 CPU이다.

하드웨어 스택을 사용하는 CPU는 소프트웨어 기반 스택을 사용하는 CPU보다 더 적은 수의 명령어를 사용해 스택의 데이터를 조작할 수 있다. 이에 대해 소프트웨어 기반 스택을 사용하는 RISC CPU의 설계자는 하드웨어 스택을 사용하면 전체 명령어의 실행 속도가 떨어진다고 주장한다. 이론적으로는 RISC 설계자의 주장이 맞을 수 있지만, 실제로 80x86은 현존하는 가장 빠른 CPU 중 하나이므로, CPU가 하드웨어 스택을 지원한다고 해서 반드시 속도가 느려진다고 볼 수는 없다.

11.8.6 힙 영역과 동적 메모리 할당

간단한 프로그램의 경우 정적 변수와 자동 변수만으로도 구현이 가능하지만, 복잡한 프로그램은 프로그램 제어하에서 수행 중에 동적으로 메모리를 할당하고 해제하는 기능이 필요하다. C나 HLA 언어의 경우 이를 위해 malloc 함수와 free 함수를 사용하고, C++는 new와 delete, 파스칼은 new와 dispose를 사용하며, 다른 언어도 이와 비슷한 기능을 지원한다.

이들 메모리 할당 루틴은 몇 가지 공통점을 지닌다. 프로그래머가 할당받으려는 메모리의 크기를 지정해서 요청하면, 루틴은 새로 할당된 메모리에 대한 포인터(메모리 주소)를 반환한다. 이후 이 메모리 영역이 더 이상 필요 없게 되면, 시스템에 반환할 수 있는 기능을 통해 새로운 메모리를 할당할 때 재활용할 수 있게 한다. 이와 같은 동적 메모리 할당 작업이 이뤄지는 메모리 영역이 바로 힙heap이다.

일반적으로 애플리케이션은 힙에 있는 데이터를 참조할 때 포인터 변수를 사용한다. 이때 포인터를 명시적으로 사용할 수도 있고 묵시적으로 사용할 수도 있다. 자바의 경우 포인터를 묵시적으로 사용한다. 힙 메모리에 있는 객체는 익명 변수anonymous variable라고 하는데, 객체의 이름을 통해 접근하는 것이 아니라 객체의 주소로 접근하기 때문이다.

운영체제와 애플리케이션은 프로그램이 실행되면 힙 영역heap section을 생성하지만, 힙은 결코 프로그램 실행 파일의 일부가 되지 않는다. 보통의 경우에는 운영체제와 런타임 라이브러리가 애플리케이션의 힙 영역을 관리한다. 메모리 관리 기법이 다양하지만, 힙의 할당과 해제 과정을 이해하는 것은 우수한 프로그램을 작성하는 데 큰 도움이 된다. 이는 힙 관리 기능을 잘못 사용하면 애플리케이션의 성능에 매우 나쁜 영향을 미치기 때문이다.

11.8.6.1 간단한 메모리 할당 기법

메모리를 할당하는 가장 간단한 방법은 메모리의 힙 영역을 가리키는 포인터 변수를 하나 만들어두고, 메모리 할당 요청이 들어올 때마다 시스템이 힙 포인터 변수의 값을 반환하도록 하는 것이다. 간단한 메모리 매니저는 하나의 변수(빈 포인터)가 힙을 가리키도록 한다. 메모리 할당 요청이 들어오면, 시스템은 이 힙 포인터의 사본을 만든 뒤 애플리케이션에 반환한다.

이어서 힙 관리 루틴이 포인터 변수에 저장된 주소에 메모리 요청 크기를 추가하면, 해당 메모리 요청이 힙에서 사용 가능한 것보다 더 많은 메모리를 요구하지 않는지 확인한다(메모리 요청이 너무 큰 경우, 일부 메모리 매니저는 NULL 포인터 등과 같은 에러를 반환하거나 예외 처리 메시지를 전송). 힙 관리 루틴이 빈 포인터를 증가시키면, 이전의 모든 메모리에는 '향후 요청에 대비한 사용 불가unavailable for future requests' 마크가 붙게 된다.

11.8.6.2 가비지 컬렉션

이와 같이 간단한 메모리 관리 방식의 문제점은 메모리를 낭비한다는 것이다. 애플리케이션이 더 이상 사용하지 않는 메모리를 해제할 수 있는 방법이 없으므로, 이후에 해당 메모리를 재사용할 수 없는 것이다. 힙 관리 시스템의 주된 목적 중 하나는 바로 가비지 컬렉션garbage collection이며, 애플리케이션이 더 이상 사용하지 않는 메모리를 회수한다.

가비지 컬렉션 기능을 지원할 때의 문제점은 오버헤드overhead가 생긴다는 것이다. 즉, 가비지 컬렉션 도입에 따라 메모리 관리 코드는 좀 더 복잡해지고 수행 시간도 길어진다. 또한 힙 관리 시스템이 별도의 내부 자료 구조를 유지하기 위해 더 많은 메모리를 사용해야 한다.

이제 가비지 컬렉션을 지원하는 간단한 힙 매니저의 구현 방법을 살펴보자. 이 시스템은 사용 가능한 메모리 블록을 연결 리스트 형태로 관리한다. 리스트의 각 노드는 두 개의 더블워드로 구성되며, 첫 번째 더블워드는 메모리 블록의 크기를 나타내고, 두 번째 더블워드는 다음 노드의 주소(포인터)를 저장한다. 그림 11-7을 살펴보자.

시스템은 힙을 초기화할 때 다음 노드를 가리키는 필드는 NULL 링크 포인터로 초기화하고, 크기를 나타내는 필드는 전체 힙의 크기로 설정한다. 메모리 할당 요청이 들어오면, 힙 관리 루틴은 우선 할당 요청을 처리할 만큼 충분한 크기의 메모리 블록이 있는지 검사한다. 이를 위해 힙 매니저는 리스트의 각 노드를 순회하면서 충분한 메모리를 갖고 있는 노드를 찾는다.

메모리 할당을 위한 블록 리스트 검색 방식은 힙 매니저의 중요한 특성이다. 가장 널리 사용되는 블록 리스트 검색 알고리듬으로는 '최초 발견 방식'과 '최적 발견 방식'이 있다. 최초 발견first-fit search 방식은 이름 그대로 할당 요청을 처리할 수 있을 만큼 큰 메모리 블록을 발견할 때까지 블록 리스트를 검색한다. 최적 발견best-fit search 방식은 전체 리스트를 조회해서 요청을 처리할 수 있는 메모리 블록 중 가장 크기가 작은 메모리 블록을 찾는다.

최적 발견 알고리듬의 장점은 최초 발견 알고리듬을 사용할 때보다 큰 메모리 블록을 더 많이 유지할 수 있으므로 시스템이 큰 블록의 메모리 할당 요청이 왔을 때 좀 더 잘 처리할 수 있다는 것이다. 반면에 최초 발견 알고리듬은 요청을 처리할 수 있는 더 작은 메모리 블록이 있는 상황에서도 무조건 처음 발견된 가능한 메모리 블록을 사용하게 되며,

결과적으로 크기가 큰 메모리 블록의 수가 줄어든다.

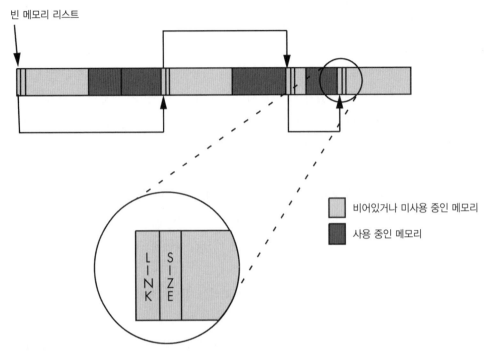

그림 11-7 빈 메모리 블록 리스트를 이용한 힙 관리

　　최초 발견 알고리듬은 최적 발견 알고리듬과 비교해서 몇 가지 장점이 있다. 우선, 최초 발견 알고리듬이 최적 발견 알고리듬보다 빠르다. 최적 발견 알고리듬은 할당 요청을 처리할 수 있는 가장 작은 블록을 찾기 위해 리스트의 모든 노드를 검색해야 하지만, 최초 발견 알고리듬은 요청을 처리할 수 있는 메모리 블록을 찾으면 즉시 검색을 중단한다.

　　최초 발견 알고리듬의 또 다른 장점은 외부 단편화external fragmentation가 상대적으로 덜 심해진다는 것이다. 단편화 현상은 메모리를 할당하고 반환하는 작업을 지속적으로 수행하고 나면 생기는 현상이다. 힙 매니저는 메모리 할당 요청을 처리할 때 두 개의 메모리 블록을 생성한다. 하나는 요청에 의해 반환될 메모리 블록이고, 다른 하나는 요청을 처리하고 난 후 기존 블록에 남아있는 바이트를 포함하는 메모리 블록이다.

　　최적 발견 알고리듬을 사용해서 한동안 메모리 할당 및 반환 요청을 처리하고 나면, 크기가 작은 메모리 블록이 많이 생기게 된다. 최적 발견 알고리듬을 사용하면 가능한 가장 작은 블록을 찾아서 요청을 처리하는데, 이렇게 되면 역시나 가능한 가장 작은 나머지 블록이 생기기 때문이다. 이 블록은 너무 작아서 평균 크기의 메모리 할당 요청도 처리하지 못할 수 있다. 그 결과, 힙 매니저는 이들 작은 메모리 단편을 프로그램에 할당할 수 없으므로 이들 블록은 계속해서 사용되지 않는 상태로 남아있게 된다.

비록 각각의 메모리 단편은 크기가 작다고 하더라도, 메모리 내에 있는 메모리 단편을 모두 합쳐보면 꽤 많은 영역을 차지할 수도 있다. 그 결과 메모리 요청을 처리할 수 있는 충분한 메모리가 있지만, 그 메모리가 힙 전체에 흩어져 있는 관계로 힙 매니저가 요청을 처리할 수 없는 상황이 생길 수 있다. 그림 11-8은 이러한 상황을 나타낸다.

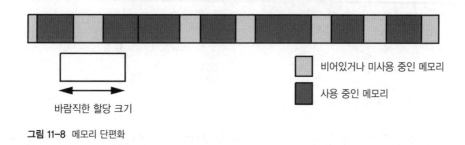

바람직한 할당 크기

비어있거나 미사용 중인 메모리

사용 중인 메모리

그림 11-8 메모리 단편화

메모리 할당 방식에는 최초 발견 알고리듬과 최적 발견 알고리듬 외에도 여러 가지가 있다. 이 중 어떤 방식은 더 빨리 수행되고, 어떤 방식은 메모리 오버헤드가 작고, 어떤 방식은 이해하기 쉽고, 어떤 방식은 매우 복잡하고, 어떤 방식은 단편화된 블록을 덜 생성하고, 어떤 방식은 비연속적인 메모리 블록들을 합쳐서 사용하는 기능을 제공하기도 한다.

메모리/힙 관리는 컴퓨터 과학 분야에서 가장 많이 연구된 주제 중 하나이므로, 어떤 메모리 할당 방식의 우수함에 대해 설명하는 많은 논문이 나와 있다. 따라서 메모리 할당 방식에 관한 더 많은 정보를 원한다면 운영체제 설계를 잘 설명한 서적을 참고하길 바란다.

11.8.6.3 할당된 메모리의 해제

메모리 할당은 분명 중요한 부분이지만, 메모리 관리에 관한 내용 중 일부일 뿐이다. 힙 매니저는 메모리 할당 외에도 애플리케이션이 더 이상 사용하지 않는 메모리를 반환해서 재사용할 수 있게 하는 기능을 제공해야 한다. 예를 들어 C와 HLA에서 애플리케이션은 free() 함수를 호출해 메모리를 반환한다.

언뜻 보기에 free() 함수는 매우 간단하게 구현할 수 있을 것 같다. 힙에 반환하려는 메모리 블록을 단순히 블록 리스트의 맨 뒤에 붙이기만 하면 되기 때문이다. 하지만 이렇게 단순하게 구현하면, 힙의 메모리가 금세 더 이상 사용할 수 없을 정도로 단편화된다는 문제가 있다.

그림 11-9의 경우를 살펴보자.

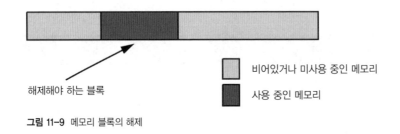

해제해야 하는 블록

비어있거나 미사용 중인 메모리

사용 중인 메모리

그림 11-9 메모리 블록의 해제

free() 함수를 이용해 힙 매니저를 단순하게 구현한다면 반환할 블록을 리스트의 맨 끝에 추가하게 되며, 그림 11-9의 경우 세 개의 메모리 블록이 만들어진다. 이때 이들 세 개의 블록은 연속적인 블록이므로, 힙 매니저는 이들 세 개의 블록을 하나의 블록으로 합칠 수 있다. 이렇게 하면 힙 매니저는 이후 큰 블록의 메모리 할당 요청이 오더라도 처리할 수 있게 된다. 하지만 이와 같은 작업 방식은 시스템에 반환되는 메모리 블록과 인접한 블록이 있는지 확인하고자 리스트를 검사한 후 메모리 블록을 합치는 작업을 할 수 있으며, 이에 따른 오버헤드가 발생한다.

비록 인접한 블록을 합치는 작업을 좀 더 빨리 수행하기 위한 데이터 구조를 사용할 수도 있지만, 보통 그러한 방식을 사용하기 위해서는 메모리 블록당 여덟 개 혹은 그 이상의 바이트를 추가로 할당해야 한다. 이 방식을 사용하는 것이 합리적인지 여부는 프로그램이 요청하는 메모리 블록의 평균 크기에 달려 있다. 애플리케이션이 작은 객체만을 할당해 사용한다면, 각각의 메모리 블록에 추가된 바이트는 상대적으로 많은 힙 영역을 차지하게 된다. 그러나 애플리케이션이 주로 크기가 큰 메모리 블록을 요청한다면, 메모리 블록의 부가적인 바이트는 그다지 문제가 되지 않는다.

11.8.6.4 운영체제와 메모리 할당

힙 매니저가 사용하는 알고리듬과 데이터 구조의 성능은 시스템 전체 성능의 문제에서 일부에 지나지 않는다. 결국 힙 매니저는 운영체제에게 메모리 블록을 요청해야 한다. 한 가지 가능한 구현 방식은 운영체제가 모든 메모리 할당 요청을 처리하게 하는 것이다. 또 다른 구현 방식은 힙 매니저가 런타임 라이브러리 루틴으로 애플리케이션에 연결되게 하는 것이다. 그리고 힙 매니저는 운영체제로부터 큰 메모리 블록을 할당받은 후에 애플리케이션으로부터 메모리 요청이 들어올 때마다 이 블록을 쪼개서 나눠준다.

메모리 할당을 운영체제에 직접 요청할 때 발생하는 문제는 운영체제 API의 호출이 매우 느리다는 것이다. 애플리케이션이 메모리를 요청할 때마다 운영체제의 함수를 호출하면 메모리 할당/반환 요청을 처리하느라 애플리케이션의 성능이 매우 저하될 것이다. 운영체제 API를 호출하면 CPU에서 커널 모드와 사용자 모드로 전환해야 하는데, 이로 인해 함수의 처리 속도가 매우 느려진다. 따라서 애플리케이션이 빈번하게 메모리 할당 혹은 반환 요청을 하는 경우, 운영체제가 직접 구현한 힙 매니저는 제대로 성능을 발휘하지 못하게 된다.

운영체제의 함수를 직접 호출할 때 발생하는 높은 수준의 오버헤드 때문에 대부분의 프로그래밍 언어는 자신만의 malloc()과 free() 함수를 런타임 라이브러리 내부에 구현하고 있다. 메모리를 빨리 할당하기 위해 malloc() 루틴은 운영체제로부터 거대한 메모리 블록을 할당받은 후, malloc()과 free() 루틴으로 이 메모리 블록을 직접 관리한다. malloc() 함수가 미리 할당받은 메모리 블록만으로 처리할 수 없는 경우, malloc() 함수는 다시 애플리케이션이 요청한 크기보다 더 큰 메모리 블록을 운영체제로부터 할당받은 후 새 블록을 블록 리스트에 추가한다. 애플리케이션이 malloc()과 free() 함수를 사용하면 운영체제의 함수는 가끔 호출되므로, 운영체제 함수 호출 오버헤드는 상당히 줄어든다.

대부분의 힙 관리 함수가 일반적인 프로그램의 요청을 잘 처리하기는 하지만, 이와 같은 프로시저는 구현 방식과 언어에 따라 성능이 크게 달라진다. malloc()과 free() 함수만으로 고성능의 소프트웨어를 구현할 수 있다고 생각해서는 안 되며, 고성능의 힙 매니저를 구현하는 가장 좋은 방법은 여러분의 애플리케이션에 최적화된 할당 및 해제 루틴을 직접 만드는 것이다. 그러한 루틴을 작성하는 방법은 이 책의 범위를 벗어나는 내용이지만, 이러한 가능성을 염두에 두길 바란다.

11.8.6.5 힙 메모리 오버헤드

힙 매니저는 성능(실행 속도)과 메모리(저장 공간) 측면에서 두 가지 오버헤드를 지니며, 지금까지는 주로 힙 매니저의 성능과 관련된 특징들만 다뤘다. 이제부터는 힙 매니저의 메모리 오버헤드에 대해 알아본다.

시스템이 할당하는 각각의 블록은 오버헤드 때문에 애플리케이션이 요청한 크기보다 더 많은 메모리를 요구한다. 최소한 힙 매니저는 할당된 블록의 크기를 추적하기 위해 블록당 몇 바이트를 추가로 필요로 한다. 고성능의 설계된 방식에서는 이보다 더 많은 추가 바이트가 필요하지만, 보통 오버헤드 바이트는 4~16바이트의 크기를 가진다. 힙 매니저는 이러한 정보를 별도의 내부 테이블에 저장할 수도 있고 할당하는 블록에 직접 저장할 수도 있다.

이러한 정보를 내부 테이블에 저장하는 방식은 두 가지 장점이 있다. 첫째, 애플리케이션이 실수로 블록에 저장된 정보를 겹쳐 쓰는 일이 거의 발생하지 않는다. 이와 달리 힙 메모리에 데이터를 저장하면 애플리케이션에서 버퍼 오버런overrun이나 버퍼 언더런underrun이 발생했을 경우, 버퍼에 저장된 메모리 관리와 관련된 데이터 구조가 손상되는 상황을 막을 수 없다. 둘째, 메모리 관리 정보를 내부 데이터 구조에 저장하면 메모리 관리자는 어떤 포인터가 유효한 포인터인지 알 수 있다. 즉, 어떤 포인터가 힙 매니저가 할당한 메모리 블록을 가리키는지 여부를 확인할 수 있다.

힙 매니저가 할당하는 각각의 블록에 제어 정보를 추가하면 이러한 정보를 매우 쉽게 찾을 수 있다. 메모리 관리자는 주로 이 정보를 할당된 블록 앞부분에 위치시키기 때문이다. 반면에 힙 매니저가 이 정보를 내부의 테이블에 저장하면, 이 정보를 따로 검색해야 하는 불편함이 생기게 된다.

힙 매니저의 오버헤드에 영향을 미치는 또 다른 속성은 할당 정밀도allocation granularity다. 대부분의 힙 매니저는 1바이트 단위로 메모리 블록을 할당하지만, 대부분의 메모리 매니저는 메모리를 할당할 때 1바이트 이상의 바이트를 최소 단위로 한다. 이러한 최소 단위의 메모리 크기를 메모리 관리자가 지원하는 할당 정밀도라고 한다.

일반적으로 메모리 할당 함수를 설계하는 엔지니어는 모든 객체가 메모리에 일정한 방식으로 정렬되도록 할당 정밀도를 결정한다. 대부분의 힙 매니저는 메모리 블록을 4, 8, 16바이트 단위로 할당하는 반면, 다수의 힙 매니저는 더 높은 성능을 위해 일반적인 캐시 라인의 크기에 맞춰서 16, 32, 64바이트 단위로 메모리를 할당한다.

구체적인 정밀도에 상관없이 애플리케이션은 힙 매니저가 지원하는 최소 블록 크기보다 작은 블록을 요청할 수도 있고, 최소 블록 크기의 배수가 아닌 크기의 메모리를 요청할 수도 있다. 이 경우에 힙 매니저는 할당하는 메모리 블록에 바이트를 추가해서 전체 블록의 크기가 정밀도의 배수가 되게 한다. 따라서 지정된 정밀도에 맞추기 위해 각각의 할당된 불록에는 요청한 것보다 많은 바이트가 포함될 수도 있다.

물론 이들 바이트의 크기는 힙 매니저에 따라 다르고, 같은 힙 매니저라 하더라도 버전에 따라 달라질 수 있다. 따라서 애플리케이션은 요청한 것보다 더 많은 메모리가 할당됐을 것이라는 가정하에 작동돼서는 안 된다. 만약 더 많은 바이트가 필요하다면, 처음에 요청할 때부터 더 많은 바이트를 요청해야 한다.

힙 매니저가 블록의 크기를 정밀도의 배수로 맞춰 할당하기 위해 더 많은 메모리를 할당하는 과정에서 내부 단편화internal fragmentation라는 또 다른 종류의 단편화가 발생한다. 외부 단편화와 마찬가지로, 내부 단편화 메모리는 시스템이 다른 메모리 요청을 처리할 때 사용할 수 없을 만큼 작게 단편화된 메모리 영역이다. 만약 임의의 크기로 메모리를 할당한다면, 내부 단편화된 메모리의 평균적인 크기는 정밀도의 반이 된다. 하지만 다행히도 대부분의 메모리 매니저가 사용하는 정밀도의 크기는 꽤 작기 때문에(16바이트 이하), 수천 번 메모리를 할당한 후라고 하더라도 단지 수십 킬로바이트의 내부 단편화 메모리가 생성된다.

할당 정밀도와 메모리 관리 정보로 인한 오버헤드 때문에 메모리 요청을 처리하기 위해서는 일반적으로 애플리케이션이 요청한 메모리 크기보다 4~16바이트 더 많은 메모리가 필요하다. 수백에서 수천 바이트 정도에 달하는 큰 메모리의 할당을 요청하는 경우, 오버헤드 바이트는 상대적으로 적은 영역을 차지한다. 그러나 크기가 작은 객체를 많이 할당한다면, 내부 단편화와 제어 정보로 낭비되는 메모리의 크기가 힙의 많은 영역을 차지하게 된다.

예를 들어, 힙 매니저가 항상 4바이트 경계에 맞춰서 메모리를 할당하고 제어 정보를 위해 4바이트를 사용하는 경우를 가정해보자. 4바이트를 사용하는 경우, 힙 매니저가 할당할 수 있는 메모리의 최소 크기는 8바이트다. 이 경우 만약 한 바이트를 할당하기 위해 지속적으로 malloc() 함수를 호출한다면, 애플리케이션은 할당된 메모리의 88%를 사용할 수 없게 된다. 4바이트를 할당하기 위해 `malloc()` 함수를 호출하는 경우에도 전체 메모리의 67%가 오버헤드로 사용된다. 이와 달리, 평균 256바이트 크기로 메모리를 할당받으면 오버헤드는 전체 메모리의 단 2%만 차지할 것이다. 따라서 애플리케이션이 할당받는 메모리의 크기가 클수록 제어 정보와 내부 단편화가 힙에 미치는 영향이 줄어든다는 점을 기억하자.

컴퓨터 과학 저널을 보다 보면, 메모리 할당 및 해제가 시스템의 성능에 미치는 영향을 다룬 연구 논문을 다수 확인할 수 있다. 연구 내용을 살펴보면, 표준 런타임 라이브러리나 운영체제 커널의 메모리 할당 코드를 호출하지 않고 논문의 저자가 단순화되고 애플리케이션에 특화된 메모리 관리 알고리듬을 직접 구현해 100% 이상의 성능 향상을 얻게 된 사례를 종종 볼 수 있다. 이번 절이 여러분의 코드에 포함된 잠재적인 메모리 문제를 해결하는 데 도움이 되길 바란다.

11.9 참고 자료

Hennessy, John L., and David A. Patterson. *Computer Architecture: A Quantitative Approach*. 5th ed. Waltham, MA: Elsevier, 2012.

12

입력 및 출력 장치

일반적인 프로그램의 세 가지 주요 작업은 입력, 연산, 출력이다. 지금까지는 연산 작업에 초점을 맞춰왔으나 12장에서는 입력과 출력에 대해 알아본다.

12장은 애플리케이션의 파일 및 문자 입출력이 아니라 CPU의 입출력(I/O) 작업에 초점을 맞춘다. CPU가 외부 세계와 데이터를 주고받는 과정을 세부적으로 살펴보고, 입출력의 성능과 관련된 중요 요소를 중점적으로 알아본다. 모든 하이레벨 입출력 동작은 결국 CPU 등과 같은 로우레벨의 입출력을 통해 수행되므로, 효율적으로 외부와 통신하는 프로그램을 작성하려면 컴퓨터 시스템의 하위 수준 입출력이 어떻게 작동하는지 반드시 숙지해야 한다.

12.1 컴퓨터 외부로 CPU 연결하기

로우레벨 I/O 시스템에서 유의해야 할 점은 입출력 방식이 하이레벨 프로그래밍 언어를 이용한 입출력과 매우 다르다는 것이다. 로우 레벨의 입출력 작업에서는 파스칼의 writeln, C++의 cout, C의 printf 또는 HLA의 stdin/stdout과 같은 기계어를 찾아볼 수 없다. 사실 대부분의 입출력 기계어는 80x86의 mov 명령과 비슷하다. 데이터를 출력 장치에 보낼 때 CPU가 데이터를 특정 메모리 번지로 이동시키는 것과 마찬가지로, 데이터를 입력 장치에서 읽을 때 CPU는 장치의 주소에서 CPU로 데이터를 이동시킨다. 데이터 입출력 명령은 대기 상태wait state가 좀 더 많다는 것만 제외한다면 메모리의 읽기, 쓰기 명령과 상당히 유사하다.

입출력 포트port는 CPU를 위해 각 포트가 제공하는 기능에 따라 입력 전용 포트, 출력 전용 포트, 입출력 겸용 포트, 이중 입출력 포트, 양방향 포트 등 다섯 가지로 나눌 수 있다.

입력 전용 포트read-only port는 입력 작업만을 위한 포트이며 CPU가 포트를 통해 데이터를 읽을 준비가 된 경우 컴퓨터 시스템의 외부에 있는 장치로부터 데이터를 전달받을 수 있다. 입력 전용 포트에서 쓰기 연산을 할 경우 하드웨어가 이를 무시하기는 하지만, 입력 전용 포트로 데이터를 쓰는 것은 바람직하지 않다. 어떤 장치에서는 입력 전용 포트에 쓰는 것 자체가 불가능하다. 대표적인 입력 전용 포트로는 IBM PC의 병렬 프린터 인터페이스의 상태 포트status port가 있다. 프린터는 이 포트를 통해 자신의 상태를 지속적으로 전달하지만, 이 포트에 대한 쓰기 시도는 모두 무시한다.

출력 전용 포트write-only port는 출력 작업만을 위한 포트이며, CPU는 외부 장치에서 데이터를 사용할 수 있도록 데이터를 포트에 실어서 전송한다. 출력 전용 포트로부터 데이터를 읽으면, CPU는 그 순간 데이터 버스에 있는 가비지 값garbage value을 읽어온다. 출력 포트는 외부 세계로 데이터를 보낼 때 임시로 데이터를 저장하기 위한 래치latch를 갖고 있다. CPU가 출력 포트 주소와 연결된 래치에 데이터를 쓰면, 래치는 데이터를 지니고 있다가 외부 장치에서 데이터를 가져갈 수 있게 한다(그림 12-1 참조).

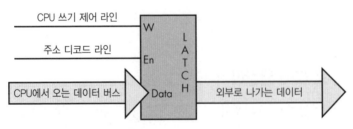

그림 12-1 전형적인 쓰기 전용 포트

대표적인 출력 포트로는 병렬 프린터 포트parallel printer port가 있다. CPU는 컴퓨터 케이스의 뒷면에 있는 DB-25F 커넥터를 통해 ASCII 문자를 전송하고, 이 데이터는 케이블을 통해 프린터에 전달된다. 이때 프린터의 입장에서 보면 프린터 포트가 입력 포트가 되며, 프린터 내부에 있는 CPU는 ASCII 문자를 연속된 점 형식으로 종이에 출력한다.

출력 포트는 출력 전용 또는 입출력 겸용 포트로 사용될 수 있다. 예를 들어 그림 12-1의 출력 포트는 출력 전용 포트다. 래치latch의 출력은 CPU의 데이터 버스로 입력되지 않기 때문에 CPU는 래치가 담고 있는 데이터를 읽을 수 없다. 래치가 동작하기 위해서는 주소 디코드 라인(En)과 쓰기 제어 라인(W)이 모두 활성화돼야 한다. CPU가 래치의 주소에 있는 데이터를 읽으려 한다면, 주소 디코드 라인은 활성화되고 쓰기 제어 라인은 비활성화되기 때문에 래치는 동작하지 않는다.

입출력 겸용 포트read/write port 역시 일종의 출력 포트이지만, CPU는 입출력 겸용 포트에서 데이터를 읽고 쓸 수 있다. CPU가 포트로부터 데이터를 읽을 때는 직접 외부에서 데이터를 읽어오는 것이 아니라 그 포트에 마지막으로 쓰여진 데이터를 읽게 된다.[1]

그림 12-2는 전형적인 입출력 겸용 포트를 보여준다.

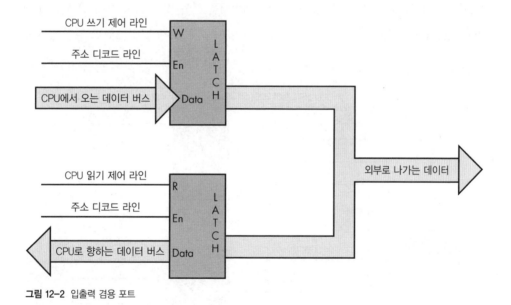

그림 12-2 입출력 겸용 포트

---

1   보통 '주변 장치(peripheral device)'는 컴퓨터 외부의 장치를 뜻하지만, 이 책에서는 CPU와 메모리를 제외한 모든 장치를 의미한다.

위 그림에서 보듯이 출력 포트에 기록된 데이터는 두 번째 래치로 반환되고, 주소 버스에 있는 이들 두 래치의 주소는 주소 디코드 라인에 삽입된다. 따라서 두 래치 중 하나를 선택하기 위해 CPU는 읽기 또는 쓰기 라인을 삽입해야 한다. 읽기 라인을 삽입하면 아래에 있는 래치가 활성화된다. 이는 CPU 데이터 버스에 있는 출력 포트에 앞서 쓰여진 데이터를 입력해 CPU가 해당 데이터를 읽을 수 있도록 한다.

그림 12-2에 있는 포트는 실제 외부 장치로부터 데이터를 읽어오는 입력 포트가 아니다. CPU는 래치로부터 데이터를 읽을 수 있지만, 이 회로는 애플리케이션이 포트에 출력한 데이터를 확인하는 역할만 한다. 외부 커넥터external connector에 있는 데이터는 출력만이 가능하며, 실제로 입력 장치를 이 포트에 연결할 수는 없다.

이중 입출력 포트dual I/O port는 읽고 쓰는 것이 모두 가능한 포트다. 앞서 살펴본 입출력 겸용 포트와의 차이점이라면, 이중 포트에서 데이터를 읽어오면 포트에 마지막으로 쓰여진 데이터를 읽어오는 것이 아니라 외부 입력 장치에서 직접 읽어온다는 것이다. 또한 이중 포트에 데이터를 쓰면, 쓰기 전용 포트에 데이터를 쓰는 것과 같이 실제 외부 출력 장치에 데이터를 전송한다. 그림 12-3은 이중 입출력 포트와 시스템의 연결 방식을 보여준다.

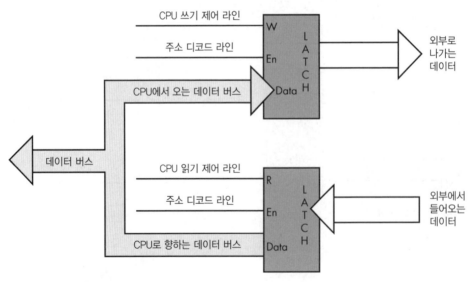

그림 12-3 이중 입출력 포트

이중 입출력 포트는 동일한 포트 주소를 사용하는 '입력 전용' 포트와 '출력 전용' 포트로 구성된다. 읽기 작업은 입력 전용 포트에 접근하기 위한 것이고, 쓰기 작업은 출력 전용 포트에 접근하기 위한 것이다. 이런 구조에서는 데이터를 읽고 쓰는 작업을 구분하기 위해 읽기 제어 라인(R)과 쓰기 제어 라인(W)이 필요하다.

마지막으로, 양방향 포트bi-directional port는 CPU가 외부 장치에 데이터를 동시에 읽고 쓰도록 한다. 이를 위해 양방향 포트에서는 읽기/쓰기 제어 라인과 같은 다양한 제어 라인이 주변 장치까지 연결돼 있어야 한다. 주변 장치는 CPU의 입출력 요청에 따라 데이터의 방향을 바꿀 수 있다. 양방향 포트는 양방향 래치나 버퍼를 사용한 CPU 버스의 확장이라 할 수 있다.

일반적으로 주변 장치는 다양한 입출력 포트를 사용할 수 있다. 예를 들어 PC의 병렬 프린터 포트는 입출력 포트, 입력 전용 포트, 출력 전용 포트라는 세 가지 포트를 사용한다. 입출력 포트는 포트에 마지막으로 쓰여진 ASCII 데이터를 읽어오고, 입력 포트는 프린터가 문자를 받아들일 준비가 됐는지, 혹은 현재 오프라인 상태인지 등의 정보를 담은 프린터 제어 정보를 읽어오며, 출력 포트는 제어 정보를 프린터에 전송한다.

최신 모델의 PC에서는 데이터 전송 포트가 병렬적으로 데이터를 주고받는 양방향 포트로 대체됐다. 양방향 데이터 포트는 PC의 병렬 포트에 연결된 장치(디스크와 테이프 장치 등)의 전송 성능을 높인다. 물론 최신 PC는 USB 포트를 통해서도 프린터와 소통하며, 하드웨어 측면에서는 기존 포트와 매우 다른 방식으로 작동한다.

12.2 시스템에 포트를 연결하는 다른 방법

지금까지의 예를 살펴보면, CPU는 데이터 버스를 통해서만 주변 장치와 읽기, 쓰기 연산을 수행하는 것 같다. 물론 CPU가 입력 포트에서 데이터를 읽을 때 보통 데이터 버스를 사용하기는 하지만, 출력 포트에 데이터를 쓸 때 항상 데이터 버스를 이용하지는 않는다. 데이터를 포트에 쓰는 방법 대신 포트 주소에 접근해 데이터를 출력하는 방법도 상당히 자주 사용된다. 그림 12-4는 'S/R 플립플롭'을 이용해 이를 구현한 간단한 예를 보여준다.

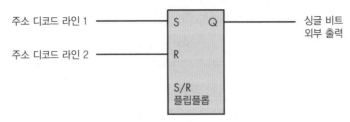

그림 12-4 출력 포트에 직접 접속해 데이터를 출력하는 방식

이 회로에서 주소 디코더^{address decoder}는 두 개의 주소를 해석한다. 이때 첫 번째 주소에 대한 읽기, 쓰기를 하면 출력 단자는 활성 상태(high = 1)가 되고, 두 번째 주소에 대해 읽기, 쓰기를 하면 출력 단자는 비활성 상태(clear = 0)가 된다. 이 회로는 CPU의 데이터 라인과 입출력 제어 신호를 고려하지 않으며, 단지 CPU가 두 개의 주소 중 어느 쪽에 접근하는지에만 관심을 둔다.

시스템에 출력 포트를 연결하는 또 다른 방법은 입출력 제어 라인을 'D 플립플롭' 데이터 입력으로 연결하는 것이다. 그림 12-5는 이 장치를 구현하는 방법을 보여준다. 이 회로는 읽기 시도는 출력 포트의 비트 값을 '0'으로 만들고, 쓰기 시도는 출력 포트의 비트 값을 '1'로 만든다. 읽기 제어 라인은 특정 주소에 쓰기 작업을 할 때 HIGH 상태가 된다.

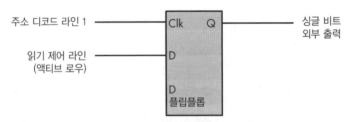

그림 12-5 출력 포트에 읽기/쓰기 제어 신호를 보내 데이터를 출력하는 방식

위 두 예제는 데이터 버스를 사용하지 않고 주변 장치를 CPU에 직접 연결하는 간단하면서도 흥미로운 사례다. 다음 절부터는 CPU가 데이터 버스를 이용해 데이터를 읽고 쓰는 방식을 알아본다. 데이터 버스를 통해 하드웨어 비용은 감소시키고 성능은 향상시킬 수 있다.

12.3 I/O 메커니즘

컴퓨터 시스템이 주변 장치와 통신하는 방법은 메모리 맵memory-mapped 방식, I/O 맵 I/O-mapped 방식, 직접 메모리 접근DMA, Direct Memory Access 방식 등 세 가지가 있다.

메모리 맵 입출력 방식은 CPU의 메모리 영역 내 특정 영역을 사용해 주변 장치와 통신을 하고, I/O 맵 입출력 방식은 지정된 장치의 주소 영역을 기계어로 조작해 주변 장치와 통신을 한다. 반면에 직접 메모리 접근, 즉 DMA 방식은 메모리 맵 입출력의 특수한 형태로서 CPU의 개입 없이 메모리와 주변 장치가 통신을 한다. 이들 세 가지 통신 방식은 각각 나름의 장단점을 지닌다.

보통의 경우 주변 장치를 컴퓨터 시스템에 연결하는 방식은 하드웨어 엔지니어의 설계 과정에서 결정되며, 소프트웨어 엔지니어가 이 과정에서 하는 역할은 거의 없다. 하지만 소프트웨어 엔지니어가 CPU와 주변 장치의 자세한 입출력 메커니즘을 구체적으로 알고 있다면, 애플리케이션의 입출력 성능을 최대로 높일 수 있을 것이다.

12.3.1 메모리 맵 입출력 방식

메모리 맵 기반 입출력 장치는 메모리처럼 CPU의 주소와 데이터 라인에 직접 연결된다. 따라서 CPU가 특정 주변 장치와 연계된 메모리에서 데이터를 쓰거나 읽으면, CPU는 장치 간에 데이터를 전송할 수 있다. 이 방식은 다수의 장점과 소수의 단점을 지닌다.

메모리 맵 입출력 방식의 주요 장점은 CPU가 메모리에서 수행하는 mov 등의 명령을 입출력에도 그대로 사용할 수 있다는 것이다. 예를 들어 여러분이 입출력 겸용 포트 혹은 양방향 포트에 접근하려 한다면, 80x86의 읽기/변경하기/쓰기 명령을 add라는 명령을 이용해서 하나의 명령 주기로 수행할 수 있다. 물론 포트가 입력 전용 또는 출력 전용 포트일 경우에는 이런 명령어를 쓸 수 없다.

메모리 맵 입출력 방식의 단점은 CPU의 메모리 맵 공간을 차지한다는 것이다. 즉, 주변 장치가 사용하는 메모리 공간만큼 주기억 장치용 메모리 공간이 줄어들게 되는 것이다. 일반적으로 주변 장치에 할당할 수 있는 최소 메모리 크기는 메모리의 페이지 크기와 같다(80x86의 경우 4,096바이트). 일반적인 PC는 최대 20여 개의 장치를 지원하므로 이는 큰 문제가 되지 않지만, 비디오 카드와 같이 큰 주소 영역을 차지하는 장치가 시스템에 추가될 경우에는 문제가 될 수도 있다. 일부 비디오 카드의 경우 1~32GB의 온보드 메모리를 탑재하고 있으며, 이 용량만큼의 주기억 장치 영역이 비디오 카드에 할당되기 때문에 시스템이 1~32GB의 RAM 메모리 공간을 사용할 수 없게 된다(이는 64비트 프로세서에서는 큰 문제가 되지 않을 수 있다).

I/O와 캐시

CPU는 메모리 맵 I/O 포트를 위해 캐시 서브시스템을 사용할 수 없다. 캐시에 입력 포트 데이터를 저장하면 이후에 입력 요청이 있을 때 입력 포트에서 데이터를 다시 읽지 않고 캐시에 저장된 값을 읽게 되며, 이 경우 데이터의 변경 사항을 반영할 수 없기 때문이다. 또한 나중에 쓰기 캐시 (write-back cache) 메커니즘을 사용할 경우, CPU가 데이터를 실제 출력 포트에 쓰지 않고 캐시에만 써서 출력 포트에 데이터가 전달되지 않을 수 있다. 이런 문제를 피하기 위해 특정 메모리 영역에 대한 입출력 데이터는 캐시를 사용하지 않도록 CPU에 알려줘야 한다.

이런 문제는 CPU의 메모리 관리 서브시스템으로 해결할 수 있다. 예를 들어 80x86의 페이지 테이블에는 CPU가 각 페이지별로 메모리에 캐싱을 할 것인지 설정하는 항목이 있다. 이 항목에 특정 포트의 데이터가 포함돼 있으면 캐시가 사용될 것이고, 설정되지 않으면 캐시가 사용되지 않게 된다.

12.3.2 I/O 맵 입출력 방식

I/O 맵 입출력 방식은 장치 접근을 위해 특수한 메모리 영역을 사용하고 접근에 특화된 기계어를 사용한다는 점에서 메모리 맵 입출력 방식과 다르다. 예를 들어 80x86 CPU는 이를 위해 in 명령과 out 명령을 사용한다. 이 명령은 mov 명령과 비슷하지만, 주변 장치에 존재하는 특수한 메모리 영역의 데이터를 주고받는다는 특징이 있다. I/O 맵 입출력 방식을 지원하는 프로세서는 I/O 맵 영역과 주기억 장치 영역에 접근할 때 동일한 물리적 주소 버스를 사용한다.

CPU는 추가 제어 라인을 통해 현재 명령이 I/O 맵 영역에 접근하는 것인지, 아니면 주기억 장치 영역에 접근하는 것인지 구분한다. 이는 I/O 맵 입출력 방식을 지원하는 CPU에서는 메모리 맵 입출력 방식 역시 사용할 수 있다는 것을 의미한다. 즉, CPU에 I/

O 맵 입출력 방식을 위해 사용할 주소 공간이 부족한 경우, I/O 맵 입출력 대신에 메모리 맵 입출력 방식을 사용할 수 있다. PC에 장착된 비디오 카드도 이렇게 작동한다.

오늘날 80x86 PC는 PCI 버스(혹은 향상된 표준)와 메인보드에 장착된 특수한 칩을 이용해서 I/O 주소를 주기억 장치의 영역으로 다시 매핑한다. 이를 통해 프로그램은 I/O 맵 장치에 접근할 때 I/O 맵 입출력뿐만 아니라 메모리 맵 입출력 방식도 이용할 수 있다.

12.3.3 DMA, 직접 메모리 접근 방식

앞서 살펴본 메모리 맵 입출력과 I/O 맵 입출력 방식은 '프로그램 I/O$^{programmed\ I/O}$'라고 부르며, 이는 주변 장치와 메모리 간의 데이터 전송을 위해 CPU가 개입해야 한다는 의미다. 예를 들어 이들 두 방식을 이용해 입력 포트로부터 10바이트의 데이터를 읽어 메모리에 저장하는 경우, CPU는 1바이트씩 입력 포트에서 데이터를 읽어 메모리에 저장하는 작업을 열 번 반복한다.

고성능 I/O 장치를 사용하더라도, CPU가 한 번에 1바이트(워드 또는 더블워드)를 처리하는 방식으로는 빠른 속도를 낼 수 없다. 하지만 이 같은 고성능 장치는 CPU 버스에 연결된 인터페이스를 지니고 있으며, 직접 메모리에 접근해서 읽기와 쓰기 작업을 수행할 수 있다. 이 방식은 CPU의 제어 없이 주변 장치가 메모리에 바로 접근하므로 '직접 메모리 접근$^{DMA,\ Direct\ Memory\ Access}$' 방식이라 부른다. DMA 방식을 사용하면, 주변 장치가 입출력 작업을 수행하는 동안에도 CPU는 다른 연산을 수행할 수 있으므로 전체 성능이 향상된다. 단, CPU와 DMA 장치가 동시에 주소 버스나 데이터 버스에 접근할 수는 없으므로 동시 처리 작업의 수는 제한된다.

I/O 장치가 버스를 사용 중인 경우, CPU는 실행하려는 프로그램 코드와 데이터가 캐시에 저장된 작업만 처리할 수 있다. 그러나 CPU가 DMA 작업이 끝날 때까지 연산을 멈추고 기다리더라도 DMA를 사용하는 편이 훨씬 빠르다. 왜냐하면 I/O 맵 혹은 메모리 맵 입출력 방식은 CPU가 버스에 접근해 데이터를 가져올 때 명령을 메모리에서 가져오고 입출력을 직접 처리하는 등, 훨씬 더 많은 부하가 발생하기 때문이다.

DMA 제어기$^{DMA\ controller}$는 메모리와 주변 장치를 연결하는 회로와 두 개의 카운터로 구성된다. 첫 번째 카운터는 주소 레지스터로 사용되며 주소 버스에 주소 정보를 전송한다. 두 번째 카운터는 전송해야 할 데이터의 개수 정보를 저장한다. 주변 장치가 메모리와 데이터를 주고받으려고 할 때마다 주변 장치는 DMA 제어기에 신호를 보내서 주소 카운터에 주소 값을 전송한다. DMA 제어기와 통신하는 과정에서 주변 장치는 입력 명령을 받으면 메모리에 입력할 데이터를 데이터 버스에 보내고, 출력 명령을 받으면 메모리에서 읽어온 데이터를 주변 장치로 전송한다.[2]

데이터 전송이 성공적으로 끝나면 DMA 제어기는 주소 레지스터를 증가시키고 전송 카운터를 감소시킨다. 이 작업은 전송 카운터가 '0'이 될 때까지 계속된다.

12.4 I/O 속도의 계층 구조

데이터 전송 속도[data transfer rate]는 주변 장치의 종류에 따라 다르다. 키보드와 같이 느린 장치는 CPU보다 훨씬 느리게 데이터를 전송하는 반면, SSD와 같은 장치는 CPU가 처리할 수 있는 것보다 더 빠른 속도로 데이터를 전송할 수 있다. I/O 작업 등과 같이 적절한 속도로 데이터를 전송하는 프로그램을 작성하기 위해서는 주변 장치의 전송 속도와 관련된 내용부터 잘 알아야 한다.

I/O 작업을 위한 최적의 코드 작성 방법을 소개하기에 앞서 주변 장치의 전송 속도와 관련된 용어부터 살펴보자.

저속 장치: CPU가 처리할 수 있는 속도보다 훨씬 느린 속도로 데이터를 주고받는 장치다. 여기에서는 구분을 위해 CPU가 처리할 수 있는 속도의 1/1000 미만의 느린 속도로 데이터를 처리하는 장치를 저속 장치라고 부른다.

중속 장치: CPU가 처리할 수 있는 속도와 비슷한 속도로 데이터를 처리할 수 있는 장치다. 대략 CPU가 처리할 수 있는 속도의 1/1000~1배의 속도로 처리할 수 있는 장치다(프로그램 I/O 등).

고속 장치: CPU가 프로그램 I/O 방식으로 처리할 수 있는 속도보다 훨씬 빠른 속도로 데이터를 처리할 수 있는 장치다.

---

2   여기서 '입력', '출력'은 개별 장치의 입장이 아니라 컴퓨터 시스템의 입장에서 본 것이다. 따라서 장치는 입력 작업 동안 데이터를 쓰고 출력 작업 동안 데이터를 읽는다.

주변 장치의 속도는 그 장치에 접근할 때 사용되는 입출력 메커니즘에 의해 결정된다. 고속 장치는 속도가 느린 프로그램 I/O 대신 DMA를 사용한다. 중속 및 저속 장치는 I/O의 세 가지 방법 중에 적절한 것을 사용할 수 있다(대부분의 저속 장치는 하드웨어 단가 문제로 DMA를 지원하지 않음).

보통의 버스 아키텍처에서 CPU는 1마이크로초(100만 분의 1초)보다 짧은 시간에 데이터를 전송할 수 있다. 그러므로 고속 장치는 1마이크로초보다 빠른 시간에 한 단위의 데이터를 전송할 수 있고, 중속 장치는 1~100마이크로초에 데이터를 전송할 수 있다. 저속 장치는 한 번 전송에 100마이크로초 이상의 시간이 걸린다. 물론 이런 속도에 대한 기준은 시스템에 따라 다르다. 빠른 CPU와 빠른 버스를 지닌 시스템에서는 중속 장치에 대한 기준 속도가 좀 더 높다.

이때 주의할 점은 전송 속도가 1마이크로초라고 해서 초당 1MB를 전송하는 것은 아니라는 점이다. 주변 장치는 실제로 한 번의 전송 작업에서 1바이트보다 많은 데이터를 보낼 수 있다. 예를 들어 80x86의 in(dx, eax); 명령의 경우 주변 장치는 한 번에 4바이트를 주고받을 수 있다. 그러므로 이 장치가 1마이크로초당 한 번 전송할 수 있다면, 이 장치의 전송 속도는 초당 4MB가 된다.

12.5 시스템 버스와 데이터 전송 속도

6장에서는 CPU가 시스템 버스를 이용해 메모리와 I/O 장치 사이에서 데이터를 주고받는 것을 살펴봤다. 만약 컴퓨터를 분해해봤거나 시스템의 사양을 자세히 읽어본 사람이라면, 컴퓨터 시스템 버스에 대해 PCI, ISA, EISA, NuBus라는 용어를 사용하는 것을 본적이 있을 것이다. 12장에서는 CPU의 버스와 이들 외부 버스와의 관계를 살펴보고, 이들 버스가 컴퓨터 시스템의 성능에 미치는 영향을 알아본다.

하나의 컴퓨터 시스템에도 여러 종류의 버스가 포함된다. 그러므로 소프트웨어 엔지니어는 주변 장치가 지원하는 버스를 고려해서 주변 장치를 선택할 수 있고, 특정 버스의 성능을 극대화하기 위해 버스마다 서로 다른 최적화 기법을 적용해 프로그램을 작성할 수 있다. 소프트웨어 엔지니어는 특정 컴퓨터 시스템에 어떤 버스를 적용할지 결정할 수는 없지만, 자신이 원하는 버스를 지닌 시스템을 선택할 수 있다.

컴퓨터 시스템 버스 중 PCI^{Peripheral Component Interconnect}, ISA^{Industry Standard Architecture} 등은 컴퓨터 시스템 내부의 물리적인 커넥터에 대한 규약이며, 여기에는 전자 신호(커넥터 핀)와 물리적 구조(커넥터 레이아웃), 데이터 전송 프로토콜 등이 포함돼 있다. 이들 버스는 주소, 데이터, 제어 라인으로 구성되는 CPU의 로컬 버스^{local bus}와 관련이 있으며, 주변 장치 버스의 신호 중 상당수는 CPU 버스의 신호와 같다.

그러나 주변 장치 버스가 반드시 CPU 버스와 같은 것은 아니며, 주변 장치 버스의 라인 중에는 CPU 버스에 연결될 수 없는 주소 라인도 존재한다. 예를 들어 ISA 버스는 24개의 주소 라인을 제공하는 반면, 인텔과 AMD의 x86-64는 40~52개의 주소 라인을 제공한다. 여러 주변 장치는 서로 다른 로컬 버스를 사용하도록 설계돼 있다. 그림 12-6은 전형적인 컴퓨터 시스템 내부의 PCI 및 ISA 버스의 구조를 보여준다.[3]

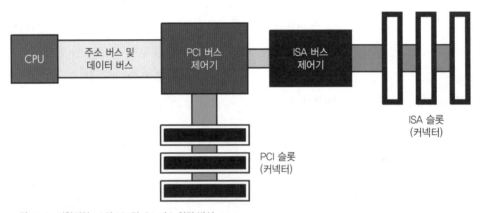

그림 12-6 전형적인 PC의 PCI 및 ISA 버스 연결 방식

위 그림에서 CPU의 주소 버스와 데이터 버스가 PCI 버스 자체가 아닌 PCI 버스 제어기 주변 장치와 연결돼 있다는 사실에 주의한다. PCI 버스 제어기는 2세트의 핀을 통해 CPU의 내부 버스와 PCI 버스 사이에서 브릿지^{bridge} 역할을 수행한다. 로컬 버스의 시그널은 바로 PCI 버스로 연결되지 않는다. 그 대신에 PCI 버스 제어기가 CPU 버스와 PCI 버스 사이의 데이터 전송을 관리한다.

또 다른 주의 사항은 ISA 버스 제어기가 CPU에 직접 연결되지 않고 PCI 버스 제어기

---

3   ISA 버스는 IBM PC/AT 버스의 초기 버전이며 현대 컴퓨터 시스템에서는 거의 사용되지 않는다.

에 연결돼 있다는 점이다. 이는 주로 원가와 성능을 고려한 결과이며, 추가 버퍼링 없이 CPU 버스에 바로 연결할 수 있는 장치의 수가 제한돼 있다는 점도 반영됐다. CPU의 로컬 버스는 보통 CPU 주파수의 약수^{fraction} 단위로 구동된다.

전형적인 로컬 버스의 주파수는 66MHz, 100MHz, 133MHz, 400MHz, 533MHz, 800MHz 등이며 점점 더 빨라지고 있다. 일반적으로 메모리와 PCI 버스 제어기 등 소수의 장치만이 CPU 버스에 탑재돼 위와 같은 속도로 작동된다.

전형적인 CPU 버스가 64비트이고 이론적으로 1클럭 주기 동안 한 개의 데이터를 전송할 수 있으므로, CPU는 최대 클럭 주파수에 8바이트를 곱한 전송 속도를 낼 수 있다. 즉, 100MHz 버스의 경우 초당 800MB를 전송할 수 있다. 하지만 현실적으로 CPU가 최대 전송 속도를 내는 경우는 드물고 보통 최대 전송 속도보다 낮은 속도로 동작한다. 좀 더 빠른 버스를 사용하는 경우에는 동일한 시간에 CPU와 캐시에 좀 더 많은 데이터를 전송할 수 있다.

12.5.1 PCI 버스의 성능

PCI 버스는 설정에 따라 다양하게 구현될 수 있다. PCI의 기본 설정은 33MHz, 32비트의 데이터 버스다. CPU의 로컬 버스와 같이 PCI 버스는 이론적으로 매 클럭 주기마다 데이터를 전송할 수 있다. 이론적으로는 최대 33MHz마다 4바이트, 즉 초당 132MB를 전송하는 것이 가능하다. 하지만 실제로는 특정 순간을 제외하면 이런 성능을 내는 경우는 드물다. 최신의 PCI-e 버스는 (고성능 비디오 카드 등을 위해) 최대 16개의 레인^{lane}을 제공하며, 훨씬 빠르게 데이터를 전송할 수 있다.

CPU가 PCI 버스에 있는 주변 장치에 접근할 때마다 버스를 사용할 권리를 얻기 위해 다른 주변 장치와 협의를 해야 한다. PCI 제어기가 CPU에 버스 접근을 허락하는 과정에는 보통 여러 클럭 주기가 소요된다. 만약 CPU가 더블워드를 전송할 때마다 버스 사용권을 놓고 주변 장치와 데이터를 주고받아야 한다면 데이터 전송 속도는 크게 떨어질 것이다. 이론적인 데이터 전송 속도에 근접한 성능을 얻기 위해서는 DMA 제어기를 통해 버스트 모드$^{burst\ mode}$로 여러 데이터를 한꺼번에 전송해야 한다. 버스트 모드에서 DMA 제어기는 버스와의 한 번의 통신을 통해 일단 버스의 제어권을 얻으면, 다른 장치에 버스 제어권을 내주지 않은 채 많은 데이터를 연속해서 전송한다.

PCI의 성능을 높이는 방법에는 여러 가지가 있다. 어떤 PCI 버스는 64비트 통신을 지원하며 이론상 매 전송 시의 데이터 크기가 4바이트에서 8바이트로 늘어난다. 또 다른 성능 향상 방법은 버스를 66MHz로 동작시키는 것이다. 만약 64비트 환경에서 66MHz의 버스를 사용한다면 데이터 전송 속도는 기본 PCI 설정의 네 배가 된다. CPU의 성능이 향상될수록 PCI 버스의 성능도 함께 향상될 수 있다.

PCI 버스의 고성능 버전인 PCI-X가 한동안 사용됐지만, 현재는 PCI-e로 대체된 상태다. PCI-e는 직렬 버스serial bus의 일종으로, 소수의 데이터 라인을 통해 데이터를 전송하지만 병렬적으로 데이터를 전송할 수 있는 레인을 사용하는 특징이 있다. 16레인의 PCI-e 버스는 싱글 레인 버스에 비해 최대 16배 빠르다.

12.5.2 ISA 버스의 성능

ISA 버스는 예전 PC/AT 컴퓨터 시스템에 대한 호환성을 제공하기 위한 것으로, 16비트, 8MHz로 동작하며 버스 주기는 4클럭이다. 따라서 ISA 버스는 1마이크로초마다 한 번의 데이터 전송이 가능하다. 16비트의 버스로 최대한 데이터를 전송하는 경우 초당 2MB를 전송할 수 있다. 이는 CPU의 로컬 버스뿐만 아니라 PCI 버스보다도 훨씬 느린 것이다. 일반적으로 ISA 버스는 RS-232 통신 장치, 모뎀, 병렬 프린터 인터페이스 등과 같은 저속 및 중속 장치만을 지원한다. 디스크, 스캐너, 네트워크 카드 등 대부분의 장치는 ISA 버스에서 사용하기에 너무 빠르다.

대부분의 PC에서 ISA 버스에 접근하기 위해서는 PCI 버스를 거쳐야 한다. PCI 버스는 ISA 버스보다 훨씬 빠르기 때문에 이 통신은 실제 ISA 버스의 성능에는 큰 영향을 주지 않는다. 그러므로 ISA 버스 제어기를 CPU 로컬 버스와 직접 연결한다고 하더라도 성능이 크게 향상되지는 않는다.

최근의 PC 시스템에서는 ISA 버스를 사용하는 경우가 거의 없으며, 일부 산업용 PC와 SBCSingle-Board Computer가 구형 애플리케이션을 연결하기 위해 ISA 버스를 지원할 뿐이다.

12.5.3 AGP 버스

비디오 디스플레이 또는 그래픽 카드는 빠른 화면 갱신과 빠른 그래픽 처리를 위해 최대의 버스 속도를 확보해야 하는 특별한 장치다. CPU가 PCI 버스와 지속적으로 통신해서 버스를 차지해야 한다면, 그래픽의 성능은 매우 좋지 않을 것이다. 이 문제를 해결하기 위해 비디오 카드 설계자는 AGP^{Accelerated Graphics Port} 인터페이스를 고안했다. AGP 인터페이스는 여러 제어 라인과 버스 프로토콜을 지원하며, CPU의 로컬 버스와 비디오 디스플레이 카드를 연결한다.

AGP를 사용하면 CPU와 비디오 디스플레이 RAM이 빠른 속도로 데이터를 주고받을 수 있다(그림 12-7 참조).

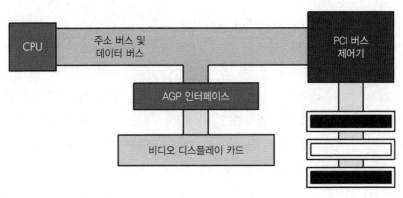

그림 12-7 AGP 버스 인터페이스

AGP 포트는 시스템에 단 하나밖에 없으므로 AGP 슬롯에는 한 개의 카드만 장착할 수 있다. 이 방법의 장점은 시스템이 AGP 버스를 차지하기 위한 별도의 통신을 할 필요가 없다는 것이다. 2008년 무렵에 출시된 비디오 카드는 AGP 버스의 지원 성능을 넘어서기 시작했으며, 최근에는 비디오 카드도 멀티레인 PCI-e 인터페이스에 연결한다.

12.6 버퍼링

어떤 I/O 장치가 시스템이 장치에 제공하는 전송 속도보다 더 빠르게 데이터를 주고받을 수 있다면, 시스템 설계자는 CPU와 장치 사이의 연결 속도를 높이는 방법이나 둘 사이의 데이터 전송 속도를 낮추는 방법 중 한 가지를 선택할 수 있다.

만약 주변 장치가 ISA 버스와 같은 느린 버스에 장착돼 있다면 더 빠른 버스를 사용할 수 있다. 다른 방법으로는 PCI 버스처럼 버스 폭을 64비트로 늘리거나 주파수를 높여서 PCI-X와 같은 고성능 버스를 사용하는 것이 있다. 또한 시스템 설계자는 AGP와 같이 새로운 버스를 만들어서 사용할 수도 있다.

또 다른 방법은 주변 장치와 컴퓨터 시스템 사이의 데이터 전송을 줄이는 것인데, 언뜻 보기에는 좋지 않을 것 같지만 사실은 나름 괜찮은 방법이다. 대부분의 고속 장치는 데이터를 계속해서 같은 속도로 전송하는 것이 아니라, 짧은 시간 동안 고속으로 일정 데이터를 전송한 후에 다음 데이터 처리 때까지 기다리게 된다. 이 경우에 요구되는 최고 데이터 전송 속도는 CPU와 메모리의 처리 능력보다 높을 수도 있지만, 평균 데이터 전송 속도는 그렇지 않은 경우가 많다. 만약 장치가 고속 및 저속의 중간 속도로 데이터를 전송한다면, 비싼 고성능의 버스를 사용하지 않고도 주변 장치와 컴퓨터 시스템 사이에 데이터를 전송할 수 있을 것이다.

이를 위한 방법이 바로 버퍼링buffering이며, 주변 장치에 데이터를 임시로 저장하기 위한 메모리, 즉 버퍼를 장착하는 것이다. 주변 장치는 입력 작업을 하는 동안에는 빠르게 버퍼를 채우고 출력 작업을 하는 동안에는 이 버퍼에서 빠르게 데이터를 가져갈 수 있다. 주변 장치가 비활성화되면, 시스템은 자신의 속도에 맞춰 메모리에서 데이터를 가져가거나 메모리에 데이터를 채우게 된다. 장치의 데이터 평균 처리 속도가 버스가 지원할 수 있는 최대 처리 속도보다 낮고 메모리 버퍼가 주변 장치와의 데이터 통신에 필요한 양을 처리할 수 있을 정도로 크다면, 버퍼링 기법을 통해 시스템과 주변 장치의 통신을 (최고 전송 시와 비활성화 시의) 평균 속도로 수행할 수 있다.

보통은 비용 문제 때문에 주변 장치의 메모리가 아니라 CPU 주소 공간에 있는 메모리를 버퍼로 사용한다. 이 경우에 주변 장치가 사용할 버퍼를 초기화하는 것은 소프트웨어 엔지니어의 책임이므로, 소프트웨어 엔지니어는 때로 버퍼링 기법을 알아야만 한다. 어떤 경우에는 주변 장치나 운영체제가 버퍼를 제공하지 않기 때문에 여러분이 직접 데이터 전송 속도를 높이면서 데이터의 유실을 막기 위해 애플리케이션에서 버퍼를 구현해야 한다. 또한 어떤 경우에는 장치나 운영체제가 작은 버퍼를 제공하지만 애플리케이션에서 사용하기에는 크기가 부족할 수 있다. 이 경우, 애플리케이션은 데이터 유실을 막기 위해 충분히 큰 크기의 별도 버퍼를 구현한 후 사용할 수 있다.

12.7 핸드셰이킹

많은 I/O 장치는 정해진 전송 속도로만 데이터를 받아들일 수 있다. 예를 들어 i9 PC는 초당 수억 개의 문자를 프린터로 보낼 수 있음에도 불구하고, 프린터는 그만큼의 많은 데이터를 출력할 수 없다. 또한 키보드와 같은 입력 장치는 초당 수백만 개의 키 입력을 시스템에 보내줄 수 없다. 이는 입력 작업이 컴퓨터의 속도가 아니라 사람의 속도로 이뤄지기 때문이다. 이와 같은 성능 차이 때문에 CPU는 컴퓨터 시스템과 외부 장치의 차이를 조율할 수 있는 방법이 필요하다.

이를 위해 널리 쓰이는 방법 중 하나는 데이터 포트와는 다른 별도의 포트에 상태 비트status bit를 저장하는 것이다. 예를 들어, 프린터로부터 나오는 1비트의 상태 비트를 통해 컴퓨터 시스템은 프린터가 데이터를 받을 준비가 됐는지 알 수 있다. 키보드의 경우, 상태 비트를 통해 키보드 데이터 포트에서 키 입력을 받을 수 있는지 알 수 있다. CPU는 상태 비트를 미리 살펴본 후 프린터에 문자를 쓰거나 키보드에서 데이터를 읽을 수 있다.

이처럼 상태 비트를 통해 장치가 데이터를 주고받을 준비가 된 것을 파악하는 기법을 핸드셰이킹handshaking이라고 한다. 이때 사용하는 프로토콜이 사람끼리 어떤 일에 대해 동의한 후 악수handshake하는 것과 닮았다고 해서 이런 이름이 붙었다.

핸드셰이킹의 작동 방식을 알아보기 위해 다음 80x86 어셈블리 코드를 살펴보자.

```
mov( $379, dx ) ;        // DX를 상태 포트의 주소로 초기화

repeat
    in( dx, al ) ;        // 병렬 포트의 상태 비트를 AL 레지스터로 가져옴
    and( $80, al ) ;      // HO 비트가 설정돼 있으면 z 플래그를 삭제

until ( @nz ) ; // HO 비트가 1을 가질 때까지 반복

// 이제 프린터 데이터 포트에 다른 바이트를 쓸 수 있음
```

이 코드는 프린터의 상태 레지스터인 HO 비트(입력 포트 $379)가 0을 갖고 있는 동안 루프를 돌다가, HO 비트가 설정되면(프린터가 데이터를 받을 준비가 되면) 루프를 빠져나간다.

12.8 I/O 포트의 타임아웃

12.7절 '핸드셰이킹'에서 살펴본 repeat..until 루프의 중요한 문제 중 하나는 프린터가 다음 입력을 받으려면 준비가 될 때까지 무한정으로 반복적인 루프를 돌면서 기다려야 한다는 것이다. 만약 어떤 사람이 프린터를 끄거나 프린터 선이 끊어지면 프로그램은 동작할 수 없게 되고, 다시 사용 가능해질 때까지 무한정으로 루프를 돌게 될 것이다. 일반적으로 시스템에 이상이 생겼을 때는 무조건 시스템 작동을 멈추게 하는 것보다는 사용자에게 현재 상태에 대한 정보를 주는 것이 낫다. 이를 위해 사용하는 방법이 바로 타임아웃^{timeout}이며, 지정된 기간^{period}이 경과하면 사용자에게 주변 장치에 문제가 생겼음을 알려준다.

대부분의 주변 장치에는 적정한 응답 시간이 존재한다. 예를 들어, 대부분의 프린터는 최종 데이터 전송 후 수 초 내에 다음 문자 데이터$^{character data}$를 입력받을 수 있다. 그러므로 프린터가 30초 이상 새로운 데이터를 받지 못한다면 문제가 생겼을 가능성이 높다. 만약 프로그램이 이런 문제를 탐지할 수 있다면, 사용자에게 프린터 작동을 멈추고 문제를 해결한 후 다시 프로그램을 작동시켜서 출력을 계속하도록 요청할 수 있다.

적절한 타임아웃 기간을 선정하는 것은 쉽지 않다. 타임아웃을 정할 때는 우선 프로그램이 정상적인 상황에서 어떤 문제가 생겼다고 잘못된 경고를 내리지 않도록 해야 하며, 실제 오류가 일어났을 때 신속하게 응답을 해줘야 한다. 두 조건 중 하나라도 만족시키지 못한다면, 사용자는 불편을 겪을 것이다.

타임아웃을 정하는 간단한 방법은 프로그램이 주변 장치로부터 핸드셰이킹 신호를 기다리는 동안 루프를 도는 횟수를 세는 것이다. 다음은 보완된 타임아웃 기간을 추가해 개선한 repeat..until 루프다.

```
mov( $379, dx ) ;              // DX를 상태 포트의 주소로 초기화
mov( 30_000_000, ecx ) ;       // 타임아웃 주기는 약 30초
                               // 포트 접근 시간은 1마이크로초라고 가정

HandshakeLoop:

    in( dx, al ) ;             // 병렬 포트 상태 비트를 AL 레지스터로 가져옴
    and( $80, • al );          // HO 비트가 설정되면 Z 플래그를 초기화

loopz HandshakeLoop;           // ECX를 감소시키고,
                               // ECX <> 0이고 AL의 HO 비트가 0이 될 때까지 루프를 순회

if( ecx <> 0 ) then

    // 이제 프린터 데이터 포트에 다른 바이트를 쓸 수 있음

else

    // 타임아웃 조건 입력

endif;
```

위 코드는 프린터가 데이터를 받을 준비가 되거나 약 30초의 기간이 만료됐을 때 종료된다.

소프트웨어에 기반한 루프(ECX를 0이 될 때까지 감소시키는 것)는 프로세서마다 다른 속도로 수행되기 때문에 이 30초는 정확하지 않을 수도 있다. 그러나 이 루프 안에 in() 명령어가 있다는 것에 주목하자. 이 명령은 ISA 버스에 있는 포트에서 명령어를 읽어오고, 이 작업은(ISA 버스에서 가장 빠른 명령일 경우) 대략 100만 분의 1초(1마이크로초)가 걸린다. 그러므로 100만 번 루프를 돌면 1초가 지나간다(앞뒤로 50%의 오차가 있지만, 이 코드의 목적상 이 정도 오차는 괜찮다). 따라서 CPU의 속도는 큰 문제가 되지 않는다.

12.9 폴링 기반 I/O 및 인터럽트

폴링polling은 데이터를 사용할 수 있는지 알기 위해 특정 포트를 계속해서 확인하는 것을 말한다. 앞서 살펴본 핸드셰이킹 루프도 전형적인 폴링 프로세스다. 하지만 폴링 기반 I/O 시스템은 비효율성을 지닌다. 만약 위 예제에서 프린터가 다음 데이터를 기다리며 10초를 소비했다면, CPU는 10초 동안 어떤 생산적인 작업도 하지 못한다.

초기 PC 시스템의 입출력은 폴링 방식으로 동작했다. 프로그램이 키보드 입력을 원하면, 키보드의 상태 포트가 읽기 가능한 상태가 될 때까지 프로그램은 아무 작업도 하지 못하고 기다릴 수밖에 없다.

이 문제에 대한 해법이 바로 인터럽트interrupt다. 인터럽트는 프린터가 다음 데이터를 받을 준비 여부 등과 같은 정보를 외부 하드웨어 이벤트로 알려준다. 하드웨어 이벤트는 현재 실행되고 있는 명령을 중지하고, 인터럽트 서비스 루틴ISR, Interrupt Service Routine을 호출한다. 일반적인 ISR의 실행 순서는 다음과 같다.

1. 모든 레지스터와 플래그의 현재 값을 저장해 인터럽트 연산이 재실행될 수 있도록 한다.
2. 인터럽트를 처리하기 위해 필요한 모든 연산을 수행한다.
3. 인터럽트가 발생하기 전의 레지스터들과 플래그들을 복구시킨다.
4. 인터럽트가 발생하기 전의 연산을 계속해서 수행한다.

대부분의 컴퓨터 시스템에서 I/O 장치는 CPU로 데이터를 보낼 수 있을 때 혹은 CPU에서 데이터를 받을 수 있을 때 인터럽트를 생성한다. 그러면 ISR은 백그라운드에서 신속하게 인터럽트 요청 작업을 수행해 다른 작업이 포어그라운드foreground에서 정상적으로 수행되게 한다.

ISR을 설계하는 것은 주로 운영체제 설계자나 주변 장치 제조사이지만, 대부분의 운영체제는 인터럽트를 시그널이나 비슷한 다른 도구를 통해 애플리케이션에게 전달해줄 수 있으며, 프로그래머는 이를 통해 애플리케이션에서 ISR을 사용할 수 있다. 이 기능을 사용하면 주변 장치 버퍼가 가득 찬 경우 데이터 손실을 방지하기 위해 주변 장치가 인터럽트를 발생시키도록 하고, 애플리케이션이 주변 장치에서 애플리케이션 버퍼로 데이터를 복사하게 할 수 있다.

12.10 작업 보호 모드와 장치 드라이버

윈도우 95와 윈도우 98 시스템에서는 I/O 포트에 직접 접근하는 어셈블리 코드를 작성할 수 있었으며, 앞서 핸드셰이킹을 구현한 어셈블리 코드도 그중 하나다. 그러나 최신의 윈도우 버전과 모든 리눅스, 맥 OS 버전은 작업 보호 모드를 사용한다.

작업 보호 모드에서 운영체제는 외부 프로그램이 직접 특정 장치에 접근하는 것을 제한하며, 권한을 부여받은 프로그램만 접근할 수 있다. 어셈블리 언어로 작성된 표준 애플리케이션도 그런 접근 권한을 미리 갖고 있지는 않다. 만약 여러분이 I/O 포트에 데이터를 보내는 단순한 프로그램을 작성한다면, 시스템은 비인가 접근 오류를 발생시키면서 프로그램을 멈추게 할 것이다.

리눅스는 기본적으로 임의의 프로그램이 I/O 포트에 접근하는 것을 허락하지 않으며, 'superuser(root)' 권한을 가진 프로그램만이 I/O 포트에 접근할 수 있도록 한다. 제한된 I/O 접근을 원한다면, 리눅스의 ioperm 시스템 콜을 통해 특정 I/O 포트에 대한 특정 사용자의 접근을 허용할 수 있다. 이에 대한 자세한 내용은 ioperm 섹션의 man 페이지를 참고하길 바란다.

만약 리눅스, 맥 OS, 윈도우 시스템이 주변 장치에 대한 접근을 허용하지 않는다면, 프로그램은 어떤 방식으로 이들 장치와 소통하고 있을까? 우리 주변의 애플리케이션이 이미 관련 장치와 소통하고 있으므로, 이것이 가능하다는 사실은 알 수 있다.

프로그램이 시스템에 연결된 주변 장치와 소통하는 방법은 I/O 포트 접속을 위해 장치 드라이버device driver라는 특수한 모듈을 이용하는 것이다. 장치 드라이버에 대한 자세한 사항은 이 책의 범위를 넘어서지만, 이에 대한 개요를 파악함으로써 보호 모드 운영체제 하에서 I/O 작업의 가능성과 한계점을 좀 더 잘 이해할 수 있다.

다음 절에서는 장치 드라이버에 대해 알아본다.

12.10.1 장치 드라이버 모델

장치 드라이버는 운영체제와의 연결성을 제공하는 특수한 프로그램이다. 장치 드라이버는 특별한 프로토콜을 따르고, 보통 애플리케이션이 운영체제에 대해 호출할 수 없는 특별한 호출을 할 수 있다. 또 시스템에 장치 드라이버를 설치하기 위해서는 관리자의 권한을 갖고 있어야 한다. 장치 드라이버는 다양한 보안 문제나 자원 할당 문제를 발생시킬 수 있으므로, 해커들이 시스템에 악성 코드가 있는 장치 드라이버를 설치한다면 큰 문제가 생길 수 있기 때문이다. 그러므로 장치 드라이버를 처리하는 것은 쉬운 문제가 아니며, 애플리케이션은 임의로 장치 드라이버를 메모리로 읽어들이거나 메모리에서 없앨 수 없다.

PC에서 사용되는 장치의 수는 제한돼 있으므로, 사용되는 장치 드라이버의 수도 많지 않다. 보통은 장치를 PC에 설치할 때 장치 드라이버를 운영체제에 설치한다. 만약 장치가 PC에 함께 들어있었다면, 운영체제를 설치할 때 장치 드라이버도 설치될 것이다. 장치 드라이버를 스스로 작성해야 하는 경우는 여러분이 새로운 장치를 만들었거나 표준 장치 드라이버가 제공하지 않는 특별한 기능을 사용하고 싶을 때일 것이다.

장치 드라이버 모델device driver model은 데이터 전송 속도가 운영체제와 장치 드라이버 사이의 대역폭보다 작은 저속 장치에서 잘 작동한다. 블록 단위로 데이터를 주고받는다면, 중속 혹은 고속 장치에서도 잘 작동한다. 그러나 장치 드라이버 모델은 몇 가지 단점이 있으며, 그중 하나는 장치와 애플리케이션 사이에 많은 상호 작용이 필요한 중속 혹은 고속 데이터 전송에 적합하지 않다는 것이다.

장치 드라이버의 단점은 운영체제를 호출하는 비용이 크다는 것이다. 애플리케이션이 운영체제를 호출할 때마다 장치 드라이버가 애플리케이션이 보낸 데이터를 전송하는 데는 수만 분의 1초(심지어 수천 분의 1초)가 걸린다. 만약 장치와 애플리케이션의 상호 작용이 지속적으로 데이터를 주고받는 것이라면, 전송할 때마다 운영체제 서비스를 호출하는 것은 너무 비용이 크다. 이때는 매번 애플리케이션에 제어권을 넘기지 않고 스스로 일정량의 작업을 처리할 수 있는 특수한 장치 드라이버를 작성하는 것이 좋다.

최신의 운영체제에서는 애플리케이션이 장치에 직접 접근할 수 없으므로, 애플리케이션과 주변 장치 간의 모든 소통은 장치 드라이버를 통해 이뤄져야 한다. 다음 절에서는 애플리케이션이 장치 드라이버와 소통하는 방법을 알아본다.

12.10.2 장치 드라이버와의 통신

대체로 장치 드라이버와 통신하는 것은 파일에서 데이터를 쓰고 읽는 것과 유사하다. 거의 모든 운영체제에서 특정한 이름(직렬 포트의 경우 COM1 또는 병렬 포트의 경우 LPT1)을 사용해 '파일'을 열 수 있다. 그리고 운영체제는 자동으로 각 장치에 연결을 생성한다. 장치 사용을 마치면 관련 파일을 닫는다. 이때 운영체제는 애플리케이션이 장치와의 작업을 끝냈으며 다른 프로그램이 장치를 사용할 수 있음을 알려준다.

물론 대부분 장치의 활용법은 디스크상의 파일에 대한 활용법과 다르다. 프린터와 모뎀 같은 장치는 형식이 없는 연속적인 스트림 데이터를 받을 수 있다. 그러나 다른 장치는 데이터를 블록에 미리 채워 넣고, 단일 쓰기 명령으로 이를 처리할 것을 요구한다. 동일한 작업을 하는 명령은 동일한 장치에만 적용될 수 있다.

장치로 데이터를 보내는 일반적인 방법은 운영체제의 'write' 함수를 사용해서 데이터를 담은 특정 버퍼를 전달해주는 것이다. 또한 운영체제의 'read' 함수를 사용해 특정 버퍼의 주소를 넘겨주면 운영체제는 읽은 데이터를 버퍼에 써줄 수 있다.

모든 장치의 파일 입출력이 스트림 입출력stream-I/O 구조에 맞을 수는 없다. 그래서 대부분의 운영체제는 스트림 입출력이 실패했을 경우 주변 장치 드라이버에 직접 정보를 전송할 수 있는 장치 제어device control API를 제공해준다.

장치 제어 API는 운영체제에 따라 다르므로, 세부적인 운영체제 API에 대한 설명은 이 책의 범위를 벗어난다. 대부분의 운영체제는 비슷한 구조를 사용하지만 차이점 또한 크다. 좀 더 자세한 내용은 운영체제에서 제공하는 프로그래머 매뉴얼을 살펴보길 바란다.

12.11 참고 자료

Silberschatz, Abraham, Peter Baer Galvin, and Greg Gagne. "Chapter 13: I/O Systems." In *Operating System Concepts*. 8th ed. Hoboken, NJ: John Wiley & Sons, 2009.

노트 | Patterson과 Hennessy의 공저 『Computer Architecture: A Quantitative Approach』의 초기 출간본에는 I/O 장치와 버스에 대한 친절하면서도 상세한 설명이 담겨 있었지만, 최신판에서는 구형 주변 장치를 소개하는 과정에서 관련 장이 제외돼 아쉬움을 남겼다. 이에 대한 자료는 인터넷에서 찾아보길 바란다.

13

컴퓨터 주변 장치 버스

컴퓨터 시스템에는 시스템 버스 외에도 다양한 버스가 있으며, 주변 장치에 특화된 버스도 있다. 이번 장에서는 SCSI, IDE/ATA, SATA, SAS, 파이버 채널Fibre Channel, 파이어와이어FireWire, USB 등 주변 장치와 컴퓨터를 연결하는 다양한 버스를 알아본다.

13.1 소형 컴퓨터 시스템 인터페이스

소형 컴퓨터 시스템 인터페이스SCSI, Small Computer System Interface는 주변 장치 상호 연결 버스로서 개인용 컴퓨터 시스템과 주변 장치를 고속으로 연결한다. 1980년대 초에 설계됐지만, 1980년대 중반 애플 매킨토시 컴퓨터에 탑재된 장치 버스로 유명세를 얻게 됐다. 초기 SCSI 버스는 초당 5MB의 데이터를 전송할 수 있는 8비트 양방향 데이터 버스로 설계됐으며, 당시 하드 디스크 하위 시스템으로는 고성능 인터페이스로 인식됐다.

초기 장치의 성능은 (지금 기준으로는) 그리 빠른 편은 아니었지만, 매년 성능 개선을 거듭하며 고성능 주변 장치 상호 연결 시스템으로서 명성을 쌓아나갔다. 이후 새로운 기술이 다수 등장했지만, SCSI의 높은 인기 덕분에 구형 SCSI 장치 중에는 초당 320MB를 전송하는 제품도 있었다.

SCSI 상호 연결 시스템은 주로 디스크 드라이브 서브시스템으로 활용됐지만, PC의 전체 주변 장치를 케이블 연결 방식으로 지원할 수 있도록 설계됐다. SCSI가 각광을 받던 1980년대 후반부터 1990년대까지는 프린터, 스캐너, 각종 이미지 구현 장치, 사진 식자기, 네트워크 및 디스플레이 어댑터 등 각종 장비를 SCSI로 연결할 수 있었다.

하지만 이후 등장한 USB, 파이어와이어, 썬더볼트Thunderbolt 연결 시스템이 부상하면서 SCSI의 범용 주변 장치 버스로서의 인기는 크게 줄어들기 시작했으며, 일부 고성능 디스크 드라이브 서브시스템이나 특수한 주변 장치를 제외하고는 SCSI를 지원하지 않게 됐다. SCSI가 갑작스럽게 인기가 급락한 이유는 당시 SCSI를 수년간 써오던 사용자의 동향을 통해 파악할 수 있다.

13.1.1 SCSI의 한계점

SCSI가 처음 소개됐을 때, SCSI 버스는 SCSI 어댑터 카드 기반 동시 연결을 통해 최대 일곱 대의 주변 장치를 연결할 수 있었다. 다수의 장치를 연결할 때 호스트 컨트롤러 카드와 첫 번째 장치를 연결하고, 두 번째 장치는 첫 번째 장치의 두 번째 커넥터에 연결하고, 세 번째 장치는 두 번째 장치의 세 번째 커넥터에 연결하는 방식을 반복해야 한다.

이와 같이 복잡한 연결 연쇄의 마지막에 위치한 주변 장치에는 연결을 종료시킬 특수한 장치를 추가해야 했다. 마지막 주변 장치에 연결 종료를 위한 '터미네이터terminator' 장치를 추가하지 않은 경우, 다수의 SCSI 시스템은 오작동을 일으키기도 했다.

이런 불편을 해소하기 위해 다수의 주변 장치 제조사는 종료 서킷terminating circuitry을 탑재해서 출시하기도 했는데, 긴 SCSI 연쇄 중간 부분에 이런 서킷이 있는 경우에는 차라리 없는 것이 더 나은 상황이 벌어지기도 했다. 종료 서킷을 탑재한 대부분의 제조사는 고객이 필요에 따라 종료 서킷을 비활성화할 수 있는 옵션을 제공했지만, 일부 제조사는 그런 옵션을 제공하지 않았다.

사용자의 입장에서는 SCSI 연쇄 마지막 부분에 있는 장치만 종료 서킷이 활성화됐는지를 확인하기 어려웠으며, 개발자 문서가 복잡하게 기술돼 있는 경우에는 종료 DIP 스위치 설정에서 서킷을 활성화하는 일도 결코 쉽지 않았다. 결국 SCSI로 컴퓨터와 여러 개의 장치를 연결한 다수의 사용자는 자신의 시스템을 완벽하게 통제하기 어려웠다.

사용자가 초기 SCSI 버스를 자신의 컴퓨터에 연결할 때는 직접 0~7 사이의 여덟 개 숫자 주소를 할당해야 했으며, 이 중 7은 호스트 컨트롤러 카드용 주소로 예약돼 있었다.

SCSI 연쇄에서 두 개 장치의 주소가 같은 경우 주소 충돌 등의 문제로 제대로 작동하지 않았으며, 기존 SCSI 주변 장치를 다른 컴퓨터로 옮길 때는 이미 해당 주소를 다른 장치가 사용하고 있는 경우가 많았으므로 새로운 주소를 부여해야 했다.

이 외에도 초기 SCSI 버스에는 몇 가지 문제점이 더 있다.

첫째, SCSI 버스는 최대 일곱 개의 장치만 지원한다. 설계 당시에는 버스에 연결할 스캐너나 하드 드라이브가 워낙 고가여서 일곱 개보다 많은 장치를 연결할 사용자가 거의 없었으므로 문제점으로 인식되지 못했다. 하지만 스캐너와 하드 드라이브 등과 같은 주변 장치가 저렴해지면서 최대 일곱 개의 장치만 지원한다는 규칙은 시대 흐름과 맞지 않는 것이 됐다.

둘째, SCSI는 장치 이전이나 교체 작업에 최적화되지 못했다. 만일 어떤 사용자가 전원이 켜진 상태에서 SCSI 연결 장치의 커넥터를 뺀다면, SCSI 컨트롤러가 전기적 충격을 받거나 해당 주변 장치, 심지어 SCSI 버스 연쇄에 물려 있던 다른 주변 장치가 고장날 수 있었다. 주변 장치가 저렴해지면서 새로운 장치에 대한 수요가 증가했고, 다수의 사용자는 새로 구입한 주변 장치를 쉽게 분리하고 쉽게 장착하길 원했지만, SCSI 버스는 이와 같은 쉬운 교체성을 제공하지 못했다.

13.1.2 SCSI의 성능 및 기능 개선

SCSI의 몇 가지 단점에도 불구하고 SCSI의 인기는 점점 더 높아졌다.

SCSI는 높은 인기를 바탕으로 지속적으로 성능을 개선했으며, 첫 번째 개선 버전인 SCSI-2는 버스 내 데이터 전송 속도를 기존 5MHz에서 10MHz로 두 배 높였다. 이는 당시 디스크 드라이브의 성능이 크게 높아지는 상황이었으므로 SCSI의 데이터 전송 속도도 높여야 하는 흐름을 따른 것이다.

양방향 SCSI 데이터 버스의 사이즈를 기존 8비트에서 16비트로, 데이터 전송 속도는 기존 10MBps에서 20MBps로 각각 두 배씩 높였고, 연결 가능 주변 장치 수는 기존 일곱 개에서 15개로 늘렸다. SCSI-2는 성능과 속성에 따라 Fast SCSI(10MHz), Wide SCSI(16비트), Fast and Wide SCSI(10MHz에서 16비트) 등 다양한 버전이 제공됐다.

SCSI-2 다음 버전으로 SCSI-3가 소개됐으며, 다양한 성능 및 속성 옵션을 제공하면서 기존 SCSI 표준과 호환성을 유지하고 있다. 현재 SCSI-3는 Ultra, Ultra-Wide,

Ultra2, Wide Ultra2, Ultra3, Ultra320 등 다양한 이름으로 부르고 있으며, 병렬 케이블 모드로 16비트 버스를 지원하고 15개의 주변 장치 연결을 지원하는 부분은 비슷하지만 기존 버전에 비해 버스 내 데이터 전송 속도 및 전송 거리를 크게 개선했다. SCSI-3의 최대 처리 속도는 160MHz, 최대 데이터 전송 속도는 320MBps에 이른다(즉, 다수의 PCI 버스보다 빠르다!).

SCSI는 당초 병렬 인터페이스로 설계됐으며, 현재는 SPI^{SCSI Parallel Interface}, 파이어와이어 기반 직렬 SCSI^{Serial SCSI across FireWire}, FC-AL^{Fibre Channel Arbitrated Loop}, SAS^{Serial-Attached SCSI} 라는 네 가지 상호 연결 표준을 지원한다.

SPI는 대부분의 사용자가 이용 중인 초기 표준을 따르고 있으며, SCSI 병렬 케이블에는 SCSI 인터페이스의 종류에 따라 8~16개의 데이터 라인이 포함된다. 이런 이유로 SCSI 케이블은 두껍고 무겁고 비싼 편이며, 병렬 SCSI 인터페이스는 시스템 내 SCSI 체인의 최대 길이를 수 미터 정도로 제한한다. 이런 이유로 특별히 고성능이 요구되는 상황이 아닌 한 SCSI 방식을 지원하는 주변 장치의 수가 차츰 감소하게 됐다.

SCSI 버스를 탑재하지 않은 컴퓨터 시스템은 SCSI 버스를 이용해서 주변 장치와 상호 작용할 필요가 없지만, SCSI의 장점은 피어 투 피어 버스^{peer-to-peer bus}로서 두 개의 장치 또는 두 대의 컴퓨터 시스템이 SCSI 버스를 이용해 직접 상호 작용할 수 있게 해준다는 것이다.

이 같은 피어 투 피어 연결은 전체 시스템의 성능을 크게 향상시킬 수 있다. 예를 들어 테이프 백업 시스템^{tape backup system}의 경우 디스크 드라이브의 데이터 블록을 컴퓨터 메모리에 읽어들인 뒤, 이를 테이프 드라이브에 저장한다. SCSI 버스를 이용하면 (이론적으로) 테이프 드라이브와 디스크 드라이브를 바로 연결한 후 단 두 개의 명령문만으로도 디스크 드라이브의 데이터를 테이프 드라이브에 전송하도록 할 수 있다.

이를 통해 데이터의 전송량을 절반 이하로 줄일 수 있고, 전송 속도를 높이고, CPU나 메모리 자원을 크게 아낄 수 있다. 실제 일부 테이프 백업 시스템의 경우 이 방식을 사용하고 있으며, SCSI 버스를 이용해 주변 장치 간의 직접적인 상호 작용을 구현한 사례는 매우 많다. SCSI 주변 장치를 이와 같이 (컴퓨터 메모리를 경유하지 않고) 직접 연결하도록 설계한 소프트웨어는 훌륭한 프로그래밍 사례라고 할 수 있을 것이다.

13.1.3 SCSI 프로토콜

SCSI는 전기적인 상호 연결 방식인 동시에 소통을 위한 프로토콜이다. SCSI 인터페이스 카드에 몇 개의 명령문을 입력하는 정도로는 SCSI에 연결된 주변 장치와 소통할 수 없으며, 메모리에 SCSI 명령, 파라미터, 주변 장치에 전송하려는 데이터를 포함한 데이터 구조^{data structure}를 생성한 후 특정 메모리 포인터 주소에 주변 장치에서 반환한 값을 전달받는 방식을 취해야 한다. 이와 같은 데이터 구조를 생성한 후 해당 데이터 구조의 주소를 포함한 SCSI 컨트롤러를 통해 시스템 메모리에서 명령문을 가져오고, 이를 다시 SCSI 버스에 연결된 주변 장치에 전송할 수 있다.

13.1.3.1 SCSI 명령문 세트

SCSI가 발전하는 만큼 SCSI 프로토콜과 명령문 세트도 발전을 거듭했다. 당초 SCSI는 하드 디스크 인터페이스처럼 제공할 계획은 없었지만, 이런 방식을 지원하는 주변 장치가 증가하면서 컴퓨터에 추가되는 새로운 주변 장치도 받아들이기 시작했다. 이와 같은 기존에 존재하지 않았던 SCSI 버스를 지원하기 위해 SCSI 설계자는 장치 독립적인 명령 프로토콜을 설계하기 시작했으며, 이를 통해 새로운 장치를 좀 더 쉽게 연결할 수 있게 됐다. 이와 달리, 초기 SCSI 기술은 IDE^{Integrated Disk Electronics}와 같은 디스크 드라이브 등 특정 장치 인터페이스에 초점을 맞췄다.

SCSI 프로토콜은 주변 장치 주소, 명령, 명령 데이터를 포함한 패킷을 전송하며 SCSI-3 표준은 다음과 같은 클래스의 명령문 그룹을 제공한다.

SCC^{SCSI Controller Commands}: RAID 배열을 위한 컨트롤러 명령문

SES^{SCSI Enclosure Services}: Enclosure 서비스 명령문

SGC^{SCSI Graphics Commands}: 프린터용 그래픽 명령문

SBC^{SCSI Block Commands}: 하드 디스크 인터페이스 명령문

MSC^{Management Server Commands}: SCSI 프로토콜 변환 명령문

MMC^{Multimedia Commands}: DVD 드라이브 등을 위한 멀티미디어 명령문

OSD^{Object-based Storage Device}: 객체 저장 및 관리 명령문

SPC^{SCSI Primary Commands}: 기본 명령문

RBC^{Reduced Block Commands}: 하드 드라이브 서브 시스템 명령문

SSC^{SCSI Stream Commands}: 테이프 드라이브 스트림 명령문

SCSI 명령문 자체는 표준화돼 있지만, SCSI 호스트 컨트롤러와 연결되는 인터페이스는 표준화돼 있지 않다. 호스트 컨트롤러 제조사마다 SCSI 컨트롤러 칩과 호스트 컴퓨터를 연결하는 데 서로 다른 하드웨어를 사용했으며, SCSI 컨트롤러 칩과의 소통 방식은 호스트 컨트롤러 장치마다 다르다. SCSI 컨트롤러는 매우 복잡하고 프로그래밍하기 어려우며 표준화된 SCSI 인터페이스 칩이 존재하지 않으므로, 프로그래머는 각자 자신만의 SCSI 장치 제어 소프트웨어를 개발해야 했다.

13.1.3.2 SCSI 장치 드라이버

이러한 문제를 해결하기 위해 아답텍^{Adaptec} 등의 SCSI 호스트 컨트롤러 제조사는 특수한 장치 드라이버 모듈을 만들어서 각종 장치에 대한 통일된 인터페이스를 제공하기 시작했다. SCSI 칩에 직접 데이터를 기록하기보다는 SCSI 버스에 SCSI 명령으로 장치 드라이버 소프트웨어^{device driver software}라 불리던 인메모리 데이터 구조를 생성한 후 이 드라이버를 통해 SCSI 버스에 SCSI 명령을 전달할 수 있다.

이와 같은 방식의 장점은 다음과 같다.

- 프로그래머가 복잡한 호스트 컨트롤러에 대해 학습할 필요가 없다.
- 다수의 제조사가 SCSI 컨트롤러 장치와 호환되는 인터페이스를 제공할 수 있다.
- 제조사가 장치에 최적화된 드라이버를 만들어서 배포할 수 있게 됐으며, 개별 개발자가 특정 장치별로 코드를 작성할 필요가 없어졌다.
- 제조사가 기존 소프트웨어와의 호환성 문제를 걱정하지 않고 하드웨어 사양을 변경할 수 있게 됐다.

이와 같은 설계 방식은 현대적인 운영체제에 반영됐으며, SCSI 호스트 컨트롤러 제조사는 윈도우 등의 운영체제를 위한 SCSI 미니포트 드라이버를 제공하고 있다. 이들 미니포트 드라이버는 SCSI 호스트 컨트롤러에 하드웨어 독립적인 인터페이스를 제공하게 됐으며, 운영체제는 SCSI 버스에 필요한 SCSI 명령을 실행할 수 있게 됐다.

13.1.4 SCSI의 장점

SCSI 인터페이스의 가장 큰 장점 중 하나는 SCSI 명령을 병렬적으로 처리할 수 있다는 것이다. 즉, 호스트 시스템은 SCSI 버스에 여러 개의 SCSI 명령을 배치할 수 있으며, 서로 다른 주변 장치는 이들 명령을 동시에 수행할 수 있다.

예를 들어, 디스크 드라이브의 경우 한 번에 여러 개의 명령을 수용한 후 가장 효율적인 방식으로 처리해 나갈 수 있다. 이를테면 디스크 드라이브가 현재 1,000번 블록에 위치한 경우 시스템이 5,000, 4,560, 3,000, 8,000 순서로 블록 읽기 명령을 전송하면, 디스크 컨트롤러는 이를 3,000, 4,560, 5,000, 8,000 순서로 변경하고, read/write 헤드의 순서를 조정해 읽기 작업의 효율성을 좀 더 높일 수 있다. 이런 조정 작업을 거치면, 다수의 애플리케이션이 동시에 디스크 I/O 작업을 요청하는 경우에도 운영체제의 멀티태스킹 작업 효율성을 크게 높일 수 있다.

또한 SCSI는 동일 인터페이스에 존재하는 대규모의 드라이브를 지원할 수 있는 몇 안 되는 디스크 컨트롤러 인터페이스이므로 RAID 시스템 구현에 적합하다.

초기 SPI(병렬 SCSI)는 현재 찾아보기 어려운 상태이며 SCSI over FireWire 또한 파이어와이어처럼 시장에서 거의 사라진 상태이지만, SAS^Serial-Attached SCSI만큼은 여전히 다양한 용도로 사용되고 있다. 초고성능 하드 디스크 드라이브 중 상당수는 (표준 SATA 명령문 세트 대신) SAS 명령문 세트를 사용하고, 최고사양 RAID 시스템 또한 SAS 드라이브를 사용한다.

SCSI 명령문 세트는 강력하며 고성능 애플리케이션 구현에 적합하다. SCSI에 대한 좀 더 자세한 내용을 알고 싶은 독자는 Gary Field와 Peter M. Ridge의 공저 『The Book of SCSI 2/E』(No Starch Press, 2000)를 읽어보길 바란다. 전체 SCSI 명세서는 인터넷에서 찾을 수 있으며 'SCSI specifications' 키워드 조합으로 검색해보길 바란다.

13.2 IDE/ATA 인터페이스

SCSI는 고성능을 제공하기는 하지만 비쌌고, SCSI 장치는 SCSI 버스에서의 다양한 작업을 처리하기 위해 높은 수준의 프로세서를 사용해야 했다. 또한 SCSI 장치는 기본적으로 피어 기반으로 연결되므로, 각각의 SCSI 장치는 컨트롤러 보드 내 ROM 영역에서 효과적으로 작동할 수 있는 소프트웨어를 탑재하고 있어야 했다.

SCSI는 높은 성능을 제공할 수 있었지만 다수의 사용자는 단지 자신의 컴퓨터에 하드 디스크만 추가하길 원했고, 이를 위해 등장한 인터페이스가 바로 IDE^Integrated Drive Electronics 이다. IDE는 SCSI 대신 사용할 수 있는 경량이면서 저렴한 대용량 스토리지 연결 옵션 이다.

IDE 인터페이스의 핵심 아이디어는 SCSI와 같은 전용 임베디드 CPU를 사용하지 않 고 호스트 컴퓨터의 CPU를 사용함으로써 디스크 드라이브의 가격을 낮춘다는 것이다. PC의 CPU의 일정 부분은 대체로 대기 상태에 있었기 때문에 IDE의 이와 같은 아이디어 는 리소스의 활용도를 좀 더 높일 수 있다는 점에서 긍정적으로 볼 수 있다. IDE 드라이 브는 SCSI 드라이브보다 최소 수백 달러 이상 저렴했으므로 PC 시장에서 매우 빠른 속 도로 영역을 확장할 수 있었다. IDE 인터페이스 및 드라이브의 인기 요인 중에서 가장 중 요한 것은 경제성이라 할 수 있다.

초기 IDE 명세서는 하드 디스크에 초점을 맞춘 것이므로 다른 스토리지 장치와 맞지 않는 부분이 있었으며, 해당 조직위원회는 IDE 인터페이스 설계를 수정해 ATAPI^Advanced Technology Attachment with Packet Interface(또는 'ATA 표준'이라고도 함)를 제정했다.

SCSI의 경우처럼 ATA 표준도 수년에 걸쳐 개선되고 보완됐으며, ATAPI 명세서(2013 년 기준 버전 8)는 IDE의 기능과 성능을 확장해 테이프 드라이브, ZIP 드라이브, CD-ROM, DVD, 착탈식 카트리지 드라이브 등 다양한 대용량 저장 장치를 지원할 수 있도록 했다. IDE 인터페이스를 확장해 다양한 저장 장치를 지원할 수 있도록 하기 위해 ATAPI 의 설계자들은 SCSI 패킷 명령 포맷과 상당히 유사한 패킷 명령 포맷을 도입했다.

하지만 프로그래머는 윈도우나 리눅스 같은 현대적인 운영체제에서 제공하는 보안 모드 때문에 특정 하드웨어에 직접 명령을 내릴 수는 없다. 이론적으로는 SCSI 작동 방 식을 모사해 미니포트 드라이버를 통해 IDE와 소통할 수 있지만, 현실적으로는 운영체제 개발사가 제공하는 API를 통해 IDE/ATAPI와 소통할 수 있다. 애플리케이션 프로그래머 가 API에서 제공하는 함수를 호출해 필요한 파라미터를 전달하면, 라이브러리 루틴이 이 를 넘겨받아서 해당 하드웨어와 소통하게 된다.

현대적인 시스템에서 ATAPI 장치의 프로그램을 작성하는 일은 기존 SCSI 장치를 위 한 프로그램을 작성하는 것과 상당히 유사하다. 명령 코드와 파라미터 세트로 구성된 메모리 기반 데이터 구조를 업로드하면, 이를 드라이버 라이브러리 함수에 전달해 ATAPI에서 목표하는 하드웨어에 명령을 내리게 된다. 운영체제 레벨에서는 접근이 가능하지만, 로우레벨 라이브러리를 사용할 수 없는 경우에는 DMA 등을 이용해서 관련 데이터를 가져올 수 있다.

ATAPI 표준 문서는 거의 500페이지 분량이며, IDE/ATAPI에 대한 좀 더 상세한 내용을 알고 싶은 독자는 'ATAPI specifications'를 검색해보길 바란다.

현대적인 시스템 장치는 SATA 컨트롤러를 사용하며, 이는 IDE/ATAPI의 고성능 직렬 버전이라 할 수 있다. 프로그래머 입장에서 SATA는 IDE/ATAPI와 크게 다르지 않다.

13.2.1 SATA 인터페이스

시간이 흐르고 하드 드라이브 성능이 높아지면서 IDE/ATA의 지원 성능에 한계가 드러나기 시작했다. SATA^{Serial ATA/Serial AT Attachment}와 나중에 등장한 SATA-II 및 SATA-III는 병렬 속성의 IDE/ATA, 즉 PATA^{Parallel ATA}에 비해 다양한 장점을 제공했다.

PATA의 전송 속도는 133MBps인 반면에 SATA-I, II, III의 전송 속도는 각각 1.5Gbps(150MBps), 3.0Gbps(300MBps), 6.0Gbps(600MBps)이며, RAID를 포함한 다른 시스템도 이와 같은 전송 속도를 내기는 어렵다.

PATA의 케이블은 40~80가닥으로 구성된 반면, SATA 케이블은 일곱 가닥 정도로 매우 얇고 작동 중 장치 교체 또한 가능하다. 오늘날 대부분의 하드 디스크 드라이브는 SATA 인터페이스를 사용한다(그 외 장치는 SAS 또는 파이버 채널을 사용한다).

13.2.2 파이버 채널

파이버 채널^{Fibre Channel}은 초고속 전송 메커니즘이며, 최대 전송 속도는 128Gbps에 이른다. 파이버 채널은 대규모 메인프레임의 네트워크 프로토콜로 사용되며, 고성능 서버 등과 같은 컴퓨터 시스템의 초고속 디스크 배열 연결에 사용된다.

디스크 드라이브에서 파이버 채널은 SCSI 명령어 집합을 사용하는데, 현대적인 초고속 디스크 인터페이스 프로토콜에 1980년대에 만들어진 SCSI 인터페이스가 사용된다는 점이 흥미롭다.

13.3 USB, 범용 직렬 버스

범용 직렬 버스USB, Universal Serial Bus는 다양한 주변 장치를 단일 인터페이스를 통해 PC에 연결하기 위한 메커니즘을 제공한다는 점에서 SCSI와 유사하다. USB는 전원 차단이나 리부팅 없이 장치를 부착하거나 연결 해제할 수 있는 핫 플러그hot-pluggable 기능과 운영체제가 자동으로 해당 장치에 필요한 드라이버를 로딩한 후 바로 사용할 수 있는 플러그 앤 플레이plug-and-play 기능을 지원한다.

이와 같은 기능적 유연성은 비용이나 복잡성을 증가시킨다. USB 연결 장치의 프로그래밍 작업은 직렬 또는 병렬 포트 연결 장치의 프로그래밍에 비해 훨씬 복잡하며, 직렬 또는 병렬의 경우처럼 몇 개의 장치 레지스터를 읽거나 쓰는 정도로는 USB 주변 장치와 소통할 수 없다.

13.3.1 USB의 설계

USB의 등장 배경을 이해하려면, IBM PC가 등장하고 나서 14년이 지난 후 윈도우 95를 사용하게 된 PC 사용자의 입장에서 바라볼 필요가 있다. IBM은 처음 PC를 설계하면서 1970년대에 미니컴퓨터 등에 널리 사용된 주변 장치 상호 연결 방식을 적용했다.

하지만 IBM PC 설계자들은 이후 불과 10여 년 동안 PC 사용자와 관련 기업이 셀 수 없이 많은 주변 장치를 만들고 이를 PC에 연결하고 싶어 할 줄은 전혀 예상하지 못했을 것이다. IBM PC 설계자 입장에서는 세 개의 병렬 포트, 네 개의 직렬 포트, 그리고 한 개의 하드 디스크 드라이브 외에 무엇이 더 필요한지 상상할 수 없었다.

하지만 윈도우 95가 출시될 무렵에 PC 사용자는 사운드 카드, 비디오 디지타이저, 디지털 카메라, 고급 게임 장치, 스캐너, 전화, 마우스, 디지타이징 태블릿, SCSI 장치 등을 비롯한 수백여 가지의 주변 장치를 연결하고 싶어 했다.

이들 장치의 제조사는 주변 장치 I/O 포트 주소, 인터럽트, DMA 채널 등을 이용해서 PC와 상호 작용하길 원했지만, 하나의 PC에 부착된 포트, 인터럽트, DMA 채널의 수가 한정돼 있다는 것이 문제였다. 이 문제를 해결하기 위해 일부 제조사가 기존 포트 등에 자신만의 장치를 추가할 수 있는 점퍼jumper 등의 기능을 추가했지만, 결과적으로는 다른 장치와의 충돌 오류가 끊이질 않았다.

이런 상태에서 충돌이 발생하지 않는 시스템을 만드는 일은 무척 복잡했으며, 기존 주변 장치의 조합으로는 문제를 해결할 수 없었다. 이 당시 인기를 끌던 애플 매킨토시의 가장 큰 셀링 포인트가 바로 충돌 걱정 없이 여러 개의 주변 장치를 연결할 수 있다는 점이었다. 다수의 장치를 충돌 걱정 없이 연결할 수 있는 새로운 주변 장치 연결 시스템으로 고안된 것이 바로 USB다.

USB는 7비트 주소 체계로 최대 127개의 장치를 동시에 연결할 수 있으며, 자동 환경 설정autoconfiguration을 위해 128번째 슬롯, 0번 주소를 시스템용으로 예약한다. 기존 인터페이스에 비해 탁월한 성능 수준을 보이는 것과 관련해서 당시 많은 사용자는 '과연 한 대의 PC에 그렇게 많은 장치를 오류 없이 연결할 수 있을까?'라는 의문을 갖기도 했다. 하지만 USB는 초기 PC와 달리 확장성에 대한 명확한 목표가 있었다.

USB라는 이름에 '버스'라는 용어가 들어있기는 하지만, 실제로 USB는 다른 장치와의 상호 작용을 돕는 기존의 버스와 좀 다르게 작동한다. 사실 USB는 컨트롤러이자 주변 장치 연결 인터페이스이며, PC가 항상 컨트롤러의 역할을 담당하는 특수한 구조를 지닌다.

예를 들어 USB로 연결된 디지털 카메라와 프린터의 경우 직접 소통할 수는 없다. 디지털 카메라와 프린터가 소통하려는 경우, 먼저 이 두 장치를 USB로 PC에 연결한 후 디지털 카메라가 PC에 데이터를 전송하면 PC가 이를 다시 프린터에 전송하는 방식으로 작동한다.

PCIe, ISA, 파이어와이어(IEEE 1394), 썬더볼트 등의 인터페이스는 피어 투 피어 연결을 지원하지만(호스트 CPU에 독립적이지만), USB는 (주변 장치와 인터페이스 칩의 비용을 낮게 유지하기 위해) 이런 상호 작용 방식을 지원하지 않는다.[1]

그 대신에 USB는 복잡한 일 처리를 최대한 호스트 PC에 전가해 복잡성과 비용을 낮추는 방식을 택한다. PC의 CPU는 대부분의 USB 주변 장치에 필요한 저가형 마이크로컨트롤러의 요구 수준에 비해 월등히 높은 성능을 제공하므로, 이들 장치 연결에 따른 부하는 거의 느끼기 어렵다.

---

1   최근 USB Interface Group(USB-IF)은 USB On-the-Go라는 새로운 USB 확장안을 통해 모조 피어 투 피어(pseudo peer-to-peer) 연결에 대한 지원 체계를 제시했다. 이는 실제로 피어 투 피어 기능을 하는 것은 아니며, USB 연결 연쇄에서 다른 주변 장치가 마스터의 기능을 번갈아가며 맡는 방식이다.

이러한 설계 전략은 소프트웨어 개발 측면에서도 변화를 가져왔다. 복잡성 중 상당 부분을 호스트 PC에 전가했으므로, 실제 USB 주변 장치 인터페이스 개발은 그리 복잡하지 않게 됐다. 반면에 호스트 측에서 USB 소프트웨어를 개발하는 작업은 매우 복잡해졌으며, 개별 프로그래머에게 의존하기 어려운 수준에 이르렀다.

이에 따라 운영체제 개발사는 USB 장치와 상호 작용할 수 있는 USB 호스트 스택을 제공해서 애플리케이션 개발자가 운영체제 장치 드라이버 인터페이스를 사용할 수 있도록 했다. USB 호스트 스택에 없는 커스텀 USB 장치 드라이버를 개발해야 하는 경우에도 USB 하드웨어와 직접 소통할 수는 없으며, USB 호스트 컨트롤러 스택에서 운영체제를 호출해 요청 사항을 대신 전달하도록 한다.

보통의 USB 호스트 컨트롤러 스택은 20,000~50,000줄에 이르는 C 코드로 작성돼 있으며, 개발에 수년이 소요되기도 한다. 이런 이유로, (MS-DOS 같은) USB 호스트 컨트롤러 스택에서 지원하지 않는 USB 장치에 대해 직접 프로그래밍하게 될 가능성은 매우 낮다.

13.3.2 USB의 성능

초기 USB 설계는 두 가지 가격대의 장치를 지원하기 위해 슬로우 타입$^{\text{slow type}}$ 및 패스트 타입$^{\text{fast type}}$ 주변 장치를 지원했다. 슬로우 타입 장치는 최대 1.5Mbps$^{\text{Megabits per second}}$ 속도로 전송할 수 있고, 패스트 타입 장치는 최대 12Mbps(1.5MBps) 속도로 전송할 수 있다. 가격에 민감한(저렴해야만 팔리는) 장치는 슬로우 타입을 선택하고, 가격에 민감하지 않은 (비싸도 팔리는) 장치는 패스트 타입 기반으로 장치를 만들었다.

USB 2.0 스펙은 480Mbps(60MBps)의 초고속 데이터 전송 속도를 지원하는 대신 훨씬 더 높은 비용을 지불해야 했으며, USB 3.0은 최대 635MBps(super-speed) 속도를 지원할 수 있었다. 이후 등장한 USB 3.1은 5GBps(SuperSpeed), USB-C는 10GBps(SuperSpeed+), 썬더볼트 3는 40GBps의 전송 속도를 지원할 수 있으며, USB 4.0은 80GBps의 전송 속도를 제공한다.

USB는 하나의 주변 장치를 위해 전체 대역폭을 제공하지 않는다. 그 대신에 호스트 컨트롤러 스택이 USB로 유입되는 다양한 데이터를 동시에 처리해서 버스별로 최적화된 타임 슬라이스$^{\text{time slice}}$를 제공한다. 이때 USB 컨트롤러는 1밀리초 단위로 업무를 처리한다. 밀리초 단위로 업무를 처리하기 시작할 때 USB 호스트 컨트롤러는 새 USB 프레임을 생성하며, 프레임이 진행되는 동안 각각의 주변 장치는 데이터 패킷을 주고받는다. 이때 패킷은 장치의 속도와 전송 시간에 따라 크기가 다르지만 대략 4~64바이트의 데이터를 담고 있다.

네 개의 주변 장치에 동일한 속도로 데이터를 전송하면, USB 스택은 라운드 로빈 방식으로 (하나씩 차례차례) 데이터 패킷을 주고받게 되며, 첫 번째 장치의 데이터를 첫 번째로, 두 번째 장치의 데이터를 두 번째 순서로 받는 패턴을 유지한다. 멀티태스킹 운영체제의 타임 슬라이스처럼 이와 같은 데이터 전송 메커니즘은 호스트와 모든 USB 주변 장치 간에 동시에 데이터를 주고받게 만들며, USB로 전송할 데이터가 하나만 있는 경우에도 동일한 방식으로 작동한다.

USB 메커니즘은 유연하면서도 확장성이 높다는 장점이 있지만, 부착된 주변 장치와 대역폭을 공유하므로 연결 속도가 느려질 수 있다. 예를 들어 두 개의 디스크 드라이브를 USB로 연결하고 이들 드라이브에 동시에 접속하는 경우, 두 개의 디스크 드라이브는 USB에 할당된 대역폭을 공유하게 된다.

이런 상황에서 USB $1x$ 장치의 속도는 크게 느려질 수 있고, USB $2x$ 장치의 속도는 (두 개의 장치를 연결한 것치고는) 비교적 충분한 수준을 유지할 수 있다. USB $3x$와 후속 버전, 그리고 USB-C의 경우 다른 네이티브 버스 컨트롤러만큼 높은 속도를 유지할 수 있다(썬더볼트 3와 USB-C는 PCI 버스와 SCSI 메커니즘을 지원한다). 이론적으로는 하나의 시스템에서 다수의 USB 버스에 다수의 호스트 컨트롤러를 연결해 (최대 대역폭으로) 사용할 수 있다고 하지만, 실제로는 성능 문제가 대두될 수밖에 없다.

또 다른 성능 고려 사항은 USB 호스트 컨트롤러 스택의 오버헤드 문제다. USB $1x$의 대역폭은 12Mbps이지만, 호스트 컨트롤러 스택이 데이터 전송을 준비하는 과정에서 USB로 아무런 데이터가 전송되지 않는 정지 시간$^{dead\ time}$이 존재한다.

일부 USB 시스템에서는 약속된 대역폭의 절반밖에 사용할 수 없는 경우가 있다. 이는 데이터 전송을 준비하는 과정에서 호스트 컨트롤러 스택이 CPU 타임의 상당 부분을 소비하기 때문이다. USB $1x$ 호스트 컨트롤러 장치를 실행하는 데 486, StrongArm, MIPS 등의 저성능 프로세스를 사용하는 일부 임베디드 시스템의 경우, 이런 문제가 구체적으로 드러난다.

특정 호스트 컨트롤러 스택이 USB의 전체 대역폭을 제대로 사용할 수 없다는 것은 결국 CPU가 USB가 전송하는 데이터를 제때 처리하지 못한다는 의미가 되며, 이는 CPU 처리 성능의 약화로 이어진다. 앞서 설명한 것처럼 USB는 모든 복잡한 임무를 호스트 컨트롤러에 위임한 상태이므로, 호스트에 연결된 USB 스택에서 코드를 실행하려면 CPU 사이클이 필요하다. 즉, 호스트 컨트롤러가 USB 트래픽을 처리하는 동안에는 USB와 무관한 트래픽의 처리 성능이 저하될 수 있는 것이다.

USB 2x 컨트롤러의 경우 USB 대역폭의 아주 일부분만 소모하며, USB-3와 USB-C의 경우 USB 장치가 SCSI, PCI 등 다른 데이터 전송 프로토콜을 지원하기 시작했으므로 USB로 인한 성능 저하 문제가 해소됐다.

13.3.3 USB의 데이터 전송 유형

USB 프로토콜은 컨트롤 전송control transmission, 벌크 전송bulk transmission, 인터럽트 전송interrupt transmission, 아이소크로너스 전송isochronous transmission이라는 네 가지 데이터 전송 유형을 제공하며, 호스트와 주변 장치 간의 데이터 전송 방식에 대한 결정권은 프로그래머가 아니라 장치 제조사에 있다. 즉, 장치 제조사에서 아이소크로너스 전송 방식을 사용하는 경우에는 프로그래머가 이를 벌크 전송 방식으로 바꿀 수 없다. 애플리케이션 프로그램은 데이터가 어떤 방식으로 전송되는지에 관심을 두지 않으며, 소프트웨어가 장치에 필요한 데이터를 잘 처리할 수만 있다면 상관하지 않는다.

USB는 장치 초기화를 위해 장치 레지스터에서 데이터를 주고받는 컨트롤 전송 방식을 사용한다. 예를 들어 USB-직렬 변환 장치를 사용하는 경우, 8250 SCC의 레지스터 세트에 데이터를 저장하듯이 컨트롤 전송 방식을 이용해 전송 속도, 데이터 비트의 수, 패리티, 스톱 비트의 수 등을 설정하고 저장한다.[2]

USB는 컨트롤 전송 데이터의 정확한 전달을 보증하고 우선순위가 좀 더 높은 전송 작업 때문에 이번 전송 요청이 도달하지 않는 미도달starvation 문제를 막기 위해 컨트롤 전송에 최소 10%의 대역폭 제공을 보증한다.

USB 벌크 전송 방식은 호스트와 주변 장치 간에 대량의 데이터 블록을 전송할 때 사

---

2   이론적으로는 주변 장치와 호스트가 컨트롤 전송 방식으로 데이터를 주고받을 수 있지만, 이는 매우 드문 일이다.

용하며, full-speed(12Mbps), high-speed(480Mbps), super-speed(USB 3/USB-C) 등의 고속 전송 장치에서는 사용할 수 있지만, 저속 장치에서는 사용할 수 없다. full-speed 장치의 경우 벌크 전송 방식을 통해 패킷당 4~64바이트의 데이터를 전송할 수 있으며, high-speed 및 super-speed 장치의 경우 패킷당 1,023바이트의 데이터를 전송할 수 있다.

USB는 벌크 전송 데이터의 정확한 전달을 보증하지만, 신속한 전달은 보증하지 않는다. 즉, USB를 통해 대량의 데이터를 전송하는 경우 벌크 전송 완료에 일정 시간이 소요될 수 있다. 이론적으로는 USB가 아이소크로너스, 인터럽트, 컨트롤 전송 작업을 진행하느라 다른 작업을 수용할 여유가 없을 경우 벌크 전송은 실행되지 않을 수 있지만, 실무적으로는 미도달 문제를 막기 위해 소량의 대역폭(2~2.5%)을 여유분으로 남겨두어 벌크 전송 작업이 처리되도록 한다.

USB는 벌크 전송으로 대량의 데이터를 전송하길 원하지만, 신속하게 전송되는 것은 기대하지 않는다. 예를 들어 프린터와 컴퓨터, 또는 디스크 드라이브 간에 데이터를 전송하는 경우, 속도보다는 정확하게 전달하는 일이 중요하다. 대량의 데이터가 USB 디스크 드라이브에 천천히 기록되는 것을 지켜보기는 힘든 일이지만, 부정확하게 기록되는 것보다는 훨씬 낫다고 할 수 있다.

USB를 통해 정확하면서도 신속하게 데이터를 전송해야 하는 경우, 인터럽트 전송 방식이 적합하다. '인터럽트interrupt'라는 단어에는 중단 또는 간섭의 의미가 있지만, 이 방식이 실제로 컴퓨터 시스템의 작동을 중단시키지는 않는다. 그 대신 USB 프로토콜을 통해 인터럽트 전송에 높은 우선순위를 부여하고, 호스트가 USB로 연결된 전체 장치의 우선순위를 평가하고poll, 이들 전송 타입을 우선 처리하게 된다. 인터럽트 전송 타입을 사용할 때는 호스트의 우선순위 평가의 시행 간격을 1~255밀리초 범위에서 선택할 수 있다.[3]

인터럽트 전송을 통해 정확하면서도 신속하게 데이터를 전송하려면, USB 호스트 컨트롤러는 애플리케이션의 인터럽트 전송 요청을 받을 때마다 이를 처리할 수 있는 USB 대역폭을 예약해야 한다. 예를 들어 특정 장치가 밀리초 단위로 패킷당 16바이트의 전송을 요청하는 경우, USB 호스트 컨트롤러는 128Kbps(= 16바이트 × 8비트 × 초당 1,000

---

3   호스트는 장치가 요청한 횟수보다 많이 우선순위 평가, 즉 폴링(polling)을 할 수 있으며 지정 폴링 타임은 최소 폴링 간격이 된다.

패킷)의 대역폭을 확보해야 한다. 실제로는 버스의 프로토콜 오버헤드 등을 고려해서 10~20% 정도 더 많은 대역폭이 필요하며, 이는 USB 스택의 작동 방식에 따라 달라진다.

USB에 할당된 대역폭은 제한적이며, 인터럽트 전송 방식은 장치에 연결할 때마다 고정된 대역폭을 소모하므로 한 번에 여러 개의 인터럽트 전송 방식을 사용할 수 없다. USB 대역폭이 일정 수준 이상으로(컨트롤 전송을 위해 예약해둔 대역폭 이상으로) 소모되면, USB 스택은 새 인터럽트 전송의 활성화를 거절한다. 인터럽트 전송 패킷 용량은 4~64 바이트이지만 대부분의 경우 이보다는 낮은 용량에 그치며, 패킷 크기가 클 경우 폴링 빈도가 지켜지지 않을 수 있다.

상당수의 주변 장치는 호스트 CPU에게 인터럽트 전송 방식으로 가용 데이터가 존재함을 알리고, 호스트 CPU는 벌크 전송 방식으로 데이터를 읽어들인다. 호스트와 장치 간 전송 데이터의 양이 충분히 적은 경우, 주변 장치는 인터럽트 전송 방식으로 데이터를 전송해 전송 횟수를 줄일 수 있으며 키보드, 마우스, 조이스틱 등의 주변 장치가 이런 방식으로 호스트와 소통한다. 반면에 디스크 드라이브, 스캐너 등의 다른 장치는 인터럽트 전송 방식으로 호스트에게 가용 데이터가 있음을 알리고 벌크 전송 방식으로 데이터를 전송한다.

USB가 지원하는 네 번째 전송 유형인 아이소크로너스 전송(등시성 전송)은 인터럽트 전송과 같은 적시성 또는 신속성과 벌크 전송과 같은 대용량 전송 속성을 제공하지만, 호스트와 주변 장치 간의 데이터 전송의 정확성은 보증하지 않는다. 아이소크로너스 전송은 적시성을 가장 중시하지만, 해당 데이터가 아예 도착하지 않는 경우도 있다. 마이크를 통한 오디오 입력, 스피커를 통한 오디오 출력, 비디오 카메라 등이 아이소크로너스 전송 방식을 사용한다. 호스트와 주변 장치 간에 전송되던 패킷이 누락되거나 부정확하게 전송된 경우에는 비디오 또는 오디오 재생이 끊어질 수 있지만, 너무 자주 발생하지만 않는다면 큰 문제가 되지는 않는다.

인터럽트 전송처럼 아이소크로너스 전송 역시 USB 대역폭을 소모하며, 이 방식으로 연결된 USB 장치를 실행할 때마다 일정 수준의 대역폭을 요구한다. 대역폭이 충분한 경우, USB 호스트 컨트롤러는 해당 애플리케이션이 장치를 이용해서 작업을 마칠 때까지 대역폭을 예약해둔다. 반면에 대역폭이 충분하지 않은 경우, USB 호스트 컨트롤러는 다른 아이소크로너스 연결과 인터럽트 연결이 종료될 때까지 애플리케이션과 해당 장치의 사용을 중지시킨다.

13.3.4 USB-C

USB가 등장한 이후, 주변 장치 개발자는 USB와 파이어와이어 중에서 어느 것을 사용할지 고민하던 시기가 있었다. USB의 등장 초기에 파이어와이어는 USB보다 훨씬 높은 성능의 인터페이스와 프로토콜을 제공할 수 있었지만, USB-2와 USB-3가 연이어 등장하면서 파이어와이어의 인기는 빠르게 식었다.

이 무렵, 애플은 인텔과 함께 썬더볼트^{Thunderbolt}라 부르는 새로운 외부 장치 버스 프로토콜을 공개했다. 썬더볼트는 성능 면에서 USB를 압도했으며, 다시 한 번 주변 장치 인터페이스와의 프로토콜 경쟁이 시작됐다. 하지만 (USB와 썬더볼트를 모두 지원하던) 인텔은 이들 두 표준을 하나로 묶는 방법을 택했고, 그래서 등장한 것이 USB-C다. 사실 USB-C는 USB, PCI, SCSI 등 여타의 직렬 버스를 통합해 사용할 수 있는 썬더볼트 3 하드웨어 인터페이스이며, 사용자는 USB-C 또는 썬더볼트 3 가운데 하나를 택할 필요가 없어졌다.

13.3.5 USB 장치 드라이버

USB 스택을 지원하는 대부분의 운영체제는 USB 장치 드라이버의 동적 로딩 및 언로딩을 지원하며, 이를 클라이언트 드라이버^{client driver}라 부른다. USB에 USB 장치가 부착되면, 호스트 시스템은 버스의 상태가 변경됐다는 신호를 받게 된다. 그러면 호스트 컨트롤러는 장치 열거^{enumeration}라 부르는 프로세스를 통해 새 장치를 스캔하고 장치 유형, 제조사, 모델 정보 등 주변 장치의 환경 설정 정보를 읽어들인다.

USB 호스트 스택은 이 정보를 바탕으로 메모리에 어떤 장치 드라이버를 로딩할지 결정하는데, 적절한 드라이버를 찾지 못하는 경우 사용자에게 추가 정보를 요청한다. 사용자가 관련 정보 또는 드라이버 경로를 제공하지 못하면, 시스템은 새 장치를 인식하지 않는다. 또한 사용자가 장치를 호스트 시스템에서 분리한 경우, USB 호스트 스택은 해당 장치 드라이버를 메모리에서 언로드하거나 해제한다.

USB 표준은 키보드, 마우스, 디스크 드라이브, 조이스틱 등 보편적으로 사용되는 장치의 장치 드라이버를 좀 더 쉽게 구현할 수 있도록 장치 클래스^{device class}를 제공한다. 주변 장치 개발사는 이들 표준화된 장치 클래스에 맞춰 개발하기만 하면 따로 장치 드라이버를 제공할 필요가 없어지며, USB 호스트 컨트롤러 스택에 포함된 클래스 드라이버가 필요한 인터페이스를 제공한다. 주요 클래스 드라이버로는 HID^{Human Interface Device}(키보드, 마우스, 조이스틱), STORAGE(디스크, CD, 테이프 드라이브), COMMUNICATIONS(모뎀, 직렬 컨버터), AUDIO(스피커, 마이크, 음성 통신 장비), PRINTERS 등이 있다.

주변 장치 제조사는 각자의 장치에 필요한 특수한 기능을 추가할 수 있고, 사용자는 간편하게 플러그만 꽂으면 기존 클래스 드라이버를 통해 해당 장치의 기본적인 기능을 즉시 사용할 수 있다.

13.4 참고 자료

Axelson, Jan. *USB Complete: The Developer's Guide*. 4th ed. Madison, WI: Lakeview Publishing, 2009.

Field, Gary, Peter M. Ridge et al. *The Book of SCSI*. 2nd ed. San Francisco: No Starch Press, 2000.

노트 | 온라인에서 USB, 파이어와이어, TCP/IP 프로토콜 스택과 관련된 방대한 정보를 찾을 수 있다. 예를 들어 http://www.usb.org/ 사이트에서 USB 프로토콜 기술 명세서 전문과 USB 호스트 컨트롤러 칩셋의 프로그래밍 정보를 찾을 수 있다. 또한 리눅스 사이트에서 TCP/IP 및 USB 호스트 컨트롤러 스택 구현과 관련된 소스 코드도 찾을 수 있다.

14

대용량 저장 장치와 파일 시스템

현대 컴퓨터에 가장 보편적으로 탑재된 I/O 장치는 대용량 저장 장치^{mass storage device}일 것이다. PC는 종류에 따라 모니터가 없거나 키보드 또는 마우스가 없는 경우가 있지만, 어떤 형태로든 대용량 저장 장치를 포함하고 있다. 이번 14장에서는 하드 드라이브, 플로피 디스크, 테이프 드라이브, 플래시 드라이브, SSD 등의 대용량 저장 장치를 알아보고, 저장된 데이터를 조직화하고 활용하기 위한 파일 시스템 포맷을 살펴본다.

14.1 디스크 드라이브

대부분의 현대적인 컴퓨터 시스템은 대용량 데이터 저장을 위해 다양한 형태의 디스크 드라이브를 제공한다. 한때 일부 워크스테이션 개발사가 무디스크 워크스테이션^{diskless workstation}을 생산하기도 했었지만, 하드 디스크와 SSD의 가격은 급락하고 저장 공간은 크게 증가하면서 대용량 저장 장치는 현대적인 컴퓨터의 기본 장치로 자리 잡았다.

하지만 프로그래머의 입장에서 디스크 드라이브는 다양한 문제를 일으킬 수 있는 위험 요소 중 하나다. 소프트웨어는 애플리케이션 파일 스토리지 장치인 디스크 드라이브와 지속적으로 소통해야 하므로, 프로그래머는 효율적인 코드를 작성하기 위해 다양한 디스크 드라이브의 작동 방식을 잘 알고 있어야 한다.

14.1.1 플로피 디스크 드라이브

현대적인 애플리케이션이 생성하는 데이터를 담기에는 플로피 디스크 드라이브^{floppy disk drive}의 용량(1.44MB)이 너무 적은 탓에 이제 플로피 디스크 드라이브가 있는 PC는 거의 볼 수 없게 됐다. PC 혁명 초기에 플로피 디스크 드라이브의 용량은 143KB였으며, 이마저도 당시에는 고사양 저장 장치로 인식됐다. 하지만 플로피 디스크 드라이브는 빠르게 발전하는 컴퓨터 산업의 흐름을 쫓아가지 못했으며 어느 순간 컴퓨터 산업에서 사라졌다.

14.1.2 하드 드라이브

하드 드라이브^{hard drive}로 널리 알려진 고정형 디스크 드라이브^{fixed disk drive}는 오늘날 가장 널리 사용되는 대용량 저장 장치다(2020년을 기점으로 SSD가 그 자리를 차지했다).

1982년에 사용되던 고사양 하드 드라이브의 용량은 5MB였으나 2020년의 고사양 하드 드라이브의 용량은 16TB로, 저장 용량이 무려 2,400,000배나 커졌다. 1982년 당시 저가형 하드 드라이브의 가격은 2,500달러였지만, 지금은 50달러 아래로 내려갔다. 지난 40여 년간 여러 컴퓨터 시스템과 주변 장치 가운데 하드 드라이브처럼 성능과 용량이 증가하고 가격이 급락한 경우는 찾아보기 어렵다(두 번째로 급격한 변화를 겪은 장치 또는 부품은 RAM이며, 1982년도의 가격을 2020년에 지불한다면 40,000배 높은 성능을 얻을 수 있다).

하드 드라이브는 가격은 내려가고 용량은 증가하면서 속도는 훨씬 빨라졌다. 1980년대 초반에 하드 드라이브 서브시스템은 하드 드라이브와 CPU 메모리를 1MBps 속도로 연결했지만, 현대 하드 드라이브의 전송 속도는 2,500MBps에 이른다.[1] 이와 같은 성능 개선은 메모리나 CPU의 성능 개선 수준에 비하면 그다지 커 보이지 않을 수 있지만, 하드 드라이브는 물리적인 운동을 하는 장치라는 점을 감안할 필요가 있다.

하드 드라이브의 성능 개선은 가격 하락에 대응하기 위한 시스템 설계자의 노력의 산물이라 할 수 있으며, 이때 사용된 기술 중 하나가 디스크 어레이^{disk array}다. 이에 대한 내용은 잠시 후 RAID 시스템에서 자세히 알아본다. 설계자는 디스크 어레이와 같은 하드 디스크 서브시스템을 이용해 2,500MBps 이상의 전송 속도를 얻고, 비용은 오히려 낮출

---

1   이 정도의 전송 속도는 고성능 RAID 시스템에 연결했을 때 가능한 수치다.

수 있었다.

하드 드라이브라는 명칭은 데이터 저장에 사용되는 자기 코팅magnetic coating 알루미늄 또는 유리 재질의 디스크에서 따온 것이며, 앞서 소개한 플로피 디스크라는 명칭은 얇고 유연한 마일라Mylar 플라스틱 재질에서 따온 것이다.

디스크 드라이브 업계에서는 이들 작은 알루미늄 디스크 또는 유리 디스크를 플래터platter라고 부른다. 하나의 플래터는 양쪽 면을 지니며, 양쪽 면 모두 자기 코팅이 돼 있다. 디스크 드라이브가 작동하면 플래터가 3,600, 5,400, 7,200, 10,000, 15,000RPM의 속도로 회전한다. 보통의 경우 플래터 회전 속도가 높을수록 디스크 읽기 속도가 빨라지며, 디스크와 시스템 간의 데이터 전송 속도 또한 빨라진다. 노트북에는 데스크톱보다 더 작은 하드 드라이브가 탑재돼 2,000, 4,000RPM의 속도로 작동하며, 이는 배터리 수명과 발열 이슈를 고려한 것이다.

하드 디스크 서브시스템에는 디스크 플래터와 읽기/쓰기 헤드read/write head라는 두 개의 작동 부품이 있다. 읽기/쓰기 헤드는 회전하는 원의 중심 또는 디스크 표면 위의 트랙에 떠 있게 된다. 각 트랙은 섹터sector 또는 블록block이라 부르는 섹션 시퀀스로 나눠져 있다. 섹터의 수는 드라이브에 따라 다르지만, 트랙당 대략 32~128개의 섹터가 존재한다(그림 14-1 참조).

각 섹터는 256~4,096바이트의 데이터를 저장할 수 있다. 이때 운영체제를 통해 섹터별 용량을 정할 수 있으며, 널리 사용되는 섹터 용량은 512~4,096바이트다.

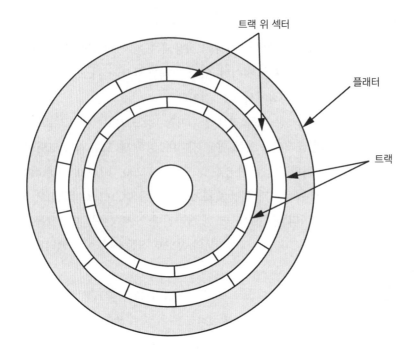

그림 14-1 하드 디스크 플래터의 트랙과 섹터

디스크 드라이브는 데이터를 기록할 때 읽기/쓰기 헤드가 플래터에 일련의 전자 펄스를 송출하고, 이 전자 펄스는 자기 펄스로 변환된 후 플래터의 자기 표면에 기록된다. 디스크 컨트롤러가 기록할 수 있는 펄스의 주파수는 하드 드라이브 구성 부품의 품질, 읽기/쓰기 헤드의 설계, 자기 표면의 품질에 따라 달라진다.

자기 장치는 디스크 표면에 두 개의 연속 비트를 기록할 수 있으며, 이들 비트의 차이가 나중에 읽어들일 데이터가 된다. 하지만 저장 용량을 극대화하기 위해 이들 비트의 간격을 줄일수록 비트 간의 차이를 파악하는 작업은 어려워진다. 비트 밀도$^{bit\ density}$는 하드 디스크에서 트랙에 데이터를 밀집시킬 수 있는 정도를 의미하며, 비트 밀도가 높아질수록 하나의 트랙에 더 많은 데이터를 밀집시킬 수 있다. 하지만 이렇게 밀집된 데이터를 읽어들이기 위해서는 좀 더 정밀하고 값비싼 장치와 부품이 필요하다.

비트 밀도는 드라이브의 성능에 큰 영향을 미친다. 디스크 플래터는 일정한 RPM으로 회전하며, 비트 밀도가 높아질수록 일정 시간 동안 읽기/쓰기 헤드 아래에서 더 많은 비트가 회전한다. 디스크 드라이브 크기가 클수록 비트 밀도가 높은 경향이 있다.

디스크의 읽기/쓰기 헤드를 디스크 플래터 중앙에서 외곽으로 이동시키면, 시스템은 수천 개의 트랙에서 읽기/쓰기 헤드의 위치를 조정한다. 이때 읽기/쓰기 헤드는 하나만 사용하므로, 디스크에서 여러 개의 트랙을 읽어들이려면 일정한 시간이 소요된다. 실제로 하드 드라이브의 가장 중요한 두 가지 성능 지표는 읽기/쓰기 헤드의 평균 탐색 시간 average seek time과 트랙 탐색 시간track-to-track seek time이다.

평균 탐색 시간은 읽기/쓰기 헤드가 디스크 플래터 중앙에서 외곽으로, 혹은 그 반대 방향으로 이동하는 데 걸리는 시간에 1/2을 곱한 것이며, 고성능 디스크 드라이브의 평균 탐색 시간은 5~10밀리초다. 반면에 트랙 탐색 시간은 읽기/쓰기 헤드를 하나의 트랙에서 다른 트랙으로 이동시키는 데 소요되는 시간이며, 대략 1~2밀리초가 소요된다.

즉, 읽기/쓰기 헤드는 디스크 드라이브의 트랙을 읽기 위해 가속하고 감속하는 과정에서 평균 탐색 시간보다 훨씬 많은 시간을 트랙 간 이동에 소모한다. 1,000개의 트랙을 이동하는 것과 두 개의 트랙을 이동하는 것 간의 시간 차이는 대략 20배 정도다. 읽기/쓰기 헤드의 트랙 간 이동은 하드 디스크의 가장 빈번한 작업이므로, 트랙 탐색 시간이 좀 더 나은 성능 지표라 할 수 있다. 어떤 지표를 사용하든, 읽기/쓰기 헤드의 이동은 디스크 드라이브의 가장 비싼 작업이므로 이를 최소화할 필요가 있다.

하드 디스크 서브시스템은 디스크 플래터 양면에 데이터를 기록하므로, 두 개의 읽기/쓰기 헤드를 이용해 각각의 면에 데이터를 기록할 수 있다. 또한 대부분의 하드 드라이브는 저장 용량을 높이기 위해 여러 개의 플래터를 결합해서 사용하므로, 읽기/쓰기 헤드 또한 이에 맞춰 여러 개를 배치한다(그림 14-2 참조).

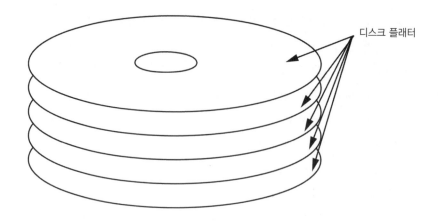

디스크 플래터

그림 14-2 여러 개의 플래터를 결합한 하드 디스크

여러 개의 읽기/쓰기 헤드는 물리적으로 하나의 액추에이터에 연결돼 작동되므로, 각 헤드는 플래터의 동일한 트랙에 위치하고 하나의 유닛으로 디스크 표면을 이동한다. 이 때 읽기/쓰기 헤드가 위치한 모든 트랙 세트를 실린더^{cylinder}라 부른다(그림 14-3 참조).

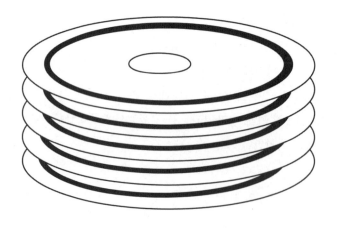

실린더는
모든 플래터의
동일 트랙을
가리킨다.

그림 14-3 하드 디스크의 실린더

더 많은 헤드와 플래터를 사용할수록 하드 디스크의 비용은 증가하지만, 성능은 훨씬 높아진다.

성능 부스트$^{performance\ boost}$는 현재 트랙에서 시스템이 필요로 하는 데이터를 찾을 수 없을 때 발생한다. 플래터가 하나뿐인 하드 디스크 서브시스템의 경우, 데이터를 찾기 위해 읽기/쓰기 헤드가 트랙을 이동해야 하지만, 다수의 플래터가 있는 경우 다음 데이터 블록은 동일한 실린더에 존재하므로 읽기/쓰기 헤드를 이동시키지 않아도 된다.

하드 디스크 컨트롤러는 읽기/쓰기 헤드를 전기적으로 매우 신속하게 이동시킬 수 있으므로, 디스크에서 플래터의 수를 두 배로 늘리면 트랙 탐색 성능은 거의 두 배로 증가하게 된다. 플래터 수를 늘리면 유닛의 용량도 증가하므로, 고용량 하드 드라이브일수록 더욱 높은 성능을 발휘하게 된다.

구형 디스크 드라이브에서 시스템이 하나의 플래터 위에 있는 특정 트랙의 특정 섹터를 읽으려 할 경우, 읽기/쓰기 헤드가 해당 위치로 이동하도록 한 후 원하는 섹터가 돌아올 때까지 기다린다. 그런데 이때 읽어야 할 섹터가 방금 지나간 경우, 읽기 작업을 완료하기 위해 디스크가 한 바퀴 더 돌고 오도록 기다려야 한다.

평균적으로 시스템이 찾으려는 섹터는 디스크의 1/2에 위치하며, 7,200RPM(초당 120회 회전)으로 회전하는 디스크의 경우 완전히 한 바퀴 회전하는 데 8.333밀리초가 소요된다. 즉, 시스템이 읽기/쓰기 헤드로 원하는 섹터를 찾는 데 평균 4.2밀리초 정도가 소요된다. 이와 같은 대기 시간을 디스크 드라이브의 평균 회전 지연average rotational latency이라고 하며, 디스크의 1회 회전 소요 시간에 1/2을 곱한 것이 된다.

이와 같은 평균 회전 지연이 문제가 되는 이유는 운영체제가 하드 드라이브에서 데이터를 섹터 단위로 읽고 쓰기 때문이다. 예를 들어 디스크 파일에서 데이터를 읽는 경우, 운영체제는 하드 디스크 서브시스템이 해당 데이터 섹터를 읽도록 한 후 해당 데이터를 반환받는다. 그러면 운영체제는 받은 데이터를 처리한 후 연이어 또 다른 데이터를 요청한다. 그런데 이 두 번째 데이터 요청이 현재 트랙의 바로 다음 섹터에 대한 것이라면 어떻게 될까? 운영체제는 첫 번째 섹터의 데이터는 성공적으로 처리했지만, 두 번째 요청을 처리하기 위해 하드 디스크가 새로 한 바퀴를 돌 때까지 기다려야 한다.

운영체제는 바로 다음 섹터도 읽기를 원하지만, 드라이브가 첫 번째 섹터 읽기 후 이를 제때 알려주지 않으면 다음 차례가 올 때까지 읽기/쓰기 헤드가 기다려야 한다. 이와 같은 디스크 공회전을 블로잉 회전blowing revs이라 부른다. 운영체제나 애플리케이션이 파일에서 데이터를 읽으면서 이와 같은 블로잉 회전을 반복하면, 파일 시스템의 성능이 급격히 낮아진다.

초기의 저사양 컴퓨터에 탑재된 싱글 태스킹 운영체제에서는 블로잉 회전 빈도가 높았으며, 사용자가 답답함을 느낄 수밖에 없었다. 하나의 트랙에 64개 섹터가 있다면, 개별 트랙의 모든 데이터를 읽는 데 64회전이 필요한 경우도 많았다.

이 문제를 해결하기 위해 도입된 섹터 인터리빙sector interleaving은 하나의 트랙에서 블로잉 회전이 일어나지 않도록 섹터를 분산시키는 기술이며, 논리적으로 인접한 섹터가 디스크 표면에서 물리적으로 인접하지 않게 한다.

인터리빙 섹터 기술의 장점은 운영체제가 섹터를 읽을 때 논리적으로 인접한 섹터가 헤드를 지나치기 전에 하나의 섹터에 있는 전체 정보를 가져올 수 있도록 하는 것이다. 이를 통해 운영체제는 필요로 하는 섹터가 헤드를 지나치기 전에 데이터를 처리하고 새로운 I/O 작업을 요청할 수 있다.

하지만 현대적인 멀티태스킹 운영체제의 경우, CPU가 많은 작업을 거의 동시에 처리해야 하므로 장치 애플리케이션이 이와 같이 처리 시점이 민감한 작업을 요청했을 때 그대로 처리된다는 보장을 할 수 없고 인터리빙의 효과 또한 기대하기 어렵다.

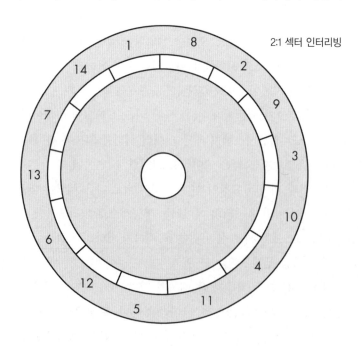

그림 14-4 디스크 플래터의 섹터 인터리빙

이 문제를 해결하고 성능도 높이기 위해 현대의 디스크 드라이브는 디스크 컨트롤러에 메모리를 추가하고, 디스크 1회전 시 전체 트랙의 데이터를 캐싱하거나 임시 저장한다. 메모리에 트랙 데이터를 캐싱한 후 디스크 컨트롤러는 RAM 속도에 맞춰 디스크 읽기/쓰기 작업을 처리하며, 디스크 속도에 맞춰 작업을 처리할 때보다 성능이 월등히 높아진다. 트랙에서 첫 번째 섹터를 읽을 때는 디스크 회전 속도에 영향을 받지만, 디스크 컨트롤러가 전체 트랙을 메모리에 캐싱한 뒤에는 해당 트랙에 대한 작업이 즉시 처리된다.

일반적인 트랙에는 512바이트 용량의 64개 섹터가 포함돼 있으며, 트랙당 32KB의 데이터를 저장할 수 있다. 신형 하드 드라이브의 디스크 컨트롤러 메모리 용량은 8~512MB이므로 메모리에 수백 개의 트랙을 담아둘 수 있다. 즉, 디스크 컨트롤러의 캐시 메모리는 개별 트랙의 읽기/쓰기 작업 성능은 물론이고 디스크 전체의 성능도 높여준다.

디스크 컨트롤러의 캐시는 읽기 작업과 쓰기 작업의 속도를 높여준다. 예를 들어 CPU는 디스크 컨트롤러의 캐시 메모리에 수 마이크로초 단위로 데이터를 기록할 수 있으며, 디스크 컨트롤러가 읽기/쓰기 헤드의 위치를 변경하면 원래의 데이터 처리 모드로 작업을 수행할 수 있다. 읽기/쓰기 헤드가 적절한 위치에 도착하면 디스크 컨트롤러는 캐시 메모리의 디스크 표면에 데이터를 기록한다.

이와 같은 하드 디스크 서브시스템의 발전은 애플리케이션 개발자의 입장에서는 디스크 드라이브와 디스크 컨트롤러 하드웨어에 관련된 기본적인 내용만 이해하면 된다는 장점이 있다. 이전보다 하드 드라이브가 애플리케이션에 미치는 영향을 이해하기 쉬워졌지만, 좀 더 좋은 코드를 작성하려는 개발자는 하드 드라이브의 작동 방식을 명확히 이해할 필요가 있었다.

예를 들어 시퀀셜 파일 작업sequential file operation은 랜덤 액세스 작업보다 처리 속도가 훨씬 빠른데, 이는 시퀀셜 작업의 헤드 탐색 횟수가 랜덤 액세스 작업에 비해 적기 때문이다. 또한 개발자가 디스크 컨트롤러에 온보드 캐시onboard cache가 있다는 사실을 안다면, 파일 데이터를 좀 더 작은 블록 단위로 세분화한 후 다른 블록 작업을 처리하는 도중에 디스크에 데이터를 기록할 수 있을 것이다.

하지만 하드 드라이브 도입 초기에 디스크 성능을 최대화하기 위해 등장한 다양한 하드웨어 및 소프트웨어 기술은 현대적인 저장 장치에는 적용하기 어려워졌다. 그 이유 중 하나는 RAID와 같은 새로운 기술 콘셉트가 등장했기 때문이다.

14.1.3 RAID 시스템

현대 디스크 드라이브는 8~16개의 헤드를 지니고 있으므로 개발자 중 상당수는 이들 헤드를 동시에 읽어서 성능을 개선할 수 없을지를 고민하고 있었으며, SATA와 대용량 디스크 캐시를 통해 이런 일이 가능해졌다. 또 다른 성능 개선 콘셉트는 디스크 드라이브에 대한 병렬적인 읽기 및 쓰기 작업 방식이었으며, 이를 구현한 것이 바로 RAID^{Redundant} Array of Inexpensive Disks이다.

RAID의 기술 콘셉트는 간단하다. 다수의 하드 디스크 드라이브를 하나의 호스트 컨트롤러 카드(어댑터^{adapter})에 연결한 뒤, 다수의 디스크 드라이브를 동시에 읽기 및 쓰기 하는 것이다. 예를 들어 두 개의 디스크 드라이브를 하나의 RAID 컨트롤러 카드에 연결하면 하나의 디스크 드라이브를 사용할 때보다 두 배 빠른 속도로 데이터를 처리할 수 있고, 네 개의 디스크 드라이브를 RAID 카드에 연결하면 네 배 빠른 속도로 데이터를 처리할 수 있게 된다.

RAID 컨트롤러는 디스크 서브시스템에 따라 다양한 환경 설정을 제공한다.

RAID 0 서브시스템의 경우, 다수의 디스크 드라이브를 결합해 데이터 전송 속도만 높인다. 예를 들어 RAID 컨트롤러에 두 개의 150GB 디스크 드라이브를 결합한 경우, 300GB 용량의 디스크 서브시스템을 두 배 빠른 속도로 작동시킬 수 있다. 이는 개인용 RAID 시스템의 구성에는 적합하지만, 대용량 파일 서버에는 설치할 수 없다.

RAID 1 서브시스템의 경우 다수의 고성능 파일 서버 시스템에 적용되고 있으며, 다수의 디스크 드라이브에 다수의 데이터 복사본을 안전하게 저장하는 데 집중한다. 이와 같은 환경 설정을 통해 하나의 디스크가 실패하더라도 다른 디스크에 저장된 데이터 복사본을 통해 안전하게 데이터를 관리할 수 있으며, 이를 중복 구현^{redundancy}이라 부른다. 더 높은 수준의 RAID 서브시스템은 네 개 이상의 디스크 드라이브를 결합해 데이터의 전송 속도를 높이고 중복 구현 수준을 향상시킨다. 이와 같은 환경 설정은 주로 고성능, 고가용성 파일 서버 시스템에 적용된다.

현대적인 RAID 시스템 환경 설정은 다음과 같은 카테고리로 구성된다.

RAID 0: 디스크에 데이터를 분산시켜 성능을 높인다(대신 복원성은 낮아진다). 이는 스트라이핑striping이라 부르기도 하며, 최소 두 개 이상의 디스크가 필요하다.

RAID 1: 복수의 드라이브에 데이터를 복사해 신뢰성을 높인다(대신 성능이 낮아지고 가용 용량 또한 반으로 줄어든다). 하나의 드라이브가 실패해도 데이터 손실 피해를 입지 않는다. 이는 미러링mirroring이라 부르기도 하며, 최소 두 개 이상의 디스크가 필요하다.

RAID 5: 드라이브에 데이터를 쌍으로 저장한다. RAID 1보다 빠르지만 RAID 0보다는 느리다. 하나의 드라이브가 실패해도 데이터 손실 피해를 입지 않으며, 최소 세 개 이상의 디스크가 필요하다. 세 개의 디스크 드라이브를 사용하는 경우, 전체 저장 용량의 66%를 사용할 수 있다. 기본 세 개 외에 디스크 드라이브를 추가하는 만큼, 저장 용량이 증가한다.

RAID 6: 드라이브에 데이터를 쌍으로 저장한 것을 복제한다. RAID 1보다 빠르지만 RAID 0, 5보다는 늦다. 두 개의 드라이브가 실패해도 데이터 손실 피해를 입지 않으며, 최소 네 개 이상의 디스크가 필요하다. 네 개의 디스크 드라이브를 사용하는 경우에는 전체 저장 용량의 50%를 사용할 수 있다. 기본 네 개 외에 디스크 드라이브를 추가하는 만큼, 저장 용량이 증가한다.

RAID 10: RAID 1과 RAID 0을 조합한 것으로, 최소 네 개 이상의 디스크가 필요하다. 기본 네 개 외에 디스크 드라이브를 추가할 때는 두 개씩 늘려야 한다. 드라이브에 분산된(스트라이핑된) 데이터는 성능을 높여주고, 중복 구현된 드라이브는 복원성을 높여준다. RAID 1보다 빠르지만 RAID 0보다는 늦다.

RAID 50, 60: RAID 5 + RAID 0 조합 또는 RAID 6 + RAID 0 조합이다.

이외에 RAID 2, 3, 4도 있었지만, 지금은 사용되지 않는다.

RAID 시스템은 저장 장치에 대한 추가적인 구매 없이 하드 디스크 서브시스템의 성능을 획기적으로 개선시킬 수 있다는 장점이 있다. 모든 컴퓨터 시스템의 저장 장치가 RAID 서브시스템을 사용하지는 않지만, 최고 성능의 저장용 서브시스템을 구현해야 한다면 (SSD를 사용하는) RAID가 해답이 될 수 있다.

14.1.4 광학 드라이브

광학 드라이브^{optical drive}는 레이저 빔과 특수한 감광성^{photosensitive} 장치를 이용해 데이터를 기록하고, 기존 자기식 하드 디스크 서브시스템에 비해 다음과 같은 장점을 지닌다.

- 기존 하드 디스크에 비해 외부 충격에 강하며, 작동 중인 디스크에 물리적 충격이 가해져도 쉽게 파괴되지 않는다.
- 탈착이 쉬운 오프라인 및 니어라인 저장 장치로서 무제한에 가까운 저장 용량을 제공할 수 있다.
- 기존 USB나 SD 카드에 비해 상대적으로 고용량의 저장 장치로 활용된다.

한때 광학 드라이브는 비교적 작은 크기에 고용량의 데이터를 저장할 수 있는 차세대 저장 장치로서 많은 관심을 모았지만, 다음과 같은 다양한 단점이 드러나면서 소규모 니치 마켓에서만 통용되게 됐다.

- 읽기 속도는 평균 수준이지만 쓰기 속도가 지나치게 느리다. 기존 하드 드라이브보다 많이 느리고 자기/광학식 플로피 디스크보다 조금 빠른 수준이다.
- 광학식 장치가 자기식 장치보다 견고성은 높지만, 하드 드라이브는 보통 본체 케이스 속에 부착돼 먼지, 습기, 부식, 충격 등으로부터 안전한 편이다. 반면, 광학 드라이브는 주로 휴대용 저장 장치로 활용되므로 하드 드라이브에 비해 환경 여건에서 불리하다.
- 기존의 자기 디스크 서브시스템에 비해 광학 디스크 서브시스템의 탐색 시간이 훨씬 길다.
- 광학 디스크 자체 저장 용량은 (블루레이^{Blu-ray} 버전의 경우) 128GB로 한정된다.

결과적으로 개인용 컴퓨터 시장에서 USB 플래시 드라이브가 가격은 낮추고 용량은 키우면서 광학 드라이브의 자리를 빼앗았다.

현재 광학 디스크가 사용되는 소수의 영역 중 하나는 니어라인 저장 장치의 서브시스템이며, 수백에서 수천 개의 광학 디스크를 이용해 주크박스 시스템^{robotic jukebox system}을 구현한다. 이런 용도로도 고용량 하드 디스크 드라이브가 활용될 수 있지만, 고용량 하드 디스크 드라이브는 전력 소모량, 발열량 등에서 광학 드라이브보다 불리하다. 또한 다수의 드라이브를 결합해서 제어하는 하드 드라이브의 특성상, 단일 광학 드라이브 유닛만 사용하는 광학식에 비해 인터페이스 구현이 어렵다는 단점이 있다. 마지막으로, 광학 드라이브를 아카이브 스토리지archival storage로 활용하는 경우 서버 시스템이 스토리지 서브 시스템의 특정 데이터에 접근하는 일이 매우 드물기 때문에 광학 드라이브 기반의 주크박스 시스템을 구현해 비용 효율성을 높일 수 있다.

여러분이 광학 드라이브 서브시스템에서 파일을 수정하는 소프트웨어를 개발하는 경우, 읽기 접근 속도가 쓰기 접근 속도에 비해 훨씬 빠르다는 점을 기억해야 한다. 즉, 광학 드라이브는 사실상 읽기만 하는 장치로 활용하고 기록 작업은 최대한 자제해야 한다. 또한 광학 디스크 표면에 대한 랜덤 액세스 시도는 탐색 작업에 많은 시간이 소모될 수 있다는 점도 기억한다.

CD, DVD, 블루레이 드라이브도 광학 드라이브의 일종이지만, 기존 광학 드라이브에 비해 널리 사용되고 있으며 다수의 개발사와 협회가 성능에 대한 지원을 지속하고 있다. 따라서 이와 관련된 내용은 다음 절에서 별도로 소개한다.

14.1.5 CD, DVD, 블루레이 드라이브

CD-ROM은 원래 오디오 CD 디지털 레코딩 표준에 따라 만들어졌으며, 이후 개인용 컴퓨터 시장에서 널리 사용된 최초의 광학 드라이브 서브시스템이다. 당시 일반적으로 사용되던 하드 디스크의 용량이 100MB 수준이었던 데 반해, CD-ROM은 상대적으로 대용량인 650MB의 저장 용량을 제공했다. 하지만 시간이 흐르면서 하드 디스크의 용량이 CD-ROM을 앞서게 된다. CD-ROM은 현재도 게임 등과 같은 상용 애플리케이션의 배포 방식으로 널리 사용되고 있다.

CD-ROM은 디스크당 몇 센트 수준으로 생산할 수 있는 매우 저렴한 배포 방식이지만, CD-ROM 제작의 틀이 되는 디스크 마스터disk master 제작에 수만 달러가 투자돼야 하므로 소량 생산에는 적합하지 않고 최소 수천에서 수만 장 단위로 생산할 때 경제성이 유지될 수 있었다.

이에 대한 대안으로 등장한 것이 기록 가능 CD, 즉 CD-RCD-Recordable이며, 개인이 자신의 컴퓨터에서 한 장씩 CD-ROM을 만들 수 있다. CD-R은 한 번만 기록 가능한 광학 디스크 기술을 사용하며 간단히 WORM^{Write-Once, Read-Many}이라 부른다.

기술 도입 초기에 CD-R의 장당 가격은 10~15달러 수준이었지만, CD 제조사가 CD-R 디스크를 대량으로 생산해내면서 장당 0.25달러까지 하락했다. 결국 CD-R은 소량 생산 방식으로 대량의 데이터를 배포하는 데 널리 활용되기 시작했다.

CD-R의 단점은 한 번만 기록 가능하다는 것이었으며, 이 문제를 해결하기 위해 CD-RW^{CD-Rewriteable} 드라이브가 등장했다. CD-RW는 말 그대로 읽기와 쓰기가 모두 가능한 CD-ROM이다. 하지만 광학 드라이브와 달리 필요한 데이터만 기록할 수 없으며, 기록에 앞서 기존의 모든 내용을 포맷해야 한다.

초기 CD-ROM이 제공한 650MB의 저장 공간은 충분한 수준을 넘는 것처럼 보였지만, 이내 그 이상의 저장 공간이 필요해졌다. CD 한 장에 담을 수 있는 최대 용량은 700MB까지 늘었지만, 이후 등장한 게임, 데이터베이스, 개발 문서, 개발 시스템, 클립 아트, 스톡 포토^{stock photograph}, 애플리케이션을 배포하기 위해서는 여러 장의 CD가 필요할 정도로 용량이 커졌다.

DVD-ROM(이후 등장한 DVD-R, DVD-RW, DVD+RW, DVD-RAM 포함) 디스크는 저장 용량을 3~17GB로 늘려서 이런 문제를 해결했으며, DVD-RAM을 제외하고는 이들 모두 기존 CD에 비해 더 빠르고 더 많은 내용을 저장할 수 있었다. CD-ROM과 DVD-ROM은 서로 다른 기술을 사용하지만 소프트웨어 개발자의 입장에서는 큰 차이 없이 사용할 수 있으며, 오늘날 제공되는 블루레이 BDXL^{Blu-ray BDXL}은 128GB의 저장 용량을 제공한다. 하지만 이후 인터넷 기반의 전자적 배포가 대세를 이루면서 블루레이를 포함한 CD-ROM 및 DVD-ROM 계열 저장 장치의 인기는 급속히 식었다.

당초 CD와 DVD는 스트리밍 데이터를 읽기 위한 용도로 만들어졌다. 하드 드라이브의 데이터를 읽기 위한 헤드의 트랙 간 이동 동작은 스트리밍 시퀀스 데이터를 읽기에 적합하지 않으며, 특히 오디오와 비디오 애플리케이션에 사용하기 어려웠다. 반면에 CD와 DVD의 읽기 헤드는 하나의 매우 긴 트랙을 따라 나선형으로 움직이며, CD와 DVD 플레이어 모두 긴 트랙을 따라 동일한 속도로 레이저 빔을 움직이기만 하면 된다.

긴 단일 트랙은 스트리밍 데이터 작업에는 적합하지만, 디스크 내 특정 위치를 정확하게 가리켜야 할 때는 어려움이 따를 수 있다. CD와 DVD는 하드 디스크처럼 매우 정확하게 특정 트랙의 특정 섹터를 가리키는 것이 아니라, 해당 섹터가 있을 것으로 예상되는 지점에 레이저 빔을 발사한 후 레이저 빔이 가리킨 지점의 데이터를 읽을지 여부를 결정하고, 마지막으로 정확한 섹터에서 데이터를 읽어들이는 방식을 사용한다. 결국 CD와 DVD는 하드 디스크 방식보다 디스크 내 특정 섹터를 가리키는 데 더 많은 시간을 소모한다.

따라서 CD나 DVD 미디어와의 상호 작용이 필요한 애플리케이션을 개발하려는 프로그래머는 랜덤 액세스를 자제해야 한다. CD나 DVD는 연속적인 스트리밍 액세스에 적합하며, 해당 미디어에서 특정 위치에 접근하려는 시도는 애플리케이션의 성능을 크게 떨어뜨리게 된다. 여러분이 구현하는 애플리케이션에서 CD, DVD 미디어 데이터에 대한 고성능 랜덤 액세스가 필요한 경우, 해당 데이터를 하드 디스크에 복사한 후 이를 읽어들이는 방식을 사용한다.

14.2 테이프 드라이브

하드 드라이브의 용량이 부족했던 옛 시절에는 테이프 드라이브도 널리 사용된 대용량 저장 장치 중 하나였으며, PC 사용자는 테이프 드라이브에 데이터를 백업해뒀다. 당시에 수년간은 테이프 드라이브가 하드 디스크에 비해 (메가바이트당 비용이 훨씬 낮은) 저렴한 스토리지로 널리 사용됐으며, 테이프 드라이브가 하드 디스크 드라이브에 비해 용량도 큰 편이었으므로 성능 면에서나 비용 면에서 나름의 장점을 지니고 있었다.

하지만 곧 하드 디스크 기술이 크게 발전하면서 테이프 드라이브의 이런 이점이 사라지기 시작했다. 현재 하드 디스크 드라이브 가운데는 저장 용량이 16TB에 이르는 것도 있으며, 기가바이트당 비용은 0.25달러에 불과하지만 테이프 드라이브의 기가바이트당 비용은 이보다 높다. 또한 DLT[Digital Linear Tape]와 같은 고성능 테이프 드라이브는 최대 250GB를 저장할 수 있지만 가격이 매우 비싼 편이다.

이런 이유로 현대의 PC 시장에서 테이프 드라이브는 점점 더 찾아보기 어려워졌으며, 현재는 일부 대규모 파일 서버 시스템에서 법규 준수용과 레거시 지원용으로 활용되고 있다. 여기에 사용되는 LTO[Linear Tape-Open] 드라이브의 경우 12TB의 저장 용량을 제공하고, 향후 200TB까지 증가할 것으로 보인다. 어쨌든 현재 구매할 수 있는 LTO-8 테이프 드라이브의 경우 가격이 130달러 수준이며, 이는 동일 용량 하드 디스크 드라이브의 두 배 수준이다.

메인프레임이 사용되던 시절, 애플리케이션 프로그램은 테이프 드라이브와 긴밀하게 상호 작용했지만, 랜덤 액세스에는 적합하지 않았다. 소프트웨어가 테이프에서 랜덤 블록 세트를 읽을 수는 있었지만, 성능이 상당히 낮은 수준이었다. 대부분의 애플리케이션이 메인프레임에서 실행되던 시기에는 애플리케이션과 상호 작용할 일이 많지 않았고 CPU 성능도 낮은 편이었으므로, 성능이 상당히 낮다는 의미는 요즘 생각하는 것과 다른 의미를 지닌다.

테이프 드라이브의 경우 읽기/쓰기 헤드는 고정돼 있으며, 테이프 전송 장치가 테이프를 헤드 밑으로 밀어 넣거나 당기는 구조를 사용한다. 현재 테이프가 처음 위치에 있는 경우, 테이프의 마지막 위치를 읽으려면 전체 테이프를 감는 작업부터 해야 한다. 이 작업에만 수십에서 수백 초가 소요되며, 그마저도 테이프의 길이와 포맷에 따라 달라진다. 현대적인 하드 디스크 드라이브가 읽기/쓰기 헤드 위치 조정에 불과 수십 밀리초가 소요된다는 점을 감안하면 매우 큰 차이라 할 수 있다(SSD의 경우는 이보다 훨씬 더 적은 시간이 소요된다). 따라서 소프트웨어 프로그래머는 테이프 드라이브의 읽기 및 쓰기 성능을 높이기 위해 시퀀셜 액세스 장치sequential access device의 특성을 파악하고 있어야 한다. 테이프 드라이브에서는 읽기 및 쓰기 작업이 테이프 방향을 따라 순차적으로 진행되기 때문이다.

초기 테이프 드라이브는 (하드 디스크가 플래터에 섹터 단위로 기록하듯) 테이프에 블록 단위로 기록했으며, 드라이브는 테이프 블록에 대한 준랜덤 액세스quasi-random access가 가능하도록 설계됐다. 이 부분은 오래된 영화 필름을 편집할 때, 영화 필름 릴을 앞뒤로 반복해서 감다가 특정 장면을 찾는 작업과 비교할 수 있다. 이런 테이프 드라이브는 상당히 고가의 장비로서 강력한 모터가 장착되고, 테이프를 반복적으로 감거나 풀어도 느슨해지거나 엉키지 않는 구조를 지니고 있어야 한다. 하드 디스크 드라이브의 용량 증가와 비용 하락의 영향으로 테이프 드라이브를 주된 데이터 저장 장치로 사용하는 애플리케이션은 거의 없어졌으며, (하드 디스크 백업용) 오프라인 스토리지로 활용되고 있다.

보조 저장 장치로서 테이프 드라이브에 대한 시퀀셜 액세스만 하는 경우에는 원래의 테이프 드라이브처럼 내구성이 우수하거나 모터 등과 같은 고가의 부품을 적용할 필요가 없으므로, 테이프 드라이브 제조사는 시퀀셜 액세스만 지원하는 저가형 테이프 드라이브를 출시하기도 했다. 이때 등장한 장치가 스트리밍 테이프 드라이브streaming tape drive이며, CPU에서 테이프로, 그리고 다시 테이프에서 CPU로 데이터를 제공할 수 있다.

예를 들어 하드 디스크 드라이브에서 테이프 드라이브로 데이터를 백업하는 경우, 스트리밍 테이프 드라이브는 데이터를 오디오 또는 비디오 신호처럼 처리하고, 일단 테이프를 실행하면 테이프의 마지막 부분에 이를 때까지 지속적으로 하드 디스크 드라이브의 데이터를 읽어들인다. 당시에도 스트리밍 테이프 드라이브 특유의 작동 방식 때문에 매우 소수의 애플리케이션만이 테이프 유닛과 소통할 수 있었으며, 오늘날에는 이와 같은 테이프 하드웨어에 접속할 수 있는 테이프 기반 백업 유틸리티 프로그램을 찾아보기가 더욱 어려워졌다.

14.3 플래시 저장 장치

단지 외형 때문에 주목받기 시작한 저장 장치가 바로 플래시 저장 장치flash storage다.[2] 플래시는 EEPROMElectrically Erasable Programmable Read-Only Memory 기술 기반의 반도체 저장 장치이며, 'read-only'라는 이름과는 다르게 읽기와 쓰기가 모두 가능하다. 또한 다른 반도체 메모리와 달리, 플래시는 전원이 차단돼도 데이터가 유지되는non-volatile 특징이 있다.

플래시는 순수하게 전기적으로만 작동하는 반도체 저장 장치이므로, 하드 드라이브와 같은 모터나 기타 전기 기계 장치를 사용하지 않고, 복원성이 높고 충격에 잘 견디며, 기계식 스토리지에 비해 전기 소모량이 훨씬 적다는 장점이 있다. 플래시 저장 장치의 이런 특징 덕분에 휴대전화, 태블릿, 노트북, 디지털 카메라, MP3 플레이어 등 다양한 휴대용 전자기기에 널리 사용되고 있다.

최근 플래시 저장 장치의 용량은 1TB를 넘었으며, 기가바이트당 가격은 0.15달러에 불과하다. 이와 같은 가격 측면의 경쟁력이 하드 드라이브 등 여타의 저장 장치를 압도하는 이유이기도 하다.

플래시 장치는 다양한 방식으로 활용되고 있다. OEMOriginal Equipment Manufacturer 제조사는 자신들이 제조하는 장비에 다른 반도체와 동일한 모습을 한 플래시 메모리를 바로 탑

---

2   여기서 '외형'이란 저장 장치로는 상상하기 어려울 정도로 작고 가는 형태를 의미한다.

재할 수 있다. 하지만 오늘날 플래시 장치가 가장 널리 사용되는 분야는 SDHC 카드, 콤팩트 플래시^{CompactFlash} 카드, 스마트 메모리 모듈, 메모리 스틱, USB 플래시 모듈, SSD 등 다양한 표준 장치의 메모리로 탑재되는 것이다. 예를 들어, 여러분의 디지털 카메라에서 콤팩트 플래시 카드를 빼서 PC의 카드 리더에 넣으면 플래시 드라이브에 저장된 사진 파일에 접속할 수 있다.

플래시 저장 장치 모듈의 메모리는 (하드 드라이브와 같은 섹터 단위가 아닌) 바이트 블록 단위로 읽고 기록할 수 있다. 단, RAM과 같은 다른 반도체 메모리와 달리 플래시 모듈에 개별 바이트 블록 데이터를 바로 기록할 수 없으며, 기존에 있던 바이트 블록을 모두 삭제한 후 기록해야 한다.

장치에 따라 블록 크기는 다르지만, 대부분의 운영체제는 읽기 및 쓰기와 관련해 플래시 블록을 디스크 섹터처럼 관리한다. 기본적인 플래시 저장 장치는 CPU 메모리 버스에 직접 연결할 수 있지만, 콤팩트 플래시 카드나 메모리 스틱과 같은 대부분의 플래시 저장 장치의 경우에는 하드 디스크 인터페이스를 구현한 전기 장치를 포함해 플래시 드라이브를 기존의 하드 드라이브처럼 접속할 수 있도록 한다.

플래시 메모리와 EEPROM 장치의 공통적인 특징은 쓰기 횟수$^{write\ lifetime}$가 한정돼 있다는 것이다. 즉, 플래시 메모리 내 특정 셀에 데이터를 기록한 경우 일정 횟수까지만 데이터의 신뢰성을 보증한다. 초기 플래시 메모리의 최대 쓰기 횟수는 10,000회 정도였으므로, EEPROM 및 플래시 저장 장치 사용자는 신뢰성에 대한 걱정을 할 수밖에 없었다. 실제로 동일 메모리 블록에 10,000회 이상 연속으로 기록하면 해당 셀에서 오류가 나타나기 시작했으며, 이내 플래시 칩 전체를 교체해야 했다.

그런데 이러한 제약 조건은 서로 다른 10,000개의 블록에 한 번 쓰기 작업을 했다면, 각 셀마다 9,999회를 문제없이 추가로 사용할 수 있다는 의미로 이해할 수 있다. 따라서 운영체제는 이들 플래시 메모리의 최대한 넓은 영역을 활용함으로써 저장 장치로서의 수명을 최대화할 수 있었다. 현대적인 플래시 메모리에도 같은 문제가 존재하기는 하지만, 기술이 발전함에 따라 사용자가 무시해도 될 수준으로 오류율이 낮아졌다.

현재는 약 100만 번의 쓰기 사이클에서 오류가 발생하는 수준으로 하드웨어가 개선됐고, 운영체제도 발전을 거듭해 플래시 메모리 작업 도중 발생한 배드 블록에 표시를 남겨서 해당 부분을 제외하고 읽기 및 기록 작업을 수행할 수 있게 됐다.

플래시 저장 장치는 (회전하는 디스크 등이 없는) 순수한 전기 장치로서 탐색 시간이 매우 짧다. 메모리 모듈에 주소를 기록할 때 잠시 시간이 소모되지만, 하드 디스크에 비하면 매우 짧은 시간이 소모된다. 그럼에도 불구하고, 플래시 메모리는 RAM의 엄청나게 빠른 속도에 비해서는 느린 편이다.

플래시 메모리에서 데이터를 읽는 속도는 수 마이크로초에 불과하지만, 플래시 메모리와 시스템 간의 데이터 전송을 위한 상호 작용에 일정 시간이 소요된다. 또한 플래시 메모리를 PC에 연결할 때 USB를 사용하는 경우가 많으며, 이 부분에서 바이트당 수백 마이크로초가 소요된다.

플래시 메모리에 데이터를 쓰는 속도는 더욱 느리다. 플래시 메모리에 데이터 블록을 기록하려면 데이터를 쓰고 읽은 뒤 원본 데이터와 대조하고, 일치하지 않는 부분은 다시 써야 한다. 이 작업에 수십에서 수백 밀리초가 걸린다.

전체적으로 봤을 때 플래시 메모리 모듈은 고성능 하드 디스크 서브시스템에 비해 처리 속도가 느린 것이 일반적이다. 하지만 고성능 디지털 카메라 등에서 대용량 사진을 최대한 짧은 시간 내에 처리하기 위해 플래시 메모리의 성능이 지속적으로 향상되고 있다. 아직까지는 하드 디스크가 플래시 메모리의 성능을 앞서는 상황이지만, 조만간 그 흐름이 역전될 여지도 얼마든지 있다.

14.4 RAM 디스크

반도체 기술을 이용한 RAM 디스크는 컴퓨터 시스템의 메모리를 하나의 거대한 스토리지 블록처럼 다루며, 메모리 배열을 이용하는 디스크의 블록 및 섹터와 같은 기능을 제공한다. 메모리 기반 디스크의 가장 큰 장점은 성능이 매우 높다는 것이다. RAM 디스크는 앞서 살펴본 하드 드라이브, 광학 드라이브, 플로피 드라이브 등의 헤드 탐색 시간 또는 회전 지연 시간을 고려할 필요가 없다. CPU와의 인터페이스 시간도 매우 짧으며, 버스에서 허용된 최대 속도로 데이터를 주고받을 수 있다. 이런 이유로 인해 RAM 디스크보다 빠른 저장 장치를 찾는 것은 결코 쉽지 않다.

하지만 RAM 디스크에는 두 가지 큰 단점이 존재한다. 바로 고비용cost과 데이터의 휘발성volatility(또는 비지속성)이다. RAM 디스크의 바이트당 저장 비용은 상당히 높은 편이며,

바이트 단위로 따졌을 때 RAM 디스크의 가격은 자기식 하드 드라이브의 10,000배를 넘기도 한다. 그래서 RAM 디스크는 고용량보다는 수 기가바이트 수준의 저용량 저장 장치로 활용된다. RAM 디스크의 또 다른 단점은 휘발성이며, 전원이 차단되면 즉시 데이터가 사라진다. 따라서 이와 같은 반도체형 드라이브는 임시 저장 방식으로 사용되거나 영구 저장 장치를 위한 복제 방식으로 사용되며, 중요한 데이터를 장기간 보관하는 데는 적합하지 않다고 할 수 있다.

14.5 SSD

현대의 고성능 PC는 대부분 SSD$^{\text{Solid-State Drive}}$를 사용한다. SSD는 시스템과의 고성능 인터페이스가 가능한 (USB 스토리지 드라이브와 같은) 플래시 메모리를 사용한다. 하지만 SSD는 USB 플래시 드라이브와는 개발 목적과 용도, 성능 등에서 큰 차이를 보인다. USB 플래시 드라이브는 기본적으로 저렴한 임시 저장 장치이며, 속도보다는 저렴한 비용으로 좀 더 많은 데이터를 담는 데 집중하고 하드 드라이브보다 속도가 느린 것이 일반적이다. 반면 SSD는 빠른 처리 속도에 초점을 맞췄으며, 솔리드 스테이트 설계 방식에 의해 보통의 하드 드라이브와는 비교할 수 없을 만큼 속도가 빠르다. SSD는 RAID 환경 설정을 통해 SATA 인터페이스가 허용하는 성능 한계까지 속도를 높일 수 있다.

이 책을 집필하는 현시점에 100달러로 8TB 용량의 HDD 또는 1TB 용량의 SSD를 살 수 있다는 점 등을 감안하면 SSD의 가격은 HDD에 비해 동일 용량 대비 4~16배 비싼 편이지만, 기가바이트당 가격 차이는 점점 더 좁혀지고 있다. 지금 이 순간에도 SSD는 빠르게 영역을 확대해 나가고 있으며, HDD는 머지않아 일반 사용자용 PC 시장에서 자취를 감추지 않을까 생각한다. 그렇다면 사람들은 도대체 왜 더 많은 비용을 지불하고 SSD를 사용하는 것일까?

SSD는 데이터 저장을 위해 HDD뿐 아니라 USB 스토리지 드라이브와도 다른 기술 기반을 사용해 PC와 월등히 빠른 속도로 상호 작용할 수 있다. 그리고 바로 이 '다른 기술 기반 구현'에 다른 스토리지 장치에 비해 훨씬 많은 비용이 소모된다. 그 덕분에 다른 메모리 카드 등이 100MBps의 속도를 낼 때, SSD는 무려 2,500MBps의 전송 속도를 낼 수 있다(최신 USB 스토리지 드라이브의 속도는 100~150MBps).

프로그래머의 입장에서 SSD의 가장 큰 장점은 탐색 시간이나 각종 처리 지연 문제를 걱정하지 않아도 된다는 것이며, SSD야말로 진정한 랜덤 액세스 장치라 할 수 있다. SSD 저장 영역의 초반, 중반, 종반 등 그 어느 위치에 있는 데이터에 접근하더라도 시차가 거의 발생하지 않는다.

하지만 SSD에도 몇 가지 단점이 있다. 첫 번째 단점은 읽기 속도에 비해 쓰기 속도가 매우 느리다는 것이다(HDD의 쓰기 속도보다는 빠르다). 보통의 경우 데이터 쓰기 작업보다는 읽기 작업 빈도가 훨씬 높기는 하지만, 소프트웨어 프로그래머라면 느린 쓰기 속도를 고려해야 한다. 두 번째 단점은 일정 기간 경과 후 SSD에서 데이터 유실이 발생할 수 있다는 것이다. 동일 셀에 지속적으로 쓰기 작업이 반복되면 해당 셀이 오류를 일으킬 수 있다. 이와 같은 셀 열화 문제를 해결하기 위해 현대 운영체제는 저장 영역을 최대한 넓게 사용해 셀당 기록 빈도를 최소화하지만, 쓰기 작업이 빈번한 애플리케이션 프로그래머라면 셀 열화 문제를 고려해야 할 것이다.

14.6 하이브리드 드라이브

대부분의 현대적인 하드 드라이브는 (회전 지연 문제를 줄이기 위해 전체 트랙 데이터를 저장하는) 온보드 RAM 캐시를 지닌다. 하이브리드 드라이브^{hybrid drive}의 대표적인 예는 애플의 퓨전 드라이브^{Fusion Drive}이며, 32~128GB 수준의 저용량 SSD와 2TB급 대용량 HDD를 결합한 형태를 지닌다. 자주 접근하는 데이터는 SSD 캐시에 저장하고, 작업 진행에 따라 저장 공간이 부족해지면 SSD 캐시의 일부 데이터를 HDD로 옮긴다. 이는 메인 메모리 캐싱 기능을 사용하는 전략 중 하나이며 전체적인 시스템의 성능을 SSD 수준으로 높일 수 있다.

14.7 대용량 저장 장치의 파일 시스템

대용량 저장 장치에 직접 접속하는 애플리케이션은 거의 없다. 즉, 애플리케이션 가운데 대용량 저장 장치의 트랙, 섹터, 블록 등에 직접 쓰거나 읽는 경우는 매우 드물다는 것이다. 그 대신에 애플리케이션은 저장 공간에 저장된 파일을 기반으로 작업을 실행한다. 대용량 저장 장치와의 직접적인 소통은 운영체제의 파일 매니저가 담당하며, 저장 장치의 물리적인 환경 설정과 저장 공간에 저장된 다수의 파일을 좀 더 편리하게 관리할 수 있는 기능을 제공한다.

옛 컴퓨터 시스템의 경우 파일 매니저 등의 기능이 제공되지 않았으므로 애플리케이션이 대용량 저장 장치의 데이터 위치를 추적해야 했으며, 소프트웨어 프로그래머는 성능을 좀 더 높이기 위해 디스크 내 데이터 저장 구조를 알아야 했다. 예를 들어 프로그래머가 직접 드라이브 트랙 내 여러 개의 섹터에 데이터를 분산시켜 읽기 및 쓰기를 위한 CPU 타임을 관리할 수 있으며, 이렇게 만들어진 소프트웨어는 범용 파일 매니저를 사용하는 것보다 훨씬 처리 속도가 빠르다.

이후, 파일 매니저가 보편화되고 나서도 일부 소프트웨어 프로그래머는 애플리케이션의 성능을 높이기 위해 저장 장치 내 파일을 직접 관리하기도 했다. 플로피 디스크가 널리 사용되던 시기에는 이런 경우가 많았으며, 데이터를 트랙과 섹터 단위로 직접 관리하는 로우레벨의 소프트웨어는 파일 매니저를 사용하는 하이레벨의 소프트웨어와 비교해 열 배 가까운 성능 차이가 나기도 했다.

현대 프로그래밍에서도 이와 같은 로우레벨 방식으로 소프트웨어의 성능을 높일 수 있는 여지가 있지만, 기존의 로우레벨 방식을 적용하기 어려운 몇 가지 이유가 있다.

첫 번째로, 대용량 저장 장치의 로우레벨 접근을 위해서는 상당한 수준의 전문 지식을 쌓아야 하는데, 이 지식이 다른 장치에는 적용되지 않는 경우가 많다. 예를 들어 48개 섹터, 12개 트랙, 768개 실린더가 있는 드라이브 관리를 위한 로우레벨 소프트웨어를 작성해서 최적화 수준을 달성한 경우에는 섹터, 트랙, 실린더 수가 조금이라도 다른 드라이브의 경우 최적화 수준을 벗어나게 된다.

두 번째로, 특정 드라이브를 로우레벨로 접근하면 멀티태스킹 등의 환경에서 다른 애플리케이션과 같은 드라이브를 공유해야 할 때 오히려 효율이 더 떨어질 수 있다. 예를 들어 여러분이 섹터 접근을 위한 최적의 좌표로 트랙에 데이터를 분산시켰는데, 운영체제가 프로그램 실행에 개입해 해당 타임 슬라이스에 다른 애플리케이션을 할당하는 경우에는 읽기 및 쓰기 작업 순서가 뒤엉키고 최적의 성능을 낼 수 없게 된다.

세 번째로, 현대적인 대용량 저장 장치의 온보드 캐싱 컨트롤러나 블록 시퀀스 형태의 SCSI 인터페이스인 경우, 기존의 트랙 및 섹터 구조와 다르므로 저장 장치에 대한 로우레벨 접근에 따른 이점이 없어진다.

네 번째로, 현대 운영체제는 파일 시스템의 성능을 우수한 수준으로 유지하기 위한 파일 버퍼링 알고리듬, 블록 캐싱 알고리듬 등을 제공하므로 로우레벨 접근의 필요성이 낮다.

마지막으로, 로우레벨 디스크 액세스는 상당히 복잡한 작업이며, 이와 같은 소프트웨어 작성 자체에 상당한 어려움이 따른다.

14.7.1 시퀀셜 파일 시스템

초기 파일 매니저 시스템은 디스크 표면에 연속적으로 파일을 저장한다. 예를 들어 디스크 내 섹터 및 블록에 512바이트를 저장할 수 있는데, 특정 파일 크기가 32KB라면 해당 파일은 64개의 섹터 및 블록에 연속적으로 기록된다. 나중에 파일 매니저가 해당 파일에 접근하려면, 파일의 시작 블록 번호starting block number와 파일 저장에 사용된 블록의 수the number of blocks만 알면 된다.

파일 시스템은 이들 두 개의 정보만 알면 비휘발성 저장 장치 어딘가에 위치한 정보를 찾을 수 있었다. 이와 같은 방식으로, 방대한 저장 공간에서 운영체제는 디렉터리directory라는 파일 탐색 구조를 통해 애플리케이션이 요청한 파일을 정확하게 참조할 수 있다. 파일 매니저는 디렉터리에서 파일 이름을 통해 해당 파일이 저장된 데이터의 시작 블록과 크기 정보를 가져올 수 있고, 파일 시스템은 애플리케이션이 필요로 하는 파일 데이터를 제공할 수 있다.

이와 같은 시퀀셜 파일 시스템의 장점은 빠른 속도다. 운영체제는 디스크 표면에 연속적으로 놓인 블록의 데이터를 대상으로 매우 빠르게 읽기/쓰기 작업을 할 수 있다. 하지만 시퀀셜 파일 시스템에는 몇 가지 중요한 단점이 존재한다. 먼저, 파일 매니저가 블록에 파일을 기록하면 인접 블록의 파일은 더 이상 크기를 늘릴 수 없다. 또 다른 문제는 디스크 단편화disk fragmentation 현상이다. 애플리케이션이 크고 작은 파일의 읽기/쓰기 작업을 반복하면 디스크 표면에 미사용 섹터가 남게 되며, 이들 섹터는 너무 작아서 다른 파일을 기록할 수 없게 된다.

일정 기간 사용한 시퀀셜 파일 시스템은 겉으로는 데이터를 저장하기에 충분한 여유 공간을 두고 있는 것처럼 보이지만, 실제로는 디스크 표면에 사용 불가능한 미사용 섹터 파편이 존재하는 경우가 많다. 이 문제를 해결하기 위해 사용자는 디스크 정리^{disk} ^{compaction} 프로그램을 이용해 미사용 섹터를 병합하고 디스크 종반부로 이동시키는 작업을 수행해야 한다. 또 다른 해법은 기존 디스크 내용을 복사해 새로운 빈 디스크에 저장하는 것이다. 하지만 이들 작업은 파일 매니저를 제공하는 운영체제가 직접 처리하는 것이 더 적합해 보인다.

시퀀셜 파일 시스템의 단점은 멀티태스킹 운영체제를 사용할 때 더욱 극명하게 드러난다. 두 개의 애플리케이션이 동시에 디스크에 파일을 기록하려 할 때, 운영체제 파일 매니저는 첫 번째 애플리케이션이 요청한 블록 위치와 두 번째 애플리케이션이 요청한 블록 위치가 겹치지 않도록 해야 한다. 그런데 운영체제는 이들 파일의 크기가 얼마나 커질지 알 수 없으므로, 애플리케이션이 운영체제에게 파일의 최대 크기가 얼마인지 미리 알려줘야 한다.

하지만 애플리케이션도 파일의 크기가 미래에 어떻게 될지 정확하게 알 수는 없으므로 파일 크기를 추측해서 알려줄 수밖에 없다. 이때 예상한 파일 크기가 너무 작은 경우, 'file full' 에러가 표시되거나 애플리케이션에 의해 새 파일 생성 후 기존 데이터를 모두 복사하고 기존 파일을 삭제하는 작업이 진행돼야 한다. 과거 운영체제에서는 이런 일을 자주 경험해야 했으며, 이는 프로그래머에게나 사용자 모두에게 결코 기분 좋은 일은 아니었다.

블록 할당 부족 문제를 피하기 위해 다수의 애플리케이션은 파일이 필요로 하는 용량을 과도하게 잡는 경향이 생겨났다. 애플리케이션이 앞다퉈서 자신이 필요한 공간 이상을 할당받기 시작하면, 내부 단편화$^{internal\ fragmentation}$라는 새로운 문제점이 발생한다. 이후 해당 애플리케이션이 종료되면서 관련 파일을 지우고 운영체제에 빈 공간을 반환하면, 기존 미사용 섹터와 함께 더 많은 영역에 미사용 블록이 남게 되는 외부 단편화^{external} ^{fragmentation} 문제를 일으키게 된다.

이와 같은 이유로 인해 시퀀셜 파일 시스템 및 스토리지는 현대적인 운영체제와 함께 좀 더 정교한 스토리지 관리 시스템으로 교체된다.

14.7.2 효율적인 파일 할당 전략

현대적인 파일 할당 전략은 디스크 내 임의의 블록 어디에나 파일을 저장할 수 있도록 한다. 파일 시스템이 디스크 내 블록 어디에나 파일을 저장할 수 있으므로, 외부 단편화나 파일 크기 제약 등의 문제를 모두 해결할 수 있다. 디스크 내 여유 블록 공간이 하나라도 있으면 파일의 크기를 자유롭게 늘릴 수 있지만, 이와 같은 유연성은 동시에 복잡성이라는 문제도 만들게 된다. 시퀀셜 파일 시스템에서 빈 디스크 공간을 찾는 것은 간단하다. 시작 블록 번호와 디렉터리 내 파일 크기 정보를 가져오면, 현재 디스크에서 할당할 수 있는 충분한 여유 블록 공간의 위치를 쉽게 파악할 수 있다.

하지만 임의의 블록에 저장된 파일을 찾기 위해 디렉터리를 스캔하고 파일이 사용 중인 블록의 위치 정보를 가져오는 일은 컴퓨터 리소스 측면에서 상당히 비싼 작업이므로, 파일 시스템 상당수는 사용 블록과 여유 블록을 직접 추적한다. 대부분의 현대적인 운영체제는 세트, 테이블(배열), 리스트라는 세 가지 데이터 구조를 사용해 사용 중인 섹터와 빈 섹터를 추적하며, 이들 기법이 지닌 장단점은 다음과 같다.

14.7.2.1 프리 스페이스 비트맵 기법

프리 스페이스 비트맵 기법free-space bitmap scheme은 디스크 드라이브의 여유 블록을 세트set 데이터 구조로 관리한다. 파일 매니저는 세트 멤버 블록은 필요시 언제라도 다음 파일을 위해 빈 공간을 마련할 수 있다. 세트 멤버십은 멤버 해당, 비해당 여부로 표현되는 불리언 관계Boolean relationship이므로 특정 블록의 세트 멤버 여부를 표현하는 데 단 1비트만 있으면 된다.

파일 매니저는 디스크 내 공간을 기록한 비트맵bitmap 정보를 관리하기 위해 일정 섹션을 예약해서 사용한다. 비트맵은 디스크 내 일정 수의 블록을 차지하며, 각각의 블록은 (바이트 단위의) 블록 크기에 (바이트당 비트 수인) 8을 곱해서 계산할 수 있다. 예를 들어 운영체제가 디스크 내 4,096바이트를 사용하는 경우, 단일 블록을 구성하는 비트맵은 디스크 내에서 최대 32,768개의 다른 블록의 공간 정보를 기록할 수 있다.

프리 스페이스 비트맵 기법의 단점은 디스크 크기가 커질수록 비트맵의 크기도 함께 커진다는 것이다. 예를 들어 4,096바이트 블록을 지닌 120GB 드라이브의 경우, 비트맵 크기는 거의 4MB나 된다. 이는 전체 용량으로 보면 미미하지만 비트맵에서 개별 비트에 접근하려 할 경우 상당히 큰 숫자이며, 운영체제는 빈 블록을 찾을 때 4MB나 되는 비트맵 공간을 선형으로 탐색해야 한다. 시스템 메모리로 비트맵을 관리하는 경우에도 결코 무시할 수 없는 리소스 비용이 발생하므로, 프리 스페이스 비트맵 기법은 대용량 디스크에는 적용하기 어렵다는 사실을 알 수 있다.

프리 스페이스 비트맵 기법의 장점이자 단점은 파일 매니저가 디스크 내 빈 공간을 찾을 때만 사용한다는 것이다. 즉, 비트맵 구조에 문제가 생겨도 실제 데이터가 사라지거나 하는 것은 아니며, 사용자는 최신의 비트맵 구조를 생성하기 위해 전체 디스크 디렉터리를 탐색하고 파일이 어떤 섹터를 사용하고 있는지 계산하면 된다. 새 비트맵 구조를 생성하는 데는 다소 시간이 소요되지만, 재난 복구 등의 상황에서 유용한 선택안이 될 수 있다.

14.7.2.2 파일 할당 테이블(FAT)

디스크 섹터 사용 여부를 추적하기 위한 또 다른 방법은 파일 할당 테이블 기법, 즉 FAT[File Allocation Table]이며, 대부분의 USB 플래시 드라이브가 이 방식으로 파일 할당 작업을 수행할 정도로 널리 사용되고 있다. FAT 구조의 특징은 디스크 내 빈 공간 관리 기법과 파일 섹터 할당 기법을 하나의 데이터 구조로 관리한다는 것이며, 이들 두 가지 데이터를 따로 관리하는 비트맵 기법에 비해 저장 공간과 리소스를 크게 줄일 수 있다. 또한 비트맵 기법과 달리 FAT은 다음 빈 섹터를 찾기 위해 디스크를 선형으로 탐색할 필요가 없다.

사실 FAT은 디스크 내 공간의 인덱스와 같은 자기 관계 포인터[self-relative pointer] 배열에 불과하며, 스토리지 내 섹터와 블록을 하나의 포인터로 가리키는 체계다. 디스크 초기화 작업 시 처음 몇 개 블록은 루트 디렉터리와 FAT을 위해 예약되며, 이외의 블록은 여유 공간으로 남게 된다. 루트 디렉터리 내 일정 영역이 프리 스페이스 포인터[free-space pointer]가 돼 디스크 내에서 다음 여유 공간이 어디인지를 나타낸다.

예를 들어 프리 스페이스 포인터에 64라는 값이 있고, 이는 다음 번 여유 공간이 64번 블록이라는 것을 의미한다고 하자. 이때 FAT 인덱스가 64, 65, 66, ... 순서로 이어지고 FAT 엔트리가 다음과 같다면, 디스크 내 n개의 블록이 있을 때 다음과 같이 FAT 인덱스와 FAT 엔트리의 관계를 정리할 수 있다.

FAT 인덱스	FAT 엔트리 값
...	...
64	65
65	66
66	67
...	...
$n-2$	$n-1$
$n-1$	0

블록 64의 엔트리는 디스크 내 다음 빈 블록인 65를 가리키고, 블록 65로 이동하면 디스크 내 다음 빈 블록이 66임을 알 수 있다. 그렇게 해서 FAT의 마지막 엔트리는 0이 된다(블록 0은 전체 디스크 파티션의 메타 정보를 담는 데 사용된다).

애플리케이션이 새로운 데이터 기록을 위해 하나 이상의 블록이 필요한 경우, 파일 매니저는 프리 스페이스 포인터를 가져와서 FAT 엔트리를 따라 이동하며 새 데이터 기록에 몇 개의 블록을 사용할지 결정한다. 예를 들어 각 블록이 4,096바이트 크기이고 애플리케이션이 파일에 8,000바이트를 기록하려는 경우, 파일 매니저는 다음의 방법으로 프리 스페이스 포인터에서 두 개의 블록을 제거한다.

1. 프리 스페이스 포인터 값을 가져온다.
2. 첫 번째 빈 섹터를 결정하기 위해 프리 스페이스 포인터 값을 저장한다.
3. 데이터 기록에 필요한 블록의 수를 채울 때까지 FAT 엔트리 아래로 이동한다.
4. 데이터 기록에 필요한 마지막 블록의 FAT 엔트리 값을 가져와서 프리 스페이스 포인터 값으로 설정한다.
5. 애플리케이션이 사용할 마지막 블록의 FAT 엔트리 값을 0으로 설정하고 표시한다.
6. FAT에 블록의 목록 포인터로 (이제는 애플리케이션에 할당된) 프리 스페이스 포인터의 원래 값을 반환한다.

지난 예제의 블록 할당 후에 애플리케이션이 블록 64와 블록 65의 값을 해제하면, 프리 스페이스 포인터 값은 66이 되고 FAT은 다음과 같아진다.

FAT 인덱스	FAT 엔트리 값
...	...
64	65
65	0
66	67
...	...
$n-2$	$n-1$
$n-1$	0

하지만 FAT 테이블에 항상 다음 엔트리의 인덱스가 나타나는 것은 아니며, 파일 매니저가 디스크에 파일 저장 공간을 할당하거나 해제하는 일이 반복될수록 엔트리 값이 뒤섞이기 시작한다. 예를 들어 애플리케이션이 블록 65를 유지한 채 블록 64를 프리 스페이스로 반환하면, 프리 스페이스 포인터의 값은 64가 되고 FAT은 다음과 같아진다.

FAT 인덱스	FAT 엔트리 값
...	...
64	66
65	0
66	67
67	68
...	...
$n-2$	$n-1$
$n-1$	0

앞서 언급했듯이 FAT 데이터 구조의 장점은 프리 스페이스 관리와 파일 할당 관리를 하나의 데이터 구조로 결합해서 처리하는 것이며, 데이터가 이미 저장된 블록을 다시 확인할 필요가 없어진다. 그 대신 파일 데이터를 저장한 첫 번째 블록이 있는 FAT 테이블에서 인덱스로 사용할 포인터 값만 있으면 되며, 이를 기점으로 FAT 테이블을 따라 이동하며 파일 데이터가 담긴 블록을 찾을 수 있다.

FAT 기법이 기존 프리 스페이스 비트맵 기법보다 나은 부분은 FAT 기반 디스크가 데이터로 가득 찰 경우 빈 블록에 대한 정보를 더 이상 유지하지 않아도 된다는 것이며, 비트맵 기법은 빈 블록이 더 이상 없는 경우에도 이를 위한 공간을 유지해야 한다. 빈 블록이 없는 경우, FAT 기법은 기존 빈 블록 기록용 공간에 파일 블록 포인터를 기록한다. 그리고 프리 스페이스 포인터에는 0만 남게 되고, 모든 FAT 엔트리에는 파일 데이터 블록 인덱스가 연쇄적으로 기록된다.

하지만 FAT 기법에도 몇 가지 단점이 존재한다.

우선, 프리 스페이스 비트맵 기법과 달리 FAT 기법은 단일 실패 지점^{single point of failure} 문제를 지닌다. FAT에 문제가 생기면, 디스크는 물론 파일을 복원하기가 매우 어려워진다. 프리 스페이스에 대한 데이터를 잃는 것은 그리 큰 문제가 아니지만, 파일 위치를 기록한 데이터를 잃게 되면 매우 큰 문제가 될 수 있다. 디스크 헤드는 저장 장치의 FAT 영역에 머무는 시간이 많으므로 헤드 손상 시 하드 디스크의 여러 부분 중 FAT 영역에 문제가 생길 확률이 높으며, 플로피 디스크와 광학 디스크에서도 비슷한 부분에서 문제가 생길 수 있다. 이런 이유로, FAT 파일 시스템은 디스크에 FAT 복사본을 따로 만들기도 한다.

다음으로 FAT은 디스크 내 초반부의 위치에 고정돼 있는 경우가 많은데, 이것이 디스크의 성능을 떨어뜨린다. 특정 파일을 블록에서 읽으려 할 때 디스크 헤드는 FAT으로 이동해야 하며, FAT이 디스크 초반부에 위치하므로 FAT 기록 위치와 파일 기록 위치를 반복적으로 이동해야 한다. 이와 같은 헤드의 반복적인 움직임은 성능을 떨어뜨릴 뿐 아니라 디스크 드라이브의 기계적 마모를 일으킨다. 최신 마이크로소프트 운영체제의 FAT-32는 FAT이 디스크 초반 이외의 영역에 위치할 수 있도록 해서 위와 같은 문제를 해소한다.

또한 FAT 파일 시스템을 사용할 때 운영체제가 메인 메모리의 FAT을 캐싱하지 않으면, 애플리케이션 파일 입출력 성능이 크게 떨어질 수 있다. 하지만 이는 시스템 충돌 시 FAT 엔트리가 디스크에 기록돼 있지 않으므로 모든 파일 데이터 기록을 잃어버릴 수 있다.

FAT의 또 다른 단점은 파일에 대한 랜덤 액세스의 효율이 좋지 않다는 것이다. 파일에서 오프셋 m부터 오프셋 n까지를 읽으려면 파일 매니저는 m과 n에 위치한 블록 오프셋 값을 구하기 위해 각각의 블록 크기로 m과 n을 나눠야 하며, 이들 두 블록 사이의 FAT 테이블 값을 연속적으로 탐색해 원하는 데이터가 포함된 섹터를 찾아야 한다. 이와 같은 선형 탐색 작업은 수천 개의 블록이 있는 대규모 데이터베이스 파일의 경우 매우 많은 자원을 소모한다.

FAT의 또 다른 단점은 스파스 파일sparse file을 지원하지 않는다는 것이다. 즉, FAT에서는 바이트 0과 바이트 1,000,000 사이를 비워두고 이들 두 위치에만 데이터를 기록할 수 없다. 비FATnon-FAT 파일 매니저는 애플리케이션이 지정한 위치에만 데이터를 기록할 수 있으며, 바이트 0과 바이트 1,000,000에만 블록을 할당할 수 있다. 애플리케이션이 (바이트 500,000과 같이) 할당된 적이 없는 블록을 읽으려고 할 경우, 파일 매니저는 0을 반환하고 읽기 작업을 종료한다. 하지만 FAT은 구조적인 이유로 인해 스파스 파일을 생성할 수 없다.

14.7.2.3 블록 리스트 기법

FAT의 단점을 극복하기 위해 윈도우 NT/2000/XP/7/8/10, 맥 OS(APFS)와 유닉스 계열의 운영체제는 블록 리스트 기법을 사용한다. 블록 리스트 기법은 빈 블록 리스트 기반의 높은 효율성, 비선형의 빈 블록 위치 관리 등 FAT의 장점은 살리고 FAT의 단점은 보완한 기법이라 할 수 있다.

블록 리스트 기법은 디스크 내 빈 블록에 32비트 또는 64비트 포인터를 할당하기 위해 여러 개의 블록을 설정하는 작업으로 시작한다. 디스크 내 각 블록에 4,096바이트를 담을 수 있다면, 각 블록은 32비트의 경우 1,024개(또는 64비트의 경우 512개)의 포인터를 가질 수 있다. 블록의 수를 1,024(또는 512)로 나누면, 초기 설정 시 필요한 빈 블록 리스트 기록용 블록의 수가 결정된다. 디스크가 가득 차면 이들 블록에 데이터를 저장하므로, 빈 블록 리스트 저장을 위해 별도의 공간을 소모하지 않아도 된다.

32비트 포인터를 사용하는 경우, 빈 블록 리스트의 블록에 1,024개의 포인터가 있다면 처음 1,023개 포인터에는 디스크 내 빈 블록에 대한 내용이 기록된다. 파일 매니저는 두 개의 포인터를 관리하며, 하나는 빈 블록 포인터를 포함한 현재의 블록 번호block number이고, 다른 하나는 현재 블록의 인덱스index다.

파일 시스템이 빈 블록을 필요로 할 경우, 이들 두 개의 포인터를 이용해 빈 블록의 인덱스 값을 가져온다. 그다음, 파일 매니저는 인덱스 값을 하나 증가시켜서 리스트 내 사용 가능한 다음 엔트리를 표시한다. 인덱스 값이 1,023이 되면 빈 블록 리스트에 1,024

번째 아이템이 저장됐다는 뜻이므로, 파일 매니저는 이를 빈 블록 포인터 리스트가 포함된 다음 블록의 주소로 사용하고 현재 블록의 주소는 빈 블록의 주소로 사용한다. 이것이 바로 FAT과는 다른 블록 리스트 기법 특유의 방식이며, 파일 매니저가 빈 블록 리스트에 추가한 블록을 재사용하는 것이다. 일단 파일 매니저가 주어진 블록 내의 모든 빈 블록 포인터를 사용하면, 이를 실제 파일 데이터 기록용 블록으로 사용하게 된다.

또한 블록 리스트 기법은 FAT과 달리 빈 블록 리스트나 파일을 병합해 동일 데이터 구조로 관리하지 않으며, 파일과 블록 리스트를 별도의 데이터 구조로 관리한다. 전형적인 유닉스 및 리눅스 파일 시스템의 경우 파일의 디렉터리 엔트리는 리스트의 처음 8~16개 엔트리만 저장하며, 운영체제는 이를 이용해서 디스크에 별도의 공간을 할당하지 않고도 (최대 32KB 또는 64KB의) 소용량 파일을 관리할 수 있다(그림 14-5 참조).

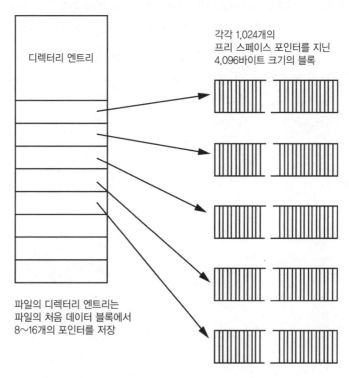

그림 14-5 소용량 파일을 위한 블록 리스트

조사 결과, 유닉스 계열 운영체제에서 저장되는 대부분의 파일이 소용량인 것이 확인됐으며, 다수의 포인터를 디렉터리 엔트리에 삽입함으로써 이들 소용량 파일에 대한 접근 효율성을 높일 수 있다. 이후 블록의 크기는 지속적으로 커졌다. 초기 블록의 일반적인 크기는 512바이트였지만, 요즘 블록의 크기는 당시보다 여덟 배나 증가한 4,096바이트에 이르렀고 디렉터리 엔트리를 위한 별도의 공간이 필요하지 않다.

4MB 미만인 중간 크기 파일의 경우, 운영체제는 파일 데이터 저장 블록에 1,024개의 포인터를 지닌 블록을 할당한다. 운영체제는 파일의 처음 몇 개 블록에 대한 디렉터리 엔트리에 있는 포인터를 사용하고, 이를 다시 다음 블록 포인터 그룹을 저장하는 데 사용한다. 보통의 경우, 디렉터리 엔트리의 마지막 포인터는 블록의 위치 값을 저장한다(그림 14-6 참조).

4MB를 초과하는 대용량 파일의 경우, 운영체제는 최대 4GB의 파일을 처리할 수 있는 3단계 블록 리스트 기법three-tiered block scheme으로 전환한다. 이 기법에서 디렉터리 엔트리의 마지막 포인터는 1,024개 포인터 블록의 위치 값을 저장하고, 이 블록의 각 포인터는 추가되는 블록의 위치 값과 실제 파일 데이터를 포함한 블록의 위치를 나타내는 포인터를 저장한다(그림 14-7 참조).

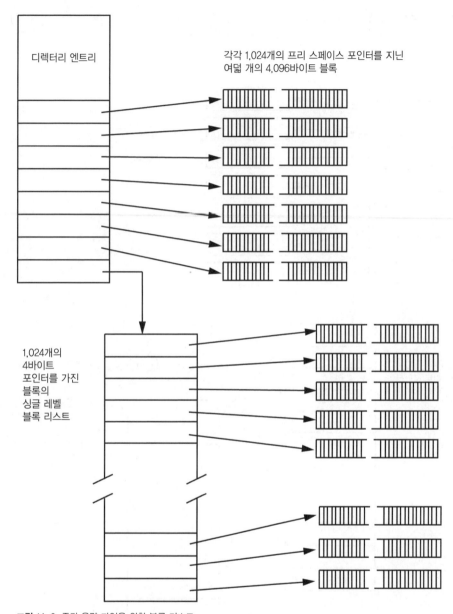

그림 14-6 중간 용량 파일을 위한 블록 리스트

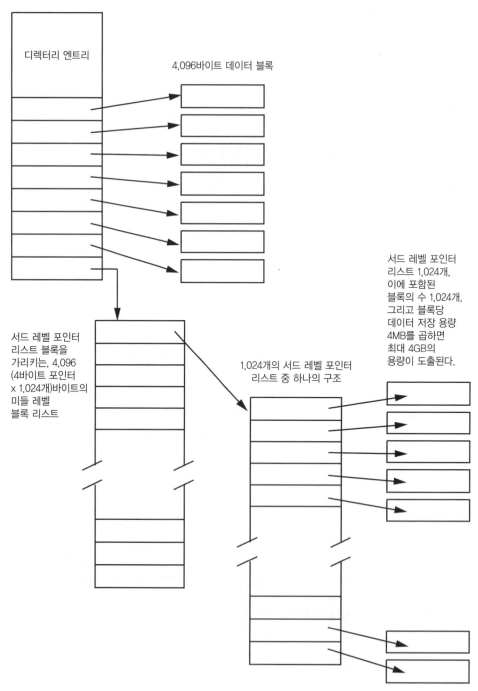

그림 14-7 최대 4GB의 대용량 파일을 위한 3단계 블록 리스트

이와 같은 블록 리스트 기반의 트리 구조tree structure는 스파스 파일을 지원할 수 있다는 장점이 있으며, 애플리케이션은 블록 0과 블록 100의 위치에, 그 두 블록 사이의 블록을 비워둔 채 파일을 기록할 수 있다. 블록 리스트에 삽입된 엔트리에 (0과 같은) 특수한 블록 포인터 값을 부여함으로써, 운영체제가 해당 블록에 파일을 기록하도록 할 것인지 결정할 수 있다. 애플리케이션이 파일 내 누락된 블록을 읽으려 할 경우, 운영체제는 빈 블록이란 의미로 0을 반환한다. 애플리케이션이 이전에 할당된 적이 없는 블록에 데이터를 기록하면, 운영체제는 디스크에 해당 데이터를 복사해 블록 리스트 내 적절한 블록 포인터로 입력한다.

하지만 동영상 편집기, 대규모 데이터베이스, 웹 서버 애플리케이션 등의 경우처럼 4GB 파일 용량도 부족한 상황이 되면, 블록 리스트 기법도 다양한 한계점을 드러내게 된다. 이에 대한 간단한 해법은 훨씬 큰 용량을 담을 수 있는 새 레벨을 블록 리스트 트리 구조에 추가하는 것이며, 4GB의 1,000배인 4TB도 담을 수 있도록 할 수 있다. 이 방식의 문제점은 임의로 레벨을 추가할수록 운영체제가 하나의 데이터 블록을 가져오기 위해 여러 개의 블록을 읽어야 하므로 파일의 랜덤 액세스가 어려워진다는 것이다(하나의 레벨만 있는 경우에는 메모리에 블록 포인터를 캐싱하는 것이 적절하지만, 레벨이 두 개, 세 개로 늘어나는 경우에는 메모리에 여러 개의 포인터를 캐싱해도 성능 개선이 이뤄지지 않는다).

또 다른 해법은 한 번에 4GB만 확장해 중간 용량의 파일 블록용 포인터로 사용하는 것이다(바로 파일 데이터 블록 포인터를 사용하지 않고, 중간 용량의 파일 블록용으로 8~16개의 포인터를 사용한다). 현재로서는 3단계 이상의 레벨로 확장하는 방법이 없지만, 데이터 저장 용량에 대한 요구 수준이 바뀌면 운영체제 설계자가 이에 맞는 새로운 블록 리스트 기법을 개발할 것으로 생각한다. 예를 들어 64비트 운영체제는 32비트 포인터가 아닌 64비트 포인터를 사용해 4GB 제약 조건을 넘어설 수 있다.

14.8 대용량 저장 장치의 데이터를 활용하는 소프트웨어 개발

다양한 대용량 저장 장치를 활용하는 고성능의 소프트웨어를 구현하기 위해서는 다양한 대용량 저장 장치가 어떤 방식으로 작동하는지 이해해야 한다. 현대 운영체제는 여러분의 애플리케이션이 대용량 저장 장치에 직접 접근하는 것을 차단하며, 운영체제가 대신 여러분의 요구 사항을 처리한다.

하지만 운영체제는 여러분의 애플리케이션이 대용량 저장 장치에 어떤 방식으로 접근할지 알 수 없으므로, 다른 소프트웨어의 전형적인 파일 접근 패턴에 따라 성능을 최적화한다. 따라서 여러분이 구현한 애플리케이션의 파일 시스템이 전형적인 스타일로 구현되지 않았다면 최고의 성능을 발휘하기는 어렵다.

이번 절에서는 최고의 성능을 발휘하기 위한 운영체제와 애플리케이션의 파일 시스템 구현 방식을 알아본다.

14.8.1 파일 액세스 성능

디스크 드라이브를 포함한 대부분의 대용량 저장 장치는 주로 랜덤 액세스를 사용하는 것으로 알려져 있지만, 실제로는 좀 더 많은 경우에 시퀀셜 액세스를 통해 효율적으로 접근한다. 디스크 드라이브에 대한 시퀀셜 액세스는 운영체제가 읽기/쓰기 헤드를 한 번에 하나의 트랙을 따라 연속적으로 이동시킨다는 측면에서 효율적이다. 이는 디스크에서 하나의 블록에만 접근하는 것보다 훨씬 빠르며, 다른 트랙에 접근할 때도 읽기/쓰기 헤드를 옮겨서 이동시키기만 하면 되므로 효율성이 유지된다. 따라서 애플리케이션을 구현할 때 가급적이면 파일에 대한 랜덤 액세스를 피해야 한다.

다음으로는 한 번 파일에 접근했을 때 가급적 많은 데이터 블록을 읽거나 써야 하며, 자주 접근해서 조금씩 읽거나 쓰는 일은 피해야 한다. 첫 번째 이유는 운영체제의 호출 속도가 느린 편이므로 호출 횟수를 절반으로 줄이고 한 번 접근했을 때 두 배로 많은 양을 읽거나 쓰면 애플리케이션 실행 속도가 두 배 빨라지는 효과가 있다는 점이다.

두 번째 이유는 운영체제는 항상 전체 디스크 블록을 읽거나 써야 한다는 점이다. 블록 크기가 4,096바이트인데 여러분이 해당 블록에 2,000바이트만 기록하고 블록 밖으로 이동하더라도, 운영체제는 4,096바이트 전체를 읽은 후 쓰기 작업을 한 2,000바이트를 병합하고 최종적으로 4,096바이트에 모두 기록하게 된다. 반면 4,096바이트를 꽉 채워서 사용한 경우, 운영체제는 디스크를 읽지 않고 바로 블록에 쓰기 작업을 할 수 있다. 부분적으로 채운 블록의 경우 운영체제는 먼저 블록을 읽고 데이터를 병합한 후 블록에 쓰기 작업을 해야 하지만, 데이터를 꽉 채운 풀 블록은 읽기 작업을 하지 않아도 되므로 성능을 두 배 높여준다.

애플리케이션이 순차적으로 데이터를 기록하지 않고, 이 때문에 블록 크기가 커지더라도 개별 블록의 크기를 좀 더 크게 유지해 성능을 높일 수 있다. 한 번의 쓰기 작업으로 16,000바이트를 기록한 경우 운영체제는 read-merge-write 작업을 통해 16,000바이트의 마지막 블록까지 써야 하지만, write 작업만 사용해 처음 세 개 블록만 기록하면 된다.

빈 디스크로 작업을 시작하는 경우 운영체제는 새 파일의 내용을 블록에 연속적으로 기록하려고 한다. 이는 미래의 파일 접근을 위한 가장 효율적인 방법이기 때문이다. 하지만 사용자가 파일의 생성 및 삭제 작업을 반복하면서 개별 파일을 위한 데이터 블록은 비연속적으로 분포된다. 심한 경우에는 운영체제가 디스크 표면 여기저기에 파일 데이터 블록을 흩어놓은 것과 같은 상황이 되며, 이때는 시퀀셜 액세스를 하더라도 랜덤 액세스 수준으로 속도가 느려질 수 있다. 이와 같은 파일 단편화는 파일 시스템의 성능을 급격히 떨어뜨린다.

안타깝게도 애플리케이션 레벨에서 이와 같은 파일 단편화 문제를 관리할 수 없으며, 설사 그런 일이 가능하다고 하더라도 단편화된 디스크의 성능을 높일 효과적인 방법은 찾기 어렵다. 디스크 블록 단편화 복구용 유틸리티가 제공되는 경우도 있으나, 애플리케이션 레벨에서 이를 요청할 수는 없다(시중에 나온 'defragger' 유틸리티의 속도도 매우 느린 편이다).

프로그램 실행 단계에서 단편화된 블록을 복구할 방법은 별로 없지만, 블록 단편화 현상을 줄일 수 있는 몇 가지 방법이 있다. 우선 파일은 가급적 큰 사이즈로 작성한다. 전체 파일을 한 번의 쓰기 작업으로 처리할 수 있다면 그렇게 하는 것이 좋다. 큰 사이즈로 파일을 작성하면 운영체제 접근 속도가 증가하고 블록이 연속적으로 생성되는 데 도움이 된다.

디스크에 작은 사이즈의 파일을 자주 작성하다 보면 다른 애플리케이션과 동시에 해당 블록에 대한 쓰기 작업을 요청할 가능성이 커진다. 이와 같은 상황이 발생할 때 운영체제는 블록 할당 요청을 분산시키므로, 파일 데이터가 연속적으로 기록될 가능성이 줄어들게 된다. 데이터에 랜덤 액세스를 하려는 경우에도 파일 데이터를 가급적 연속적인 블록에 기록하는 것이 좋은데, 이는 연속적으로 기록된 레코드에 랜덤하게 접근할 때 헤드 이동 거리가 훨씬 짧아지기 때문이다.

파일 생성 후 해당 데이터 블록에 반복적으로 (랜덤하게, 혹은 연속적으로) 접근하는 경우, 디스크에 해당 블록을 미리 할당해두는 것이 좋다. 파일 데이터가 1MB 미만이라면, 애플리케이션이 파일과 관련된 작업을 하기 전에 디스크에 100만 개의 0이 있는 블록을 생성하는 것이다. 이렇게 하면 운영체제가 여러분의 파일을 연속적인 블록에 기록하게 된다. 100만 개의 0이 있는 블록을 생성하는 데 노력이 들기는 하지만, 이를 통해 읽기/쓰기 헤드 탐색 시간을 크게 줄일 수 있다. 이와 같은 사전 할당 방식^{pre-allocation scheme}은 애플리케이션으로 여러 개의 파일을 동시에 읽거나 쓰려 할 때 효과적이다(다수의 파일을 위해 연속형 블록을 균등하게 분산시킬 수 있다).

14.8.2 동기적 및 비동기적 I/O

대부분의 대용량 저장 장치는 기계식 장치이며 애플리케이션의 읽기/쓰기 작업은 이와 같은 기계적 지연에 의해 상당한 시간이 소요된다. 대부분의 디스크 I/O 작업은 동기적으로 이뤄지며, 애플리케이션이 운영체제를 호출하면 후속 작업이 이뤄지기 전에 기존 작업이 완료돼야 한다.

이런 이유로 대부분의 현대적인 운영체제는 비동기적 I/O 기능을 지원하며, 현재 진행 중인 I/O 작업 순서와 상관없이 애플리케이션의 요청을 처리한다. I/O 작업이 진행되는 동안 애플리케이션은 해당 데이터를 이용해 다른 작업을 처리하지 않지만, 운영체제가 기존 작업의 완료 여부를 알려줄 수 있으므로 연산 작업과 추가적인 I/O 작업을 예약할 수 있다. 이는 시스템 내 다수의 드라이브에 있는 파일에 접속할 때 특히 유용하며, SCSI 등과 같은 고성능 드라이브에서만 사용 가능하다.

14.8.3 I/O 작업 유형별 성능

대용량 저장 장치와 상호 작용하는 소프트웨어를 설계할 때 고려해야 할 또 다른 사항은 I/O 작업 유형별 성능 차이다. 바이너리 I/O 작업은 디스크에 데이터가 기록되는 방식 차이 때문에 텍스트 포맷 I/O 작업보다 빠른 편이다. 예를 들어 파일에 16개의 정수 값을 가진 배열을 생성하는 경우, 다음과 같이 두 개의 C/C++ 시퀀스 코드를 사용할 수 있다.

```
FILE *f;
int array[16];
   . . .
// 첫 번째 시퀀스:

fwrite( f, array, 16 * sizeof( int ));
   . . .
// 두 번째 시퀀스:

for( i=0; i < 16; ++i )
    fprintf( f, "%d ", array[i] );
```

두 번째 시퀀스는 첫 번째 시퀀스보다 느릴 것으로 보이는데, 이는 단일 호출이 아닌 순환문을 사용하기 때문이다. 하지만 순환문 사용 시 배열을 생성하는 데 좀 더 많은 시간이 걸리더라도 두 번째 시퀀스도 나름의 장점이 있다.

첫 번째 시퀀스는 디스크에 16개의 32비트 정수로 구성된 64바이트 메모리 이미지를 기록하는 반면, 두 번째 시퀀스는 16개의 정수를 문자열로 변환한 뒤 디스크에 기록한다. 이와 같은 정수-문자열 변환 작업은 좀 더 많은 시간이 소요되며, fprintf() 함수는 런타임 시 포맷 문자열("%d")을 처리해야 하므로 추가 시간이 소요된다. 이와 같은 포맷 I/O는 애플리케이션은 물론이고 사람도 읽기 쉽다는 장점이 있다. 하지만 애플리케이션만 해당 데이터에 접근하는 경우에는 메모리 이미지로 데이터를 기록하는 편이 훨씬 효율적이다.

14.8.4 메모리 맵 파일

메모리 맵 파일memory-mapped file은 운영체제의 가상 메모리를 사용해 애플리케이션의 메모리 주소를 디스크 블록에 직접 매핑한다. 현대적인 운영체제는 고도로 최적화된 가상 메모리 서브시스템을 지니며, 이를 이용한 I/O 작업은 매우 효율적으로 이뤄지고 메모리 맵 파일에 대한 접근도 간단한 편이다. 메모리 맵 파일을 열면, 운영체제는 메모리 블록을 가리키는 메모리 포인터를 반환한다. 이 포인터로 메모리 위치를 참조해 접근하면, 다른 인메모리 데이터 구조처럼 파일 데이터에 접근할 수 있다. 이는 파일 접근 작업을 매우 효율적으로 만들며, 파일에 대한 랜덤 액세스 시 성능을 더욱 높일 수 있다.

메모리 맵 파일은 일반 파일보다 훨씬 효율적인데, 운영체제가 메모리 맵 파일에 속한 블록 리스트를 단 한 번만 읽어도 되기 때문이다. 블록 리스트를 가져온 후 운영체제는 시스템의 메모리 관리 테이블이 파일에 속한 블록을 가리키도록 한다. 일단 파일을 연 뒤에는 디스크 내 파일 메타데이터에 접근할 필요가 거의 없으며, 이를 통해 랜덤 액세스가 이뤄지는 동안 디스크 접근 횟수를 크게 줄일 수 있고 시퀀셜 액세스 성능도 상당히 높일 수 있다. 이때 운영체제는 디스크, 내부 운영체제 버퍼, 애플리케이션 데이터 버퍼 등의 데이터를 계속 복사할 필요가 없다.

하지만 메모리 맵 파일 기법은 몇 가지 단점을 지닌다. 먼저 매우 큰 파일의 경우 메모리에 모두 매핑할 수 없다. 특히 구형 PC 및 운영체제의 경우에는 32비트 주소 버스를 사용하며 애플리케이션당 최대 4GB만 사용할 수 있다. 보통의 경우 256MB보다 큰 파일은 메모리 맵 파일 기법이 적합하지 않지만, 64비트 기반 고성능 CPU를 사용하는 경우에는 메모리 맵 파일을 사용해도 무방하다. 또한 시스템에서 이미 RAM을 사용하고 있는 경우에도 메모리 맵 파일 기법이 적합하지 않다. 하지만 실제 컴퓨팅 환경에서 이와 같은 조건은 많지 않으므로 메모리 맵 파일을 다양한 상황에서 사용할 수 있다.

메모리 맵 파일과 관련된 좀 더 보편적이고 중요한 문제는 메모리 맵 파일을 생성할 때 운영체제에게 파일의 최대 크기를 알려줘야 한다는 것이다. 최종 파일 크기를 알 수 없다면, 일단 파일 크기를 크게 잡고 파일을 닫을 때 크기를 줄여야 한다. 하지만 이는 파일이 열렸을 때 값비싼 자원인 시스템 메모리를 낭비하는 일이 된다. 따라서 메모리 맵 파일은 파일의 크기를 변경하지 않고 읽기 전용$^{read-only}$ 모드에서 파일을 수정하거나 기존 파일을 단순히 읽거나 쓸 때 효율적이다. 이에 대한 보완책으로, 먼저 전통적인 파일 액세스 메커니즘을 이용해 파일을 생성하고 나중에 해당 파일에 접근할 때 메모리 맵 파일 I/O를 사용하는 방법도 있다.

마지막으로, 거의 모든 운영체제는 나름의 메모리 맵 파일 기법을 사용하므로 운영체제 간 메모리 맵 파일 I/O 코드의 호환성이 낮다는 문제가 있다. 이에 대해 메모리 맵 파일의 열기 및 닫기 관련 코드는 무척 짧으므로, 다양한 운영체제에 대응해 여러 개의 지원 코드를 작성함으로써 사용할 수 있다. 또한 실제 접근하는 파일 데이터는 단순한 메모리 접근만으로 구성되므로 운영체제와 독립적이다. 메모리 맵 파일에 대한 상세한 정보는 운영체제별 API 문서를 확인하길 바란다. 메모리 맵 파일의 높은 성능과 편의성은 여러분의 애플리케이션 구현에도 많은 도움을 줄 것이다.

14.9 참고 자료

Silberschatz, Abraham, Peter Baer Galvin, and Greg Gagne. *Operating System Concepts*. 8th ed. Hoboken, NJ: John Wiley & Sons, 2009.

15

기타 입출력 장치

현대 컴퓨터 시스템에서 가장 많이 사용되는 주변 장치는 대용량 저장 장치이지만, 커뮤니케이션 포트, 키보드와 마우스, 사운드 카드 등의 다양한 장치도 널리 사용된다. 15장에서는 이들 주변 장치를 알아본다.

15.1 PC 주변 장치

현대 PC 시스템의 장치를 설명하다 보면, 이제는 찾아보기 힘든 전통적인 장치도 언급하게 된다. 최근 몇 년간 PC 제조사는 새 컴퓨터를 출시하면서 오랜 기간 사용돼 온 직렬 및 병렬 포트 기반 장치를 제거하고, 최신 사양의 USB와 썬더볼트 기반 주변 장치를 대신 지원하고 있다. 직렬 및 병렬 포트 장치는 프로그래밍 작업이 비교적 간단한 반면, USB와 썬더볼트 기반 장치는 프로그래밍 작업이 상당히 복잡한 편이다. 좋은 코드를 작성하기 위해 프로그래머는 이들 모두의 활용 방법을 알고 있어야 한다.

15.1.1 키보드

초기 IBM PC의 키보드는 IBM 시스템 전용의 장치였으며, 키보드에 탑재된 8042 마이크로컨트롤러^{microcontroller} 칩은 키보드 스위치를 지속적으로 스캔해 키가 눌려졌는지 확인한다. 이는 PC의 일상적인 작업에 포함돼 병렬적으로 처리됐으며, PC의 80x86 프로세서가 다른 업무 처리를 위해 바쁜 동안에도 키의 움직임을 빠짐없이 추적할 수 있었다.

보통의 키스트로크^{keystroke} 동작은 키보드의 키를 누름으로써 시작된다. 키를 누르면 스위치가 전기적으로 접촉되고, 이를 키보드의 마이크로컨트롤러가 감지한다. 하지만 기계식 키보드의 키스트로크가 완벽하게 전달되지 않는 경우도 있으며, 완벽하게 접촉되기 전에 여러 번 미세하게 키 누름 반대 방향으로 튀어오르는 현상이 발생할 수 있다.

마이크로컨트롤러가 스위치의 접촉과 단락 신호를 지속적으로 읽어들이면 이와 같은 움직임은 키 누름과 키 놓음 동작이 매우 빠르게 반복되는 것처럼 감지될 수 있고, 마이크로컨트롤러가 이를 여러 번의 키스트로크로 인식하면 키바운스^{keybounce} 현상이 발생한다. 키바운스는 주로 구형의 저가형 키보드에서 자주 발생하는 현상이지만, 가끔은 최신의 고가형 키보드에서도 이와 비슷한 문제가 발생하곤 한다.

보통의 저가형 키는 5밀리초 이내에 떨림 단계를 지나 누름 단계에 접어들며, 키보드 스캐닝 소프트웨어가 이보다 짧은 주기로 키를 스캔할 경우 해당 키스트로크를 놓칠 수 있다. 결국 키보드 설계에서 키바운스 현상을 해소하려면 물리적으로 해당 키가 어느 정도의 시간에 누름 단계에 들어서는지 확인하고, 이 주기에 맞춰 키를 스캔해야 한다. 보통의 키보드 컨트롤러는 10~25밀리초 단위로 키를 스캔한다. 이보다 짧은 주기로 키를 스캔할 경우 키바운스 현상이 발생하고, 이보다 긴 주기로 스캔할 경우 키스트로크를 놓치게 된다.

키보드 컨트롤러는 키보드를 스캔할 때, 사용자가 키를 누르고 있는 동안 새로운 키 코드 시퀀스를 계속 생성해서는 안 된다. 사용자는 키를 떼기 전에 수십에서 수백 밀리초 동안 키를 누르며, 시스템은 이를 하나의 키스트로크 동작으로 인식해야 한다. 즉, 키보드 컨트롤러는 키가 일정 높이까지 내려갔다가 다시 일정 높이로 솟아오를 때, 한 번의 키 누름 동작으로 인식해야 한다.

또한 최신의 키보드는 사용자가 일정 시간 동안 키를 누르는 동작에 대한 자동 반복 autorepeat 기능을 제공하는데, 이때도 키가 눌려지는 동안을 하나의 키스트로크 시퀀스로 처리해야 한다. 하지만 이와 같은 자동 반복 키 누름 동작도 초당 10회 수준의 키스트로크만 수용 가능하고, 이 수준을 벗어나면 키보드 컨트롤러는 다시 모든 키보드의 키를 스캔하기 시작한다.

다운 키스트로크down keystroke를 감지할 때, 키보드 컨트롤러는 키보드 스캔 코드를 PC에 전송한다. 이때의 스캔 코드는 해당 키의 ASCII 코드가 아니라 IBM이 정한 임의의 코드 값을 지닌다. PC 키보드는 모든 키 누름 동작에 대해 키를 눌렀을 때 down 코드, 키를 놓았을 때 up 코드라는 두 가지 스캔 코드를 생성한다. 이때 사용자가 자동 반복 기능이 활성화될 정도로 충분히 길게 누르면, 키보드 컨트롤러는 키를 놓을 때까지 계속 down 코드를 전송한다.

8042 마이크로컨트롤러 칩은 이들 스캔 코드를 PC에 전송하고, PC는 전달받은 키보드 값을 ISRInterrupt Service Routine로 처리한다. 이때 Shift, Ctrl, Alt 키 등과 같은 특정 키의 누름 동작은 나름의 특수한 의미를 지니므로, 개별 up 또는 down 코드 하나하나가 무척 중요하다. 모든 키에 대한 up 코드를 통해 키보드 컨트롤러는 ISR이 특정 키의 누름 동작을 전달받았다고 확신하게 된다. 이와 같은 키보드 스캔 코드의 활용 방식은 운영체제마다 다르지만, 보통의 키보드 장치 드라이버는 키 스캔 코드 시퀀스를 시스템이 처리하기에 적합한 ASCII 코드로 변환하거나 애플리케이션이 처리할 수 있는 표현식으로 변환한다.

오늘날 대부분의 PC 키보드 인터페이스는 USB 포트와 연결되며, 초기 IBM PC 키보드에서 사용되던 8042 칩보다 좀 더 현대적인 마이크로컨트롤러가 탑재돼 있겠지만 기본적인 작동 방식은 이전과 동일하다.

15.1.2 표준 PC 병렬 포트

초기 IBM PC 디자인은 LPT1:, LPT2:, LPT3:라는 세 개의 병렬 프린터 포트를 지원한다. 당시는 레이저 프린터나 잉크젯 프린터가 나오기 전이었으며, IBM은 표준 도트 매트릭스 프린터dot matrix printer, 데이지 휠 프린터daisy wheel printer와 기타 다양한 목적의 보조 프린터를 지원하기 위해 이들 포트를 제공했다. IBM은 병렬 포트가 이후에 얼마나 널리 사용될지 예상하지 못했으며, 미래의 호환성까지 고려하지는 못했다. 당시 PC의 병렬 포트는 키보드, 디스크 드라이브, 테이프 드라이브, SCSI 어댑터, 이더넷Ethernet 및 기타 네트워크 어댑터, 조이스틱, 보조 키보드 장치, 프린터를 제어하기 위해 제공됐다.

오늘날 병렬 포트는 커넥터 크기와 성능 문제 등으로 거의 사용되지 않지만, 프로그래머에게는 여전히 흥미로운 장치로 남아있다. 수많은 아마추어 개발자와 애호가hobbyist는 병렬 포트를 이용해 PC와 자신이 만든 장치를 연결하며, 병렬 포트 프로그래밍을 통해 다양한 하드웨어를 제어할 수 있다.

단향성 병렬 커뮤니케이션unidirectional parallel communication 시스템의 경우, 송신 사이트transmitting site와 수신 사이트receiving site를 갖추고 있다. 송신 사이트가 데이터 라인에 데이터를 전달하면, 수신 사이트가 데이터를 이용할 수 있는 상태가 된다. 수신 사이트는 데이터 라인을 읽은 뒤, 송신 사이트에 해당 데이터를 처리했다는 것을 알린다. 이들 두 사이트가 데이터 라인에 동기적으로 접근하는 방법은 다음과 같다. 먼저 송신 사이트가 데이터를 준비한 후 수신 사이트에게 이제 읽어도 된다는 신호를 주기 전까지 수신 사이트는 데이터 라인에 접근하지 않으며, 수신 사이트가 데이터를 읽고 삭제하기 전까지 송신 사이트는 새 데이터를 데이터 라인에 추가하지 않는다. 이와 같은 프린터와 PC의 병렬적 커뮤니케이션 방식을 데이터 전송을 위한 핸드셰이킹handshaking이라 한다.

PC의 병렬 포트는 세 개의 컨트롤 시그널control signal과 여덟 개의 데이터 라인data line으로 핸드셰이킹을 구현한다. 송신 사이트는 스트로브 라인strobe line 또는 데이터 스트로브data strobe를 통해 수신 사이트에 데이터가 준비됐음을 알린다. 수신 사이트는 액날리지 라인acknowledge line을 통해 송신 사이트에 데이터를 수신했음을 알린다. 세 번째 핸드셰이킹 라인은 비지 라인busy line이며, 수신 사이트가 현재 수신할 수 없는 상황이므로 데이터를 보내지 않도록 한다. 액날리지 시그널은 시스템에게 기존 데이터를 읽고 처리했음을 알리는 반면에 비지 시그널은 새 데이터를 받을 수 없음을 알리는 것이며, 앞서 전달한 마지막 송신 내역을 받거나 처리했는지 알 수 없다.

데이터 전송 세션에서 송신 사이트의 작업 절차는 다음과 같다.

1. 비지 라인을 확인해 수신 사이트의 상태를 확인한다. 비지 라인이 활성화된 경우, 송신 사이트는 비지 라인이 비활성화될 때까지 기다린다.
2. 데이터 라인에 데이터를 올린다.
3. 스트로브 라인을 활성화한다.
4. 액날리지 라인이 활성화될 때까지 액날리지 라인에서 기다린다.
5. 스트로브를 비활성화 상태로 설정한다.
6. 액날리지 라인이 비활성화되고 스트로브 라인이 비활성화될 때까지 수신 사이트에서 대기한다.
7. 송신할 데이터가 있는 경우 1~6번 절차를 반복한다.

수신 사이트의 작업 절차는 다음과 같다.

1. 데이터 수신 가능 상태가 되면 비지 라인을 비활성화한다.
2. 스트로브 라인이 활성화될 때까지 기다린다.
3. 데이터 라인에서 데이터를 읽는다.
4. 액날리지 라인을 활성화한다.
5. 스트로브 라인이 비활성화될 때까지 기다린다.
6. 비지 라인을 활성화한다(선택 가능).
7. 액날리지 라인을 비활성화한다.
8. 데이터를 처리한다.
9. 비지 라인을 비활성화한다(선택 가능).
10. 데이터가 추가로 수신될 때마다 2~9번 절차를 반복한다.

송신 사이트와 수신 사이트는 위 작업 절차를 매우 조심스럽게 수행한다. 송신 사이트는 수신 사이트가 데이터를 처리하기 전에 새 데이터를 전송하지 않으며, 수신 사이트는 송신 사이트가 데이터를 전송하기 전에 데이터를 읽으려 하지 않는다.

15.1.3 직렬 포트

RS-232 직렬 표준은 (느린 속도 등과 같은 몇 가지 단점이 있음에도 불구하고) 현재 세계에서 가장 널리 사용되는 통신 표준이며, RS-232 직렬 인터페이스를 이용해 시중에 나온 수천여 개의 장치를 PC에 연결할 수 있다. 현재도 RS-232 직렬 인터페이스를 지원하는 장치의 수는 무척 많지만 차츰 USB 인터페이스로 전환되고 있으며, 최근에는 USB-to-RS232 케이블을 이용해 RS-232 장치를 PC에 간단하게 연결할 수 있다.

초기 PC 시스템은 COM1:, COM2:, COM3:, COM4:라는 네 개의 포트를 통해 최대 네 개의 RS-232 호환 장치를 동시에 연결할 수 있도록 설계됐으며, 사용자는 필요에 따라 별도의 인터페이스 카드를 연결해 16개 또는 그 이상의 포트를 추가할 수 있다.

초기 PC의 경우, DOS 프로그래머는 8250 직렬 통신 컨트롤러[SCC, Serial Communication Controller]에 접근해서 자신의 애플리케이션을 위한 RS-232 연결을 직접 구현해야 했다. 전형적인 직렬 통신 프로그램의 경우, SCC 입력 데이터 및 칩으로의 출력 데이터를 처리하기 위한 직렬 포트 ISR과 칩 초기화 및 송수신 데이터 버퍼를 처리하기 위한 코드가 포함돼 있다.

요즘 애플리케이션 프로그래머는 SCC 프로그램을 직접 작성할 필요가 거의 없으며, 윈도우와 리눅스 등의 운영체제가 구현해놓은 직렬 장치 드라이버를 불러와서 사용하기만 하면 된다. 이들 드라이버에는 애플리케이션이 공통적으로 필요로 하는 요소가 포함돼 있으며, 프로그래머 입장에서는 직렬 통신의 세부 사항을 전문적으로 학습하지 않아도 된다. 또한 운영체제 제공 드라이버를 사용함으로써 8250 SCC에 의존하지 않아도 된다는 장점이 있으며, 애플리케이션은 운영체제 드라이버가 지원하는 다양한 SCC를 사용할 수 있다. 아울러 8250 SCC 전용 장치의 애플리케이션은 USB-to-RS232 컨버터 케이블로 직접 연결할 수 없지만, 장치 제조사가 운영체제에 맞는 드라이버를 지원할 경우 USB 및 직렬 장치와 자동으로 연결되도록 할 수 있다.

지면 관계상 여기서 RS-232에 대한 상세 내용은 다루지 않으므로 여러분의 운영체제 프로그래머 가이드와 RS-232 전문 자료를 통해 확인하길 바란다.

15.2 마우스, 트랙패드, 기타 포인팅 장치

포인팅 장치pointing device는 기존 디스크 드라이브, 키보드, 디스플레이 등과 함께 현대 PC에서 가장 널리 사용되는 장치라 할 수 있다. 여러 장치 중에서도 포인팅 장치는 가장 간단한 구조의 주변 장치라 할 수 있으며, 컴퓨터에 매우 단순한 데이터 흐름을 제공한다.

포인팅 장치는 크게 상대적 위치relative position 포인팅 장치와 절대적 위치absolute position 포인팅 장치로 나눌 수 있다. 상대적 위치는 시스템에 전송한 마지막 위치가 지속적으로 변경되는 특징이 있으며, 절대적 위치는 고정 좌표 체계에서 일정한 좌표로 변경되는 특징이 있다. 상대적 위치 장치로는 마우스, 트랙패드, 트랙볼 등이 있고, 절대적 위치 장치로는 터치 스크린, 라이트 펜, 압력 감지 태블릿, 조이스틱 등이 있다.

보통의 경우 절대적 위치를 상대적 위치로 변환하는 것이 쉬우며, 상대적 위치를 절대적 위치로 바꾸는 것은 어려운 편이다. 지속적으로 참조 위치reference point를 생성하며 실제 위치를 추적하는 방법을 쓰기는 하지만, 사용자가 마우스를 들어서 다른 위치에 내려놓으면 기존 참조 위치가 무의미해진다. 하지만 대부분의 윈도우 객체 기반 시스템은 상대적 위치를 사용하므로, 상대적 위치 좌푯값을 가져오는 일은 그리 어렵지 않은 편이다.

초기 마우스는 광역학식 장치optomechanical device이며, 마우스 본체에 내장된 x축, y축 방향으로 설치된 바퀴가 회전하면서 상대적 위치를 파악한다. 각 바퀴의 값은 이동 거리에 따라 2비트 펄스로 인코딩된다. 그중 1비트는 바퀴의 이동 거리를 나타내고, 다른 1비트는 바퀴의 이동 방향을 나타낸다.[1]

컴퓨터는 두 개의 바퀴에서 나오는 4비트 데이터를 통해 마우스의 실제 이동 거리와 방향을 알 수 있으며, 애플리케이션 요청 시 해당 마우스 포인터의 정확한 위치를 알려줄 수 있다.

이 방식의 한 가지 문제점은 마우스를 지속적으로 너무 빨리 움직일 경우 CPU에 전달되는 실시간 데이터의 양이 많아진다는 것이며, 다른 연산 처리 때문에 CPU가 바쁜 경우 마우스 위치 연산을 제때 하지 못하고 결과적으로 마우스의 위치를 잃어버린다는 것이다. 또한 호스트 CPU 타임은 애플리케이션 연산에 최적화된 것이며, 마우스 위치 추적에는 잘 맞지 않는 부분이 있다.

---

1 실제로는 이보다 복잡하게 작동하지만, 지면 관계상 단순화했다.

결국 마우스 제조사는 마우스의 물리적 이동을 추적하고 새 위치에 대한 시스템의 요청에 좀 더 빨리 응답하거나 마우스 위치 변경 시 정기적으로 신호를 전송할 수 있도록 마우스 내부에 자체 마이크로컨트롤러를 탑재하기 시작했다. 대부분의 현대적인 마우스는 USB로 연결하며 8밀리초마다 새 위치를 시스템에 전송한다.

GUI 포인팅 장치로서 마우스가 널리 사용됨에 따라, PC 제조사는 마우스보다 휴대성이 더 좋거나 새로 출시한 컴퓨터 타입에 좀 더 적합한 새로운 장치를 만들어내기 시작했다. 트랙볼, 스트레인 게이지strain gauge(G 키와 H 키 사이에 작은 막대 형태로 삽입), 트랙패드, 트랙포인트, 터치 스크린 등과 같은 새로운 차원의 포인팅 장치는 노트북, 태블릿, PDA 등 다양한 휴대용 장치에서 활용되고 있다. 이들 휴대용 포인팅 장치는 다양한 장치를 사용하는 최종 사용자의 편의성을 높여주며, 운영체제 측면에서는 이들 모두를 마우스의 일종으로 볼 수 있다. 즉, 소프트웨어 프로그래머의 입장에서 보면, 이들 포인팅 디바이스 간에는 큰 차이가 없다고 할 수 있다.

현대 운영체제 환경에서 애플리케이션이 포인팅 장치와 직접 소통하는 경우는 거의 없으며, 운영체제가 마우스의 위치를 추적해 커서 위치를 업데이트하고 애플리케이션이 필요로 할 때 각종 마우스 이벤트를 제공한다. 애플리케이션이 마우스 정보를 요청하면, 운영체제는 커서의 현재 위치와 포인팅 장치의 버튼 상태 정보를 제공한다.

15.3 조이스틱, 게임 컨트롤러

IBM PC용 아날로그 게임 어댑터에는 최대 네 개의 가변저항potentiometer과 네 개의 디지털 스위치digital switch를 연결할 수 있다. 이와 같은 PC의 아날로그 게임 어댑터 설계는 당시 선풍적인 인기를 끌었던 애플 II 컴퓨터의 아날로그 입력 방식을 따른 것이다. 아날로그 게임 어댑터를 탑재할 때 IBM과 애플 모두 원가 절감에 집중했으며, 입력의 정확도나 처리 성능은 신경 쓰지 못했다. 오늘날에도 여러분이 최신의 게임 어댑터를 만들고자 부품을 구입하는 데 드는 돈은 3달러를 넘지 않는다.

초기 IBM PC 게임 컨트롤러의 태생적인 비효율성으로 인해 현대적인 게임 컨트롤러에서도 여전히 물리적 장치의 위치 신호를 변환한 아날로그식 전자 신호를 USB를 통해 시스템으로 전달한다. 마이크로소프트 윈도우와 여타의 현대적인 운영체제는 별도로 제작한 게임 컨트롤러 장치 드라이버 인터페이스 및 API를 제공하며, 애플리케이션은 이를 통해 게임 컨트롤러에 필요한 상호 작용을 구현하고 표준화된 형식으로 시스템과 소통할 수 있다. 윈도우에 포함된 장치 드라이버 인터페이스를 통해 전문적인 게임 컨트롤러 제조사는 초기 PC 인터페이스에는 존재하지 않았던 특수한 기능을 구현할 수 있다. 현대적인 애플리케이션은 게임 컨트롤러 데이터를 여타의 파일 데이터 또는 (키보드 등과 같은) 텍스트 입력 장치의 데이터처럼 받아들인다. 이는 게임 컨트롤러 애플리케이션 프로그래밍 작업을 표준화, 단순화시키며 전반적인 시스템 성능 개선에도 기여한다.

일부 '노장old-school' 게임 프로그래머는 API 호출 방식이 비효율적이라 느끼고 직접 하드웨어를 제어하는 방식을 선호하지만, 몇 가지 이유에서 요즘은 이런 접근 방식이 성능 개선에 크게 도움이 되지 않는다. 첫째, 현대적인 운영체제는 (프로그래머가 원하더라도) 애플리케이션이 직접 하드웨어에 접근하는 것을 허용하지 않는다. 둘째, 하드웨어와 직접 소통하는 소프트웨어가 접근할 수 있는 영역은 운영체제를 통해 접근할 수 있는 영역에 비해 크게 제한적이다. 마지막으로, 대부분의 운영체제 장치 드라이버는 게임 컨트롤러 제조사 또는 운영체제 개발사에 의해 개발자 개인이 하는 것보다 좀 더 효율적으로 작성될 수 있다.

최신 게임 컨트롤러는 더 이상 IBM PC 게임 컨트롤러 카드의 설계에 영향을 받지 않는다. 예전보다 훨씬 더 다양한 기능을 제공하므로, 게임 컨트롤러 및 운영체제 개발자 문서를 통해 관련 장치를 위한 API 프로그래밍 방법을 알아보길 바란다.

15.4 사운드 카드

초기 IBM PC에는 CPU가 (온보드 타이머 칩을 이용해) 단일 주파수로 음을 생성하는 스피커가 내장돼 있었다. 당시에도 다양한 음향 효과를 만드는 것이 불가능하지는 않았지만 스피커에 비트 단위로 음을 전달하는 프로그램을 작성해야 했으며, 이는 거의 모든 CPU 타임을 소모할 만큼 부담스러운 작업이었다. 이후 크리에이티브 랩스Creative Labs 등의 제조사가 CPU 자원은 거의 소모하지 않으면서 고품질의 PC 오디오 출력을 지원하기 위한 사운드에 특화된 인터페이스 보드, 즉 사운드 카드sound card를 출시하기 시작했다.

초기에 출시된 PC용 사운드 카드는 별도의 표준을 따르지 않고, 각 제조사의 설계 방침에 따라 만들어졌으며, 시장에서의 높은 판매고와 동종 업계에서의 높은 평판에 힘입어 크리에이티브 랩스의 사운드 블래스터^{Sound Blaster} 카드가 사실상 표준으로 자리 잡았다. 당시에는 사운드 카드용 장치 드라이버가 없었으며, 대부분의 애플리케이션은 사운드 카드에 직접 설치된 채 제공됐다. 사운드 카드 초기 시장에서 상당수의 애플리케이션이 사운드 블래스터 카드에 설치돼 제공됐으며, 해당 애플리케이션을 원하는 사용자는 사운드 블래스터 카드를 사야만 했다. 얼마 지나지 않아 다른 사운드 카드 제조사도 사운드 블래스터의 설계 방식을 차용해 제품을 출시하기 시작했지만, 애플리케이션이 뒷받침되지 않아서 더 이상의 발전은 이룰 수 없었다.

사운드 카드 산업은 마이크로소프트가 윈도우 속에 자체 멀티미디어 지원 기능을 넣을 때까지 지속적으로 발전할 수 있었다. 초기 사운드 카드는 낮은 수준의 음향 합성 기능만 제공할 수 있었으며, 비디오 게임용의 전자음 수준을 벗어날 수 없었다. 일부 카드가 8비트 전화 음질 수준의 오디오 샘플링을 지원했지만, 현실감을 느끼기에는 역부족이었다. 이후 윈도우가 표준화된 장치 독립적인 오디오 인터페이스를 출시하자, 기존 사운드 카드 제조사는 비로소 고품질의 PC용 사운드 카드를 양산하기 시작했다.

얼마 지나지 않아 CD 품질의 사운드 카드가 출시됐으며, 44.1KHz, 16비트 오디오 재생 능력뿐 아니라 오디오 레코딩 기능까지 제공하기 시작했다. 또한 음원 합성^{wavetable synthesis} 하드웨어를 통해 실제 악기의 음향을 그대로 재현할 수 있게 됐으며, 롤랜드^{Roland}나 야마하^{Yamaha} 같은 유명 신디사이저 제조사는 자신들의 장비를 통해 입출력할 수 있는 최고 수준의 음향을 만들 수 있는 사운드 카드를 출시하기도 했다. 오늘날 전문적인 레코딩 스튜디오는 PC 기반 디지털 오디오 레코딩 시스템을 이용해 96(또는 192)KHz, 24비트 해상도 수준으로 음원을 녹음하며, 이는 전통적인 최고급 아날로그 레코딩 시스템의 수준을 넘어서는 것이다. 전문가 수준의 시스템을 갖추는 데는 수십만 달러가 넘게 들지만, 일상생활에 필요한 고품질 사운드 카드라면 100달러 이하로 얼마든지 구할 수 있다.

15.4.1 오디오 인터페이스 주변 장치가 음을 출력하는 방법

현대적인 오디오 인터페이스 주변 장치[2]는 아날로그analog(FM 합성), 디지털 웨이브테이블 digital wavetable synthesis, 디지털 플레이백digital playback이라는 세 가지 방식 중 한 가지 방식으로 음을 출력한다. 아날로그와 디지털 웨이브테이블은 대부분의 컴퓨터 생성 음원 합성 방식이자 음악 출력musical tone에 사용되며, 디지털 플레이백은 디지털로 녹음된 오디오를 재생하는 데 사용된다.

아날로그 또는 FM 합성 기법은 오실레이터와 사운드 카드의 음원 생성 서킷을 이용해 음을 만들어낼 수 있는 저렴한 기법이다. 이는 음질이 대체로 낮은 편이고 초기 비디오 게임에 주로 사용됐으며, 누가 들어도 인공적으로 합성한 음이라는 것을 알 수 있다. 일부 사운드 카드는 지금도 가격을 낮추는 방법으로 FM 합성 기법을 사용하지만, 일부 최신의 오디오 장치는 합성음을 내기 위해 의도적으로 기존의 방법을 사용하기도 한다.

최신의 사운드 카드는 웨이브테이블 기법으로 음원을 합성한다. 오디오 제작사는 실제 악기를 이용해 다양한 음을 녹음하고 디지털화한 뒤, 디지털 레코딩 데이터를 오디오 인터페이스 서킷 내 ROM에 저장한다. 이후 애플리케이션이 특정 악기를 이용해 특정 악보를 연주하도록 하면, 오디오 하드웨어는 ROM에서 디지털 레코딩 데이터를 가져와 실제 음에 가까운 연주를 할 수 있다.

하지만 웨이브테이블은 단순히 디지털 레코딩만 지원하는 기술이 아니다. 옥타브가 서로 다른 100여 개의 악기 소리를 디지털 레코딩하고 저장하려면 막대한 양의 ROM 저장 공간이 필요하므로, 오디오 장치를 만드는 다수의 제조사는 오디오 인터페이스 카드의 소프트웨어를 통해 전체 음이 아니라 해당 음을 생성할 수 있는 소수의 옥타브, 소수의 디지털화된 웨이브폼만 ROM에 저장한다. 이렇게 하면 각 악기의 단일 옥타브(12노트)만 녹음하고 저장해도 다양한 음역대의 음원을 생성할 수 있다.

일부 신디사이저는 비용 절감을 위해 소프트웨어를 통해 단일 노트만 변환하기도 하지만, 좀 더 많은 노트를 녹음해서 디지털화할수록 전반적인 사운드의 품질이 높아질 수 있다. 일부 최고급 오디오 보드는 피아노 같은 복잡한 악기의 음을 디지털화할 때 여러

---

2 현재는 대부분 PC의 마더보드 내에 오디오 컨트롤러가 탑재돼 있으므로 사운드 카드를 찾아보기 힘들며, 고급형 오디오 인터페이스는 USB 또는 파이어와이어로 연결하거나 별도의 인터페이스 카드를 사용한다.

옥타브의 음을 녹음하기도 하지만, 총소리, 폭파음, 군중의 소음 같은 음향 효과 등은 비교적 단순하고 간단한 음원의 조합으로 생성한다.

디지털 플레이백 기법은 임의의 오디오 레코딩 데이터 재생과 샘플링sampling이라 부르는 고품질 음원 합성 등 두 가지 목적으로 사용된다. 샘플링 신디사이저는 앞서 소개한 웨이브테이블 신디사이저의 RAM 버전이라 할 수 있으며, 디지털화된 악기의 음원을 ROM이 아니라 RAM에 저장한다. 애플리케이션이 주어진 악보에 대해 특정 악기로 연주를 할 경우, RAM에서 관련 데이터를 가져와 플레이백 오디오 서킷에 전송한다.

샘플링 기법도 웨이브테이블처럼 디지털 노트의 옥타브를 높이거나 낮출 수 있지만, ROM이라는 저장 공간의 제약을 받지 않으므로 실제 악기 소리를 훨씬 더 넓은 범위로 녹음하고 디지털화해서 사용할 수 있다. 샘플링 신디사이저는 여러분이 직접 샘플을 제작할 수 있도록 마이크 입력 등을 지원하므로, 강아지의 짖는 소리를 녹음한 뒤 다양한 옥타브의 음을 생성해 '강아지 노래'를 제작할 수 있다. 샘플링 기법을 통해 다양한 악기의 음원을 좀 더 쉽게 만들 수 있게 되면서, 글꼴font을 팔 듯이 다양한 음원을 파는 '사운드 폰트sound font' 시장이 형성돼 있다.

디지털 플레이백의 또 다른 용도는 디지털 오디오 녹음기로 사용하는 것이다. 거의 대부분의 현대적인 사운드 카드는 스테레오로 'CD 품질'[3]의 사운드를 녹음할 수 있는 오디오 입력을 제공하며, 테이프 녹음기처럼 아날로그 음을 녹음했다가 뒤로 돌려서 들어볼 수 있다. 마이크 등의 성능만 좋다면 여러분의 방에서도 충분히 여러분의 노래를 CD 품질로 녹음할 수 있으며, 기존의 사운드 블래스터보다는 DigiDesign ProTools HDX 또는 M-Audio 시스템 등과 같은 좀 더 최신인 도구가 필요할 수 있다.

15.4.2 오디오 파일 및 MIDI 파일 포맷

최신 PC에서 사운드를 재생하는 방법은 오디오 파일 재생과 MIDI 파일 재생 두 가지다. 오디오 파일에는 디지털화된 음원 샘플이 포함돼 있으며, WAV, AIF 등 다양한 오디오 파일 포맷이 존재하지만 기본적인 작동 방식은 동일하고 (16비트 44.1KHz 또는 8비트 22KHz

---

3   'CD 품질'은 16비트 샘플을 초당 44,100개 읽어낼 수 있는 데이터 처리 능력을 말하며, 보드에 설치된 보통의 아날로그 서킷은 이와 같은 고용량, 고품질 데이터를 제대로 처리할 수 없다. 따라서 현재도 '진정한 CD 품질'을 구현한 오디오 인터페이스는 매우 드물다.

등과 같은) 포맷별 헤더 정보를 포함한다는 차이점이 있다. 또한 실제 제공되는 음원의 수에도 차이가 있다. 단순한 오디오 파일 포맷의 경우 카드 초기화 후에 전체 데이터를 사운드 카드에 담을 수 있고, 일부 오디오 파일 포맷의 경우 사운드 카드에서 처리하기 전에 데이터를 변환해야 한다. 어떤 경우든 오디오 파일 포맷은 하드웨어에 독립적인 속성을 지니며, 다양한 사운드 카드에서 사용할 수 있다는 장점이 있다.

오디오 파일의 문제점 중 하나는 파일 크기가 상당히 커질 수 있다는 것이며, 1분가량의 CD 품질 스테레오 오디오 파일의 용량은 10MB 수준이지만 3, 4분가량의 노래는 20MB에서 45MB 정도의 용량을 차지한다. 이들 파일은 RAM 공간을 상당 부분 차지하게 되고, 소프트웨어 배포 파일의 저장 공간도 상당 부분 차지하게 된다. 여러분이 녹음한 오디오 시퀀스를 재생하는 경우, RAM 등의 자원을 시퀀스에 할당해야 한다.

이와 달리 반복적인 음으로 구성된 오디오 시퀀스를 재생하는 경우, 샘플링 신디사이저 기법에서 사용하는 하나의 음을 반복하는 방법을 응용해 음에 인덱스 값을 부여하고 특정 시점에 어떤 음을 재생할지만 알려줄 수 있으면 오디오 파일의 크기를 크게 줄일 수 있다.

이러한 개념을 구체화한 것이 MIDI^{Musical Instrument Digital Interface} 파일 포맷이다. MIDI는 음원 합성을 위한 표준 프로토콜이며, 가수의 노래가 포함되지 않는 음악 또는 음향 효과를 제작할 때 매우 효율적이다.

무거운 오디오 샘플을 관리하는 대신, MIDI 파일은 재생할 악보를 제공한 후 언제, 어느 정도의 길이로 재생할지만 설정하면 간단하게 고품질의 음원을 생성할 수 있다. 이들 정보는 불과 수 바이트에 불과하므로, 하나의 곡에 포함된 모든 음 정보를 경량의 MIDI 파일에 담을 수 있으며, 3~4분의 음악을 담은 고품질의 MIDI 파일이라도 용량은 20~100KB에 불과하다. 이를 오디오 파일 포맷으로 저장할 경우 20~45MB의 용량을 차지하게 된다. 현재 대부분의 사운드 카드는 온보드 웨이브테이블 신디사이저 또는 FM 합성 기법으로 GM^{General MIDI} 파일의 생성을 지원한다. 대부분의 신디사이저 제조사는 음원 장비 제어를 위해 GM 표준을 사용하며, 사용자는 간단하게 GM 파일을 구할 수 있다.

MIDI의 문제점 중 하나는 재생 음원의 품질이 사용자의 사운드 카드 품질에 따라 달라진다는 것이다. 동일한 MIDI 파일이라 하더라도, 고가의 오디오 보드에서는 매우 멋진 음악으로 들릴 수 있지만 일반적인 PC의 마더보드에 탑재된 저가의 오디오 인터페이스에서는 전혀 다른 느낌을 전달하기도 한다.

따라서 여러분의 애플리케이션에서 MIDI를 사용할 때는 주의가 필요하다. MIDI의 장점은 작은 파일과 빠른 실행인 반면, MIDI의 단점은 시스템 상황에 따라 음원 품질이 크게 달라질 수 있다는 점이므로 여러분의 애플리케이션에서 이와 같은 장단점을 어떻게 활용할지 고민이 필요하다.

현대적인 대부분의 사운드 카드는 CD 품질의 재생 기능을 제공하므로, 주요 제조사들이 고품질의 샘플을 한데 모아서 탁월한 수준의 신디사이저를 만들지 않는지 궁금할 수 있다. 사실 그러한 제조사 중 하나가 바로 롤랜드이며, 롤랜드가 출시한 버추얼 사운드 캔버스Virtual Sound Canvas는 소프트웨어에서 하드웨어 사운드 캔버스Sound Canvas를 시뮬레이션한다. 이와 같은 가상 신디사이저를 이용해 탁월한 수준의 음악을 제작할 수 있지만, CPU 리소스 소모량이 많으므로 다른 애플리케이션의 성능을 저하시킬 수 있다. 여러분의 애플리케이션이 CPU 리소스 의존도가 높지 않다면, 이와 같은 가상 신디사이저 방식은 저렴하면서도 고품질의 음악을 생성할 수 있는 좋은 방법이다.

여러분의 사용자가 신디사이저를 갖고 있다면, PC에 MIDI 포트를 통해 아웃보드 신디사이저 모듈을 연결하고 MIDI 데이터를 신디사이저에 전송하면 된다. 물론 이는 신디사이저를 갖고 있는 소수의 프로 또는 아마추어 음악가를 위한 방법이다.

15.4.3 오디오 장치 프로그래밍

오늘날 오디오 애플리케이션을 만들 때 고려할 사항 중 하나는 오디오 표준이 엄청나게 많다는 것이며, 여러분은 자신의 애플리케이션을 만들 때 시중에 나와 있는 다양한 오디오 하드웨어 및 인터페이스를 손쉽게 이용할 수 있다. 앞서 살펴본 다른 주변 장치의 경우처럼, 윈도우나 리눅스가 오디오 하드웨어를 제어하므로 여러분의 애플리케이션이 직접 오디오를 제어할 수 있는 방법은 별로 없다. 보통의 윈도우 애플리케이션은 파일에서 데이터를 읽듯이 노트를 읽고 실제 오디오 하드웨어와 상호 작용하는 장치 드라이버를 통해 사운드를 생성한다.

오디오 소프트웨어를 개발할 때 고려해야 할 또 다른 사항은 CPU에서 여러분이 사용 가능한 멀티미디어 파일 형식이다. 펜티엄 이후의 80x86 CPU는 MMX, SSE, AVX 명령어 집합을 지원하며, PowerPC와 ARM 기반 NEON의 경우 AltiVec 명령어 집합을 지원한다. 운영체제는 이들 명령어 집합을 장치 드라이버에서 사용하지만, 여러분의 애플리케이션에서도 해당 명령어 집합을 사용해야 한다. 이들 명령어 집합은 하이레벨 언어로는 다루기가 어려워서 대부분 어셈블리 언어로 접근해야 한다. 따라서 고성능의 멀티미디어 프로그래밍을 해야 하는 경우라면 어셈블리 언어를 배울 필요가 있다. 펜티엄의 SSE/AVX 명령어 집합에 대한 상세한 내용은 『The Art of Assembly Language』에서 확인하길 바란다.

15.5 참고 자료

Axelson, Jan. *Parallel Port Complete: Programming, Interfacing, & Using the PC's Parallel Printer Port*. Madison, WI: Lakeview Publishing, 2000.

———. *Serial Port Complete: Programming and Circuits for RS-232 and RS-485 Links and Networks*. Madison, WI: Lakeview Publishing, 2000.

Hyde, Randall. *The Art of Assembly Language*. 2nd ed. San Francisco: No Starch Press, 2010.

후기:
로우레벨로 생각하고 하이레벨로 코딩하라

이 책(WGC1)이 컴퓨팅 머신과 교감하는 계기가 되길 바라며, 여러분의 애플리케이션을 어셈블리어로 구현하는 방법을 생각해보길 바란다. 어셈블리어를 이용해 코드를 한 줄 한 줄 작성하다 보면, 각 코드가 얼마만큼의 리소스를 소비하며 실행되는지 체감할 수 있다.

하지만 어셈블리어는 대부분의 애플리케이션 구현을 위한 최적의 언어는 아니며, 어셈블리어가 지닌 다양한 단점은 커뮤니티와 미디어를 통해 충분히 언급됐고 여러분도 이미 그런 부분을 잘 (또는 과장되게) 알고 있을 것이다. 현시점에서 어셈블리어를 사용하는 개발자는 그리 많지 않다.

어셈블리어가 아닌 하이레벨 언어는 프로그래밍을 위해 여러분이 직접 추상화해야 하는 작업을 줄여주며, 로우레벨 수준으로 생각할 수 있는 기회 또한 제거한다. 이것이 바로 하이레벨 언어를 쓰고 있는, 혹은 앞으로 쓰게 될 여러분에게 어셈블리어에 대한 기본 지식을 전달하려는 이유이며, 로우레벨에서 컴퓨팅 머신과 좀 더 긴밀하게 소통하면서 기존 HLL 데이터 타입을 머신 레벨로 변환하는 방법을 이해시키기 위해 노력했다.

여러분은 CPU가 기계 명령어를 실행하는 방식을 이해함으로써 HLL 애플리케이션 실행에 소요되는 리소스 비용을 알 수 있고, 메모리 성능에 대해 배움으로써 HLL 변수와 관련 데이터의 캐싱 및 메모리 접근 성능을 최대화할 수 있는 방법을 알 수 있다. 지금쯤

'컴파일러는 어떻게 HLL 명령문을 머신 레벨 언어로 매핑하는가?'라는 새로운 궁금증이 생겼을 텐데, 이 책에서는 지면 관계상 컴파일 매핑의 문제를 충분히 다루지 못했다. 그래서 WGC2, 즉 『Write Great Code』 시리즈 2편(『Write Great Code, Volume 2: Thinking Low-Level, Writing High-Level』)에서는 컴파일 매핑을 상세히 설명한다.

WGC2가 이 책을 읽은 독자 여러분의 다음 목적지가 되길 바란다. WGC2에서는 일반적인 HLL 명령문이 기계 코드로 매핑되는 방법과 최고의 기계 코드를 생성하기 위해 두 개 이상의 하이레벨 시퀀스 중 하나를 선택하는 방법, 그리고 우수한 품질의 기계 코드를 분석하는 방법 등을 알아본다. 이런 과정을 통해 여러분은 컴파일러의 작동 방식을 이해하고, 여러분의 코드를 컴파일 작업에 좀 더 적합하게 작성하는 방법을 알 수 있을 것이다.

WGC1의 긴 여정을 성공적으로 마친 여러분에게 축하 인사를 건네며, WGC2의 새로운 여정에서 다시 만나길 바란다.

ASCII 문자셋

2진	16진	10진	문자
0000_0000	00	0	NULL
0000_0001	01	1	CTRL A
0000_0010	02	2	CTRL B
0000_0011	03	3	CTRL C
0000_0100	04	4	CTRL D
0000_0101	05	5	CTRL E
0000_0110	06	6	CTRL F
0000_0111	07	7	Bell
0000_1000	08	8	Backspace
0000_1001	09	9	TAB
0000_1010	0A	10	Line feed
0000_1011	0B	11	CTRL K
0000_1100	0C	12	Form feed
0000_1101	0D	13	RETURN
0000_1110	0E	14	CTRL N
0000_1111	0F	15	CTRL O
0001_0000	10	16	CTRL P

(이어짐)

2진	16진	10진	문자
0001_0001	11	17	CTRL Q
0001_0010	12	18	CTRL R
0001_0011	13	19	CTRL S
0001_0100	14	20	CTRL T
0001_0101	15	21	CTRL U
0001_0110	16	22	CTRL V
0001_0111	17	23	CTRL W
0001_1000	18	24	CTRL X
0001_1001	19	25	CTRL Y
0001_1010	1A	26	CTRL Z
0001_1011	1B	27	CTRL [
0001_1100	1C	28	CTRL ₩
0001_1101	1D	29	ESC
0001_1110	1E	30	CTRL ^
0001_1111	1F	31	CTRL _
0010_0000	20	32	Space
0010_0001	21	33	!
0010_0010	22	34	"
0010_0011	23	35	#
0010_0100	24	36	$
0010_0101	25	37	%
0010_0110	26	38	&
0010_0111	27	39	'
0010_1000	28	40	(
0010_1001	29	41	)
0010_1010	2A	42	*
0010_1011	2B	43	+
0010_1100	2C	44	,
0010_1101	2D	45	−
0010_1110	2E	46	.
0010_1111	2F	47	/
0011_0000	30	48	0

(이어짐)

2진	16진	10진	문자
0011_0001	31	49	1
0011_0010	32	50	2
0011_0011	33	51	3
0011_0100	34	52	4
0011_0101	35	53	5
0011_0110	36	54	6
0011_0111	37	55	7
0011_1000	38	56	8
0011_1001	39	57	9
0011_1010	3A	58	:
0011_1011	3B	59	;
0011_1100	3C	60	<
0011_1101	3D	61	=
0011_1110	3E	62	>
0011_1111	3F	63	?
0100_0000	40	64	@
0100_0001	41	65	A
0100_0010	42	66	B
0100_0011	43	67	C
0100_0100	44	68	D
0100_0101	45	69	E
0100_0110	46	70	F
0100_0111	47	71	G
0100_1000	48	72	H
0100_1001	49	73	I
0100_1010	4A	74	J
0100_1011	4B	75	K
0100_1100	4C	76	L
0100_1101	4D	77	M
0100_1110	4E	78	N
0100_1111	4F	79	O
0101_0000	50	80	P

(이어짐)

2진	16진	10진	문자
0101_0001	51	81	Q
0101_0010	52	82	R
0101_0011	53	83	S
0101_0100	54	84	T
0101_0101	55	85	U
0101_0110	56	86	V
0101_0111	57	87	W
0101_1000	58	88	X
0101_1001	59	89	Y
0101_1010	5A	90	Z
0101_1011	5B	91	[
0101_1100	5C	92	\
0101_1101	5D	93	]
0101_1110	5E	94	^
0101_1111	5F	95	_
0110_0000	60	96	`
0110_0001	61	97	a
0110_0010	62	98	b
0110_0011	63	99	c
0110_0100	64	100	d
0110_0101	65	101	e
0110_0110	66	102	f
0110_0111	67	103	g
0110_1000	68	104	h
0110_1001	69	105	i
0110_1010	6A	106	j
0110_1011	6B	107	k
0110_1100	6C	108	l
0110_1101	6D	109	m
0110_1110	6E	110	n
0110_1111	6F	111	o
0111_0000	70	112	p

(이어짐)

2진	16진	10진	문자
0111_0001	71	113	q
0111_0010	72	114	r
0111_0011	73	115	s
0111_0100	74	116	t
0111_0101	75	117	u
0111_0110	76	118	v
0111_0111	77	119	w
0111_1000	78	120	x
0111_1001	79	121	y
0111_1010	7A	122	z
0111_1011	7B	123	{
0111_1100	7C	124		
0111_1101	7D	125	}
0111_1110	7E	126	~
0111_1111	7F	127	

| 용어 설명 |

가비지 컬렉션garbage collection: 할당한 메모리를 자동으로 해제하고 회수하는 체계

가상 메모리virtual memory: SSD 등과 같은 보조 저장 장치 기반 메모리. 메인 메모리는 접근 빈도가 높은 데이터 처리에 집중하고 가상 메모리는 접근 빈도가 낮은 데이터 처리에 집중해서 시스템 전체의 효율성을 높일 수 있음

가상 메소드 테이블virtual method table: 클래스와 관련된 가상 메소드 주소를 갖고 있는 포인터 테이블. 활용 클래스의 다형성 구현을 위해 사용한다.

가수mantissa: 실수 내 지수 부분을 제외한 중요 자릿수. 예를 들어 $m.mmmm e + xx$에서 가수 는 $m.mmmm$에 해당한다.

가짜 정밀도false precision: 부정확한 연산에 의해 생성된 가비지 비트

가환성의commutative: 연산자 좌우, 피연산자의 위치를 바꿔도 연산 결과가 동일한 경우(예: 1+2 = 2+1)

간접 주소 지정 모드indirect addressing mode: 레지스터 또는 메모리 위치 내 주소를 이용해 메모리 주소에 접근하는 모드

간접 주소 지정indirect addressing: 직접 주소나 다른 간접 주소를 갖고 있는 기억 장소를 가리키는 주소를 사용(메모리 위치 포인터를 사용)

고정소수점 표시fixed-point representation: 고정된 자릿수 위치에 소수점을 찍는 방식. 예를 들어 여섯 자리 10진수의 세 번째와 네 번째 자리 사이에 고정소수점을 찍어서 고정소수점 표시 방식으로 표현하면, 000.000~999.999와 같이 나타낼 수 있다. 컴퓨터에서 고정소수점은 주로 2진 고정소수점 값을 의미한다.

공간 지역성spatial locality: 시스템이 특정 메모리 영역에 접근하면, 곧 해당 영역의 인접 영역도 접근하게 될 가능성이 높아지는 속성

공리postulate: 수학의 초기 가정

그래핌 클러스터grapheme cluster: 화면에 출력되는 알파벳 글자, 우리나라 옛한글 등, 단일 요

소를 표시하기 위한 유니코드 코드 포인트 시퀀스

글리프glyph: 문자의 모양이나 형태를 나타내는 그래픽 기호 세트

기계 명령machine instruction: CPU가 실행하는 명령

기계 코드machine code: 메모리 내 기계 명령의 숫자형 인코딩

기본 다국어 공간basic multilingual plane: 가장 자주 사용되는 문자를 포함한 65,536개 유니코드 포인트의 첫 번째 그룹(U+0000에서 U+CFFF까지, 그리고 U+E000에서 U+FFFF까지)

기본 클래스base class: 파생된 클래스의 조상 클래스

기수radix: 각 숫자 체계의 기초가 되는 수. Radix-10은 10진수를 나타낸다.

길이 고정 문자열length-prefixed string: 일정 수의 문자로 시작되는 문자열

나노초nanosecond: 10억 분의 1초

니블nibble: 4비트 문자열

다중 상속multiple inheritance: 다수의 부모 클래스로부터 속성(데이터 필드)과 동작(메소드 및 함수)을 상속받을 수 있는 것을 의미한다.

다형성polymorphism: 객체지향 프로그래밍 언어의 특징으로, 하나의 기본 클래스를 참조하는 객체가 여기서 파생된 다른 클래스 객체를 참조할 수 있는 속성. 다형성 타입의 작업은 다른 타입에도 적용될 수 있다.

단편화fragmentation: 메모리 공간의 단편화. 메모리가 반복적으로 할당되는 과정에서 큰 블록이 작은 블록으로 분할되고, 결국 소규모 블록이 너무 많아져서 효율적인 메모리 할당이 어려워지는 현상

대기 상태wait state: CPU가 외부 하드웨어와의 동기화를 위해 작동을 중단하고 있는 클럭 사이클

더블워드double-word: 두 개 워드 크기의 비트 문자열. 보통은 32비트이지만, CPU의 네이티브 워드 크기가 16비트보다 큰 경우 달라질 수 있다.

데이터 버스data bus: 다양한 시스템 요소가 데이터를 교환하는 시스템 버스 영역

데이터 해저드data hazard: CPU가 현재의 명령 실행을 완수하기 전에 다른 명령 수행을 위해 해당 데이터 사용을 시도하는 것

델파이Delphi: 인기 있는 오브젝트 파스칼 컴파일러이자 개발 시스템

동기적 I/Osynchronous I/O: 하나의 I/O 작업이 시작되면, 종료 전까지 다른 작업을 시작하지 않는 속성을 지닌다.

동적 객체dynamic object: 프로그램이 실행되는 동안 변경되는 속성을 지닌 객체

동적 범위dynamic range: 주어진 숫자 표현에서 최대 및 최소 수의 차이

디스크립터descriptor: 설명어. 메모리 내 데이터 구조에 대한 정보를 포함한 레코드(구조). 문자열 디스크립터의 경우, 문자열의 길이와 해당 문자열의 문자 포인터 정보를 포함한다.

레지스터 이름 변경register renaming: 섀도우 레지스터를 이용해 작업을 좀 더 빠르게 처리할 수 있는 CPU 아키텍처 기능

레코드record: 파스칼 등의 언어에서 사용되는, 두 개의 데이터 객체를 하나의 타입으로 결합할 수 있는 복합 데이터 타입

롱 워드long word: 128비트 크기의 비트 문자열

리틀엔디안little-endian: LO 바이트를 최저 바이트 주소에, HO 바이트를 최고 바이트 주소에 저장한다.

마스크 인mask in: 비트 문자열에서 비트를 1로 설정

마스크 아웃mask out: 비트 문자열에서 비트를 0으로 설정

마이크로 명령microinstruction: 마이크로코드 내 로우레벨 명령

마이크로엔진microengine: 마이크로코드를 실행하는 CPU 요소

마이크로초microsecond: 100만 분의 1초

마이크로코드microcode: CPU가 내부적으로 실행하는 로우레벨 코드

매크로 명령macroinstruction: 마이크로코드화 CPU에서 실행되는 다수의 마이크로코드 명령

멀티프로세싱multiprocessing: 다수의 CPU 또는 CPU 코어에서 다수의 스레드를 실행하는 것을 의미한다.

메모리 누수memory leak: 동적으로 할당한 메모리를 다시 사용할 수 없는 상황. 코드가 사용하던 메모리를 명시적으로 해제하지 않고 코드 실행을 중단하는 경우 자주 발생한다.

메모리 맵 파일memory-mapped file: 프로세스의 주소 공간에 저장된 파일로서 가상 메모리 작업을 통해 접근 가능하다.

메모리 접근 시간memory access time: CPU가 메모리 요소에 (읽기 및 쓰기 등과 같이) 접근하는 데 소요되는 시간. 시스템 클럭 유닛(나노초 또는 피코초) 또는 작동 주파수(GHz)로 나타낸다.

메모리 컨트롤러memory controller: DRAM 장치와 직접 소통하는 (최신 CPU에 내장된) 특수 요소. 주소 및 데이터 멀티플렉스, 제어와 기타 메모리 관련 기능 갱신 등을 처리한다.

멱집합powerset: 주어진 집합의 모든 부분집합의 집합. 1비트로 모든 가능한 부분집합을 나타내는 비트 문자열을 사용하는 객체 집합

명령 캐시instruction cache: 기계 명령을 저장하는 고속 캐시 메모리

명령어 집합 아키텍처instruction set architecture: CPU를 위한 기계 명령어 집합 설계 방식

모듈로 n 카운터modulo-n counter: 0에서 $(n-1)$로 증가해 나가다가 다시 0으로 설정되는 변수

문자열character string: 개별 문자의 순위 결합

밀리초millisecond: 1,000분의 1초

바이트 접근 가능 메모리byte-addressable memory: CPU가 개별 바이트 단위로 접근할 수 있는 메모리(RISC 프로세서의 경우, 32비트 또는 64비트로만 접근 가능)

바이트byte: 정확하게 8비트만을 포함한 비트 문자열

바인딩binding: 특정 속성을 객체와 연관시킴(예: 변수에 값을 연결 지음)

배수 숫자 포맷scaled numeric format: 모든 값에 상수를 곱하거나 상수로 나눈 숫자 표현 방식. 예를 들어 '1,000배' 배수 포맷은 모든 숫자에 1,000을 곱하며, $x.000$~$x.999$ 범위의 값을 모두 정수로 바꿀 수 있다.

배수 인덱스 주소scaled-index addressing: 기존 인덱스 주소 모드와 비슷하지만, 기본 주소에 인덱스 값을 더하기 전에 2, 4, 8, 16 등의 상수를 곱하는 방식을 말한다.

배열 기본 주소array base address: 배열 첫 번째 요소의 메모리 주소

범위scope: 식별자의 이름이 객체 영역으로 한정된 프로그램 부분

병렬 처리parallel processing: 여러 개의 CPU 또는 코어에서 동시에 여러 개의 스레드(프로그램)를 실행

복합 데이터 타입composite data type: 다른 데이터 객체의 컬렉션을 포함한 데이터 타입. 배열, 구조체 및 레코드, 클래스, 튜플, 유니온 등을 포함한 경우

부동소수점 표시floating-point representation: 가수와 지수라는 두 개의 요소를 포함하는 실수 표현 방식

부호 정수 축소sign contraction: 두 개의 상호 보완적이며 부호가 있는 정수의 비트 수를 축소한다.

부호 정수 확장sign extension: 부호 축소의 반대 개념으로, 두 개의 상호 보완적인 정수의 비트 수를 확장한다.

분배적distributive: 모든 불리언 값 A, B, C에 대해 $A°(B\%C) = (A°B)\%(A°C)$가 성립하는 경우, 두 개의 2진 연산자 °와 %는 '분배적' 속성을 지닌다.

불리언 로직boolean logic: 0과 1, 참과 거짓 등 두 개의 값으로 이뤄진 수학 연산 체계

불리언 표현식boolean expression: 참 또는 거짓을 평가할 수 있는 산술형 표현식

비동기적 I/Oasynchronous I/O: CPU 움직임과 독립적으로 작동하는 I/O 작업. 예를 들어 CPU가 I/O 작업을 시작한 후 해당 I/O 작업이 끝나기 전에 다른 작업을 시작하는 경우 비동기적인 작업 방식이라 부른다.

비순차적 명령어 처리out-of-order execution: CPU가 다른 명령의 실행이 시작될 때까지 특정 명령의 실행 완료를 미룬다. 최종 결과는 선형 실행과 동일한 결과를 가져오도록 한다.

비정규화된 값denormalized value: 지수에 0을 포함하고, 2진 소수점이 HO 가수 비트와 HO-1 비트 위치에 있지 않은 실수

비트 문자열bit string: 하나 이상의 비트로 구성된 순위 시퀀스

비트bit: 단일 바이너리 자릿수. 0 또는 1의 값으로 표현

비트와이즈bitwise 연산: 두 개의 비트 문자열에 대한 비트 단위 연산. 한 번에 2비트 단위로 연산하며, 각 비트 문자열과 동일한 위치를 차지한다.

빅엔디안big-endian: 멀티바이트 구조의 HO가 바이트 문자열의 첫 번째로 나오는 바이트 구조. 예를 들어 HO 바이트가 메모리에서 가장 낮은 주소 위치에 나타나고, LO 바이트는 메모리에서 가장 높은 주소 위치에 나타나는 방식

상속inheritance: 하나의 클래스의 속성이나 동작을 다른 클래스로부터 물려받는 것을 말하

며, 서브클래싱이라고도 한다.

상승 에지^{rising edge}: 시그널이 로우에서 하이로 변경될 때의 클럭 시그널 요소

생애주기^{lifetime}: 특정 요소와 속성이 연결됐다가 중단되기까지의 기간. 예를 들어, 메모리 변수의 생애주기는 메모리 할당 후부터 메모리 해제까지의 시점이다.

서로게이트 코드 포인트^{surrogate code point}: 65,536개의 문자 범위(16비트 범위)를 넘어서는 특수한 유니코드 값

소수점^{radix point}: 숫자 체계에서 수를 분할하는 구두점. 보통의 경우 10진수 점, 16진수 점으로 표현하지 않고 10진수, 16진수로 간단히 표현한다.

수^{number}: 양을 표현하기 위해 사용하는 무형의 개념

수정 비트^{dirty bit}: 해당 데이터가 캐시 라인에 기록됐지만 메인 메모리에는 기록되지 않았음을 나타내는 플래그

숫자 체계^{numbering system}: 수치형 값을 나타내기 위해 사용하는 기호 및 기법

숫자 표현^{numeric representation}: 인간이 숫자를 나타내는 데 사용하는 출력 가능 숫자 기호

슈퍼스칼라 CPU^{superscalar CPU}: 동시에 하나 이상의 명령을 처리할 수 있는 CPU 연산 능력

스래싱^{thrashing}: 캐시 또는 물리적 메모리에는 없는 메모리 객체에 지속적으로 접근을 시도하면서 시스템의 성능이 떨어지는 현상. 시스템 처리 용량 이상의 작업을 수행할 때 자주 발생한다.

시스템 버스^{system bus}: CPU, 메모리, I/O 장치 등 다양한 컴퓨터 시스템을 연결할 수 있는 신호 입출력 라인

아라비아 숫자^{arabic numerals}: 일반적으로 사용되는 0~9까지의 열 개 숫자

아키텍처 (컴퓨터)^{architecture (computer)}: '컴퓨터 아키텍처' 참조

언더플로^{underflow}: 연산 결과, 목표 비트 문자열에 비해 너무 작은 값

엔디안^{endianness}: 메모리 내 멀티바이트 데이터 객체의 바이트 조직화 방식. 빅엔디안 방식은 HO 바이트를 최저 바이트 주소에, LO 바이트를 최고 바이트 주소에 저장한다. 이와 반대로 리틀엔디안 방식은 LO 바이트를 최저 바이트 주소에, HO 바이트를 최고 바이트 주소에 저장한다.

연관값^{associated value}: 스위프트 언어에서 열거형 데이터 타입 내 enum 상수와 관련된 보조값

으로 사용되며, 스위프트는 연관값을 유니온 타입 또는 다양한 레코드 데이터 타입처럼 사용할 수 있다.

연관성associativity: 예를 들어 모든 불리언 값 A, B, C에 대해 $(A \circ B) \circ C = A \circ (B \circ C)$가 성립하는 경우, 2진 연산자 $\circ$는 연관성을 나타낸다고 할 수 있다.

연산자 순위operator precedence: '우선순위' 참조

오버플로overflow: 연산의 결과가 레지스터 또는 컴퓨터가 다룰 수 있는 수의 범위를 벗어난 상태를 말한다.

오프라인 스토리지offline storage: 사용 중인 컴퓨터 시스템과 연결하지 않은 채 사용하는 정보 저장 장치. 자기식 테이프, 광학 디스크 등이 있다.

우선순위precedence: 하나의 명령에 여러 개의 작업이 포함돼 있는 경우, 평가 순서를 조절하는 속성이다.

워드word: CPU 연산에 최적화된 비트 문자열. 16비트가 널리 사용되며, 32비트와 64비트를 워드 단위로 사용하는 경우도 있다.

위치 표기법positional notation system: 기수법. 문자열 내에서 문자의 위치가 달라지면, 그 의미도 달라지는 숫자 체계를 말한다. 10진수의 경우, 숫자의 위치가 좌측으로 한 칸씩 이동할 때마다 열 배씩 커진다.

유니온union: '이산 유니온' 참고

유니코드 정규화 Unicode normalization: 기존 코드를 유니코드로 정규화해서 동일한 코드 포인트 및 순서를 갖게 한다.

유니코드Unicode: 컴퓨터 시스템 산업에 존재하는 대부분의 문자를 지원하는 범용 표준 문자셋

유리수 표기법rational representation: 두 개의 정수를 각각 분모와 분자로 사용해 나타내는 분수 표현식

유효 주소effective address: 컴퓨터의 명령이 실행될 때의 최종 주소. 명령 수행을 위해 가능한 모든 요소를 동원한 연산 결과로 나타난 메모리 주소

이산 유니온discriminant union: 구조체 내에서 상호 배타적으로 사용되는 데이터 컬렉션으로, 소프트웨어는 객체의 생애주기 동안 구조체 내 단일 필드만 참조한다. 컴파일러는 메모리 유지를 위해 유니온의 모든 필드를 동일한 메모리 주소에 할당한다.

익명 변수anonymous variable: 예를 들면, 힙에 데이터 구조를 할당한 후 포인터로 참조하는 경우다.

인덱스 주소 지정indexed addressing: 인덱스 주소 지정. 컴퓨터 명령 실행 전이나 실행 중에 인덱스 레지스터에 의해 변경되는 주소

인덱스 주소 지정 모드indexed addressing mode: 기본 주소에 특정 값을 추가해 생성한 메모리 주소에 접근하는 모드

인버스inverse: 2진 연산자 $\circ$에 대해 $A \circ I = B$이고 $B \neq A$가 성립하는 경우, 불리언 값 I를 가리키는 말

잠정 지역성temporal locality: 시스템이 특정 메모리 영역에 접근하면, 곧 해당 영역에 다시 접근하게 될 가능성이 높아지는 속성

접두 opcode 바이트prefix opcode byte: 기계어 명령 내에서 다음 연산 부호를 재정의하는 접두 바이트

정규화 부동소수점 값normalized floating-point value: HO에서 HO-1 사이 비트 위치의 지수를 조정

정적 (바인딩)static (binding): 프로그램이 실행되는 동안 계속 객체와 연결돼 있는 속성값

정확도accuracy: 연산의 정확성

정확성precision: 연산에 사용하는 자릿수

제어 문자control character: 백스페이스, 개행, 줄바꿈 등 터미널/장치 제어 목적으로 사용되는 특수 문자

제어 버스control bus: 읽기/쓰기 제어, 바이트 작동 라인, 클럭 시그널, 홀드 라인 등 제어 라인을 포함한 시스템 버스 부문

주소 공간address space: 단일 애플리케이션이 접근 가능한 메모리 위치 범위

주소 버스address bus: 메모리와 I/O 장치에 접근하기 위해 메모리 주소 내에 존재하는 시스템 버스의 일부

주소 선택 모드addressing mode: 레지스터 값, 상수, 기타 요소를 결합해 메모리에서 효과적인 주소를 선택하는 기법

주소 지정 모드memory addressing mode: CPU에서의 메모리 주소 연산 메커니즘

즉시 피연산자immediate operand: 명령어의 주소 부분에 주소가 아닌 실제 값이 기억되는 피연

산자

지수exponent: 부동소수점 기저에 거듭제곱해야 할 수. $m.mmmmm e+xx$에서 지수는 xx이다.

지연 시간latency: (캐시 메모리 내 데이터 등) 리소스에 대한 요청과 실제 요청 대응 시간의 차

직접 지정direct addressing: 기계 명령의 일부로서 인코딩된 주소를 이용해 메모리 위치에 접근하는 것

집합적 데이터 타입aggregate data type: 데이터 값 집합을 포함하는 데이터 타입으로, 구조체 또는 복합 데이터 타입이라고도 한다.

참조 카운터reference counter: 메모리 블록에 사용되는 코드의 개수를 세는 데이터 구조. 가비지 컬렉션 등에 사용된다.

최상위 비트most significant bit: 비트 문자열에서 최댓값을 지닌 비트(일반적으로 비트 문자열 맨 왼쪽에 위치)

최적 적합best-fit: 할당 요청을 만족할 수 있는 최소의 빈 블록을 찾아서 제공하는 메모리 할당 기법

최초 적합first-fit: 할당 요청 시 (빈 블록 리스트에서) 요청에 부합하는 첫 번째 블록을 할당하는 메모리 할당 기법

최하위 비트least significant bit: 비트 문자열 내에서 가장 작은 값을 나타내는 비트. 일반적으로 비트 문자열의 맨 오른쪽에 위치한다.

추상 기본 클래스abstract base class: 최소 하나 이상의 추상 메소드(멤버 함수)를 지닌 클래스

추상 메소드abstract method: 클래스 내 별도의 구현 내용이 없는 메소드이며, 파생 클래스에서 추상 메소드를 구현한다.

카일릭스Kylix: 델파이(오브젝트 파스칼)의 리눅스 버전

캐스팅casting: 하나의 값이 지닌 타입 속성을 다른 타입으로 변경하는 절차

캐시 라인cache line: 세트 단위로 관리되는 메모리 위치 그룹. 보통의 경우 CPU는 한 번에 전체 메모리 캐시 라인을 읽거나 쓴다.

캐시 미스cache miss: CPU가 현재 캐시 메모리에 존재하지 않는 메모리 위치에 접근함

캐시 히트cache hit: CPU가 메모리 캐시의 위치에 접근함

컨트롤 해저드control hazard: 파이프라인에서 제어 명령 전송 후에 CPU가 지속적으로 명령 실행을 시도하는 것(기존의 연속적인 명령을 취소하거나 중단하는 목적으로 사용되기도 함)

컴퓨터 아키텍처computer architecture: 컴퓨터 시스템의 기능과 구조를 정의한 규칙 및 작동 방법 세트

코드 페이지code page: 동일한 숫자 표현 체계를 공유하는 서로 다른 문자셋(예: 다수의 EBCDIC 문자셋은 서로 다른 코드 페이지를 사용)

코드 포인트code point: 유니코드 문자(스칼라) 또는 서로게이트 코드 포인트(유니코드 문자셋 확장)를 나타내는 숫자 값(0~65,535 범위)

코드 플레인code plane: 65,536개의 유니코드 문자 가운데 선택 가능하다.

코어core: 'CPU 코어' 참조

쿼드워드quad-word: 네 개의 워드가 결합된 비트 문자열(일반적으로 64비트가 됨)

클럭 주파수clock frequency: CPU에 전달되는 (네모파) 신호의 빈도로서 내부 작업과 동기화되고 작업의 제어에 사용되며, CPU의 속도는 클럭 주파수와 직접적인 관련성을 지닌다.

클로저closure: 특정 연산자로 모든 값 쌍을 연산한 결과, 해당 시스템에 존재하는 값이 도출되는 경우 해당 연산 시스템은 특정 연산자와 '닫힌' 관계라고 말한다.

튜플tuple: 연관 데이터 값 목록. 스위프트 언어의 경우, 튜플 타입은 기존 리스트 타입과 거의 유사하다.

티바이트tbyte: 80비트 크기의 비트 문자열

파라미터화 타입parameterized type: 클래스 정의 또는 함수의 타입을 파라미터(인수)로 지정

파이프라인pipeline: CPU의 하드웨어가 기계어 명령을 처리하는 단계의 구분

평균 회전 속도average rotational latency: 디스크 헤드 밑에 특정 디스크 섹터가 돌아오는 데 걸리는 평균 시간

포인터pointer: 서로 다른 데이터 값을 참조하기 위한 값을 지닌 변수. 보통의 포인터는 참조 객체의 메모리 주소가 들어있다.

포화saturation: 원래 값의 범위가 변수에 맞지 않는 경우, 변수에 최댓값 또는 최솟값을 저장하는 프로세스

폰 노이만 아키텍처 Von Neumann architecture: 기억 장치와 중앙 처리 장치가 버스로 연결돼 있으

며 순차적으로 연산을 수행하는 전통적이면서 현대적인 컴퓨터 설계 기법이지만, 고성능 컴퓨팅을 구현할 때 한계점을 노출한다.

폴링polling: 리소스 접근 가능 또는 작업 가능 여부를 확인하는 소프트웨어 테스트

표준적 동등canonical equivalence: 서로 다른 두 개 시퀀스가 동일한 출력 장치에서 동일한 결과를 출력하는 경우, 이들 두 시퀀스는 '표준적으로 동등'하다고 한다.

프래그마pragma: 컴파일러에게 정보를 제공하는 프로그래밍 언어의 특수한 기능

프리페치 큐prefetch queue: CPU가 실행하려는 기계어 명령을 미리 가져온 특수한 형태의 FIFO 메모리

필드field: 레코드, 구조체, 클래스와 기타 복합 데이터 타입의 데이터 메모리

하강 에지falling edge: 시그널이 '고'에서 '저'로 바뀔 때의 클럭 시그널 요소

하버드 아키텍처 Harvard architecture: 코드와 데이터의 메모리 공간을 별도로 관리하는 CPU 아키텍처

하이퍼스레딩hyperthreading: CPU 내 대기 상태의 유닛에 의해 병렬적으로 여러 개의 스레드가 실행되는 방식

항원identity: 모든 불리언 값 A에서 2진 연산자 $°$에 대해 $A°I = A$가 성립하는 경우, 불리언 값 I를 가리키는 말

해저드hazard: CPU가 여러 개의 명령을 처리하기 위해 하나의 리소스를 동시에 사용하려고 시도하는 것을 말한다.

행 우선 배열column-major ordering: 메모리 내 배열 형태 결정 방식으로, 연속적인 메모리 위치에서 행 요소를 우선적으로 배치함

행 우선 배열row-major ordering: 배열 요소를 연속적인 메모리 위치에서 행을 기준으로 배열한다.

활성화 레코드activation record: 프로시저 또는 함수 호출과 관련된 파라미터, 지역 변수, 기타 메모리 개체를 지닌 메모리 블록

힙heap: 동적 스토리지 할당용으로 예약된 메모리 영역

ABIApplication Binary Interface: 코드 컴파일 후, 애플리케이션은 ABI를 통해 라이브러리 내 바이너리 데이터에 접근한다.

AGPAccelerated Graphics Port: 가속 그래픽 포트

ALU^{Arithmetic Logical Unit}: 산술 논리 유닛

ARM^{Acorn RISC Machine}: 최신 스마트폰 등과 같은 다양한 장치에 가장 널리 사용되는 CPU 아키텍처

ATA^{Advanced Technology Attachment}: 구식 디스크 드라이브 인터페이스 명령어 집합의 이름이며, 이에 대한 최신 버전이 SATA이다.

ATAPI: ATA with Packet Interface의 줄임말

BCD^{Binary-Coded Decimal}: 2진화 10진수

BIU^{Bus Interface Unit}: 버스 인터페이스 유닛

BMP: Basic Multilingual Plane의 줄임말

BSS^{Block Started by a Symbol}: 식별자에 의해 구분되는 메모리 경계 영역

CISC: Complex Instruction Set Computer의 줄임말

COW^{Copy On Write}: '암묵적 공유'라고도 하며, 하나의 변수가 범용 데이터를 기록하기 전까지 다수의 변수에서 데이터를 공유하는 기법

CPU 코어^{CPU core}: 단일 반도체 조각 위에 놓인 전체 CPU. 일반적으로 다수의 CPU 코어가 하나의 반도체 위에 놓이게 되며, 이를 통해 동시 실행을 통한 멀티 스레드가 가능해진다.

CPU 클럭^{CPU clock}: '시스템 클럭'이라고도 하며, CPU 연산 속도를 제어하는 신호 체계를 의미한다.

CPU^{Central Processing Unit}: 컴퓨터 시스템에서 산술 및 논리 연산, 제어, 명령어 가져오기 및 처리, 기타 연산 작업이 이뤄지는 핵심 유닛

CPU: Central Processing Unit의 줄임말

CU: Control Unit의 줄임말

DBCS^{Double-Byte Character Set}: 데이터 바이트 문자셋. 대규모 문자를 나타내기 위해 1 또는 2바이트를 사용하는 문자셋 기법

DMA^{Direct Memory Access}: 직접 메모리 접근

DOS^{Disk Operating System}: 디스크 운영체제

DRAM^{Dynamic Random-Access Memory}: 현대 컴퓨터 시스템에서 가장 널리 사용되는 메모리 타입

DSM^{Distributed Shared Memory}: 분산 공유 메모리

dword: '더블워드' 참조

EBCDIC^{Extended Binary Coded Decimal Interchange Code}: 엡서딕. 확장 2진화 10진 부호

excess–1023 지수부^{excess-1023 exponent}: 11비트를 이용해 부동소수점 지수를 나타내는 2진수 표현법. 0~1,023의 수를 이용해 음의 지수를 나타내고, 1,024~2,047의 수를 이용해 양의 지수와 0을 나타낸다.

excess–127 형식^{excess-127 format}: 8비트를 이용해 부동소수점 지수를 나타내는 2진수 표현법. 0~127의 수를 이용해 음의 지수를 나타내고, 128~255의 수를 이용해 양의 지수와 0을 나타낸다.

excess–16383 지수부^{excess-16383 exponent}: 15비트를 이용해 부동소수점 지수를 나타내는 2진수 표현법. 0~16,383의 수를 이용해 음의 지수를 나타내고, 16,384~32,767의 수를 이용해 양의 지수와 0을 나타낸다.

FAT: File Allocation Table의 줄임말

FIFO^{First In, First Out}: 선입선출 기법

FPU^{Floating-Point Unit}: 부동소수점 유닛

GM: General MIDI의 줄임말

HLA: 하이레벨 어셈블리^{High-Level Assembly} 언어

HO^{High-Order}: 높은 순위(중요도가 가장 높음)

Hz^{Hertz}: 초당 회전수. 시스템 클럭 주파수 단위

I/O^{Input/Output}: 입력 및 출력

IDE: 통합 드라이브 전자 장치. 구형 디스크 드라이브 인터페이스(SATA는 신형 디스크 드라이브 인터페이스)

ISA: 명령어 집합 아키텍처의 줄임말. Industry Standard Architecture 버스를 지칭하기도 한다.

L1 캐시: Level 1 캐싱 시스템

L2 캐시: Level 2 캐싱 시스템

L3 캐시: Level 3 캐싱 시스템

LO$^{Low-Order}$: 낮은 순위(중요도가 가장 낮음)

LRU: Least Recently Used의 줄임말

LSB: Least Significant Bit의 줄임말

MASM$^{Microsoft Macro Assembler}$: 가장 널리 사용되는 어셈블리 언어 중 하나

MHz^{Megahertz}: 초당 100만 회의 사이클

MIDI: Musical Instrument Digital Interface의 줄임말

MIMD: Multiple Instructions, Multiple Data의 줄임말

MMC: Multimedia Commands(SCSI)의 줄임말

MMU: Memory Management Unit의 줄임말

MSB: Most Significant Bit의 줄임말

MSC: Management Server Commands(SCSI)의 줄임말

NaN$^{Not-a-Number}$: 올바르지 않은 값에 대한 특수한 형태의 부동소수점 표현 방식

Nsec: 나노초^{nanosecond}의 줄임말

NUMA$^{Non-Uniform Memory Access}$: 불균일 메모리 접근

opcode$^{operation code}$: 기계어 명령을 위한 숫자형 인코딩

OS: Operating System의 줄임말이며 운영체제를 의미한다.

OSD$^{Object-based Storage Device command}$: 객체 기반 저장 장치 명령(SCSI)

PATA: Parallel ATA(IDE/ATA와 동일)의 줄임말

PCI$^{Peripheral Component Interconnect}$: 주변 장치 요소 상호 연결

QNaN: Quiet Not-a-Number의 줄임말

RAID: Redundant Array of Inexpensive Disks의 줄임말

RAM: Random Access Memory의 줄임말

RBC: Reduced Block Commands(SCSI)의 줄임말

RISC: Reduced Instruction Set Computer의 줄임말. 각 기계어 명령을 수행할 때 작업량을 감소시키는 아키텍처를 사용한다.

SAS: Serial-Attached SCSI의 줄임말

SBC: SCSI Block Commands 또는 Single Board Computer의 줄임말

SCC: SCSI Controller Commands 또는 Serial Communications Chip의 줄임말

SCSI: Small Systems Computer Interface의 줄임말. 초기 하드 드라이브 및 주변 장치 인터페이스이며, 현재는 SAS^Serial-Attached SCSI가 대신 널리 사용되고 있다.

SES: SCSI Enclosure Services commands의 줄임말

SGC: SCSI Graphics Commands의 줄임말

SIMD: Single Instruction, Multiple Data의 줄임말

SISD: Single Instruction, Single Data의 줄임말

SNaN: Signaling Not-a-Number의 줄임말

SPC: SCSI Primary Commands의 줄임말

SPI: SCSI Parallel Interface의 줄임말

SSC: SCSI Stream Commands의 줄임말

SSD: Solid-State Drive의 줄임말. 하드 드라이브 대신 사용되는 반도체 기반 대용량 저장 장치

USB: Universal Serial Bus의 줄임말

UTF: Universal Transformation Format의 줄임말. 유니코드를 위한 인코딩 기법이며 UTF-8, UTF-16, UTF-32는 표준 유니코드 인코딩 기법이다.

VLIW: Very-Long Instruction Word의 줄임말. 고성능 컴퓨터 아키텍처의 일종

VMT: Virtual Method Table의 줄임말

WGC: 『Write Great Code』의 줄임말

WGC1: 『Write Great Code, Volume 1: Understanding the Machine』의 줄임말

WGC2: 『Write Great Code, Volume 2: Thinking Low-Level, Writing High-Level』의 줄임말

WGC3: 『Write Great Code, Volume 3: Engineering Software』의 줄임말

WGC4: 『Write Great Code, Volume 4: Designing Great Code』의 줄임말

WGC5: 『Write Great Code, Volume 5: Great Coding』의 줄임말

WGC6: 『Write Great Code, Volume 6: Testing, Debugging, and Quality Assurance』의 줄임말

μsec: '마이크로초' 참고

0 종료 문자열zero-terminated string: 문자열의 마지막 요소로 0 바이트를 포함

0 확장zero extension: 무부호 2진 비트 문자열을 좀 더 큰 비트 문자열로 확장

10진수 체계decimal numbering system: 10진법을 사용하는 숫자 표현 체계

16진수 체계hexadecimal numbering system: 16진법을 사용하는 숫자 표현 체계

1의 보수 표현 방식one's complement format: 2진수 각 자리에서 1은 0으로, 0은 1로 변경한다. 예를 들어 네 자리의 수 0101이 있을 때 이 수의 1의 보수는 1010이다.

2의 보수 표현식two's complement representation: 부호 및 무부호 정수를 표현하기 위한 특수한 형태의 2진수 형식(예: 0101의 2의 보수는 각 자릿수를 바꿔서 1010으로 만든 후 마지막 자리에 1을 더한 1011이다.)

2진 값binary value: 1010~1111 사이의 수는 BCD 값으로 사용할 수 없다.

2진수 체계binary numbering system: 0과 1로만 표현하는 숫자 체계

2진화 10진수binary-coded decimal: 단일 10진수 자리 표현을 위해 니블nibble(4비트)을 사용해 표현하는 2진수 기반 10진수 표현 방식

8진수 체계octal numbering system: 8진법을 사용하는 숫자 표현 체계

찾아보기

ㄱ

가독성 40
가변 길이 명령어 398
가비지 값 480
가비지 데이터 216
가비지 컬렉션 471
가상 메모리 439, 444, 456
가상 메모리의 동작 442
가상 신디사이저 576
가상의 주소 456
가상의 프로세서 402
가수 102
가수부 추출 122
가짜 정밀도 104
간접 메모리 주소 지정 모드 224
간접 주소 224
간접 참조 233
값 객체 298
값을 비교하는 방법 82
값을 참조하기 위한 포인터 231
객체의 주소 231
객체지향 프로그래밍 303
객체지향 프로그래밍 언어 288
거울 스왑 209
게이트 생성 비용 334
게이트 조합 333
게임 컨트롤러 570
게임 컨트롤러 장치 드라이버 571
결함의 위치 242
결합 465

결합법칙 309
겹침 문자열 169
겹침 속성 267
경고 메시지 58
고급 컴퓨터 아키텍처 31
고속 DRAM 455
고속 장치 488, 489
고정소수점 62
고정 크기 표기법 152
고정형 디스크 드라이브 522
공간적 참조 지역성 219
공간 지역성 445, 462
공리 308
공용 클럭 라인 345
공유 메모리 기능 460
공통 필드 289
과학적 표기법 103, 123
관련성 281
광역학식 장치 569
광학 드라이브 532, 533
교환법칙 309, 319
구식 문자 표기법 178
구조체의 가시성 293
구조화 프로그래밍 24
구형 유닉스 애플리케이션 44
귀속 관계 175
그래핌 클러스터 156, 162
그레이트 코드 23
그룹화된 데이터 91
근사치 101

근삿값 63
글리프 154
기계 명령 95
기계어 339
기계어로 변환 409
기계적 지연 558
기능성 유닛 364, 365
기본적인 명령어 406
기본 클래스 282
기본 클래스를 상속한 또 다른 클래스 279
기수 37
길이가 짧은 명령어 394
길이 정보 전치 문자열 165
깊이 253

ㄴ

나눗셈 47
나눗셈 예외 139
나눗셈의 연산 비용 84
나머지 140
나중에 쓰기 453
낮은 순위 49
내림 115
내부 2진법 형식 48
내부 단편화 477, 544
네이티브 문자열 형식 164
네트워크 저장소 440
네트워크 프로토콜 208
노드 타입 304
논리 AND 연산자 308
논리 NAND 313
논리 NOR 313
논리 OR 322
논리 OR 연산 99
논리 OR 연산자 308

논리 역 308
논리 역 연산 311
논리 연산 76
논리 우측 이동 연산 87
논리적으로 인접한 섹터 528
논리 함수의 입력 333
논리 함수의 출력 333
높은 순위 49
누산기 레지스터 434
니블 49
니어라인 저장 장치 532

ㄷ

다국어 공간 152
다수 명령어, 다수 데이터 386
다운 키스트로크 565
다이아몬드 격자 데이터 구조 299
다중 상속 294
다중 코드 페이지 179
다차원 배열 246, 256
다차원 배열 구현 247
다차원 배열 선언 253
다형성 277, 287
단순화된 불리언 함수 325
단일 간접 참조 232
단일 명령어, 다수 데이터 386
단일 명령어, 단일 데이터 386
단일 실패 지점 549
단정밀도 부동소수점 형식 108
단향성 병렬 커뮤니케이션 566
닫힘 309
대기 상태 217, 480
대기 상태 최소화 221
대소문자 구분 비교 181
대수적 317

대안 인코딩 433
대용량 저장 장치 521, 542, 555
더블 바이트 문자셋 149
더블워드 50, 198
더블워드 변수 92
덧셈 연산 335
덧셈 연산의 교환법칙 236
데이터 라인 567
데이터 라인 수 193
데이터 버스 193, 215, 370, 484
데이터 변환 작업 147
데이터 삽입 98
데이터 선택기 회로 373
데이터 스트로브 566
데이터 압축 이론 397
데이터의 유실 494
데이터의 정확성 60
데이터의 휘발성 539
데이터 전송 세션 567
데이터 전송 속도 488
데이터 캐시 376, 377
데이터 표기법 26
데이터 해저드 373, 378, 384
동등 여부 158
동시 실행 381
동일 메모리 위치 218
동일한 데이터 구조의 객체 237
동적 객체 466
동적 문자열 173
동적 범위 102
동적 범위 속성 111
동적으로 할당 257
동질적 데이터 타입 258
두 개의 피연산자를 지니는 명령어 420
두 부동소수점 수의 동등성 비교 106
드라이버 라이브러리 함수 511

드모르간의 법칙 310
드모르간의 정리 334
디렉터리 543
디렉터리 엔트리 551
디스크 440
디스크 단편화 543
디스크 드라이브 509, 524
디스크 드라이브의 평균 회전 지연 527
디스크립터 배열 256
디스크 마스터 533
디스크 섹터 538
디스크 어레이 522
디스크 정리 544
디스크 초반부 549
디스크 컨트롤러 메모리 용량 529
디스크 컨트롤러의 캐시 529
디스크 플래터 523, 524
디지털 레코딩 573
디지털 설계 방식 307
디지털 오디오 녹음기 574
디지털 웨이브테이블 573
디지털 플레이백 573
디코더 338, 396
디코더 회로 341
디코딩 409
디코딩 단순화 395

ㄹ

라운드 로빈 515
라운딩 103
라운딩 알고리듬 137
라틴 대문자 A 154
래치 482
래치의 출력 481
랜덤 로직 352

랜덤 액세스 535, 555, 556
랜덤 액세스의 효율 549
런타임 라이브러리 루틴 475
레거시 명령어 360
레벨 1 캐시 438
레벨 2 캐시 439
레벨 3 캐시 439
레벨 사이의 메모리 속도 차이 443
레지스터 간접 지정 모드 411
레지스터 배열 341, 384
레지스터 이름 변경 383
레지스터 파일 438
레코드 259
로우레벨 24
로우레벨 I/O 479
로우레벨 디스크 액세스 543
로우레벨 방식 542
로우레벨의 입출력 479
로컬 버스 490
롱핸드 알고리듬 74
룩업 테이블 456
리눅스 499
리터럴 311, 315
리틀 엔디안 212, 274, 410
리틀 엔디안 머신 208
리틀 엔디안 바이트 구조 207
링커 464

마스킹 79, 97
마우스 570
마이크로 명령어 353
마이크로엔진 353
마이크로코드 352
매우 긴 명령어 워드 385

매크로 306
매크로 확장 306
매핑 231
매핑 방식 322, 327
매핑 방식의 최적화 322
매핑 파일 460
멀티레벨 페이지 테이블 457
멀티레인 PCI-e 인터페이스 493
멀티미디어 지원 기능 572
멀티워드 엔트리 153
멀티태스킹 542
멀티태스킹 운영체제 528
멀티프로그래밍 387
멀티프로세싱 387
메모리 26, 194
메모리 경계 244
메모리 경계 영역 264
메모리 계층 438, 441, 461, 463
메모리 계층 구조 437
메모리 공간 낭비 245
메모리 관리 서브시스템 486
메모리 관리 유닛 459
메모리 구조 197
메모리 내 저장 위치 263
메모리 누수 170
메모리 단편 473
메모리 레이아웃 465
메모리 맵 485
메모리 맵 I/O 포트 486
메모리 맵 입출력 487
메모리 맵 입출력 방식 485
메모리 맵 파일 559, 560
메모리 맵 파일 I/O 560
메모리 변위값 358
메모리 보호 정보 458
메모리 블록 450, 474

메모리 서브시스템 446
메모리셀 342
메모리 수거 173
메모리 연산 200
메모리 오버헤드 476
메모리 위치 196
메모리의 성능 461
메모리의 속도 443
메모리의 절약 433
메모리의 최소 크기 477
메모리의 코드 영역 467
메모리의 효율적 사용 29
메모리 접근 방법 223
메모리 접근 시간 215
메모리 중첩 198
메모리 하위 시스템 216
메모리 할당 및 해제 478
메모리/힙 관리 473
메소드 포인터 282
메인 메모리 219, 437, 439, 459
메인 메모리 데이터 452
메인프레임 536
멱집합 176
멱집합 비트맵 표기 방식 177
명령어 길이 401
명령어 디코더 368
명령어 선택 400, 409
명령어 순서 380
명령어의 길이 370, 411
명령어 인코딩 394, 410
명령어 집합 349, 395
명령어 집합 설계 391, 392, 434
명령어 집합 아키텍처 392
명령어 처리 속도 369
명령어 캐시 376
명령어 포인터 352

명령어 활용 규칙 384
명시적 변환 57
모듈로 n 카운터 83
목적 피연산자 351
목적 레지스터 365, 406
몫 140
무기억성 342
무디스크 워크스테이션 521
묶음 단위 265
묶음 데이터 88, 94, 122
묶음 필드 206
문자 143
문자 그룹 결정 146
문자 데이터 143
문자 리스트 177
문자셋 143
문자열 143, 163
문자열 비교 연산 162
문자열의 정규 형식 159
문자열 인코딩의 방향성 179
문자열 함수 160
물리적 주소 456
미니프로세서 371
미래에 대한 대비 399
미러링 531
미사용 비트 95
미정의 opcode 414

ㅂ

바이너리 I/O 558
바이트 49
바이트 경계 96
바이트 오프셋 236
바이트 접근 가능 메모리 206, 234, 246
바이트 접근 가능 메모리 배열 200

바이트 주소 355
반가산기 335
반올림 및 반내림 115
배열 230, 238
배열 생성자 240
배열 선언 239
배열 연산에 소요되는 비용 254
배열 옵션 245
배열 요소의 오프셋 계산식 249
배열의 배열 254
배열 인덱스 230, 243
배열 접근 244
배열 접근 함수 247
배율 66
배율 조정 수 포맷 65
버로우 71
버림 114
버스 192
버스 경쟁 374, 375
버스 인터페이스 유닛 367
버스 클럭 215
버스트 모드 491
버추얼 사운드 캔버스 576
버퍼링 494
버퍼 오버런 476
벌크 전송 518
범용 레지스터 383, 438
범용 문자셋 151
범용성 400
범용 직렬 버스 512
변위 바이트 443
변위 지정 모드 425
변환 함수 175
병렬성 361
병렬적 362, 372
병렬적으로 연결 345

병렬 처리용 하드웨어 371
병렬 프린터 포트 480, 483, 566
보호 비트 112, 114
복사 후 수정 173
복잡성 393
복정밀도 부동소수점 형식 111
복합 데이터 타입 175, 229
복합 명령어 인코딩 기법 416
복합 주소 모드 373
부가적인 논리 회로 350
부가적인 회로 382
부동소수점 라이브러리 133
부동소수점 수 48
부동소수점 수의 곱셈이나 나눗셈 105
부동소수점 수의 덧셈과 뺄셈 120
부동소수점 수의 비교 연산 105
부동소수점 연산 101
부동소수점 연산 루틴 119
부동소수점 유닛 108
부동소수점의 나눗셈 138
부호 비트 추출 122
부호 없는 16비트 고정소수점 수 102
부호 축소 56
부호 축소 연산 58
부호 확장 56
분기 375
분기 명령어 404
분기 명령어의 수 375
분배법칙 309, 320
분산 공유 메모리 440
불리언 관계 545
불리언 대수 308
불리언 로직 307
불리언 배열 176
불리언 함수 311, 312
불리언 함수의 정규형 320

불안정 343
브릿지 490
블로잉 회전 527
블록 리스트 기법 550
블록 캐싱 알고리듬 543
비교 연산 84, 181
비동기적 I/O 558
비동등 비교 233
비동질적 데이터 타입 258
비디오 카드 486
비순차적 실행 383, 384
비연속적인 메모리 주소 447
비용 46
비용 문제 494
비위치 표기법 35
비정규화된 값 114
비주얼 베이직 42
비지 라인 567
비트 48
비트 0 418
비트 0 위치 95
비트 1 418
비트가 모두 0인지 검증 81
비트맵 디스플레이 149
비트 문자열 49
비트 밀도 524
비트 번호 49
비트 벡터 177
비트별 연산 79
비트 역전 55
비트 연산 26
비트와이즈 AND 연산 80
비트와이즈 논리 연산 79
비트 카운터 346
비트 필드 날짜 포맷 92
비트 필드 처리 93

비활성 상태 484
빅 엔디안 212, 274
빅 엔디안 머신 208
빅 엔디안 바이트 구조 207
빈도수 397
빈 디스크 557
빈 블록 549, 550
빠른 처리 속도 540
뺄셈 연산 71

ㅅ

사각형의 크기 326
사용자 정의 문자 179
사운드 블래스터 572
사운드 카드 571
사운드 폰트 574
사전 할당 방식 558
산가지 표기법 35
산술 우측 이동 연산 86, 87
산술 원칙 105
상대적 위치 569
상대적 크기 104
상속 277, 289
상속받은 필드에 접근 279
상수 영역 467
상수 피연산자 430, 431
상승 에지 214
상위 니블 146
상태 머신 346
상태 비트 495
상호 변환 43
샘플링 기법 574
샘플링 신디사이저 574
서로게이트 코드 포인트 153
서로 다른 엔디안 바이트 구조 208

서로 다른 클래스의 필드 281

서로소 67

서술자 기반 문자열 168

선입선출 452

성능 46

성능 부스트 526

세 개 이상의 변수 312

세그먼트의 논리 함수 337

섹터 523

섹터 인터리빙 528

소극적 접근법 107

소수점 102

소수점 조정 66

소스 피연산자 351

소스 레지스터 406

소용량 파일 552

소프트웨어 332

소프트웨어에 기반한 루프 497

소프트웨어적으로 구현된 스택 469

소형 컴퓨터 시스템 인터페이스 503

속도 216

속성의 수명 기간 466

수 34

수백만 배의 차이 444

수열 구조 83

수정 비트 453

수 표기법 33

순위형 데이터 타입 243

순차적 361

순차 회로 345

순환문 559

숫자 145

슈퍼스칼라 CPU 381, 382

스래싱 454, 460, 463

스위치 332

스위프트 157, 161, 170

스위프트 enum 타입 273

스위프트 배열 256

스위프트 배열 선언 240

스위프트 열거형 타입 269

스위프트 클래스 298

스위프트 튜플 262

스위프트 프로그래밍 언어 154

스케일 인덱스 주소 지정 모드 226, 422, 423

스코프 293

스키마 다이어그램 332

스택 영역 465, 469

스토리지 변수 영역 468

스톤 108

스트라이핑 531

스트로브 라인 567

스트리밍 테이프 드라이브 537

스트림 입출력 501

스파스 파일 550, 555

슬로우 타입 장치 514

시간적 참조 지역성 219

시뮬레이션 400

시스템 버스 192, 489

시스템 성능 218

시스템 자원의 효율적 사용 29

시스템 클럭 213

시퀀서 346

시퀀셜 로직 342

시퀀셜 액세스 556

시퀀셜 액세스 장치 536

시퀀셜 파일 시스템 544

시퀀셜 파일 작업 529

시퀀스 175

식별자 문자열 187

식별자 범위 466

신디사이저 573

실리콘의 양 392

실린더 526
실수 연산 101
실수의 부분집합 63
실행 유닛 352, 381
심볼 34
쌍대성 310
쌍대성의 원리 321
썬더볼트 519
쓰기 속도 541

ㅇ

아날로그 573
아날로그 입력 570
아답텍 508
아이소크로너스 전송 516, 518
아카이브 스토리지 533
아키텍처 191
악성 코드 500
알고리듬 33
알루미늄 디스크 523
알리아스 273
알파벳 대문자 145
알파벳 소문자 145
알파벳의 사전순 정렬 184
알파벳 인코딩 182
알파벳 표현 181
압축성 37
애플리케이션의 실행 속도 371
애플리케이션의 파일 시스템 556
액날리지 라인 567
액추에이터 526
액티브 로우 로직 339
양방향 SCSI 데이터 버스 505
양방향 포트 483
양수의 언더플로 표현 118

어셈블리어 579
어셈블리 언어 25, 30, 87, 391
언더스코어 187
엔디안 변환 209
역 연산자 318
역원 309
역전 페이지 테이블 460
연결 리스트 클래스 304
연결 종료 504
연산 비용 57, 360
연산 속도 62, 180
연산 자체의 효율성 89
연속성 257
연속적 객체 326
연속적인 메모리 공간 263
연속적인 블록 557
연속적인 틱 372
열 우선 정렬 247, 251
열 인덱스 248
영숫자 187
예산 400
예외 상황 118
예외 처리 60
오디오 소프트웨어 576
오디오 파일 574
오디오 파일의 문제점 575
오디오 파일 포맷 575
오버플로 67
오버플로 여부 167
오버헤드 166, 471, 478
오차 63
오차 누적 104
오차 범위 107
오토매틱 변수 239
오프라인 저장소 440
오프셋 235

온라인 메모리 서브시스템 440
온보드 캐시 529
온칩 2차 캐시 222
온칩 레벨 1 명령어 캐시 378
올림 115
완전 연관 캐시 449
외부 단편화 472, 544
외부 커넥터 482
용량 216
우선순위 311
우측우선 결합 311
우측 이동 연산 86
운영체제 443, 459, 464, 556
운영체제 장치 드라이버 571
워드 50, 198
원시 데이터 타입 178
원형 큐 83
원환체 325
웨이브테이블 573
위치 변화량 226
위치 표기법 35
유니온과 레코드의 차이점 272
유니온 구조 210
유니온 선언 271
유니온의 유용성 275
유니온 타입의 변수 273
유니코드 2.0 160
유니코드 문자셋 150
유니코드 문자열의 정규화 159
유니코드 스칼라 153, 155, 157
유니코드 코드 포인트 152
유닉스 계열 운영체제 552
유닉스 계열 프로세서 207
유닉스 및 리눅스 파일 시스템 551
유리수 표기법 67
유사 동적 문자열 172

유일한 최적해 331
유지 보수 291
유효 자릿수 102
유효 주소 225, 365
유효하지 않은 명령어 407
유효한 불리언 식 310
유휴 상태 367
음수 52
음수의 언더플로 표현 118
음원 합성 572
의사 opcode 468
의사 파스칼 코드 197
의존성 364, 366
이동 85
이동 연산 255
이모지 151, 162
이산 바이트 210
이산 유니온 210, 267
이식성 274
이중 간접 참조 231
이중 입출력 포트 482
이항 연산자 308
익명 변수 232, 470
인덱스 0 위치 239
인덱스 메모리 주소 지정 모드 225
인덱스 번호 230
인덱스 주소 모드 236
인덱스 주소 방식 357
인접 메모리 위치 218
인코딩 395
인터럽트 498
인터럽트 서비스 루틴 498
인터럽트 전송 517, 518
인터페이스 299
인텔 415, 422, 424
인텔 80x86 62

인텔 ABI 규칙 265
인텔 IA-64 아키텍처 385
인텔 i-시리즈 프로세서 205
인텔 컴퓨터 시스템 30
일관성 30
일관성 문제 151
일대일 대응 관계 331
일반 보호 에러 464
일방향 집합 연관 캐시 447
읽기/쓰기 헤드 523, 525
읽기 전용 560
읽기 전용 상태 458
읽기 전용 객체 168
임베디드 시스템 61, 332
임의의 순서 264
입력 변수 314
입력 전용 포트 480
입출력 I/O 연산 178
입출력 겸용 포트 481
입출력 주변 장치 27
입출력 포트 480

ㅈ

자기 관계 포인터 546
자기 코팅 523
자동 환경 설정 513
자바 문자열 169
자바의 클래스 선언 297
자손 클래스 281
자주 사용되는 명령어 397
작업량 361
작업 보호 모드 499
작업 영역 458
잘못된 명령어 에러 408
장치 드라이버 499, 500, 501

장치 드라이버 모델 500
장치 드라이버 소프트웨어 508
장치 열거 519
장치와의 충돌 오류 512
장치 제어 API 501
장치 클래스 520
저속 장치 488
저장 공간의 효율성 89
저장소 섹션 465
적극적 접근법 107
전가산기 335
전역 정적 변수 224
전용 계산기 69
절대적 위치 569
점 표기법 267
접두 opcode 바이트 415
접두 바이트 416
정규형 315, 321
정규 형식 208
정규형 함수 319
정규화 138
정규화된 부동소수점 값 113
정렬 작업 96
정밀도 103
정밀도의 배수 477
정적 객체 466
정적 문자열 171
정적 배열 423
정적인 객체의 초깃값 467
정지 시간 515
정확성 64
제거 325
제네릭 303
제네릭 속성 290
제네릭 클래스 304
제네릭 패턴의 이점 291

제네릭 프로그래밍 303

제로 플래그 354, 358

제어 문자 145

제어 유닛 352

제어 전송 명령어 403

제어 해저드 378

제조원가 392

조건부 분기 명령어 359, 370, 408

조건 없는 분기 명령어 413

조합 로직 342

조합 회로 335

종료 서킷 504

종료 표시 180

좌측우선 결합 311

좌측 이동 85

주변 장치 버퍼 498

주소 공간 196

주소 디코더 484

주소 레지스터 488

주소 버스 194, 215, 338

주소 핀 195

주소 할당 233

주크박스 시스템 532

주항목 방식 322

준랜덤 액세스 536

중복 구현 530

중복된 명령어 401

중속 장치 488

중앙 처리 장치 349

중첩 362, 369

중첩 방식 364

즉시 쓰기 453

지수 102

지수부 102

지수부를 합한 것 134

지수부 조정 126

지수부 추출 122

지수 비트 116

지연된 명령어 382

직렬 버스 492

직렬화 213

직접 매핑 캐시 447, 448, 450, 451

직접 메모리 접근 485, 487

직접 메모리 주소 지정 모드 223

직접 지정 모드 406

진리맵 323, 324

진리표 77, 312, 314

진법 표시 40

집합적 데이터 타입 238

짝수 뱅크 201, 202

짝수 주소 202

짧은 명령어 382

짧은 버전의 명령어 434

ㅊ

차이점 279

참조 객체 298

참조 위치 569

참조의 공간 지역성 441

참조의 시간 지역성 441

참조 지역성 부족 461

참조 카운터 174

참조 카운터 갱신 174

참조표 178

처리 지연 217

처리 지연 문제 541

초기 자바 169

초기화 296

최대 사각형 세트 조합 330

최대 쓰기 횟수 538

최대항의 곱 316, 321, 322

최대항의 합 함수 339

최소 개수의 항을 지닌 불리언 함수 331

최소 비트 크기 93

최소한의 비트 401

최소항 317, 318

최소항의 합 316

최소항의 합 정규형 318, 324

최소화 324

최적 발견 방식 471

최적 발견 알고리듬 473

최적형 322

최적화 307, 327

최적화 기법 489

최적화된 형태의 식 317

최적화 방식 366

최적화 수준 360

최초 발견 방식 471

최초 발견 알고리듬 472

추상 개념 34

추상 기본 클래스 288

추상 메소드 288, 291

추상 메소드 선언 292

추상 멤버 함수 선언 294

추출 97

출력 전용 포트 480

충돌 문제 372

충분한 표현 용량 163

칩 선택 라인 338

ㅋ

칸 108

캐리 70

캐시 442, 446

캐시 라인 220

캐시 라인 배열 448

캐시 라인의 집합 446

캐시 메모리 218, 219, 437, 446

캐시 메모리 서브시스템 220, 376

캐시 미스 220

캐시 서브시스템 454

캐시 실패 445, 451

캐시 일관성 388

캐시 컨트롤러 442, 447, 451, 452, 454

캐시 히트 219

캐싱 컨트롤러 542

캡슐화 92, 293

커스텀 문자열 175

컨트롤 라인 196

컨트롤 버스 195, 214

컨트롤 시그널 566

컨트롤 전송 517

컴파일러 24, 28, 379, 432, 465

컴파일러 개발사 93

컴퓨터 I/O 시스템 38

컴퓨터 구조 25

컴퓨터의 기본 데이터 표기 방식 69

코드 유지 보수 263

코드의 수행 시간 462

코드 포인트 156

쿠난 108

쿼드워드 51

쿼드워드 메모리 196

쿼드 정밀도 부동소수점 형식 112

큰 단위의 병렬성 388

클라이언트 드라이버 519

클래스 구조체 선언 284

클래스 구현 289

클래스 드라이버 520

클래스 생성 283

클래스의 메모리 구조 276

클래스 타입 275

클래스 프로시저 285
클럭 사이클 214
클럭 주기 369
키바운스 564
키보드 495
키보드 컨트롤러 565
키스트로크 564
키스트로크 시퀀스 565

ㅌ

타깃 명령어 414
타임 슬라이스 514
타임아웃 496
타입 안전 시스템 275
터미네이터 504
테이프 드라이브 535, 536
테이프 백업 시스템 506
텐 바이트 51
템플릿 확장 306
튜플 필드 262
트랙 탐색 시간 525
트리 구조 555
특수 문자 145
특이한 부작용 427

ㅍ

파라미터화 타입 305
파생 클래스 291
파스칼 42
파스칼/델파이의 배열 선언 242
파스칼의 기본 문자열 165
파스칼의 다차원 배열 253
파스칼 컴파일러 268
파이버 채널 511
파이어와이어 519

파이프라이닝 370
파이프라인 시나리오 374
파이프라인 시스템 380
파이프라인 지연 374, 379
파일 단편화 문제 557
파일 데이터 저장 블록 552
파일 매니저 542, 547, 548, 551
파일 버퍼링 알고리듬 543
파일 스토리지 521
파일 시스템 543
파일 입출력 성능 549
파일 저장소 440
파일 할당 전략 545
파일 할당 테이블 기법 546
패딩 바이트 235, 244, 265
패스트 타입 장치 514
패치보드 시스템 350
패치보드 프로그래밍 351
패키지 89
패키지화 92
패킹 및 언패킹 연산 245
페이징 456
편향 지수부 114
평균 탐색 시간 525
포어그라운드 498
포인터 229
포인터를 이용한 객체 접근 225
포인터 실종 174
포인터와 포인터 간의 뺄셈 연산 237
포인터의 대소 비교 연산 238
포인터의 덧셈 연산 235
포인팅 장치 569
포화 59
폰 노이만 191
폰 노이만 기기 213
폰 노이만 아키텍처 377

폴링 498

표준 DRAM 445

표준 데이터 교환 방식 144

표준 라이브러리 인터페이스 30

표준적 동등 158

표준적인 정수 연산 65

표준 전자 회로 표기법 339

표현 범위 65

퓨전 드라이브 541

프라이버시 293

프로그래밍 가능 컴퓨터 시스템 350

프로그래밍 언어 28

프로그램 I/O 487

프로그램 기억식 컴퓨터 352

프로세서 388

프로세서의 가격 377

프로토콜 299

프로토콜 오버헤드 518

프로토타입 133

프리 스페이스 비트맵 546

프리 스페이스 비트맵 기법 545

프리 스페이스 포인터 547

프리 파스칼/델파이 60

프리 파스칼/델파이 레코드 구조 94

프리페치 큐 367, 369

프린터의 상태 레지스터 496

플래그 레지스터 356

플래시 메모리 539

플래시 저장 장치 537, 538, 539

플러그 앤 플레이 512

플로피 디스크 드라이브 522

플립플롭 343

피어 투 피어 버스 506

피연산자 57, 405

피연산자가 없는 명령어 414

피연산자 길이 접두 바이트 432

피제수 67

필드 259

필드와 메소드 상속 278

필드 이름 264

필드 참조 263

ㅎ

하강 에지 214

하드 드라이브 522

하드 디스크 컨트롤러 527

하드웨어 372

하드웨어 비용 484

하드웨어 엔지니어 391

하드웨어 추가 373

하드카피 저장소 441

하버드 아키텍처 376

하위 n비트 54

하위 니블 146

하위 아키텍처 386

하위 호환성 393

하이레벨 어셈블러 31

하이레벨 언어 59, 249, 579

하이브리드 드라이브 541

하이퍼스레딩 388

할당 정밀도 476, 477

함수 번호 314, 327

함수의 유일한 정규형 316

함수의 최적형 325

핫 플러그 512

항 315

항원 309

항의 순서 319

해저드 378, 383

핸드셰이킹 495, 566

행 우선 배열 250

행 우선 정렬 247, 248
행 우선 정렬 기법 256
행 인덱스 247
행 중심으로 나열 462
향후 요청에 대비한 사용 불가 470
허용 오차 106
호스트 PC에 전가 513
호스트 컨트롤러 스택 516
호환성 147
홀수 뱅크 201, 202
홀수 주소 202
확장 opcode 406, 407, 416
확장성 393, 399
확장 정밀도 부동소수점 형식 111
활성 상태 484
활성화 레코드 469
회전 85
회전 연산 88
효율적인 코드 25
훨씬 적은 비용 440
힙 232, 470, 474
힙 매니저 475, 476
힙 영역 465, 470

A

A AND B 334
absolute position 569
abstract base class 288
abstraction 34
abstract method 288
abstract 속성 292
Accelerated Graphics Port 493
activation record 469
active low logic 339
Adaptec 508

add(5, ax); 410
add(constant, accumulator); 433
add(constant, destMem); 357
add(constant, destReg); 357
add(constant, [ebx+disp]); 363
add(eax, ecx) 135
add(eax, ebx); 347
add(eax, ecx); 427
add immediate instruction 431
address 412
address decoder 484
add(srcMem, destReg); 357
add(srcReg, destReg); 356
add 명령어 403
add 명령어의 인코딩 426
add 즉시 모드 명령어 431
Advanced Technology Attachment with Packet
    Interface 510
aggregate data type 238
AGP 493
allocation granularity 476
alphanumeric 187
alternative encoding 433
ALU 356
AMD 419
analog 573
AND 게이트 334
AND 논리 연산 78
AND 연산 84
anonymous variable 232, 470
API 호출 방식 571
append() 240
approximation 63
architecture 191
archival storage 533
Arithmetic Logical Unit 356

arithmetic shift right 86

ARM 프로세서 201

array 238

array of arrays 254

ASCII 문자셋 144

ASCII 문자셋의 레이아웃 144

asreal(x) 121

associativity 309

ATAPI 510

ATAPI 표준 문서 511

autoconfiguration 513

average rotational latency 527

B

BASIC 243

BCD 61, 148

BCD 표기법 64

BDXL 534

begin create 284

biased-exponent 114

bi-directional port 483

big-endian byte organization 207

Binary Coded Decimal 148

binary literal constant 40

binary numbering system 38

binary operator 308

binding 465

bit 48

bit density 524

bitmapped display 149

BIU 367, 368

blowing revs 527

BMP 154

Boolean algebra 308

Boolean function 311

Boolean logic 307

Boolean relationship 545

borrow 71

bridge 490

BSS 468

buffering 494

burst mode 491

bus 192

bus contention 374

Bus Interface Unit 367

byte 49

byte-addressable memory 234

byte-addressable memory array 200

byteArray 226

C

C# 171

C++ 132

cache coherency 388

cache controller 442

cache hit 219

cache line 220

cache memory 218, 219, 437

cache miss 220, 445, 451

canonical equivalence 158

capacity 216

carry 70

case 268

case-sensitive comparison 181

case-variant record 268

case 변형 레코드 268

C/C++ 구조체 260

C/C++의 3차원 배열 250

C/C++의 유니온 선언 267

CD-R 533

CD-Recordable 533

CD-Rewriteable 534

CD-ROM 533

CD-RW 534

CD 품질의 재생 576

character set 143

character string 163

chip-select line 338

circular queue 83

CISC 354, 359, 379

class a 298

class student2 292

class supportsInterfaces implements someInterface,
    anotherInterface 301

class supportsProtocols: someProtocol,
    anotherProtocol 300

client driver 519

clock cycle 214

Clock Per Instruction 380

closure 309

coarse-grained parallelism 388

code section 467

column index 248

column-major ordering 247, 251

combinatorial circuit 335

combinatorial logic 342

common clock line 345

commutativity 309

Complex Instruction Set Computer 354, 359

composite data type 175, 229

conditional jump instruction 359

constant 403

ContiguousArray⟨Array⟨Int⟩⟩() 257

ContiguousArray 타입 257

control bus 195

control signal 566

control transfer instruction 403

Control Unit 352

Coonan 108

copy-on-write 173

CPI 380

CPU 51, 347, 349, 383

CPU 명령어 집합 아키텍처 27

CPU 버스 491

CPU 설계자의 목표 396

CPU에 함께 패키징 444

CPU의 구조 27

CPU의 복잡성 349

CPU의 입출력 479

CPU의 효율적 사용 29

CPU 주파수의 약수 491

CPU 프리페치 이벤트 368

CU 352

cylinder 526

C++ 구조체 260

C# 배열 241

C 언어 44

C#의 다차원 배열 253

C++의 클래스 상속 293

C 전처리기 185

C 컴파일러 58

C 파생 프로그래밍 언어 42

D

dangling pointer 174

data cache 376

data compression theory 397

data hazard 373

data selector circuit 373

data strobe 566

data transfer rate 488

DBCS 149

dead time 515

decimal point 36

decimal positional numbering system 36

deinit() 299

denormalized value 114

depth 253

descriptor-based string 168

device class 520

device driver 499

device driver model 500

device driver software 508

Digital Linear Tape 535

digital wavetable synthesis 573

direction 비트 427, 431

direct-mapped cache 447

Direct Memory Access 485, 487

direct memory addressing mode 223

directory 543

dirty bit 453

discrete byte 210

discriminant union 210, 267

disk array 522

disk compaction 544

disk fragmentation 543

diskless workstation 521

disk master 533

displacement 226

displacement byte 443

Distributed Shared Memory 440

distribution 309

divide exception 139

dividend 67

DLT 535

DMA 485, 487, 489

DMA controller 487

DMA 제어기 487

dot notation 267

double indirection 231

double-precision floating-point format 111

double-word 50, 198

down keystroke 565

DRAM 195

DSM 440

dual I/O port 482

duality 310

duality principle 321

DVD-ROM 534

dynamic object 466

Dynamic Random-Access Memory 195

dynamic range 102

d 비트 420

D 플립플롭 344

E

é 156

eAccent 155

eager approach 107

EBCDIC 148

ECX 레지스터 354

EEPROM 537

effective address 225

EIP 레지스터 355, 363

Electrically Erasable Programmable Read-Only
    Memory 537

elimination 325

embedded system 332

emoji 151

encapsulated 92

End Of Line 147

enum 270

enumeration 519

EnumType 타입 변수 271
EOL 147
error 63
ESI 레지스터 287
even address 202
even bank 201
exceptional condition 118
excess-127 110
exclusive-OR 134
execution unit 352
expansion opcode 406
explicit cast 57
exponent 102
exponent bit 116
extended-precision floating-point format 111
external connector 482
external fragmentation 472, 544
extractExponent() 122
extractMantissa() 122
extractSign() 122

file storage 440
fixed disk drive 522
fixed-size representation 152
flag register 356
flash storage 537
Floating-Point Unit 119
floppy disk drive 522
foreground 498
FORTRAN 28
fpadd() 121
fpdiv() 141
fpmul() 134
fprintf() 559
fpsub() 121
FPU 108, 119
free() 474
free-space bitmap scheme 545
full adder 335
fully associative cache 449
functional unit 364
Fusion Drive 541

F

F = 0 327
F = 1 327
falling edge 214
false precision 104
FAT 546
FAT 데이터 구조 548
FAT 엔트리 547
FAT 테이블 548
fdiv() 138
Fibre Channel 511
field 259
FIFO 452
File Allocation Table 546

G

garbage collection 173, 471
garbage value 480
General MIDI 575
general protection fault 464
generic 303
generic programming 303
getName() 메소드 277
get 명령어 404
global static variable 224
glyph 154
GM 575
grapheme cluster 156

great code 23

guard bit 114

GUI 포인팅 장치 570

H

half adder 335

handshaking 495, 566

hard-copy storage 441

Harvard architecture 376

hasTagRecord 유니온 269

hazard 378

heap 232, 470

heap section 465, 470

hexadecimal numbering system 41

High Level Assembler 31

HLA 41, 42, 133

HLA/x86 어셈블리 언어 98

HLA 문자열 167

HLA 문자열 변수 167

HLA 배열 선언 241

HLA의 레코드 선언 261

HLA 클래스 선언 275

HLL 580

HLL 컴파일러 283

HO nibble 146

hot-pluggable 512

HO 바이트 50

HO 비트 165

HO 비트로 정렬된 필드 97

hybrid drive 541

hyperthreading 388

I

IDE 507, 510

identifier scope 466

identity 309

IDE 인터페이스 510

IEEE 32비트 단정밀도 부동소수점 형식 119

IEEE Std 754 부동소수점 형식 108

IEEE의 표준 라운딩 규칙 123

iii = %110 412

iii = %111 412

illegal instruction error 408

immediate constant 431

in() 497

indexed addressing mode 225

indirect memory addressing mode 224

Industry Standard Architecture 490

inherits(student2) 278

init() 299

instruction cache 376

instruction pointer 352

instruction set 349

instruction set architecture 27

Instruction Set Architecture 392

Integrated Disk Electronics 507

Integrated Drive Electronics 510

interface 299, 301

interface someInterface 300

internal binary format 48

internal fragmentation 477, 544

interrupt 498

Interrupt Service Routine 498, 565

inverse 309

inverted page table 460

I/O-mapped 485

I/O 맵 485

ISA 392, 490

ISA 버스 494, 497

isLittleEndian 213

ISR 498, 565

J

jmp 명령어 404
jnz label; 명령어 375
jnz 명령어 353, 368

K

Kahn 108
KCS Floating—Point Standard 108
keybounce 564
keystroke 564

L

L1 222
L1 캐시 438, 444
L2 222
L3 222
LATIN CAPITAL LETTER A 154
left associative 311
Length 167
length—prefixed string 165
level—one cache 438
Linear Tape—Open 535
linker 464
literal 311
little—endian 410
little—endian byte organization 207
local bus 490
logical complement 308
logical negation 308
longhand algorithm 74
long unsigned 정수 타입 120
LO nibble 146
lookup table 178, 456
loop 명령어 353, 366
LO 바이트 50

LRU 알고리듬 452
LSB 106
LTO 535

M

machine instruction 95, 339
macro 306
macro expansion 306
magnetic coating 523
main() 132
main memory 219, 437, 439
malloc() 172, 232, 233, 475
mantissa 102
mapping 231
mapping method 322
masking 79
MASM 41, 42
mass storage device 521
MaxLength 167
membership 175
memory 403
memory access time 215
memory cell 342
memoryless 342
memory location 196
Memory Management Unit 459
memory—mapped 485
memory—mapped file 460, 559
memory protection information 458
microcode 352
microengine 353
microinstruction 353
MIDI 575, 576
MIMD 386
minterm 317

mirror-image swap 209

mirroring 531

miserly approach 107

MMU 459

MMX/SSE/AVX 명령 확장 세트 60

m×n 배열 253

Motorola 68000 205

mov(constant, destMem); 356

mov(eax, ebx); 340

mov(ecx, [eax]); 234

move 명령어 351

mov(reg, reg); 362

mov(srcMem, destReg); 365

mov(srcReg, destMem); 355

mov(&student3._VMT_, this._pVMT_); 285

mov 명령어 402, 411

mul() 136

multi-dimensional array 246

multilevel page table 457

multilingual plane 152

multiple code page 179

multiple inheritance 294

multiprocessing 387

multiprogramming 387

Musical Instrument Digital Interface 575

N

n+1비트 54

NAND 343

NAND 게이트 333

neg 명령어 415

network storage 440

new() 232

nibble 49

non-positional notation system 35

normal form 159

normalized floating-point value 113

normalizing Unicode strings 159

not(ax) 413

NOT B 313

NOT(NOT(A AND B)) 334

NOT 게이트 334

NOT 논리 연산 78

not 명령어 412

NUL 문자 표현 165

NUL 코드 179

NUMA 455

NUMA 메모리 439

number 34

number of data lines 193

numeric representation 33

n-way set associative cache 449

n-way 집합 연관 캐시 449, 463

n개의 비트 52

n개의 입력 변수를 가지는 함수 315

n비트 덧셈 연산 336

n을 기수로 하는 수 38

n차원 배열 251

O

octal representation 44

odd address 202

odd bank 201

onboard cache 529

one-dimensional array 246

one's complement 109

one-to-one relationship 331

one-way set associative cache 447

online memory subsystem 440

opcode 340, 341, 355, 363

opcode 길이 396

opcode 확장 접두 바이트 418

operand 57

operating system 443

optical drive 532

optimal form 322

optomechanical device 569

ordinal type 243

OR 논리 연산 78

OR의 연산 81

out-of-order execution 383

overhead 471

overlap in memory 198

overrun 476

P

packaged 92

packed 265

packed data 88, 94, 122

packedDate: 90

packed field 206

packed record 265

packFP() 126

padding byte 235

paging 456

parallelism 361

parallel printer port 480

parameterized type 305

PATA 511

patch board system 350

PCI 490

PCI-e 492

PCI-e 버스 455

PCI-X 492

PCI 버스 491

PCI의 성능 492

PC용 사운드 카드 572

peer-to-peer bus 506

performance boost 526

Peripheral Component Interconnect 490

peripheral device 27

physical address 456

pipeline stall 374

pipelining 370

plug-and-play 512

pointing device 569

polling 498

portability 274

positional notation system 35

postulates 308

powerset 176

pre-allocation scheme 558

precision 103

prefetch queue 367

prefix opcode byte 415

prime 67

prime implicants method 322

primitive data type 178

privacy 293

private: 292

procedure 284

procedure create 276

product of maxterms 316

programmable computer system 350

programmed I/O 487

protected: 293

protocol 299, 301

protocol anotherProtocol 300

prototype 133

pseudo-opcode 468

public: 293

public abstract class a 297

put() 메소드 290

Q

QNaN 116

quad—precision floating—point format 112

quad—word 51

quasi—random access 536

Quiet Not—a—Number 116

quotient 140

R

radix point 102

RAID 530

RAID 0 531

RAID 0 서브시스템 530

RAID 1 531

RAID 1 서브시스템 530

RAID 5 531

RAM 디스크 540

random logic 352

rational representation 67

read—merge—write 557

read—only 560

read—only port 480

read/write port 481

real arithmetic 101

real 타입 120

record 261

RECORDvar 210

Reduced Instruction Set Computer 360

redundancy 530

Redundant Array of Inexpensive Disks 530

redundant instruction 401

reference counter 174

reference object 298

reference point 569

register file 438

register indirect addressing mode 411

register renaming 383

reg 필드 419, 420

relative position 569

remainder 140

remove() 306

repeat..until 루프 496

returns3Ints() 262

right associative 311

RISC 360, 379, 399

RISC 프로세서 205, 223

rising edge 214

robotic jukebox system 532

rotate 85

rounding down 115

rounding to nearest 115

rounding up 115

row index 247

row—major ordering 247, 462

RS—232 직렬 인터페이스 568

RS—232 직렬 표준 568

S

SAS 509

SATA 511

saturation 59

SBC 492

scaled—index addressing mode 226, 422

scaled numeric format 65

scale factor 66

SCC 프로그램 568

schematic diagram 332

scientific notation 123

scope 293

SCSI 503, 504

SCSI-2 505

SCSI-3 505

SCSI-3 표준 507

SCSI over FireWire 509

SCSI 명령문 508

SCSI 버스 503

SCSI 연쇄 505

SCSI 인터페이스 509

SCSI 프로토콜 507

SCSI 호스트 컨트롤러 508

sector 523

sector interleaving 528

self-relative pointer 546

sequence 176

sequencer 346

sequential access device 536

sequential circuit 345

sequential file operation 529

sequential logic 342

serial 361

Serial ATA/Serial AT Attachment 511

Serial-Attached SCSI 509

serial bus 492

serialized 213

setName() 메소드 277, 286

Set/Reset flip-flop 342

seven-segment decoder 336

shared-memory operation 460

shift 85

shiftAndRound() 124

shl 연산자 85

short 문자열 172, 174

shr 연산자 86

sib 모드 424

Signaling Not-a-Number 116

sign contraction 56

sign extension 56

significant digit 102

SIMD 386

Single-Board Computer 492

single point of failure 549

single-precision floating-point format 108

SISD 386

Small Computer System Interface 503

SNaN 116

software implemented stack 469

Sound Blaster 572

sound card 571

sound font 574

sparse file 550

spatial locality of reference 441

speed 216

SPI 506

S/R 플립플롭 342, 344, 483

SSD 540

stack section 465, 469

standard electronic circuit notation 339

static object 466

status bit 495

Stone 108

storage section 465

stored program computer 352

streaming tape drive 537

stream-I/O 501

string 143

String 서술자 170

striping 531

strlen 168

struct 260

struct 객체 256
student2: class 276
student3.create() 285
subscript notation 40
substring() 169
sum of minterms 316
superscalar CPU 381
superuser 499
switch 332
system bus 192
system clock 213

T

tape backup system 506
template⟨ class T ⟩ 304
template expansion 306
temporality of reference 441
ten byte 51
terminating circuitry 504
terminator 504
theValue.bits32 212
this 포인터 296
thrashing 454, 460
three-tiered block scheme 552
three-to-eight-line decoder 351
Thunderbolt 519
timeout 496
time slice 514
TLB 457
torus 325
Translation Lookaside Buffer 457
tree structure 555
truncation 114
truth map 323
two-level caching system 221

two-line-to-four-line decoder 338
two's complement numbering system 52

U

U+1F471 163
UCS-2 인코딩 171
unavailable for future requests 470
Unicode character set 150
Unicode code point 152
Unicode scalar 153
unidirectional parallel communication 566
union 211, 267
unionType: 271
UNIONvar 210
Universal Serial Bus 512
unstable 343
unused bit 95
USB 512, 513
USB 2.x 컨트롤러 516
USB 메커니즘 515
USB에 할당된 대역폭 518
USB-직렬 변환 장치 516
USB 포트 483
USB 표준 519
USB 프로토콜 516
USB 호스트 스택 514
USB 호스트 컨트롤러 514
user-defined character 179
UTF-8 161
UTF-16 161, 170
UTF-16 포맷 156
UTF-32 159, 161

V

value object 298

variable–length instruction 398

very long instruction word 385

virtual address 456

virtual memory 439

virtual memory subsystem 456

Virtual Sound Canvas 576

VMT 포인터 277, 287, 296

VMT 포인터 필드 283, 285

VNA 191

VNA 머신 192

W

wait state 217, 480

wavetable synthesis 572

WGC2 580

word 50, 198

working set 458

WORM 534

write–back 453

write–only port 480

write–through 453

X

XOR 134

XOR 논리 연산 78

Y

Y2K 91

Y86 CPU 402

Y86 명령어의 인코딩 405

Y86 명령어 집합 408

Y86의 분기 명령어 413

Y86 프로세서 402

Z

Zero 313

zero extension 56

zero flag 354

zero–terminated string 150, 164

기호

[ebp] 지정 모드 422

−infinity 117

+infinity 117

——ptrChar 150

++ptrChar 150

(this+4) 오프셋 위치 297

《《 연산자 85

》》 연산자 86

숫자

0 종료 ASCII 문자열 164

0 종료 문자열 150, 164

0 확장 56

1×2 사각형 328

1바이트 버전 401

1비트 덧셈 연산 336

1의 보수 109

1차원 배열 246

2–4라인 디코더 338

$2^n - 1$ 55

$2 \times n$비트 54

2–way 집합 연관 캐시 449

2바이트 변형 opcode 433

2의 거듭제곱수 55

2의 보수 연산 53

2의 보수 표기법 52

2진법 수 체계 38

2진 부동소수점 수 정규화 113

2진 상수 40

2진수 연산 69

2진수의 0번 비트 54

2진수의 곱셈 73

2진수의 나눗셈 74

2진수의 덧셈 70

2진수의 주요 속성 54

2진 표기법 64

2진화 10진 표기법 61

2차 캐싱 시스템 221

3-8라인 디코더 351

3단계 블록 리스트 기법 552

3차 캐싱 시스템 222

4×4 2차원 행 우선 배열 249

4-way 집합 연관 캐시 450

7비트 opcode 394

7비트 문자열 165

7 세그먼트 디스플레이 337

7 세그먼트 디코더 336

8KB의 배수인 메모리 주소 448

8비트 opcode 396

8비트 레지스터 345

8비트 버스 199

8진법과 2진법의 변환 45

8진 표기법 44

10의 멱수 37

10진법 35

10진 소수점 36

10진수 방식 36

10진 위치 표기법 36

10진 인코딩 방식 148

16비트 메모리 인터페이스 204

16비트 무부호 정수 160

16비트 정수 94

16비트 피연산자 418

16진법 수 체계 41

23비트 수준의 정확도 109

24비트 가수 110

24비트 수의 덧셈 또는 뺄셈의 결과 126

32-bit unsigned integer type 120

32비트 80x86 417

32비트 데이터 버스 203

32비트로 전환 424

32비트 메모리 인터페이스 204

32비트 무부호 정수형 120

32비트의 변위 422

32비트 정수형 95

64비트 기반 고성능 CPU 560

64비트 모드 433

64비트 아키텍처 419

64비트 주소 194

64비트 프로세서 193

80x86 add 명령어 426

80x86 CPU 203, 393

80x86 CPU 패밀리 206

80x86 ESI 레지스터 286

80x86 FPU 112

80x86 기반 div() 139

80x86 명령어 373

80x86 명령어의 인코딩 416

80x86의 32비트 범용 명령어 417

80x86의 jnz 명령어 358

80x86의 loop 명령어 359

80x86 접두 바이트 417

80x86 프로세서 223

8042 마이크로컨트롤러 564

8087 FPU 108

8088 CPU 199

8250 직렬 통신 컨트롤러 568

80386 아키텍처 432

80486 221

GREAT CODE Vol.1
위대한 코드의 시작 - 컴퓨팅 머신의 이해

발 행 | 2022년 5월 31일

지은이 | 랜달 하이드
옮긴이 | 동 준 상

펴낸이 | 권 성 준
편집장 | 황 영 주
편 집 | 이 지 은
　　　　김 진 아
디자인 | 윤 서 빈

에이콘출판주식회사
서울특별시 양천구 국회대로 287 (목동)
전화 02-2653-7600, 팩스 02-2653-0433
www.acornpub.co.kr / editor@acornpub.co.kr

책값은 뒤표지에 있습니다.